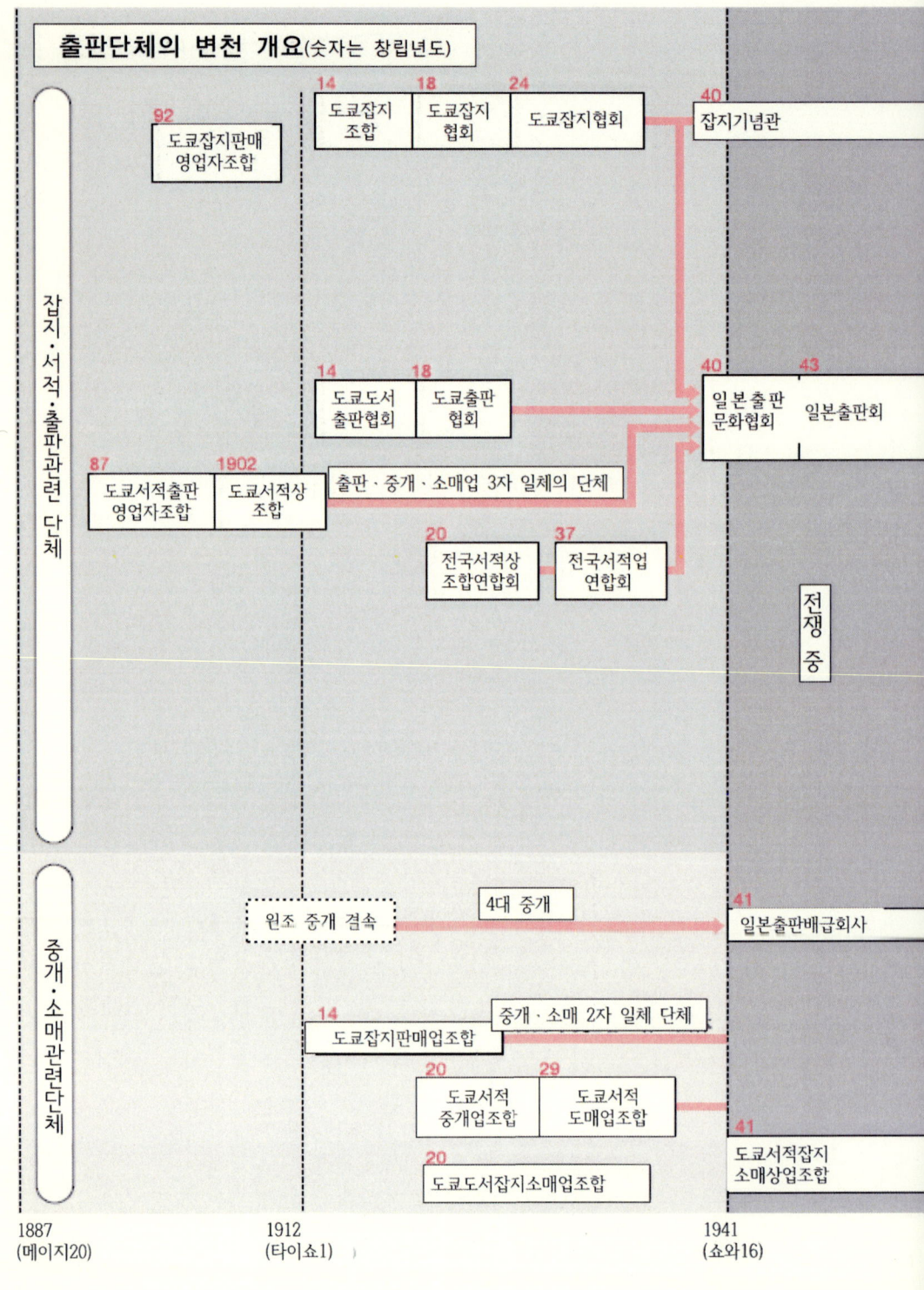

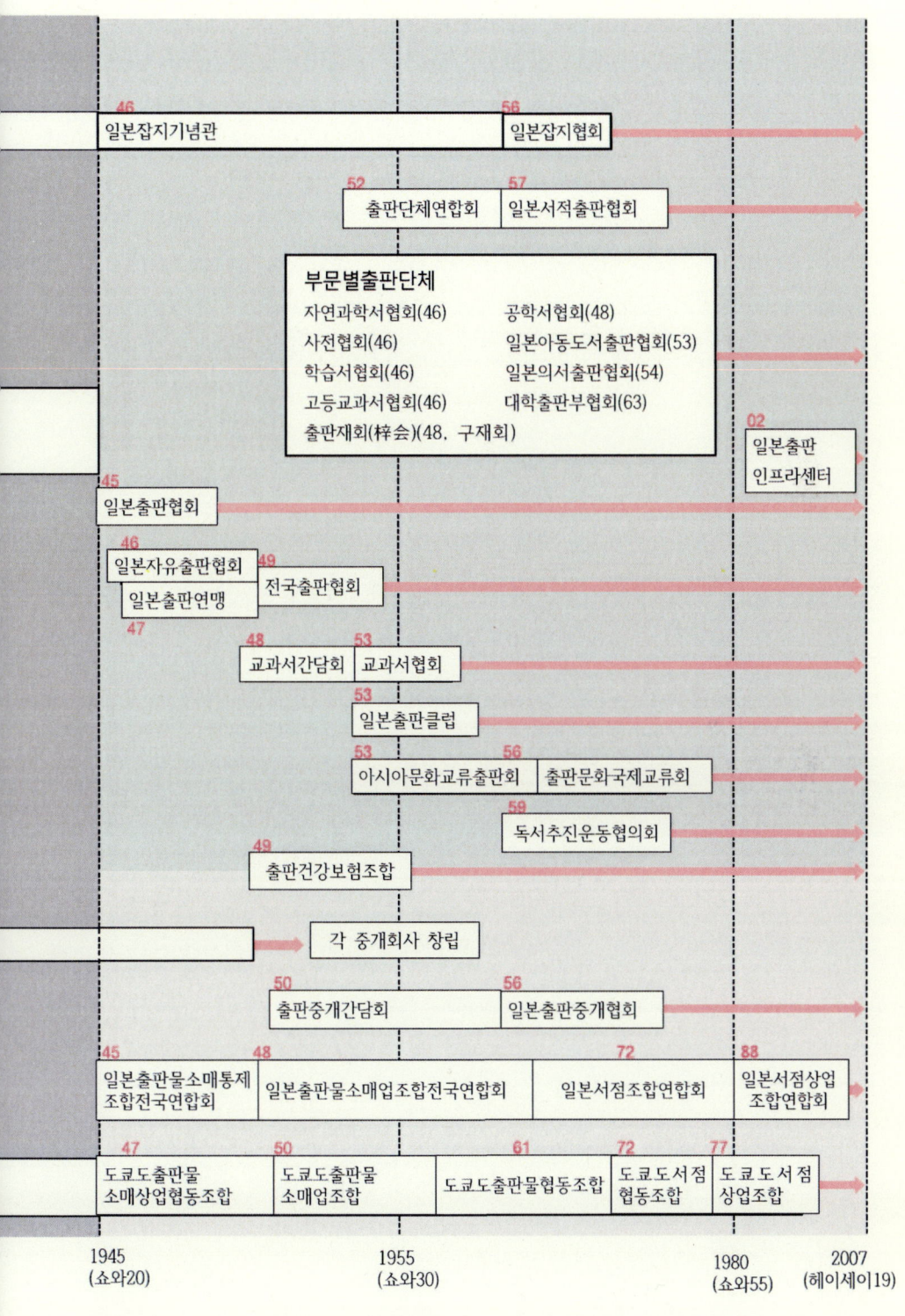

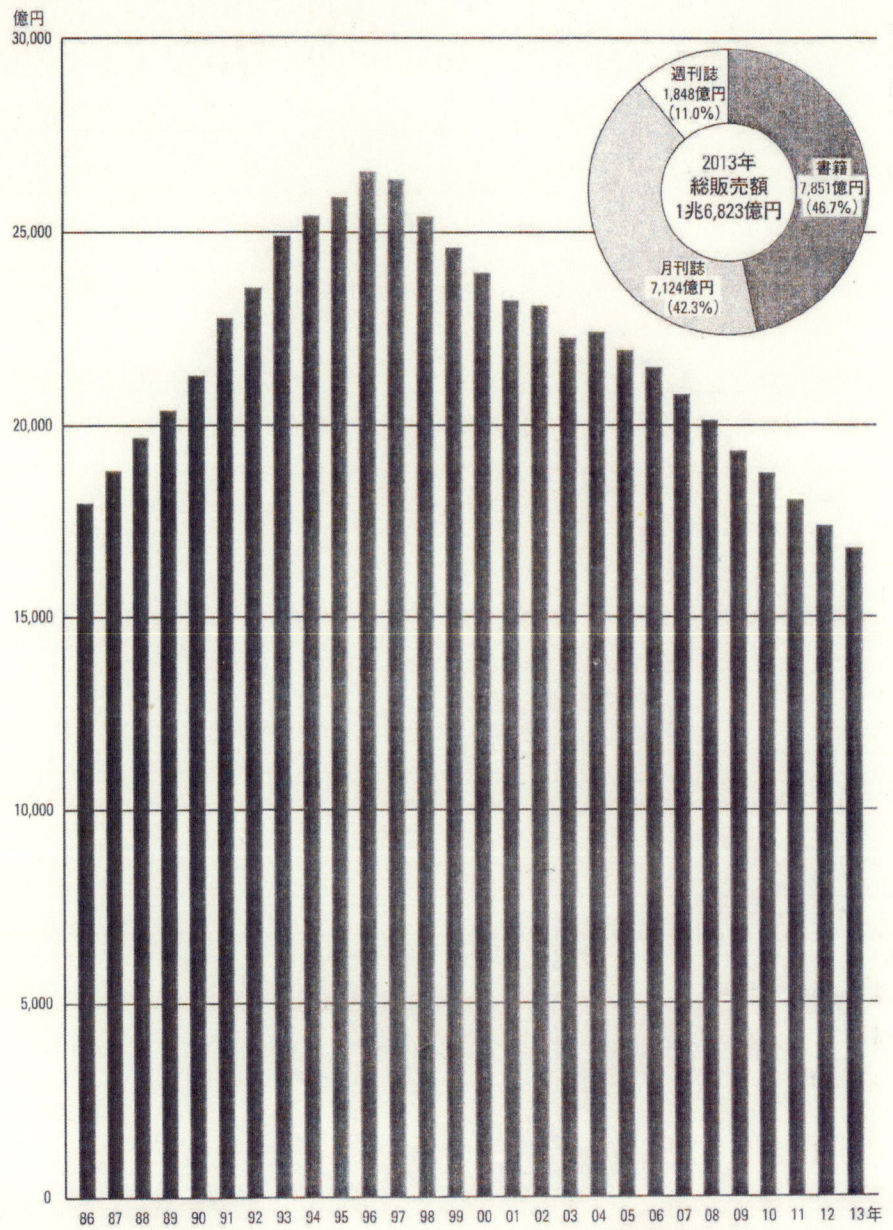

[A]
현대일본 잡지·출판산업의 발전문화사

SMRCI연구소 編 – 전영표/김광식/최인수/김정명 공역

〈日本雑協・書協 創立50周年記念事業實行委員会 合同會議[委員一覧]〉(2004～2007)

[議 長] 相賀昌宏(小学館)

[雑 協]

秋田貞美(秋田書店)

노르베르・루레*/이브・프공(아시에트婦人画報社)**

福田峰夫*／井上泰一(角川그룹 퍼브리케이션)**

山下秀樹(集英社)**

村松邦彦(主婦の友社)

吉村久夫*／河村有弘(日経BP社)**

松尾 武*／大橋晴夫(日本放送出版協会)**

矢内廣(비어)

石﨑孟(마가진하우스・式典委員長・文化史展委員長)

勝見亮助(日本雑誌協会)

[書 協]

金原 優(医学書院)

京極迪宏(学芸出版社)

古岡秀樹(学習研究社・式典委員長)

志村幸雄(工業調査会)

浜田博信(講談社)

小峰紀雄(小峰書店)

前田完治(三修社)*

佐藤徹哉(新興出版社啓林館)*

佐藤隆信(新潮社)

矢部敬一(創元社)**

菊池明郎(筑摩書房)

岡本健(光の國)**

新田満夫(雄松堂出版・文化史展委員長)

及川清(養賢堂)*

山下正(日本書籍出版協会)

*印＝途中退任, **印＝途中就任

역자 서문

　이 책은 〈일본잡지협회와 서적출판협회 50년사〉를 일본잡지협회로부터 번역을 승인받아 옮기면서 나름대로 일본 일부 출판잡지사들의 현황 등을 곁들여 열거한 편역서인 것이다.
　이웃한 일본은 한국 출판잡지업계가 참고하고 본받아야 할 실적이 많다. 한국의 잡지출판문화산업계의 역사를 되돌아볼 때 일본의 업계사와 비슷한 발전사를 지니고 있어 일본의 잡지 출판 50년사를 들여다보며, 우리 한국의 출판 잡지 산업의 현대사를 되짚어 보면서 우리 한국의 출판잡지 산업에 많은 참고가 되리라는 판단에서 그들의 현대 발전사를 협회의 50년 역사를 통해 반성하고 내일의 미래상을 산업계 종사자들이 참고할 수 있다고 사료되어 그들이 솔직히 기록한 협회사를 여기에 옮겨 펴내게 되었다.
　돌이켜보건대, 역자는 1999년 9월 가을 학기부터 일본 동경대학의 객원연구원 자격으로 정보사회연구소(소장/ 하마다 준이치/濱田純一/현 도쿄대 총장)에 연구실이 마련되어 그곳에서 세계적인 출판문화의 현장을 쉽게 접하게 되었다. 물론 그 이전에도 일본 동경을 몇 차례 오가면서 대표적인 출판잡지사 몇 군데를 찾아가 그들의 발전상을 접하기는 하였지만, 시간적 제한으로 제대로 알아보기가 어려웠다.
　그러나 그때 마련된 연구의 자리는 내 생에 다시없을 절호의 기회였다. 그 곳 대학의 도서관과 정보연구소의 자료실을 샅샅이 뒤지면서 그동안 궁금했던 여러 자료들을 찾아 복사하여 살피면서 그들의 출판과 잡지 산업 현장을 누비지 않을 수 없었다. 그렇게 하여 여러 가지 자료들을 한 보따리 가지고 한국으로 돌아온 것은 21세기가 시작된 2000년 2월이었다. 귀국 후 곧바로 직접 보고 돌아온 일본의 출판 잡지 산업 현장의 실상을 정리하려 했으나, 너무나 큰 산업 현장을 엮어 나가기는 벅찬 일이었다. 그러던 중 2002년 8월 자신에게 주어진 대학 정년의 날을 맞이하고 말았다. 그래도 일본에 머물면서 기록하고 모았던 자료는 꼭 정리하려는 의지로 정년을 맞아 경기도 안산시 상록수역 부근에 설립했던 상록문화정보연구소/SMRCI가 부득이 경기도 김포시로 옮기게 되어 일본의 자료 정리로 보고서 연구를 끝내려던 당초의 계획이 차질을 빚게 되었다.

설상가상으로 2010년 3월 자신의 건강에 이상이 생겨 병원의 신세를 질 수밖에 없었다. 이같이 나이에 따른 육체의 자연적 현상은 인력으로는 극복할 수 없음을 깨닫고 일본에서의 연구 보고서 작성을 접고 회복을 기다리며, 건강의 재활에 매진했었다. 건강보다도 꼭 엮어 보겠다는 일본의 잡지 출판산업의 현황을 그냥 포기해 버릴 수는 없었다.

　마침 2011년 4월 서울에서 열린 '국제도서전'에 나갔다가 일본의 도서 전시 부스에서 〈일본잡지협회와 서적출판협회 50년사〉를 만나게 되어, 그동안 10년 넘게 구상하면서 부득이 자신의 가계와 연구소를 옮기면서도 버리지 않고 지니고 간직했던 자료들을 어떻게 할까 싶었는데, 나의 일본 출판과 잡지 산업에 대한 자료 정리보다 더 정확한 일본 잡지 출판 산업의 현대사를 접하면서 이 협회사야말로 역자가 소개하려는 일본의 현실상을 더 상세히 정리했음을 곧 확인하고 그들의 현대 산업사인 협회 50년사를 번역 소개하기로 작정했다. 이렇게 작정한 그 2년 후인 2012년 9월 한국잡지협회가 국제잡지연맹/FIPP와 공동으로 제3회 '아시아-태평양 디지털 매거진 미디어 컨퍼런스'를 서울에서 개최하였다. 그 자리에는 일본 잡지협회의 전무이사를 비롯한 사무국장 등 여러 잡지인들과 출판인들이 참석하여 잡지 산업 전반의 현안들을 논의했었다. 역자도 그 모임에 초청받아 일본에서 10년 전에 만났던 낯익은 몇 분과 해후하게 되었다.

　마침 1999년 일본잡지협회의 츠토무 이시자키/石崎 孟 이사장 및 카츠미 료스케/勝見亮助 전무이사와 타카하시켄지/高橋憲治 사무국장을 만나면서 나 자신의 오랜 숙제를 풀기 위한 〈일본잡지와 서적출판 50년사〉의 번역에 관한 뜻을 밝히고, 곧이어 서신으로 그 번역의 승낙을 요청했던 바, 쾌히 조건 없는 번역 출판 승인을 받아 새로이 〈현대일본 잡지·출판산업 발전문화사/現代日本 雜誌·出版産業 發展文化史〉로 이름한 역서를 펴내게 되었다.

　특히 일본잡지협회의 440페이지에 이르는 일본의 잡지와 서적출판협회의 역사를 혼자의 힘으로 번역하기는 벅찬 일이었다. 따라서 본 상록문화정보연구소/SMRCI의 연구원인 金光植님(전 문화부 문화예술국장)과 金貞明 박사(일본 추오대/中央大 박사, 마케팅 전공/현 신구대 미디어콘텐츠과 겸임교수), 그리고 崔仁洙 님(전 〈매일경제신문〉 편집국차장)과 함께 옮겨 펴내게 되었다. 더욱이 전에 없이 무더웠던 올 날씨와 씨름하며 이와 같은 일본의 출판 잡지 현대사를 마무리하도록 도와주신 세 분께 진심으로 감사를 드리며 아울러 일본잡지협회의 勝見 전무이사 및 高橋 전 사무국장 두 분의 번역에 대한 조건 없는 승낙, 그리고 일본 출판과 잡지 산업의 최신 동향을 늘 알려주신 일본의 전 出版文化國際交流會의 다데노아키라/舘野晳 선생께도 심심한 감사를 드린다. 더욱이 勝見 전무이사님은 1999년 11월 역자가 동경대에서 연구차 일본잡지협회를 찾아갔을 때 사무국장으로 계시면서 많은 연구 편의를 제공해 주신 데 대한 감사함을 잊을 수 없다. 이는 15년 만의 만남이었다.

아울러 이 책을 펴내도록 도와주신 출판사 '시간의물레' 권호순 대표님의 배려에 고마움을 전하면서 어려운 편집을 잘 견디어 낸 담당자의 수고에도 감사를 전하고 싶다. 이 책이 밝히고 있는 통계에 의하면 일본의 잡지 출판 산업은 7, 80년대 급격히 쇠퇴하면서 그 후 매년 마이너스 성장을 기록하고 있었으나 이를 잘 극복하여 오늘에 이르고 있음을 알 수 있다. 이 편역서는 바로 그러한 선진 일본의 잡지·출판 문화의 發展史를 우리 관련 산업계가 타산지석/他山之石으로 삼을 수 있다는 신념에서 이 편역서를 마무리하고자 한다.

바라건대, 이 소책자가 우리 한국의 잡지·출판문화의 신장에 보탬이 되기를 간망해 마지않는다.

끝으로 이 역서를 원서의 순대로 따르지 않고 일부 바꿔 편역한 것에 대해 일본 양협회의 양해를 구하고자 합니다. 또한 2007년 이후의 일본 출판·잡지산업의 현대 상황을 짚어보고자 일본출판과학연구소의 자료를 앞뒤 면지에 통계표만을 옮겨두었음을 밝혀둔다.

2015. 8. 10.
常綠文化情報硏究所/SMRCI 대표
편역자를 대표하여 全泳杓 씀

◁ 일본 도쿄대학 사회정보연구소(전 신문연구소)가 1999년, 창립 50주년 기념행사로 10월 8일부터 12월 12일까지 동경대학 종합연구박물관에서 열린 <뉴스의 탄생/일본 신문의 역사>를 주제로 한 전시장을 둘러보고 나오면서 낙엽이 지는 도쿄대 은행나무 캠퍼스에서 포즈를 취해본 대표.
편역자 전영표/全泳杓 박사의 모습.

차 례

서장/ 프롤로그 _ 1
-20C 출판과 뉴미디어 시대-

1. 전후/戰後 출판과 1950년대의 출판 상황 …………………………… 2
2. TV의 보급과 주간지 붐 ………………………………………………… 3
3. 1960년대 출판계의 고도성장 ………………………………………… 4
4. 정가 상승으로 매출 증가 ……………………………………………… 5
5. 오일 쇼크 극복한 1970년대 …………………………………………… 6
6. '북 전쟁', 새 저작권법, 출판 정보의 정비 ………………………… 8
7. 잡고서저/雜高書低의 1980년대 ……………………………………… 9
8. 뉴미디어의 시대로 …………………………………………………… 11
9. 버블 붕괴의 1990년대 ………………………………………………… 12
10. 소비세 도입과 재판매 제도 ………………………………………… 13
11. 마이너스 성장의 10년 ………………………………………………… 15
12. 잡지의 장기 하락 경향 ……………………………………………… 16
13. 인터넷의 보급과 출판 ……………………………………………… 16
14. '문자·활자문화진흥법'의 제정 …………………………………… 17
15. 디지털 콘텐츠 각광 ………………………………………………… 18

제1장 출판 유통과 판매 _ 21

1. 위탁 판매와 거래 문제 ………………………………………………… 23
   (1) 위탁판매제도 …………………………………………………… 23
   (2) 거래합리화 문제 ……………………………………………… 31
2. 유통 개선 ………………………………………………………………… 36
   (1) 반품 감소, 책임판매제 ………………………………………… 36
   (2) 운임·수송 문제 ………………………………………………… 41
   (3) 잡지 발매일 문제 ……………………………………………… 44
   (4) 매장 주문도서의 신속화 ……………………………………… 47
   (5) 잡지 작성상 유의 사항 ………………………………………… 50
   (6) 유통 개선 위한 출판 정보의 정비 …………………………… 51

3. 출판 재판제도의 유지와 운용 ·· 53
  (1) 출판 재판제도의 역할과 과제 ·· 53
  (2) 잡지, 서적의 정가 판매의 확립 ·· 54
  (3) 재판매 적용 제외와 재판매계약 ·· 56
  (4) 포괄적 재판매에서 개별재판매로 ·· 58
  (5) 규제 완화와 재판매 제도의 개선 ·· 59
  (6) 재판매제도의 존치와 탄력 운용 ·· 65
4. 공정거래 및 경품표시법 등 ·· 66
  (1) '경품표시법'과 잡지공정거래협의회 ····································· 66
  (2) 할부판매와 인터넷 판매 등 ·· 70
  (3) 개정 하청법에 대한 대응 ··· 71

제II장 출판정보의 기반정비 _ 73

1. 출판정보의 수집과 제공 ··· 78
  (1) 〈일본서적 총목록〉 ··· 78
  (2) 또 하나의 성과, 〈출간예정도서〉의 발행 ····························· 82
  (3) 서적 데이터베이스의 전개 ··· 84
2. 출판정보의 정비와 코드 ··· 87
  (1) ISBN/국제도서표준번호 ··· 87
  (2) 공통잡지/정기간행물 코드 ··· 92
3. 출판정보 시스템의 기반정비 ·· 94
  (1) 출판업계VAN, 출판SCM, 일본출판데이터센터 ····················· 94
  (2) 일본출판 인프라센터(JPO)의 활동 ······································ 98

제III장 언론·표현·출판의 자유와 책임 _ 101

1. 미디어의 중요 책무 ·· 102
  (1) 국민의 '알 권리' 위한 봉사 ·· 102
  (2) 자유에 대한 룰 ··· 102
  (3) 미디어 규제 관련 법규 ·· 102
  (4) 미디어 규제와의 투쟁 ··· 103

2. 출판의 자유와 윤리 ·· 104
    (1) 미디어의 역할과 책임 ···································· 104
    (2) 명예·프라이버시와 미디어 규제 3법 ···················· 113
    (3) 보도와 표현 ·· 127
    (4) '차별표현' 사건과 '표현의 자유' ························ 131
3. 취재 문제 ·· 135
    (1) 일본잡지기자회/일본잡지사진기자회 ···················· 135
    (2) 미디어 스크럼에 대한 대처 ······························ 138
4. 청소년조례와 자주 규제 ······································ 140
    (1) 출판윤리협의회 ·· 140
    (2) 청소년 대상 출판물 국회 논의 ·························· 146
    (3) '표현의 자유' 규제와의 투쟁 ···························· 150
5. 일본출판윤리강령 ·· 155
6. 일본잡지편집윤리강령 ·· 156

제IV장 지적재산권과 출판인의 권리 _ 157

1. 저작권 법제의 변천과 출판인 ······························ 162
    (1) 출판권 제정과 신저작권법의 시행 ······················ 162
    (2) 국제 조약과의 관계 ······································ 165
    (3) 권리 제한 규정의 개정 ·································· 168
2. 출판인의 권리와 복사 등 권리의 처리 ···················· 177
    (1) 출판인 고유권리의 창설 ·································· 177
    (2) 복사에 관한 집중적 권리 처리기구의 설립 ············ 180
    (3) 출판인 권리 법제화 노력 ································ 183
    (4) 일본 복사권센터의 설립과 발전 ························ 185
3. '대여권'과 재활용사업의 대책 ······························ 190
    (1) '대여권' 획득과 권리처리 ································ 190
    (2) 만화 카페와의 잠정 합의 ································ 196

4. 저작권과 출판계약의 문제 ·· 196
   (1) 출판계약 및 저작권 비즈니스 ··· 196
   (2) 저작권 관리단체와의 관계 ·· 200
5. 지적재산권 둘러싼 제문제 ·· 202

제V장 독서 추진 _ 207

1. 독서추진·독서보급 ··· 210
   (1) '독서주간', '어린이 독서주간' 등 독서추진 활동 ············ 210
   (2) 2000년 어린이 '독서의 해'와 어린이 독서활동 ················ 213
   (3) 문자·활자문화의 진흥 ··· 218
   (4) '잡지애독 월간'의 노력 ··· 221
   (5) 日本의 '文字·活字文化振興法'/全文 ································ 227

제VI장 도서관과의 연계 _ 231

1. 도서관 정비 위한 출판계 협력 ··· 233
   (1) 납본제도와 국립국회도서관 ·· 233
   (2) 도서관의 정비·충실과 공공도서관 ································· 235
   (3) 학교도서관의 정비·충실 ··· 241
2. 도서관 운영과 출판계 ·· 243

제VII장 전자 출판 _ 251

1. 전자출판의 발전 ··· 254
   (1) 탄생과 발전 ·· 254
   (2) DTP의 발달과 전개 ··· 256
   (3) CD-ROM에서 온디맨드로 ·· 258
2. 표준화 문제 ·· 261

제VIII장 일본어와 표기 _ 265

1. 일본어·표기 문제 ·· 267

(1) 서협 국어문제위원회의 국어심의회 대응 ·················· 267
　　(2) 잡협 표기연구위원회의 활동 ································ 273

제IX장 출판세제·경영관리 _ 277

1. 출판세제를 둘러싼 제문제 ·· 278
　　(1) 회계·세무 취급 기준의 확립 ······························· 278
　　(2) 출판업의 특성과 문제점 ···································· 280
2. 소비세 ··· 284
3. 경영 관리 ·· 288
　　(1) 출판업의 경영실태조사 ····································· 288
　　(2) 노동환경의 연구와 임금 등 실태조사 ··················· 289

제X장 생산·제작 _ 291

1. 용지·자재의 안정 공급 ·· 292
　　(1) 용지의 안정 공급과 가격 ··································· 292
　　(2) 산성지에서 중성지로 ·· 295
2. 인쇄·제본 공정의 혁신과 효율화 ······························· 296
　　(1) 인쇄·제본기술의 변화와 출판물 ························· 296
　　(2) 인쇄 원판의 소유권 문제 ··································· 301
3. 조본 장정 콩쿠르전 ··· 303

제XI장 잡지광고·홍보 _ 307

1. 잡지광고의 가치항상과 점유율 확대 ··························· 310
　　(1) 부수 문제 ··· 310
　　(2) 독자구성 데이터 정비 ······································· 314
2. 잡지광고 송고의 디지털화 ·· 315
　　(1) JMPA컬러/잡지광고 기준 컬러 책정 ···················· 315
　　(2) 잡지광고디지털 송고추진협의회 ························· 316
　　(3) 새로운 잡지광고 가치의 창조 ····························· 317

3. 선 전 ·· 318
   (1) 선전위원회 발족 당시 과제는 파업의 대응 ················· 318
   (2) 교통광고요금의 개정 문제 ··· 319
   (3) 광고와 표현 문제 ·· 320

제XI장 국제 관계 _ 323

1. 세계 출판계와의 연대와 협력 ·· 327
   (1) 국제출판연합의 참가와 활동 ··· 327
   (2) 국제잡지연합과 잡지에 관한 국제 관계 ······················ 332
   (3) FBF '일본의 해' 실시 ··· 337
   (4) 기타 해외 북페어 참가 ·· 339
2. 아시아의 출판계 ·· 343
   (1) 아시아출판계와의 협력 ·· 343
   (2) APPA의 설립과 활동 ··· 345

[부록 Ⅰ] 일본의 잡지·출판사들[역자 선정] ·························· 349
   □도쿄대학 출판회/350   □이와나미쇼텡/355   □고단샤/359   □쇼가쿠칸/365
   □고분샤/368   □가토가와쇼텡/372   □가와데쇼보신샤/374   □슈에이샤/376
   □신쵸샤/378   □치쿠마쇼보/381   □츄오코롱신샤/383   □분게이슌슈/385
   □마가진하우스/387   □산세이도/389   □오뷴샤/391   □헤이봉샤/393
   □소시샤/395   □니홍지쓰교슛판샤/397   □참고문헌/399

[부록 Ⅱ] 일본잡지협회 및 서적출판협회의 연혁과 기구 ················ 401
   □일본잡지협회의 연혁과 기구/402   □일본서적출판협회의 연혁과 기구/407

[부록 Ⅲ] 연표/출판업계 등의 동향/1956-2007 ·························· 413

[발 문] ·· 435

□일러두기

[1] 〈이용 편집기호〉
* '작은따옴표'/강조어, 상, 법률, 조례, 위원회 및 특수 용어 등
  [예] '출판윤리강령' '아쿠타가와상/芥川賞'
* "큰따옴표"/인용, 설명, 예문, 법조문 등
* 〈꺾쇠〉/서명, 작품명, 잡지, 신문지, 보고서, 답신 등 용어의 앞뒤 표기
  [예] 〈붕게슌슈/文藝春秋〉, 〈슈캉겐다이/週刊現代〉
* 일본 인명은 성과 이름 모두 붙이도록 했음.
  [예] 도요토미히데요시/豊臣秀吉, 이시하라신타로/石原慎太郎
* 본문 중 한자, 일문, 영문 약자 등의 보충 표기는 괄호 대신 /빗금으로 표기
  [예] 무라카미하루키/村上春樹 메이지/明治, ISBN/국제표준도서번호
* 일어의 한글 발음 표기는 국립국어원 '외래어 일본어표기'를 따르도록 했고, 장음 표기나 장음화된 이중모음은 모두 생략, 단음만 표기하도록 했음.
  [예] 오사카/大阪 헤봉샤/平凡社
* 일본인명이나 회사명이나 한자 용어 및 일문자의 설명어는 한글 표기 다음에 괄호 대신 /빗금 넣고, 그 다음에 한자나 일문을 표기했음.
  [예] 고단샤/講談社 위탁판매/委託販賣 국제북페어/國際ブックェア

[2] 〈사용 약어의 예〉
* 잡협/일본잡지협회/雜協
* 서협/일본서적출판협회/書協
* 유통협/일본출판유통협회/取次協=日本出版取次協會/取協
* 일서련/일본서점상업조합연합회/日書連
* 소매전련/일본출판물소매업조합전국연합회/小賣全連
* 일도련/일본도서관협회/日圖連
* 일배/일본출판배급주식회사/日配
* 아동출협/일본아동도서출판협회/兒童出協
* 공취위/공정거래위원회/公取委
* 저단련/일본저작권단체연합회/著團連
* 경산성/일본 경제산업성/經産省
* 일변련/일변호사단체연합회/日弁連

△일본 도쿄대 종합도서관 분수대 앞에서의 대표 역자/1999

서장/ 프롤로그
-20C 출판과 뉴미디어 시대-

1. 전후/戰後 출판과 1950년대의 출판 상황
2. TV의 보급과 주간지 붐
3. 1960년대 출판계의 고도성장
4. 정가 상승으로 매출 증가
5. 오일 쇼크 극복한 1970년대
6. '북 전쟁', 새 저작권법, 출판 정보의 정비
7. 잡고서저/雜高書低의 1980년대
8. 뉴미디어의 시대로
9. 버블 붕괴의 1990년대
10. 소비세 도입과 재판매 제도
11. 마이너스 성장의 10년
12. 잡지의 장기 하락 경향
13. 인터넷의 보급과 출판
14. '문자·활자문화진흥법'의 제정
15. 디지털 콘텐츠 각광

□ 시대와 출판-20세기 일본의 출판

일본잡지협회(1956년), 일본서적출판협회(1957년)가 창립된 지 50년... 두 협회는 연사/年史를 편찬함에 있어, 〈테마별 연사〉를 기본 방침으로 정했다. 이 서장에서는 '테마별'로 파악하기 어려운 출판 및 출판계의 흐름을 크게 파악하고자 한다. 판매액 추이와 베스트셀러, 잡지 창간 등을 단서로 하여 지난 50년 동안의 '시대와 일본 잡지 출판의 역동적 다이너미즘'을 개관하고자 한다.

1. 전후/戰後 출판과 1950년대의 출판 상황

패전으로 인하여 일본의 출판체제는 크게 바뀌었다. 1945년, 통제 단체였던 일본출판협회가 해산되고, 새로운 일본출판협회가 발족한다. 1946년 '공직추방령'에 의해 전쟁에 협력했다 하여 출판 관계자들이 현직에서 쫓겨난 사람도 나왔다. 1948년에는 국립국회도서관이 창립되어 이에 따라 간행물 납본이 의무화된다.

'출판법', '신문지법'이 정지되고 '출판사업령'이 폐지되는 등 전시부터 내려온 갖은 통제가 해제되어 급격히 출판 활동이 활성화되는 시기였다. 휴간하고 있던 잡지가 잇따라 복간하고 새로운 잡지도 속속 창간된다. 출판사도 급증하여, 1948년에는 4,581개사로 늘어나 지금까지의 최고치를 기록했다. 사람들은 활자에 굶주려 있던 터라 출판물이라 하면 무엇이든지 팔리는 상황이 생겨났던 것이다. 하지만 전후에 용지 사정이 핍박하였고 조달이 가장 큰 문제였다. 정부는 용지를 할당하고 이 업무를 일본출판협회에 위탁했다. 이러한 가운데, 통제받지 않던 '카스트리 잡지'[1]나 선화지에 인쇄한 책이 속출한다.

유통 측면에서는 1949년에 일본출판배급주식회사/日配가 폐쇄기관[2]으로 지정되면시, 오사기야/人阪屋, 일본출판판매/日販, 도쿄출판판매(토한/東販), 일본교과도서판매(닛교한/日敎販) 등의 유통회사가 설립되었다.

불황을 반영하여 전후 급증한 출판사의 수가 1951년에는 1,881개로 급감하는 한편, 용지의 통제가 철폐되어 출판 종수는 늘어나게 된다. 따라서 종이 가격도 급등했다. 여기서 비용 절감과 대량 판매를 겨냥한 문고본 붐이 일어

---

1) 카스트의 잡지/저질 잡지: 제2차 세계대전 직후 3, 4년간 다량 출판되었으며 조악한 외양의 대중잡지를 총칭함. *역자 주
2) 폐쇄기관/閉鎖機關이란 남만주철도, 동양척식회사, 조선은행 등, 제2차 세계대전 당시 전시 경제를 감당해 온 기관 단체를 1947년 연합군 최고사령부 명령으로 업무 정지와 폐쇄 정리된 기관과 단체들. *역자 주

난다. 1950년 전후에는 〈가도카와문고/角川文庫〉, 〈아테네문고〉, 〈겐다이교요문고/現代敎養文庫〉 등 70종 이상의 문고가 창간되었다.

1950년에 시작된 한국 전쟁에 의한 특수 경기에서 출판계도 곧 활황기를 맞이한다. 1952년 말에는 신쵸샤/新潮社에서 〈겐다이세계문학전집/現代世界文學全集〉, 가도카와쇼텡/角川書店에서 〈쇼와문학전집/昭和文學全集〉의 간행이 시작되어, '문학전집' 붐이 일어난다. 1953년 출판 노동조합 간담회가 탄생하였고, '독점금지법'이 개정되어 재판매/再販賣 제도의 적용이 결정된다. 또 1954년부터 1955년에 걸쳐 〈갓파 북스/Kappa Books〉, 〈가도카와신서/角川新書〉, 〈가와데신서/河出新書〉 등 90종의 신서가 창간되어 '신서 붐'이 일어나고 출판계에 대량 생산, 대량 판매라는 말이 등장했다. 전쟁 전의 50% 이하 수준에서 시작한 전후의 출판계는 1950년대 중반에는 전쟁 전의 수준까지 도달했다.

2. TV의 보급과 주간지 붐

1956년, 〈경제백서〉는 "더 이상 전쟁은 없다"고 읊은 이시하라신타로/石原慎太郎의 소설 〈태양의 계절/太陽の季節〉이 '아쿠타가와상/芥川賞'을 수상하는 등, 전쟁으로 인한 경제적 황폐에서 탈각하면서 새로운 시대의 도래를 선명하고 강렬하게 인상지었다. 전년 대비 경제는 급상승하여 '진무경기'/神武景気라고도 하였는데 서적·잡지의 매출이 전년 대비 45.8% 증가하는 경이적인 숫자를 나타냈다. 따라서 1956년 1월에 일본잡지협회가 설립되었다. 또한 2월에는 출판사계로서 첫 주간 잡지 〈슈캉신쵸/週刊新潮〉가 창간되었다. 4월 재판매본부위원회가 발족하여 재판매/再販賣 가격유지계약이 실시되고, 6월 1일의 도쿄 및 간토/關東 각 현에 이어 12월 1일에는 1도1부/1都1府의 20여 현으로 확대되었고 다음 해 봄에는 전국적으로 실시됐다.

이듬 해 1957년 일본서적출판협회/이하 書協가 설립되고 10월에는 잡지협회와 서적협회가 〈출판윤리강령/出版倫理綱領〉(제3장 참조)을 발표한다. 이 해 최초의 여성 주간지 〈슈캉죠세/週刊女性〉(가와데쇼텡/河出書店, 뒤에 〈슈후토세이카츠/主婦と生活사 발행)이 창간된다. 그리고 경기 고양과 이에 따른 물가 상승을 반영하여 국철 요금이 인상되는데, 잡지가 11.4%, 도서가 15%로 대폭 인상되었다.

1950년대 후반기, TV가 보급되면서 출판계는 상당한 영향을 받게 된다. 1953년에 NHK와 일본TV가 본 방송을 시작하지만, 확산 속도는 완만했다. 그러나 경기 회복에 따라 1957년에는 수신계약 건수가 50만 대, 1958년에는 100만대를 돌파하였다. '진무경기'를 상회하여 전후 최고의 호경기였던 1959년 4월 황태자 약혼을 앞두고 일본교육TV, 후지TV 등 민방이 잇따라 개국하여 수신 계약 건수가 200만 대를 넘어섰다.

이러한 가운데 주 단위로 프로그램을 제공하는 TV시대에 대응하여 1958년부터 1959년에 걸쳐 주간지 붐이 일어난다. 1958년에는 〈슈캉다이슈/週刊大衆〉〈슈캉베이스볼/週刊Baseball〉, 〈슈캉묘죠/週刊明星〉, 〈수캉죠세지싱/女性自身〉 등이 창간되었고, 1959년에는 〈슈캉아사히저널/週刊朝日Journal〉, 〈슈캉겐다이/週刊現代〉, 〈슈캉붕슌/週刊文春〉, 〈슈캉헤이봉/週刊平凡〉, 〈슈캉코롱/週刊公論〉, 〈슈캉지지/週刊時事〉 등도 새롭게 전열에 참가하였다. 그리고 처음으로 어린이 대상 주간지 〈슈캉소넹선데이/週刊少年Sunday〉, 〈슈캉소넹마가진/週刊少年Magazine〉 등이 출간된 이후 만화 붐의 소지/素地를 만든다. 이 해 처음으로 주간지의 발행 부수가 월간 잡지를 웃돌아 잡지의 세계가 주간지 시대로 이행하게 된다. 같은 해 '잡지기자클럽'이 결성되었다.

3. 1960년대 출판계의 고도성장

1960년대는 일본 경제의 고도성장기였다. 소득 증진 정책으로 소비 레저 붐이 계속됐다. 한편으로는 안보 투쟁으로 상징되는 정치 변동의 시기이기도 했다. 또한 1961년은 후카자와시치로/深沢七郎의 소설 〈풍류 꿈이야기/風流夢譚〉가 게재되면서 극우 소년이 출판사 사장 집을 덮친 〈시마나카사건/嶋中事件〉이 일어났다.

출판은 시대를 단적으로 반영한다. 고도 경제 성장의 물결을 타고, 출판계는 정가의 인상과 전집물 등으로 매출을 늘리고 경영 서적도 매출이 잘 되었다. 한편, 대량 생산에 의한 저렴한 가격으로 부담 없이 손에 들고 읽을 수 있는 페이퍼백이 유행했다. 전형적인 것이 고분샤/光文社가 신서 사이즈로 간행한 〈갓파 북스/Kappa books〉이다. 하야시타카시/林髞 저 〈머리 좋아지는 책〉 미나미히로시/南博의 〈기억술〉, 이와타카즈오/岩田一男 지 〈엉이에 강해지는 책〉, 고쇼가/黃小娥 저 〈역입문/易入門-스스로 운명을 여는 법〉, 아사노하치로/浅野八朗 저 〈수상술/手相術〉, 우라베쿠니요시/占部都美의 〈위험한 회사-당신의 회사도예외가 아니다〉 등이 속속 베스트셀러 상위 랭크에 올랐다.

1961년에는 〈국민백과사전〉(平凡社)이 간행되고 뒤를 이어 이듬해 쇼가쿠칸/小学館이 〈일본백과대사전〉을 간행하여 모두 흥행이 되고 백과사전 붐이 일어난다. 1960년에는 컬러TV 본방송이 시작되고, TV 보급은 출판물에 영향을 미치면서 비주얼을 중시한 책에 대한 관심이 높아진다. 활판인쇄 대신 사진식자에 의한 인쇄가 증가되고 제본에 무선철 방식이 많아졌다. 또한 1959년 말에 창간된 〈아사히소노라마/朝日ソノラマ〉 등을 따라서 소노시트/ソノ

sheet를 책으로 만든 '소리 나는 잡지와 책'의 붐이 일어나고 TV에 대항하는 출판계의 유력한 무기가 되는 것은 아닌가 하고 주목하였지만, 붐은 몇 년 안에 끝났다.

1964년 도쿄의 올림픽이 개최되는 가운데 출판 활동도 활발해졌다. 고노마코토/河野実·오시마미치코/大島みち子 공저 〈사랑과 죽음을 응시하며〉(大和書店)가 간행 1년이 안 되어 100만 부를 넘는 베스트셀러가 된다. 1960년 초판의 샤고쿠겐/謝国権 저 〈성생활의 지혜〉(池田書店)가 몇 년 지난 후 100만 부를 돌파해 화제를 불러 일으켰지만, 이 기록을 웃도는 경이적인 기록도 있다. 텔레비전 드라마로 제작되고 요시나가사유리/吉永小百合 주연으로 영화화되었으며, 주제가가 일본 레코드 대상을 수상하는 등 미디어 믹스의 효과도 컸다.

1960년에는 일본도서보급주식회사가 설립되어 전국 공통도서권의 판매가 시작되었다. 출판사, 유통회사, 서점이 출자하여 업계를 횡단하는 회사로 시작하였는데, 이후 매출을 보면 업계의 성공한 비즈니스 모델이 되었다고 할 수 있다(2006년부터는 도서권/圖書券을 폐지하고 도서 카드로 통합했다).

1962년 문부성은 '저작권법'의 전면 개정을 심의하기 위하여 '저작권제도심의회'를 설치했다. 잡지협회와 서적협회는 1970년 새로운 저작권법 시행까지 여러 가지 의견서를 제출하고 출판자로서 의견을 반영하는 데 노력했다.

소매전련(日本出版物小売業組合全国連合会)은 1961년부터 제2기 적정 이윤 획득 운동을 전개하여, 잡지협회 회원사 발행 전 잡지를 1962년 2월 10일 발매분부터 출고 원가를 1% 낮추기로 합의했다. 1963년에 들어 다시 서적 출고 할인율 인하를 요구하여 도쿄조합의 요구가 받아들여져서 대형 출판사가 2% 인하토록 하여 해결되었다.

출판 4개 단체는 1964년 '출판판매합리화협의회'를 발족하고 1971년까지 유통 개선, 판매 합리화 연구를 통해 많은 제안을 하였다.

이때부터 소위 불량출판물 추방운동이 일어나 총리부는 1963년에 〈언론과 청소년에 관한 간담회〉를 마련했다. 출판분과회는 "업계 내부의 자율규제에 기대할 일"이라는 답신(答申/보고서)을 제출함에 따라 같은 해 12월, 잡지협회와 서적협회, 유통협회, 소매전련 등 4단체는 '출판윤리협의회'를 설립했다.

4. 정가 상승으로 매출 증가

1960년대를 살펴볼 때 신간 종수가 1961년부터 3, 4년간 정체하고 있음을 알 수 있다. 잡지 부수도 책도 늘어나지 않았다. 하지만 평균 정가의 상승으로 매출은 올라가고 있었다. 특히 후반은 1964년 2,000억 엔이 1968년 3,600억 엔으로 늘어 성장이 두드러졌다. 이 수치는 일본의 경제 성장을 웃도는 숫자이다.

이 같은 대폭적인 성장 요인은 대량 생산, 대량 선전, 대량 판매 외에 정가 상승에 있었다. 1960년의 서적 평균 정가는 441엔, 1970년에는 1,275엔으로 3배 가량 올랐다. 매출액은 1960년을 100으로 하면 서적 잡지가 1970년에는 384로 약 4배나 됐다. 특히 도서보다 잡지의 신장률이 컸다. 1961년 〈신슈캉/新週刊〉, 〈슈캉/週刊 TV가이드〉, 1963년 〈죠세세븐/女性 Seven〉, 1963년 〈슈캉쇼넹 킹/週刊少年 King〉, 1966년 〈플레이보이/Playboy〉, 1968년 〈슈캉쇼넹 점프/週刊少年 Jump〉, 1969년 〈슈캉포스트/週刊 Post〉 등 TV 잡지, 여성 잡지, 만화, 남성 잡지 등이 잇따라 창간됐다. 모두 권두에 컬러 그라비어인쇄로 비주얼화가 진행되었다. 이에 따라 출판계는 잡지 판매에 주력하는 경향이 강해졌다.

1966년 2월 4일에 일어난 전일본항공의 도쿄만 추락 사고로 출판 관계자 24명이 사망했다. 업계의 중책을 맡았던 사람들을 많이 잃게 되었다.

1968년 가와데쇼텡/河出書店이 도산하였다. 〈세계음악전집〉을 간행, 성공시켜 화제를 모았었는데, 그 이듬해의 일이었다.

1968년 서적협회는 창립 10주년을 기념하여 〈일본출판백년사 연표〉를 간행했다.

5. 오일 쇼크 극복한 1970년대

1970년대는 1960년대의 고도 경제 성장의 파도를 타고 움직였다. 출판물의 양적, 질적인 확대였다. 1970년에는 시오츠키야에코/塩月弥栄子의 〈관혼상제 입문〉, 이시하라신타로/石原慎太郎의 〈스파르타 교육〉 등, 여선히 '갓빠 북스'가 베스트셀러 상위를 차지했다. 또한 같은 해 11월 미시마유키오/三島由紀夫의 할복자살 사건에 영향을 받아, 이듬 해까지 '미시마 붐'이 일어난다. 1971년에는 이자야·벤다산/Isaiah Ben-Dasan, イザヤ・ベンダサン의 〈일본인과 유대인〉(山本書店)이 베스트셀러 톱에 오르게 된다.

1972년 다나카가쿠에이/田中角栄가 총리에 취임하여 〈일본열도개조론/日本列島改造論〉(日刊工業新聞社)이 출판되어 85만 부 이상의 매출을 보이면서, 가쿠에이/角栄 관련 서적 10건 이상이 출판되었다. 그런데 1974년 〈분게슌슈/文藝春秋〉 11월호가 〈다나카가쿠에이 연구 - 그 금맥과 인맥〉이 계기가 되면서 다나카는 퇴진으로 몰린다. 발행 부수 72만 부의 이 잡지는 발매 직후 매진됐다. 신문 저널리즘이 소극적인 태도를 보인 데 대하여 잡지 저널리즘의 유효한 기능이 입증된 이 해의 언론 최대의 사건으로서 큰 화제가 됐다.

1973년에 발생한 오일 쇼크는 일본 경제의 고도성장에 종지부를 찍고, 저성장으로 변화하지 않을 수 없게 된다. 이러한 상황 속에서 출판계도 미증유의 위기에 직면한다. 용지 부족과 가격 급등으로, 출판사는 종이 확보에 고전한다. 잡지는 페이지를 감소하거나 지질을 낮추거나, 정가의 가격 인상 등으로 급한 고비를 견디어낸다. 서적도 새 책은 그냥 하더라도 재판할 때 같은 용지가 없어 다른 종류의 종이를 사용할 수밖에 없었다.

용지 상승의 대응책으로 재발행시 정가를 10~20% 인상하는 일은 드물지 않은 일이었다. 이러는 사이 신간의 평균 가격도 올라 1970년 1,275엔이던 것이 1978년에는 2,386엔으로 약 2배 가까이 올랐다. 정가의 상승 곡선은 1975년을 정점으로 감소했다. 원인은 오일 쇼크를 계기로 독자들의 저가격 지향 때문에 문고 붐이 일어나고, 평균가격이 낮아졌기 때문이다. 그렇다 해도, 전반적인 가격 인상은 출판계 전체의 성장률을 높여 1973년 17.7%, 1974년 26.6%, 1975년 13.2%로 두 자릿수의 성장을 했다.

잇따른 정가 개정에 대응하기 위해 기존의 정가 숫자 위에 새 정가 스티커를 부착하거나 변경이 용이하도록 판권면의 정가 표시는 하지 않고, 커버에만 정가를 기재하는 등, 출판사는 고심했어야 했다.

독자의 저가격 지향은 문고로 이동하여 1971년 고단샤문고/講談社文庫의 창간을 시작으로 츄오고롱샤/中央公論社, 분게슌슈샤/文藝春秋社도 문고를 창간하여 제3차 문고 붐이 일어난다.

문고 경쟁시대의 전형적인 사례는 가도카와문고/角川文庫의 새로운 전개였다. 1976년 요코미조세이시/橫溝正史의 〈견신가/犬神家의 일족〉의 영화화와 미디어 믹스로 성공한 이듬 해 모리무라세이치/森村誠一의 〈인간의 증명〉과 병행하여 이 작품이 영화화되었다. "읽은 다음에 볼까, 보고 나서 읽을까"란 선전 캐츠프레이즈로 TV, 신문 등에서 화제/話題를 일으키고 테마 음악도 크게 히트했다. 〈모리무라세이치 페어〉는 전 28권으로 1,635만 부를 돌파했다고 한다.

영화 TV와의 미디어 믹스는 1960년대 후반부터 신간 출간 종수가 급상승해 온 창작 아동문학 분야에도 파급한다. 1972년에 간행된 타카키토시코/高木敏子의 〈유리 토끼〉(金星社)와 1974년 발행된 하이타니켄지로/灰谷健次郎의 〈토끼의 눈〉(理論社)도 텔레비전 드라마가 되거나 영화화되어 화제를 불러 일으켰다. 아동도서 분야에서는 1970년대에 들어 그림책이 다양화되어 갔다.

1979년은 '국제아동의 해'가 되어 아동 도서 전체가 호조를 보였다.

6. '북 전쟁', 새 저작권법, 출판 정보의 정비

　소매업전체연합회(이하 소매전련/小売全連)는 1971년 최고 75% 할인 운동을 시작한다. 우선 잡지의 출고률(정미/正味)3) 인하를 요구하고 잡지협회와 대화를 시작하고 유통협회를 추가한 3자 회담을 거듭하여 11월에 2% 인하를 합의했다. 또한 소매전련은 1970년 6월 '도서잠정각서'를 바탕으로 정가별 단계 공급률/正味制의 이행에 대해 1971년부터 출판사, 유통회사와 공급률 인하 협상을 했으나 타결되지 않았고, 서점 측은 1972년 9월 1일부터 12일까지 사상 최초의 서점 파업을 행사하고 경영난을 호소했다. 시중에서 '북 전쟁'이라고 했는데, 결국 이해 10월 18일 3자간 합의에 도달하고 출판사 출고 할인율을 2.5%, 도매 출고율을 2% 인하하여 12월 이후 실시했다.

　1969년 서독의 베텔스만/Bertelsmann이 독자적으로 북 클럽을 일본에서 시작한다는 계획을 발표하자, 이에 맞서 출판사, 유통회사, 서점이 협력하여 (주)전일본북클럽을 만들었다. 그러나 외국 자본의 투입은 없었다. '전일본북클럽'은 문학전집, 레코드 전집 등을 서점을 통해 회원과 연결하는 데 큰 특징이 있다. 이 클럽은 1970년 7월 영업을 시작하였지만, 실적이 부진해 1972년에는 20분의 1로 대폭 자본을 감축하지 않을 수 없었고 1973년에 해산했다.

　1971년 1월 전면 개정된 저작권법이 시행됐다. 출판계는 조판면/組版面의 보호를 요구했지만, 이는 채용되지 않았고, 기존의 '저작권'의 규정이 거의 그대로 유지됐다.

　1972년은 '국제도서의 해', 이 해 우에노/上野 도쿄문화회관에서 이벤트가 개최되었다. 이것은 유네스코의 제창에 의한 것으로 〈모두에게 책을…〉이란 슬로건을 내세웠다.

　1974년 사전/辭·事典 교과서의 노포/老鋪 산세이도/三省堂가 회사 갱생법을 신청하면서 도산되었다. 1978년 치쿠마쇼보/筑摩書房가 '회사갱생법'의 적용을 신청하였는데, 양심적인 출판사를 지원하자는 목소리가 높아져 매스컴의 주목을 받았다.

　1973년 오일 쇼크를 계기로 출판 유통 단계에서의 효율화, 합리화가 진행된다. 출판사의 거래 계좌를 개설할 수 없다는 호소가 잇따르는 가운데, 지

---

3) 정미/正味: 출판사나 도매상이 책을 서점에 배부할 때 정가에 따른 소매점의 이익 마진을 고려한 정가에 대한 일정 출고 할인율을 뜻하는 '도매율'의 일본 용어로서, 이 책에서는 공급률 및 출고율이라고도 옮겼음. -역자 주

방출판사와 작은 출판사의 거래 대행 계좌로 1976년에 (주)지방소출판/小出版 유통센터가 설립되었다. 지방 출판, 중소출판사의 출판물에 관심을 갖자는 시대적 요구가 센터 설립의 배경이었다. 1970년대 초반부터의 정가 인상에 따른 매출 증가가 있었고, 1976년 출판계의 총 매출이 처음으로 1조 원을 넘어서게 된다.

1976년에는 국제출판협회/IPA의 대회가 교토를 중심으로 개최되었다. 출판계가 총동원하여 준비했던 치밀한 대회 운영이 해외 참가자들에게 강한 인상을 주었다. 서적협회는 1976년에 〈출간 예정도서/近刊〉를, 1977년에는 〈일본도서 총목록집〉을 출간했다. 이것은 출판 정보를 정비함으로써 "보다 빨리 확실히 독자에게 책을 보낸다."라는 서적협회 중심의 '출판자료정보센터 구상'(1976년)이 구체화된 것이다. 1979년에는 '출판유통대책협의회'가 발족했다.

7. 잡고서저/雜高書低의 1980년대

1980년대를 잡지의 시대라고 한다. 전에는 서적 매출액이 잡지보다 많았었는데, 이것이 역전했기 때문이다. 이후 현재에 이르기까지 잡지의 매출 우위는 변화가 없다. 일기 기압 배치에 비유해 '잡고서저/雜高書低'라는 문구가 사용됐다. 덧붙여, 1980년만 해도 연간 창간 235개의 잡지를 기록하였고, 기존에 없었던 장르의 잡지 창간이 잇따랐다. 〈Number〉(文芸春秋 발행), 〈BOX〉(다이아몬도샤), 〈샤라쿠/寫樂〉(小学館), 〈코즈모폴리턴/Cosmopolitan〉(集英社), 〈토라바유/とらばゆ〉(就職情報センター), 〈브루투스/Brutus〉(平凡出版), 〈빅 투모로/BIG Tomorrow〉(青春出版社) 등 다양한 잡지가 나왔다. 또한 1981년에는 사진 잡지〈포커스/FOCUS〉(新潮社), 과학 잡지〈뉴튼/Newton〉(教育社), 〈다카포/ダカーポ〉(平凡出版), 〈카이엔/海燕〉(福竹書店), 〈With〉(講談社), 〈CanCam〉(小学館) 등 독특한 잡지가 창간되었다.

1981년은 1970년대를 통해 고도성장을 계속해온 출판계 전체의 성장률이 2차 오일 쇼크의 영향으로 1.9%로 격감한 해였다. 더불어 1982년 4.3%, 1983년 3.4%, 1984년 2.6%로 모두 1970년대에 비해 낮은 성장률 추이를 보이고 있다.

1983년은 〈겍캉가도카와/月刊角川〉(角川書店), 〈상상/San·San〉(学習研究社), 〈비비/ViVi〉(講談社), 〈프리/Free〉(平凡社), 〈리/LEE〉(集英社), 〈세이/SAY〉(青春出版社) 등 다양한 잡지가 창간된다. 사상 최고로 1980년을 웃도는 257개지가 1년에 창간되었다.

잡지의 특징은 판형의 대형화, 시각화, 가로 문자의 제목과, 내용면에서 실리적인 것이 많았고, 세분화가 진행되었다. 잡지는 정기간행물이므로 일정한 부수가 판매되면 소득 안정을 기할 수 있고 광고 매체로서도 수익이 예상된다. 또한 연재 작품은 향후 단행본이 되는 등 많은 이점이 있다. 대체로 경제적으로 안정기였기 때문에 광고주의 잡지 광고 비용은 윤택했다. 이러한 경향은 1990년 버블 붕괴까지 계속된다.

1984년에는 〈케이분 문고/ケイブン文庫〉, 〈와니 문고/ワニ文庫〉〈피에치피/PHP 문고〉〈고분샤문고/光文社文庫〉〈고단샤문고/講談社文庫〉 등이 창간되어 제4차 문고 붐이 도래했다고도 말할 수 있다. 월 약 300종의 신간이 출판되어 1,000억 엔의 시장이 형성되었다.

1981년 기록적인 밀리언셀러가 된 쿠로야나기테츠코/黒柳徹子의 〈창가의 토토상〉(講談社)은 침체되는 출판계에 충격을 주었고 이 해에만 400만 부를 판매했다. 문예 서적 장르로는 1987년 다와라마치/俵万智의 〈샐러드 기념일〉(河出書房新社)의 등장도 충격적이었는데, 몇 년 후에 250만부를 넘었다. 1988년에는 무라카미하루키/村上春樹의 〈노르웨이의 숲/상실의 시대〉와 〈댄스 댄스 댄스〉(講談社)가 연간 베스트셀러 톱과 3위를 차지하여 하루키/春樹 붐이 일어났다. 또한 이 해 화려하게 데뷔한 요시모토바나나/吉本ばなな(일본의 인기 작가)는 1989년에 〈TUGUMI〉(中央公論社), 〈키친/Kichen〉(福武書店), 〈백하야선/白河夜船〉(福武書店), 〈슬픈 예감〉(角川書店)이 연간 베스트셀러 1위, 2위, 6위, 8위를 차지, '요시모토 바나나 현상' 등으로 불리면서 화제를 일으켰다. 〈TUGUMI〉는 140만 부, 〈백하야선/白河夜船〉은 80만 부를 기록하였고 10대에서 20대 여성 독자를 사로잡았다.

1980년대는 경박단소/輕薄短小 시대라고도 한다. 잡지 같은 서적이 많아졌다. 코믹만화, 문고, 신서도 속속 등장한다. 또한 1970년대 초반에는 잡지 같은 책 〈무크/Mook〉가 발간되었고, 1980년대에 들어서면서 '사진 잡지'의 창간이 잇따랐다. 1981년 창간된 〈FOCUS〉가 1983년에 최고 발행 부수 170만 부를 기록한 것을 따라 1984년 〈FRIDAY〉(講談社)에 이어 1985년 〈Emma〉(文藝春秋社)가 창간되었는데, 전성기인 1986년에는 총 500만 부가 발행되었다고 한다. 경박단소/輕薄短小라고 하는 가운데, 헤이봉샤/平凡社와 쇼가쿠칸/小學館이 같은 시기(1984년)에 〈백과사전〉을 간행하여 경합했다.

출판업계 동향은 1978년 공정거래위원회의 재판매/再販賣 개선 검토 논의 결과, 1980년 10월부터 새로운 재판매 제도를 실시하게 되었다. 새로운 재판매제는 출판사가 자기 의사로, 재판매 시점부터 자유가격/自由價格의 부분 재판매 출판물, 그리고 일정 기간을 거친 후 자유가격을 시행하는 시한재판/時限再販賣 출판물 중 어떤 것을 선택하게 하는 제도로서 재판매물에는 '정가' 표시가 요구되었다. 이의 운용을 위해 '출판물 가격 표시 등에 관한 자율 기준' 등을 만들었다.

1980년 1월 '일본도서코드관리위원회'가 발족하여 도서 코드에서 ISBN으로 전환이 결정되고 1981년부터 실시되었다.

8. 뉴미디어의 시대로

1983년을 출판계는 '뉴미디어 원년'이라고 한다. 많은 뉴미디어 관련 서적이 간행되고, 활자 매체 이외의 개발에 관심이 높아졌기 때문이다. 1985년 일본 최초의 CD-ROM 소프트웨어로, 일·영·독 3개국 〈최신과학기술용어사전〉(三修社)이 간행되었다.

전자화의 흐름은 출판물 제작 현장도 크게 변화시켰다. 1970년에 처음 실용화된 컴퓨터 조판(CTS)[4]은 1970년대 말에 드디어 널리 보급되었다. 1979년 〈이와나미기본육법/岩波基本六法〉은 활자 조판에서 CTS로 전환되었다.

편집·제판 현장의 전자화는 더욱 진행되어 1980년대 후반에 데스크톱 출판(DTP)[5]의 등장을 맞이하게 된다. 출판사, 하드 업체, 소프트웨어 회사 등 전자 출판에 관련된 기업이 협력하여 '일본전자출판협회/JEPA'를 설립한 것은 1986년이다.

1983년 패밀리 컴퓨터의 등장은 출판계에 큰 영향을 미친다. 특히 1986년 〈드래곤 퀘스트/Dragon Quest〉 발매 이후, 잡지 부수를 늘리고 인기 소프트 공략본(책)이나 공식 가이드북을 속속 베스트셀러로 끌어 올리는 밀리언셀러가 속출했다. 이러한 가운데, 1985년에 〈슈캉쇼넹점프/週刊少年 Jump〉가 호당 400만 부를 넘어 1988년 500만 부를 돌파했다. 또한 1986년이 이시노모리쇼타로/石の森章太郎의 〈만화 일본경제입문〉(日本經濟新聞社)이 대히트, '성인 정보 만화'라는 분야를 확립했다.

복사기의 발달에 따라, 출판물의 무단 복제가 증가하고 특히 전문 도서의 매출에 심각한 영향을 주게 되었다. 1985년 저작권심의회 제8소위원회는 1990년 6월 보고서를 공표하고 출판인들에게 저작인접권을 인정하는 것이 적당하다는 결론을 냈지만, 경제계의 반대로 법제화는 실현하지 못했다. 또

---

4) CTS-Computerized Typesetting System의 약자로 컴퓨터에 의해 판면 조판을 하는 책 편집의 전자화를 일컫는 용어임. -역자 주

5) DTP-Desk Top Publishing의 약자로 컴퓨터에 의한 전자화 출판을 일컫는 용어 -역자 주

한 일본복사권센터가 1991년 9월에 설립되었다.

1985년 자민당 의원 입법으로 상정된 '국가기밀에 관한 스파이 행위 등의 방지에 관한 법률안/國家 秘密法案'에 대해 언론·출판의 자유가 억압될 가능성이 있다는 인식에서, 잡지협회와 서적협회는 이에 강력히 반대하여 출판 관계자(약 1,500명 서명)가 반대 집회를 열었다. 결국 폐안되었지만, 노사/勞使를 넘어 다양한 출판 관계자가 이렇게 결집한 것은 드문 일이었다.

1989년 4월에는 1987년에 도입하려던 '매출세법안/賣出稅法案'이 폐안된 후 소비세(3%)가 도입되었다. 내세/內稅 또는 외세/外稅로 할지 논의가 있었는데 기본적으로 '내세' 방식을 선택했지만, 가격 표시의 변경으로 출판업계는 커다란 부담을 강요당했다. 이 경험을 바탕으로 정가는 본체 가격 표시와 '외세' 방식으로 전환했다.

1989년 출판계의 매출은 2조 엔에 달했다. 1976년에 1조 엔을 넘은 후 13년이 걸렸다.

9. 버블 붕괴의 1990년대

1990년대는 버블 붕괴에 의한 일본 경제의 파탄으로 경기 침체 시대로 들어갔다. 1990년대 초반에는 탤런트 에세이집과 사진집이 히트했다. 1990년 베스트셀러에는 니타니유리에/二谷友里恵의 〈사랑받는 이유〉(朝日新聞社)가 1위가 되었고, 1991년에는 시노야마마키싱/篠山紀信이 촬영한 미야자와리에/宮沢りえ의 사진집 〈신디페/Santa Fe〉(朝日出版社)가 화제를 불렀고 베스트셀러가 되었다. 이 해 사쿠라모모코/さくらももこ 저 〈모모의 통조림〉(集英社)이 연간 베스트셀러 상위에 랭크되고, 비토다케시/ビートたけし의 〈그래서 미움받는다〉(新潮社)가 2위. 또한 1992년의 1위도 사쿠라모모코의 〈잔나비의 걸상〉(集英社)이, 그 이후에도 매년 사쿠라모모코의 작품이 베스트 10위에 들어갔다.

1993년 〈이소노가의 수수께끼/磯野家の謎〉(飛鳥新社)는 인기 만화를 소재로 한 수수께끼 풀이 책으로 속편 〈이소노가의 수수께끼-한 그릇 더/磯野家の謎-おかわり〉(飛鳥新社)도 합치면 240만 부 팔린 베스트셀러가 되었다. 이를 따라 '세타가야사자에연구회/世田谷サザエさん研究会'의 〈사자에씨의 비밀/サザエさんの秘密〉(데이터하우스), '세타가야도라에몽연구회/世田谷とらえ門研究会'의 〈도라에몽의 비밀〉(데이터하우스) 등도 베스트셀러에 진입하여 이 무렵 만화를 소재로 한 책이 50권 이상 출판되었다.

탤런트가 집필한 책으로 〈유서/遺書〉(朝日新聞社), 〈마츠모토/松本〉(朝日新聞社), 〈마츠모토 히토시아이/松本仁志愛〉(朝日新聞社) 등 마츠모토히토시/松本仁志

의 글이 모두 베스트셀러가 되었다. 또한 TV쇼와 제휴한 와랏데이이도모/笑っていいとも 편의 〈타모리의 다운타운 세기말 퀴즈〉(扶桑社), 사루칸세키/猿岩石 저 〈사루칸세키 일기 1・2/猿岩石日記 1・2〉(日本텔레비전放送網), 프로그램 스텝 편 〈발굴! 있다 대사전 1・2/発掘！あるある大事典1・2〉(칸사이/関西텔레비 放送網) 등이 베스트셀러에 진입하여 TV의 영향력을 실감나게 했다. TV프로그램과의 제휴나 TV에서 화제/話題나 베스트셀러만들기에 크게 기여하였기 때문에 탤런트나 프로그램과 제휴한 출판물이 1990년대 이후 크게 늘어난다.

오에겐자부로/大江健三郎가 1994년도 노벨 문학상을 수상한 것도 큰 화제 중 하나다. 대형 서점은 특설 코너를 만들어, 누계 70만 부를 발행한 〈히로시마 노트/廣島Note〉(岩波書店)가 5만 부 긴급 중판하는 등 오에 작품은 누계 120만부가 증쇄됐다.

1990년 후반이 되면, CD-ROM 출판이 다양화되고 1998년에는 〈세계대백과사전〉(日㊅ 디지털 平凡社), 〈슈퍼 니포니카/Super Niponica〉(小學館), 〈엔카르타백과사전99/Encarta百科事典 99〉(마이크로소프트) 등 백과사전의 CD-ROM 출판이 계속 발매되고 사・사전/辞・事典의 전자화가 가속화되어 갔다. 또한 출판물의 인터넷에 의한 판매도 다양화되고 디지털 콘텐츠의 전산망 판매도 시작되었다.

10. 소비세 도입과 재판매 제도

1989년 소비세가 도입되어 출판계의 혼란은 1990년대 들어서도 계속됐다. 그것을 단적으로 보여주고 있는 1990년 일본서적연맹의 〈소비세에 관한 앙케트〉이다. "폐지해야 한다."가 53%, "매출이 줄었다."는 40.7% 등이 주된 내용이었다.

유통협회/取協는 1989년 '서적 적정 유통 목표'를 발표했다. 소비세 도입에 따른 혼란과 일손 부족에 의한 유통 비용의 증가가 영향을 미치는 가운데 〈유통백서/流通白書〉가 나왔던 것이다. 서적 취급의 적자를 분석하고 '적정 정가' '적정 마진'의 필요성을 호소하였다.

이러한 가운데 공정거래위원회/公取委는 1991년 '독점금지법 적용 제외 제도의 재검토'를 공표하고 다음 해 1992년 저작물 재판매/再販賣 제도에 대해 종합적인 검토를 실시하기로 했다. 재판매를 논의하는 가운데 공정위/公取委에서 "1980년에 새로운 재판 제도가 실시되었지만, 비재판/非再販 서적은 거의 간행되지 않았고 재판매 제도의 운영은 경직되어 있어 비재판 상품 출판을 쉽게 하는 유통 정비가 부족하다."는 지적이 있었다. 이후 2001년 '재판매 존치' 결정이 취해질 때까지 10년간 재판매 논의가 계속되게 된다.

1990년 독일 프랑크푸르트 도서전 '일본의 해'에, 일본에서 많은 출판 관계자와 작가가 참여했다. 국제 교류의 장을 통해 세계에 일본의 전통 문화와 출판문화의 현재를 소개하고 성공을 거뒀다.

　1990년, 소년·소녀 대상 만화에 지나친 성 표현이 있다는 지적이 있었다. 이 문제는 출판윤리협회를 중심으로 대처하고 〈성인 만화〉 마크 표시 등을 건의함과 동시에 국회, 정부 관계부처, 각 정당에 자율규제를 존중해 줄 것을 호소했다. 만화 문제는 1994년 무렵까지 대응이 요구되었지만, 업계의 자율규정을 존중해 온 도쿄도/東京都, 그리고 〈청소년 조례〉 속에 유해 도서 규제가 없었던 오사카시, 교토시, 히로시마시 등에서 조례의 개정이 있었다. 이후 청소년 조례에 의한 유해 도서 규제가 강화되고 국회에서 입법화 움직임이 나왔지만, 잡지협회와 서적협회는 표현의 자유와 자율규제를 존중하는 관점에서 정부입법에 반대 자세를 취했다.

　유통협회(取協)가 〈유통백서〉를 발표하면서, 일본서적연맹은 1991년, 9년 만에 〈전국 소매 서점 거래 경영 실태 조사〉를 실시했다. 이에 따르면 서점의 절반 이상이 영업난을 호소하고 있었다. 그 이유는 출판물의 정가 상승률이 낮아 경영 비용을 흡수할 수 없다는 것과 이윤이 거의 없다는 등 기본적으로 낮은 마진 때문이라고 하였다. 이 조사로부터 15년이 경과한 2006년에 실시한 〈경영 실태 조사〉에서는 전체의 85.6%가 경영 상태가 "나빠졌다"고 응답했다. 매장 면적 40평 이하의 소서점이 70%를 차지하고 있는 현실에서 '서점의 감소', '대형 서점의 출점', '입지 환경 악화', '베스트셀러와 히트 상품의 입하 난망', '중고서점 출점'이 영향을 주었다고 한다.

　서점 경영이 어려워지고 있다는 것을 상징하듯, 1990년대 이후 출판계는 문제가 산적했다. 재판매 문제, 소비세 5% 도입, 대형서점의 출점 경쟁, 도매 회사의 유통 센터 확충, 출판계의 기반 정비 사업으로 '일본출판인프라센터'와, 출판물대여권관리센터가 설립되고, '개인정보보호법' 시행 등 출판계의 구조 변화, 업계 3자의 거래 관계의 변화 등 예를 들자면 끝이 없을 정도이다.

　다른 한편으로는 IT의 진화에 의한 일본의 모든 정보 기반 구축이 엄청난 기세로 진행되고 있다. 오늘날, 인터넷 이용자는 8,000만 명을 넘었고 휴대전화는 1억대 가량 사용되고 있다고 한다. 그 영향은 국민 생활과 문화를 급격하게 바꾸고 있는 것이 사실이다.

　큰 시장을 획득한 전자출판의 일례가 〈전자 사전〉이다. 그 시장 규모는 2005년 당시 이미 330만 대, 600억 엔 시장으로 추정되고 있다. 반면 종이 사전시장은 최근 10년간 300억 엔에서 250억 엔까지 축소된 것으로 알려져 있다.

또한 전자책 유통 사업의 중심이 되고 있는 것은, 휴대전화로 배송되고 있는 전자책으로 2006년 3월 시점에서 전자책 시장 규모 94억 엔 중 약 반인 46억 엔을 차지하는 것으로 되어 있다.

11. 마이너스 성장의 10년

2000년은 '어린이 독서의 해'로 독서추진운동의 일환으로 읽고 듣기 운동을 비롯하여 전국에서 독서추진 캠페인과 강연회가 실시되었다. '아침 독서'를 실시하는 초·중·고를 합쳐 전국에서 5,000개교에 달했다. 태어날 때부터 책을 즐기자는 '북 스타트' 프로젝트도 시작되었다. 같은 해 5월 5일에는 도쿄 우에노/上野에 '국제 어린이 도서관'이 개관되어 기념 이벤트에 10만 명이 참가했다. 그리고 이해 영국에서 온 〈해리포터와 마법사의 돌〉(靜山社)이 폭발적으로 히트하고 이를 계기로 21세기에 공전의 판타지 붐이 열렸다. 〈해리포터〉 시리즈의 영화화도 인기를 끌어, 이것이 계기가 되어 판타지의 고전 명작, 톨킨의 〈반지의 제왕〉(評論社)이나 루이스의 〈나니아 연대기〉(岩波書店)도 영화화되었으며 모두 히트하여, 원작 책과 거듭된 중판으로 그 어느 때보다 많이 팔렸다.

2006년 출판계의 총 매출액은 2조 2,627억 8,537만 엔(전년 대비 1.3% 감소)이었다. 내역은 책이 1조 94억 5,011만 엔(2.2% 증가)으로 플러스로 돌아섰다. 잡지는 1조 2,533억 3,526만 엔(3.9% 감소). 서적의 플러스에 반하여 잡지는 대폭 감소하여 결과적으로 마이너스 성장을 기록했다. 2004년의 소폭 증가로 플러스가 되었던 해를 제외하면 10년 연속 전년 미달 상황이 계속되고 있다. 참고로 2006년 총 매출액은 1991년과 거의 같은 금액이다. 즉 15년 전 수준까지 떨어졌다. 그런 가운데, 〈해리포터〉 시리즈가 2000년부터 거의 격년으로 간행되어 높은 가격 상품인 데다가 신간 출시마다 밀리언셀러를 기록하여 부진한 출판계의 호상재/好商材가 되었다. 또한 수년 동안의 신서/新書 붐 속에서 후지하라마사히코/藤原正彦의 〈국가의 품격〉과 연필로 색칠하는 서사본/書寫本이 속속 출판되어 베스트셀러가 된 것도 서적이 성장한 요인이다.

2006년의 신간 종수는 8만 618종(전년 8만 580종)이었다. 신간 종수 증가 이유는 우선 자비 출판물이 크게 늘어난 데 따른 것이다. 자비출판물을 일반 상업출판물처럼 취급할 것인가, 어떻게 자리매김 할지는 출판계의 과제이지만, 자비 출판이 활발하게 된 것은 '쓰기'에 흥미와 관심을 갖는 사람들이 증가했다고 할 수 있다.

또한 신간 종수의 증가 이유로서 서적의 라이프 사이클이 짧아지고 기간본의 매출이 침체되어 이를 보충하기 위하여 신간에 의존할 수밖에 없는 출판사 측의 사정도 있다고 할 것이다.

신간 종수의 추이를 보면, 1982년 3만 종을 돌파, 1990년 4만 종, 1996년에 6만 종을 넘어 2001년 7만 종, 2005년에 8만 종을 넘었다.

12. 잡지의 장기 하락 경향

잡지 판매는 감소폭이 크고, 1996년을 정점으로 이후 10년 이상 장기 하락 추세에 있다. 특히 2005년 이래 잇따른 무료 잡지와 광고 신문의 창간에 의하여 광고 수입도 영향을 받고 있다. 버블 붕괴 후, 잡지 광고 수입 감소에 제동은 걸리지 않았다. 이런 가운데 2007년에는 인터넷광고 매출액이(잡지 광고 수입을) 앞지를 것이란 예측을 덴츠/電通가 보여주었다.

무료 신문의 속출과 인터넷 광고의 성장을 경기회복 조짐으로 보는 시각도 있지만, 향후 잡지 광고 수입의 현실을 보면 어려운 전망이다. 잡지 부진의 원인은 나중에 살피지만, 잡지의 다양화(약 4,500종)와 세분화 현상은 독자 수요/needs의 다양화이며, 취미, 오락, 마니아성, 전문성에 대응한 것으로, 적은 부수로 채산성을 채울 수 있는 방법으로 출판이 계속되고 있다. 광고 수입을 기대하지 않고 발행하는 잡지도 있지만, 어려운 것은 광고 수입이 생각한 만큼 들어오지 않으면 살아남지 못하는 것이 잡지의 속성이다. 그러나 작금의 창간지(주로 여성 패션 잡지)에서 젊은 여성을 타깃으로 하여 광고를 하는 기업의 전략을 교묘하게 반영하여 성공한 사례도 있다.

13. 인터넷의 보급과 출판

일본 경제가 버블이 붕괴한 1990년 단계에서도 출판계는 6.8%의 성장을 유지하고 있었다. '출판계는 불황에 강하다'라는 환상이 있었다. 그러나 1996년을 정점으로 장기 하락 추세 속에서 '불황에 강하다'는 기대를 가질 수 없게 되었다. 동시에 새로운 미디어의 출현으로, 출판물의 기능과 역할의 변화가 보이기 시작했다. 단적인 예가 1995년 판매된 컴퓨터 소프트웨어 '윈도 95'로 계기가 되었다. 비교적 싼 가격으로 사용하기 쉬운 PC의 출현으로 인터넷을 사용하면서, 다른 한편 휴대전화의 급속한 보급은 이용자의 일상생활에 불가결한 존재가 되었다. 이른바 유용한 정보가 기기를 통해서 입수 가능하게 되었다. 여기에 걸리는 시간, 비용은 결과적으로는 출판물을 멀리 하는 요인의 하나가 되었다.

아이들은 게임, 휴대전화, 인터넷을 사용하게 되었다. 텔레비전도 인터넷과 연동하여 프로그램 내용을 변화시킨다. 2, 3년 전부터 전자책이 증가하고 있다. 대부분은 과거 출판물의 전자화이지만, 꾸준히 늘어가고 있다. 휴대폰 소설도 늘어가고, 〈2채널/2チャンネル〉 또는 블로그에서 출판물화의 움직임이 현저한데, 향후 이러한 추세는 더욱 가속화될 가능성이 있다.

출판 매출 감소에 적지 않은 영향을 주고 있는 현상은 전국 3,000개의 만화찻집이다. 만화를 읽는 사람들이 늘고 이것은 만화 잡지와 단행본의 매출에 영향을 주고 있다. 1995년 신년호에서 653만 부의 경이적인 발행 부수를 기록한 〈슈캉소넹잠프/週刊少年Jump〉도 절반 이하로 부수가 떨어졌고, 코믹 만화 단행본의 발행 부수도 점점 줄어들고 있다.

신고서점/新古書店의 개점으로 수십 년 전부터 신간을 사지 않고서도 헌 서적을 싸게 살 수 있게 되면서 서점의 손님을 빼앗아가고 있다.

인터넷 서점의 매출은 점점 증가하고 있지만, 헌책/古書의 저가 구입이 인터넷에서 가능해지면서 확대되고 있다. 신간이 바로 고서로 인터넷에서 경매되고 있는 것이다. 기존서점, 유통회사의 인터넷 매출도 늘고 있다. 인터넷을 통해 출판사, 유통회사, 서점, 독자의 판매 루트에도 큰 변화가 일어나고 있다.

일본의 공공도서관은 약 2,800개소가 있다. 최근 도서관의 대출 비율은 높아지고 있는데, 연간 약 6억 권이 대출되고 있다. 또한 도서관에서 책을 읽는 사람도 증가하고 있다. '책은 빌려 읽는 것'이라고 생각하는 사람들이 늘고 있는 것이다. 소위 〈무료 대여서점〉론/論인 것이다.

2003년 경 일본문예가협회는 "도서관은 베스트셀러를 수십 권이나 구입하여 원본이 팔리지 않는다."라는 문제를 제기하였다. 그런데 서적협회와 일본도서관협회가 조사한 결과, 베스트셀러 책의 도서관 구입은 예상외로 적었다. 최근 공공 도서관 예산의 도서 구입비 감소가 두드러지고 있다. 특히 도쿄도/東京都의 경우 몇 년 동안 20~30%나 감소하고 있다. 일본의 도서관은 선진국과의 비교하면 아직 빈약하다. 도서 구입비 감소는 도서관의 기본 도서라 할 자료성이 높은 학술서, 전문서의 출판을 점점 어렵게 하고 있다.

14. '문자·활자문화진흥법'의 제정

전후 일본 출판계의 발전은 재판매와 위탁판매 제도의 두 제도에 뒷받침되어 왔다. 그만큼 1978년 당시 하시구치/橋口 공정위 위원장의 '재판매 재검토 발언'은 큰 충격이었다. 하지만, 이를 계기로 재판 제도의 의의를 재확인하게 되었다. 이후 공정위와 출판계와의 논의는 현재까지 계속되고 있다.

1980년 새 재판매 제도로 이행하면서 출판계는 이에 대응했지만, 공정위/公取 委는 1991년 이후 다시 재판매제도/재검토를 강요해 왔다. 출판계는 재판제의 필요성을 강조하지만, 1998년 공정위는 〈저작물 재판매 제도의 취급에 관하여〉를 공표하고 출판계가 시정해야 할 6항목을 제시했다. 이에 대한 대응으로 출판계는 〈출판유통백서 - 재판매 제도 탄력 운용 보고서〉를 매년 발간하고 대처 상황을 보고하고 있지만, 구체적인 노력의 결과로 2001년 3월에 재판매제가 '당분간 존치'하게 되었다. 재판 제도의 탄력적 운용을 다양한 형태로 실시하는 것이 재판매 생존 기본 인식이 있기 때문이다.

장기간의 마이너스 성장 속에서 출판계는 다양한 시행착오를 계속하고 있다. 이 어려운 10년 동안 독서추진운동이 활발해진 것도 그 하나이다. '북 스타트/Book Start 운동', '아침 독서', 대형출판사가 독자적으로 추진하는 '독서 추진 캬라반', '잡지애독 월간', 유통회사 및 서점의 "읽고 들려주기 캠페인", 대학생협의 독서 마라톤이 활발하게 전개되었다.

이 운동은 다시 정치, 행정도 끌어들여 큰 흐름을 형성한다. 1999년 중·참 /衆参 양원에서 2000년을 '어린이 독서의 해'로 한다는 결의가 채택되었다. '어린이 독서의 해'를 추진하기 위해 1999년 10월에는 출판사, 출판관계 각사와 단체, 도서관 단체, 저작권 단체, 독서 활동 단체 등으로 '어린이 독서의 해 추진 회의'가 설립되었다. 이러한 활동은 2001년 12월 '어린이 독서 활동추진 법' 시행으로 결실되어 갔다.

2005년에는 초당파 국회의원 286명이 만든 '활자문화의원연맹'이 제안한 '문자·활자문화진흥법'(법률 전문, 이 역서 제8장 참조)이 제정, 시행되었다. 이 두 법률의 이념을 민간 주도하에 국민적 확대와 실천을 위해 출판계와 신문업계가 연계하여 각계각층에 호소한 '문자·활자문화추진기구'가 드디어 2007년 10월 설립되었다.

15. 디지털 콘텐츠 각광

국제화의 진전과 미디어의 다양화 등의 정보 환경의 변화가 가속화되고 정보의 수용과 의사소통의 방법도 크게 달라지고 있다. 이러한 가운데, 21세기에 들어서, 디지털 콘텐츠가 갑자기 각광을 받았다. 방대한 양의 사전/辭·事典이 디지털화되고 인터넷이나 휴대 전화로부터도 액세스할 수 있게 되었다. 또한 전자사전에 탑재되어 언제 어디서나 간편하게 사용할 수 있게 되었다.

한편, 책이 디지털화됨에 따라 다양한 미디어 및 장비로 전환되고 이들이 출판물에 미치는 영향이 우려되고 있다. 그러나 이들은 출판계가 오랜 경험과 노력의 축적에 의해서 만들어낸 출판물이 있었기 때문에 성립한 것이다.

영상 콘텐츠의 대부분도 애니메이션이 만화를 소재로 하고 있을 뿐 아니라 소설을 원작으로 한 영화와 TV 드라마도 무수히 많다. 이 콘텐츠는 책이 없었다면 탄생할 수 없었을 것이므로, 출판이 이루어낸 공적은 실로 크다.

만화나 소설도 이제 인터넷이나 휴대폰으로 읽을 수 있게 되었다. 이 역시 출판계가 길러온 문화의 집적이다. 특히 만화는 오늘날 세계에 자랑하는 다양하고 풍부한 〈MANGA/만화 문화〉로 성장했다. 여기까지 만화를 길러온 작가는 물론이지만, 그것을 구체적으로 뒷받침해 준 출판사와 편집자 음덕을 무시할 수 없다. 최근에는 일본 만화, 애니메이션 그리고 거기에서 탄생한 엄청난 캐릭터가 세계적으로 공전/空前의 붐이 되었고 이들은 이제 콘텐츠 산업의 중핵이라고 해도 좋은 프로덕트가 되었다. 잡지문화와 출판문화의 오랜 축적에서 발생한 것을 감안할 때, 출판계가 담당해온 역할의 크기를 이해할 수 있다.

일본의 출판이 본격적으로 산업화한 것은 1888년대에 들어선 이후의 일로서, 이미 에도/江戸 시대부터 상용화된 출판이 존재했었다. 그러한 긴 역사 속에서 출판이 독자성을 유지해 온 것은 개인의 표현 행위를 고유의 출판물로 다양하게 구체화하고 널리 전파해 왔기 때문이다. 출판·표현의 자유는 각종 출판물을 자유롭게 간행할 수 있는 상황을 자신의 책임으로 만드는 것이다. 전후의 출판과 출판계의 동향은 구체적인 발자국이기도 하다.

출판이 침체하고 있다고 하는 지금이야말로 출판계가 수년 동안 축적해 온 편집 능력과 출판을 영위하여 구축해 온 노하우를 최대한 살려놓을 절호의 기회라고 생각하고 싶다. 미디어가 다양화해 가고 팽대한 콘텐츠를 희구하고 있는 시대야말로 출판의 저력을 재확인해야 한다. 종이든, 디지털이든 출판은 모든 콘텐츠의 원천이며, 다양한 정보를 편집하고 생산하는 〈책〉이라는 미디어가 문화의 발전과 축적에 더욱 큰 의미를 가져오고 있는 것이다.

〈參考文獻〉

〈出版業界〉, 淸水英夫·小林一博 著 東京：敎育社, 1979.
〈本は流れる-出版流通機構の成立史〉, 淸水文吉 著, 東京：日本エディタ-スク-ル出版部, 1991.
〈出版の檢證-戰後から現代まで〉, 日本出版學會 編, 東京：文化通信社, 1996.
〈出版デ-タブック1945-2000〉, 出版ニュ-ス社 編, 東京：出版ニュ-ス社, 2002.
〈新 現場からみた出版學〉, 植田康夫 編, 東京：學文社, 2004.
〈圖說 日本のマスメディア(第2版)〉, 藤竹曉 編著, 東京：日本放送出版協會, 2005.
〈出版メディア入門〉, 川井良介 編, 東京：日本評論社, 2006.
〈出版産業の變遷と書籍出版流通〉, 蔡星慧 著, 東京：出版メディアパル, 2006.
〈出版年鑑(各年版)〉, 出版年鑑編集部 編, 東京：出版ニュ-ス社.
〈出版指標 年報(各年版)〉, 東京：全國出版協會·出版科學硏究所.

△도쿄 국제북페어 전시장에서/1988

제 I 장 출판 유통과 판매

1. 위탁 판매와 거래 문제
(1) 위탁판매제도
(2) 거래합리화 문제

2. 유통 개선
(1) 반품 감소, 책임판매제
(2) 운임·수송 문제
(3) 잡지 발매일 문제
(4) 매장 주문도서의 신속화
(5) 잡지 작성상 유의 사항
(6) 유통 개선 위한 출판 정보의 정비

3. 출판 재판제도의 유지와 운용
(1) 출판 재판 제도의 역할과 과제
(2) 잡지, 서적의 정가 판매의 확립
(3) 재판 적용 제외와 재판매 계약
(4) 포괄적 재판매에서 개별재판매로
(5) 규제 완화와 재판매 제도의 개선
(6) 재판매제도의 존치와 탄력 운용

4. 공정거래 및 경품표시법 등
(1) '경품표시법'과 잡지공정거래협의회
(2) 할부판매와 인터넷 판매 등
(3) 개정 하청법에 대한 대응

일본 출판업계에서의 유통과 판매는 메이지/明治(A.D.1867~1912년) 말년의 위탁판매제(반품 조건부 매매/賣買와 정가 판매제)(현 저작물 재판매제/再販賣制)를 기본으로 하여, 서적·잡지는 출판사 - 중개회사 - 소매서점의 유통 경로를 통해 독자가 구입한다. 거래 조건은 출판사와 중개회사 간의 정가에 대한 취급 마진제(정미/正味)를, 중개회사와 소매서점 간은 정가에 대한 판매 마진제를 취하고 있다.

전쟁 후의 1945년(쇼와/昭和 20년) 이후, 현재까지 일본의 출판업계는, ①공급률/正味 문제 ②출고 비율(出庫掛/가케, %)과 운임 문제 ③재판매제, ④발매일 문제, ⑤반품 감소, 책임 판매제 등의 유통 판매를 통한 여러 과제의 해결이 문제였다. 특히 1956년(쇼와/昭和 31년)에 일본잡지협회(이후, 잡협/雜協 표기)가, 1957년에는 일본서적출판협회(이후, 서협/書協 표기)가 설립된 이후는 일본출판유통협회(取協, 이후 유통협/流通協으로 표기), 일본서점상업조합연합회(이후 일서련/日書連으로 표기)의 4개 단체 간의 과제별 의견을 서로 교환하면서 조정해 오고 있다.

그 중에서도 주된 과제는, 공급률 문제와 서점 위탁 출고 마진율과 운임 문제인 것이다. 공급률 문제는 도서의 정가별 공급률제와 출판사별 하나의 공급률제/正味制가, 1974년의 정가별 공급률 등급 랭킹 개정과 지방에 따라 다른 공급률제 차등 철폐를 위한 공급률 인하와 부담금 등이나, 잡지는 1971년의 정미/正味 개정과 지방에 따른 차별 공급률제를 철폐했다. 서점 수수료나 운임 문제는 지금까지 출판사는 유통회사의 거래 선불이 기본으로 유통회사와 소매서점 간에 해결해야 할 문제이지만, 국철 운임 등의 잦은 인상으로 서적은 1959년 전국 균일 운임에 따른 공급률제도를 실시했고, 잡지는 1967년에 유통회사의 지방서점으로의 운임 청구를 전폐시켰던 것이다.

슥판 루트나 컨비니언스 스도이(ConVenience Store/CVS[1]), 온라인 서점 등 판매 루트의 다양화가 이뤄졌는데, 오늘도 계속되고 있는 과제는 잡지 발매일 문제의 개선, 반품 감소 문제, 정보와 물류의 결합, '경품표시법' 등 공정거래와 소비자 보호에 관한 문제 등이 있으며, 우선 재판매제 유지는 출판업계로서는 당면한 커다란 과제이다.

따라서 제Ⅰ장에서는 잡지협회와 서적협회가 지난날의 이러한 과제들과 부딪치면서 개선에 앞장섰던 역사와 회원들의 고충을 헤아려 반영했던 지난

---

1) CVS: ConVenience Store 〈세븐일레븐〉, 〈패밀리마트〉 등 지하철이나 고속철 역전 등의 편의점 약칭. •역자 주

날의 문제 해결과 앞으로 다가올 미래의 과제들을 미리 앞장서 제시하면서 일본 출판업계의 당면 과제들을 출판 유통과 판매를 중심으로 여기에 열거하고자 한다.

1. 위탁판매와 거래 문제

(1) 위탁판매제도

1) 제도의 성립

1908년, 발행소 다이가쿠칸/大学舘은 당시 전도금제/前渡金制, 매절주문제/売切注文制가 주체인 거래 방법에서 처음으로 반품을 인정하는 위탁판매제도를 도입했다. 잡지에서는 지쓰교노니혼샤/実業之日本社가 1909년 〈부인세계/婦人世界〉 신년호를 내어 성공한 것이 처음이라고 한다. 이후 위탁판매제도는 출판업계에 정착하고, 1919년 '정미판매제도'(2차 대전 후 재판제도로 바뀜)와 함께 업계를 떠받치는 두 바퀴가 되어 오늘에 이르고 있다.

그동안 위탁판매제도 자체는 유지되어 왔으나, 정미판매, 공급률 문제, 반품 감소 대책, 책임 판매제의 논의 과정에서 위탁판매제도의 본래의 역할, 내용 및 운용에 대해서는 몇 번 논의의 도마 위에 올라왔었다. 위탁판매제도는 구입하는 측의 수요가 생산 측 공급을 상회하는 경제 구조 속에서 판매 금액의 증가에 공헌하여 업계 발전의 커다란 원동력이 되어왔으나 1997년 이후 출판업계의 판매 금액이 감소하기 시작하자 수요를 상회하는 생산·공급 과잉을 제어할 수 없는 제도라는 마이너스 측면이 눈에 띄게 되었던 것이다.

2) 전국 균일 운임 포함 공급률제 실시

서적협회/書協가 설립된 1957년 4월 1일부터 일본 국철(国鉄-지금은 JR)은 전후 여덟 번째의 운임 인상을 실시하면서 잡지와 서적의 운임도 개정했다. 설립 초기에 서적협회는 문제에 대처하기 위해 운임문제대책특별위원회(이와사키데츠타/岩崎徹太 위원장, 이와사키쇼텡/岩崎書店)을 설치, 서적협회와 유통협회의 합동거래개선위원회에서 협의하여 7월 잠정 조치를 정리하여 향후 "운임 및 제비용 포함 전국 동일 판매 공급률제"로의 전환을 협의하기로 했다. 한편, 잡지 운임은 잡지협회와 유통협의회가 협의한 결과 3월 말 신규 인상분은 출판사가 부담하기로 했다. 업계 내에서는 인상할 때마다 운임 부담을 둘러싸고 갈등이 격해졌지만, 근본적인 해결책은 미루어왔다.

본래 출판물의 운임부담 문제는 유통회사와 소매서점 사이에서 논의되어야 할 성격의 문제이지만, 서적협회는 업계 전체의 판매에 관한 영구적 제도의 확립이 제일이라는 대국적 관점에서 이 기회에 전국 서점이 거리의 원근에 관계없이 같은 조건에서 정미판매제가 될 수 있도록 함을 주목적으로 하는 전국균일운임 포함 공급률제의 실현을 목표로 했다. 잠정조치 후 유통협의회와의 정력적인 협의를 거듭해, 1958년 3월부터는 일본출판물소매업조합 전국연합회 이후, 소매전련/小賣全連, 오카와요시오/大川義雄 회장과 간담회를 가지고 최종안이 마련되었다. 그 결과 1959년 6월 22일 "각 유통업체의 판매원가에 공급률의 1%를 포함시키는 것"을 골자로 한 '전국균일운임포함 판매제의 각서'[2])가 서적협회와 유통협회 사이에 교환되어 9월 1일부터 실시되었다(이에 따라 지방 판매가 표시는 폐지되었다).

그 제도 실시에 있어서 당면 발생하는 부족 재원을 서적협회 회원 출판사가 부담금을 갹출하도록 하여 해결하였다. 출판사에서 부담금 갹출이 끝난 1961년 9월을 기해 전국균일운임 포함 공급률제가 정식으로 시작되었다. 이에 따라 종래 기존 소매서점이 부담하던 반품운임은 출판사가 책임지는 공급률제가 되었다.

3) 공급률 문제

반품을 인정한 위탁판매제도에서 출판사가 서적, 잡지 판매 잔량에 대해 최종적 책임을 지는 것이 기본이지만, 그러한 제도 속에서의 유통회사, 소매서점의 적정 이익 구조를 둘러싸고, 출판사의 발행 공급률이 항상 논의의 쟁점이 되었다.

일본출판유통에서의 출판사-유통회사 간, 유통회사-소매서점 사이에 출판물의 취급 수량에 따라 변동하는 취급 이윤제가 아닌 고정화된 매출 이윤제에 근거하여 운영되어 왔다. 따라서 소매서점의 판매가격이 정해져 있는 재판매제도하에서는 필연적으로 출판사 발행 공급률에 의거하여 유통 단계의 이익배분이 초점이 되었다.

1961년 5월 소매전련은 낮은 이윤의 시정, 노동력 확보를 위해 공급률 인하를 요구하는 '적정이윤 획득 전국서점총궐기대회'를 개최하여 서적협회, 잡지협회, 유통협회를 각각 방문하여 결의문을 전달하고 공급률 문제에 불을 붙였다. 그 과정에서 업계 전체의 거래 합리화에 대한 의견 교환의 장으로서

---

2) '전국균일운임 판매제'의 각서(1959년 6월 22일).

출판사, 유통회사, 소매서점의 유지로 구성된 '출판판매합리화심의회'(아카오 요시오/赤尾好夫 회장, 오분샤/旺文社)가 1961년 7월 결성되었다. 심의회는 공급률 문제, 거래합리화, 노무 대책의 3분과회를 설치, 검토한 끝에 동년 10월 13일 보고서[3]를 시안으로 발표했다. 그 중에 "공급률의 적정화, 거래 합리화에 의한 정미 인하의 조기 실현이 바람직하다"고 제언했다. 또한 12월, 유통협회에서 서적협회에 판매합리화에 대한 간담회 요청을 기회로 서적협회는 거래문제특별위원회(가네하라/金原 위원장, 의학서원/醫學書院)를 설치하여 문제를 해결하기로 했다.

소매전련은 이 운동을 우선 잡지의 공급률에 목표를 두고, 일부 서점에 의한 〈슈후노토모/主婦之友〉 신년호 불매 운동을 일으키는 데 나섰다. 잡지협회, 유통협회, 소매전련은 사태 수습을 위한 협의를 거듭해 12월 14일에 잡지협회 회원지의 모든 잡지의 공급률을 1% 인하하기로 결정하고 그 후 3자 협의에서 1962년 4월 25일 발매하는 모든 잡지의 공급률을 일률적으로 2% 인하(그 전의 1%를 포함)를 골자로 한 양해각서를 다음 해인 1962년 2월 28일자로 체결했다. 그러나 서적협회는 잡지 공급률 인하는 "잡지협회, 유통협회 간의 결정이므로 해당 협회는 관여하지 않기로" 하면서 별도로 협의할 것을 1월 29일 유통협회에 신청하였다. 이에 따라 6월 서적협회 회원 중 잡지를 발행하는 출판사에서 '학술전문지부회'를 설치하여 설문조사를 실시함과 동시에 학술 전문지의 공급률 문제를 유통 전반에 협의 테두리 안에서 다루기로 하였다.

소매전련은 잡지 공급률 인하를 맞아 1962년 11월의 이사회에서 '서적 전 부문 모두 일률 무조건으로 정미 2%분 인하'라는 결의를 하여 궐기대회를 개최하고 송품을 거부한다는 구상을 보여 혼란 사태가 야기되었다. 이 사태를 수습하기 위해 1963년 6월 8일에 유통협회의 알선에 의하여 대기업 출판사 9사[4]와 소매전련과의 회담이 열려 9사의 서적 2분% 공급률 인하안을 골자로 하는 양해각서가 체결되었다. 그 후 서적협회, 유통협회, 소매전련의 3자 사이에 9사와 자주적으로 정미 개정을 신청한 출판사의 공급률 개정으로 이번 문제는 일단 해결되었다는 취지의 각서를 8월 6일자로 양해했다. 이러한 경위를 거쳐 판매 합리화 문제는 3자가 협의하게 되었고 1964년 '출판판매합리

---

3) 〈日本雜誌協會10年史〉 p.155 참조.

4) 고단샤/講談社, 쇼가쿠칸/小學館, 오분샤/旺文社, 신초샤/新潮社, 분게이슌슈/文藝春秋, 츄오코롱샤/中央公論社, 헤이본샤/平凡社, 고분샤/光文社, 후징가호샤/婦人畵報社.

화협의회'의 설립을 보게 된 것이다.

4) 정가별 공급률제의 제창 ~ '북 전쟁'의 발발

1969년 6월 5일 소매전련은 일손 부족과 노동력 저하의 현상을 고려하여 복잡한 공급률의 간소·합리화를 도모하자는 취지로 현재 출판사 출고 공급률을 공급률로부터 4단계로 나누는 정가별 공급률제의 도입을 제창하였다. 새로운 공급률 문제의 시작이다. 이 문제에 대해 서적협회는 이사회, 판매위원회 각 부회에서 검토를 행하였으나 서적협회 회원사의 공급률 실태 조사결과에서 정가별 공급률제를 채용하고 있는 회원사는 2.7%의 소수로서, 정가별 공급률제로 이행함은 어렵게 되었다. 다음 해 1970년 2월에 소매전련은 서적협회 회원사를 중심으로 4월부터 정가별 공급률제에 반대하는 출판사의 출판물을 취급하지 않는다는 내용의 문서를 배포하여 절박한 사태가 벌어졌다. 이러한 사태 하에서 서적협회는 유통협회 내지 소매전련에 대해 문제 해결을 위한 협의를 3월 6일 요청하였다. 3자에 의한 협의에서 3월 3일 양해각서에서 공급률 감소로 인한 재원 발생을 확인하고 6월 9일 출판사별로 하나의 정미제와 정가별 단계 공급률제의 선택제를 골자로 하는 내용의 양해각서에 합의했다. 7월 1일부터 2년간 한시적으로 실시한다는 것이었는데, 그 후 이는 서적 공급률제의 근거가 되었다.

1971년 소매전련은 5월 정기총회에서 '최고 공급률 75% 획득위원회'를 열어 잡지 공급률 인하를 목표로 하는 운동을 새롭게 전개했다. 7월 23일 사카이 마사토시/酒井正敏 소매전련 회장 명의로 이시카와카즈오/石川數雄 잡지협회 이사장(主婦の友) 2자 회담을 신청하였다. 잡지협회는 유통문제연구위원회(모토요시노부오/本吉信雄 위원장, 婦人畵報社)를 중심으로 연구 검토를 거듭하는 한편, 잡지협회, 유통협회, 소매전련의 3자 협의가 열리고 협의가 이뤄졌다.

> 1971년 11월 2일자 잡지 공급률에 관한 3자각서
>
> 각 서
>
> 사단법인 일본잡지협회, 사단법인 일본출판유통협회, 일본출판물소매업조합 전국연합회의 3자 협의에 따라서 잡지의 공급률을 아래와 같이 결정한다.
> (1) 1971년 2월호부터 순차로 정미를 인하, 최종은 같은 해 3월 20일로 하여 잡지협회 소속 회원사의 전 잡지의 정가를 도내/都內 77%, 지방 78%로 정한다.
> (2) 지방과 도내의 공급률 격차(공급률 1%)철폐는 1972년 7월 20일까지 실시한다.
> (3) 1973년 7월 21일자로 발행하는 잡지협회 소속 회원사의 전 잡지에 대해서, 소련/소連의 희망에 따라 공급률을 특별한 이유가 없는 한 인하한다. 단, 지방 공급률 3% 인하 이후, 소連 산하 서점의 8개월간의 동일 잡지의 판매 부수 누계(유통 5사 집계)가 전년 동기보다 낮아진 것에 대해서는 공급률 재인하의 대상에서 제외한다.
> (4) 정가 인하에 따른 위험 부담을 고려하여 판매책임을 지는 방법, 제도에 대해서는 별도 위원회를 설치, 조속히 실시안을 연구 작성한다.
>
> 1971년 11월 2일
> (3단체 대표자 서명)

이 결과 11월 2일의 제7회 3자 회담에서 잡지협회 회원사의 모든 잡지의 공급률을 도내/都內 77%, 지방은 78%로 한다. '지방과 도내 출판사 출고율/공급률' 격차의 철폐는 그 후 1972년 7월 20일까지 실시하기로 한다."는 내용의 각서를 11월 2일자로 체결, 잡지 공급률은 일단 해결되었다.

유통협회는 이를 받아 "서적협회 회원사의 학술·전문 잡지도 잡지협회와 합의된 선에 준하여 주기 바란다."고 서적협회에 요구하였다. 서적협회는 학술·전문지부회가 중심이 되어 검토한 결과 1972년 3월에 "학술·전문지는 서적과 같은 성격이 강하여 일반 잡지와의 연장선상에서 처리하는 것은 무리가 있다."고 답했다. 그 후 우여곡절을 거쳐 1972년 9월에는 "서적협회 회원사의 잡지 공급률은 ① 서적 '공급률 각서'의 선에 준하여 공급률을 결정한다. ② 잡지협회와의 각서 68.5%에 관한 문제는 이미 해결한 것으로 한다."는 등의 요청 사항을 유통협회에 전달하고 다음 해 1973년 2월경까지 해당 출판사가 '서적정미각서/書籍正味覺書' 또는 신청제/申入制로 이행할 것인지를 선택하여 해결하였다.

잡지 공급률 획득에 일정한 성과를 올린 소매전련은 1971년 12월 8일자의 '서적 최고 공급률 75%/掛 획득위원회'(서적 마진 25% 획득위원회)를 발족시켜, 이른바 '북 전쟁'5)의 도화선이 되었다. 다음 1972년에 들어 소매전련은 서적협회에 대해 3월 22일자로 '1970년 6월 9일자'로 신공급률/新正味 제3자 각서 개정에 대해 6월까지 개정하기 위한 3자 교섭의 뜻을 전해왔다(유통협회는 4월 13일). 서적협회는 4월 이사회에서, ① 소매전련 개정안은 현행 공급률의 개정안이 아니고 새로운 제안이다. ② 당 협회는 3자 각서에 의거 경제 상황에 즉응하는 변경 협상을 시작한다. ③ 향후 문제로 책임판매 체제를 기축으로 검토를 시작한다는 3항을 결정하여 각 분과회 총회를 개최하여 의견을 취합하기 시작했다. 동시에 3단체의 '신 공급률 특별위원회'가 4월 23일에 발족, 3자회담은 9회에 걸쳐 진행되는데, 6월 30일에 결렬, 1970년 6월 9일의 각서는 유효기한을 넘기는 상태가 되었다. 기한 만료 상태의 해소를 목표로 서적협회는 공급률 개정안을 8월 8일로 결정하고 유통협회에 교섭 재개 알선을 의뢰했지만, 소매전련은 "요청에 응할 수 없다"고 하면서 3자회담 재개를 거부하고 개별적으로 출판사와의 협상을 시작했다. 그 후에도 3자간에 여러 방안이 작성되었지만, 타협점을 찾지 못하고, 일서련(日書連)은 비취급 대상 출판사 16사를 결정해 전국 6,000여 개 서점이 참가하여 9월 1일부터 실력 행사에 돌입했다. 이에 대응하여 서적협회는 대책위원회를 설치하고, 신문광고, 회원보고회, 전국 서점에 〈서점 여러분에게 호소합니다.〉라는 경과보고 등을 자주 실시했다.

이러한 긴박한 상황 속에서 이케베츠타에/池辺傳 토한/東販 회장과 아이다 이와오/相田岩夫 닛판/日販 회장의 조정이 시작되어 알선안을 둘러싸고 서적협회에서 격렬한 토론이 있었다. 9월 12일, 서적협회 이사회는 조정 알선안을 수정히어 받아들이기로 결정, 일서련도 조건부로 승낙하여 12일 중으로 서점 파업은 해제되었고, 이러한 서적의 정미개정 문제는 일단락되었다.

---

5) 서적유통 이윤 개정을 둘러싸고, 1972년 9월 1일부터 12일 간 서점 점두에서 일부 출판사의 서적, 잡지 거래를 정지한 일본의 출판사상 첫 파업. (역자 주) 구체적인 경위는 〈日本書籍出版協會30年史〉, 〈日書連50年史〉 참조.

1972년 10월 18일자 서적 공급률에 관한 서적출판협회·유통협회·서점연합회 각서

각 서

1, 이번 실력행사가 독자 및 출판업계에 대단히 유감된 사태였음을 깊이 반성, 같은 사태가 재발하지 않도록 3자 함께 굳은 결의를 한다.
2, 통일 행동에 참가한 서점은 서점 앞의 진열을 9월 1일 이전의 상태로 복귀한다.
3, 서적 공급률에 대해서는 아래 표시한 대로 하기로 3자가 동의한다.

1972년 10월 18일
(3단체 대표자 서명)

記

정 가	(1) 정가별 공급률		(2) 발행소별 1부 공급률	
	발행소별 공급률/%	도매 출고 공급률/%	발행소 출고 공급률/%	도매 출고 공급률/(%)
600엔 미만	69.5%	77%	69.5%	77%
1,200엔 미만	70.5	78	70.5	78
3,000엔 미만	71.5	79	71.5	79
3,000엔 이상	73.5	81	72.5	80
			73.5	81
			74.5	82

*주/ 1) 유통사 출고 공급률은 앞의 (1)(2) 모두 도내/都內 출고 공급률.
　　 2) 1권 출고율제를 선택하는 회사는 현행의 정가보다 원칙적으로 발행소 출고율 0.25%, 도매상 출고율 2%를 인하한다.
　　 3) 높은 출고율 출판사는 출고율 격차를 줄이는 데 적극 협력한다.
　　 4) 낮은 출고율 출판사는 현행대로 한다.

(3) 실시 시기
　① 신판·중판　　　　　1972년 11월 1일 이후
　② 재고품, 계속 출판물　1973년 7월 1일 이후
(4) 지방출고률의 격차 철폐　1974년 7월 1일 이후
(5) 의견 미조정 사항에 대해서는 별도로 협의한다.
(6) 출판유통의 합리화는 3자의 이익 증대를 목적으로 한다. 책임판매제의 구체안을 6개월 안에 확정하기 위한 협의를 곧바로 개시한다.
(7) 신공급률제/新正味制 실시를 맞아 업계 3자에 의한 애로처리기관을 설치, 적극 대처한다.
(8) 경제 사정의 변동에 따라 정가별 공급률/定價別正味의 등급에 불합리한 일이 발생한 경우는 2년 후에 협의한다.

결국 1972년 12월 1일부터 서점 공급률 2분, 유통 수수료 0.5%를 출판사 측이 부담하게 되어 이 단계에서 서점의 마진 2%, 유통 마진 7.5 %로 결정되었다. 아울러 1974년 7월부터 지방정미 격차의 철폐도 추진되었다. 이러한 내용은 3자 합의에 따라 10월 18일자로 〈양해각서〉가 체결되었다. 공급률 개정은 다음 1973년 3월까지 각 출판사의 개정이 이루어져서 정가별 채택사가 약 30%, '단일책마다의 공급률' 채택사가 약 70%였다.

'각서' 4항의 '지방 공급률의 격차 철폐' 문제는 1974년 6월부터 3자회담이 시작되고 유통협회와의 격차 내용 검토와 회원집회, 각 분과회의 검토 결과의 반영을 거쳐 8월 13일에 서적의 정미를 일률적으로 0.5% 인하하여, 별도 출판사의 유통 지불 금액의 1000분의 4를 지방정미 격차 철폐 부담금으로 합의하고 9월부터 실시했다. 같은 해 7월 9일, 일서련에서 각서 8 항 '정가별 등급 수정'에 3자협의 요청이 제출되었다. 서적협회는 회원집회를 개최하여 회원의 의견을 수렴, 단계 수정은 정미를 손대지 않으면서 정가 상승률을 기본으로 하는 3자협의에 임했다. 11월 21일에 〈정가별 공급률 등급 개정에 관한 각서〉가 3자합의를 보아 다음 해 1975년 2월부터 실시되어 이에 대한 취급은 소비세/消費稅 도입에 따른 변경 사항을 제외하고 현재에 이르고 있다.

1975년에 정가별 등급과는 별도로 문고 공급률이 78%(도매점 출고 공급률)로 되었다. 또한 1984년 일서련은 문고본 발행 출판사의 증가에 따라 정가별 정미제와는 별도로 문고본 정미의 개정을 개별 출판사별로 요청하여 1985년 7월까지 1~3% 인하하게 되었다.

1979년 8월 공정위가 공표한 〈사업자단체의 활동에 관한 독점금지법상의 지침〉(1995년 10월 전면 개정, 2006년 1월 개정)에 따라 독점금지법 제8조(사업자단체의 금지행위)가 사업자단체 사이의 가격 협상, 결정에 관련되는 행위 등을 포함, 냉확한 금지 헹위가 되었기 때문에, 이후 업계단체간의 공급률 문제는 더 이상 협의하지 않게 되었다. 유통 조건은 당해사업자 사이 개개의 레벨에서 협의, 결정함이 요구되어 출판사, 소매서점의 직접거래선인 유통회사의 존재감이 크게 증가하게 된다. 그 결과 사업자간의 거래에 의해 자본력 있는 사업자와 중소영세사업자와의 거래 조건 격차는 더 커졌다고 알려져 있다.

<u>1974년 11월 21일자의 3자 각서</u>

정가별 공급률 등급 개정에 관한 각서

1974년 11월 21일
(3단체 대표자 서명)

1972년 10월 18일자 3자 각서의 새 공급률제 각서 제8항에 따라 정가별 정미의 등급을 다음과 같이 개정한다.

1. 정 가	발행소 출고 공급률/掛%	도매 출고 공급률/掛%
780엔 이하	69掛/%	77掛/%
1,700엔 이하	70掛	78掛
4,200엔 이하	71掛	79掛
4,200엔 이상	73掛	81掛

2. 도매상 출고정미 개정 실시 기일은 신간, 중판, 재고품(도매상 재고 포함), 계속 출판물의 여부를 가리지 않고 모두 1975년 2월 1일로 한다.
3. 이번 회를 계기로 정가별 공급률제보다 1사 1종 공급률제로 이행하는 경우는 종래의 실질 평균 공급률을 상회하도록 한다.
4. 정가별 등급의 개정에 관해서는 이번 회의 개정 후 1년 이내에 협의한다.

이 상

(2) 거래 합리화 문제

1) '출판판매합리화협의회'의 설치 및 개편

1961년부터 시작된 소매전련에 의한 적정 이윤 획득을 위한 요구는 업계 3자에 의한 협의 교섭을 거쳐 1962년 잡지 공급률 개정, 1963년 서적 공급률 개정이 실시되었지만, 출판사, 유통회사, 소매서점의 관계자에 의한 출판판매합리화심의회는 업계 전체가 계속 제반 대책을 연구하는 협의기관 설치의 필요성을 호소했다.

1964년에 들어 유통협회 제안으로 잡지협회, 서적협회 유통협회, 소매전련의 출판 4단체로 구성된 출판 판매합리화협의회(아이다이와오/相田岩夫 좌장, 유통협회회장, 그 후 각 단체 윤번으로 좌장을 맡음)가 7월 31일 출범했다. 협의회에 3개의 분과회가 설치되어 제1분과회(이가라시 카츠야/五十嵐勝彌 위원장, 고분샤/光文社)는 〈수송·운임·포장 비용에 관한 연구〉, 제2분과회(후쿠오카마스오/福岡益雄 위원장, 긴세이도/金星堂)는 〈공급률/正味의 간소화에 관한 연구〉, 제3분과회(오가테츠오/相賀徹夫 위원장, 小學館)에서는 〈수금 월 1회제 관련 연구〉(모토요시노부오/本吉信雄 위원장, 婦人畵報社)에 대해 협의 및 검토를 해 나가기로 하였다. 그 후 1968년 9월 제4분과회(반품감소대책, 핫토리토시유키/服部敏幸 위원장, 고단샤/講談社)가 1970년 7월에, 제5분과회(월 1회 수금·지불 제도, 모토요시노부오/本吉信雄 위원장, 婦人畵報社) 등이 설치되었다. 협의회의 활동은 앞서 말한 출판업계의 제반 과제에 대해 다방면에 걸쳐 검토되어 많은 제안이 이루어졌다.

협의회의 발족으로부터 8년째가 되는 1972년 2월에는 출판업계를 둘러싼 환경의 변화에 대응하는 새로운 협의기관의 필요성을 논의하게 되며, 기존의 협의회를 개편하여 출판 4단체 연락협의회가 발족했지만, 실질적인 활동은 이루어지지 않았다.

2) 월 1회 수금·지불제 문제

1976년 4월 30일 유통협회로부터 잡지협회 서적협회에 〈월 1회 수금·지불제도 문제〉에 관한 간담회를 열자는 신청이 있었다. 내용은 일서련/日書連에서 월 1회의 지불을 9월 1일부터 실시하자는 강력한 요청이 있었는데, 출판사의 지불도 월 1회로 해달라는 것이었다. 월 1회 수금·지불 제도에 관해서는 출판판매합리화협의회 제5분과회가 1971년 7월에 "가능한 한 조속한 기회에 월 1회제로 이행해야 한다."는 답신서/答申書를 냈었다.

유통협회와 일서련은 1976년 8월과 1977년 1월부터 월 1회 수금·지불제 실시를 골자로 하는 각서를 교환하고 이의 실현을 위해 출판사 30여 사에 협력을 요청했다. 이런 상황에서 잡지협회와 서적협회는 합동으로 '유통문제합동연구위원회'(相賀徹夫 위원장, 小學館)를 설치하고 출판사 측의 기본적인 생각을 검토하여, 〈월 1회 수금·지불제도 문제에 관한 견해〉를 바탕, 11월 1일 발표했다. 그 골자는 다음과 같다.

① 발행인의 자금력은 수차의 공급률 인하, 지방 운임 부담, 생산비의 급등, 핍박으로 월 1회제 실시를 감내할 수 있다고 생각함은 안이하다.

② 현재의 월 2회 마감 반입도 마감 전에 반입이 집중되고 있다. 그럼에도 불구하고 마감일을 월 1회로 하면 현재보다 더 큰 문제를 반입일 전에 발생시켜 물류에 대혼란을 초래한다.

③ 월 1회 지불제가 되면 출판사에 대한 지불 결제 시한이 늘어나고 출판사의 금융 사정은 물론이고 관련업계 특히 영세 하청업체에 큰 타격을 준다.

유통문제합동연구위원회는 출판사와 ·유통회사 사이 마감일·지불일은 종래의 월 2회제를 변동없이 해결하는 방향을 목표로 한다. 일서련은 1977년 7월부터 토한/東販·닛판/日販에 대해 중간 지불을 정지하기 시작했다. 1978년 4월에 들어서 유통협회 측에서 월 2회 마감 지불 원칙안이 제시된 이후 유통측과의 깊은 의견 교환과 '유통문제합동연구위원회' 및 잡지협회·서적협회 내부에서 검토, 토의를 거듭했다. 그 결과 잡지협회와 서적협회가 작성한 각서를 유통협회에 제시, 유통협회도 이를 승인하여 8월 15일자의 '각서'가 교부되었다. 그 내용은 ① 종래의 지불 마감일을 5일씩 앞당겨 10일, 25일로 하고 지급일은 잡지협회, 서적협회에서 작성한 각서를 유통협회에 제시한바, 이를 양해하고 8월 15일자로 〈양해각서〉는 다음 달 15일과 월말로 하고, ② 월 1회 마감과 지불을 실시하는 회사는 종래대로 45일(평균 지불 시한)로 한다, ③ 지장을 초래하는 회사에 대해서는 충분히 배려하는 것 등이며, 이로써 3년 끌어온 문제가 해결되기에 이르렀다. 이에 따라 유통협회·일서련 사이 협의가 이루어져서 11월 15일에 〈합의각서〉가 체결되었다. 이후 유통회사와 소매서점 사이에는 월 1회 지불제가 실시되었다.

3) 판매 형태의 다양화

1960년대에 들어서면서 일본 경제는 고도성장의 물결을 타고 이에 맞추어 출판물의 판매금액도 1960년부터 1975년까지 16년 연속 두 자릿수의 성장을 계속했다. 그동안 서점의 대형화가 진행되고, 타업종에서 신규 참가도 활발하게 되어 각지에서 개업을 둘러싼 지방 토박이 서점과의 마찰이 생기기 시작했다. 일서련은 1974년 1월에 개업 문제에 대한 성명을 발표하고 2월에는 대형서점 개업 대책연락협의회의 설치를 결대응하여 정부는 대규모 소매 점포의 사업 활동을 조정하고 중소소매업의 사업기회를 적정하게 보호하는 것을 목적으로 1973년에 '대규모소매점포법(대점법/大店法)'을 시행했다. 매장 면적 3,000㎡ 이상의 개점을 대상으로 개점 규모와 영업시간·일수에 대해 사전에 심사할 개업 조정이 이루어지게 되어 각지에서 분쟁의 조정이 빈번하게 발생했다. 1989년에는 무역불균형이 발생하는 미·일상호경제구조와 제도 관행 등을 의제로 한 미·일구조협의가 시작되었지만, 주로 일본시장의 폐쇄성에 대한 논의가 집중되었다. 이 과정에서 '대규모소매점포입지법'(대점입지법/大店立地法)의 재검토가 도마에 올라 그 후 몇 차례의 개정을 거쳐 '대점법'은 2000년 6월 대규모 소매점포입지법으로 대체하게 된다. 대규모 소매점의 개업 조정 색채가 강한 대점법과 달리 대형상점 입지법은 지역사회와의 조화,

지역 주민의 생활환경을 배려한 점포 만들기가 요구되어, 결과적으로 대규모 소매점의 개업은 이전에 비해 쉬워졌다. 자본력이 있는 대형서점의 개업과 타산업에서의 진입이 더욱 진전되어 매장 면적 1,000평 이상의 초대형 서점도 출현하게 되었다.

CVS는 급속하게 점포망을 확대시켜 2003년에는 전국에 4만 점을 돌파하고, 계속 증가하고 있다. 출점수의 증가에 비례하여 CVS에서 잡지를 중심으로 한 출판물 판매 금액도 크게 성장, 대규모 CVS는 대규모 전업서점을 능가하는 매출을 확보할 수 있게 되었다(2005년 CVS의 잡지·서적 매출액은 5,059억 원). CVS의 개업 전개에 따라 잡지의 발매일 등을 포함하여 큰 영향을 미치고 있다.

1995년 이후 사회에 침투해 온 인터넷은 출판 판매 세계에도 실제의 점포가 없는 온라인 서점6)을 탄생시켜 단기간에 많은 지지를 획득, 판매 규모도 대형서점에 필적하는 데까지 성장하고 있다. 이러한 사회 환경 변화 속에서 기존의 지역에 뿌리 내린 거리의 서점은 피폐하고 중소 영세서점의 폐점이 잇따르고 있다. 서점 자체에 의한 독자요구에 맞는 점포만들기를 추진하는 한편, 업계 전체의 새 출판 판매에 대한 프레임워크 구축이 요청되고 있다. 정했다. 1974년에는 도쿄 고토구/江東区에 일본형 편의점(CVS) 1호점7)이 개점되고 이후 개점 러시가 시작된다. 또한 자가용 증가에 맞추어 1975년 아이치현/愛知県에서 일본 첫 번째로 주차장이 완비된 교외형 서점8)이 탄생했다. 이러한 환경의 변화에

---

6) 온라인서점: 인터넷을 이용하여 도서나 잡지를 구입할 수 있는 통신판매의 한 형태. 인터넷 서점, 전자서점, 웹 서점이라고도 한다. 실제로 점포를 갖춘 리얼 서점이라고 부르는데 대해, 버추얼서점으로 부르기도 한다.
7) 일본 경산성/經産省의 상업통계에 의하면 '컨비니언스 스토어/CVS'(Convenience Store)는 음식료품을 취급, 매장 면적 30㎡ 이상 250㎡ 미만으로 영업시간은 하루 14시간 이상의 셀프서비스 판매점이라 정의하고 있다. 일본의 CVS 1호점은 여러 설이 있는데, 1974년 도쿄도 고토구/江東区에서 개업한 〈세븐일레븐〉인 효쇼미세/豊洲店의 점포를 일본형 CVS 1호점이란 설이 유력하다.
8) 교외형서점: 1975년 11월, 아이치현/愛知県 토고쵸/東郷町에 문을 연 산요도쇼텡/三洋堂書店 토고점/東郷店을 일본 최초의 '교외형서점'이라고 한다.

제1장 출판 유통과 판매 35

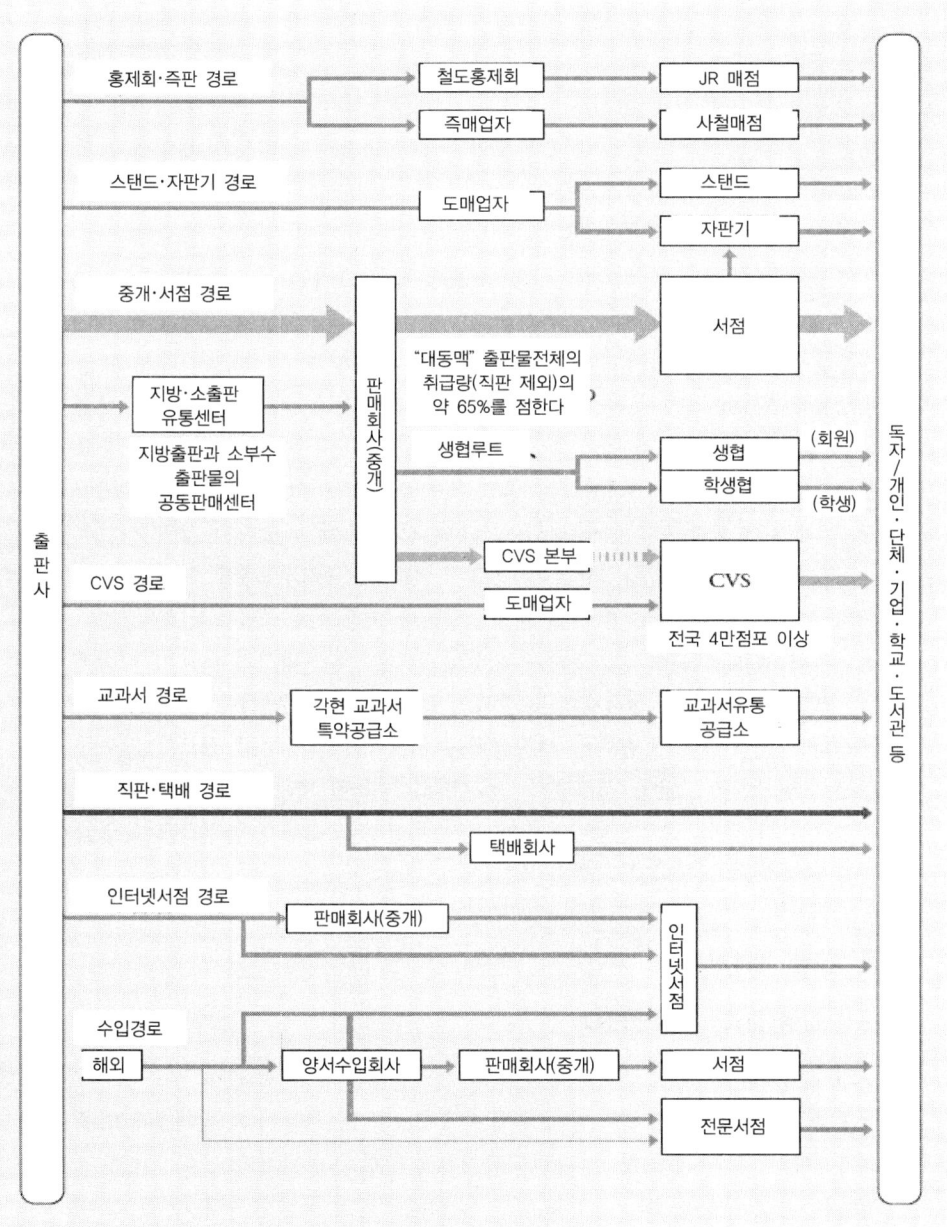

〈그림 1〉 중요 출판 유통 경로

4) 일서련의 〈서점경영백서〉 발표 및 공급률의 재검토

일서련/日書連은 1991년 9월 격변하는 서점의 환경 경영 실태를 정리한 〈전국소매서점 거래경영실태 조사보고서〉를 정리하여 다음 해 1992년 2월에 〈서점경영백서 - 출판업계 여러분께 서점의 어려운 처지를 호소합니다!〉라고 발표했다. 1991년 말에 '적정마진추진특별위원회'를 발족시켜 〈서점경영백서〉의 발표에 맞추어 '서점경영건전화추진위원회'를 설치했다. 위원회에서는 공급률 문제를 상정하고 7월부터 많은 출판사를 방문하여 개별 협상을 시작했다.

유통협회는 1990년 〈서적의 적정 유통을 목표로〉라는 문서를 발표하고 서적 부문의 적자 구조를 언급, "적정 정가·적정 마진"의 실현을 주장했다. 1993년 3월에는 '유통에 있어 서적 부문의 실태와 적정한 거래 조건의 개선 요청'과 〈유통에서의 잡지 부문 실태와 적정한 거래 조건의 개선 요청서〉를 작성하여 출판사에 거래 조건의 재검토를 요청했다. 모두 출판업계로서는 중요한 문제이기 때문에 서적협회에서도 관계 위원회·이사회 등에서 검토하였다. 그러나 독점법상의 문제가 있어, 단체 간 협의에 적당하지 않아 사태의 추이를 지켜보기로 했다. 서점, 유통회사 쌍방의 출판사 개별 방문에 의한 〈공급률에 관한 요청서〉에 대해 대형출판사를 중심으로 공급률 인하와 '정가별 공급률제'에서 단일 공급률제로 이행을 표명하는 출판사가 나오기 시작했다. 또한 1994년에는 일서련이 중점적인 노력을 잡지, 만화로 옮겨 출판사 방문을 전개했다. 잡지협회와 서적협회는 이사회에서 수시로 정보를 교환하면서 주의 깊게 상황을 체크했다. 일서련의 발표에 따르면 1997년 2월까지 서적관계 115개사, 코믹만화 22개사, 잡지·무크는 22개사가 긍정적으로 공급률의 재검토를 표명했다고 한다.

2. 유통 개선

(1) 반품 감소, 책임판매제

1) 반품 감소 대책

반품 문제는 메이지/明治 말에 위탁판매제도를 도입한 이후 출판업계의 중요과제였다. 앞서 언급한 '출판판매합리화심의회'의 보고서와 같이 "업계 전체에서 적정 생산을 해 과잉 송품을 억제하여, 적정 배본할 필요가 있고, 위탁판매제도에 따른 반품을 최소 필요한도까지 감소를 목표로 하자."고 제언했다. 구체적으로는 월간잡지 전체의 평균 반품률을 16%, 주간지는 20%, 서적도 20%를 목표로 개선해 나갈 것을 제창했다.

판매합리화에 대한 검토를 계속했던 출판판매합리화협의회는 1967년 9월에 기존의 3개 분과회에 더하여, 날로 심각해지는 반품 문제에 대응코자 제4분과회의 설치 검토를 시작했다. 우선 잡지의 반품 문제에 착수, 1969년 6월에는 〈잡지 반품에 관한 현상 보고와 함께 협력 요청〉을 마무리하고, 출판업계 관계자들에게 배포, 유통사와 출판사 간의 배본부수를 자유롭게 조정하도록 했다. 1970년 7월에는 〈서적반품감소대책보고서〉를 발표하고, 더불어 보고서의 실효를 거둘 수 있는 '서적반품감소대책위원회'를 설치했다.

1980년대에 접어들어 업계의 각 단체에서도 반품 감소대책에 나서 본격화되었다. 1979년에는 유통개선특별위원회를 설치하고, 유통 개선의 연구를 시작한 서적협회는 유통개선책에 대한 검토를 하게 되었다. 그 후 서적협회는 '판매위원회유통개선소위원회(야마모토도키오/山本時男 위원장, 中央經濟社)가 중심으로 유통협회와 합동회의를 열고, 유통개선책에 대한 검토를 하게 되었다. 그 성과를 양협회의 이름으로 1982년 1월, 〈출판사·유통회사를 위한 반품 감소대책 매뉴얼〉9)을 작성, 배포했다. 그 후 〈유통개선 위한 개별 매뉴얼〉10) (1983)을 발전적으로 전개, 통일 인장도 작성·배포했다. 매뉴얼[Ⅰ]로서는 〈출판사의 반입 조정 문제〉, 매뉴얼[Ⅱ]에서는 〈출판사에서의 서적 주문품의 취급 문제〉, [Ⅲ]으로는 〈서적 유통상의 정가 표시와 취급 문제〉, [Ⅳ]에서는 〈출판사의 서적납품전표의 기입방법과 취급문제〉도 실무에 쓰도록 마무리하여 반품 감소에 일조하도록 했다.

또한 1991년 6월에는 상비기탁품의 송·반품경비가 업계의 문제가 되고 있다는 사정을 감안, 유통사와 서점 유지5월 8일에는 18항목에 달하는 반품 감소안11)을 작성했다. 유통협회에서도 23항목에 이르는 〈잡지반품감소개선책

---

9) 〈출판사·유통회사를 위한 서적 반품감소대책 매뉴얼〉(1982년 2월) 사단법인 일본서적출판협회·사단법인 일본출판유통협회.
10) 〈유통개선 위한 개별 매뉴얼Ⅰ〉〈유통개선을 위한 개별 매뉴얼Ⅱ〉(1983년 10월), 〈유통개선을 위한 개별 매뉴얼 Ⅲ〉(1986년 4월), (사)일본서적출판협회·(사)일본출판유통협회.
11) 반품감소대책위원회반품감소안(1982년 5월)- 1. 업무량의 평균화(발매일의 설정), 2. 서점에서의 발매일수의 연장, 3. 도매점 주문 부수의 적정화, 4. 서점 배본 부수의 적정화, 5. 이중 배본의 시정, 6. 장부 변경 증감의 시행, 7. 잡지 매장 면적의 확대, 8. 도매점의 서점에 대한 판매 지도 실시, 9. 발매일의 시행, 10. 서점의 정기독자 개척, 11. 판매조사 실시, 12. 잡지가 상하지 않는 포장 연구, 13. 조기 반품의 방지, 14. 잡지 반품의 최종 목표는 20%에 두고, 일단 23%가 되도록 노력한다. 15. 도매에서는 25.5%를 한도로 하고, 그 이상의 부족 운임이 나오면 도매 쪽에서 책임진다. 16. 도매점의 입

(안))의 제시가 있어 양자의 안을 비교 검토하여 문제점을 정리했다. 그 후 반품 감소를 구체적으로 추진하여 잡협안 '발매일조정소위원회' 부문별·부수별 반품률의 연구를 하는 '반품률연구소위원회'를 설치하고, 유통협회에서도 여기에 대응하는 실무자 레벨의 위원회를 설치하고 양자는 상호 문제 해결에 나섰다.

1991년 7월, 공정위에서 〈정부규제 등 경쟁정책에 관한 연구회〉(츠루타토시마사/鶴田俊正 좌장, 센슈/專修대학 교수)가 정리한 〈독점금지법 적용 제외 제도의 재검토〉의 보고서를 계기로 반품 감소 문제도 재판 제도 논의에 따라 출판물 유통 개선이라는 관점에서 검토가 요청되었다.

2) 표지 반품 처리와 '큐슈/九洲잡지센터' 설립

반품 감소 대책과는 별도로 반품에 소요되는 노력, 운임 등의 비용 경감을 도모하기 위해 잡지의 현지 반품 처리가 큰 과제가 되고 있다. 홋카이도에서 주간지 표지 반품제 실험을 시작하여 1976년 8월부터는 오키나와/沖繩에서 표지 반품이 실현되고 1990년 11월부터 모든 잡지 대상의 표지 반품 시스템이 도입되었다.

1991년 들어 일서련 큐슈 각 현 조합을 중심으로 하여 잡지 반품의 현지 처리회사 설립안이 발의됐다. 대형 잡지출판사, 유통 각사의 협력으로 3월 19일 '큐슈잡지센터설립준비위원회'가 발족, 1992년 5월 25일에 큐슈 블록 각 현 서점조합과 일서련, 큐슈에 거래처를 둔 유통회사가 공동 출자하여 '(주)큐슈잡지센터'를 설립, 가동했다. 이에 따라 잡지 처리에 대한 소매서점, 유통회사의 경비와 반품 운임 비용은 대폭 절감하게 되었다.

3) 잡지 본지/本誌 및 증간호 반품 기한 표기와 무크 판매 기간 표기

잡지의 반품 기한 표기는 1996년 7월, 유통협회로부터 잡지협회에 제안하여 반품 처리와 관련된 트러블을 방지하기 위해 종래의 관행을 출판 형태별로 반품 기간을 규정화하고 아울러 증간호의 반품 기한을 표지4면에 표기하기로 하여 10월 발매호의 잡지부터 시행하였다.

반품 기한(유통회사에서 출판사로)은 주간지 60일(증간 90일), 월 2회·격주간지 90일(증간 90일), 월간지 90일(증간 90일), 격월간 잡지 120일(증간 120일), 계간 150

금보장금제도에 반품률을 가미한다. 17. 월간, 주간, 무크, 월 2회간 등 부문별로 반품 자료를 만들어 검토한다. 18. 도매점은 서점에 대한 청구는 잡지, 서적을 따로 나누어 할 수는 없는지.

일(중간 150일)로 결정되었다. 소매서점에서 유통회사는 주간지 45일(중간 60일), 월 2회·격주간 잡지 60일(중간 60일), 월간지 60일(중간 60일), 격월간 잡지 90일(중간 90일), 계간 120일(중간 120일)이다.

증간·별책호의 반품기한 표기는 서점에서 증간호의 반품기한이 불명확하기 때문에 만료 및 조기 반환의 원인이 되고 있어 이에 대응하기 위해 실시한 것이다. 반품 기한이 다음 해인 경우 서기 연호를 넣어 동경도내/都內 발매일에 유통회사, 서점 사이의 증간 반품기한(ㅁ표시)을 더한 것을 표기하기로 하였다.

(예) 잡지 29696-9/4 ㅁ 9.24

2000년 3월 잡지협회는 유통협회에서 "무크의 효율적 판매가 되지 않는 주요 이유에 위탁기간이 명확하지 않은 점을 들 수 있는 바, 매장의 진열상황을 고려하여 무크의 효율판매를 위해 판매기간의 기준을 설정하자"는 요청을 받았다. 이에 따라 판매위원회는 연구팀을 만들어 검토하고 무크 판매기간 표기를 정리하여 12월부터 실시하기로 했다.

무크 판매기간 표기는 다음과 같다. ① 판매 기간은 Ⓗ표기로 하여, 표4 하부 잡지코드 아래 표기하기, ② 문자 크기 등에 대해서는 증간·별책호 ㅁ 표기에 준한다. 대상지는 출판사가 자신이 선정한다, ③ 표기 기한은 12개월 이내 임의로 하고, 판매 기간(○개월)은 출판사가 결정한다. (예) 2006년 9월 발매 4개월인 판매기간의 경우 Ⓗ 2007년 1월까지, ④ 실시시기는 표기 가능한 시기부터 실시한다고 하였다.

4) 책임 판매제

책임판매제 내용은 1961년 8월 서적협회 노마쇼이치/野間省一 회장(講談社)이 이사회에서 거래제도 합리화 문제에 대해 발언한 이후 출판판매합리화협의회 제4분과회가 1970년 7월에 발표한 앞의 〈서적반품감소대책보고서〉 중에서 "거래의 정상화를 도모하기 위해서는 규칙에 준거하여 각 분야에 대해 책임을 분담할 책임판매제의 확립이야말로 급선무"라고 지적하였다.

1972년 공급률 문제 와중에도 서적협회는 유통문제특별위원회를 중심으로 대책을 협의하고 "공급률 문제는 책임판매제를 기축으로 해결해 나간다."는 기본 자세를 확인하고 소매전련 파업 중단 후 체결된 각서의 "책임판매제의 구체안을 6개월 이내 확정하기 위한 협의에 즉시 착수한다."는 항목에 의거 10월에 책임판매제연구위원회를 발족하고 1년을 거쳐 1973년 11월에 대책안을 수립했다. 이 안은 회원설명회, 칸사이/關西 지구설명회에서 검토된 후, 수정안이 1974년 4월 23일 이사회와 평의원회에 제출되어 양해 승인되었다. 이 수정안이 서적협회안으로서 유통협회와 일서련에 제안되었다. 수정안[12]은 ① 책임판매제의 고려 사항, ② 책임판매제의 방법, ③ 실시 방법의 3부로 이루어져 현재의 거래 제도를 '매절/買切 판매제', '신청 판매제', '위탁판매제'의 3개 판매 제도로 통합하기로 하고 구체적인 실시 방법으로 준비 단계에서 다음 사항을 연구 실시하도록 제안하고 있다.

① 신간 위탁배본 패턴에 의한 적정 배본의 실행
② 출판사의 신간·중판 안내의 출판
③ 도매점의 유통 실적 자료 제공
④ 주문품·매절품은 반품 불가 철저 도모

이상의 준비 단계를 거쳐 다음 세 가지 배본 방법을 실시하기로 한다.
(A) 위탁판매제
(B) 신청판매제
(C) 매절판매제

이 때까지 책임판매제를 둘러싸고 다양한 의견이 교차하는 가운데 처음으로 개념과 구체적인 실시 방법이 제시되었다는 데 의의가 크다 할 것이다.

일서련은 1978년 4월에 〈책임판매제 논의를 위한 자료〉를 작성하여 책임판매제에 대한 경위를 정리하고 있다.

1979년 1월 서적협회에 설치된 유통개선위원회는 4월 회원사에 대해 반품 문제와 아울러 책임판매제에 대한 설문조사를 실시했다. 그중 "1974년에 공표한 서적협회의 책임판매제를 실시할 것인가." "매절과 위탁의 두 가지로 간소화할 것인가." "매질/買切과 새로운 전시위탁제/展示委託制를 선치, 2준제로 할 것인가?" 등을 문의했다. 이 조사 결과를 바탕으로 직접 거래처인 유통협회와 회합을 갖고 문제점을 찾아 나갔다. 유통협회는 반품 감소에 관련 개선책의 하나로, 위탁품은 유통회사 실질 마진율을 유지하고 출판사 사이의 불공평을 피하기 위해 실질 마진율이 평균 수준에 미달하는 출판사에 대하여는 취급수수료를 도입하여 결과적으로 반품 감소에 도움이 될 것이라는 뜻이 고려되었다.

1997년부터 시작된 소위 출판 불황은 새로운 관점에서 책임판매제의 논의

---

12) 〈책임판매제수정안〉(1974년 5월 14일)사단법인 일본서적출판협회.

를 재연시켰다. 공급량을 시장 규모에 맞추려는 출판사가 제작 부수를 줄여서 그 영향으로 원하는 서적의 구입난을 겪는 중소서점의 고민과 위탁판매의 영향으로 생긴 신간 서적의 대폭적인 증가 등 제작, 배본, 판매의 삼위일체는 무너지고 말았다. 물류의 현대화, IT의 진화를 바탕으로 종래 일부에 국한되었던 책임판매제는 새로운 시대에 새로운 제도로의 전환이 요구되고 있다.

(2) 운임·수송 문제

1) 운임 문제 및 특별 운임 제도

운임 할인 문제는 전쟁 전부터 출판업계에 공급률 문제와 마찬가지로 현안 사항이 되어 왔으며, 출판사, 유통회사, 소매서점의 각 유통 단계에서의 부담을 둘러싸고 큰 문제가 되어 왔다. 그 발생의 근원에는 잡지·서적 수송에 큰 역할을 해온 국철운임 문제가 얽혀 있었다. 메이지/明治 정부가 문명개화를 위해 국민에게 신문과 가능한 한 빨리 공정하게 배포할 필요성을 인정하고 1897년 대정관/太政官(일본 도쿠가와/德川 무가정권 당시 집정한 관직) 포고로서 〈잡지특별운임규정〉을 설정, 잡지 정기출판물의 할인 운임을 제도화했다. 제2차세계대전 후에도 철도운임 인상안이 발표될 때마다 출판 관련단체는 문화적·사회적 입장에서 잡지, 서적의 운임 경감 운동을 전개해 왔다. 전쟁 전까지는 잡지 운임은 신문과 같았지만, 전후 당분간은 잡지 특별운임의 경감 운동과 신문과 비교하여 존재하는 운임 격차의 시정이 큰 과제였다. 잡지 부록의 운임·수송도 주로 형태와 무게를 중심으로 국철 당국과의 협상이 반복되어 왔다. 출판물 수송의 생명선은 철도이었던 것이다.

1951년에는, 출판업계가 출판물운임대책연합위원회를 결성하여 경감을 요구했지만, 11월 국철운임이 대폭 인상(잡지 33.3%, 서적 32%)되어 부담을 둘러싸고 출판유통간담회와 소매전련은 11월에 도내/都內 정가와 지방정가의 이중정가제의 도입을 결정하고, 12월 일본출판협회(출협), 전국출판협회(전협)에 제안하여 다음 해인 1952년 1월에 실시하게 되었다. 이중 정가표시는 약 80%의 출판사에서 실시되면서 공정위가 주목하게 되고 독자의 불평을 얻었다. 운임할인문제는 출판사가 출판물을 유통회사 주소지에서의 인도를 기본으로 정했지만 이중정가제에 대해 출판사도 해결책을 모색하는 방향으로 움직였다.

1956년 10월에 잡지협회는 〈특별취급운송 신문·잡지의 안내서〉를 작성하여 관계자의 인식을 높였다. 전쟁 후는 잡지특별운송과 서적운임의 인상이 연중행사처럼 실시되었고 특히 주간지 시대를 맞아 1955년대 잡지 발행량이 급속하게 늘어남에 따라 1963년경에는 수송능력문제로 국철이 여객차량을 화물차량으로 개조를 제안하였고, 각 지역 도착과 관련한 발매일의 문제도 부각되게 되었다. 이에 대해 잡지협회는 전 출판업계의 문제로서 해결방안을 찾기 위해 일본문예가협회 및 출판 5개 단체로 하여금 "잡지운송대책연합회"를 조직하고 반복하여 진정활동을 실시해, 1966년 특별운송 전까지 계속되었다. 그 후에도 부인잡지 등의 부록경쟁도 더해져, 부록의 재질, 크기, 중량, 용량 등에 대한 취급방법과 운임, 운송시간 등에 대해서는 유통협회와 소매전련도 공동으로 진정을 하면서 국철과 끈질기게 절충을 계속하였다. 특별운송의 인상은 국철에서 운수성에 신청하고 운수심의회를 경유하여 국회의 승인사항이기 때문에 잡지협회는 총력을 투입하여 활동을 전개하였다. 잡지협회 설립 10년 동안 국철과 주요협상은 50회에 이르렀다.

소매전련은 1965년에 잡지운임철폐문제 특별위원회를 설치하여 철폐운동을 본격화했다. 출판판매합리화협의회는 1966년 9월 12일에 잡지특별위원회가 정리한 "잡지송품운임에 관한 결론"을 양해 승인했다. 이 후 잡지운임의 부담문제는 잡지협회와 유통협회의 조정을 거쳐 12월 14일자로 유통협회·잡지협회 사이에 부족운임 처리에 대하여 잡지협회 회원사의 모든 잡지의 공급률을 일률적으로 5리(0.5%) 인하하는데 합의하고 12월 16일 발송품부터 실시하였다(다음 해 1967년 1월 11일자 각서를 잡지협회, 유통협회, 일서련 3자가 체결하였다). 이렇게 하여 운임부담 문제는 해소됐다.

1967년 1월 11일자 〈잡지의 송품 운임에 관한 각서〉

각 서

당위원회는 잡지의 송품운임에 관한 건을 협의 결과, 아래와 같이 결정한다

記

1. 유통회사는 지방서점에 대한 잡지 송품 운임의 청구를 전폐한다.
2. 도내 이외의 지방서점에 대한 잡지의 판매 공급률/正味을 일률적으로 0.1% 높인 신공급률로 한다.
3. 위의 1, 2항에 따른 부족 운임은 발행소, 도매점 합의로 처리한다.
4. 지방서점에 대한 잡지의 신공급률제는 1966년 12월 16일자의 송품분까지로 한다.
5. 잡지협회, 유통협회의 각서에 따라 출판사의 신공급률은 월간지의 경우, 1967년 2월호까지로 하고, 주간지의 경우는 1966년 12월 16일자에 지방서

점에 송품한 호까지로 한다.
6. 초과운임의 대상은 신공급률 실시호까지로 한다.
7. 5월 18일 3잠회담의 계속 심의 정신에 따라, 유통제도의 적정화 위한 삼자회의 인계를 재확인한다.
8. 운임 철폐 후의 소매 거래는 신공급률 내에, 일부 잡지에 있어서는 관계자 간의 회합으로 개정하는 것도 포함한다.

1967년 1월 11일

이상 확인함.

출판판매합리화협의회
잡지특별위원회
(위원대표서명)
(3단체 대표자 서명)

그러나 기준 운임율을 초과한 운임 문제가 남아 1973년 3월 운임협력금으로 지방 발송품 정가금액의 0.5%(5리/2007년 현재 0.53%)를 갹출하는 것으로 결론되었다.

오랜 동안 잡지 운송에 중요한 역할을 담당해 특별운송제도는 국철의 적자구조에서 오는 도를 거듭하는 인상과 이에 수반하는 수송비의 상승이 부담이 되었다. 한편, 1970년대 무렵부터 간선도로 및 고속도로 망의 정비가 급속하게 진척되어 이에 비례하여 트럭 운송의 효율성도 향상되어 출판물 수송은 점차 철도에서 트럭에 비중을 옮겨 가게 되었다. 국철분할과 민영화 방향이 결정된 1986년, 특별운임제도는 폐지되고 출판물 수송은 트럭으로 바뀌어, 유통회사 간의 전면적인 공동배송으로 이행되어 갔다.

2) 출판물 우편 문제

1961년 6월 우편운임의 대폭인상을 계기로 서적협회 및 잡지협회는 출판물의 우송요금 저감(低減) 운동을 공동으로 진행하기 위하여 출판물우편문제대책협의회(相賀徹夫 위원장, 小學館)를 9월에 설립하여 운동을 시작했다. 그 후 운동을 지속적으로 전개하기 위해 모금 활동, 중참양원 의장을 비롯한 관계의원, 우편상·우편심의회 및 국민에게 호소하는 등 국회 내외에 강력한 운동을 전개하고 1966년 4월 우편법 개정 등으로 전국균일가격에 의한 서적소포 및 제4종 우편에 학술잡지를 신설하였고 제 3종은 사실상 유보하는 등 출판업계로서는 획기적인 성과를 가져왔다.

그 후 협의회가 중심이 되어, 출판업계에 관계가 깊은 정기출판물의 제3종 우편 학술잡지의 제4종 우편, 서적소포(1998년 9월 카탈로그 소포와 통합되어

책자소포가 된다) 등의 운임개정에 있어서 국회, 정부, 우편당국과의 대응과 조직적인 운동을 전개했다. 1993년에는 종래의 출판물우편문제대책협의회를 출판물우편문제협의회로 개편·개칭하고 운동을 계속했지만, 그 후 운송수단의 다양화와 함께 우편문제는 상대적인 과제가 되고 있다.

1980년대 이후 소량 운송 보급에 의해, 잡지의 정기구독, 서적의 직접주문은 택배 등의 소량 수송에 비중이 옮겨가고 있다.

(3) 잡지 발매일 문제

1) 잡지의 발매일 조정

잡지 발매일은 전쟁전·후를 통해 중대한 문제였다. 잡지협회 발족 당시인 1956년 착수한 것이 '발매일 조정'이었다. 1956년 〈슈캉신초/週刊新潮〉 창간을 시작으로 출판사 계열의 주간지가 잇따라 창간되면서 잡지판매경쟁이 격화되고 경쟁사 사이에 발매일을 앞당기게 되었다. 같은 종류 잡지가 빨리 발매되면 판매에 영향을 미친다는 것이다. 패션지, 가정잡지, 교양지로 대별되는 여성지의 경우, 의상 잡지는 가정지, 교양잡지보다 빨리 발매하는 경향이 있었다.

특히 창간지의 경우 잡지의 구분과 발매일에 문제가 생기기 시작했다. 이에 잡지협회 안에 발매일조정위원회를 설치하고, 유통협회와 협력·연계하여 수송량의 평균화, 발매일 경쟁(早出, 앞당기기 경쟁)의 방지, 창간지의 발매일 조정을 했다. 그 후 아동지가 급증했기 때문에 미취학, 유년지, 소년소녀지로 나누어 발매일을 각각 설정하였고, 부인잡지도 부인교양지와 부인가정지로 분리하고 대중 오락지와 함께 상순, 중순, 하순에 발매하기로 하였다. 배경에는 유통 작업과 국철 수송의 문제가 있었다.

2) '동일지구 동시(일) 발매'의 원칙

잡지 발매일 설정은 동류지 동시 발매의 원칙과 창간지의 발매일은 이미 출간된 동류지와 같은 날 발매하는 것을 기본으로 1965년까지 현재의 장르별로 발매일 설정의 원형이 갖추어졌다. 잡지의 발매일은 본래 출판사가 자유롭게 결정하는 것이지만 다품종의 잡지가 인쇄 제본을 거쳐 유통회사에 반입되고 유통회사에 따라 각 지구별로 나뉘어 서점으로 배송되는 방식이다. 원활한 잡지의 유통·판매에 발매일이 중요한 요소가 되고 소매서점 간의 경쟁에 더하여 역(驛)매점, 스탠드 판매, 편의점 판매 등의 판매 거점의 다양화에 따라 적절한 대처가 요구되었다.

현재는 발매일 조정을 잡지협회의 판매위원회 발매일분과위원회가 담당하고 있다. 잡지협회 회원사에 창간지, 발매일 변경, 출판주기 변경, 제목 변경, 발매원(元)변경에 대해 서면으로 받아, 매월 정례회에서 검토, 승인하고 있다. 발매일은 수송량과 서점 매장 진열에 영향을 미치지 않도록 유통협회의 잡지진행위원회와 협력하여 비회원사를 포함, 발매일에 관한 상황을 파악하면서 필요에 응하여 대처하고 있다. 예를 들어 월 하순 20일 이후 사업량이 편향하는 경향이 있어 소매서점 진열에 지장을 초래하게 되었고 결과적으로 반품을 불가피하게 하는 경우도 있었다. 이러한 사태를 감안하여 업무량이 많은 발매일이 휴일이나 공휴일과 겹쳐 팽대해질 가능성이 있는 경우에는 미리 발행인의 협력을 얻어 발매일을 변경 조정하여 업무량의 평준화를 도모하였다.

3) 잡지발매일시행 본부위원회 활동

잡지 발매일은 오랜 사업습관으로 생긴 '동일 지구 동시 발매'의 원칙이 있었고, 발매일 준수 활동은 1971년에 발족한 잡지발매일 장려본부위원회(잡지협회, 유통협회, 일서련, 즉매회사로 구성되었음, 相賀 徹夫 위원장 小学館)이 중심이 되어 실시하였다. 각 지구에 각 지구위원회가 구성되어 있어 전국 잡지발매일의 상황 파악과 발매일 편차를 시정하는 일을 하고 있다. 발매일보다 빨리 판매되는 경우 해당 잡지의 출판사가 소매점에 대하여 계몽활동을 하고 경우에 따라서는 유통회사에 전도(앞당겨 하는 인도)를 중단하는 등의 대응을 강구한다. 잡지 전도는 발매일에 확실하게 매장에 진열 판매가 되도록 소매점에 사전에 입고시키는 것이다.

1955년대 주간지 창간 러시로 서점 루트와 즉매/卽賣[13] 루트 사이에 발매일 차이가 발생한 것이 발매일 여행 활동의 계기가 되었다. 그 후 편의점(CVS)에서 잡지판매가 확대되어 가는 과정에서 발매의 시간 차이가 문제가 되었다.

1993년에는 코단샤/講談社・쇼가쿠칸/小學館・슈에이샤/集英社가 발매 시간을 오전 5시 이후로 하는 특별지정지[14]를 정해 유통회사에 통보했다. 이것은 소

---

13) 역 주변에서 신문, 잡지 등을 판매하는 회사. 가이토구샤/啓徳社, 다키야마, 도토슌요도/東都春陽堂, 도쿄한바이/東京即売 등 대형 4사.

14) 〈주간소년선데이/週刊少年サンデ〉, 〈챠오/ちゃお〉, 〈고로고로 코믹/コロコロコミック〉, 〈주간쇼넹매거진/週刊少年マガジン〉, 〈영매거진/ヤングマがジン〉, 〈월간소년매거진/月刊少年マガジン〉, 〈코믹봉봉/コミックボンボン〉, 〈쇼넹점프/少年ジャンプ〉, 〈나카요시/なかよし〉, 〈주간소년점프/週刊少年ジャンプ〉, 〈주간영점프/ヤングジャンプ〉, 〈리본/リ

년 만화잡지를 구입하려는 어린이가 심야에 외출하게 되는 것이 사회문제가 되어 청소년 건전육성이라는 관점에서의 대응이었다. 그러나 발매일 시간 지정을 발매일 실행 장려 지구위원회에서 규정하는 것은 청소년 조례와 관련하여 수도권과 효고(兵庫)현에 한정되어 있었다. 발매일 시행 활동15)은 '독점금지법' 정신에 위배되지 않도록 그때그때 사회 경제적 배경을 감안하여 '동일지구 동시(일) 발매'의 취지를 철저히 지키고 필요한 계발의 추진을 시행하고 있다.

발매일 지연으로 업계의 큰 문제가 된 적이 있다. '더 이상 운송할 수 없다.'는 전국트럭협회 출판분과회의 주장으로 알 수 있듯이 잡지 업무량이 팽대해진 1988년부터 1990년에 걸쳐 연말연시를 중심으로 발매일 지연이 발생하여 서점매장이 혼란을 겪었다. 업계에서 버블 붕괴의 영향으로 사업량은 점차 감소하는 방향으로 조용히 침체되고 있다.

그런데 '하필이면 이런 때에 이런 일이'라고 출판계의 비명의 소리가 있었던 2005년 2월 말과 3월 초에 걸친 사상 최대의 반입 발매일 지연 사태이다. 잡지 사업량은 피크 때에 비해 크게 줄었음에도 불구하고 카탈로그와 무가신문 인쇄와 겹쳐서 대기업 인쇄 회사 접지 가공 부문이 한계에 이르자 연쇄적으로 그 영향이 퍼져 나갔던 것이다. 영향을 받은 잡지는 100지를 웃돌아 유통협회는 반입의 관리를 철저히 해주도록 요구했다.

디지털화에 따른 납기단축도 요인의 하나였지만 이러한 사태를 맞아 문제가 생길 가능성이 있을 때 세밀하게 발매일 조정을 도모하여 나가기로 하였다. 잡지의 다품종 소량생산 시대를 맞아 유통 판매 현장은 더 신경을 쓰지 않으면 안 되는 상황을 말해주고 있다고 할 것이다.

4) 잡지 발매일 차이에 대한 시정 추진

잡지 발매일 차이에 대해 2005년 3월에 야마구치/山口, 시마네/島根, 돗토리/鳥取 현의 발매일 개선이 실현되어 혼슈/本州에서 3일 소요되는 지구(수도권을 기준으로 2일 지연되는 곳)가 없어졌다. 향후의 과제는 큐슈/九州, 홋카이도/北海道, 그리고 선편으로 수송하는 오키나와/沖繩 지구용을 항공편으로 전환하는 것이다.

잡지의 판매 경로는 정기구독 등으로 독자에 대한 다이렉트 메일 서비스

ぼん〉, 〈월간소년점프/月刊少年ジャンプ〉〈Myojyo〉(明星社).
15) '잡지발매일 시행 활동' 〈雜誌發賣日施行 핸드북〉(잡지발매일시행위원회 편, 2001년 11월 발행).

등 다양해지고 발매일 문제의 성격도 복잡해졌지만 잡지 발매일은 유통 판매는 물론 편집 제작 광고 선전 활동을 포함하여 잡지 출판의 근간의 하나이다.

5) 잡지 배송휴일

잡지의 배송 휴일은 1992년도 시험 운영하기 위해 6, 7월 이틀간 실시되었고 이듬해 4일간 실되었는데 1995년도부터 2000년도 사이는 5일까지 확대되었다. 그러나 2001년도에 4일, 2002년도는 3일 2005년도에는 2일로 감소되었다.

유통협회는 1991년 4월에 '사업량 평준화와 주 5일 근무제 실시에 즈음한 안내'를 발표했다.

서점, 인쇄제본, 운송 업체의 의향을 반영하여 유통 운송의 안정, 효율화를 지향하면서 수 년 후에는 완전 주 5일을 지향하기 위하여 잡지의 배송휴일을 연간 12회로 제안하였다. 잡지협회는 물류위원회를 중심으로 검토하고 주간지를 제외하고 시험과 검증을 실시하였다. 현재 배송 휴일은 주간지를 제외하고, ① 1, 5, 8, 12월을 제외하고 ② 제2 토요일을 기본으로 하며, ③ 3일 연휴는 피하고, ④ 월 2회 공휴일이 있는 달은 이를 피하는 등의 "기본원칙"을 1994년 확인하여 운용하고 있다. 잡지의 매출은 1997년을 정점으로 감소하고 유통 판매 환경도 크게 변화하고 있는 가운데 잡지의 배송 휴일의 방식에 대하여 검토가 이루어지고 있다.

(4) 매장 주문도서의 신속화

1) 독자 주문 도서의 빠른 배달

주문품의 신속한 조달은 독자 서비스 향상이란 측면에서 다년간에 걸쳐 업계의 과제로서 대응해 왔다. 1971년에 유통협회에서 서적협회에 '한 부 주문의 신속한 출하' '주문서의 1주일 이내 반려'와 같은 요청이 들어왔다. 서적협회는 이에 적극적으로 대응을 하며 1976년 9월에 서적협회의 출판개발특별위원회에 '1부 유통 소위원회'를 발족시키는 등 고객 독자 주문 단품 유통의 원활화에 힘썼다. 1979년 10월에 독자 고객 주문품 처리 개선을 위한 산업 인프라의 하나로 서적협회 유통협회 일서련에서 '독자 주문 전용주문표' 사용을 결정했다. 출판사는 독자 고객 주문품을 우선적으로 출하하려는 의도였다. 1994년 5월부터는 여기에 ISBN 코드 기입란을 마련하고 고객 독자들의 보다 신속한 배송의 개선 작업을 시행하였다.

2) 데이터 처리의 온라인화

한편, 대기업 유통회사는 1978년에서 1979년에 걸쳐 유통을 기초적 개선을 목표로 데이터 처리 온라인화 준비를 시작했다. 1984년 4월 닛판/日販 '온라인 커뮤니케이션 시스템'(NOCS)에 이어 6월 토한/東販 종합 온라인 네트워크 시스템(TONETS)이 실행되었고 12월에 오사카야 출판 유통 시스템(OPAS) 등이 서비스를 시작하였다. 서적신간 발행종수의 증가에 따라 유통회사는 물류창고의 확대와 근대화 및 지방 거점의 전개 등을 추진하는 한편 노동 집약적인 단책(slip)에 의한 수발주 방식에서 전용 VAN(부가가치통신망) 회선을 이용한 온라인화 및 슬립이 없는(slipless)의 실현을 목표로 고비용 구조체질에서의 탈피를 도모하였다. 시대는 유통의 현대화 및 EDI(전자데이터 교환)에 의한 수발주의 슬립리스화를 향하여 움직이기 시작한 것이다.

1983년 일서련도 SA(Store Automation/서점 자동화)[16] 문를 발족시키고 1989년엔 '버드 넷(Bird Net)'을 구축한다. 이에 대하여 서적협회유통개선소위원회도 서점의 SA화 연구를 시작하면서 1987년에 일서련의 위원을 초청하여 SA의 목적, 내용, 출판사의 제공 가능한 정보, 출판사에 미치는 영향 등에 대해 의견을 교환하는 한편 서적협회 내에서 서점 SA 문제에 대한 설명회를 개최했다.

이러한 환경의 변화를 겪고 나서 서적협회는 1992년 3월에 출판정보유통 추진위원회(사토타카노부/佐藤隆伸 위원장, 新潮社 대표)가 발족하여 유통 및 출판사 간의 정보 유통의 방법과 업계의 통일 VAN 구성에 대해 유통협회와 연구 및 협의를 거듭한 후 1993년 9월에 계획을 구체적으로 추진하기 위해 '서적협회·유통협회 VAN 추진회의'를 발족시켰다. 또한 추진회 아래에 실무담당자로 구성되는 '스텝 회의'를 설치하고 수발주/受發注에 관한 전문적인 문제점에 대해 상세한 검토를 개시하여 이듬해 2월 업계 〈온라인 표준 양식집〉을 정리하여 발행했다. 그 후 추진협의회는 '출판 VAN합동협의회'라고 개칭하여 업계의 인프라로서 통일출판VAN보급의 원동력이 되어갔다.

2002년 11월 유통협회에서 출판VAN에 대신할 정보 인프라 기능으로서 '신 출판 네트워크' 시스템 구축을 밝히고 다음해인 2003년 4월부터 서비스를 시작했다. 지금까지 전용회선 VAN의 운용에서 인터넷을 활용하여 출판사의 서지정보, 중판정보, 품절정보 등 유통회사가 가진 서점 주문정보를 통합시켜

---

16) 일서련(日書連-일본서점상업조합연합회)이 제창한 구상으로, 서점의 판매 관리, 수발주/受發注 작업, 서지/書誌 검색 등을 통신 회선에 의한 VAN이나 컴퓨터에 의해 처리하여 작업의 표준화와 생산성 향상을 꾀하려는 것.

출판유통의 개선과 비용절감을 꾀하려는 것이었다. 이를 계기로 유통회사와 출판사 사이의 수발주 데이터 교환을 출판VAN에서 신 출판 네트워크 시스템으로 이행하는 출판사가 늘어나게 된다.

3) 잡지협회의 '잡지 POS센터'

잡지협회의 잡지 POS센터는 서점 등에서 온라인으로 들어오는 잡지 판매 데이터를 한 곳에서 수신하고 그것을 이용 출판사에 송신 전달하는 시스템이다. 잡지판매 데이터를 서점과의 신뢰 관계를 기반으로 수집하여 이용 출판사에게 제공하고 효율적 판매와 잡지 편집기획의 활성화에 이바지할 잡지 출판계의 인프라 기능역할을 담당하고 있다. 잡지협회는 1984년 12월 〈잡지에 대한 POS 시스템에 관한 보고〉에서 POS시스템 도입을 유통협회에 제안하고 일서련과 같이 연구를 추진하기로 했다.

2000년 6월, 가도카와쇼텡, 고단샤, 고분샤, 슈에이샤, 쇼가쿠칸, 매거진하우스 6개사가 발기하여 잡지판매 데이터의 공동 수집기구(약칭: 잡지POS센터)를 설립했다. 이듬해부터 판매 데이터 전송을 시작하고 그 후 데이터 제공법인과 이용출판사의 증가에 따라 2004년 4월부터 잡지협회로 이관되었고 잡지 POS센터의 운영은 잡지협회판매위원회의 잡지POS센터 운영위원회(쿠가에이지/久我英二 위원장, 매거진하우스)가 맡고 있다.

잡지POS 센터의 주요 이점과 유효성은 ① 서점 및 유통회사의 발신을 한 곳에서 할 수 있어 전송비용이 감소되고, ② 서점이 잡지 마스터 정보를 보유하지 않아도 되고, ③ 출판사 매출조사 속도가 빨라져서 그에 관련된 비용이 감소되며. ④ 적정한 제작 배본 증쇄 등을 기민하게 대응할 수 있어 편집기획에 반영할 수 있으며, ⑤ 이용하는 각 출판사 사이에 합의하면 경합사의 판매 데이터가 공개되는 등이다(2006년 9월 현재 15개 법인과 전국 약 9,000개소 이상의 일일판매 데이터를 발신하고 이용하는 출판사 41개사).

데이터 제공법인은 만화와 무크의 판매 비율과 2006년 말부터는 정기 잡지의 장르별 판매율의 제공 서비스를 시행하고 있다. 이용 출판사의 신규 잡지의 등록, 삭제, 출판사 사이의 양해 아래 실시하는 상호 공개 웹[17]상에서 진행할 수 있어 기능이 강화되고 있다.

---

17) http://www.zassi-pos.gr.jp/

(5) 잡지 작성상 유의 사항

1) 원활한 유통·판매를 위한 조치

〈잡지 작성상의 유의 사항〉은 잡지의 유통을 감안하여 표지와 부록 등에 관한 유의사항을 유통협회 의견도 반영하여 1986년 11월에 자주적 기준으로 정리한 것이다. 이 유의사항은 각 유통회사의 창구에서는 '형태기준'이라고도 하는데 잡지의 원활한 유통을 위한 교통의 규칙과 유의점으로 인식되어 뿌리 내렸다.

유의사항은 국철의 분할 민영화 계기로 작성된바 기본은 국철이 규정한 잡지 특별운임 제도와 관련된 규정이다. 역사는 1897년 당시 철도성이 잡지 특별운임제도를 마련한 시점으로 거슬러 올라간다. 업계에서는 '특운/特運'이라고 불렸는데 잡지출판사는 부록 등을 제작할 경우에는 일일이 국철의 담당부서에 허가신청을 했다.

잡지협회 설립 이후 잡지협회가 잡지출판계의 의견 요청을 반영하여 국철 당국과 특운 규정을 둘러싼 교섭을 거듭해 온 경위가 있다. 특운 규정은 표지 표시, 잡지에 끼우는 엽서 매수, 부록에 사용할 수 있는 재질 등에 걸쳐 세밀하게 정해져 있다. 잡지협회에서는 이에 대한 이해와 심화시키기 위해 '특운 길라잡이'를 만들어 회원사에 배포했다.

〈잡지 편집상의 유의 사항〉은 국철의 민영화 방향이 결정된 1984년 잡지협회에 설치된 특운 규정위원회(오가데츠오/相賀徹夫 위원장, 小學館)이 '특운 폐지'(1986년 11월) 후에도 수송·전시의 합리화와 관련 업무의 원활화를 위하고 잡지출판계의 합리화에도 도움이 되고자 마련한 것이다.

2) 실태에 따른 개정 경위

특별운임 폐지와 국철 분할 민영화 이후 유통회사를 비롯하여 유통 운송, 소매업계와의 문제가 일어나 잡지협회 잡지기준운영위원회가 운영과 기준 개정 등을 담당하였다. 1980년대 후반 버블 경기에 의한 잡지의 확장과 90년대 들어 FD(플로피 디스크), CD-ROM 등의 기록 미디어의 등장으로 잡지광고협회 등 광고단체에서 유의사항의 개정을 요구하여 왔다. 1999년경까지 이러한 요구안건마다 유통협회와 검토하여 부분적 수정을 반복해 왔다.

그러나 전자기록 매체의 등장으로 기준에 부합하지 않는 사례가 잇따르는 상황이 되며 1998년 이후 잡지시장의 침체를 배경으로 유의사항의 전반적인 개정 기운이 높아져 잡지기준운영위원회는 유통회사와 인쇄 제본 업계의 실태를 파악하고 관련업계와 검토를 진행했다. 2001년 5월에는 이 유의사항을 전면 개정[18]하고 이에 따라 주간지 부록도 해금되었다. 특운 시대의 잔재였던 '부록의 형상 재질 등' 세세한 규정은 될 수 있는 한도 안에서 삭제 또는 단순화했다. 표지 가공, 부록, 샘플 부착, 향기 인쇄, 표시 변경 등을 할 경우 유통에 지장이 없는지 확인 후 사전에 각 유통회사의 구매 담당자에게 연락하고 필요에 따라 상담하는 것을 전제로 대폭적인 완화를 실현했다. 그 이후 개정시점에서 예상할 수 없었던 부록, 광고 샘플 부착 사례가 속속 등장하고 잡지업계의 규제 완화로 '호화 부록의 샘플 특집'이 텔레비전과 신문에 편성 편집되어 화제를 불러 왔다.

잡지업계의 규제 완화 보도를 계기로 공정위의 경품담당부서에서 '경품약관'이 변경되지 않았음에도 불구하고 소비자 독자에게 오해를 줄 우려가 있다는 지적이 잡지공정거래협의회/雜誌公取協에 들어와 협의회 가맹 출판사에 주의를 환기했다.

한편, 소매서점에서는 광고주로부터 지급되는 카탈로그 등을 잡지에 삽입하는 사례가 늘어나 매장의 작업부담만 늘어나고 판매촉진 효과는 없다는 비판이 높아지면서 삽입작업 중지를 선언하는 서점 체인이 나타나는 사태가 일어났다.

잡지협회는 잡지기준운영위원회가 2005년 유통협회와 사례연구를 거듭한 결과, 2006년 1월부터 특히 문제와 영향이 큰 사례에 대해 〈잡지 작성상의 유의사항〉의 부칙으로 유통협회와 연명/連名의 문서와 잡지협회 홈페이지에 고시하기로 하였다. 제1탄은 "광고주가 지급하는 카탈로그류는 원칙적으로 본지에 붙여 제본하여 삽입한다."는 내용이다.

잡지부록 샘플부착은 잡지 특유의 매력을 끌어내는 것으로 독자와 광고주의 관심은 높다. 다만 별첨에 한하였어도 연간 4,000개 이상의 잡지에 부록, 광고 샘플이 붙어있는 것이 실태이다. 잡지협회는 인쇄 제본, 유통 운송, 판매에 부록샘플 부착 실정과 유통협회나 서점의 매장 실태를 감안하여 앞으로도 적합한 사례 연구를 실시하면서 적절한 운영을 해 나가기로 하였다.

(6) 유통 개선을 위한 출판 정보의 정비

1) 스사카 구상/須坂構想

1991년 나가노현 헤이안도/長野県平安堂 총판의 히라노미노루/平野稔 사장이

---

18) 〈잡지작성상의 유의사항〉(2001년 개정판, 사단법인 일본잡지협회 발행)참조.

서적 잡지의 인쇄 제본에서 재고·배송에 이르기까지 한 장소(나가노현 스사카시/長野縣 須坂市)에서 일관 업무를 담당할 공동 창고인, 소위 '스사카 구상/須坂構想'을 출판업계에 제안하여 왔다. 서적협회는 이에 따라 유통위원회에 '스사카 구상' 검토위원회를 설치하여 창고 기능, 집품과 발송 기능의 협업화, 특히 단품 주문에 대한 선적 및 조달을 합리화하여 신속화로 이어갈 수 있을지에 대한 연구에 들어갔다. 1996년 계획 실현을 위해 주식회사[19]를 설립하였기 때문에 유통위원회에서 검토를 중단하고 해당 회사에 일임하기로 했다. 그러나 그 후 실현되지 못하고 회사도 2003년 3월 해산했다.

2) 출판 공동창고망

2003년 8월 '출판창고유통협회의회'가 설립되었다. 신속·저렴·간단을 모토로 출판 정보의 공유 활용과 출판 유통 개선을 목표로 출판창고회사와 유통회사, 컴퓨터 소프트웨어회사 및 폐지회사 등 다채로운 업종이 참가하게 했다. 2006년 8월 현재 5개사가 참가하고 취급하는 출판사 수는 약 650개사가 있다. 일본의 출판사 수는 4,400개사로 집계되는데 그 중 1,000개사가 출판 물량의 90% 이상을 차지했다. 이 1,000개사의 물류를 담당하고 있는 것은 약 60개의 창고회사이며 창고회사의 대다수가 공동으로 출판사의 물류에 대처하고 재고 정보 등의 공유를 실현하기 위해 '출판사 공동망'을 구축하고 'IC태그 실증실험'을 제휴하고 있다.

'출판사공동망'은 ① s-book.net[20]과 연계하여, ② 재고 정보를 희망하는 유통회사와 서점 등에 발신하고, ③ 모든 주문 데이터를 해당 거래회사에 전송하는 구조로 되어 있다.

'IC태그 실증실험'은 JPO(일본 출판 인프라센터)[21]가 추진하고 있는데 출판창고유통협의회도 이 실증 실험에 협력 참가하고 있다. IC태그의 활용은 물류 관리는 물론 위탁제와 병용할 수 있는 '매절 및 책임 판매제' 등 다양한 거래 조건과 '한시·부분 재판매' 등의 거래 관리까지 포함하는 시스템을 구축하는 것인데, 실험 결과 어느 정도 평가할 수 있게 되었다. IC 태그는 처음에 서점 매장의 '도둑 방지'를 위한 비장의 카드로 기대하고 연구를 시작하였지만, 물

---

19) 주식회사 재팬 북 센터(자본금 1억 엔, 1996년 4월 10일 설립, 사장 와타나베다카오/渡辺隆男)

20) s-book.net는 서점 대상 Web 수주 사이트이며, 최신의 서지 정보나 재고 정보를 공개하며 전국의 10,100 서점이 참여하고 있다.

21) http://www.jpo.or.jp/

류·거래 관리에 그치지 않고 'IC태그를 출판업계의 어려운 과제의 해결 수단으로 사용할 수 없을 것인가'라는 관점에서 작업이 진행되고 있다.

3) 출판 정보의 정비

고객 주문의 신속한 처리는 유통되는 재고 정보 파악 및 일원화가 필수적이다. 1958년에 부문별로 총 6편의 〈일본종합도서목록/日本綜合圖書目錄〉을 순차적으로 발행하고 있는 서적 협회는 창립 20주년이 되는 1977년 당시 일본에서 유통하고 있던 모든 재고를 망라한 〈일본서적총목록〉을 10월 1일 처음 간행했다. 또한 1976년 5월에는 '근간 도서정보지'(앞으로 나올 책)의 월 2회 정기 간행화도 결정했다. 〈총목록〉은 정밀하며 손쉬운 모양과 보존성이 뛰어나는 등 도서 형태로 강점을 발휘하여 업계에 오래 정착해 왔는데 정보의 전자 데이터화의 흐름에 대응하기 위해 1997년 9월에 일본 최초의 유통대응형 서적검색사이트 〈Books〉[22]를 협회의 홈페이지에 무료로 공개했다. 이에 따라 주문품 대응이 더욱 신속히 되어 유통 개선에 크게 기여하게 되었지만 책 자체의 〈총목록〉은 상품성을 잃고 〈2001년판〉을 마지막으로 중단했다.

또한 출판 정보 및 출판업계 시스템의 기반 정비를 도모하려는 '일본출판데이터 센터'(서적협회, 잡지협회 등 5개 단체가 설립)가 2002년에 설립되어 2003년 6월에 '유한책임 중간법인 일본출판 인프라센터'(JPO)로 개편, 개칭하여 재고 정보 정비 등의 연구를 시작했다. 또한 2004년에는 '일본도서코드관리센터'와 조직 통합을 실시하여 정보 기반의 구축과 정비를 추진하고 있다(다음 Ⅱ장 3항 참조).

3. 출판 재판제도의 유지와 운용

(1) 출판 재판제도의 역할과 과제

1) 재판매 계약의 개요와 운영

정가판매제도는 '재판매가격유지제도'(再販制度·Resale Price Maintenance)의 일종[23]이다. 정가 판매제도는 제품 판매에 있어서 제조업체 또는 판매업체가

---

22) http://www.books.or.jp/
23) 재판매가격 유지제도는 '판매자가 거래 상대방(유통업자나 소매점)'의 판매 가격을 결정하고, 이를 유지하기 위해 개입하는 것을 말하며, 판매가격의 결정 방법도 소비자에게 현실 소매하는 특정가격을 결정하는 경우뿐만 아니라 최저판매가격, 할인 한도 또는 비율, 가격 폭이 있는 가격 등을 결정하는 제도이다.('도쿄 고등법원 판결', 1994년 4월 18일).

정한 일정한 매가를 상품에 표시하여 정가대로 상품을 판매하는 것을 제도화한 것이다.

일본의 재판제도는 '독점금지법'(1947년 제정)에서 재판매 유지 행위를 불공정한 거래로 원칙상 불법 행위로 규정하지만, 1953년 법 개정으로 새롭게 출판물 등 법정 재판매 금지의 적용은 제외토록 한 예외 규정에서 도입되었다.[24] 재판매제도는 어떤 상품의 공급업체가 거래처 사업자에 대하여 거래처에 판매하는 가격을 지시하고 이를 준수시키는 제도이다. 또한 재판매 가격유지계약(이하 '재판계약'이라 함)은 상품 공급업체가 해당 상품의 거래처인 사업자에 대하여 전매하는 가격을 지시하고 이를 준수하는 행위(이하 '재판행위'라 함)를 내용으로 하는 계약이다.

출판업계의 시각에서 보면 출판사 또는 발매원이 자기의 출판 거래처인 유통회사 및 소매 서점에 재판매 가격을 지시하고 이를 준수케 하는 제도라고 할 수 있다. 출판업계에서는 이전부터 업자간 협정의 형태로 정가판매 관행이 거의 확립돼 있었다. 출판업계의 정가 표시는 1915년 이와나미 서점이 자사 출판서 뒷표지에 '정가 판매 희망'이라는 취지문을 첨부한 것이 효시라고 할 수 있다.

일본의 독점금지법은 미국의 법을 따라서 엄격한 금지 주의 입장에서, 유럽 국가에서는 통상으로 인정되는 다수 제조업체와 도소매 업체가 협정으로 행하는 집단적인 시행은 허용되지 않았기 때문에 개별적인 사업자가 단독으로 다수 판매자와 재판매 계약을 맺어야 하고 특히 지정 대리점에서 실시한 메이커의 정가 표시에서 비롯되었다.

(2) 잡지, 서적의 정가 판매의 확립

1) 정가 판매의 내력

출판업계에서 잡지와 서적의 정가판매제도가 실시·확립된 것은 1919년이다. 그때까지 매절제/買切制였던 거래가 1908년에 다이가쿠칸/大学舘이 서적에, 지츠교노니혼샤/實業之日本社가 다음 해 〈후징세카이/婦人世界〉지의 신년호에서 잡지의 위탁(반품 조건부) 판매를 시행했었다. 이렇게 하여 위탁 판매가 주가 되어 대량 생산, 대량 판매의 유통이 가능하게 되었으며, 다품종 서적

---

[24] 법정 재판매는 발행 저작물(서적, 잡지, 신문, 축음기용 레코드 등)에 대한 출판사 등이 재판매가격을 결정하고 유지하는 것이 허용되며 공정위에 신고를 필요로 하지 아니한다. 지정재판매는 공정위가 지정한 상품에 대해 재판매 가격을 결정하고 유지하는 것이 허용되지만 판매 계약을 하려면 공정위에 신고 의무가 있다.

유통 양태도 가능하게 되었던 것이다. 그러나 제1차 세계대전 후의 호황과 인플레이션 등으로 용지의 상승, 인쇄 제본 요금의 대폭 인상, 도서 판매의 과당 경쟁이 문제가 되어 정가판매의 확립이 요구되어 왔었다.

잡지에서는 1914년 3월 잡지 '발행사와 유통업체'가 중심이 되어 '동경잡지조합'(오하시 신타로/大橋新太郎 간사장, 하쿠분토/博文堂 대표. 1918년 1월에 '동경잡지협회'로, 1924년 8월에 '일본잡지협회'로 개칭)25)이 설립되면서 '잡지판매규정'을 만들고 "본 조합원이 발행하는 잡지는 소매업자로 하여금 모두 정가로 판매하는 것으로 한다. 다만 발행 3개월이 지난 것은 적용하지 아니한다.(제3조)"고 정하고 판매업조합의 결의에 의해 도쿄는 10% 이내의 할인 판매를 인정하고 정가 판매를 위반한 소매업체는 거래를 중단했던 것이다. 또한 4월에 원 유통업체로 '도쿄잡지판매업조합'이 정가판매의 이행 목적으로 설립된 후 잠정조치로서 10% 이내의 할인 판매를 인정한 부대 결의를 했지만, 1919년 2월에 부대 결의를 철폐하고 전면적으로 정가판매를 시행했다.

서적의 정가판매는 1914년 10월 동경도서출판협회(1918년 3월 동경출판협회로 개칭)가 도서출판업자로 설립되어 정가판매를 규약으로 규정하였다. 1919년에는 출판·유통·소매로 조직된 동경서적상조합26)이 규약 개정과 판매규정을 제정하고 정가판매(기간은 6개월에서 1년간)를 시행했다. 이 조합은 규약에서 "조합원이 출판 및 전매하는 도서는 모두 후면에 기재하는 정가로서 판매하여야 한다."라고 규정하고 관보 및 주요 신문 10개지에 "12월 1일부터 본 조합원 출판 도서는 모두 정가로 판매합니다."고 광고했다. 또한 전국적으로 정가판매의 확립을 목적으로 전국서적상조합연합회가 1920년 5월 설립되었으며, 각 부·현/府·県에 조합을 설립하고 정가판매를 보급, 시행하게 되었다.

잡지, 서적의 정가판매제의 확립은 할인 판매 등을 통한 과당 경쟁을 질서화하고 이의 실시는 업계 단체의 규약, 협정 등에 의거하여 이루어졌다. 1919년부터 실시된 정가 판매는 대체로 1947년 '독점금지법'의 제정 후에도 계속되었다.

---

25) 〈日本雜誌協會史 제1부 大正·照和 前期〉(사단법인 일본잡지협회 발행) 참조.
26) 1887년 11월 '동경서적출판영업자조합'을 창립하여 이후 출판업계의 중심적 단체로 활동. 1902년 1월 '동경서적상조합으로' 개칭. 2007년 판매업자의 가입을 인정했다. 〈도쿄서적상조합 50년사/東京書籍商組合 50年史〉 참조.

(3) 재판매 적용 제외와 재판매계약

1) 국회에서의 토론

1953년 일본 정부는 불황 카르텔, 상표 등을 붙인 일용품 및 저작물의 재판매 가격유지제도의 인정 등을 규정한 '독점금지법' 개정안을 국회에 제출했었다. 이 개정안에는 기존 정가판매 관행이 된 출판물이 독점금지법 적용 제외 대상으로 포함되었다. 일본의 제15회 국회 제출 개정안에는 '저작물을 출판하는 사업자가 해당 출판의 판매 상대방인 사업자와 출판물의 재판매가격을 유지하고 결정하기 위해 행하는 계약'이라고 규정하였지만 제16회 국회 제출법안은 "저작물을 발행하는 사업자 또는 발행한 물건을 판매하는 사업자가 물건의 판매 상대방인 사업자와 물건의 재판매 가격을 결정하고 이를 유지하기 위한 정당한 행위에 대해서도 제1항과 동일하다."고 규정한 수정안을 제안, 가결시켜 그 해 9월부터 시행하게 되었다.

국회 심의과정에서 요코타마사토시/橫田政俊 공정위 위원장은 출판물의 적용을 제외한 이유에 대하여 "만약 서적의 정가에 대해 가격을 엄격하게 지키지 않으면 안 된다고 하면 약간 독점금지법상 문제가 될 수 있습니다. 그러나 현재 우리로서는 일종의 출판사의 희망적인 가격으로 보아 굳이 독점금지법 위반으로 논의하고 있지 않습니다. 그러나 이 점은 역시 법률상 그러한 문제는 독점금지법상 굳이 문제삼을 필요가 없다는 것을 명확하게 내놓는다는 취지에서 이번 일용품의 재판매 가격에 대해서 규정을 마련하면서 아울러 이것도 분명하게 하면 좋을 것이 아닌가 하는 취지에서, 말하자면 비교적 가벼운 의미로 적용 제외 규정을 넣은 것입니다."(중의원 경제안정위원회 회의록, 1953년 3월 9일)라고 말했다.

출판업계에서는 1952년부터 할인 운임 문제를 계기로 도내 정가와 지방 정가의 이중 정가를 표시하고 있었다(출판사의 약 80% 표시).

1955년 2월, 독점금지법 개정을 맞아 '출판단체연합회'/出團連, '출판유통간담회'(현 유통협회), '소매전련'/小賣全連 3단체는 '재판매문제소위원회'를 설치하고 재판 계약 작성을 위한 검토를 시작하고 공정위와 절충을 가지면서 재판 가격유지계약 이행위원회 규약 및 재판계약(출판-유통, 유통-소매, 유통-유통) 형식을 작성했다. 이 재판매 계약에서 ① 출판사는 발행 출판물을 재판매출판물로 하고, ② 유통회사는 재판 계약을 맺지 않는 소매서점에는 판매하지 않는다 등을 규정했다(1958년 12월 공정위의 지도로 규약과 계약을 일부 변경함).

이렇게 출판업계의 재판 계약은 1956년 4월 17일에 출판 3단체를 구성 단체로 하는 재판매가격유지계약이행위원회(재판본부위원회)를 발족하고 재판 계약이 도쿄를 시작으로 여섯 지구에서 실시하게 되었다. 재판본부위원회는 1957년 출판단체연합회/出団連 해산에 따라 잡지협회와 서적협회가 구성단체가 되었고 그 후 개편 개칭되어 현재에 이르고 있다.

2) 전집 재판매제외와 과대 보장금에 대한 배제

1966년 말 전집과 백과사전 등의 과대 보장금의 문제로 공정위가 전집을 재판 제도에서 제외한다는 움직임이 전해졌다. 다음 해인 1967년 3월 출판4단체는 '재판문제연구회'를 조직하고 출판사, 직판 회사, 월판/月販 회사에 자숙을 요청하고, 22일 히비시마/日比島공정위 위원장에게 출판계의 실정과 재판제도의 필요성을 설명하고, 30일 재차 요청서를 제출했다. 또한 공정위는 이러한 과당 경쟁을 규제하기 위해 '재판매가격유지행위규정법' 요강을 발표했다(7월에 국회 제출을 포기함). 서적협회는 4월 13일 정가판매제의 유지와 전집 발행자의 과대 보장의 자숙을 요청하는 성명과 18일에는 공정위 위원장과 출판업계 대표가 회담하고 '전집물을 재판계약 대상에서 제외하지 않는다'라는 것을 밝혔다. 이렇게 하여 전집 문제는 일단 수습이 되었다.

1968년 2월 출판 4개 단체는 출판물의 공정한 거래를 추진하기 위해 재판매문제연구회를 개편하고 이사장 회장을 중심으로 출판물공정거래협의회(회장 이시카와카즈오/石川数雄, 잡지협회 이사장)를 설치(1968년 2월)하기로 하고 이후 협의회가 재판본부위원회와는 별도로 출판재판제도의 재검토에 대해 공정위와의 절충을 하기로 하였다.

그 후 1973년 가을부터 오일 쇼크로 인한 용지 공급 궁핍에 따라 생긴 가격 표시가 1974년 초부터 문제되어 3월 공정위에서 정가 표시의 실정과 서점에 대한 과대보장 계획에 관한 지적이 있었다. 출판물공정거래위원회는 지적에 대해 판매 질서 확립에 대한 성명서를 발표하고 출판업계의 자숙을 요구했다. 3월 29일에는 백과사전·전집 등의 과대 보장 등 주요출판사에 배제 명령이 나왔다. 1975년에는 의학서적 등의 전문서적 거래 실태조사가 실시되어 도서 교재의 공동재판매문제가 발생하는 등 출판업계의 재판 제도의 운용을 둘러싸고 공정위에서 문제점이 지적되었다. 1977년경부터 공정위는 재판제도에서 본 출판산업의 거래 실태조사를 시작하는 등 출판재판 제도의 재검토를 강화하는 방향으로 작업을 이어갔다.

(4) 포괄적 재판매에서 개별재판매로

1) 새로운 재판매제로의 이행

이러한 공정위의 움직임에 대응하기 위해 출판공정거래협의회는 1977년 2월 소위원회를 두어 재판계약서와 재판본부위원회 규약 개정 검토를 개시하여 다음 해 1978년 5월 개정안을 공정위에 회답했다. 또한 출판물 가격표시에 대한 비판에 답하여 7월 '서적가격 표시문제에 대하여' 통일 견해를 정리 공표하였다. 그 내용은

① 서적의 정가는 판권장/版權張 또는 서적 본체에 표시하는 것을 원칙으로 한다.

② 유통상의 문제를 고려하여 외부 표지의 보기 쉬운 곳에도 정가를 표시한다는 것이다.

이런 가운데 하시구치오사무/橋口收 공정위 위원장이 그해 10월 기자회견에서 "재판제도를 전폐하는 방향으로 우선 서적과 음반 유통 실태를 조사하여 '독점금지법' 개정에 반영할 것이다."라고 발언하여 출판 4개 단체는 요청서를 작성하여 하시구치 위원장에게 실정을 설명했다.

표준형 재판 계약과 재판본위원회 규약의 개정 문제는 출판물 '공정거래협의회'가 1979년 1월에 재개정안을 제출하여 10월부터 실시하기로 했다. 10월 공정위는 '출판거래의 공정화에 관한 지도'(제2차 교육)에서 ① 모든 출판물이 자동으로 재판 대상이 되는 점을 개정하여 출판사의 의사로 재판할지 여부를 결정할 수 있도록 할 것(부분 재판), ② 재판 기간을 두어 일정 기간 경과 후에는 출판사의 의사로 재판에서 제외할 수 있도록 할 것(시한재판매), ③ 출판물에 재판 상품임을 표시를 할 것('정가'로 표시), ④ 경품부 판매 금지를 고칠 것, ⑤ 위원회의 명칭을 변경할 것 등을 요구했다. 12월에 중의원 상공위원회 유통소위원회에서 출판 4개 단체 대표가 재판 유지를 위한 의견을 진술했다.

재판계약 및 위원회 규약의 개정 검토는 우여곡절을 거쳐 1980년 5월 출판물공정거래협의회(시모나카구니히코/下中邦彦, 서적협회 이사장)가 위원회 규약의 변경과 새로운 재판계약을 공정위에 신고하여 10월부터 실시하게 되었다. 위원회 규약 변경은 ① '재판매가격 유지계약위원회'(재판매위원회)로 명칭을 변경하고 위원회의 성격을 조사 연구기관으로 한다는 것이었다. 재판 계약의 주요 변경 사항은, ① 출판사가 재판 상품으로 하는 물건은 출판물 자체에 '정가'를 표시하여 재판가격을 지정하고(제3조), ② 재판 출판물에서 비재판

출판물로 이행 조치(제8조), ③ 출판사의 정가 판매 조항 삭제, ④ 유통회사의 직판 금지 조항의 삭제 등으로 대체로 공정위의 제2차 지도에 따른 내용이었다.

2) 가격표시 등의 자주 기준

1980년 새로운 재판제로 이행 후 일부 신간 할인 판매가 실시되어 이를 우려한 재판위원회는 1983년 8월 '묵과하기 어려운 재판 계약 위반이 횡행하고 있다'는 문서를 출판사 4,300개사, 유통 47개사, 일서련 등에 발송하여 재판 계약의 중요성을 자각하고 준수하라고 호소했다. 또한 재판위원회는 재판출판물의 정가표시 기준, 비재판 출판물로 이행 절차를 명확하게 하기 위해 소위원회를 설치하고 검토하여 '출판물 가격표시 등에 관한 자주 기준' '동 실시요령'을 만들어 1984년 7월 공정위의 승낙을 얻어 실시했다. 11월에 출판사 바게인 북페어 실행위원회(마츠노부 타이스케/松信泰輔 위원, 일서련 회장)가 11월 9~11일 리쿠르트 긴자 빌딩에서 출판사 바겐 북페어를 개최했다. 또한 1985년 4월에는 재판위원회가 '출판가격표시 기준 수첩'을 만들어 가격표시의 적정화를 도모하기 위한 자료로서 출판 관계자에 널리 배포했다.

정부는 1988년 무렵부터 공적규제 개정 검토를 진행, 1989년 11월에 제2차 임시행정개혁추진심의회의 〈공적규제방법에 관한 소위원회보고〉에서 독점금지법의 적용제외제도의 재검토를 제언했으며, 1990년 〈경제구조조정추진요강〉(정부여당 경제구조조정추진본부 결정) 및 〈미·일 구조문제협의 최종보고서〉에서도 적용 제외 제도의 재검토가 정책 과제로 채택되고 공정위에서도 연구회를 통해 재판 제도를 포함한 검토를 했다.

(5) 규제 완화와 재판매 제도의 개선

1) 규제연구소보고서 및 적용 제외 제도의 재검토

공정위는 1991년 7월 일본의 적용 제외제도 전반에 걸쳐 검토를 실시한 결과를 '정부규제 등과 경쟁 정책에 관한 연구회'(츠루타토시마사/鶴田俊正 좌장, 센슈대학/專修大學 교수) 보고서로 〈독점금지적용제 제도의 재검토〉[27]를 공표했다.

저작물 재판제도에 대해서 ① 독점금지법상 재판매가 인정되는 저작물의 범위에 대해서는 법의 목적 및 재판매 적용을 제외한 취지에 비추어 한정적으로 해석되어야 하며, 저작권법상 저작물과 동일하게 해석할 필요는 없으나, 일반 소비자의 이익을 부당하게 해치는 경우에는 적용이 제외되지 않는

---
[27] 〈독점금지법적용제외제도의 개정〉(각론)(1991년 3월 7월)

것이며, ② 서적·잡지는 다수의 출판사에 의해 다수의 서적과 잡지가 출판되어, 가격의 다양성이 있고 구입의 반복성과 대체성이 적고 매장 진열의 필요성 등을 평가하여, ③ 출판 재판매가 출판물을 널리 저렴하게 소비자에게 제공하는 기능을 다하고 있는지? 새로운 유통형태의 출현과 발전을 방해하고 있지 아니한가의 실태를 파악함과 동시에, 소비자 이익의 관점에서 사업자의 행위를 감시하는 것이 필요하다는 점, ④ 출판사의 자주적 판단에 따라 부분재판, 시한 재판의 실시를 도모하려는 경우, 해당 출판사에 대한 압력이 가해지는 등의 행위가 있을 경우 공정위가 엄정하게 대처해야 한다는 것 등이었다.

동시에 공정위는 〈유통 거래 관행에 관한 독점금지법상의 지침〉을 공표했다. 이에 대해 출판업계는 재판위원회를 중심으로 공정위에 대한 설명과 사정의 청취, 자민당의 재판문제의원간담회(하시모토류타로/橋本竜太郞 회장)의 청문회에 출판 재판의 필요성에 대해 의견을 진술하는 등의 대처를 했다.

다음 해 1992년 4월 공정위는, ① 재판지정 상품의 재검토 방향을 1998년 말까지 모든 상품을 취소 방향으로 검토하기로 하고, ② 레코드 판, 음악 테이프 및 음악용 CD에 대해서는 '레코드 판, 음악 테이프 및 음악 용 CD의 재판 적용 제외 취급에 대해서'와 '레코드 판, 음악 테이프 및 음악용 CD의 재판 적용 제외 취급에 관한 공정위의 견해' 등의 검토 결과를 공표했다.

이에 따른 공정위의 견해는 ① 독점금지법의 재판 적용 제외가 인정되는 저작물의 취급을 명확하게 하기 위해서는 법적안정성의 관점에서 입법 조치로 대응하는 것이 타당하다, ② 앞으로 재판 적용제외가 인정되는 저작물의 범위에 대하여 폭넓은 각도에서 종합적으로 검토에 착수한다는 것이었다.

2001년 공정위가 재판 제도를 계속 존치한다는 결론에 이른 저작물 재판제도 개성의 기나긴 문세가 시작된 것이다.

공정위는 1993년 2월 〈서적 잡지의 유통 실태조사〉를 출판사, 유통회사, 소매서점을 대상으로 실시하고 11월에 정부의 '경제개혁연구회'(히라이와 가이시/平岩外四 좌장)가 〈규제 완화에 대한 중간보고〉를 공표하고 이에 대해 재판위원회 및 출판 4개 단체가 의견서를 제출했다.

2) '출판물재판매제'와 재판매문제검토소위원회의 중간보고

1994년 7월 정부는 〈향후 규제 완화의 추진 등에 대해서〉에서 '재판매가격유지제도에 대해서 1997년 말까지 모든 지정 품목의 취소 및 저작물의 범위 한정, 명확화를 기한다.'는 것을 각의/閣議에서 결정하고 공정위는 그 해 9월

'정부 규제 등과 경쟁 정책에 관한 연구회'를 바탕으로 '재판문제검토 소위원회'(가네코 아키라/金子晃 좌장, 게이오대/慶応大 교수)를 설치하여 재판 적용 제외를 인정할 수 있는 저작물의 범위에 대해 검토를 시작했다. 소위원회에 대한 의견서를 검토하기 위해 12월에 서적협회, 잡지협회는 합동으로 재판 문제 워킹 그룹(기쿠치아키오/菊池明郎 좌장, 筑摩書店)을 세워 연일 회의를 거듭하여 1995년 2월 출판업계의 〈출판재판제의 의의〉를 정리하여 공정위에 제출한 후 소위원회 청문회에서 대응했다. 정리된 내용은 공정위 또는 행정개혁위원회 등과의 본격적인 논의에서 제시할 주장의 기조가 되었다. 〈출판재판제의 의의〉의 주요 내용은,

① 재판제도와 독자의 이익(가격의 적정 공평 저렴, 출판물의 다양성, 구입의 편리성)
② 재판제도와 달리 분리되면 어떻게 되는가(위탁 판매 시스템, 출판물의 가격)
③ 독자를 위한 재판제의 유연한 운영
④ 독자들의 편의 위한 개선 노력 등이다.

또한 2월에 와타나베타카오/渡辺隆男 서적협회 이사장(二玄社), 다나카 켄고/田中健五 잡지협회 이사장(文芸春秋), 나카에 토시타다/中江利忠 신문협회 회장(朝日新聞社)의 3자 회담을 개최하여 "재판제도 정비를 위해 협력하고 최대한 노력한다."는 데 합의했다. 서적협회와 잡지협회는 지난해부터 이해 상반기까지 일본문예가협회를 비롯해 저작권 단체, 도서관 단체, 소비자 단체 등과 적극적으로 간담회를 갖고 재판제도의 유지에 이해를 촉구했다. 동시에 자민당 간부들과 간담회를 갖는 등 각 정당, 관계 기관의 활동을 강화했다. 또한 4월에는 요사노가오루/与謝野馨 문부대신의 요청으로 문부성, 문화청, 서적협회·잡지협회·신문협회로 구성된 '활자문화에 관한 간담회'를 발족, 공동 담화를 발표함과 동시 6월에는 〈다음 세대에 전하자. 우리의 '활자 문화'〉를 입안하여 그 내용을 바탕으로 일본의 '활자문화'를 지원하는 재판 제도의 유지를 널리 홍보했다.

공정위는 7월 재판문제검토소위원회 중간보고서 〈재판매적용 제외가 인정되는 저작물의 취급에 대한 보고〉 및 〈서적·잡지의 유통 실태 등에 관한 조사보고〉를 공표했다.

중간보고에서는 ① 재판제도가 매장의 충실한 진열, 주택별 배달의 유지 등 소비자가 상품을 구입하는 기회를 확보하는 등, 일본 문화의 보급에 효과가 있는지에 대한 의문이 제기되었으며, ② 또한 개별 품목별 검토의 필요가 있다는 내용으로 재판제 폐지를 시사하기도 했다.[28]

3) 행정개혁연구회 최종의견과 공정위의 6항목 시정 조치

일본 정부는 1994년 12월 규제 완화를 검토하기 위해 행정개혁위원회(이이다 요타로/飯田庸太郞 위원장)를 설치하여 이에 규제완화소위원회(미야우치 요시히코/宮內義彦 소위원장)를 설치하여 검토하기도 했다. 서적협회·잡지협회는 1995년 8월, 재판/再販특별위원회를 구성하고(이듬해부터 유통협회·일서련 4개 단체로 조직), 행정개혁위원회 규제완화소위원회의 〈규제 완화에 관한 논점 공개〉에 대한 의견을 작성하여 공개적으로 홍보하는 등 출판업계의 총력으로 재판제도/再販制度 유지에 대응했다.

규제완화소위원회는 1995년, 1996년, 1997년 3년에 걸쳐 각각 〈논점 공개〉를 행하면서 관련 업계의 의견을 구하고 공개토론회를 개최하는 등 의견을 수렴하기도 했다. 행정개혁위원회는 1997년 12월 최종 의견 당초안에서는 재판 제도에 대해 "당해 적용 외 제도 자체를 폐지해야 한다."고 했지만, 12월 12일 최종 의견에서는 "현행 재판 제도를 유지해야 하는 '상당한 이유'가 있다는 충분한 논거가 부족하다는 인식이 국민들에게 잘 알려지기를 기대하는 동시에 저작물의 재판 제도에 대한 국민들의 의견을 받아들여 국민의 이해를 바탕으로 신속하게 적절한 조치를 강구해야 한다."며 결론을 미뤘었다. 이에 대해 일본 출판4개 단체는 '매우 유감스럽다'는 공동 담화를 발표했다.

한편, 공정위에서도 "1997년도 말까지 기한을 정하여 명확화를 기한다."는 각의 결정에 따라 1997년 2월 '재판 문제를 검토하기 위한 정부 규제 등과 경쟁 정책에 관한 연구회'(재판매再販연구회, 鶴田俊正 좌상)를 실시하여 검토를 시작하여, 1998년 1월 〈재판규제연구소보고서〉와 그 자료 편을 공표하였는데,

① 경쟁정책적 관점에서 현재 저작물 재판제도의 유지 이유는 부족하고 기본적으로는 폐지 방향으로 검토한다.

② 문화·공공적 관점에서 배려해야 할 필요가 있어 즉시 폐지는 문제가 있다.

③ 각종 폐해를 시정하는 데 진지한 노력을 도모해야 한다고 제언을 정리했다.

그동안 출판업계에서는 신문업계와 음반업계 등 관련업계와 '저작물의 재판유지간담회'를 결성하고 1997년 7월에 도쿄의 쿠단/九段 회관에서 '언론·문화·예술과 재판 제도를 생각하는 시민의 모임'을, 11월에는 히비야/日比谷 공회당에서 '저작물의 재판 철폐에 반대하는 총궐기집회'를 개최하는 등 결속

---

28) 공정위 홈페이지의 연차보고서(www.jftc.go.jp/info/nenpou.html) 참조.

을 강화하고, '활자문화간담회'를 갖고 각계의 의견을 종합하는 등 공정위와 행정개혁위원회의 움직임에 대처하기로 했다. 또한 재판 유지를 구하는 초당파 국회의원으로 조직하는 '활자문화 의원간담회'는 관련업계와 적절하게 회의를 갖고 〈재판제도 유지를 위한 호소문〉을 발표하는 등 커다란 백업 활동을 했다.

행정개혁위원회와 공정위 재판규제연구회가 의견 수렴을 했던 11월 27일에 중의원 소비자 문제특별위원회에서 재판 문제 집중 심의에 와타나베타카오/渡辺隆男 서적협회 이사장과 다나카켄고/田中健五 잡지협회 이사장이 참고인으로 출석하여 재판제도의 필요성에 대해 의견을 진술했다.

그 결과 1993년 3월 31일 공정위는 〈저작물 재판제도의 취급에 관한 보고〉[29]와 〈규제완화추진 3개년 계획 책정에 수반된 경쟁정책의 적극적 전개에 관한 보고서〉[30]를 공표했는데,

① 재판제도에 대해 계속 검토를 실시하기로 하고 일정 기간(3년) 경과 후 제도 자체의 존폐에 대한 결론을 내리는 것이 적당하다.

② 관계업계에 대하여 소비자들의 관점에서 다음 6개 항목의 시정 조치를 요구하고,

③ 공정하고 자유로운 경쟁의 확보·촉진을 기하려는 관점에서 관련업계의 공동 행위, 불공정한 거래를 할 경우에는 엄정하게 대처한다는 견해를 밝혔다.

②항의 6개 항목 시정 조치는, (i)시한 재판·부분 재판 등 재판제도 운용의 탄력화, (ii)각종 할인제도 도입 등 가격 설정의 다양화, (iii)재판 제도의 이용·양태에 대한 발행자의 자주성 확보, (iv)서비스권 제공 등 소매업자와의 소비자에 대한 판매 촉진 수단의 확보, (v)통신판매, 직판 등 유통 경로의 다양화와 이에 대응한 가격 설정의 다양화, (vi)원활하고 합리적인 유통을 기하기 위한 거래 관계의 명확화·투명화, 기타 거래 관행의 폐해를 시정한다는 것이다.

---

29) 〈저작물재판제도의 취급에 관한 보고〉(1993년 3월 31일)
30) 〈규제완화추진 3개년 계획 책정에 수반된 경쟁정책의 적극적 전개에 관하여〉(1993년 3월 31일)

4) 재판매제 존치의 결론

출판4개 단체는 공정위 등의 견해를 받아 1998년 4월 재판제도탄력운영추진위원회(현 출판 유통개선협의회, 오가마사히로/相賀昌宏 위원장, 쇼가쿠칸/小學館 대표)를 설치하여 업계의 해당 관계자가 재판제도의 탄력적 운용을 실시함에 있어서 참고 자료를 제공하기 위한 검토를 시작했다.

그 후, 각 출판사가 주간지 시한부 재판를 실시하는 등 탄력적 운용을 개시하여 유통회사, 서점의 비재판 출판물의 취급이 활성화되기 시작했다. 동 위원회는 10월에 출판업계의 대처를 〈독자를 위한 출판 재판제도의 탄력적 운용 보고서〉로 정리하여 관계 방면에 배포하고 출판재판제도의 운용 상황 등을 보고하기로 했다(현재까지 〈보고서 IX〉, 2006년 12월간 발행).

재판매가격유지계약위원회는 2000년 2월 규약을 개정하여 출판재판연구위원회로 개칭, '재판매계약 위반에 대한 조치에 관한 조언' 등의 규정을 삭제했다.

공정위는 2월부터 제도 자체의 존폐에 대한 결론을 얻기 위해 관련업계와 재판매 대화를 시작하고 2월부터 〈서적·잡지에 관한 재판 대화〉를 개최하여, 출판4개 단체의 위원과 공정위 사무국과의 의견 교환이 6월 14일 다섯 번 진행됐다. 서적·잡지 재판제도의 논점 및 질문사항을 놓고 문서로 회답과 의견 교환이 이루어져 이들을 취합하여 12월 7일 공정위는 〈저작물재판제도의 개선에 관한 검토 상황 및 의견 조회에 관하여〉[31]를 공표하고 관계 사업자, 국민 각계각층으로부터 의견을 모집했는데, 재판유지 의견이 98.8 %에 달했다.

공정위가 공표하기 전 11월 출판4개 단체는 연명으로 〈전국 어디서나 같은 가격으로 서적을 산다면 멋진 것이야. 그러니까 출판재판제도가 필요해요〉라는 점포용 포스터를 게시함과 동시에 〈독자 여러분에게!〉라는 전단지를 만들고 신간에 끼워 독자들의 이해를 촉구했다.

그 결과 2001년 3월 23일 공정위는 〈저작물 재판제도의 취급에 대하여〉를 공표하고
　① 문화·공공면의 영향으로 폐지에 대한 국민적 합의가 형성되지 않고, 당면한 이 제도의 존치가 마땅하고,
　② 현행 제도하에서 가능한 한 운용의 탄력화의 노력이 추진되고, 소비자 이익이 향상될 수 있도록 관련업계에 방안을 제안하고 이를 실시하여 주기를 요청하며,

---

31) 〈저작물재판제도의 취급에 대하여〉(2001년 3월 23일).

③ 그 실효성 검증을 위해 공정위, 관계사업자, 소비자, 학식경험자 등으로 협의회를 설치한다.

④ 대상이 되는 저작물에 관해서 6개 품목(서적·잡지, 신문 및 레코드 판·음악용 테이프·음악용 CD)에 한정 운영하도록 결론을 냈다.

여기에 거의 10년의 긴 세월에 걸쳐 업계를 흔들어 온 재판제도 존폐의 논쟁은 종지부(당면 존치)를 찍었다.

(6) 재판매제도의 존치와 탄력 운용

1) 저작물 재판협의회의 활동

이러한 결론을 갖고 2001년 3월 29일 출판재판연구회와 재판특별위원회 합동회의에서 '출판물의 가격표시 등에 관한 자주 기준'과 '동 실시 요령 및 재판매가격유지계약서' '출판-유통 표준형'의 개정에 관하여 확인, 4월 1일부터 실시하도록 했다(유통-소매 간 계약서는 2002년 3월부터 신계약서로 바뀜).

또 서적협회와 잡지협회는 출판사의 부분, 시한 재판 활용의 일조가 되기 위해 〈재판제도 탄력 운용의 길라잡이〉를 작성하여 재판 제도의 탄력적 운영을 촉진했다.

공정위/公取委는 재판 제도의 탄력적 운용과 저작권 유통에 대해 의견을 교환하는 장으로 관련사업자·소비자·학식경험자 등으로 구성된 저작물재판협의회(이시자카에츠오/石坂悦男 좌장, 호세대/法政大 교수)를 설치하고 12월 4일 제1회 회의를 개최했다. 출판업계에서 출판유통개선협의회(오가마사히로/相賀昌宏 위원장)가 회원이 되었다. 이 협의회에서는 〈저작물재판제도의 탄력적 운영에 대한 관련업계의 대처 상황에 대하여〉가 보고되고 협의회는 2006년 6월까지 5회 개최되었다. 이 협의회에서 출판업계에 지적된 사항은 다음과 같다.

제4회 협의회(2004년 6월 30일)은 독점금지법상의 문제 사항으로

① 발행자에 의한 '판매계약'의 탄력 운용에 대한 소매업체, 단체 등이 발행자에게 동 계약을 엄격하게 운용하도록 압력을 가하는 행위,

② 서적·잡지와 CD-ROM, DVD, 피규어/figure(도형/圖形) 등과의 재판 계약 대상 상품과 비대상 상품의 세트 판매에 대한 비대상 상품을 포함하여 재판 계약의 대상으로 하는 행위가 지적되었다. 공정위는 관계자에 대해,

① 서점 단체가 출판사, 유통사 등에 요청하여 포인트 서비스를 금지시킨다면 '독점금지법' 제8조(사업자단체가 사업자에게 불공정한 거래 방법에 해당하는 행위를 하도록 하는 것)에 위반될 우려가 있고,

② 출판사가 현재 많은 상품에 대해 널리 행해지고 있는 극히 낮은 포인트 서비스까지 금지하는 경우 일반 소비자의 이해를 부당하게 해칠 우려가 있다는 것,

③ 저작물 재판계약 대상 상품과 비대상 상품의 세트 판매에 관해서 세트 상품에 대해 재판 계약의 대상이 되지 않도록 관계자에 대하여 지도하고, 많은 출판사가 '정가' 표시를 '가격'으로 수정하는 등 상당히 개선되고 있는 상황이 보이므로 2006년 가을, 잡지 부록도 개선되었다. 제5회 협의회(2005년 6월 16일)에서 ① 인터넷 사은가격본 페어의 확대, 상설화, ② 비재판본의 유통 확대를 위한 ㅁ표시 등의 방법에 대해 검토할 것, ③ 출판물 소매 경품류 공정경쟁규약을 보다 일반적 규칙에 가까운 형태로 개선할 것(2006년 5월 23일로 변경) 등의 요청이 있었다.

서적협회는 유통위원회의 요청으로 2003년 10월부터 탄력 운영의 일환으로 인터넷을 이용한 출판사 공동 '기간 한정' 사은 가격본(本) 인터넷 판매 페어를 가을 '독서주간'과 봄철 '어린이 독서주간'을 사이에 두고 개최하고, 사은 가격본은 대개 정가의 50% 할인 판매되었으며 현재도 계속되고 있다. 출판재판제도의 운영은 개별 출판사의 판단에 따라 계약당사자간에 운용되는 것이 원칙이며, 앞으로도 인터넷 판매의 증가 등 판매 방법의 다양화와 유통 개선에 대응하여 독자를 위한 탄력 운영이 요구되고 있다. 2001년 현재 재판 존치의 결론은 당면 논의의 대상은 되지 않고 있다.

4. 공정거래 및 경품표시법 등

(1) '경품표시법'과 잡지공정거래협의회

1) '경품표시법'

경품표시법(정식명칭은 '부당경품류 및 부당표시방지법'이라 함)은 1962년 독점금지법의 특례법으로 제정되었다. 경품표시법은

① 과대한 경품부 판매를 규제하는 경품규제,

② 소비자의 상품 선택에 필요한 표시의 의무와 허위·과대한 부당 표시를 금지(신문, 잡지 기타 출판물 등의 광고도 대상)하는 표시규제,

③ 업계의 자율규제로 공정경쟁규약제도를 주요 내용으로 하고 있다.

경품 규제는 1977년 현상/懸賞에 의하지 않는 경품류 제공을 거래 가격의 10분의 1 금액(1,000엔 미만의 경우는 100엔)으로 했으나, 2007년 3월 거래 가격의 10분의 2 금액(1,000엔 미만의 경우는 200엔)으로 개정했다. 또한 1977년 3월 공정

위는 〈잡지산업의 경품류 제공에 관한 사항의 제한〉('잡지산업 경품제한고시'/1992년 전체 변경. 1996년 일부 변경) 고시를 규정해 잡지에 모집 내용을 게재하여 현상에 의해 경품을 제공하는 경우에는 최고 금액을 3만 엔으로 정했다.

2) 재판계약과 '경품표시법'

소매서점의 고객 서비스는 원칙적으로 자유 경쟁이다. 출판물은 '독점금지법' 제23조(재판매 가격 유지 계약)에 출판사가 소매서점 등과 재판계약을 체결하여 출판사가 '정가'로 표기하고 소매가격을 구속하는 행위를 인정하고 있다.

1980년의 재판계약 개정으로 지금까지 판매 계약으로 경품부 판매를 금지하고 있던 것을 수정한 새 재판계약이 발효됨에 따라, 소매서점 판단으로 '경품'을 '경품표시법' 범위 내에서 제공할 수 있게 되었다. 일서련/日書連은 소매서점의 경품 제공을 적정히 하기 위해 1981년 9월 '출판물 소매업의 경품류 제공 제한에 관한 공정경쟁규약'의 인증과 동 시행규칙의 승인을 공정위에서 받아내고 출판물소매업공정거래협의회/小賣公正協를 발족시켰다. 공정위는 1996년 4월 '경품규제에 관한 고시' 등을 개정하여 경품규제 대상이 되는 가격 할인에 관하여,

① 자기가 공급하는 상품 또는 용역 대가의 감액,
② 금전의 환급, 캐시 백,
③ 실질적으로 동일하다고 인정되는 상품의 추가(여러 번 거래를 조건으로 하는 경우를 포함)를 포함하기로 했다(소위 '포인트 서비스'). 이에 따라 대가의 감액을 목적으로 한 포인트 카드는 할인 행위로 간주되어 재판계약 위반이란 문제가 발생하여 운영상의 과제가 되었다. 2006년 5월 소매공정거래협의회는 규약을 개정하여

① 경품 제공의 기간 제한을 연 2회 90일(이때까지 연 2회 60일),
② 여러 번 거래의 경품 제공은 연 2%까지(단 시행일부터 1년간 1%)로 했다.

3) 잡지공정거래협의회 설립 경위

공정위에서 잡지협회에 경품류에 관한 요청서를 제시한 것은 1981년 3월이었다. 2년 후 잡지공정거래협의회('잡지공정거래협의회')가 발족된 직접적인 계기가 되었다.

공정위의 요청은 구체적으로 다음 두 가지였다.

① 각 회원에 대해 신속히 고시에 위반하는 행위를 방지하기 위하여 사내체제를 정비하도록 지도한다.

② 잡지업계의 경품류에 관한 공정경쟁규약의 설정을 포함하여 잡지 산업의 경품류 전반에 관한 자율취급기준의 작성을 검토한다.

공정위가 위의 요청서를 보낸 목적은 '자율취급기준작성'을 희망한 것이 아니고 잡지업계의 공정거래협의회의 설립이며 공정경쟁규약의 설정이었다. 이는 요청서를 대하는 당시 잡지협회의 대응 및 공정위와의 절충 과정을 보면 명백하다.

잡지협회는 요청서에 대해 경품표시법위원회를 중심으로 자주 기준의 작성에 착수하고 공정위와 적극적으로 절충했다. 잡지협회 내부에서는 자주 기준의 작성에 소극적인 의사를 갖고 있었지만 공정위는 절충 과정에서 왜 자주 기준을 작성하지 않고 규약이 만들어지지 않는가의 강력한 의문을 나타냈다. 공정위에서 잡지협회에 대하여 공정경쟁규약을 설정하라는 요청이 있은 것은 이때가 처음은 아니고 10년 전부터 여러 번 요청이 있었지만, 잡지협회는 매번 요청을 거절한 경위가 있었던 것이다.

왜 1981년 시점에서 요청을 받아들인 것인가. 1983년 4월 27일 잡지공정거래협의회 설립총회 인사말에서 치바겐조/千葉源藏 이사장(文藝春秋 대표)은 "10년 동안 공정위의 공정경쟁규약을 설정하여 달라는 요청이 있었지만, 협회는 거절하여 왔다. 1981년경 다소 지나친 경품류의 제공이 많다."는 요청을 받았다면서, 그 이유를 밝혔다. 업계에서는 경품제공경쟁이 격화되어 공정위로부터 직접 지도를 받는 일이 늘어가고 있다고 추측했다.

경품표시법위원회는 전문가의 힘을 빌려 회의를 거듭하면서 공정위와도 절충을 계속하고 공청회를 거쳐서 1983년 4월 잡지공정거래협의회가 발족했다.

당초 가맹사는 잡지협회 가맹 65개사였다.[32] 공정위의 인정을 얻은 '잡지업의 경품류 제공의 제한에 관한 공정경쟁규약' 및 '동 시행규칙'은 이 해 7월에 발효되었다. '규약' 제1조는 "이 공정경쟁규약은 잡지업의 부당한 경품류 제공의 제한을 정하여 부당한 고객유인을 방지하고 이로써 잡지업의 공정한 경쟁 질서를 확보함을 목적으로 한다."고 규정되어 있다. 규약 성립 배경, 취지 정신을 살펴보면, 전 가맹사가 규약을 준수하지 않으면 안 되는 것이지만, 현실은 그렇게 되어 있지 않다.

---

32) 잡지공정거래협의회에는 2006년 6월 말 현재 대표적 잡지사 110사가 가맹되어 있다.

4) 공개 현상 및 경품·부록 문제

잡지업계는 이제까지 전혀 경험한 일이 없는 곤란한 상황에 직면하였고 경쟁은 격화일로를 걷고 있었다. 당연히 독자에 대한 선물 기획을 다른 사업자(광고주)들도 끌어들여서 이런 저런 복잡한 수법을 반복해 왔다. 그 수도 계속 증가하고 있다. 사례를 심의하는 전문위원회에서도 현상의 종류 등의 판단을 어렵게 하는 사례가 종종 있었다. 시대의 흐름을 고려하여 그때그때 운영 변경이 이루어졌다. 예를 들면, 인터넷의 등장으로 지금까지 오픈 현상을 알리는 매체는 신문에 한정되었던 것이 인터넷으로도 가능하게 된 것은 큰 변화였다.

신문지상에 알림 공간을 사는 것은 그만큼의 경제적 부담이 있었고 그런 이유로 오픈 현상을 주저하고 있던 잡지사도 자사의 홈페이지에 공지할 수 있게 되어 오픈 현상이 쉬워졌다. 또한 오픈 현상 제한 금액도 300만 엔에서 1,000만 엔으로 늘었다.

일반 현상 특례 현상의 제한 금액을 초과하는 가격의 경품을 독자에게 선물하려고 할 경우 오픈 현상의 형태를 취하지 않을 수 없다. 그러나 오픈 현상을 실시하려면 신문지상에 고지할 수밖에 없기 때문에 신문에 고지를 할 수 없을 때에 '모니터 모집'을 함으로써 고액의 상품을 실제로 독자에게 선물로 주는 이른바 오픈 현상 회피인 '모니터 모집' 사례가 많이 나타났던 것이다. 그러나 오픈 현상이 각사의 홈페이지에서 쉽게 실시할 수 있게 되자 오픈 현상 고지를 피하기 위한 모니터 모집은 필요가 없어지게 되었다. 2006년 4월이 오픈 현상 고시 및 운영 기준이 폐지되고 무제한 가능하게 되었다. 이 개정으로 오랫동안 전문위원회를 괴롭혀 온 '모니터' 문제가 해결되는 방향으로 지향할 것으로 기대되고 있다.

이와 같이 규제가 완화된 것만은 아니다. 응모자 전원에게 선물하는 이른바 '총부/総付경품'으로 응모자에게 아무런 금전적 부담이 없는 경우는 '프레젠트' 표기를 하고 어느 정도 부담이 있는 경우에는 '서비스' 표기를 하도록 해설서에 명기하였다. 그러나 공정위에서 '서비스' 표기의 경우도 일반소비자에게 금전 부담이 있다는 뜻이 전해지지 않으므로 응모자 부담이 있다는 점을 구체적으로 명기하도록 하라는 지적이 있었다.

또 계속되어 온 문제가 '부록'의 문제이다. 규약·규칙에는 '부록'은 인쇄물에 한정되어 있다. 또한 부록이 아니고 경품도 아닌 물품을 잡지에 첨부하는 것도 가능하지만 그것은 잡지〈편집에 관련된 잡지와 일체로 이용할 수 있는 교재 기타 이와 유사한 물품》(잡지업경품 제한고시)으로 규정되어 있다. 요즈음 잡지에 붙이는 액세서리와 가방이 과연 이에 해당되는지 앞으로도 논의가 필요하다.

잡지협회 전문위원회는 보다 알기 쉽고, 불공평한 일이 없도록 자세하게 취급 요령을 결정해 왔지만 비가맹 출판사를 포함하여 경쟁이 격화해 나가는 것을 생각하면 금후 규약, 규칙, 지침을 종합적으로 점검하고 시대나 업계의 흐름도 충분히 고려하여 개선할 것은 개선해 나갈 필요가 있었다.

1996년 4월 공정위의 경품관계고시, 운용기준의 개정에 따라 동년 12월 잡지공정거래협의회는 잡지공정경쟁규약·규칙을 개정함과 동시에 다음 해 1997년 4월 〈잡지현상·경품기준〉(《1997년판》) 안내서를 개정 발행했다. 2000년에는 위반 사례에 대한 조치 기준도 전면적으로 개선하고 공정성이 누락되지 않고 착오가 일어나지 않도록 세밀한 감점 방식으로 전환했다. 또한 2003년에 〈1997년판〉을 개정하여 알기 쉽고, 사용하기 쉽게 〈잡지의 현상·경품·보수 등의 게재기준/알기 쉬운 잡지공정경쟁 규약의 해설〉을 작성 발행하고 경품의 공정한 운영 활동을 계속하고 있다.

(2) 할부판매와 인터넷 판매 등

1) 독자 보호 최우선으로

'할부 판매법'은 1961년 7월 제정되어 상품의 대금을 연 또는 월마다 정기 지불을 계약한 거래를 규제하고 소비자 보호를 목적으로 하고 있다. 출판업계에서는 1960년대 중반 백과사전 및 전집 판매에 활용되었으나 현재는 신용판매가 주류를 이루고 있다. 1968년 8월 시행령 개정으로 서적이 지정 상품이 되어 1972년 법이 개정되어 규제 강화에 대응하여 서적협회는 이 해 11월 '할부판매연구회'(1974년 9월 '할부판매특별부회'로 개칭)를 설치, 내책을 검토하여 출판사의 유의점을 제시하였다.

1975년, 산업구조심의회로부터 방문 판매와 통신 판매를 규제하는 〈특수판매의 적정화〉가 제언되었다. 출판4개 단체는 연락회를 열고 3월 〈특수판매의 적정화에 대하여 '답신'에 근거한 법 규제에 관한 진정서〉를 통산성에 제출했다. 출판사가 직접 독자에게 서적·잡지를 판매하는 경우 종래부터 통신 판매가 많이 이용되고 있으며, 그 영향이 크기 때문에 출판물을 적용 제외할 것을 요청했지만, 1976년 방문판매, 통신판매, 연쇄거래 판매를 대상으로 '방문판매법'이 제정되었다. 2000년 7월 모니터 상법, 멀티 상법 및 인터넷 판매 확대 등에 대응하고 광고규제의 강화와 과대 광고 등의 내용을 담은 개정으로 '특정상거래법'으로 개칭되었다. 통신판매는 신문, 잡지, 인터넷(인터넷 경매 포함) 등으로 광고하고, 우편·전화 등의 통신 수단에 의해 신청을 받는 판매 방법이라고 규정하여 소비자에게 중요한 사항 표시가 의무화되었으며, 또한 '특정상거래법'에 일정 기간 무조건 신청의 철회 또는 계약의 해제가 되는 제도(쿨링 오프, 통신 판매는 제외)가 규정되었다.

서적협회는 2003년 10월 도쿄도가 시행한 〈서적구매 사이트 실태조사결과〉에 의거 도쿄도에서 개선 요청을 받고 특히 자사 홈페이지에서 독자 서적·잡지 주문을 받는 경우 〈인터넷 거래 표시상의 유의점에 대하여〉[33]라고 주의를 환기시켰다. 2004년에는 후생노동성에서 〈서적의 체제를 취하면서 실질적으로는 건강식품을 판매 촉진하기 위한 과대광고로 기능함이 예정되는 출판물(이른바 바이블 책)의 건강증진법상의 취급에 대해서〉[34]라는 요청을 받고 과대 광고 등에 대해 주의를 촉구했다. 이러한 문제는 앞서 경품표시법 등과도 관련이 있으며 소비자 보호의 대응책으로써 향후 중요한 과제가 되고 있다.

(3) 개정 하청법에 대한 대응

1) 발주서의 교부

하청법은 1956년에 '하청대금지불지연등방지법'으로 제정되어 상품의 제조·수리가 대상이 되는 거래이다. 출판사는 인쇄소, 제본사 등이 대상이다. 2003년 6월 하청법이 개정되어 2004년 4월부터 시행되었다. 지금까지의 제조·수리에 더하여 '정보성과물의 작성위탁' 등이 하청 거래의 대상이 되었다. '정보성과물'에는 프로그램, 영화·방송 프로그램뿐만 아니라 "문자, 도형, 기호 또는 이들의 결합 또는 이들과 색채의 결합으로 구성되는 물건"(법 제2조 ⑥三)이 규정되어 출판사도 새로운 대응이 요구되었다.

개정 하청법은 출판사가 정보성과물의 작성을 위탁하는 경우, 하청사업자에게 발주서면을 교부하고 정보성과물을 수령한 날로(출판물의 경우 교정완료일)부터 60일 이내 대금을 지불할 의무가 생긴다. 따라서 2003년 9월에 서협·잡지협회는 '개정하청법문제연구회'(시무라유키오/志村幸雄 위원장, 공업조사회)를 설치하고 출판업계의 대응에 대해 검토함과 동시에 공정위 기업거래과와 의견

---

33) 〈인터넷 거래 표시상의 유의점에 대하여〉(2003년 10월 16일).
34) 〈건강식품을 판매 촉진하기 위한 과대광고에 관한 유의점에 대하여〉(2004년 10월14일).

을 교환했다. 그 결과 출판물작성 위탁은 범용성이 적고 특정 출판사의 출판물 이외에 이용되지 않는 것으로 〈급부에 관계된 사양, 내용 등을 지정하여〉 작성을 의뢰할 수 있는 것은 대체로 하청거래 대상으로 취급되게 되었다. 구체적으로는 장정이나 광고 선전물 디자인을 디자이너에게 위탁하는 케이스나 편집 프로덕션 등이 이에 해당한다. 다음 해 2004년 3월에 이 문제를 주지시키기 위하여 〈출판사의 개정 하청법의 취급에 대해서〉[35]를 공표하고 설명회를 개최하는 등 적정한 운용을 촉구했다.

---

35) 〈출판사의 개정 하청법의 취급에 대해서〉 (Q&A).

제11장 출판정보의 기반정비

△ 도쿄대 사회정보연구소
앞에서의 대표 역자/1999

1. 출판정보의 수집과 제공
(1) 〈일본서적 총목록〉
(2) 또 하나의 성과, 〈출간예정도서〉의 발행
(3) 서적 데이터베이스의 전개

2. 출판정보의 정비와 코드
(1) ISBN/국제도서표준번호
(2) 공통잡지/정기간행물 코드

3. 출판정보 시스템의 기반정비
(1) 출판업계VAN, 출판SMC, 일본출판데이터센터
(2) 일본출판 인프라센터(JPO)의 활동

서적협회 창립 이래, 유통 개선은 큰 과제였다. 유통 문제를 해결하기 위해서는 우선 출판정보와 정보유통을 정비해야 했다. 이는 메이지/明治 시대부터 오랫동안 지녀온 문제였다. 1893년부터 1940년에 걸쳐, 도쿄서적출판영업자조합(1902년 도쿄서적상조합으로 개편)이 9회에 걸쳐 간행한 〈도쿄서적상조합원 도서총목록〉(제3판 1906년 간행) 서문에 다음과 같이 기술하고 있다.

"서적과 독자들 사이에 목록이 없다면 독서가들이 구하는 제목에 관하여, 또는 저자에 관하여 어떠한 서적들이 세상에 나와 있는지, 또는 독자들이 찾는 도서가 어떤 출판 상황 아래 놓여 있는지 전혀 알 수 없을 것"이라고 그 필요성을 역설하고, "구미 국가의 도서간행목록도 이 같은 방법을 채택하고 있다."고 설명하면서, 메이지 시대의 도쿄서적상조합이 선진국의 목록을 본떠서 구입 가능 도서 정보(Books in print)를 정비하여 왔다고 한다.

출판사(출판인), 도매상, 서점은 저자와 독자 사이에서 양자의 편리성을 손상시켜서는 안 된다. 더욱이 1953년 독점금지법 일부 개정으로 도서와 잡지가 적용 제외된 재판매제도 아래서는 독자의 편리성을 보장하는 것이 출판업계에 부과된 책무였다. 지난 50년 동안 출판업계는 재판매 제도와 일체화하여 유통 문제 해결을 요구해온 터이지만, 문제의 본질은 재판매 상품이든 아니든 이미 메이지 중기부터 지적되었다. 해답은 〈도서총목록〉의 존재 그 자체이다.

1) 정보유통 정비는 출판사의 책무

유통 문제는 '정보 유통'과 '물류'를 나누어야 해결의 실마리가 보이지만, 지금까지의 경위를 보면 이와 같이 냉정하게 분석할 수 있는 것은 아니다. 다소 거친 표현을 한다면 출판사는 유통을 도매상과 서점 사이의 문제라고 외면하고 도매상과 서점은 유통 현장에서 발생하는 독자의 불만을 출판사가 조금도 이해하려고 노력하지 않는다고 한탄하면서 상호 불신을 방치해 왔다.

그렇지만 유통 개선을 위한 출판사, 도매상, 서점은 서로 노력을 거듭하여 자체적으로 해결할 수 있는 것을 하나씩 해결한 결과 지난 10년 동안 각별한 진척을 보였다. 출판사의 역할은 '정보 유통 정비'였다. 유통 문제는 '물류'가 궁극적 목표이긴 하지만 문제 해결을 위해서는 먼저 예시한 〈도서총목록〉이 지적한 바와 같이 '정보 유통'이 선행되어야 한다는 것으로 독자의 입장에서 보면 알 수 있는 것이다.

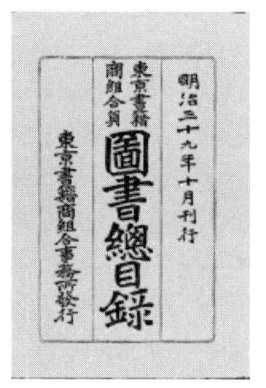
△〈도쿄서적상조합원 도서총목록〉 제3판의 표지. 1906년 발행.

지금까지 유통 개선의 기회는 1960년대 말 대형 유통 회사가 컴퓨터 시설을 도입했을 때 한번 있었다. 그러나 이때는 출판계 전체의 논의에 이르지는 못했다. 출판사 측이 유통사에 의한 '물류 기반 정비' 의도를 회의적으로 느껴 이것이 출판사 측에게 '정보 유통 기반 정비'의 기회가 될 것이라는 생각을 전혀 하지 못했기 때문이다. 즉, 출판사 측이 유통사의 전산화에 협력해 달라는 호소를 '물류 문제'로 파악하지 못했기 때문에 '정보 유통 정비'라는 중요한 사업이 늦어 버렸다고 해도 과언이 아니다. 재판매 제도하에서는 출판사에 가격 구속이라는 권리가 인정되었기 때문에, 독자들에게 서비스하는 출판 정보 정비를 게을리 하였다면 중대한 의무 방치라는 비난을 면하기 어렵다. '출판사 책임'이란 바로 이것이기 때문이다.

2) 출판업계 통일의 도서 데이터베이스 구축

대형 유통회사 장비 전산화 시기로부터 10년이 지나 서적협회는 〈출간예정도서〉(1976년), 〈일본도서 총목록〉(1977년), 'ISBN의 채용'(1981년)을 짧은 기간 동안 출간하는 주도력을 발휘했다. 이 3개의 출판 정보의 정비를 하고, 공통 잡지 코드(1987년), 도서 JAN 코드(1990년)의 도입을 거쳐 서점업계에서는 POS 레지스터를 축으로 '신보드넷'(일본서적연맹) 또는 'Pub Line(기노쿠니야/紀伊國屋서점)' 등 판매 정보 네트워크가 구축되고 유통회사에서 출판 VAN(뒤에 신출판 네트워크)을 중심으로 각사 독자적인 네트워크가 설립됨과 동시에 물류 FA(공장 자동화)화가 급속히 진행되었다.

한편, 출판사에서는 그룹 데이터 수집 네트워크 시스템이 활발히 되고 도서 검색 사이트 〈Books〉(서협)를 축으로 출판사만 알 수 있는 간행 예정 정보 및 장기 품절 정보 등의 공유화를 도모할 수 있게 되는 등 오늘날의 인터넷

시대에 적응한 출판 정보 기반 정비가 비약적으로 발전하고 있다.

그러나 독자를 위한 일원적인 출판 정보 기반 정비가 어느 정도 이루어졌을까. 〈총목록〉 창간 30년, ISBN 도입도 26년이 지났지만 아직까지 'ISBN에 대한 상품기본정보가 일원적으로 관리되지 않기 때문에 유통 단계에 여러 데이터베이스가 불규칙적으로 존재하여 독자가 하나의 데이터베이스에 접속하는 것만으로는 필요한 정보를 얻을 수 없고, 복수의 데이터베이스를 사용하는 조직에서는 도서 검색에 불필요한 노력을 요하는 등의 문제가 발생'[1]하고 있다.

2002년 4월 서적협회 등 출판 관련 5개 단체가 '출판 정보 및 출판 정보 시스템 기반 정비'를 목적으로 일본데이터센터(2003년 일본 출판인프라센터로 개칭, JPO)를 설립했다. 그 활동의 일환으로 JPO는 서점 매장에서 독자에게 자신 있게 대응하기 위한 정보의 정비, 즉 상품의 유무, 구입 가능한 것인지 등 업계 전체의 공통화=통일적인 도서 데이터베이스의 구축을 목표로 2005년 상품기본정보센터를 설치했다. 2006년 1월부터 시작한 이 상품기본정보센터의 수집·발신업무는 지금까지 출판 정보의 수집·발신에 실적을 가지고 있는 서적협회의 데이터베이스 센터에 위탁된 것이다.

당면한 긴급하고 중요한 과제는 '출판사 책임 아래 〈업계통일도서 데이터베이스〉의 구축'이다. 상품기본정보센터가 운영을 개시하여 독자들을 위한 출판 정보 및 정보 유통 기반 정비가 본격적으로 시작된 것이다.

3) 서적협회의 서적 데이터베이스 사업

〈일본도서총목록〉의 예상 이상의 매출과 판매 이익에 의지해온 서적협회의 재정은 〈1998년판〉(1998년 발간)의 매출 격감(전년 대비 -17%)에서부터 급속히 악화되었다. 데이터베이스 사업을 추진하기 위해 서적협회는 2년 동안 회원들로부터 전년도 신간 1종에 대해 2000엔의 임시 회비를 징수했다. 또한 1992년도부터 회비 인상을 실시함과 동시에 2001년 2월에는 '협회의 경영 사업 전반을 검토'하는 경영위원회를 설치했다. 동위원회는 그 해 6월 이사회에 7개 항목으로 구성된 〈서협 경영에 관한 보고서〉(2006월 26일자)를 제출파고 승인되었다.

---

1) 〈도서기본정보센터에 관하여〉(2005.10) 일본 출판인프라센터.

△〈일본종합도서목록〉(전6편). 1958~1960년에 간행된 부문별 종합도서목록. 서협 발족 후, 첫 대사업의 하나였다. 그 후, 〈76/77년판〉까지 연도판이 간행되었다.

4) 보고서의 골자

① '본부회계 자립'을 회계 기초로 한다. 본부 회계는 회비 수입 및 회관 사업 수입에 의하여 조달하는 것을 목표로 한다. 기타 사업회계는 수지의 균형을 맞춰야 한다.

② 회비 총액 증가 및 회원 증가, 회관사업 수입 증가 및 비용 절감을 검토하는 위원회로서 '본부회계특별위원회'를 설치한다. 연수위원회를 '연수사업위원회'로 개칭하고 연수사업의 회관 이용에 따른 수입 증가를 검토하는 역할을 새롭게 부여한다.

③ '본부회계특별위원회'의 비용 절감은 회보·서류 인쇄제본비, 통신운반비 및 감가상각 충당예금의 재검토가 요점이다.

④ 〈일본도서 총목록〉의 발행 형태를 변경하여 주/출판뉴스사와 공동 출판한다.

⑤ 〈출판예정도서〉는 현행을 발전적으로 유지한다.

⑥ 〈Books〉 운영을 돗판(凸版)인쇄(주)에 위탁한다.

⑦ 중간법인 '출판데이터센터'를 설립하여 서적협회가 주체가 되어 진행하고 있는 서적 데이터베이스 사업을 위탁한다.

이 〈보고서〉는 도서 데이터베이스 사업의 재검토에 의한 전반적인 서협 경영 개혁·개선 계획인데 주목할 점은 제7항 '출판데이터센터' 설립(현 JPO)의 제안이다. 이 제안은 1974년에 서적협회가 문제제기를 하고 1976년 출판개발특별위원회가 보고한 '출판자료정보센터' 구상(출판업계가 일원화한 공적정보센터의 설립)을 상기시키는 것으로 서협 30년 동안의 과제이기도 했다. 이 〈보고서) 이후 서협의 경영 및 도서 데이터베이스 사업은 이 방침에 따라 구체적인 시책이 세워져 오늘에 이르고 있다.

1. 출판 정보의 수집과 제공

(1) 〈일본서적 총목록〉

1) 창간의 배경

출판 정보로서 이를테면 도서 목록을 들 수 있다. 도서 목록은 두 가지 목적과 용도가 있다. 하나는 서적의 출판 기록을 집대성한 문헌 목록이고, 또 하나는 구입 가능한 도서의 정보 목록이다.

서적의 출판기록을 집대성한 문헌 목록으로 일본서적협회가 창립 때(1957년)부터 4년에 걸쳐 완성한 〈일본총합도서목록〉이 있다. 이것은 〈자연과학서 편〉, 〈인문사회과학서 편〉, 〈문학·예술·어학서 편〉, 〈생활·복지 편〉, 〈학습참고서·사전 편〉, 〈아동서 편〉 등 장르별로 6권으로 묶은 〈목록집〉이다. 서적목록의 게재는 유료이었지만 증보 개정마다 수록 종수가 늘어나 일본 유일의 종합도서 목록의 자리를 지켜왔다. 그러나 이 목록은 그 유효성과 망라성에 문제가 생기고 근본적으로 수정하게 되었다.

그 결과, 목표를 정보 목록에 두고, 1975년 '재고목록연구위원회'를 발족했다. 원래 구입가능한 도서목록이란 출판사(출판인)의 재고목록 자체이기 때문에 모든 출판사의 재고목록을 모아서(현실로는 불가능한 것이지만) 도서명과 저자명을 객관적인 일본어 50음도 순으로 나열하는 것으로 유효성을 높이고, 도서 목록 게재를 무료로 하여 망라성을 지향했다. 이러한 점을 실현시킨 것이 1977년의 〈일본도서 총목록 1977~78〉(〈총목록〉)이다. 〈총목록〉은 〈Books in Print〉[2]라고도 일컬어졌으며, 이를 실현한 것은 구입 가능한 도서의 정보를 정비한 것이다. 〈Books in Print〉가 없다면 출판유통의 혼란은 해소되지 않는다. 바꿔 말하면, 〈Books in Print〉만 있다면 유통문제의 반인 '정보유통'은 해결한다고 생각했다(나머지 반은 '물류'). 1977년, 출판계는 〈총목록〉 간행으로 일본도 '출판선진국'의 중간 대열에 올라서게 되어 안도할 수 있었다.

여기까지 일본 출판계의 유통 상황을 간단하게 짚어 보기로 한다.

〈14026〉, 〈25184〉, 〈78304〉, 이 세 가지 숫자는 서협 창립시(1957년), 〈총목

---

2) 미국의 바커사/R.R.Bowker는 1948년부터 연간으로 발행하는 미국 내에서 구입 가능한 시판 도서의 서지/書誌. 따라서 자국에서 입수 가능한 시판 도서의 서지를 말하게 되었다.

록) 창간시(1977년), 최신(2005년)의 연간 신간 발행 종수(《출판연감》)이다. 신간 종수는 크게 증가했지만, 그 신간들은 서점의 주문에 의해 배본되지는 않고, '예상 패턴 배본'이라는 획일적인 것이었다. 〈총목록〉 창간의 시기에 서점의 숫자가 급증했는데, 패턴 배본으로는 대규모 서점에는 많은 도서가 배본되었지만, 소규모 서점에는 배본되지 않는 현상이 생긴다. 그리하여 대규모 서점에서는 신간의 매대 상품의 교체로 진열 기간이 단축되었으며, 반품이 급증하였다. 한편, 신간 배본이 안 된 서점이 고객이 찾는 신간 도서를 주문해도 출판사의 재고 확인, 중판 확인, 출하확인 등, 점두 조작으로는 고객에게 만족스러운 대응을 할 수 없는 환경이었다. 따라서 하나의 도서에 대하여 소규모 서점은 고객을 기다리게 하고 같은 책을 다른 서점에서 반품하는 현상이 있었다. 이러한 상황 하에서 "읽고 싶은 책은 찾기 어렵고, 주문해도 구입 가능여부를 모른다"는 독자들의 불만의 소리가 높았다. 1970년대 무렵의 출판유통은 이같이 혼란의 극치였다. 그러한 실정을 공정거래위도 주목하지 않을 수 없는 상태이었지만3), 서협도 그 대책에 부심했다.

△〈일본서적총목록/1977~1978〉
'서명'과 '색인'의 2분책(총 2,856면)

△〈일본서적총목록2001〉 '서명편', '저자색인편'의
4분책/총 9,756p, CD-ROM 부록 있음.

1975년 2월, 서협은 '출판개발특별위원회'를 설치함으로써 나온 것이 〈출간예정도서/これから出る本〉(1976년)이며, 같은 해 11월에는 '재고목록연구위원회

---

3) 1977년 11월, 공정거래위원회는 독점금지간담회에 〈재판제도의 관점에서 본 출판업의 실태에 관하여〉를 보고. 1978년 9월, 공정위는 소비자를 모니터로 앙케이트 조사를 실시, 12월에 〈저작물의 재판매제도에 관한 조사보고서〉를 공표. 1978년 10월, 하시구치오사무/橋口收 공정거래위원장은 기자회견으로 "재판매가격유지제도를 전폐할 방향으로 당면한 도서와 레코드의 유통 실태를 조사해 독금법 개정을 목표한다."는 요지의 발언을 했다.

'를 설치하고 〈일본서적 총목록〉(1977년)을 창간했다. 이 〈총목록〉의 간행은 서협 창립 20주년의 주요 핵심 사업으로 자리매김되었다.

2) 〈일본도서총목록〉의 창간

1977년 10월, 〈일본서적총목록〉은 〈1977~78년판〉으로 창간되었다. '재고목록연구위원회'의 발족에서 2년 만에 실현된 쾌거라 할 수 있다. 1976년, 서적협회의 정기총회에서 '격년 발행' '도서 목록 게재 무료' '적자 각오의 예산'이 중간보고되었다. 구입 가능 도서 18만 7,668종, 출판인 2,156명, 〈서명〉과 〈색인〉 B5반판(B6판), 총 2,856쪽, 정가 2만 3,000엔, 초판 6,000부가 창간호의 개요였다. 발매 후 반응이 호평으로, 3쇄까지 중판해서 8,800부를 완판했다. Books in Print인 〈총목록〉의 창간은 당시, 신문 매체에 크게 보도되었다. 출판업계는 물론 일반 독자들도 기다렸던 출판 정보의 집대성이었다.

실은 방대한 양의 데이터 〈총목록〉은 당시로서는 단시간에 완성된 것으로 놓치지 말아야할 중요한 요인이 있다. 그것은 편집·제작작업에 컴퓨터(CTS)의 활용이지만, 여기에는 빠뜨릴 수 없는 중요 요인을 들 수 있는데, 이는 편집, 제작 작업의 컴퓨터(CTS)[4]의 활용이지만 여기에서는 구체적으로 다루지 않는다.

일본의 Books in Print의 등장은 이때가 처음은 아니다. 전술한 것처럼 1893년부터 1940년까지 매년 발행은 아니지만, 재고목록은 계속 발행해 왔다. 도쿄서적출판영업자조합이 발행한 〈도서총목록〉이지만, 〈총목록〉은 이 〈도서총목록〉을 참고해서 모든 출판사에서 재고목록 데이터 수집을 편집의 기본 방침으로 삼았다. 일반적으로 출판사는 도서를 발행하면 적극적으로 공표하지만, '품절'이나 '중판 미정' '결손 목록' '절판' 등의 이른바, 구입 불가능 정보를 공표하는 데는 소극적이다. 이것으로 피해를 받는 쪽은 독자, 서점, 유통회사, 도서관인 것을 많은 출판사는 잘 모르고 있다.

---

4) computer(ized) typesetting system/電算寫植 시스템의 약자. 컴퓨터를 이용한 조판시스템이다. 당시 일반적인 컴퓨터 정보처리는 숫자, 영문자, 일문 가나 정도였다. 그러나 〈총목록〉 편집에서는 컴퓨터 조판을 했는데, 일본어(한자, 히라가나)의 처리가 필요했었다. 당시의 CTS는 1만자 이상의 한자키보드를 장비한 한자입력기로 오퍼레이터가 원고를 보면서 한자 키를 눌러 종이테이프에 펀치해 가는 것이다. 또 1만자 이외의 한자는 부속의 한자 태블릿에서 입력해서 데이터를 구축했던 것이다. 한자 입력의 경우는 읽을 수 있는 데이터를 입력하여 최종 단계에서 일어 50음순으로 찾아 출력함으로써 목록의 체재를 정비했다. 또한 저자, 역자도 이같이 입출력하는 것이지만, 〈색인〉을 편집하기 위해서는 이 부분만을 추출할 필요가 있어, 이것을 기계적으로 처리할 수 있는 것이 CTS 방식인 것이다.

종전직후부터 출판활동은 눈부시게 발전했지만, 〈총목록〉 발행까지 32년 간은 출판기록으로서 〈전일본출판물 총목록〉(국립국회도서관발행이지만, 도서의 수록은 2, 3년 늦어졌다), 혹은 그 후에 서협에서 발행한 〈일본종합도서목록〉의 한 쪽이 1년마다 신간을 수록한 〈출판연감〉(출판뉴스사 간행)과 2개의 도서로 도서 검색에 대응해 왔다. 그러나 그 조합으로도 구입불가능한 도서의 확정 정보는 없고, 확인을 해야 하는 현장의 노고는 이루 말할 수 없었을 것이다. 〈총목록〉이전의 구입 가능한 도서정보는 출판사의 재고목록 그 자체이지만, 서점 혹은 도서관이 그것을 수집할 수 있는 것은 800개 출판사가 한계이고, 실제는 재고목록을 보유하고 있지 않는 출판사가 많다. 여기서 800종의 출판사 목록을 갖추는 일은 어려운 일이었다.

3) 〈총목록〉의 변천

높은 평가와 예상 이상의 판매고를 올린 이 목록집은 처음에 격년 발행을 예정했었는데, 매년 발행으로 변경했다. 그 후부터는 매년 수록 종수가 착실히 계속 늘어 망라성에 충실했다. 하지만 판매 부수는 창간호를 피크로 점점 줄어갔다.

마지막의 책자형 〈2001년판〉은 출판인 7,252명, 게재 도서목록 59만 2,511종, 4권으로 분책, 모두 합하여 총 9,756쪽으로 확장되었다. 그 이후로도 서적데이터베이스위원회 〈일본서적총목록위원회〉를 중심으로 판매면에 많은 노력을 기울였지만 실판매 감소 경향을 줄이지는 못했다. 구입이용자들의 입장으로 생각해보면, 서적 검색 때 기간/旣刊의 〈총목록〉과 새로운 〈출판연감〉의 병용으로 약간의 불편을 각오한다면, 〈총목록〉은 반드시 매년 구입하지 않아도 된다고 생각된다. 1995년경부터 〈총목록〉은 발행 부수의 감소, 경비의 증가로 채산면의 고충이 많았다. '적자각오'는 처음부터 있어 왔지만, 창간에 갑작스러운 사업베이스로 되어버려 서협의 예산 구조가 바뀌고, 그 후의 부수 감소에 대해 많은 재정 부담을 〈총목록〉에 부담을 주는 여유가 없어져버렸다는 실정이었다. 그 때문에 부수감소에는 정가 상향조정으로 대응해 왔다.

여기에 서적 검색 사이트 〈Books〉(http://www.books.or.jp)를 개설(1997년 9월)하고, 〈총목록〉 데이터를 무료 공개하게 되었다. 인터넷시대의 독자의 요청에 대응한 공개였지만, 1만 페이지(4분책)의 두꺼운 고액의 책자 목록을 적게 발행해야 할 이유가 없어져버렸다.

〈2000년판〉부터 이용자의 편리성을 도모하여 책자형에 CD-ROM을 부록으로 주어 이용자들의 각별한 반응이 있었다. 그 다음 해의 〈2001년판〉에는 CD-ROM에 〈Books〉링크를 표시하여 〈Books〉로의 유도를 했었다. 2만 3,000엔의 창간호의 정가는 6만 9,000엔(본체)까지 올랐다. 그리고 〈2001년판〉으로 책자형 발행은 중지되었다.

〈2002년판〉은 주/출판뉴스사의 책자형 〈출판연감〉과 CD-ROM판인 〈총목록〉을 합한 〈출판연감+일본도서총목록CD-ROM 2002〉의 세트 판매(분책 불가:판매=출판뉴스사)로 세트 정가 3만 5,000엔으로 했다. 그러나 가격을 거의 반값으로 했음에도 불구하고, 판매부수는 회복되지 않았다. 그리고 2년 후, 〈2004년판〉의 세트 판매로서의 〈총목록〉의 발행은 중지됐다.[5] 인터넷의 보급이 더욱 진행되고, 또 〈Books〉의 데이터가 2004년 2월부터 나날이 경신되면서 편리성과 속보성이 증진되어, CD-ROM판의 상품성은 점점 떨어지게 되어 그 역할은 끝났다고 판단한 것이다.

(2) 또 하나의 성과, 〈출간예정도서〉의 발행

1) 독자 위한 신간 정보

1970년대의 일본은 미증유의 호경기를 맞아 출판계도 예외가 아니어서 신간도서 발행 종수의 증가가 뚜렷했고, 출판사(출판인)는 상품 관리 시설을, 또한 유통회사는 배송 시설을 확장했다. 한편 서점은 계속적으로 지점을 더 개점하여, 다점포 전개를 추진해 나갔다. 70-80평의 대형서점, 200평은 초대형 서점이라 한 시대였다. 신간 종수는 늘어났지만, 초판 부수는 크게 늘어나진 않았다. 하지만 전국의 서점으로 신간 배본 도달률은 반대로 줄어들었다. 그 결과 많은 서점에서는 있지 않은 책들을 독자들이 찾는 일도 벌어졌다. "원하는 책이 서점에 보이지 않는다." "주문해서 기다려도 도서를 구할 수 있는지도 알 수 없다."는 등 독자들의 소리가 높아졌고, 공정거래위원회는 도서의 재판매제를 검토 항목으로 삼은 것은 앞서 기술한 바 있다.

서적협회는 그 대책으로 〈총목록〉을 창간하기 전 해에 신간 간행 예정 정보를 널리 홍보하기 위한 수단을 개발했다. 1976년 5월에 창간한 〈출간예정

---

5) 창간호인 〈1977년-88년판〉은 8,800부, 10년 후의 〈1987년판〉은 7,200부, 〈1996년판〉 5,768부, 〈1997년판〉 5,404부를 판매했는데, 1997년 9월의 〈Books〉가 시작된 다음 해의 〈1998년판〉은 4,489부로서 대폭 감소되었고, 그 후 〈1999년판〉 4,133부, 〈2000년판〉 3,711부, 〈2001년판〉 2,905부로 판매 부수의 급락으로 책자형 목록은 중지되고 말았다. 그 후 출판뉴스사와 함께 발행한 〈출판연감+일본서적총목록 CD-ROM판〉은 〈2002년판〉이 전년보다 더 상회했지만, 〈2003년판〉과 〈2004년판〉은 급락하여 3년으로 〈CD- ROM판〉도 중지되었다.

도서〉가 그것이다. B5판, 16페이지 중철/中綴(연중 몇 회는 32면 발행) 제본으로, 매월 2회 발행(1일과 16일), 내용은 2-4주 앞서 신간의 서명, 저자명, 시리즈명, 내용, 정가(세금 포함), 출판사명, 판형, 쪽수, 대상독자, ISBN(1988년 1월에 추가) 등의 정보였다. 1페이지의 편집은 1박스 17×50㎜로 42박스로, 하나의 박스 안에 1종의 도서 목록 게재 요금은 1박스당 2,000엔(창간시)으로 서협 회원에 한정해서 참가를 모집했다. 첫 회는 81만6,000부를 발행, 전국의 약 4,000서점에 유통사를 거쳐 배송하고, 독자들에게는 무료로 배포했다.

출판사는 게재료를 지불, 유통은 포장·배송과 대금 회수 등에 걸리는 비용을 일부 부담하고 서점은 1부당 5엔(1992년 1월부터 6엔)에 구입한다. 〈출간 예정도서〉의 발간 비용은 3자(출판사, 유통사, 서점)가 협력하여 분담하기로 했다. 발행 부수는 100만부를 목표로 했지만, 창간시를 피크로 점점 완만한 하강선을 그었지만, 30년 후인 현재도 서적협회의 중요한 책무인 정보제공 서비스의 역할을 담당하고 있다.

그 무렵 '서적데이터베이스위원회'의 〈근간도서정보소위원회〉는 독자 검색이 쉬운 분류나 편집, 친근한 지면 제작을 목표로 더욱 쇄신해 왔다. 〈표지 일러스트〉(1977년), 〈감상문〉(1981년)의 모집, 분류의 개정(1991년, 14분류에서 33분류로 변경), 에세이란 〈책의 주변〉의 신설(1991년), 광고 게재(2001년) 등의 연구해 오늘의 '체재'에 이르렀다. 창간시부터 6개월마다 연 2회로, 게재 서적의 분류와 서명별로 일어 50음순으로 정리해서 간행해 온 〈색인〉은 〈2001년 통년호〉를 끝으로 종간했다.

현재 1박스 게재 요금은 4,095엔(1997년 4월 이후 (세금 포함))이며, 발행 부수·게재 종수에서도 최전성기와는 좀 멀지만(2007년 3월 상반기 호는 30만 100부 발행), 출판계 유일의 독자 대응형의 신간 간행 예정(판매 전) 정보매체[6]로 존재하고 있다.

---

[6] 근간도서정보소위원회는 2004년 12월에 유통협회의 협조를 받아, 배포 상황 조사를 실시했다. 2005년 6월에 〈2004년 12월 하기호/下期号〉(제23호/배본 수 35만 6,850부) 배본 리스트 분석〉에 의하면, ①약 3,000곳의 서점과 외판부의 판촉툴, 독자 서비스로서 활용되고 있다, ②외판 활동이 활발했던 대표적 서점은 거의 망라되어 있다, ③소위 내셔날 체인이라는 유력서점은 영업소·외판부도 포함해서 거의 모든 서점에서 취급한다. ④대학의 생활협동조합/生協·구매부 등도 상당수 망라되어 있다. 즉, 유력서점, 도서관·학교·연구실·직장 등으로의 외판 활동이 강한 서점, 대학 생협 등이 거의 망라되어 점포배포에 한하지 않고, 고객에게 넓게 퍼져 있다는 등의 실태가 나타나, 다시 한 번 본지가 갖는 매체가치를 확인했다. 또한 위원회에서는 부수의 감소 요인으로, ①서점수의 감소, ②출판물의 매상 감소에 따른 경비 삭감, ③간행 예정 정보(입수 방법)의 여러 채널화 등에 있으며, 그 대책을 검토하고 있다.

△〈출간예정도서〉
2007년 4월 상반기호

△1976년 5월 창간호 등, 초기 호.

(3) 서적 데이터베이스의 전개

1) Books.or.jp

1997년 9월, 인터넷 시대의 독자들의 요청에 따라 서협은 서적 검색 사이트 〈Books〉를 무료로 공개했다. 그리고 2002년 4월에는 더 확대시킬 목적으로 돗판인쇄/凸版印刷(주)에 운영을 위탁했다. 돗판인쇄는 검색 속도를 대폭적으로 향상시키고, 온라인서점에서 도서 구입, 휴대 전화·PDA[7]로 정보 전달, 배너 광고 서비스를 시작하는 등 대폭 개선하고, 그 결과, 월간 약 30만 건에 이르던 접속 수는 2005년에 45만 건까지 증가했다.

독자는 타이틀(서명, 시리즈, 부제), 저자명, 출판사(출판인)명으로 간단히 '지금 구입 가능한 책'을 열람할 수 있다. 서명을 클릭하면 상세하게 볼 수 있게 되어 있고, 저자명을 클릭하면 저자의 다른 책도 검색할 수 있으며, 또한 BooksLink[8]에 대응한 도서의 경우는 도서명을 클릭하고 각 출판사의 홈페이지의 해당 도서에 링크하고, 표지 화상을 비롯해 목차나 해설 등의 구체적인 소개를 볼 수 있다. 더욱이 원격지 등에서 책을 주문하고 싶은 경우는 검색 결과 화면에서 직접 온라인서점[9]에 링크해서 그 책을 주문할 수 있다. 2005년도의 실적을 보면, 접속 수는 월 약 45만 건으로, 그 중 온라인 서점의 접속 건수는 4만 건이었다. 2004년 2월부터는 독자의 편리를 도모하여, 데이터

---

7) Personal Digital Assistant/휴대정보 단말의 약자.
8) 해당 출판사의 홈페이지에서 서적의 상세한 내용을 보기 위한 사이트. 2007년 3월 말 현재, 196사.
9) 아마존, e-hon, 기노쿠니야/紀伊國屋서점(Book Web), 준쿠도쇼텡/junku堂書店, 7&Y, 북서비스, Boople, 라이브도어, 라쿠덴/樂天 등 9개사의 온라인 서점과 제휴/Affiliate계약을 맺었다(2007년 3월말 현재).

를 월별에서 일별 갱신으로 단축하고, 또한 출판사의 각종 서비스[10]로서 〈Books〉의 기능을 모두 활용하는 유통 개선의 방안을 강구했다.

2) 〈데이터베이스 일본도서 총목록〉의 데이터 제공 서비스

2000년 4월, 서적협회는 계약자에 대해 종이책의 〈일본도서총목록〉을 기반으로 구축한 유통대응형의 〈데이터베이스 일본도서총목록〉(도서 데이터베이스)의 데이터 제공 서비스를 시작했다. 유통 각 단계에서 유효하게 이용하는 것으로 출판정보의 스피드업과 유통개선을 도모하고, 독자의 편리에 기여하고 출판시장 전체의 활성화를 목표로 한 것이다.

도서 데이터베이스는 국내에서 발행되고, 현재 구입 가능한 도서를 총망라한 약 77만 종(2007년 3월 말 현재)을 수록하고 있지만 이러한 데이터는 각 출판사에서 서협의 데이터베이스 센터(DBC)에 전자매체 등으로 전송해 온 간행 예정 정보, 장기 품절·절판 등의 구입 불가 정보, 정가 개정 정보 등을 정리한 것으로, 계약자[11]와 〈Books〉에는 추가·갱신 데이터로서 날마다 송신하고 있다. 도서 데이터베이스에서는 출판사에서 '필요최소한의 서지 정보'인 ISBN, 도서명, 저자명, 발행 연월, 판형, 페이지 수, 정가, 장기 품절·절판 정보 등 모두 39항목의 데이터 정보를 받고 있다.

메일 등의 전자매체의 데이터 제공은 약 3000사의 출판사가 시행하고 있고, 발행 종수는 전 출판물의 80% 이상이다. 특히, 2002년부터는 홈페이지상에 간단한 등록(Web으로)을 할 수 있도록 했기 때문에 발행 종수가 적은 출판사도 조금씩 전자매체로 데이터 제공을 하는 것이 늘어나고 있다.

이후의 과제로는 ①간행 예정정보(서점 판매 1주일 전)의 제공 촉진, ②구입 불가능 정보(장기 품절 정보)의 제공 촉진, ③정보 제공의 전산화 촉진, ④데이터 사용자(계약자)의 확대 등을 촉진, 데이터 망라성·정밀도 향상과 이용촉진을 도모해 가는 것이다.

---

10) '홈페이지에서 검색 엔진 도입이나 데이터 관리가 잘 되지 않는' 서점 등에 아주 적합한 도서 검색 시스템=BooksBASE(데이터 관리도 Books에 맡긴다. 자사의 검색 엔진도 필요 없어 경비가 절약되며, 더욱이 커스터마이즈하면 디자인이나 Books에 없는 서지항목을 추가하는 등 표시방법도 궁리할 수 있는 시스템)나 출판사에 아주 적합한 검색 엔진 시스템=출판사 다이렉트 검색(자사 정보를 Books에 등록하면 자사의 홈페이지에서 Books로 Link해서 자사 출판물만 검색·표시되는 시스템)의 이용도 가능(유료)하다.

11) 아마존/Amazon, 기노쿠니야/紀伊國屋서점, 도서관유통센터(TRC), 니프티/Nifty, 일서련/日書連, 북 서비스, 마루젠/丸善, 멜로디즈 & 메모리즈 글로벌의 8사(2007년 3월 현재).

3) JPO 도서기본정보센터의 설치

2002년 4월, 서적협회 등 출판 관련 5개 단체에 의해 〈출판정보 및 출판정보 시스템의 기반 정비 목적〉에 일본출판데이터센터(2003년 6월, 일본출판 인프라센터 JPO로 조직개편 및 개칭)가 설립되었다. 2005년에는 JPO 도서기본정보센터를 설치하고 다음 해 1월부터 업무를 시작했다.

JPO는 도서 기본정보센터의 '출판인에게 도서 기본 정보를 수집하여 유통사(도매상)에 보내는 집배신업무/集配信業務 및 과금대상이 되는 출판인별 연간 등록 도서 종수를 산정하여 일본출판도매상협회(토한/東販과 닛판/日販)에 보내는 업무'를 서협의 DBC에 위탁했다.

△서적검색사이트 〈Books〉의 첫 페이지. 입수 가능한 약 78만 종의 데이터를 수록. 검색결과 화면에서 직접 온라인 서점에 링크되어 있어, 책을 주문하는 것도 가능하다.

JPO가 설정한 도서기본정보의 목표는 어떤 출판사(출판인)라도 편리하게 출판정보를 제공할 수 있도록 〈도서유통에 필요한 최소한의 출판정보〉(12항목)를 교환하고, 데이터의 망라성을 높이려는 것이다. 서협은 이러한 수탁업무를 수행하면서 JPO에 협력해서 과금을 동의하지 않은 출판인에게 동의를 독려하면서 정보 제공의 촉진을 도모하고 있다.

1970년대의 두드러졌던 출판유통의 혼란은 35년여가 지난 오늘에 이르러서도 해소되지 않고 있다. 출판업계 통일된 도서 데이터베이스 구축을 위해 모든 출판인들은 예외일 수 없는 책무를 지니고 있다. 차세대 유통에 있어 인식 툴, IC 택의 표준화(다음 절 참조)도 크게 기대되고 있지만, 출판업계 발전의 불가결한 인프라로 통일 도서 데이터베이스의 구축은 출판유통 문제해결을 위한 근본인 것이다. 흔히들 이야기하는 "책의 출생계와 사망계를 출판인들 스스로가 이행하지 않으면서, 업계 비판을 할 수 있는가?"라는 비평은 여러 가지로 설득력을 가지고 있다.

2. 출판정보의 정비와 코드

(1) ISBN/국제도서표준번호

1) 서적 코드로서의 ISBN

출판계에서는 유통합리화를 위한 컴퓨터의 도입은 1960년대 말에 유통회사에서 시작했다. 그리하여 도서에 코드 번호를 부여할 필요가 있었다. 1970년, 오늘의 ISBN에 앞서 업계 표준의 '도서 코드'[12]가 실시되었다.

그로부터 6년 후인 1976년 일본의 출판계는 교토/京都에서 개최된 국제출판연합(IPA)대회에서 '강연'[13]이 있었는데, ISBN[14]의 존재를 알았던 것이다. ISBN은 1967년 영국에서 개발한 SBN(표준도서번호)을 원형으로 한 세계 표준 도서 코드였다. 1970년에 ISO[15] 규격(ISO 2108)으로 승인되었다. IPA교토대회 직후, 국제 ISBN 기관과 국립국회도서관으로부터 출판계에 대해 ISBN 도입 권고와 요청이 있어 서협, 잡협, 유통협, 일서련/日書連의 4개 단체에서 연구 및 협의가 이루어졌다. 그 결과 1980년에 국립국회도서관, 사/일본도서관협회를 포함한 6개 단체의 대표자와 연구자 2인으로 구성된 〈일본도서코드 관리위원회〉가 발족되고, 종래의 〈도서 코드〉에서 ISBN으로 이행하는 것이 결정되어 1981년 1월부터 실시되었다. 그 후, 관리위원회는 1991년에 임의단체 〈일본도서코드관리센터〉라 개칭하고 2002년 4월부터 〈유한책임 중간법인 일

---

12) 서적에 업계내의 통일된 의미를 가진 분류 코드와 출판사가 독자적으로 만든 제품 코드, 각 출판자의 번호=출판인 코드의 3가지를 합쳐 12자리에서 14자리의 코드 번호를 붙여, 유통 단계에서 능률화와 합리화를 도모한 일본 독자적인 도서 코드. 1970년 1월부터 실시했다.

13) 1976년 5월 28일에 열린 IPA교토대회의 섹션B 〈출판물의 마케팅과 배급〉 II-5 〈도서관과 출판계에서의 국제표준번호제도에 대하여〉의 발제로 위르겐 엘러즈(Dr.H.Jürgen Ehlers, 서독) 씨의 강연. 국제규격, 국제표준화기구(ISO)의 작업, 번호화의 기준, ISBN 제도, ISSN(국제표준축차간행물번호), ISBN의 기계 해독에 대한 현상과 문제점, 향후 예상 등을 발표했다.

14) International Standard Book Number/국제표준도서번호의 약자.

15) International Organization for Standardization/국제표준도서번호의 약자. 전기를 제외한 공업 분야의 국제적 표준규격을 책정하기 위한 민간비영리단체. 본부는 스위스의 제네바. 각국에서 1개 기관이 참가한다. 일본에서는 재단법인 유통시스템개발센터가 대표기관(GSI Japan)으로 관리·운영하고 있다.

본출판인프라센터(JPO)〉에 통합되어 법인화했지만, 오늘에 이르러 일본의 도서 코드의 관리·운영은 앞의 6개 단체로 구성한 관리위원회에서 실시하고 있다.

일본의 출판계도 ISBN 도입을 한 지 벌써 26년이 경과했다. 시작 당시에는 여러 가지 의견이 있어 도입이 순조롭게 진행된 것은 아니었다. ISBN 도입에 강력한 이론을 펼친 출판사도 있었다. 업계논쟁의 요점은 두 가지였는데, 하나는 "도서 번호의 총등판 번호제/総背番号制는 언론 통제의 가능성이 있다."라는 것이고, 또 다른 하나는 "출판자 번호의 결정 방식이 '대기업 출판사 우선'이라는 것이었다. 전자는 ISBN의 관리를 '관/官'(국립국회도서관)에 위임하지 않고 '민/民'(출판계)이 담당하는 것으로 우려를 불식했다. 또 하나의 문제에 대해서는 관리위원회의 작업 절차로 출판인(출판사)의 서적 재고 종수와 그 시점에서 신간 발행 종수를 감안하여 20의 출판사를 2자리사(100만 아이템의 용량)로 하고, 순차적으로 3자리(10만 아이템)부터 7자리(10아이템)로 나누었지만, 출판사의 자리수가 규모의 대소를 나타내는 것으로 받아들여져 '대기업 출판사 우선'으로 보였다. 1자리(1,000만 아이템)의 출판사를 설정하지 않은 것은 관리위원회의 의견이었지만, 실은 2자리를 그대로 두고, 3자리에서부터 시작해도 좋았다. 출판사번호는 1사(1인)가 하나만을 갖아야 하는 것이 아니라, 2, 3개를 취득하고 있는 곳도 있다. 또한 현실 문제로서 2007년 1월 말 시점에서 보면, 1억 아이템의 용량(이론 수치), 할당 55만 7,020사(인) 중 등록사는 1만 8,457인이며, 시작에서 현재까지 25년간의 용량 소화율은 42.2%이며, 할당 단위 등록자의 소화율은 4%였다. 코드번호는 도서의 등록을 위한 것으로 실제 용도와 기능은 컴퓨터 처리를 위한 것이지 번호 자체의 의미는 없다. 서협에서는 〈출간예정도서〉에 1988년 1월부터, 〈총목록〉에는 1989년 6월부터 ISBN을 기재하고 있다.

2) 서적 JAN코드(바코드)의 도입

ISBN의 OCR-B폰트[16]의 표기는 출판유통의 합리화에 공헌하고 있지만, 일반적으로 그 효용은 그다지 보이지 않고, 이해되지 않은 경향이 있었다. 따라서 많은 출판사로부터 "유통회사나 서점을 위한 붙이고 있는데, 그 효과는 어디에 나타나고 있는가"라는 소리도 들려왔지만, 그것은 오로지 OCR-B폰트가 출판 유통의 현장에서는 기계 해독에 충분히 대응하지 못했기 때문이다.

---

16) Optical Character Reader Font/광학성 문자 읽기 장치용의 문자의 약자. OCR 폰트에는 A와 B의 두 종류가 있지만, 일본은 OCR-B 폰트를 사용하고 있다.

1982년, 〈세븐일레븐〉은 다음 해인 1983년 4월부터 전 점포에서 POS를 도입한다고 발표하고, 동시에 잡지출판사에 대하여 잡지에 바코드를 붙이라고 요청했다. 또한 세븐일레븐은 1986년에는 문고출판사에게도 바코드 인쇄를 요청했는데, 서점에서도 1985년에는 1985년에는 대기업 유통점에서 서점 POS 시스템[17]을 개발하여 POS레지스터의 가동을 시작하게 되었다. 이렇게 해서 잡지는 1987년 4월부터 바코드 표시를 시작했다.

1987년 일본도서코드관리위원회는 통산성/通産省의 외곽 단체인 재/유통시스템개발센터[18]에 도서바코드 도입에 대한 공동연구를 신청하였다. 그 결과, 유통시스템개발센터에 도서바코드연구위원회가 설치되어, 당초에는 업계 유지의 참가로 연구회가 시작했지만, 같은 해 12월에는 서협, 유통협, 일서련의 대표가 참가하여 공식적인 검토회를 갖고, 연구위원회는 1988년에 도서JAN 코드 체계안을 정리했다. 이를 받은 관리위원회는 업계 내에서 신중히 검토하여 1990년 3월에 결정, 같은 해 8월에 바코드 표시를 시작하게 된다. 이것이 현재의 〈ISBN + 분류 + 본체 가격〉의 도서 JAN 코드(바코드)인 것이다. 이것은 일본독자적인 것이며, 다시말하면 출판계만의 로컬코드였다. 바코드의 표준화는 정해졌지만, 관리위원회로서는 ISBN 도입시에 부닥칠 혼란을 고려하여 그 보급 촉진의 활동은 별도로 하지 않고, 바코드 채용은 어디까지 출판사의 자유 선택으로 했다. 그리하여 바코드는 ORC-B폰트로 바뀌는 것이 아니라, 양자 병기를 지향하도록 했다.

바코드 도입을 결정했던 1989년은 '소비세'가 도입된 해였다. 재판 상품이면서 출판사가 정가를 소스 마킹[19]하고, 서점과 도매에서 유통 재고의 교체가 대대적으로 실행되었다. 그 무렵 시장에 있는 도서는 한꺼번에 출판사로 반품되어, 출판계는 유통면에서 대혼란을 초래했다. 이러한 체험과 함께 1990년에 먼저 문고출판사가 바코드의 채택에 앞장섰다.

문고본에 바코드가 표기되자 서점 점두에서의 레지스터 조작은 일변하고, 재고정리 업무가 대폭적으로 경감되었다. 따라서 유통회사에서의 주문도서

---

17) Point Of Sales System/판매시점정보관리 시스템의 약자.
18) 재단법인 유통시스템 개발센터는 유통의 시스템화를 추진하는 전문기관으로 1972년에 설립됐다. JAN코드, 공통거래처 코드 등 유통 관계 코드의 등록 관리 및 도입 촉진, 통일전표, POS 시스템, 종합 POS카드 시스템 등의 개발·보급 및 유통에 걸리는 각종 조사연구를 수행, 특히 국제적인 유통 표준화를 추진하는 〈GSI(구국제ENA협회)〉의 일본에서의 대표기관으로 유통의 시스템화를 추진하고 있다.
19) 메이커 혹은 발행처의 생산 또는 출하 단계(소스)에 상품 포장지나 용기의 일부에 바코드를 인쇄하는 것.

물류는 전표나 기표가 기계화되어 처리 업무의 정밀도와 속도의 향상을 이룩하게 된 것이다.

여기서 출판계는 다시 한 번 바코드의 유효성을 인식하는 동시에 코드 표기가 남을 위한 일이 아니라 자신을 위한 일이라는 것을 이해하게 되었다.

ISBN과 바코드의 도입과 같은 업계 전체의 제도 변경에서는 관련 각 단체의 대표위원들의 토론을 거쳐 나온 결론을 존중하게 되었다. 그러나 그 토론 과정과 결과를 일반에게 알리는 홍보 활동이 무엇보다 중요했다. 하나의 예를 들어 보자면, 실은 1980년의 ISBN도입 결정 시점에서 이미 코드 번호의 표시를 ORC-B폰트로 할까, 아니면 바(bar)로 할까라는 양자택일의 경우가 있었다. 당시로서는 오늘과 같이 서점 점두에서 POS 레지스터의 보급이나 유통회사의 작업 현장의 FA의 가능성을 예측하지 못한 것에서 북 디자인 측면에서 보다 스마트한 ORC-B폰트를 채택하는 경위가 있었는데, 이러한 것은 널리 문제를 밝혀야 하므로 논의해야 할 하나였다고 할 수 있다.

3) ISBN과 JAN코드/바코드

ISBN과 일반에게 보급되어 있는 JAN[20] 코드(바코드), 이 두 가지의 코드 체계는 아주 별도의 다른 것이다. ISBN은 영국의 SBN을 모체로 생긴 것으로서, 1970년에 국제규격이 되었다. 전 세계의 도서를 10자리의 코드 번호를 정한 10억 아이템(이론 수치)의 용량을 가진 체계인 것이다. 이 코드 체계의 운영상의 특징은 영구적 결번이 있다는 것이다. 즉, 도서의 내용을 등록·보존하는 목적이 가장 중요한 의미를 가지며, 도서관이나 국가의 문화정책에 활용하는 것을 목표로 삼고 있는 것이다.

한편, JAN 코드/바코드는 국제적으로는, EAN[21]코드라 불리며, 미국, 캐나다에서는 UPC[22]와 호환되는 국제적인 공통 코드이다. 소매업의 레지스터 업무를 기계해독하기 위해 1970년대 초엽에 미국의 슈퍼마켓에서 사용하기 시작했고, 그 후 유럽으로 넘어가 세계적인 것이 되었다. 이 EAN 코드 체계는 13자리로서 세계의 모든 소매업에 대응할 수 있는 1,000억 품목의 용량을 가진

---

20) Japanese Article Number의 약자. 일본공업규격 제정의 상품 식별 코드.

21) European Article Number의 약자. 국제EAN협회는 International Article Number Association. 1977년 유럽 12개국의 유통업계와 코드기관에서 국제EAN협회의 전신인 EAN협회를 창설했다. 2002년 11월, 미국의 유통코드기관인 UCC와 캐나다의 ECCC가 국제EAN협회에 가맹한 것으로 이 협회가 글로벌유통표준화기관이 되었다. 그리고 2005년 1월, 국제ENA협회의 조직명도 'GSI'로 변경되었다.

22) Universal Product Code의 약자.

유통을 위한 코드 시스템으로 번호에 해당하는 상품이 시장에서 사라지면, 그 번호의 재사용이 가능하게 되어 있다.

ISBN의 일본판은 국제 표준에 따른 〈서적코드〉에 맞춰 '분류 코드'와 '가격'을 더 붙인 〈일본도서코드〉라 칭하며, 그 관리·운영은 서협을 중심으로 출판 6개 단체에서 구성한 일본도서코드관리센터의 매니즈먼트위원회가 맡고 있다. EAN코드의 일본판은 〈JAN코드〉로서, 서적에서는 〈일본도서코드〉와 완전하게 적합성을 지닌 JAN 2단 체계를 갖추고 있다. 이것을 〈서적JAN코드〉라 일컫는데, 통상의 JAN코드와는 다른 체계라 할 수 있다. JAN코드의 관리·운영은 (재)유통시스템개발센터가 실시하고 있는데, '도서JAN 코드'에 대해서는 일본도서코드관리센터가 등록 신청의 창구를 대행하고 있다.

4) ISBN의 규격 개정/10단위에서 13단위로

1980년, 바코드를 관리하는 EAN협회는 국제 ISBN 기관에 대해 〈978〉이라는 EAN서적출판업코드의 식별(접두) 번호를 부여했다. ISBN번호를 EAN으로 표현한 코드 〈ISBN Bookland EAN〉의 탄생이다. 이렇듯 세계의 출판물은 '출판국'이란 장소를 얻게 되었다. Bookland EAN에서의 '일본'은 '978'에 이어 4를 표시되어 있다. 즉, 일반 JAN코드의 '일본'은 '49'와 '45'가 식별(접두) 번호가 되었다.

미국은 ISBN의 국가(혹은 지역별·언어별로 설정하는) 번호로는 영국을 비롯한 영어권에는 '0'과 '1'을 쓰도록 하여 2억 아이템(이론 수치)의 용량을 가지고 있지만, 10여년 전부터 ISBN의 부여 번호의 부족을 호소하여, 2000년 10월에는 ISBN국제회의에서 규격 개정을 제안했다. Web상의 출판물(디지털 파일에도 파일 형식마다 번호를 부여하고 있다)의 부여 번호의 증가(저작권 관리에 ISBN을 사용하는 국가도 있음)가 번호 부족의 최대 요인으로 인터넷, e-book 시대에 30년 전의 ISBN의 규격으로는 대처할 수 없다는 주장이 있었다. 이것은 일본이나 독일과 같이 도서만을 위한 ISBN 코드의 체계(영구 결번=유한 자산)를 엄밀히 관리·운영하는 것과 다른 방침이었다[23].

2003년 ISBN의 규격개정(13자리화)이 ISO에서 확정하고, 2004년초두에는 국제ISBN기관에서 2007년1월부터 실행권고서가 도착했다. 이때까지는 어디까

---

[23] 일본도서코드관리센터는 일본에서의 Web상의 디지털 콘텐츠의 ISBN의 부여는 그 적용을 보유해 왔지만, 2004년의 국제 기준의 개정을 기해 일본의 실정을 검토, 2005년 5월부터 특정 표제를 가진 저작물에 일정한 제조건을 만족시킨 것은 유형적인 형태 없이 Web상의 디지털 콘텐츠로서의 ISBN을 부여할 수 있도록 했다.

지나 편리적으로 EAN코드에 결합시킨 ISBN코드 체계를, 2007년 1월부터 정식으로 13자리의 EAN바코드 체계로 바뀌게 된 것이다. 이것으로 일본도 ISBN의 13자리로 결정하고, OCR-B폰트로 기계해독 처리부터 도서 JAN코드(바코드) 표시로 읽기를 표준으로 한 것이다.

5) 코드의 관리 운영

ISBN의 관리·운영을 맡은 국제 ISBN기관(본부)은 1970년 발족 때부터 독일 베를린의 국립도서관 내에 두고 있다. 운영비는 국가와 각 주의 세금으로 운영되고 있는 프로세스문화재단에서 담당하고 있다. 이제까지 36년 간(일본은 26년 간), 세계 각국의 ISBN 에이전시/Agency는 베를린 본부에 대하여 관리·운영상의 비용을 부담하지 않고 왔다.

국제ISBN기관은 나라별·지역별·언어별 코드의 발행과 국제회의 등의 운영뿐만 아니라, 각 에이전시에 등록 출판자의 데이터를 제출할 의무를 가지며, 매년, 국제출판인명부를 발행하는 등의 업무도 맡고 있다. 지금까지 독일의 자원봉사자들이 운영하고 있던 국제 ISBN기관은 2005년부터 법인화(비영리단체)되어 런던으로 옮겼다. 이와 함께 각국의 ISBN 에이전시는 국제 ISBN기관의 상당한 운영비를 부담하게 되고, 일본도서코드관리센터는 그 분담금(연회비)을 출판자 번호의 단위에 따른 상당한 금액을 징수하여 납부했다.[24]

(2) 공통잡지/정기간행물 코드

1) 잡지코드와 유통코드

잡지 판매에 불가결한 POS 해독 코드는 2004년 6월부터 정기간행물(잡지) 코드 체계로 옮겨졌다. 코드 앞의 프라그〈491〉의 〈49〉는 일본, 〈1〉은 정기간행물 표시번호, 다음의 5자리 숫자는 잡지코드, 그 다음은 호수, 연호, 체크번호가 JAN코드, 그리고 애드온 코드와 본체 가격으로 구성하고 있다.

5자리의 잡지 코드는 1954년에 도쿄출판판매(현 토한/東販)의 사내 처리용 코드(당초 4자리)로서 제정한 것이 시작이었는데, 1978년에 유통협회가 토한의 코드를 가지고, 유통회사 공통의 잡지코드(5자리)를 제정했다. 잡지 코드는 잡지출판사가 읽을 수 있는 코드를 인쇄하지만, 타업계와 같이 메이커 관리 코

---

24) 일본은 2005년도부터 2년간은 해마다 1만 8천 유로의 납부를 할당받았다. 2006년 3월말 현재로 국제분담금의 갹출 요청에 응한 출판자수는 3,547사와 2개 단체/日書連, 유통협/取協, 납부금은 3,853만 엔으로 당초의 예측금액을 많이 상회했기 때문에 3년 분의 미리 납부하는 것을 요청했지만, 5년분으로 변경됐다.

드가 아닌, 유통코드로 자리매김하게 된 것은 이러한 경위가 배경이라고 할 수 있다.

2) 바코드의 도입

잡협에 바코드연구소위원회가 설치된 것은 1982년 1월이었다. 다음 해, 이 연구소위원회가 재/유통시스템개발센터와 협의를 시작하여 7월에는 POS시스템연구소위원회라 개칭, 그 이후 출판업계의 검토가 이루어졌다.

현행의 POS 해독 가능한 바코드 도입의 계기가 된 것은 1982년 여름, 〈세븐 일레븐〉에서 주요한 잡지출판사에 보낸 한 통의 엽서였다. 그 엽서에는 "1983년 4월부터 새로운 POS시스템을 도입할 계획을 세우고 있는데, 잡지에도 바코드를 인쇄하지 않겠는가?"라는 요청이었다. 아직 편의점(CVS/ Convenience Store)이 시작하는 시기였기에 잡협판매위원회를 비롯 잡지업계에서는 당황하기도 했다. 그러나 타업계에서는 이미 도입하여 구체화를 선행하고 있었으며, 물류 효과의 개선을 위해 이용할 수 있는 것이 아니냐는 생각이 확대되고, 구체적인 검토가 진행되어 1987년부터 소스 마킹이 실시되었다.

1987년 2월, 잡협 내에 공통잡지코드관리센터(잡협/雜協, 유통협/取協, 일서련/日書連으로 구성) (사무국은 잡협)를 설치, 같은 해 4월부터 공통잡지 코드의 등록 접수업무(업무는 토한/東販에 위탁)를 시작했다. 1991년 12월, 정가 1000엔 이상의 잡지에 대하여 정가 코드를 2자리에서 3자리로 확대하고, 앞쪽의 플래그를 〈491〉에서 〈10〉으로 개정했다. 1993년 10월에 코믹만화, 1997년 4월부터 무크지를 서적 JAN코드로 통일, 소비세가 5%로 정해진 것을 계기로 플래그를 〈11〉로 변경했다.

그런데 미국이 사용하는 국제적 코드 체계의 변경을 정하고, 5년에는 플래그 〈11〉을 일본에서 사용하지 못하는 사태가 나타났다. 이 때문에 1995년 9월, 출판바코드연구위원회를 발족하고, 1999년에는 공통잡지코드관리센터의 운영위원회가 해외시장을 시찰하는 등, 다각적인 검토를 했다. 이 위원회에서는 2002년 1월에 새로운 코드의 표시 지침을 마련하고, 2004년 6월부터 실시할 것을 공표했다.

2003년 12월, 공통잡지코드관리센터는 〈신코드 등록과 소스 마킹 가이드라인〉을 발행하고 그 후 도쿄를 시초로 오사카/大阪 등에서 몇 번 설명회를 여는 등 PR 활동을 추진했다. 2004년 6월의 신코드로 이행은 원활히 실시되어 현재에 이르고 있다.

또한 잡지코드 취득의 절차를 보면, 창간의 경우는 공통잡지코드관리센터의 업무 위탁처인 토한에서 창구를 맡고, 출판사는 소정의 수수료를 지불하면 취득할 수 있다. 취득에 필요한 기간은 1~2주간정도 걸린다. 이 수수료 외에 출판사는 국별 코드를 일괄 관리하는 재/유통시스템개발센터에 소정의 관리료를 잡지의 매출액에 따라 3년마다 지불할 필요가 있다.

신규 유통 루트로 잡지 시장에 잠입하는 경우는 잡지 코드 취득과 아울러 유통사와 거래 구좌를 개설할 필요가 있는데, 수개월 정도 걸리는 경우도 있다. 다만, 유통사를 거치지 않고 출판사 독자적인 납품 루트를 가진 경우나 혹은 유통사 루트를 이용하지 않는 잡지라면, 리저브/reserve 코드 8을 받도록 했다.

〈參考文獻〉
〈出版流通시스템〉, 村上信明, 新文化通信社, 1984.
〈코드가 바뀌는 出版流通-ISBN〉, 松平直壽, 에디터스쿨출판부, 1995.
〈出版流通合理化의 檢證-ISBN導入의 歷史的意義〉, 湯淺俊彥, 포트출판, 2005.
〈디지털 時代의 出版 미디어〉, 湯淺俊彥, 포트출판, 2000.
〈바코드는 쉽다〉, 改訂版, 第2刷, 春本 昇, 株/日本 바코드, 1993.
〈2006·007流通情報시스템化의 動向(第2版)〉, 財/流通시스템開發센터, 2006.
〈日本書籍出版協會三十年史〉, 日本書籍出版協會, 1987.

3. 출판정보 시스템의 기반정비

(1) 출판업계VAN, 출판SCM, 일본출판데이터센터

1) 출판업계 VAN시스템의 가동

출판업계 VAN[25]의 명칭을 업계 내의 공적 장소에서 처음으로 사용한 것은 1988년 5월에 일서련/日書連이 발표한 〈1987년도 중소소매상업유통정보네트워크 계획책정 사업보고서(출판업계수발주·서지정보검색시스템)〉[26]에서였다.

그러나 이 보고서가 구상한 출판업계VAN은 당시에 이미 가동하고 있는 대기업 유통 시스템과의 관계도 있어 실현되지 못했다. 당시, 〈유통사와 거래 서점을 잇는 정보네트워크 시스템〉은 유통마다 다른 업자의 VAN을 통해 접속하고 있었다.

---

25) Value Added Network/부가가치통신망의 약자.
26) 〈1987년도 중소소매상업유통정보네트워크 계획책정 사업보고서(출판업계수발주·서지/書誌정보검색시스템)〉(1988년 3월) 일서련 SA문제 등 위원회 편.

그로부터 3년 뒤인 1991년 1월에 출판VAN 출판사연락회가 유지 출판사에 의해 설립되었다. 그것은 출판사의 재고 정보를 유통사에 보내고, 유통사의 네트워크 시스템을 이용하여, 서점 점두에 출판사 재고를 알 수 있는 시스템을 구축하려는 것으로 같은 해 4월에 실험삼아 1개 출판사와 4개 유통사 간에 데이터 분리기능만을 가진 〈출판VAN(NTT데이터의 VAN(TWIN' ET)[27])〉가 시작되었다. 또 다음 해 5월에는 출판 17개 사가 출판업계 VAN연락회를 설립하였다.

  출판업계VAN연락회는 〈조직 운영〉, 〈활용 연구〉, 〈보급 촉진〉, 〈시스템〉의 4개 분과회를 설치하고, 이를 출판VAN운영협의회의 설립 준비, 출판VAN의 이용 및 활용에 관한 조사·연구, 출판VAN의 보급 촉진과 조직, 실험 가동하고 있는 재고 정보의 〈재고품 상태코드(Status Code)표〉를 작성하였다. 그리고 6월에는 시스템분과회가 〈재고 상태 코드표〉의 작성을 공표했다. 이후 각 분과회는 각각의 임무를 적극적으로 추진하고, 조직분과위원회는 〈출판VAN운영협의회 회칙안〉, 〈출판VAN운영예산계획안〉을 작성, 또한 활용연구분과회는 교환 정보를 확인, 보급촉진분과회는 〈출판VAN·접속방법〉[28]의 작성과 조직 확대에 노력하여 회원 수를 101개 사로 확대, 시스템분과회는 활용연구분과회가 정한 교환 정보의 포맷을 표준화하고 〈출판업계 VAN 도입·운영의 수칙〉[29]을 작성했다. 연락회는 1994년 4월에, 그후의 사업·활용을 유통협과 서협이 구성한 '유통협·서협VAN추진회의'에 이관하고 발전적으로 해산했다.

  유통협, 서협VAN추진협회의는 출판업계VAN연락회 시스템분과회가 작성한 앞에 서술한 〈도입·운영의 수칙〉을 가지고, 1995년 2월 〈업계온라인표준 데이터 포맷집〉(제1판)을 만들고, 1998년 9월에는 이의 〈개정 제2판〉[30]을 작성하여 출판VAN합동협의회의 이름으로 공표했다. 그 시점의 출판VAN 이용사는 출판이 237개 사, 유통사가 5개 사였다.

  출판VAN이 테스트 송신의 형태로 시동한 1991년부터 12년 후인 2003년 4월에, 인터넷을 비롯한 통신환경의 변화나 다양한 전자 데이터 교환(EDI)[31] 뉴스에 대응하고, 더불어 보다 많은 출판사가 참가하기 쉬운 이용료의 개정을 요구하고, 유통협이 주도한 신출판네트워크가 출범하여 그것이 오늘에 이

---

27) NTT데이터가 제공하는 이업종/異業種 간 접속 네트워크 서비스.
28) 〈출판VAN·접속의 수칙〉(1992년 11월1일) 출판업계 VAN연락회.
29) 〈출판업계VAN도입·운영의 수칙〉(1992년 12월 1일) 출판업계 VAN연락회.
30) 〈업계온라인 표준 데이터 포맷집〉(1998년 9월 1일 개정 2판) 출판VAN합동협의회.
31) Electronic Data Interchange의 약자.

르고 있다. VAN이용사는 신·구VAN을 합하여 출판이 약 350사, 유통사가 11사이다.

2) 출판SCM시스템의 조사·연구

서플라이 체인 매니지먼트(SCM[32])를 출판업계가 조사·연구하게 된 계기는 통산성의 1998년도 제3차 추가경정예산으로 〈소비자 기점 서플라이 체인 추진 개발실증사업〉(SPEED[33])의 공모에 서협을 대표한 출판 서플라이 체인 매니지먼트 컨소시엄(출판SCM컨소시엄)이 응모하여 채택된 것이다.

1999년 2월에 서협을 신청자로 한 출판 SCM을 편성하여 출판사, 유통사, 서점의 연계로 상품공급의 고도화와 효율화의 시스템의 검증을 목적으로 한 실증 실험의 신청을 하여, 그해 3월에 채택되었다.

이렇게 하여 출판사·유통사·서점으로 구성된 출판 서플라이 체인은 독자들의 수요정보나 출판사·유통사·서점 각각의 재고 정보, 서점의 판매 정보 등을 유통표준EDI(JEDICOS[34])에 기초해서 업계공유기반정보시스템으로 확립하게 되었다. 따라서 출판SMC시스템으로 각종 정보의 공유화를 도모, 서점은 지역 기호성에 맞춰 출판물의 구색 시스템을, 출판사는 고도로 정밀한 중판 계획 시스템을, 유통회사는 효율적인 배송 시스템을 구축·운영에 필요한 측면 지원 시스템의 기반을 정비한 것이라 보아진다.

이러한 시스템은 오랫동안의 업계 과제로서 반품률의 저감, 지역 독자들의 기호에 맞는 서점지역 네트워크의 형성을 지원하면서, 다양한 〈지가사회/知價社會〉의 창조 기반인 출판사의 경쟁력의 유지를 도모하는 것이 기대된다. 그리하여 가까운 장래에는 종이·펄프업계와의 EDI에 의해 종이의 공급을 비롯하여 리사이클업자, 물류업자와의 접속도 시야에 넣어 확장 SCM을 목표로 삼고 있는 것이었다.

1999년 4월부터 시스템 구축에 나서서, 같은 해 11월부터 실험과 성과물을 정리하여, 2000년 2월에 〈소비자 기점 서플라이 체인 추진실증사업(SPEED)의 성과 보고·출판 서플라이 체인 매니지먼트 고도화 시스템 개발과 실증사업 보고서)[35]를 완성하여, 이것을 정부에 납품했다.

---

32) Supply Chain Management의 약자.
33) Supply Chain Management Promotion for Effective & Efficient Distribution system의 약자. 유통표준 EDI기술을 활용하여 IT화를 축으로 하는 도매점, 소매점의 연계로 〈소비자를 기점으로 한 서플라이 체인〉의 구축을 하고자 한 선진적 유통시스템의 기술 개발과 그 실증 실험.
34) Japan EDI for Commerce System의 약자.

여기에는 출판 SCM 컨소시엄 참가 기업·단체 수는 출판사가 10개 기업·단체, 유통업계가 2기업·단체, 서점계가 9개 기업·단체, 시스템 인터그레이터가 1기업으로, 실험참가기업 수는 출판이 3사, 유통이 1사, 서점은 6사였다. 그 후 2003년 4월에는 개별 유통 주도의 SCM시스템이 가동하고 실용화하고 있다.

3) 일본출판데이터센터(JPDC)의 설립

2002년 4월, 유한책임중간법인 일본출판데이터센터(JPDC[36])가 설립되었다. 이는 일서련·유통협·잡협·서협의 출판업계 4개 단체와 일본도서관협회(일도협/日圖協)가 설립발기인이 되어 출판정보집유통/集配信 사업을 중심으로 한 출판정보시스템 기반정비사업 등을 지원·수행하는 단체이다. 출판 정보 시스템기반정비사업의 구체적 내용은 ① 출판 정보 등의 표준 포맷의 작성과 보급 촉진, ② 출판 정보의 수집과 송신, ③ 출판정보 제공자의 정보 시스템 기반정비의 지원, ④ 전자 데이터 교환 시스템 기반 정비의 지원 등인 것이다.

출판정보집유통사업의 업계 일원화를 요구하는 운동의 역사는 길다. 1974년 12월 서협 이사회는 "서협이 모든 업자적 입장에서 〈출판의 개발에 관한 연구〉를 실시하자."고 제안하여 그 하나로서 독자와 업자들에게 정확한 정보자료를 제공하는 '출판자료정보센터'의 "설립 등도 연구개발에서 나올 수 있는 성과로서 기대할 수 있다."고 했다. 그리고 1975년에 곧 나올 책 〈출판 예정도서〉의 창간을 깊이 다룰 수 있는 출판개발특별위원회를 설치했다.

이 특별위원회는 1976년 12월에 "오늘의 출판계는 각종 정보가 흘러 혼란한데, 과당 경쟁의 양상을 보이고 있어 경쟁에서 생기는 데이터의 차이가 확대되고 있다. 이러한 상황이 이후 더욱 진행하면 업계통일된 정보처리가 점점 더 곤란해진다. 그래서 이번에 특별위원회로서는 출판업계 및 관련업계에 널리 호소하여 업계 일원화한 공적정보센터 설립을 위한 여론회를 열고 논의를 시작해야 한다."는 보고가 있다.

그러나, 출판자료정보센터의 구상은 업계 단체 관련자가 10년 가까운 세

---

35) 〈소비자 기점 서플라이 체인 추진개발실증사업(SPEED)의 성과보고·서플라이 체인 매니지먼트 고도화 시스템의 개발과 실증사업보고서〉 출판 SCM 컨소시엄의 개발성과를 정리한 〈소비자 기점 서플라이 체인 추진개발실증사업(SPEED)의 성과보고〉에서 〈3.출판유통업계 위한 서플라이 체인 매니지먼트 시스템의 개발과 실증 실험〉 출판 서플라이 매니지먼트 컨소시엄 사단법인 일본서적출판협회(2001년 1월 정보처리진흥사업협회, 재단법인 유통시스템개발센터)

36) Japan Publishing Data Center의 약자.

월의 협의를 거듭했지만, "유통회사의 전산화 발전 단계를 보면서 시스템 실행이 바람직하며, 지금 약간의 시간이 필요하다."는 유통회사 측 위원의 요청으로 암초를 만나 그 후 센터 준비실 모임도 기대했지만, 사태는 진전되지 않았다.

JPDC를 설립하고자 하는 서협의 경영위원회는 '협회의 경영·사업 전반을 검토하는 위원회'를 2001년 2월에 설치하였다. 경영위원회는 같은 해 6월 이사회에, "본부 회계 자립을 회계기본 원칙으로 한다."는 항목을 비롯하여 7개 항목으로 구성된 〈서협 경영에 관한 보고서〉를 제출하여 이사회의 승인을 받았다. 7개 항목의 보고서 마지막 항목이 JPDC설립에 관한 것이었다. JPDC 설립 취지는 위에서 기술한 특별위원회가 1976년 12월에 보고한 내용과 그다지 다르지 않았다.

서협이사회는 2001년에 JPDC설립 준비실을 설치하고, 〈정관〉[37]을 작성, 잡협, 서협, 일서련, 일도협에 대한 설립발기인과 기금갹출자들의 수락, 교섭을 했었다. 그래서 스스로 2002년 1월에는 설립발기인과 기금 갹출자가 되고, 2월에는 〈정관〉을 승인했다. 또한 뜻을 같이하는 다른 4개 단체도 서협의 요청을 수락했다. 이렇게 하여 JPDC 설립의 신청 준비는 순조롭게 정리되었다.

(2) 일본출판 인프라센터(JPO)의 활동

1) 연구위원회의 활동

2002년 10월의 JPDC이사회는 출판업계의 유통 개선과 독자 서비스를 보다 적극적이며, 광범위하게 추진할 필요에서 사업 확대에 적합한 〈정관〉[38]의 변경 및 기구 개혁의 실시를 결정하여, 다음 11월에 설립 발기인인 서협, 잡협, 유통협, 일서련, 일도협의 승낙을 받고 2003년 6월의 총회에서 결정했다. 이에 따라 JPDC의 명칭은 일본출판인프라센터(JPO[39])로 변경했다.

JPO는 연구위원회와 업무센터의 라인 부분과 홍보 및 사무국의 스텝 부문으로 구성되어 있다. 2006년 6월의 JPO총회 시점의 연구위원회는 비즈니스모델 연구위원회, IC택연구위원회, 출판재고정보정비연구위원회, 〈공유서점마스터〉(가칭) 연구위원회의 4개 위원회를 두고, 업무센터는 일본도서코드관

---

37) 〈유한책임중간법인 일본출판데이터센터 정관〉
38) 〈유한책임중간법인 일본출판 인프라센터 정관〉
39) Japan Publishing Organization for information infrastructure development의 약자.

리센터, 상품정보기본센터의 2개 센터이다. 활동 개요는 다음과 같다.

● 비즈니스모델연구위원회 : 출판업계 내외에서 출원된 비즈니스 모델 특허 출원 안건의 '공지(公知)의 사실' 관계를 조사·연구하는 위원회이다. 정기적(월별)인 특허공개정보를 열람하고, 특허 출원 안건에 관한 정보를 수집한다. 그리고 필요에 따라 위원회의 개최, 연수·홍보활동을 실시하고 있다. 또한 특허 출원 안건에 관한 상담을 수시로 받고 있다. 당연한 일이지만, 이들의 활동은 정당한 〈신규 발명〉의 특허 출원 신청을 방해해서는 안 된다.

● IC택연구위원회 : IC택 및 그 주변기기의 이용과 활용, 장착, 표준화, 프라버시 보호, 산업폐기물 등에 관한 조사·연구·검토·실험·평가를 하는 위원회이다. 2003년~2005년도의 3개년에 걸쳐 일본 경산성/經産省의 〈전자 택의 실증 실험사업보고서〉의 납품과 전자택, EDI 등에 관한 행정과 그와의 관계기관 프로젝트의 참여 실적을 기반으로, 2006년도는 물론, 2007·2008년도를 주시한 중기의 사업·활동 계획을, 경산성의 시책을 참고할 것을 제언하고, 〈전자택실증실험사업〉의 수탁에 노력한다. 따라서 전자택의 사양과 활용 기술의 동향을 신속히 파악하고, 이에 관한 설명회와 연수회를 기획하여 실시하고 있다.

● 출판재고정보정비연구위원회 : 고객 주문을 비롯한 서점 점두에서 독자의 고객 만족도를 향상시킬 시책, 시스템의 소재를 조사·연구하는 위원회이다. 상품기본정보센터에 발매일전 상품 정보를 전자 데이터로 제공할 출판사를 증가시키고, 상품기본정보집유통료의 부과를 승인할 출판사를 늘리기 위한 계몽·보급을 촉진하고 있다. 또한 재고 상태를 비롯한 각종 〈업계 온라인 표준데이터 포맷〉을 검토·개정하기 위한 협의회의 설립을 목적으로 한다. 차세대의 상품정보포맷과 그 정보 수집 방법에 대해 출판사가 보다 쉽게 정보제공을 할 수 있으며, 정보를 제공하는 출판사부터 마지막에 그것을 이용하는 유저까지 토털시스템이 보다 저비용이 되는 시스템을 조사·연구하고 있다.

또한 이 위원회는 다음의 상품기본정보센터의 설립으로서 소기의 주된 목적을 달성했기때문에 2007년 3월에 발전적으로 해산했다.

● 〈공유서점마스타〉(가칭)연구위원회 : 〈공유서점마스터〉에 관하여 조사·연구하는 위원회이다. 현재, 위원회의 명칭도 포함해서, JPO와 관련에 대해서 검토하고 있다.

2) 업무센터의 활동 개요

● 일본도서코드관리센터 : 도서유통정보화를 목적으로 창설된 세계 공통의 코드 체계 ISBN과 이를 기반으로 한 일본도서코드의 보급 촉진과 운영 관리를 담당하는 센터이다. 2006년 5월에, 2007년부터 실시할 ISBN규격 개정을 안내한 〈ISBN(국제표준도서번호) 규격개정 등에 관한 고지〉[40]와 국제규격에 준거한 〈Web상의 디지털 콘텐츠에 대한 ISBN 부여 기준〉[41]을 약 1만 3,000명들에게 송부했다. 또한 계몽·보급·홍보를 위한 설명회의 실시, 〈일본도서 코드 서적 JAN 코드 실시의 안내서〉(개정 7판)[42]의 발행, 13자리 대응 코드 리스트의 제작, 13자리 코드 리스트 발행 시스템을 제작하고 있다. 아울러 서적 JAN코드에 대해서도 모든 절차의 업무를 대행하고 있다.

● 상품기본정보센터 : 상품기본정보를 출판사로부터 수집하여 이를 유통사에 송신하는 것, 또한 출판사로부터 도서 기본 정보 1종에 500엔을 부과, 징수하는 센터이다. 2006년도는 전년 5월과 10월에 약 1만 3,000명들에게 송부한 〈상품기본정보센터의 안내(조직과 운영)와 당부〉[43]의 시스템을 당 센터가 1년을 통해서 가동한 최초의 연도이며, 2007년 2·3월에는 제1회의 부과금 청구·회수 업무를 실시했다. 그 작업 계획을 입안하고, 관계자와의 협의·조정을 학고 있다.

덧붙여 데이터의 수집송신업무는 서협에, 부과금의 청구·회수 업무는 유통협에 업무위탁을 하고 있다.

---

40) 〈ISBN(국제표준도서번호)규격 개정 등에 관한 고지〉(2005년 5월) 일본도서코드관리센터. 2006년 4월에는 〈13자리 ISBN '국내표준가이드라인' 증보판〉을 공표했다.
41) 〈Web상의 디지털 콘텐츠에 대한 ISBN부여의 기준〉(2005년 5월) 일본도서코드관리센터.
42) 일본도서코드관리센터의 홈페이지 http://www.isbn-center.jp를 참조.
43) 〈상품기본정보센터에 관하여〉(2005년 10월) 유한책임중간법인 일본출판인프라센터(JPO)

▷〈매스미디어-국가·시민〉 주제의 일본헌법학회 주최 세미나에서 법학자 시미즈 히데오/清水英夫님과 함께/ 도쿄 히도츠바시대 강의시 (1997)

제Ⅲ장 언론·표현·출판의 자유와 책임

1. 미디어의 중요 책무
(1) 국민의 '알 권리' 위한 봉사
(2) 자유에 대한 룰
(3) 미디어 규제 관련 법규
(4) 미디어 규제와의 투쟁

2. 출판의 자유와 윤리
(1) 미디어의 역할과 책임
(2) 명예·프라이버시와 미디어 규제 3법
(3) 보도와 표현
(4) '차별표현' 사건과 '표현의 자유'

3. 취재 문제
(1) 일본잡지기자회/일본잡지사진기자회
(2) 미디어 스크럼에 대한 대처

4. 청소년조례와 자주 규제
(1) 출판윤리협의회
(2) 청소년 대상 출판물 국회 논의
(3) '표현의 자유' 규제와의 투쟁

5. 일본출판윤리강령

6. 일본잡지편집윤리강령

1. 미디어의 중요 책무

(1) 국민의 '알 권리' 위한 봉사

국민 한 사람이 자유로 사물을 판단하고 의견을 구성하며 자유롭게 이를 표명하고 논의한다. 그렇게 함으로써 사회의 〈지혜〉는 깊어지고 성숙한다. 이를 위해서는 우선 '아는 것'이 필요하다. 알지 못하면 아무 판단도 논의도 할 수 없다. 미디어는 국민이 '아는 데' 이르도록 모든 정보를 제공하려 노력한다. 신문, TV 이상으로 취재 대상의 '파헤침'과 분석성이 쉬운 출판 미디어의 사명은 특히 중대한 것이다. 미디어가 자유롭게 활동하기 위해서는 취재, 보도, 출판의 자유가 보장되지 않으면 안 된다.

최고재판소가 「보도기관의 보도는 민주주의사회에 있어 국민이 국정에 관여하기 위하여 중요한 판단자료를 제공하여 국민의 "알 권리"에 봉사하는 것이다. 따라서 (중략) 사실의 보도의 자유는 표현의 자유를 규정한 헌법 제21조의 보장에 근거한다는 것은 말할 필요도 없다.」(최고재판소 판결 1989년 11월 26일 "하카타역 취재필름제출명령사건")고 말하는 그대로이다.

출판계는 신문, 방송이 쌓아놓은 아성에 잡지의 참가를 거부하는 '기자클럽' 제도의 두꺼운 벽에 하나씩 구멍을 뚫어 취재의 자유를 획득하는 노력을 기울여 왔다.

(2) 자유에 대한 룰

그렇다면, 언론·표현의 자유, 취재·보도·출판의 자유는 제한 없는 자유인가 하면, 그렇지 않다는 것이다. 너무 유명한 비유이긴 하지만 사람이 가득한 영화관 속에서 장난으로 "불이야!"라고 외치는 자유는 인정되지 않고 있는 것이다. 표현을 하는 자는 동시에 스스로를 다스리는 책임을 지고 있다.

언론·보도의 자유는 사회학적 관점에서 고찰할 필요가 있는데 사회에는 다양한 가치관과 권리가 존재한다. 취재하는 측과 취재받는 측, 알고 싶어하는 측과 알리고 싶지 않은 측은 각각 상반되는 가치관과 권리 의식이 있다. 정보를 보내는 측과 받는 측 사이에도 입장의 차이가 있고 받는 측 사이에도 보고 싶은 측과 보고 싶지 않은 측이 있어 때로는 쌍방의 이해가 충돌한다.

(3) 미디어 규제 관련 법규

이 명제는 그렇게 단순하고 명쾌한 것은 아니다. 사회의 다양한 가치관의 수용 가운데 상식/commonsense에 근거한 규칙을 모색하는 수밖에 없는 것이다.

잡지협회와 서적협회 50년은 실로 이러한 모색의 역사이다. 언론 보도 출판의 자유를 획득하기 위한 투쟁의 역사이며 한편 지나친 표현의 자율을 꾀하는 자성과 노력의 역사였다.

전쟁 전 또는 전쟁 중 언론 출판의 자유를 규제한 수많은 법령 가운데 신문지법이나 출판법은 발행자에 대하여 게재를 강조하거나 게재 금지 또는 제한을 규정하고 있었고, 발매 반포의 금지 또는 압류를 할 수 있게 하고 있었다. 경찰과 군부에 의한 검열에 의하여 언론 출판의 자유는 크게 제약받았다.

전후 새롭게 제정된 일본 헌법 제21조는 어떠한 제한도 할 수 없도록 '언론, 출판 기타 일체의 표현의 자유'(제1항)를 보장하고 '검열은 이를 하여서는 안 된다.'(제2항)고 규정했다.

자유로운 공기를 만끽한 출판계는 카스토리(대중) 잡지의 성쇠, 전집 붐, 출판사 계통 주간지의 번성, 역사의 붐, 조사 보도의 탄생, 여성 잡지, 코믹 잡지의 호황, 미디어 믹스의 붐이 찾아왔지만, 한편, 〈채털리 부인의 연인〉과 같은 문학작품의 성 표현이 유죄 선고되거나 (최고재에서 '음란문서'의 개념이 확정), 시마나카호지/嶋中鵬二, 츄오코롱샤/中央公論社 사장 자택 테러 사건, 창가학회/創価学会의 출판 방해 사건, 사진 주간지 비판, 형법 개정 문제, 스파이 방지 법안, 코믹의 성 표현 비판 등 거센 파도와 조우했다.

(4) 미디어 규제와의 투쟁

최근에 이르러 JR 동일본 노조를 다룬 〈슈캉문춘/週刊 文春〉이 동일본 키오스크와 철도홍제회를 통해 판매를 거부당한 사건(1994년)과 고베연속아동살상 사건의 얼굴사진 보도로 〈포커스/FOCUS〉와 〈슈캉신쵸/週刊新潮〉의 서점 신문사 판매 및 광고 게재 거부사건(1997년) 등 내용상 논의는 있었지만, 독자의 손에 도달해야 성립되는 출판의 자유가 저해되는 사태가 발생했다.

1998년 이후 자민당을 중심으로 미디어에 대한 규제의 구체화가 잇따랐다. 통신감청법안 외에도 '개인정보보호법안', '인권옹호법안', '청소년유해사회환경기본법안' 등 이른바 〈미디어 규제 3법〉 제정 논의가 잇따라 발생했다.

일본의 잡협과 서협은 각 위원회와 프로젝트 팀에서 검토하여 성명·의견서를 발표하거나 또는 자발적인 출판사 16개사가 결집하여 신문에 의견 광고를 게재하여 이러한 법안이 내포하고 있는 미디어 규제의 의도를 밝히고, 널리 여론에 호소하는 투쟁을 계속하고 있다.

한편 취재하는 측의 인권을 배려하기 위해 '미디어 스크럼'(Media scrum/집단적 과열 취재)에 빠지지 않도록 자숙하고, 명예·프라이버시 존중에도 배려해 왔다.

2002년 3월에 발족한 '잡지 인권 박스'는 잡지 기사에 대한 불평을 잡협에 설치한 창구로 일원화하여 접수하고 신속 성실하게 대처하려는 것으로, 자율 활동의 하나의 전형이다.

또한 일반용 잡지 등이 청소년에게 악영향을 미친다는 사회적 비판에 대하여 2001년 7월 출판4개 단체로 조직된 〈출판윤리협의회/出倫協〉에 제3자 기관인 〈출판 조닝/zoning 위원회〉를 설치하고 식별 마크 표시와 매장에 구분 진열 판매 실효성을 높이는 시책을 추진하고 있다.

지난 50년 동안 사회, 경제, 기술의 변화에 따라 시대의 고비마다 미디어에 관한 법률, 윤리 문제가 부상할 때마다 출판계는 항상 사태에 진지하게 대처해 왔다. 어떤 때는 언론·출판의 자유를 지키기 위해 규제에 궐기하고 어떤 때는 미디어 존립의 기반인 사회의 신뢰를 확보하기 위해 자율 규제를 포함하여 스스로를 규제하는 활동을 시행하여 왔다.

2. 출판의 자유와 윤리

(1) 미디어의 역할과 책임

1) 표현·출판의 자유를 둘러싼 전후/戰後의 우여곡절

표현을 둘러싸고 '자유'와 '규제'의 투쟁에는 긴 역사가 있다.

15세기 구텐베르크가 인쇄술을 발명하여 활판인쇄에 의한 대량 배포가 실현되자 로마 천주교회를 중심으로 기독교에 일치하지 않는 인쇄물에 대한 '대항 수단'이 필요하다는 논의가 생겨 검열이 시작된다. 이후 현존하는 정치석 종교석 권력 사이 또는 사회 정세에 따라 표현의 자유를 부르짖고 한편으로 규제가 주장되어 수백 년 동안의 우여곡절을 거쳐 오늘에 이르고 있다.

일본도 예외는 아니다. 제2차 세계대전 동안 신문지법, 출판법 외에 형법의 불경·기밀 누설·유언비어 유포 등의 죄, '군사기밀보호법', '치안경찰법', '불온문서임시단속법', '국방보안법', 언론·출판·집회·결사 등 '임시단속법' 등에 의해 언론 보도는 굴레에 묶여 있었다.

전쟁이 끝나자 일본출판계는 이런 멍에가 대부분 해방되었지만, 이어 진주하여 온 GHQ(연합군최고사령부)의 "전쟁 중 일본 국민을 전쟁에 내다 몬 출판사는 모두 다 출판계에서 일소하게 될 것이다."(〈아사히신문〉, 1946년 1월 10일자)와 같은 선언으로 잠시 혼란에 빠지게 된다.

1946년 11월 3일 맥아더 초안에 따라 '일본국 헌법'이 공포된다.

헌법 제21조에는 "언론, 출판 기타 일체의 표현의 자유를 보장"하고 "검열은 이를 하여서는 안 된다"고 규정하였다. 이것은 미국 헌법(수정 제1조)과 비교해도 자유의 보장이 높은 것이다.

출판계는 전례 없는 대폭적인 표현의 자유를 누리게 되었지만, 때때로 그 자유를 잘못 생각한 모양을 드러내는 경우도 있었다. 즉 '카스토리 잡지/大衆誌'의 출현이다. 선정적인 잡지들이 최전성기의 전성기에는 30잡지 이상, 매월 200만부가 판매되는 상황이 되자 종종 경찰의 단속을 받게 되었다.

"걸핏하면 편집 이념을 일탈하여 인간 삶의 뒷면, 폭력, 에로와 어둠과 같은 사회악을 노골적으로 다룬 기사 또는 읽을거리를 대중 앞에 드러냈다."는 〈잡지협회 10년사〉의 기술도 있었다.[1]

1957년 10월 27일 잡지협회와 서적협회는 공동으로 〈출판 윤리 강령〉[2]을 제정, 공표했다. 출판에 종사하는 자의 지표로서 자주적으로 출판윤리를 확립하고 이를 실천해야 한다는 관점에서 설계도가 기초되어 전체 회원의 의견을 참고하여 확정한 것이다.

강령 제3항에는 "우리는 저작자 및 출판인의 자유와 권리를 보호하고 여기에 가해지는 압제 또는 간섭은 최대한 이를 배제하고, 언론·출판의 자유를 남용하여 다른 사람을 다치게 하거나 사익을 위해 공익을 희생하는 행위는 하지 않는다."고 기록되어 있다.

또한 잡협은 1963년 10월 〈잡지편집윤리강령〉[3] 을 제정하여 지침으로 삼았다. 유통협회는 〈출판물유통윤리강령〉(1962년), 일서련은 〈출판판매윤리강령〉(1963년) 등을 제정했다. 표현의 자유에 수반되는 사회적 책임의 자각이었다.

새로운 헌법에 의해 충분히 보장되었어야 할 표현의 자유는 문학 작품에 있어서의 성적인 표현의 자유의 정도 문제는 지금 돌이켜보면 심히 협소한 것이었다.

1950년 6월 26일 전국 경찰, 검찰에 의해 적발된 D.H. 로런스의 〈채털리 부인의 연인〉은 형법 175조에 규정된 '외설문서'에 해당한다는 이유로 압수, 발매 금지되었다.

---

1) 〈日本雜誌協會10年史〉 p.120. 참조.
2) 〈출판 윤리 강령〉(1957년 10월 27일 제정). 전문 本章末 참조.
3) 〈잡지편집윤리강령〉(1963년 10월 16일 제정). 전문 本章末 참조.

번역자 이토세이/伊藤整와 출판사(小山書店) 대표가 기소된 재판에서 30명 이상의 작가 문화인이 증언대에 서서 "예술인가, 외설인가"를 논박했는데 결국 1957년 최고재판소에서 유죄가 확정되었다. 채털리 재판 판결[4]은 기존의 '외설 3요건'을 답습하고

① 외설성의 판단과 사회적 통념,

② 판단 방법,

③ 규제 가능한 외설 표현과 표현 자유에 대한 판단을 보여주고 이후의 문학 작품을 둘러싼 재판을 지배하게 되면서 〈악덕의 번영〉 재판[5]이나 〈4조 반 다다미 아래〉 재판[6]의 유죄 판결에도 적용되었다.

〈채털리 부인의 연인〉도 〈악덕의 번영〉도 한때 삭제판을 발행하였는데 전자는 1996년, 후자는 1995년 전체 무삭제 판을 어렵지 않게 출판하여 적발되지 않은 채 현재에 이르고 있음은 감개 깊은 일이다.

문학 작품의 성 표현의 문제는 〈감각의 제국〉(三一書房)가 형법 175조 위반으로 도쿄지방재판소에 기소된 사건[7]에서도 서협은 1978 10월 매스컴에 대한 규제의 강화를 목표로 사회적, 정치적 움직임이 활발해지고 있다고, 재판의 귀추에 주목함과 동시에 출판인으로서 공공적 책임을 자각하고 사회의 요청에서 언론·출판·표현의 자유를 견지할 것이라는 성명을 발표했다.

---

4) 〈채털리 부인의 연인사건〉 최고재 판결(1957년 3월 13일) → 〈선데이 오락사건〉의 최고재 판결(1951년 5월 10일)형법175조에서 외설이라 함은 "①사람에게 성욕의 흥분 또는 자극시키고, ②보통 사람의 정상적인 성적수치심을 저해하고 ③선량한 도의관념에 반하는 사실을 답습하고 이 때문에 예술적 작품임에도 불구하고 외설성을 가지는 경우가 있다. 헌법21조가 보장하는 표현의 자유라 하더라도 … 공공의 복지에 반하는 것은 허용되지 않는다. …최소한의 성도덕을 유지하는 것이 공공의 복지의 내용을 이룬다.(〈채털리 부인 연인사건〉 최고재 판결)

5) 〈악덕의 번영(속/續) 사건〉 최고재 판결(1969년 10월 15일) → ①예술적 시상적 가치가 있는 문서라도 이것이 외설성을 가지는가와 관련하여 판단되어야 한다, ③헌법 21조 표현의 자유 및 동법 23조의 학문의 자유는 절대 무제한의 것이 아니라 공공복지의 제한 아래 있는 것임. (상고 기각, 2심은 벌금형). (〈악덕의 번영(속) 사건〉, 최고재 판결)

6) 〈4조 반 다다미 아래 사건〉 최고재 판결(1980년 11월 28일) → 문서의 외설성 판단에 있어서는 주로 독자의 호색적 흥미에 호소하는 것으로 인정되는지 여부와 이러한 사정을 종합하여 시대의 사회 통념에 비추어, 그것이 "사람들에게 성욕을 흥분시키거나 자극하며, 보통 사람의 정상적인 성적 수치심을 해치고 선량한 성적 도의관념에 반하는 것"이라고 할 수 있는지 여부에 따라 판단한다는 것을 이유로 항소를 기각했다. (〈4조 반 다다미 아래 사건〉, 최고재 판결)

7) 〈감각의 제국 사건〉은 1979년 10월 9일 도쿄지방재판소에서 사회통념의 변천에 비추어 외설의 개념은 변화하는 것이라고 무죄의 판결이 있었고, 1982년 6월 8일 도쿄고등재판소는 항소를 기각하여 무죄 판결이 확정되었다.

2) 언론·출판에 대한 방해 사건

1969년 9월 언론·출판에 대한 방해사건이 발생했다. 정치평론가 후지와라 히로다츠/藤原 弘達 씨의 저서 〈창가학회/創價學會를 참한다〉(日新報道)가 출간을 예고하자 창가학회와 공명당/公明黨이 즉시 움직였다.

공명당 도의회 의원이 후지와라 댁을 방문하여 ① 출판의 중지, 그렇지 않다면 ② 제목변경, ③ 출판 연기, ④ 원고 열람, ⑤ 이케다다이사쿠/池田大作 창가학회 회장을 언급하지 않는다는 점을 제안하였다.

이듬 해 1970년 이 문제가 국회에서 다루어지고 〈언론·출판 자유에 관한 간담회〉가 주최한 〈공명당·창가학회의 방해에 반대하는 언론·출판의 자유에 관한 대집회〉가 개최되는 등 이 문제가 전 매스컴이 주시하는 대상이 된다.

공명당은 당초 방해한 사실이 없다고 하였지만 결국 여론에 저항하지 못하고 일부 사실을 인정하여 창가학회와 공명당을 분리하고 공명당의 강령과 당칙의 개정을 표명하고 또 이케다 다이사쿠 창가학회 회장이 사건에 대한 반성을 언급함에 이르러 해결을 보았다.

서협은 이 문제를 중시하고 2월 26일 "오늘까지 출판계가 겪은 유사한 쓰라린 경험에 비추어…… 출판의 방해, 저지 또는 왜곡이 다시 반복되지 않도록 넓게 각계에 요청함과 동시에…… 언론 출판의 자유를 견지"하겠다는 내용의 성명을 발표했다. 동시에 출판의 자유와 책임에 관한 위원회 위원장 명의로 전 회원사에 대해 "외부의 압력을 배제하여 출판인의 용기와 식견을 가지고, 출판의 자유를 보호하자."고 요청했다.

출판계는 앞서 1961년 2월, 언론기관의 테러 대사건(도리나카/鳥中사건)에 조우했다. 〈츄오코롱/中央公論〉 1960년 12월호에 게재된 후카사와시치로/深澤七郎 씨의 소설 〈풍류몽담/風流夢譚〉이 꿈의 형태를 취하면서 혁명 하의 일본에서 천황가의 사람들이 처형되는 모습을 그리고 있었는데, 이것이 화근이 되어 우익소년이 츄오코롱샤/中央公論社 사장 저택에 침입해 가정부를 죽이고 사장 부인에 중상을 입힌 사건이었다.

언론에 대한 테러와 방해에 대하여 1960년대 출판계는 위기감이 깊어져 가고 있었다.

3) 형법 전면 개정에 대한 전 출판계의 운동

1956년 출판사계의 최초 주간지 〈슈캉신쵸/週刊新潮〉가 등장하여 신문사계의 주간지의 홈 저널과는 분위기를 바꾼 인간 냄새가 풍기는 스트리트 저널을 목표로 성공을 거두자 1956년부터 1964년에 걸쳐 수많은 출판사계 주간지가 속속 탄생하였다. 1960년대는 주간지, TV의 등장, 경제 성장에 따른 생활 수준의 향상에 따라 매스미디어는 사람들의 생활 구석구석까지 침투해 갔다. 입법·사법·행정의 3권에 대해 미디어가 '네 번째 권력'이라고 불리게 된다. 이러한 배경 속에서 형법 개정의 움직임이 표면화한다. 1963년 형법 전면 개정 작업을 진행하던 법제심의회는 1973년 4월부터 각 조문을 결정하는 작업을 하게 되었다. 잡협, 서협은 개정 초안이 언론·출판의 자유와 표현의 자유를 해치는 것이라는 관점에서, 특히 출판에 관계가 깊은 명예 침해죄, 공무원의 기밀누설죄, 기업비밀누설죄, 외국 원수·사절에 대한 모욕죄, 음란문서 반포 등 5개 항목에 대한 출판업계의 구체적인 의견을 취합하여 12월 18일, 나카무라/中村梅吉 법제심의회 회장 앞으로 요청서를 제출했다. 특히 명예 훼손 면책 규정에 '그 사실이 진실인 것' 이외에 '또 진실이라고 믿을 만한 충분한 이유가 있다'는 어휘의 추가 삽입을 요구한 것이다. 이듬 해 1974년에는 법제심의회 답신안/答申案에 대한 의견을 다시 제출하면서 1974년 서협 총회 결의, 공동성명을 발표하고 반대 의견을 표명했다.

법무성은 1976년 6월 형법 전면 개정에 대한 중간 수정안을 발표하였는데, 그 동안 매스컴계의 주장을 어느 정도 받아들였지만, 명예 침해, 외설 문서의 반포에 관한 내용은 원안대로였다. 같은 해 11월 잡협, 서협 양 이사장 명의로 요청서를 제출하여 6항목의 문제점을 제기하였다. 형법 개정 문제에 대해서는 이후에도 모니터링을 계속해 1982년 3월 형법개정안의 국회 제안이 예상되는 사태를 감안하여 치바겐조/千葉源藏 잡지협회 이사장, 핫토리토시유키/服部敏幸 서적협회 이사장이 사카다미치다/坂田道太 법무상과 면담하고 문제점을 명확하게 지적한 요청서를 전달했다. 형법 개정안은 각계의 반대로 국회 제안을 포기하고 그 후 간첩 방지법과 같은 개별법에 의한 규제로 바꾸어 오늘에 이르고 있다.

4) '간첩방지법안'에 반대한다

1985년 6월, 자민당은 '국가비밀에 관한 간첩행위 등 방지에 관한 법률안'(이른바 간첩방지법안)을 의원 입법으로 국회에 제안했다.

법안의 내용은 법률로 정확한 구성 요건이 결여되었을 뿐만 아니라 조사·취재 활동이 크게 제약받고 보도·출판의 자유가 침해될 우려가 있었다. 실은 현재 시행 중인 법령으로도 기밀 누설은 충분히 예방 가능하다고 생각되었다.

10월 잡협은 형법개정문제연구위원회를 중심으로 '간첩방지법소위원회'를 설치하여 주간지, 종합월간지의 편집장과 일변련/日弁連(일본변호사연합회)과 의견을 교환하고 또한 서협도 출판 자유와 책임에 관한 위원회를 중심으로 검토하여 신문협회, 민방련/民放連, NHK, 매스컴 윤리간담회 등과도 연대하였고 12월 5일 잡협, 19일에 서협이 반대 견해를 표명하여 관계 국회의원과 관계 당국에 송부했다. 이 법안은 연말 제103회 임시국회까지 계류되다가 결국 심의 미필로 폐안되었다.

이듬 해 1986년 자민당은 '간첩방지법안' 수정안('방위비밀법안')을 발표했는데, 이 법안도 전안/前案과 마찬가지로 규정에 애매한 점이 많았고 특히 13조 2항(출판·보도의 업무종사자의 면책 조항)에 관해 출판·보도의 자유는 널리 저작자가 될 수 있는 모든 국민에게 부여해야 보장하지 않으면 안 된다는 관점에서 잡협, 서협은 반대를 표명했다. 4월 24일 잡협, 서협은 자민당과 간담회를 가졌는데 자민당에서 후지오마사유키/藤尾正行 정책조사회장/政調会長, 모리요시로/森喜朗 회장대리, 마츠나가히카루/松永光 소위원장 등이 참석하고 잡협에서 고바야시타케히코/小林武彦 편집위원장, 나가노타다시/長野規 편집윤리위원장 이토토시오/伊藤寿男 소위원장 등이 서적협회에서 출판의 자유와 책임에 관한 위원회의 무라마츠킹지/村松金治, 누마타롯페이타/沼田六平太 부위원장 등이 참석하여 출판계의 반대 이유를 설명했다. 이 법안도 빛을 보지 못했다.

5) '유통의 자유'와 '열람의 자유'에 대한 위기

표현·출판의 자유는 표현 내용이 궁극적으로 독자의 손에 이르러 처음으로 완결된다. 그렇기 때문에 유통·판매의 자유 또한 보장되어야 하는 것은 당연한 일이다. 1990년대 유통을 현저하게 저해하는 사례가 잇따라 발생했다.

1994년 〈주간 문춘/週刊文春〉 6월 23일호에서 4회 연재된 기사 〈JR 동일본에 둥지를 튼 요괴〉에 대해 JR동일본과 JR동일본노조가 반발하여 JR동일본은 자회사의 동일본 키오스크에 판매 금지를 지시하여 JR 관련 역건물에서 판매가 중지되었다. 수도권에서 12만부의 키오스크 판매가 금지된 출판사 〈주간 문춘은 도쿄지방재판소에 '출판방해금지 가처분신청'을 내고 대항했지만, 실질적으로 판매 거부는 한 달 이상 계속되었다.

이 사태에 잡협은 7월 20일 이사회에서 "〈주간 문춘〉의 판매 거부를 속히 중지하도록 요구한다."는 성명을 발표하고 이를 JR동일본, 철도홍제회, 동일본키오스크에 송부했다. 판매 거부 문제는 〈주간 문춘〉 기사 중의 부적절한 표현에 대한 '사과광고'를 게재하여 곧바로 해결되었지만, JR동일본노조 사이의 명예훼손으로 다툰 민사소송은 2000년 7월 법정 화해할 때까지 6년간 계속되었다.

1997년 출판유통의 자유를 위협하는 또 하나의 사건이 발생한다.

신쵸샤/新潮社가 7월 2일 발매한 〈포커스〉(7월 9일호)가 고베시/神戶市에서 일어난 연속아동살상사건과 관련해 체포된 용의자 소년의 얼굴 사진을 게재한 데 대해 매스컴과 여론의 거센 비판이 일어났다. 편집에 대한 항의는 판매 보이콧, 광고 게재의 기피와 거부로 발전하였고 도쿄지방 법무국은 회수할 것을 권고했다.

다음 7월 3일 발행한 〈주간 신쵸/週刊新潮〉(7월 10일호)는 용의자 소년의 '눈'을 가린 얼굴 사진을 게재하였지만, 이에 대해서도 항의와 판매 보이콧이 발생했다. 잡협은 사태를 중시하여 편집·취재·판매·광고의 각 위원회에서 논의를 거듭해 8월 21일 이사회에서 결의한 성명을 발표하기에 이르렀다. 내용은 "출판의 자유는 출판물의 기획·편집·제작 과정뿐만 아니라 유통 과정에서도 보장되어야 한다."고 하고 "소년의 얼굴 사진과 눈 가린 사진을 게재한 데 대한 잘못은 논의가 있을 수 있는 사항"이라고 생각한다. 그러나 "판매 기피나 거부에 의하여 독자의 선택의 자유를 해치고 출판의 자유를 현저하게 저해한 것은 우려되는 부분이다."라고 언급했다. 또 "공권력이 일정한 가치관과 사회관을 강제하는 것은 간과할 수 없다."고 지적하고 끄트머리에 "'상호 비판'을 통하여 사회의 기대에 부응할 수 있도록 노력할 것"이라고 하였다.

이 고베연속아동살상 사건에 대해서는 〈붕게슌슈/文藝春秋〉가 1998년 3월호에서 〈소년 A의 범죄의 전모〉라는 제목으로 용의자 소년의 검찰 조서를 게재했는데, 발매 전인 2월 9일 최고재판소 가정국장으로부터 잡지편집장 앞으로 발매 중지를 요청하는 전화가 왔다. 편집장이 이를 거부하자 2월 10일 최고재 및 고베/神戶가정재판소장으로부터 "소년법 61조의 취지에 반한다"는 항의서가 전달되었다. 〈문예춘추〉 측은 기사가 소년법이 금지하는 해당 소년의 성명·주거·용모 등 본인을 추측하여 알 수 있는 요소를 포함하지 않고 있어 ①최고재가 그래도 소년법 61조의 취지에 반한다고 보는 논거, ②사전 발매 중지요구는 헌법이 금지하는 검열에 해당하는 혐의가 농후한데, 검열에 해당하지 않는다고 한다면 그 이유 등, 두 가지의 주안점을 공개 질문장으로 발표했지만, 25일 최고재에서는 앞서 항의서와 같다는 답변밖에 없었다.

또 도쿄법무국도 〈문예춘추〉에 대해 "소년 및 피해자 가족 등에 대한 인권 침해에 해당하므로 사죄 등의 피해 회복조치를 강구한다."는 권고(1998년 4

월 16일자)를 보냈지만 〈문예춘추〉는 이를 거부했다. 도쿄법무국의 권고는 용의자 소년의 정신감정서를 게재한 〈슈캉겐다이/週刊現代〉 '1998년 6월 6일호'에 대해서도 재발 방지책의 수립과 사죄를 요구하는 형태로 보내졌다.

〈붕게슌슈/文藝春秋〉 해당 호의 유통의 문제는 앞의 최고재판소의 발매중지 요청과 항의서가 발표되자 오사카/大坂 시영 지하철 외에 사철 각사의 역 구내 매점에서 판매 중지가 발생했다. 또한 많은 도서관이 열람을 삼갔다. 일본도서관협회가 기사에 "소년법 제61조와 상충되는 문제를 발견할 수 없다"고 하여 "열람 제공 제한의 이유를 현재 찾아낼 수 없다."는 의견을 공표했음에도 불구하고 NHK의 조사에 의하면 전국의 도도부현/都道府県 도서관에서 정상적으로 열람 제공한 곳은 21관에 그쳤고 제공 제한을 실시한 곳이 7관, 해당 페이지를 봉인하는 등 조건부로 제공한 곳이 16관이 됐다. 국민의 '알 권리'는 현저하게 저해된 것이다.(이 문제는 2006년 10월 27일 일본도서관협회 자유위원회가 정리한 "가해자 소년 추정 기사의 제공에 대하여"에서 '제공하는 것을 원칙으로 한다.'는 방침을 내놓았다.)

6) 소년사건 보도 둘러싼 여러 문제

1990년대는 다양한 소년사건 보도를 놓고 보도의 본연의 자세, 사법/司法의 본연의 자세가 문제되었다.

1998년 1월 오사카 사카이시/堺市에서 부엌칼을 손에 쥔 남자가 등교 길 여고생을 찔러 중상을 입힌 뒤 유치원 셔틀버스를 기다리는 모자를 덮쳐 5살 어린이를 죽이고 어린이를 감싸던 어머니를 찔러 중상을 입힌 사건이 일어났다. 범인은 반년 후면 20세가 되는 '19세 소년'이었다.

사카이 악마 사건에 대해 다카야마후미히코/高山文彦의 르포르타주를 게재한 〈신쵸/新潮45〉(1998년 3월호)는 소년의 실명과 얼굴 사진을 게재했다. 원고 소년은 프라이버시 침해라고 손해 배상을 요구하는 소송을 제기했다.

오사카 지방재판소는 사건의 중대성과 사회적 관심이 있다 해도 원고의 성명 등을 공표하지 말아야 하는 이익을 웃도는 특단의 필요가 있었다고는 생각되지 않는다고 하여 출판사 등에 위자료 200만 엔, 변호사 비용 50만 엔의 손해 배상을 명령했다(오사카지방재판소 판결 1999년 6월 9일). 그러나 2000년 오사카고등재판소는 '사카이 악마 사건'은 소년법 61조를 존중하면서도 적어도 흉악 중대한 사건에서 현행범이 체포된 경우에는 사회의 정당한 관심사이므로 실명 보도도 시인된다고 일심 판결을 취소했다(오사카고등재판 결정 2000년 2월 29일).

이와 같은 시기 또 다른 소년사건보도에 관련 판결이 내려졌다. 소위 〈나가라가와/長良川 린치살인사건〉이다. 1994년 당시 18세였던 주범격 소년은 오사카, 기소가와/木曾川, 나가라가와/長良川 3곳에서 다른 소년들과 함께 지나던 소년에 트집을 잡아 상해·감금·살인·사체유기 죄를 연속적으로 저지른 것으로「주간문춘」은 피해자 부모들의 생각과 법정 방청기를 게재함에 있어 가명을 이용해 범행의 모양을 기술했다.

이에 대해 원고소년이 제기한 손해배상소송에서 나고야지방재판소, 동 고등 재판소는 거의 같은 취지로「주간문춘」측에 손해배상을 명령했다. 즉, 가명이라 해도 본명과 발음이 유사하여 동일성이 은폐된다고는 인정되지 않아 '원고와 면식이 있는 특정 다수의 독자' 및 '원고가 생활기반을 두어 온 지역 사회의 불특정 다수의 독자'는 가명이라 해도 해당인을 용이하게 추지할 수 있다고 한 것이다.

이것은 미디어로서는 중대한 사태였다. 가명이든 이니셜이든 용의자 소년과 아는 사이의 사람과 이웃에 사는 사람이 해당인으로 추측할 수 있으면 안 된다는 것은 소년사건은 모두 보도할 수 없게 된다. 소년사건의 다수 발생하는 지금이야말로 사회가 사건의 자세한 디테일을 알고 재발방지의 지혜를 짜 내야 할 터인데 사법부는 이렇게 해도 좋은 것일까.

사회의 상식에서 나오는 이러한 강한 우려에 응하는 것처럼 각각의 상급심이 다른 판결을 내렸다.

나가라가와 린치살인사건에 관해서도 2000년 최고재판소가 "실명과 비슷한 가명으로 경력 등이 기재되어 있지만 특정사항의 기재는 없고 안면이 없는 불특정 다수의 일반인이 추측할 수 없기 때문에 소년법 61조에 위반하지 않는다."고 판시하여 심리를 다시 하라고 명하여 이를 받은 나고야고등재판소는 원고의 청구를 기각하는 형태로 결론이 났다.(나고야 고등 재판소 판결 2004년 5월 12일)

겨우 미디어가 소년사건을 보도하는 길은 확보되었다. 그동안 사법부는 흔들렸지만 그것은 여론의 흔들림이기도 하였다. 사법의 고뇌는 여론의 고뇌이기도 하다. 미디어도 솔선하여 이런 고뇌를 우리 모두의 고뇌로 삼는 것이 요청되었다.

잡협은 잇따른 소년사건과 소년법에 대한 논의에 반응하여 편집윤리위원회를 중심으로 논의를 거듭해 1997년 6월 18일 〈잡지편집윤리강령〉을 개정했다. 그 주축은 "법의 존중"이며, 3(2) "미성년자 의 취급은 충분히 신중해야 한다"는 조항을 신설하였다.

7) 매스컴 윤리간담회 활동

매스컴윤리간담회는 '매스컴 윤리의 향상과 언론·표현의 자유 보장'을 목표로 1955년 도쿄에서 개최되었다(출판계에서 출판단체연합회가 참가). 그 후 각 지역 간담회가 결성되었고 1958년에는 잡협, 서협, 신문협회, 민방련/民放連, NHK, 영윤/映倫 등 단체 및 지역간담회에 의한 전국협의회가 발족하여 신문, 방송, 출판, 영화, 음반, 광고 등 매스컴 각계에 널리 조직된 단체가 되었다. 잡협과 서협은 이 간담회에 가입하여 전국협의회 및 도쿄지역간담회에는 운영간사를 파견하는 외에 매년 봄 공개 심포지엄, 가을 전국대회에 출판 각 회사에서 다수의 참가자를 보내 미디어의 자율 윤리의 향상을 목표로 언론·표현의 자유에 대한 부당한 개입을 배제하기 위해 활동하고 있다.

1998년 3월 잡협 스즈키토미오/鈴木富夫 편집윤리위원장(講談社)은 도쿄지역 간담회에 출석 강연하여 신문 측의 잡지관을 주장했다. 불건전도서, 헤어 누드와 외설 논쟁, 소년 사건의 실명, 사진 게재 등에 대해 설명하고, 출판사가 할 일은 '뜻(志)' 있는 출판사 수만큼 '뜻' 있는 잡지는 이런 틀에서 벗어나도 좋다는 문제를 제기했다.

(2) 명예·프라이버시와 미디어 규제 3법

1) 미디어에 대한 포위망 뚜렷

그것은 바로 미디어가 처한 상황에 큰 지각 변동을 일으키는 일이었다. 1999년 3월 일본 국회의 자민당 정무조사회가 설치한 '보도와 인권 등에 관한 검토회'(타니가와카즈호/谷川和穂 회장)의 발족이다.

4월 13일, 잡지협회는 '검토회'에서 청문의 요청이 있어 편집윤리위원회에서 스즈키토미오/鈴木富夫 위원장 이하 6명의 위원이 참석했다. 그런데 청문회는 이름뿐으로 실상은 그렇지 못했다. 자민당 본부 7층 행사장에는 잡지 보도 대상이 된 경험을 가진 자민당 의원들이 빼곡히 둘러앉아 잡지 측 위원이 자리에 도착하자마자 의원들로부터 일제히 잡지 기사에 대한 경험과 개인적인 원망의 소리가 나오고 그것은 곧 분노가 되어 난무하는 형세였다. 후에 어떤 이유이든 자민당의 '잡지를 침묵시키려는 의도'는 이 날의 회합에서 명백하게 나타났다.[8]

---

8) 신문사는 〈산케이신문/産經新聞〉을 제외하고 청문회를 거부하였다.

4개월 후 8월 11일 이 검토회의 보고서가 발표된다. 여기에는 나중에 법안으로 발의된 미디어 규제 사상의 싹이 모두 포함되어 있었다. 보고서는 미디어에 대해 자발적 감시 기관 및 고충처리기관의 설치를 요구하고 국민이 참가하는 보도감시시스템의 확립, 즉 NPO(Nonprofit Organization/비영리기관)인 감시기관 설치를 제창했다. 그 외에 '자발적 규제의 실효성이 달성되지 않으면 법으로 해결하자'고 법 규제를 내비쳤다.

보고서는 또 사법도 빼놓지 않고 주문했다. '명예의 조기 회복'을 위해 재판의 신속화와 '미디어의 억지 효과를 높이는 의미'에서 명예훼손 손해배상액을 대폭 인상하자는 것이었다. 그리고 재판소의 법적 근거가 되는 '개인정보보호법' 또는 '인권보호법' 개정을 추진할 필요가 있다고 끝맺고 있다.

보고서에 내포된 이러한 미디어 규제 사상은 곧 선명한 윤곽을 나타내기 시작한다. 명예훼손의 손해 배상액은 후에 기술하는 바와 같이 최고재/最高裁의 주도로 국회 자민당이 운영하는 '100만 엔 소송'에서 대폭적으로 인상된다. 또한 보도의 공공성, 공익성, 진실성, 진실 상당성의 인증이 급속하게 강화되어 미디어 측의 패소 비율이 상승한 것이다.

한편, 법 정비 구상으로 제기한 '프라이버시 보호법'은 '개인정보보호법'으로, '인권보호법'은 '인권옹호법안'으로 구체화한 것이다. 미디어 규제의 포위망은 조금씩 좁혀져 갔다.

정부와 자민당의 이런 움직임은 이에 앞서 보류되었다.

1993년 가을, TV아사히의 츠바키사다요시/椿貞良 보도국장이 민방련/民放連 프로그램 조사회에 말했다는 "(총선에서) 비자민당 정권이 태어나게 보도하라고 지시했다."는 발언이 보도되어 문제화되자 보도 관계자가 국회에 증인으로 소환되는 사태가 있었다. 1996년에는, TBS가 옴진리교에 대해 비판을 강화했던 사카모토츠츠미/坂本堤 변호사의 인터뷰 비디오를 방송 전에 교단 간부에게 보였던 것이 발각되었다. 보인 것을 변호사에게 숨겼기 때문에 위험을 감지하지 못한 변호사 측 3명이 교단 간부들에 의해 살해되는 사태를 초래했다. 게다가 교단의 항의로 인터뷰 방송을 보류하고 있었던 사태로 TV저널리즘에 불신의 눈을 겨눴던 사건이 잇따라 일어났다.

1997년 고베에서 일어난 연속아동살상사건의 잡지 보도에 대해 최고재와 법무성이 발매 중지를 요구하거나 인권 침해라고 경고하던 때 출판사 측은 해당 요청의 법적 근거를 묻는 질문을 발표했지만, 자세한 설명은 없었고 시민들 사이에 잡지 보도에 대한 부정적인 인상이 퍼지는 결과가 되었다.

시민들의 미디어 불신을 '개인정보보호법안'을 둘러싼 논란 중 미디어를 규제 대상으로 하자는 데 소비자 단체가 적극적이었다. 이런 분위기를 감지한 정부와 자민당은 하늘이 준 기회라고 생각하고 미디어 포위망을 짜기 시작했다.

1998년의 참의원 선거에서 자민당은 크게 의석을 줄이게 되고 하시모토/橋本 내각에서 오부치/小淵 내각으로 교체되었다. 보도에 대하여 위기감을 깊게 한 것이 이와 같은 배경 사정이 있었던 것이다.

1999년 〈검토회 보고서〉가 바로 지각변동의 시작이라는 까닭이다.

2) 명예훼손, 프라이버시 침해의 배상액 급등

국회 자민당 정조회의 '보도와 인권 등에 관한 검토회'가 1999년 8월 보고서에서 제기한 '미디어의 억지 효과'를 높이기 위한 명예훼손 배상액의 대폭 인상 움직임이 2001년부터 갑자기 고개를 들기 시작했다.

마치 거대하고 정밀한 시스템이 작동하는 것처럼 여러 현장에서 '고액화' 활동이 연동하여 일어난 것이다.

우선 정치의 장을 보자.

자민당의 〈검토회 보고서〉가 "만약 패소한 경우에도 배상액이 소액이기 때문에 실제로는 상업주의에 빠져 인권에 대한 배려가 가볍다"고 한 것에서 공명당 의원의 국회 질문이 시작되었다. 2000년 9월 27일 시라하마카즈요시/白浜一良 참의원의원의 본회의 대표질문, 2001년 3월 21일 사와 타마키/沢たまき 참의원 의원의 예산위원회 질문, 5월 16일 후유시바데츠조/冬紫鐵三 중의원의원의 중의원 법무위원회 질문, 5월 24일 우오즈미유이치로/魚住裕一郎 참의원 의원의 법무위원회 질문 등이 잇달아 있었다. 사와타마키 의원은 최고재판소 치바가츠미/千葉勝美 민사국장으로부터 "위자료 금액 산정에 우리로서도 충분 문제의식을 가지고 있다."고 답변을 끌어내었던 것이다.

사법부도 움직였다.

사법연수소가 도쿄고등재판소·지방재판소, 오사카지방재판소, 나고야 지방재판소에서 6명의 판사가 참여하는 연구회를 조직하여 〈위자료 인상의 논리와 기술에 관한 보고서〉(《판례 타임스》 1070호, 2001년 11월 15일)를 만들었다. 여기에는 소송 사례의 구성 요소를 간략하게 점수화하여 산정을 하기 위한 매뉴얼도 제시하고 있다.

이에 앞서 5월 15일 시오자키츠토무/塩崎勤 도잉요코하마대학/桐蔭横浜大学 교수(전 도쿄고등재판소 판사)의 논문이 《판례 타임스》 1055호에 발표된다. 즉

'교통사망사고의 위자료의 25%에 해당하는 500만 엔'으로 인상하고 사정에 따라 증감한다는 방안이었다.

교통사망사고의 위자료는 전후 경제 정세, 사회 정세의 변동에 따라 매년 고액화하는 형편이었다. 한편, 명예 훼손의 배상액은 교통사망사고 배상액의 25%였던 것이 이후 개정되지 않은 채 현재 5%에 머물고 있다. 이것을 25%에 연동시키고자 하는 논지였다. 교통사망사고와 다른 명예훼손은 반론도 가능하고 명예 회복의 기회도 있다. 도저히 같은 열에 놓고 논할 문제는 아니었는데, 이와 같이 기묘한 논리가 분명히 판결 내용을 바꾸어 갈 수 있다. 시오자키/塩崎 교수는 논문 집필은 최고재판소에서 의뢰를 받은 것을 강연 및 인터뷰에서 명확히 언급하고 있다. 그렇게 보면 최고재판소의 배상금 고액화의 기도는 이미 시작되었다고 볼 수 있다.

2001년 3월, 미국에 체재하면서 활동하고 있던 자이언츠 기요하라카즈히로/清原和博 선수의 동정을 전한 〈주간 포스트〉 기사 사건을 명예훼손으로 판시한 도쿄지방재판소 판결(2001년 3월 27일)은 발행자 쇼가쿠칸에 대하여 1,000만 엔의 손해배상금 지불을 명령했던 것이다(항소심에서 600만 엔으로 감액). 이는 출판계의 큰 충격이었다.

배상금 고액화의 흐름은 더욱 기세를 더해 갔다. 2003년에는 구마모토/熊本의 의료법인과 이사장의 보험금 의혹을 보도한 〈FOCUS〉지의 8개의 기사에 대해 도쿄지방재판소는 1,320만 엔의 손해배상을 명령했다.

더욱이 주목해야 할 것은 상급심이 재판 판결을 추인한 뒤 배상액을 증액하는 사례가 증가하고 있는 것으로 미디어 측에 사죄 광고를 명하고 게재 위치를 지정하는 경향이 생긴 것이다.

앞의 의료법인과 〈FOCUS〉지의 소송에서 도쿄고등재판소의 항소심 판결이 1,980만 엔을 배상하라 하여 50% 할증되어 명예훼손 배상액으로는 전에 없었던 금액으로 증가되었던 것이다. 오이타현/大分県 히지리다키 동굴/聖嶽洞穴 다케/岳 동굴 유적의 날조 의혹을 보도한 〈슈칸분슌/週刊文春〉 기사를 대학 명예교수 유족이 제소한 사건은 1심의 오이타/大分지방재판소가 위자료 660만 엔 지불을 명했는데(2003년 5월 5일) 2심인 후쿠오카/福岡 고등재판소는 920만 엔으로 증액했다(2004년 2월 23일).

또한 후쿠오카/福岡고등재판소는 사죄광고를 명하면서 '신문 표지에서 광고 그라비어를 제외한 첫 페이지'라고 보다 엄밀한 게재 장소를 지정했다. 이것은 목차 페이지 편집에 큰 제약을 부과할 뿐만은 아니다. 원래 사죄광고

제도는 헌법에 위반한다고 하는 법학자도 적지 않다. 사과할 마음이 없는 자에게 신념에 반하는 사죄광고를 강제하는 것은 헌법 제19조가 보장하는 '양심의 자유'에 위배된다는 것이다. 실제로 사죄광고 제도는 일본 독자적인 것으로 선진국에는 유례가 없다. 한국은 한때 존재했지만, 1991년 헌법재판소가 위헌임을 선언했다.

일본은 이에 역행하여 사법의 보수화가 진행되어 미디어의 제약이 심각화하고 있는 사실을 출판인은 중시하고 감시해 나갈 필요가 있을 것이다.

3) 출판계 뒤흔든 〈슈캉분슌/週刊文春〉의 출판 금지

2004년 3월 16일 도쿄지방재판소는 다나카마키코/田中真紀子 의원의 장녀와 전 남편의 해당 기사에 의한 사생활 침해를 이유로 하는 출판금지 가처분신청을 받아 당일 〈주간문춘〉(3월 17일 발매, 3월 25일호)의 출판 금지를 인정, 당일 19시 45분, 발행사인 〈문예춘추〉에 결정서를 전달했다. "해당 기사를 삭제하지 않으면 출판해서는 안 된다"는 장녀의 신청에서 불과 8시간, 2회 심문을 거친 전광석화같은 결정이었다.

그 후 경과는 다음과 같다.

출판 금지 결정은 3월 16일 19시 45분, 이의 판매에 부작위를 명하는 것으로, 그 전에 상행위가 완료된 잡지에는 미치지 못한다. 즉 16일 오후 개최된 것으로 유통회사에 반입이 끝난 부수에 대해서는 적용하지 않고 발행자의 창고에 남은 것이 대상이 된다. 〈문예춘추〉는 다음 날 17일 도쿄지방재판소에 보전 이의 신청을 냈지만 민사 9부 부장판사를 포함한 합의에서 출판 금지는 타당하다는 결정을 내린다. 〈문예춘추〉는 20일 창고에 남은 해당 기사의 삭제 처리를 실시했다. 표지 정가를 칠하여 지우고 목차의 해당 부분과 해당 본문을 잘라내고 뒤표지의 ISBN을 칠하여 지웠다. 관계자 전원에게는 가슴 아픈 일이었을 것이다.

출판금지 명령은 재판소의 오니자와토모나오/鬼沢友直 재판관 단독 판단으로 이루어졌다. 게다가 발행사가 심문에 제출한 가인쇄(刷り) 기사를 보고 한 결정이기 때문에 '검열'에 의한 출판 금지에 다름이 아니다.

일반적으로 보도에 의한 손해 배상을 요구하는 소송에서 기사는 이미 발표되어 시민이 판사의 결정이 합법적인지 여부를 판단할 수 있다. 그러나 발행 전 사전 금지는 무엇이 쓰여 있었는지, 재판소의 결정이 옳은지 여부를 시민들은 검증할 방법이 없다.

그렇기 때문에 헌법은 "검열은 이것을 해서는 안 된다."(제21조 제2항)고 규정하고 최고재판소도 "검열 금지는 절대 안 되며, 공공복지를 이유로 하여도 허용되지 않는다."(최고재판 결정, 1984년 12월 12일)9) 판시하고 있는 것이다(참고: 〈북방 저널사건〉(최고재판소 판결, 1986년 6월 11일)10).

민주주의 사회의 기본 이념을 한 판사가 너무도 쉽사리 뛰어넘었다. 이 방자함은 어디서 생긴 것일까. 잡지는 침묵시켜야 할 것이라. 이러한 방자함이 허용되는 풍토가 어제 오늘의 사법부에 퍼지고 있는 것은 아닐까. 이 문제에 출판계는 전율했다. 잡지협회는 3월 18일, "출판·보도의 자유를 압살하는 사전 규제이며, 사실상의 검열이다. 강력하게 항의한다."는 취지의 성명을 발표했다.

〈붕게슌슈/文藝春秋〉는 도쿄고등재판소에 보전항고신청을 제기하고, 3월 31일 고등재판소는 지방재판소 결정을 취소했다.11) 4월 3일 원고 측이 최고재판소에 불복 항고하지 않을 것을 표명함에 따라 고등재판소 결정이 확정됐다.

---

9) 〈삿포로 세관검사사건〉(최고재판결, 1984년 12월 12일)→ ①헌법 21조 2항 전단의 검열 금지는 공공복지를 이유로 하는 예외허용도 인정하지 않는 취지로 해석해야 한다, ②헌법 21조 2항에서 말하는 '검열'은 행정권이 주체가 되어 사상 내용 등의 표현물을 대상으로 그 전부 또는 일부의 발표 금지 목적으로 대상이 되는 일정한 표현물과 관련하여 일반적으로 발표 전 내용을 심사한 후, 부적당하다고 인정되는 것의 발표를 금지한 것을 특징으로 갖추어야 함을 가리킨다고 보아야 한다, ③표현의 자유를 규제하는 법률의 규정에 대해 한정 해석이 허락되는 것은, 그 해석에 의해 규제의 대상이 되는 것과 그렇지 않은 것의 구분이 명확하고 합헌적으로 규제하는 것만이 규제의 대상이 되는 것이 명확하게 구별되고 또한 일반 국민의 이해에서 구체적 경우에 해당 표현물이 규제 대상 여부의 판단 기준을 그 규정에서 읽을 수 있는 것이어야 한다. 〈삿포로/札幌세관검사사건〉(최고재 판결).

10) 〈북방저널사건〉 최고재 판결 (1986년 6월 11일)→ ①잡지 기타 간행물 인쇄, 제본, 판매, 배포 등 가처분에 의한 사전 금지는 헌법 제2조 2항에서 말하는 검열에 해당하지 않고, ②명예침해 피해자는 인격권으로서의 명예권에 기초하여 가해자에 대해 실제로 행해지고 있는 침해 행위를 배제하거나 장래 발생하는 침해를 예방하기 위해 침해 행위의 금지를 청구할 수 있다, ③인격권으로서의 명예권에 의거한 출판물의 인쇄, 제본, 판매, 배포 등의 사전 금지는 원칙적으로 허용되지 않고, 표현 내용이 진실하지 않거나 전혀 공익을 도모하는 것이 아님이 분명하며 피해자가 중대하고 현저하게 회복할 수 없는 손해를 입을 우려가 있는 때에 한하여 예외적으로 허용되며, ④공공의 이해에 관한 사항에 대해 표현 행위의 사전 금지를 가처분의 명령을 할 경우에는 원칙적으로 구두변론 또는 채무자의 심문을 거치는 것을 필요로 하지만, 표현 내용이 진실하지 않거나 전혀 공익을 도모할 목적의 것이 아님이 명백하고, 또한 채권자가 중대하고 현저하게 회복할 수 없는 손해를 입을 우려가 있다고 인정되는 때는 구두변론 또는 채무자 심문을 거치지 않아도 헌법 제21조 취지에 반하는 것이라고는 할 수 없다. 〈북방저널사건〉, 최고재 판결

11) '〈슈캉분슌/週刊文春〉(2004년 3월 25일호) 출판금지 가처분 문제의 경과와 판결 등'

4) 취재원 은닉 위협하는 '통신감청법안'

1999년 '통신감청법안'(도청 법안)의 문제가 부상했다.

'조직범죄대책 3법안'의 하나로 국회에서 심의되고 있었던 '통신감청법안'은 대상이 전화에서 팩스, 이메일, 인터넷 등에 이르는 것으로 알려져 출판계는 언론·보도의 자유에 관하여 중대한 문제가 있다는 인식을 갖게 되었다.

잡지협회는 7월 21일 ①조직범죄 수사라는 이름으로 저널리즘의 생명선인 '취재원 정보원의 은닉'이 위협받고, ②헌법으로 보장된 '통신의 비밀'이 침해될 위험이 있으며, ③수사대상자에 대한 취재 활동이 범죄의 공범이 될 수 있는 걱정스런 두려움을 가지게 되고, ④건전한 제보자를 위축시켜, ⑤알 권리에 장해가 발생한다. 따라서, ⑥법안은 규정의 운영상 제동이 꼭 필요하며 이에 신중한 심의를 강력히 요구한다는 견해를 발표하고 참의원 법무위원회에 제출했다. 서적협회도 8월 2일 같은 견해를 발표했다. '통신감청법안'은 8월 12일 참의원 본회의에서 가결되어 성립했다. 이 해는 '아동 매춘, 아동 포르노 금지법', '정보공개법', '국기국가법', '개정주민기본대장법'이 성립되었다.

5) '개인정보보호법'의 법제화 문제의 발생

오부치(小淵) 내각의 고도정보통신사회추진본부가 1999년 7월 '개인정보보호검토부회'(호리베마사오/堀部政男 좌장·일본 中央大 교수)를 설치하고 8월에는 내각내정심의실에서 잡지협회에 청문회 요청이 왔다.

개인정보 보호는 컴퓨터 정보화 사회의 진전에 따라 개인정보 유출과 누설 등 부적절한 취급이 사회적 문제가 되고 이에 대한 보호가 요구되고 있었던 배경이 있었다. 또한 '개정주민기본대장법'을 시행함에 있어서 개인정보 보호에 만전을 기할 것이 요구되었던 까닭이 있었지만, 동시에 보도 활동을 규제의 틀 밖에 두지 않는 한, 표현·보도·출판의 자유를 심히 저해할 우려가 있었다.

잡지협회는 문제를 중시하고 즉시 종합주간지 발행 6개사를 중심으로 한 '개인정보보호 프로젝트 팀'(스기모토아키야/杉本曉也 좌장·講談社)을 발족시켜 10월 6일 검토부회 청문회에 의견서를 제출했다. 그 내용은 법제화를 졸속으로 처리함을 반대하고, 언론·출판·보도의 자유를 저해하는 일이 없도록 법규제는 어디까지나 일반적인 개인 데이터에 한정해야 한다고 되어 있다. 정부 측에서 "보도 규제는 생각하고 있지 않다."는 취지의 발언이 있었지만, 그 후 개인정보 보호의 미명 아래 미디어 규제의 문제가 크게 클로스업되어 갔다. 한편, 이 시기 인권을 둘러싼 보도의 본연의 자세에 있어 법무성 '인권옹호

추진심의회'(시오노히로시/塩野宏 회장)에서도 청문회 출석 요청이 왔다.

6) 출판계의 '개인정보보호법안'에 대한 감시 강화

1999년 11월, '개인정보보호법검토부회'의 〈중간보고〉가 결정되었다. 내용은 개인 정보의 '수집', '사용', '관리', '공개', '관리 책임 및 불만 처리'의 5원칙을 기본적인 프레임워크로 전문위원회에서 출판·보도의 적용 여부를 검토한다는 것이었다. 잡지협회 '개인정보 프로젝트팀'은 2000년 1월 20일 추진본부에 의견서를 제출했다. 네트워크 사회에서 개인정보보호 강화도 필요하지만, 출판·보도를 그 틀 안에 끼워 넣는 데 강하게 반대했다.

같은 해 3월 9일 설치된 '개인정보보호 법제화 전문위원회'(소노베이츠오/園部逸夫 위원장-전 최고재 판사)의 청문회에 프로젝트팀이 출석하여 의견서를 제출하고 "보도의 적용은 문제 밖이다. 기본 원칙을 미디어에 적용한다면 언론·보도의 자유에 중대한 지장을 미치게 될 것"이라고 주장했다.

7) '개인정보보호 개요'의 미디어 규제 초점

개인정보보호법제에 관한 대강/大綱 안이 결정되자 2000년 7월 21일 이 전문위원회는 신문·방송·잡지 각 단체와 NHK의 청문회를 실시했지만, 미디어들은 '미디어에 대한 새로운 보도 규제'라고 일제히 반론했다. 개요안은 미디어를 규제 범위 밖에 두는 것을 명기하고 있지 않았기 때문이다. 청문회에서는 표현의 자유가 처음부터 초점이 되어 격렬한 응수를 주고받았다. 잡지협회는 언론·보도의 자유에 대하여 전문위원회가 어떤 검토를 실시했는지, 각 위원의 설명을 요구했지만, 소노베/園部 전문위원장이 "역 청문회는 할 수 없다."라고 가로막는 장면도 있었다.

잡지협회 편집위원회는 9월 공적 규제에 반대하는 긴급 호소를 하고 또 대강이 공표된 10월에는 보도 분야의 전반적인 제외를 요구하는 긴급 의견서를 정부에 제출했다.

서적협회는 12월 이 대강에 대한 의견을 정리하여 보도·저작·출판 분야는 적용을 제외하도록 요구했다.

8) 잡협, 보도 불만 처리 대응 검토

2001년 1월의 잡지협회 이사회는 긴박한 상황을 감안하여 공권력의 개입을 배제하는 자세를 견지하면서도, 미디어로서의 자율 노력을 모색해 나갈 방침을 굳혔다. 주위의 정세를 보면 제3자 기관의 설치는 부정적이었던 신문계, 방송계가 개별적으로 새로운 조직을 출범시키기 시작하자 잡지계가 고립

될 우려가 생겼기 때문이다. 또한 언론·표현의 자유를 주장해 온 일본변호사 연합회 내부에서도 미디어 자율 규제론자가 곤경에 빠져 오히려 일변련/日弁連 자체가 여론을 대표하는 모양으로 미디어 포위망의 한 쪽이 될 수 있다는 정세 인식이 깔려 있었다.

잡지협회는 같은 해 3월 미디어 환경에 대한 인식을 심화하기 위하여 다지마야스히코/田島泰彦 죠치대/上智大 교수를 초청하여 '다가오는 공적 규제-출판의 자주·자율'을 주제로 강연회를 개최했다. 그는 시민의 미디어에 대한 뿌리 깊은 불신감이 '종래형으로 설명이 되지 않는 엄격한 형태'로 나타나고 있다고 하면서 설득력이 있는 대안을 제시할 것과 시민에게 열린 미디어를 창출하고 자율이 요구되고 있다고 말했다.

이와 병행하여 잡지협회는 회원사에 〈불만 처리에 관한 설문조사〉를 실시하여 3월 개최된 이사회에 보고하였다. 조사에 따르면, 제3자적인 어떤 모양의 대응이 필요하다는 의견이 54%, 출판계의 자율 규제가 필요하다는 의견이 43%였다. 그 밖에 출판·표현을 수호하기 위해서는 다각적인 노력을 해야 한다는 등 심각한 인식이 많이 나왔다.

9) 인권옹호 문제의 보도 규제 부상

법무성 '인권옹호추진심의회'가 발표한 〈인권구제제도의 입법방향에 대한 중간보고서〉에 대해 2001년 1월 잡지협회와 서적협회는 의견서를 제출했다. 공권력에 의한 인권 침해에 대한 구제 제도의 확립이 급선무임에도 불구하고 미디어를 공권력과 동등, 또는 보다 중대한 것처럼 논하고 '출판·보도·표현의 자유'보다 사생활 침해, 명예훼손 등 미디어의 인권 침해가 더 중대한 것처럼 하려는 문맥은 간과할 수 없는 것이라고 비판했다.

10) '개인정보보호법안'에 대한 문필가들 모두 반대

2001년 3월 27일, '개인정보보호법안'이 국회에 제출되었다. 이에 앞서 3월 14일 잡지협회와 서적협회는 언론기관에의 전면 적용 제외를 강력하게 요구하는 의견서를 내각부에 제출했다.

"참으로 괴상한 법률이라고밖에 할 수 없다" 3월 14일자 〈아사히신문/朝日新聞〉 논단에 잡지협회 시라이시/白石 편집위원장(文藝春秋)의 기고가 게재되었다. 이를 계기로 작가, 논픽션 작가, 평론가들이 일제히 미디어 규제 3법안 비판의 목소리를 내기 시작했다. 의무규정의 적용 제외로 하는 '보도'의 정의('출판'은 보도가 아니다)를 둘러싸고 미디어 사이의 대응에 온도차가 나오기 시작했던 짬이었던 만큼 다시 법안의 문제점에 대한 여론 환기의 흐름이 강해졌다. 4월 11일 모리무라세이치/森村誠一, 미요시토루/三好徹, 이노세나오키/猪瀬直樹, 요시오카시노부/吉岡忍, 에가와쇼코/江川紹子, 사노신이치/佐野真一 등 작가, 언론인은 중의원 회관에서 '개인정보보호법안'에 반대하는 〈공동호소문〉을 발표했다. 일본 펜클럽과 잡지협회가 이 호소에 합류하여 가도가와츠구히코/角川歷彦 잡지협회 이사장, 시라이시/白石 편집위원장, 서적협회 후루오카히데키/古岡秀樹 '출판 자유와 책임에 관한 위원회' 위원장 등이 참가하여 펜클럽 미디어 종합 연구소 4개 단체가 사무국이 되어 〈공동호소문〉에 찬동을 모았다. 또한 월간지, 주간지 편집장이 반대 성명을 내었고, TV캐스터가 반대 회견을 하는 등 광범하게 확산되었다.

11) 잡협 유지 16개사 신문에 의견 광고

주요 잡지협회 회원 16개사(学習研究社, 角川書店, 講談社, 光文社, 実業之日本社, 集英社, 主婦と生活社, 小学館, 新潮社, 다이야몬드사, 東洋經濟新報社, 徳間書店, 扶桑社, 雙葉社, 文芸春秋, 매거진하우스 등)는 2001년 5월 29일, 30일에 걸쳐 아사히/朝日, 마이니치/每日, 산케이/産經 신문에 '개인정보보호법안' 반대 의견광고(전 5단)를 게재하고 동시에 각사의 자사 매체에도 게재하여 법안 반대의 호소를 추진했다.

평소 각사가 개성과 정책에 따라 활동하던 출판계가 연대하여 하나의 의견 광고를 내는 것은 일찍이 보지 못하던 일이었다. 그 임팩트와 내용의 적확성이 다른 미디어 관계자의 의식도 환기시켰다.

이 법안은 6월 15일 중의원 내각위원회에서 계속 심의하였다.

6월 22일 잡지협회, 서적협회, 일본 펜클럽 등 단체가 중의원 의원회관에 집결하여 법안 반대 호소와 작가, 편집자 2,100명의 반대서명을 내각위원회 의원에게 전달하고 요청하였다.

12) 〈잡지 인권 박스〉의 시작

공적 규제가 착착 진행되고 신문·방송계가 제3자 기관의 준비를 꾀하는 가운데 잡지 출판계의 대처가 주목되어 왔는데, 잡지협회는 〈잡지 인권 박스〉의 설치를 2001년 12월 이사회에서 결정했다.

시험 실시 기간을 거쳐 2002년 3월부터 시작하게 되고 1월 18일 카도카와스구히코/角川歷彦 이사장, 시라이시 마사루/白石勝 편집위원장, 아메미야히데키/雨宮秀樹 편집윤리위원장(文藝春秋), 야마료키치/山了吉 개인 정보·인권 프젝트팀 좌장 4명이 잡지협회에서 기자회견을 열었다.

'잡지 인권박스'(MRB=Magazine and Human Rights Box)는 잡지 기사에 있어 명예·신용·개인정보 보호 등 인권 문제에 이의·불만이 있는 당사자 또는 직접 이해 관계자에 한하여 전용 FAX와 문서로 받아 해당 편집부에 연락하고, 이에 대한 '판단' '답변'은 잡지 발행사에 맡기며, 발행사는 조치를 잡지협회에 보고할 의무를 가지고 협회가 종합적으로 파악한다는 것이다. 제3자 기관, 고충처리기관은 다르지만 기존의 각사 조치에 더하여 불만 신청 창구 기능으로서의 역할을 맡는다. 〈인권보호 박스〉를 발족할 때 협회 가입 93개사의 합의가 전제되었다.

시라이시 편집위원장은 잡지협회는 원래 획일적인 대응은 낯선 것이지만 "어찌할 도리가 없는 사태 가운데의 선택인바 취지를 각 편집부에 충분히 이해시켜 주기 바란다"고 호소했다. 〈잡지인권박스〉의 시작을 알리는 협회 회원 각사의 공지를 게재한 잡지 수는 약 60개사 210잡지를 넘었고 총 발행 부수는 3,000만부에 이르렀다.

13) '인권옹호법안' 국회 제안

2002년 3월 8일 국회에 제안된 '인권옹호법안'은 제42조에 피해자 및 가족, 소년피의자 또는 피의자 가족 등에 대한 과잉 취재는 인권 침해로 규정하여 조정, 중재, 권고, 소송 지원 등의 특별 구제 대상으로 하는 등 미디어 규제를 넣은 내용을 포함하였다. 따라서 잡지협회와 서적협회는 반대의견서를 정부와 국회에 제출했다. 서적협회는 특히 차별 표현을 포함한 '차별 조장 행위 등'을 문제시하고 근본적 수정을 요구했다.

법안화의 발단이 된 유엔인권규약위원회의 권고(1998년)는 정부로부터 독립하여 공권력에 의한 인권 침해를 구제하는 기관의 설치를 요구하는 것이었다. 법안은 구제 기관으로서 인권위원회를 법무성 외국으로 발족시켜 '차별' '학대'와 병행하여 미디어에 의한 인권 침해를 규정하는 등 많은 문제를 포함하고 있었다. 또한 과잉 취재 정의로 상대를 미행하거나 숨어 기다리거나 도로에서 들이닥치는 행위로 하고 취재를 마치 스토커 취급하는 등 매우 사전 규제의 색깔이 짙은 내용이었다. 일변련/日弁連도 반대의 이사회 결의를 내고 신문 방송계 등도 일제히 반대를 표명했다.

4월 16일 한국 서울에서 개최된 FIPP(국제잡지연합) 아시아-태평양 회의에서 아사노준지/浅野純次 잡지협회 이사장이 '미디어 규제 3법'(개인정보보호법, 인권옹호법, 청소년유해사회환경 기본법) 문제에 대한 보고를 하고 긴급 결의안을 제출하여 "미디어를 침묵시키기 위하여 이용될 우려가 있고 정부 기관에 통제 권력을 줄 수 있다. 이는 민주주의의 기반을 흔들게 될 것"이라고 결의문을 만장일치로 채택했다. FIPP 세계대회에서의 결의 채택은 매우 이례적인 사건이었다.

14) '미디어 규제 3법'에 대한 의견 광고

'인권옹호법안'과 2001년 정기국회에 제안되어 계속 심의가 되고 있던 '개인정보보호법안'이 2002년 4월 중참양원/衆參兩院 본회의에 취지 설명이 이루어졌지만, 심의에 즈음하여 잡지협회와 서적협회는 4월 25일 두 이사장 연명으로 반대 공동담화를 발표했다.

이해 2월 자민당은 '청소년유해사회환경기본법안' 수정안을 발표하고 정기국회에 제안할 것으로 알려졌다. 이에 대해 2월 2일 잡지협회와 서적협회, 민방련, 신문협회 등 매스컴 9개 단체에서 〈청소년유해환경법안을 생각하며-법규제와 미디어의 자율〉이라는 공개 심포지엄을 개최하고 법안의 철회를 요구했다.

5월에 잡지협회, 서적협회, 유통협, 일서련 등 출판 4개단체 연명으로 "왜 우리 출판계는 미디어 규제 3법에 반대하는 것인가"라는 포스터를 매장에 게시하고 법안에 반대하는 긴급호소문을 회원사 잡지 26개지에 게재했다. "보도·출판·언론의 자유 없이는 인권도 정보보호도 없다."는 제목으로 독자에게 이해와 지원을 호소하는 내용으로 독자, 사회에 광범위하게 어필하면서 계속적으로 활동을 이어갔다. 또한 7월 첫 시도로 출판 각사 신문에 게시하는 잡지 광고에 '미디어 규제 반대'의 한 줄 메시지를 게재하였다. 순수 광고와 의견 광고는 원래 다른 것이지만, 신문사는 이를 허용했다. 잡지협회는 9월 새롭게 확대 개편한 개인 정보 인권 등 프로젝트팀을 발족시켰다.

'개인정보보호법안'은 2002년 12월, '인권옹호법안'은 2003년 10월 심의 미필로 폐안되었다.

15) 적용 제외에 '출판사' 문구 빠져

일단 폐기된 '개인정보보호법안'은 2003년 1월 여당 3당에 의하여 '정개인정보보호법안'으로 다시 등장했다.

법안의 특징은 이전 법안 제3조(기본원칙) 다음의 기본 5원칙 (①이용목적에 의한 제한 ②적정한 취득, ③정확성의 확보, ④안전성 확보, ⑤투명성 확보)가 삭제되고 제3조를 기본이념으로 "개인의 인격 존중의 이념 하에... 적정한 취급을 도모하여야 한다."는 조문으로 바꾸었다.

또한 제50조 2항에 전후 처음 보도의 정의를 포함하여 "불특정 다수의 사람에 대해 객관적 사실을 사실로 알리는 것"이라고 규정했다.

개선이 된 조항은 제50조 1항 2호에 "저술을 업으로 하는 자, 저술의 쓰임으로 제공함을 목적"이 추가된 것으로, 작가와 논픽션 작가가 신문, 방송과 나란히 의무 규정의 적용에서 제외에 추가된 것이었다. 하지만, 출판계가 일관하여 요구해온 '출판(잡지·서적)'의 문구는 기재되지 못했다.

법안의 '개인정보취급사업자의 의무'에 관한 규정은 본인 관여 방식으로 '정보 취득시의 이용 목적의 명시', '본인에게 데이터 공개, 정정, 이용 정지 등의 조치'가 규정되어 이를 적용하게 되면 출판 활동에 장애가 되는 것은 명백해졌다. 그래서 출판계도 신문·통신과 마찬가지의 명문화된 적용 제외를 요구하여 왔던 것이다.

잡지협회는 2월 13일 ①의무규정의 적용 제외에 출판사의 문구가 없고, ② 보도의 정의가 협의이며, ③"보도 여부"의 판단은 주무대신(장관)의 권한이 되는 점을 이유로 하여 법안에 반대한다는 의견서를 공표하고, 후쿠다 야스오/福田康夫 관방장관을 비롯하여 관계의원에게 배포했다. 서적협회도 2월 26일 '발본적인 수정'을 요구하는 의견서를 공표했다. 또 3월에 1월부터 해온 의견 교환을 계속하고 잡지협회, 서적협회는 개별적으로 총무성 행정관리국장, 내각관방심의관 등과 의견을 교환하고 적용 제외에 "출판사"를 명기하도록 강력히 요구하였다.

16) '개인정보보호법안' 중의원 특위 가결과 부대 결의

'수정개인정보보호법안'은 2003년 3월 7일 각의에서 결정되었다. 4월 8일 중의원 본회의에서 취지 설명이 있었고 14일부터 '개인정보보호특별위원회'에서 집중 심의하면서 출판사 등의 취급이 논의됐지만 25일 원안대로 가결했다. 출판계는 결국 수용되지 않았지만, 특위는 채택에 즈음해 "출판사가 보도 또는 저술에 제공하는 목적으로 개인정보를 취급하는 경우 개인정보취급 사업자에 관한 의무규정을 적용 외로 한다는 것을 명확하게 할 것"이라는 부대 결의를 붙였다.

그동안 출판계는 꾸준히 다양한 활동을 실시했다. 서적협회는 4월 11일 국회 심의에 임하여 발본적인 재검토를 요구하는 견해를 특별위원회 위원에게 제출하고 관계의원에 설득했다. "분별력 있는 사람에게 호소하고, 기록으로 남기고, 역사에 새기는 것의 의미"(잡지협회·시라이시/白石 편집위원장)에서 잡지협회와 서적협회는 공동으로 주요 신문 6개지에 "우리는 언론의 자유를 위협하는 법률을 허용하지 않습니다!"라는 제목의 의견광고를 4월 16일부터 18일까지 게재하였다.

잡지협회 프로젝트팀은 이에 앞서 "잡지를 침묵시키는 법률입니다."라고 하는 긴급호소문을 결정하고 4월 중순 협회 회원사 주간지 등에 게재하였다. 또한 〈주간 현대/週刊現代〉는 〈개인정보보호법의 정체 폭로한다〉는 긴급 증간호(4월 18일 발매=5만부)를 발간했다.

17) 참고인 질의 최후 의견진술/ '개인정보보호법' 가결 성립·시행

'개인정보보호법안'은 2003년 5월 6일 중의원 본회의에서 가결, 참의원에 송부되었다.

5월 20일 참의원 특별위원회 참고인 질의에 잡지협회 개인정보 인권 등 프로젝트팀의 야마료기치/山了吉 좌장, 작가 시로야마사부로/城山三郎 씨 등이 의견진술을 했다. 야마 좌장은 "예비취재 단계에서 보도가 아니라고 판단하게 된다면 큰일이다. 재판관이 조문대로 해석하게 될까봐 많은 위구심을 안고 있다. 만약 현실로 된다면 기사로 하여 사회에 질문하여 갈 것"이라고 말하여 출판계가 법률 운영에 대해 감시를 계속할 의지를 표명했다. 시로야마사부로 씨는 "원래 개인데이터를 누설하는 행위를 처벌하는 법률이어야 하는 법률이 정부 여당이 자기들이 편한 쪽으로 바꿔치기 하였다. 비열함을 유감없이 발휘했다."고 논란하고 "언론·표현의 자유는 모든 자유의 뿌리이고 지하 줄기이며 이것이 시들면 전부가 말라버릴 위험이 있다."고 말했다.

'개인정보보호법'은 5월 23일 참의원 본회의에서 가결 성립되었다. 잡지협회는 즉시 항의 성명을 발표하고 "언론 자유에 관계되는 중대한 문제이며, 향후 법률을 검증하는 한편, 엄밀하게 감시하고 보도해 나갈 채무가 있다."고 했다. 서적협회도 "법률의 운영에서 출판 미디어를 규제하려는 움직임에 반대한다."는 내용의 아사쿠라쿠니조/朝倉邦造 이사장의 코멘트를 발표했다.

'개인정보보호법'은 2005, 4월 전면 시행되었다. 2월 잡지협회와 서적협회는 개인정보를 취급하는 사업자의 입장에서 〈출판사의 개인정보보호 정책 매뉴얼〉 및 Q&A를 작성하여 회원사에 배포하고 홈페이지에 공표하였다. 또한 2006년 2월 출판 4개 단체에서 〈독자/客注 등의 개인정보 취급에 대해서〉를 작성, 발표했다.

△일본 출판 4단체 연명으로 게재한
〈미디어규제3법〉 반대광고호소문
(2002년 5월)

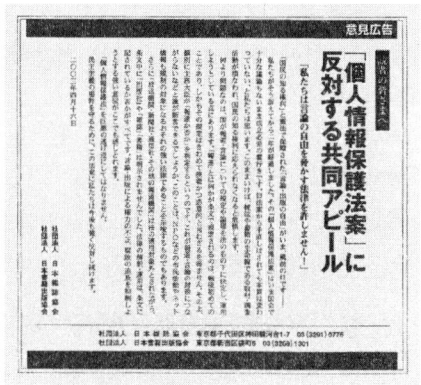
△일본잡지협회와 서적협회가 공동 제시한
〈개인정보보호법안〉 반대의견광고(2003년 4월)

(3) 보도와 표현

1) 재판원 제도의 '편향 보도' 문제화

2003년 5월, 정부 사법제도 개혁추진본부에 설치된 '재판원(배심원)제도·형사검토회'가 신문·방송·출판의 미디어 3개 단체의 청문회를 실시했다.

잡협에서 아메미야히데키/雨宮秀樹 편집윤리위원장(文藝春秋)이 출석하여 재판 절차를 시작하기 전, 계류 중, 종료 후 3단계에 상세하게 진술을 했다. 문제 가운데 가장 중요한 부분은 보도기관의 '배심원에 편견을 생기게 할' 보도를 하여서는 안 된다는 규정이었는데, 이런 규제 아래서 전모가 해명될 때까지 발생 초기 사건 보도는 할 수 없게 된다. 또한 배심원 비밀 누설죄를 적용하여 미디어의 배심원 접촉을 금지한다면 재판의 공정성을 감시하는 것도 불가능하게 된다고 문제점을 지적했다. 상당히 신중한 비판을 한 것이다.

이 해 10월, 이 검토회에서 좌장의 안이 제출되자 잡지협회 '개인정보인권 프로젝트팀'은 〈배심원 제도에 대한 견해〉를 공표했다. 그 중에는 배심원의 비밀 준수를 꾀하려는 나머지 취재·보도를 과도하게 제한하고 국민의 알 권리를 저해하는 점 등을 비판한 후, 세 가지 기본자세를 제시했다. 즉, ①편견보도 조항의 삭제, ②협회 각사는 재판의 공정성을 방해하는 보도를 피하기 위해 노력하며 원칙적으로 재판 중인 배심원에 접촉은 삼가한다, ③배심원의 개인 정보는 원칙적으로 본인의 의향을 존중하고 보도에 있어서 공정한 재판과 인권 존중의 입장에서 충분히 배려하는 것이었다.

2004년 4월 2일 '재판원 참가 형사재판에 관한 법률안'(재판원법)이 국회에서 심의에 들어가 잡협은 4월 8일 비판이 활성화되지 않고 졸속하게 성립을 도모하려 하고 있다는 의견서를 발표하고 제73조 '배심원 접촉금지' 조항에 대하여 의문을 표명했다.

재판원법은 같은 해 5월 21일 중의원 본회의에서 가결되어 성립했다. 개인정보인권프로젝트팀은 이 날짜로 긴급항의성명을 발표했다.

잡협은 11월 종합적으로 논의를 거듭해 문제점을 정리하고 대처하기 위해 '개인정보·인권문제 특별위원회'(스즈키데츠/鈴木哲 위원장, 講談社)를 발족시켰다.

2) '청소년유해사회환경기본법안' 재부상

2000년 논의 보류되었던 '청소년유해사회환경 기본법안'이 2003년 7월 다시 부상하여 자민당과 잡협의 의견 교환이 이루어졌다. 3년 전 이 법안은 총무청장관, 도도부현/都道府県 지사가 청소년에 유해하다고 판단하는 '상품', '서비스'에 대한 필요한 조치를 할 수 있다고 하는 내용으로 잡지·방송·비디오 게임 등의 표현물을 모두 대상으로 하여 행정 기관의 판단 여하에 따라 배제할 수 있다는 표현의 자유에 극히 위험한 법안이며 출판계는 〈미디어규제 3법〉의 하나라고 신랄하게 비판해 온 경위가 있었다.

자민당 신안은 '청소년건전육성기본법안'과 '적정화자주규제법안'의 두 법안의 명칭을 바꾸고 정부가 직접 표현물을 배제하는 모양은 수정했지만, '사업자는 자주(자율) 기준 내용을 주무대신, 도도부현 지사에 신고할 의무'를 부과하는 조항을 포함시켜 정부가 사업자의 자율 규제에 개입하는 구조로 되어 있었다.

이 법안은 2004년 7월 제159국회에 제출되었지만 심의 미필로 폐안되었다.

3) 수정 '인권옹호법안'과 '헌법 개정국민투표법안' 논의의 부상

2002년 국회에서 심의된 '인권옹호법안'은 '정부에서 독립한 인권 기구의 창설'이라는 유엔의 요청이 기점이 되었음에도 불구하고 법무성의 외국(外局)으로 한다는 점에서 비판을 받은 후 구치소나 교도소에서 관에 의한 인권 침해가 발각된 가운데 결국 2003년 10월 폐안되었다.

이 '인권옹호법안'이 2005년 2월 일부 수정되어 다시 국회에 제출되는 움직임이 있었는데, 수정안도 '과잉 취재' 등 미디어 규제 조항은 '동결' 되었지만,

삭제되지 않고 이전 법안이 포함됐던 인권 기구의 독립성 등의 문제점은 개선되지 않았던 상태로 잡협과 서협은 각각 의견서를 작성하여 관계 방면에 제출했다.

한편, 새로운 '헌법개정국민투표법안'이 자민당 '헌법조사회'가 입안하여 의원 입법으로 제안하려는 움직임이 부상했다.

이 법안은 "국민투표에 관한 보도와 평론에서 허위의 사항을 기재하거나 또는 사실을 왜곡 기재하는 등 표현의 자유를 남용하여 국민투표의 공정을 해쳐서는 안 된다."고 하는 '신문지 또는 잡지의 허위 보도 등의 금지'(제69조)를 비롯해 '예상 투표 공표의 금지'(제68조), '신문지 또는 잡지의 불법 이용 등의 제한'(제70조) 등의 조항을 두고 있었다. 더욱이 위반할 경우는 편집자나 발행자를 5년 이하의 징역 또는 금고 등을 부과하는 것이었다.

그 결과는 잡지·신문이 실시하는 여론 조사를 발표할 수 없게 되고 의견 광고 등의 게재도 봉쇄되게 되어, 출판계는 경계를 강화하게 되었다.

그 후 2006년 4월 12일 이 법안은 미디어와 야당의 비판을 받고 '미디어 규제 조항'을 삭제하여 보도 기관은 "투표의 공정성을 해치지 않도록 자주적인 규제를 강구한다."고 바꾸어 5월 12일 '일본국헌법의 개정 절차에 관한 법률안'('헌법 개정 국민투표법안')으로 국회에 제출되었다.

법안 제출에 앞서 4월 20일 중의원 '일본국 헌법조사특별위원회'의 참고인 질의에 잡협에서 야마료기치/山了吉 편집윤리위원장, 스즈키데츠/鈴木哲 특별위원장, 카츠미료스케/勝見亮助 전무이사가 출석하여 잡협이 실시하고 있는 자율 규제의 실태를 설명하고 법안의 문제점으로 무엇을 가지고 '허위보도', '사실 왜곡', '공정성 저해'로 판단하는 것인가가 애매하여 가장 중요한 부분이 누락되어 있다고 지적했다.

법안은 2007년 정기국회에 인계되어 4월 27일 참의원 특별위원회에 참고인 질의가 있었고, 수정안이 5월 14일 참의원 본회의에서 가결 성립했다.

4) 개인정보 누설의 처벌 대상과 '내부 고발'

'개인정보보호법'이 2005년 4월 1일 전면 시행되고 얼마 되지 않은 4월 13일 자민당이 수정안으로 '개인정보 누설 방지 조치에 대한 긴급 제언'(야마구치슌이치/山口俊一 좌장)을 발표했다. 사업자의 종업원이나 위탁처의 종업원이 직무상 알게 된 개인 정보를 제3자에게 제공하는 경우의 벌칙을 마련하는 취지였지만, 제언은 기업의 부정을 밝혀내기 위해 보도기관에 내부 고발을 하는 자도 포함되어 커다란 문제가 남아 있었다.

잡협 '개인정보인권문제특별위원회'는 5월 25일 공명당·개인정보보호프로젝트팀과 의견을 교환한바, 5월 30일 "미디어 등에 대한 정보 제공은 형벌의 대상 외로 한다." (우루시하라/漆原 私案)는 공명당 수정안을 발표하기에 이르렀다. 이 수정안은 신중하게 심의했지만, 향후 동향을 주시함이 긴요하다. 또 정부는 '국민생활심의회 개인정보보호부회'에서 재검토를 하고 있다.

5) '범죄피해자 기본계획'으로 긴급 성명

2005년 12월 정부는 '범죄피해자 기본계획'을 공표했다. 이 계획에서는 피해자의 성명을 실명 발표하거나 익명으로 하는 판단을 경찰의 권한으로 한다는 조항이 명기되어 있었기 때문에 잡협은 '계획' 공표 다음 날 12월 28일 긴급 성명을 발표했다. 기본 계획이 '개인정보보호법'에 의해 보강된 후 책정된 것이라는 점에서 피해자의 익명화가 현실화되면 국민으로부터 사건 은폐로 연결된다. 범죄피해자의 인권을 최대한 존중하면서, 범죄의 중대성, 사회적 영향 등을 고려하여 자주적으로 판단해 보도하는 것이 잡지 보도의 사명이라고 생각한다는 것이다.

6) '공모죄' 문제

이른바 '공모죄' 조항을 포함 '조직적 범죄처벌법 개정안'이 2003년 두 번 상정되었다가 두 번의 폐기를 거쳐 2005년 10월 재차 제출되었다.

원래는 2000년 유엔에서 채택된 테러·마약 등을 박멸하기 위해 '국제조직범죄방지조약'에 따른 국내법의 정비로 상정된 것이었다. 자민당 수뇌부는 "이 법안은 국제사회와의 약속이다."라고 발언한 경위가 있다.

그런데 법안의 내용은 매우 자의적이며, 조직범죄와 관계없는 시민단체나 회사도 대상이 될 우려가 있고, 국민이 일상 대화에서 "4년 이상의 징역·금고에 해당하는 죄를 범하고 공모했다."고 경찰이나 검찰이 판단하면, 즉, 범죄가 될 우려를 포함하고 있었다.

범죄에는 실행된 '기수(既遂)'와 실행했지만 성공하지 못한 '미수'와 범죄의 준비를 한 '예비죄'가 있다. '예비죄'의 적용은 종래 일본에서는 신중한 자세를 취해 왔지만, 이번 '공모죄' 조항은 '예비죄'보다 훨씬 앞서는 "회합을 했다."고 인증하는 것만으로 범죄시하는 가능성을 포함하고 있었다.

여당은 2006년 5월 '공모죄'의 적용 대상을 "조직적인 범죄집단에 한정"한다는 수정안을 제출했지만, 조직적 범죄 집단의 정의가 애매하고, 확대 해석의 우려가 여전히 불식되지 않았다. 장차 당시의 권력자에게 불편한 미디어 활동을 위반 행위의 상담/相談으로 간주하여 적발하는 사태가 생기지 않는다고 할 수 없는 것이다 .

본장의 첫 머리에서 보아온 것과 같이 전시 하의 '치안유지법'에 통하는 위험이 없지 않다고 하는 지적도 있어 잡협과 서협은 격동의 50년이 지난 지금, 다시 한 번 감시를 강화하여 표현의 자유와 자율을 지향해 가는 과제가 남아 있다.

(4) '차별표현' 사건과 '표현의 자유'

1) 차별표현 규탄시대 도래 배경과 역사

1945년 9월 미군정 GHQ가 '출판법', '신문지법'을 실질적으로 효력을 정지시키고 이듬해 1946년 종합 오피니언 잡지 〈세카이/世界〉(岩波書店), 〈전망/展望〉(筑摩書店)가 창간되었다. 1951년 최초의 민간방송국 중부일본방송(나고야/名古屋), 신일본방송(大坂)이 송출했고, 도쿄에서는 라디오 도쿄가 방송을 시작했다.

1951년 10월, 잡지 〈올 로맨스/All Romance〉에 피차별 부락12)을 범죄와 폭력의 소굴로 묘사한 소설이 게재됐다. 작가는 교토부/京都府의 공무원으로 실상을 잘 알고 있었던 것이 작품의 배경이 되어 있었지만, 기술에 있어 차별성이 문제가 되었다. '부락해방전국위원회'(현 '부락해방동맹')는 이 사건의 배경으로 열악한 생활 환경과 이를 방치해 온 정부의 책임이 분명 있다고 하였다. 이 사건을 계기로 정부와 행정에 대한 운동이 확대되어 1965년 '동화대책심의회'의 답신(答申/보고서), 1969년 '동화대책사업특별조치법' 제정 등 동화 행정 정책이 시행되었다.

1953년 2월 NHK가 TV방송을 시작하였다. 8월 민간방송국 일본텔레비전이 방영을 개시했다. 1954년 〈주간 아사히/週刊朝日〉〈선데이 마이니치/Sunday 每日〉가 100만부를 돌파했다. 대중 잡지 〈헤이본/平凡〉이 잡지계 최고인 135만 부를 기록하여 잡지시대를 맞이하게 된다.

1956년 2월 신쵸샤/新潮社가 출판사 최초의 주간지 〈주간 신쵸/週刊新潮〉가 창간되어 주간지 붐의 계기를 만들면서 매스컴 시대가 도래했다.

1963년 사이타마현/埼玉縣 사야마시/狹山市에서 여고생(당시 16세)이 하교 귀

---

12) '부락'이란 원래의 취락이란 명칭에서 나온 것이지만 일본의 중세 이후 사회적 천민이 모여 사는 마을을 부락이라 하였다. 부락민이란 천민을 가리키는 말이었다. 제2차 대전 후 민주화 과정에서 사회 계급은 폐지되었지만, 아직 사회적으로 눈에 잘 띄지 않지만, 많은 문제를 안고 있다. •역자 주

가 도중 행방불명되어 몸값을 요구한 〈사야마 사건〉이 일어났는데, 경찰의 수사 미스로 피해자가 사체로 발견되었다. 후에 유력용의자로 같은 시 거주 이시카와카즈오/石川一雄(당시 24세)가 체포되었다. 이시카와는 범행을 자백했지만, 재판 과정에서 이를 부인하였는데, 용의자가 피차별 부락 출신이어서 자백을 강요, '차별 문제'로 논쟁을 불러 오늘까지 법정 투쟁이 계속되고 있다.

2) 1960~1980년대와 '차별 표현' 규탄

텔레비전 방송이 전성기를 맞아하고 활자 미디어에 주간지가 시장에 진입한 1960년대부터 인권운동단체에 의한 '차별표현'에 대한 항의 규탄이 잇따랐다. 그 사례는 열거할 수 없을 정도이기에 생략하지만, 배경에는 1965년 8월 사토/佐藤 내각에 〈동화대책심의회 답신〉이 있다. 보고서의 전문에는 후징 "동화문제는 인류 보편의 원리인 인간의 자유와 평등에 관한 문제이며, 일본국 헌법에 의해 보장된 기본 인권에 관한 문제이다. (생략) 이의 조속한 해결이야말로 국가의 책무이며, 동시에 국민적 과제이다."고 명기되어 있다.

1969년 7월 이 답신을 받고 '동화대책사업 특별조치법'/同對法이 제정된다(그 후 2002년 3월까지 33년간 약 14조 엔의 보조금이 투입되어 피차별 부락의 생활 개선이 시행되었다). 이 법이 성립하기 직전 이와나미서점의 〈세카이/世界〉지 3월호에 발표된 오우치효에/大內兵衛 씨의 〈도쿄대학을 망하게 해서는 안 된다〉는 논문에 '대학이라는 특수 부락'이라는 '차별 표현'이 있다고 운동단체가 항의하여 해당 잡지는 모두 회수되고 4월호에 자주적 회수의 경과와 견해를 게재하였고, 5월호에는 오우치 씨가 자기 비판의 글을 발표하는 사건이 일어났다.

다음은 시간별 계열에 주목할 만한 '차별표현' 규탄사건을 열거한다.

1970년 7월 〈쇼넹/少年 선데이〉 연재 카지와라잇키/梶原一騎 원작 만화 〈남자의 길〉이 "패진 직후의 재일조선인, 중국인을 '제3국인'으로 표기하여 일본의 패전에 달려들어 횡포를 자행하면서 폭리를 탐하는 조선인, 중국인 퇴치 이야기를 구성하여, 자신의 나라의 역사적 범죄를 의도적으로 잘라버리고 사실을 일방적으로 과장하여 피해와 가해의 역전을 도모하여 조선인, 중국인의 살륙을 공개적으로 합리화한 것"이라고 인권단체가 항의하여 협의한 결과, 동년 10월 출판사 쇼가쿠칸/小學館이 사과하였다. 차별표현 사건은 당초부락 차별을 둘러싼 표현이 중심이었다. 그런데 1974년 5월 '반차별통일협의회'가 조직되고 장애자 단체가 참여하여 확대된 것이다.

1976년 11월 〈피노키오사건〉이 일어난다. 이 동화는 "오체만족에 똑똑한 주인공을 기대할 어린이 상/像"으로 그리는 한편 '절름발이 여우와 눈먼 고양이'와 같은 많은 장애자를 사회의 낙오자로 등장시키고 있다. '〈피노키오〉는 차별을 확대, 조장하는 동화'라고 나고야 한 시민이 지적, 항의를 받자 발행사 쇼가쿠칸은 4종류의 〈피노키오〉를 회수하기에 이르렀다.

이와 같이 차별표현 문제는 1980년대 들어서도 확대 일로를 걷는다. 1982년 6월 〈주간 산케이/週刊産徑〉 연재소설, 모리무라 세이치/森村誠一 씨의 〈이형(異形)의 심야〉에 등장하는 청소작업원에 관하여 "청소작업원은 자신의 직업을 가슴을 펴고 말할 사람은 적다. 비록 있다고 해도 가족은 감추고 싶어 한다." 등의 표현이 '직업차별'에 해당한다고 도쿄청소노동조합이 항의했다. 모리무라/森村 씨는 '편견과 멸시는 다른 차원'이라고 반론하면서 더욱 모리무라 씨는 기자회견에서 "우리는 차별이라는 기치 밑에 많은 일본 말을 잃고 있다. 정정 의사가 없다."고 발언했다. 10월 11일 대도시청소사업협의회는 '청소사업 자체에 대한 오해와 편견을 확대 조장하는 것'이라고 결의했다.

1983년11월, 후징가호샤/婦人畵報社가 발행하는 〈뱅생캉/Vingt-Cinq-ans/ ヴァンサンカン〉 1984년 1월호에 게재한 〈결혼하기 전의 상식·좋은 피를 남겨주고 싶다〉라는 제목의 특집과 관련 '장애는 유전하는 것, 장애자와는 결혼하지 말라' 등, 장애자를 말살하는 '차별 기사'라고 장애인 3개 단체가 항의하여 이 잡지는 회수 및 사과문의 게재를 요청받고 5대 신문에 사과문을 게재한 외에 철저 규탄 대회를 포함, 해결까지 만 1년이 걸렸다.

1984년 4월 도쿄의 신문, TV 18개사가 참가하여 '인권 매스컴 간담회'를 설립하였다.

1987년 3월 〈뉴욕타임스〉가 '유대인에 비판적인 일본 작가'라는 제목으로 도쿄 특파원 발 기사를 게재했다. 반유대적인 출판물이 베스트셀러가 되어 있다고 하면서 유대인 조직이 일본대사관, 총영사관에 항의했다. 나카소네/中曾根 총리에게 하원의원 40명이 연명한 서한을 보내왔다. 내용은 "반유대적 저작물이 나돌고 있는 것은 일본인의 차별감, 특히 반유대적 감정 표출을 염려하고 두려워한다." "일본의 〈영일사전/英日辭典〉에서는 Jew의 의미로 '유대인' 외에 모멸적인 의미 '수전노', '고대 대금' 등의 설명이 기재되어 있는데 삭제해 달라" 등의 내용이었다.

1988년 7월 와타나베미치오/渡辺美智雄 자민당 정조회장의 흑인 차별 발언이 국회에서 문제시됐는데, 이는 〈워싱턴포스트/WP〉지가 도쿄특파원발 기사에서 일본에서의 흑인 차별의 상징으로 '삼보인형/散步人形' 등을 다루어 이를 계기로 시민단체 '흑인 차별을 없애는 모임'이 발족되었다. 그 후 동화 〈치비

쿠로/꼬마黑人散步〉가 흑인 차별에 해당한다고 출판사에 항의하여 가쿠슈켄큐샤/学習研究社, 쇼가쿠칸/小学館, 이와나미서점/岩波書店 등이 잇따라 책을 절판시켰다.

이러한 차별표현 규탄은 TV와 신문도 물론 대상이 되었지만, 출판에서는 보존성이 강하다는 특성과 차별의 온존, 조장, 확대 재생산을 촉진한다는 관점에서 인권단체는 내외를 불문하고 감시의 눈을 휘둘렀는데, 출판사 측도 불특정 다수의 독자를 대상으로 하고 있었던 만큼 이 문제는 괴로운 문제로 각사는 출판사대로의 대처하였다.

그리고 1990년대에 들어서도 〈차별 표현 규탄사건〉은 계속되었다.

3) 편집윤리위원회의 '인권소위원회' 발족

1990년 7월, 출판 25개사에 의한 임의단체 '출판·인권차별문제간담회'가 발족했다(2006년 현재 41개사 가맹). 1991년 6월 문고, 만화를 중심으로 '도장(とば) 노동자 차별 표현'으로 출판사에 잇달아 지적이 있었고 항의가 지속되었고 1993년 3월까지 규탄이 계속된다.

1993년 2월 카도가와/角川 서점이 발행한 고등학교 교과서 국어I에 게재된 츠츠이 야스타카/筒井康隆 씨의 소설 〈무인경찰〉에 대해 '간질을 가진 사람들과 가족의 마음을 깊이 상하게 하는 것'이라며 (사/일본전간/癲癇-간질)협회가 교과서 판매 중지와 작품의 회수 및 사과를 가도가와서점에 요구하며 문부성에 검정 취소를 요구하는 사건이 일어났다. 결과는 '삭제'로 해결하였지만 이 사건을 계기로 츠츠이 씨는 '절필을 선언'하고 '말 사냥' 문제가 부상했다. 이 문제와 관련하여 1994년 일본펜클럽이 〈차별 표현에 관한 심포지엄〉을 개최했다.

1997년 잡협은 편집윤리위원회에 '인권·차별표현문제연구'에 초점을 맞춘 '인권소위원회'를 설립하고 윤리위원회에 가입한 각사에서 발생하고 해결한 분쟁 사례를 정보 공개하고 각사에서 정보를 공유하여 문제 재발을 방지하려는 연수회를 출범시켰다.

21세기를 맞이하여 인권운동단체의 규탄 활동도 과거에 비교하면 다소 진정된 것으로 보인다. 그러면 차별은 없어졌는가 ― 현실은 고용, 결혼 등 측면에서의 차별은 해소되지 않았다. 오랫동안의 분쟁 속에서 '이런 표현은 차별표현이며, 인권침해'라고 인식되는 표현이 돌연 출현하고 새로이 항의 규탄되는 상황도 더러 보인다.

3. 취재 문제

(1) 일본잡지기자회/일본잡지사진기자회

1) 황태자 성혼 계기

일본잡지기자회가 생긴 것은 잡지협회 창립 후 얼마 되지 않은 1959년이었다(설립 당시 명칭은 '잡지기자클럽'으로 1961년 '일본잡지기자회'로 개칭했다. 일본잡지사진기자회는 1966년 설립). 기자회 설립의 배경은 1950년대 후반에 들어 갑자기 활발해진 출판사 계통 주간지 창간 러시가 있었지만, 이런 움직임을 더욱 촉진시킨 것은 황태자(현 천황/天皇)의 성혼이라는 '경사스런 뉴스'가 발생한 것이다.

당시 황실 보도는 신문, TV를 중심으로 궁내청 기자클럽이 단단하게 체제를 굳혀 잡지 기자가 끼어들 여지는 제로에 가까웠다. 선배들의 교섭에 이은 교섭, 요청, 진정...... 바위에 구멍을 뚫는 것과 같은 착암기 역할을 한 노고가 있었다.

이러한 노력이 결실을 맺어 1959년 성혼 당일의 취재 범위로 '대표카메라맨 3인'의 궁내청 출입을 인정받게 되었던 것이다. 이런 실적을 기점으로 하여 잡지기자회의 정식 출범의 기운이 높아져 성혼 다음 달(1959년 5월)에는 창립총회가 개최되었다.

오랜 숙원이었던 일본잡지기자회가 발족한 것은 지금까지 거의 언론기관으로 통하지 못했던 잡지계에 '보도기관'이라는 새로운 자리매김을 가져다 준 것을 망각해서는 안 된다. 이후 잡지계의 흐름을 결정, 지속시킨 '신·잡지저널리즘'의 탄생의 순간이 되었다고 말할 수도 있을 것이다.

잡지기자회는 그 후 탄생한 사진기자회와 제휴하면서 다양한 취재 현장에서 권리 획득을 위한 새로운 활동을 전개해 나가게 되지만, 이것은 바로 기자회의 '제2차 투쟁기'라는 양상을 띄었다. 1963년에 제정된 '잡지편집윤리강령'(본장 말미 참조)에서 스스로 발판을 단단하게 굳히고 신문협회, 민간방송연맹과 어깨를 나란히 하기 위해 하나씩 취재 권리의 확대 확장을 지향했다. 문전 박대, 냉대받는 곳도 많았다. 본래 동료라야 할 기자클럽 제도의 선배인 신문과 텔레비전조차도 어떤 때는 '수상스런 눈'으로 본 사실도 있었다고 한다.

사소한 공방전에 대한 경위는 생략하지만, 지금 기자회는 6개의 기자클럽(국회, 사법부, 경찰, 궁내청, 국제공항, 스포츠, 연예)을 포용하여 초창기와는 하늘과 땅의 차이의 권리를 얻으면서 매일 취재 활동을 하고 있다.

국회 원내 취재증과 배지, 궁내청의 통행증, 하네다·나리타 양공항의 공항 완장, 프로 야구와 고교/甲子園 야구 취재 완장, 육상경기연맹의 카메라 촬영 제킨, 오스모/大相撲(일본 씨름) 경기장의 취재 완장...... 특히 오스모 취재 완장은 1993년 획득한 권리이지만, 이로써 잡지협회 잡지기자회·잡지사진기자회에 대한 문전박대는 거의 해소되었다고 할 수 있다. 물론 100% 권리 획득까지는 이루지 못했지만, 대표 취재이든 취재 풀이든 일정한 취재의 룰 가운데서 독자의 니즈(needs)에 대응하는 체제가 성립된 것이 아닌가. 먼 여정 끝의 성과였다.

이런 성과의 상징적인 예는 2002년 9월 '북·일 정상회담의 동행 취재'가 기억에 새롭다. 납치 문제를 둘러싸고 고이즈미준이치로/小泉純一郞 총리가 방북해서 김정일 국방위원장과 회담했는데, 잡지협회 5명의 동행 취재를 인정받아 '보도기관으로서의 역할'을 다했다. "전례가 없던 잡지협회가......왜 끼어들어"라는 험담을 들으면서 이룩한 동행 취재였다.

해외 취재는 취재 권리 취득과 함께 또다른 획기적인 진전이 있었다. 디지털 카메라에 의한 인터넷 전송이다. 하계, 동계 올림픽이나 월드컵축구 등 스포츠 기자클럽을 중심으로 전송 체제가 완전히 정착되어 앞서 있었던 아테네올림픽에서의 '전송력/傳送力'은 눈을 휘둥글게 하는 것이었다.

기술혁신의 21세기-시대의 물결은 취재 현장에도 큰 영향을 미쳐 당연한 것이지만, 취재의 방법도 날마다 변화하고 있는 중이다.

2) '골든 애로우' 상

'골든 애로우상/Golden Arrow Prize'[13]은 '일본 연예계 기능 향상과 육성·번영을 기린다'는 취지로 1964년 취재위원회에 속한 일본잡지기자회·연예기자클럽에 의해 시작되었다. 18개사가 가입하여 시작한 것인데 진년도 연예계에서 가장 활약하고 공적이 있는 스타들을 잡지연예기자클럽에 소속된 일선 기자들이 엄정한 투표로 결정한다. 설립 시에는 편집위원회에서 건의하여 이사회의 지원으로 향후 연중행사로 해 나갈 것이라고 결정을 했다. 설립 당시는 예능 잡지 전성시대였으며 취재 경쟁도 활발했다. 연예기자클럽은 신문, 방송 등에 없는 잡지 특유의 기자클럽이기도 했다.

설립에 즈음하여 당시 연예기자클럽, 다나카카즈히코/田中和彦 대표간사는

---

13) 골든 애로우상/ Golden Arrow Prize-1963년에 도쿄의 출판사 35개사의 잡지예능기자회에서 영화, TV계 등의 우수 탤런트들에게 수여하는 상. (コンサイス外來語辭典, 東京: 三省堂, 1987) 참조.

"제1회 잡지연예기자회상(골든 애로우상)의 실시 준비는 순조롭게 진행되어 3월 17일 시상식까지 한 달 남짓 남았습니다. (중략) 회원 각사의 특색을 반영한 잡지기자클럽다운 선정을 기대합니다."라고 회원사에 '첫 투표'를 호소한 때의 인사말에서 한 말이다. 이 인사말에 있는 바와 같이 잡지 특유의 상으로 만들어 가려는 뜻이 전달된다고 하겠다.

이후 이 상은 연예계와의 창구와 파이프 역할을 담당해 오면서 연예 취재는 원활하게 이어지고 있다.

이 상은 대상, 화제상, 취재협력상, 신인상, 특별상 등 5개의 상을 나누어서 수상자를 선발, 시작했다. 제1회 대상 수상자는 에리치에미/江利チエミ, 2회 이후 수상자는 요시나가고유리/吉永ご百合, 이치가와소메고로/市川染五郎, 카야마유죠/加山雄三, 미부네토시로/三船敏郎와 같은 쟁쟁한 사람의 이름이 이어지고 있다.14) 제1회 화제 수장자는 야마모토후지코/山本富士子, 취재협력상 크레이지 캡, 신인상 후나키가즈오/舟木一夫, 특별상에 이시하라유지로/石原裕次郎 등 하나의 장르에 구애받지 않고 가수, 배우 등 여러 장르에서 선발하여 잡지의 특성이 잘 반영되었다.

1964년 3월 17일 제1회 시상식과 파티가 호텔 뉴재팬에서 화려하게 거행되었다. 도쿄 올림픽을 바로 앞두고 시끄러운 세태 속에서 시작된 것이다.

제5회(1967년)에서 사진기자회상이 신설되었다. 사진기자회는 회원사의 카메라맨으로 구성되어 있기 때문에, 다른 상품과는 달리 카메라맨이 그해 잡지 그라비아 페이지를 가장 요란하게 장식한 사람을 선발하는 것으로 특별상이라 할 수 있다. 또한 제7회(1969년도)부터는 새롭게 영화상 연극상, 음악상, 방송상을 두어 모두 9분야 장르에서 표창하여 폭넓게 심사 할 수 있도록 했다. 제11회(1973년도)에 신인상을 영화, 연극, 음악, 방송 등 4개 분야의 심사로 세분화하고 신인 육성에 노력하고 있다.

제40회(2002년도) 기념대회에는 3차례 대상을 수상한 기타노다케시/北野武 씨에게 40주년 기념 골든 스타상을 수상하고 명예를 칭송했다.

현재는 방송상 버라이어티 부문과 스포츠상을 두고 또 심사 대상의 폭을 넓혀가고 있다. 제42회 골든 애로상에서 제1회 방송상(버라이어티 부문)은 쿠리무시쵸/くりぃむしちゅ, 스포츠상에 후루타아츠야/古田敦也가 수상하였다.

제11회부터 텔레비전 중계도 시작되고 41회까지 이어졌다. 제1회부터 수상자 수는 개인·단체를 합쳐 총 700명을 웃돌고 있다.

---

14) 〈역대골든 애로우상 歷代 受賞一覽〉 참조.

골든 애로상은 각 방면에서 높은 평가를 받아 잡지협회의 큰 재산이 되었고 우여곡절을 겪으면서 잡지협회 50년 행보에 보조를 맞추어 회를 거듭해 2007년에는 제44회를 맞이하게 되었다.

(2) 미디어 스크럼에 대한 대처

1) 새로운 대처가 요구된 두 개의 '외압'

취재의 권리 획득이라는 대명제와 함께 걸어온 잡지기자회·사진기자회는 완전히 새로운 도전에 직면하고 있다. 그것은 '두개의 외압'이라 할 고민스러운 테마로, 하나는 정부당국의 다양한 형태로 나오는 미디어 규제이고 다른 하나는 시민과 범죄피해자 측에서 제기되는 미디어 스크럼(media scrum, 집단적 과열 취재)의 문제이다. 미디어 규제에 대해서는 제3장 1항에서 이미 상술했다. 미디어 스크럼에 대해서는 지금 이 시점에서도 사례가 속출하고 있으며, 신문과 텔레비전의 움직임과 함께 아래 논하려고 한다.

2) 사건의 '극장화'

미디어 스크럼이란 단어가 언론과 시민사회에 등장한 것은 먼 과거의 일이 아니다. 고작 10년 사이이거나 21세기에 들어와서 생긴 말이 아닌가 싶다. '집단적 과열취재'로 번역되어 지금 언론계는 큰 테마로 자숙의 몸가짐으로 논의하고 있지만, 앞에서도 언급한 바와 같이 각종 미디어 규제와 함께 아주 골치 아픈 난문을 우리에게 들이대고 있는 것이 현실이다. '스크럼'은 ①럭비의 스크럼, ②난투, 몸싸움 등의 의미로서, ②의 의미가 미디어와 결합된 조어인 것은 분명하다. 많은 기자와 카메라맨이 사건 현장에 쇄도하여 상대방에게 큰 피해를 끼치는 행위인데 - TV 등을 통해 그 모습이 안방에도 전해져서 관계자뿐만 아니라 일반 세상으로부터 격렬한 비난을 받고 있는 것이다.

주야 불문하고 현관 초인종을 누르고, 담을 넘어 마당에 진입하거나, 아이를 쫓아다니며, 때로는 헬리콥터가 폭음을 내며 현장 상공을 맴돈다. 취재 규모가 클수록, 또 취재 기간이 길수록 상대방을 당황스럽게 하고 때로는 공포감마저 느끼게 한다.

물론 이러한 현상은 미디어 스크럼이 문제화되기 이전부터 존재했다. 그것은 간사회사를 선정하거나 대표 취재 시스템으로 취재 인원을 제한하는 방법으로 이를 극복해 왔다. 그런데 지금에 이르러 뉴스의 복잡화, 다양화에 수반하여 보도 취재 방법도 커다랗게 변화하여 뉴스의 현장이 '극장화'되어 온 것이다.

1997년 5월 고베/神戸에서 일어난 〈연속아동살상사건〉, 1998년 여름 〈와카야마/和歌山카레사건〉, 2001년 2월 〈미타 요시코/三田佳子 여배우 차남 공판 취재〉, 같은 해 2월 하와이 연안에서의 〈에히메 마루/神丸 침몰사고〉…. 일련의 〈오우무/オウム사건〉 등도 장기에 걸친 초대형 취재였다.

이러한 사건의 보도를 둘러싸고 보도 자세가 피해자와 가족, 이웃 주민, 그리고 일반시민으로부터 격렬한 비난과 자제 요청, 문제 제기의 목소리가 고조되어 온 것이다.

미디어 측은 여기에 시급한 대처가 요구되었다. 잡지협회는 물론, 신문협회, 민간방송연맹도 진지한 논의를 거듭했다. 그 결과 2001년 12월 신문협회는 〈집단적 과열취재에 관한 일본신문협회 편집위원회의 견해〉를, 민간방송연맹은 '집단적 과열 취재 문제에 대한 대응'을 발표했다.

3) 잡지협회 견해 공표

잡지협회 취재위원회가 중심이 되어 2002년 5월 9일, 〈집단적 과열 취재(미디어 스크럼/media scrum)에 대한 견해〉를 정리 공표했다. 잡지협회 견해는 잡지 매체의 특성을 강조하고 집단적 과열 취재는 잡지에 오히려 '가장 걸맞지 않은 취재 방법'이라고 하면서 신문과 텔레비전과의 차이점을 지적하면서 〈잡지편집윤리강령〉에서도 '범죄·사고 보도에 있어서 피의자나 피해자의 취급에 충분히 주의할 것'이라는 요지를 밝히고 있다. 그러나 반면에 집단적 과열 취재를 수수방관하는 것이 아니라 시정해 가겠다는 것과, 신문협회와 민간방송연맹과의 연계를 강화해 나갈 것이라는 입장을 밝혔다.

더불어 6월 24일에는 집단적 과열 취재를 주제로 처음으로 신문협회와 민간방송연맹과의 3기관 의견교환회를 가졌다.

미디어 측이 이러한 노력을 거듭하고 있는 바로 그 시점에 유례없었던 집단적 과열 취재를 유발할 수 있는 커다란 뉴스가 발생했다. 북한으로부터 납치 피해자 5명이 귀국한다는 소식이었다.

귀국 예정일은 10월 15일 미디어 측은 당연히 활기가 돌았다. 5명이 북한 출발에서 일본 도착까지 물론이려니와 납북자의 고향(니가타/新潟 현과 후쿠이/福井 현), 다른 납치피해자의 고향, 관계 부처, 행정기관 등 취재 태세는 공전의 규모가 될 기색이었다. 귀국 날짜가 시시각각 다가오는 가운데 잡지협회와 신문협회, 민간방송연맹이 추세를 주시하면서 회의를 거듭하여 대처 방안을 검토했다.

'귀국' 4일 전인 10월 11일 납치자 가족 모임 사무총장과 납치자 구제회 양 간사가 잡지협회를 방문해 "절도 있는 취재를 부탁하고 싶다"는 취지의 요청을 해왔다.

이에 따라 잡지협회 취재위원회는 회원사와 협의 후 "귀국자는(가족을 지금도 북한에 남기고 있어서) 매우 미묘한 입장"에 있는 점을 감안하여 다음 세 항목의 요청서를 만들게 되었던 것이다.

① 각사는 (지금까지의) 일련의 납치피해자에 관한 취재와 마찬가지로 절도 있는 취재 보도에 노력한다.
② 취재에 있어서 본인 및 가족의 인권, 개인정보 보호에 충분히 유의한다.
③ 주변 주민의 평온한 생활을 방해하지 않는 취재를 배려한다.

그리고 다른 두 단체와 연대해 나갈 뜻을 회원사에 통보하여 철저를 기한 것이다.

그리하여 납치피해자 5명이 귀국했지만, 과열 보도를 둘러싼 〈요청서〉는 일정한 효과를 얻어 관계자와 일반 시민으로부터 격렬한 비판을 받는 일은 없었다.

그러나 문제가 전혀 없었던 것은 아니다. 〈요청서〉가 큰 뉴스가 일어날 때마다 반복되어 일반화되어 간다면 잡지 저널리즘 본래의 특성이 손실되는 것은 아닌가 하는 논의이다. 사실 지난 몇 년 동안 아키타/秋田의 요네야마/米山豪憲 군, 마사야마카오루/昌山彩香 양 연속아동살해사건(2006년 4월) 등 처참하기 짝이 없는 사건이 다수 발생하여 많은 수의 기자, 카메라맨이 현장에 쇄도하여 미디어 스크럼 문제는 여전히 우리에게 무겁게 덮쳐 해결책을 강요하고 있는 것이다. 격렬한 보도·취재 경쟁의 다른 한편으로 요구되는 윤리와 설노 있는 취재 문제이다.

잡지협회도 회원사 잡지마다의 독자성을 지키면서, 미디어 스크럼 문제에 눈을 돌리지 않고 지금까지의 경험을 살려 대처해 나가야 할 문제이다.

4. 청소년조례와 자주 규제

(1) 출판윤리협의회

1) 잡지 붐과 '악서 추방'

전쟁 (제2차대전) 종료와 동시에 언론과 출판의 자유가 실현됨에 따라 언론통제에 신음해 온 많은 편집자는 개방감에 취한 듯이 '자유'를 예찬하면서도 편집이념을 일탈하여 인간 삶의 뒷면, 폭력, '에로틱하고 기괴한 사회악'을 노골적으로 다룬 기사와 읽을거리를 대중들 앞에 내놓았다.

이러한 소위 '저속출판물'에 대한 단속이 강화되면서 서점에서 경찰의 지나친 현품 압수가 문제가 되었다. 1951년 7월 외설출판물 단속 강화에 대하여 출판협회, 유통 간담회, 소매전련은 요시다시게루/吉田茂 총리에게 개선을 요구했다. 정부는 1949년 내각관방에 청소년대책협의회를 설치(1953년 중앙청소년문제협의회로 개편)하여 전국적인 청소년보호육성운동을 시작했다. 1955년 5월 중앙청소년문제협의회는 〈청소년에게 유해한 출판물, 영화 등의 대책에 관하여〉를 발표하고 각 도도부현/都道府県(광역지방자치단체)에 청소년 조례 제정을 요청하고 관련업계에는 자숙을 요청했다. 이른바 '읽지 말고, 보이지 말고, 팔지 말자는 운동'(악서추방운동)의 전개이다. 출판업계는 이런 움직임에 대해 5월 16일 출판단체연합회/出団連가 '출판윤리화운동실행위원회'를 설치하고 불량 출판물의 자숙과 양서보급운동에 대한 성명을 발표하고 각계의 협력을 요청했다.

1956년 일본 경제는 전후의 고도성장을 유지한 채 상승 추세에 있었다. 잡지 창간은 전년과 대비해 계속 증가하여 마침내 신문사가 아니면 할 수 없을 것이라던 주간지 발간에 참입한다. 제1호가 신쵸샤/新潮社가 창간한 〈슈캉신쵸/週刊新潮〉로 출판사의 주간지 창간 붐을 만드는 계기가 된다.

그런 상황에서 잡지출판 분야가 확산됨에 따라 잡지 출판에 관한 독자적인 문제가 일어나고 문제를 해결하기 위해 1955년 말부터 협회 설립의 움직임이 높아져 1956년 1월 잡지협회가 탄생한 것이다. 이듬해 1957년 3월에는 서적협회가 설립되었다.

1957년 설립된 지 얼마 되지 않았던 잡지협회, 서적협회는 내외의 비판에 대해 출판계의 입장을 표명하기 위해 문화의 향상, 출판 본연의 자세, 출판의 자유 유지를 내용으로 하는 〈출판윤리강령〉(본장 말미 참조)을 제정하고 10월 독서주간에 발표했다. 1959년 2월에 잡지협회, 서적협회는 각각 '출판윤리위원회'를 설치하였고, 7월에 출판사, 유통회사, 서점 3자의 출판 4개 단체에서 '출판윤리추진특별위원회'를 설립하여 내실 있는 조처를 대내외에 표명하고 언론윤리간담회 등과도 제휴하여 활동을 전개했다. 또한 3월경부터 문부성의 청소년도서선정제도에 문제가 발생하자 4월 서적협회는 특별위원회를 설치하여 "도서의 선정은 국가 행정기관이 할 일이 아니며, 이는 언론출판통제로 이어질 수 있다."는 총회의 결의와 성명을 발표하는 등, 도서관과 어린이 지킴이를 지키는 모임과 함께 반대했기 때문에 선정제도는 사실상 흐지부지되었다.

2) 출판윤리협의회 설립 및 도쿄도 청소년조례 제정 반대

1950년 5월, 오카야마/岡山현에서 전국 최초로 〈도서에 관한 청소년보호조례〉가 제정되어 잡지협회, 서적협회가 설립된 무렵부터 전국 각지에서 청소년조례가 속속 제정되게 되었다. 1963년 고후시/甲府市 서적잡지상조합이 저속한 출판물 송품을 중지해 줄 것을 유통회사에 요청하고 소매전련/小売全連은 10월 〈출판판매윤리강령〉을 제정하여 저속한 잡지 21개를 취급하지 않기로 결정하고 전국적으로 이를 전개하게 되었다. 이러한 각 도도부현의 조례 제정과 도쿄도 내의 PTA, 육성회 관계자로부터 조례 제정 청원이 잇따르면서 그때까지 신중한 태도를 유지해온 도쿄도는 출판계의 반대와 위헌론을 무릅쓰고 〈청소년조례〉의 제정을 추진했다. 같은 해 10월 잡지협회는 주간지와 일반 잡지에 대한 사회의 비판에 대해 〈잡지편집윤리강령〉(본장 말미 참조)을 제정하고 회원사와 편집자의 지침으로 삼게 하였다. 또 같은 해 9월 총리부 '중앙청소년문제협의회'는 〈언론과 청소년에 관한 간담회〉(오하마노부모토/大浜信泉 좌장·와세다/早稲田대학 총장)를 설치하고 출판, 방송, 영화 분과회에서 검토해 12월 자율 규제를 중심으로 한 〈분과회 보고서〉가 나왔다.

마침 청소년보호육성의 법제화, 도서류의 조례에 의한 규제 등에 대처하기 위한 특별위원회를 한층 더 강화하기로 하고 1963년 12월 12일에 잡지협회, 서적협회, 유통협회, 소매전련(현재의 일서련日書連)의 출판 4개 단체에서 〈출판윤리협의회〉(出倫協, 布川角左衛門 의장)를 결성했다. '발족에 즈음하여'(12월 21일자) 문서에서 다음을 내외에 발표했다. 즉, ①적절한 대책을 추진하여 개선을 자율적으로 한다. ②청소년보호 육성에 부응한다. ③출판의 자유와 책임을 지킨다. 또 12월, 히가시료타로/東龍太郎 도지사가 청소년문제협의회 청소년조례〉 제정을 자문하여 출판윤리협의회는 출범과 동시에 조례제정반대운동을 전개하게 되었다.

이듬해 1964년 1월 출판윤리협의회는 출판의 자유를 속박하는 〈법적 규제에 반대한다는 취지의 〈저속한 출판물 문제에 대한 진정서〉를 도쿄도 청소년문제협의회에 제출하고 그 후에도 거듭하여 도지사와 도의회에 진정을 반복하여 제출했다. 또한 구성 단체인 잡지협회, 서적협회, 유통협회, 소매전련도 개별적으로 진정서를 제출하였고 언론윤리간담회도 신문, 방송, 출판, 영화, 광고 등 각 매체가 일체로 반대 운동을 전개하였고 일본문예가협회 등

저작자 단체도 반대 성명을 발표했다.

5월에는 출판윤리협의회에 출판물 자율규제특별위원회(고미네히로에/小蜂廣惠 위원장, 小蜂書店)를 설치하고 문제가 되는 출판물을 발행하는 출판사와 간담회('잡지윤리연구회' 조직)를 열고, 도의회 관계 의원, 각 의원단 및 경시청 등과도 간담회를 가지고 청원하여 조례 제정 없이 출판계의 자율 규제를 존중하여 줄 것을 요청했다. '조례안'의 도의회 심의에 즈음하여 '출판윤리협의회'는 도의회에 〈도서류의 규제 제외에 관한 청원서〉를 제출함과 동시에 7월 2일 "모든 출판업계에 호소한다."는 문서를 발송하여 이 운동에 협력을 요청했다.

'조례안'은 7월 27일 공명당의 수정안(도서류의 범위, 자율 규제 단체의 의견 청취, 입회 조사는 지사부국/知事部局 직원이 한다.)이 제안되어 수정안대로 가결, 성립되어 10월 1일 〈도쿄도청소년의 건전한 육성에 관한 조례〉가 시행되었다. 이 조례의 가결 성립에 즈음하여 출판윤리협의회 의장 담화를 발표하고 출판물을 규제하는 조례 제정은 '참으로 유감스럽게 생각한다. 의연한 태도로 운영 측면을 예의 감시하겠다.'는 입장을 표명했다. 도쿄도청소년건전육성심의회 위원에 후카와/布川 의장을 추천했다. 11월에 도쿄도는 처음으로 불건전 도서로 8개 잡지를 지정했는데 〈지정에 관한 인정 기준〉은 (1)현저하게 성적 감정을 자극하는 것으로 '가~라'(ア~エ)를, (2)심한 잔학성을 조장하는 것으로 '가~라'의 세칙이 마련됐다. 그중 (1) 다(ウ)의 '의학적 민족적 기타 학술적인 내용이라 하여도'라는 조항이 문제가 되어, 출판윤리협의회는 도쿄도 조례의 취지를 감안하면서 편집상 제약이 되지 않도록 해달라는 의견을 냈다. 12월부터 조례 제15조의 2에 의거, 도청소년대책부와 자율규제단체인 출판윤리협의회와 간담회를 매월 개최하기로 했다. 그 후 간담회는 〈자문 도서류에 관한 협의〉로 현재에 이르고 있다.

3) '띠지/帯紙[15] 조치' 및 '요주의 취급 잡지'

출판윤리협의회는 1965년 5월 7일 〈출판 윤리위원회의 자율규제 신청〉[16]

---

15) 띠지 : 帶紙/band - 全泳杓, 〈국어표준규정과 편집기호 콘텐츠〉(서울: 시간의물레, 2010), p.284 *역자 주

16) 〈출판윤리위원회의 자율규제 요청서〉 (1965년 5월 7일)
본 협의회는 청소년의 건전육성 여론에 부응하고 업계의 자율규제를 촉진하는 방안으로 다양한 협의를 한 결과, 1965년 6월 1일 이후 다음과 같은 조치를 실행할 것을 결정했습니다.
1. 도쿄도 청소년건전육성심의회에서 청소년의 건전한 육성을 저해하는 것으로서 연속하여 세 번 지적을 받은 잡지류는 출판윤리협의회에서 검토하여 다음호부터 '18세 미만

(띠지/帶紙조치)을 결정했다. 이 자율 규제는 〈도조례/都條例〉로 지정된 도서의 판매에 있어 자율규제가 내외로부터 요구되어 그 대응책으로 실시된 것으로, ①도쿄도의 불건전 도서로 연속 3회 또는 연간 통산 5회 지정된 잡지류는 18세 미만에 판매할 수 없다는 띠지를 붙인다, ②띠지가 붙은 잡지를 소매점에 송품할 때 유통업체는 신청이 있는 소매점에만 송품한다는 것으로 띠지 조치가 취해진 잡지류는 휴·폐간된 것이 많다.

1966년 10월 개최된 간토고신에츠시즈/関東甲信越静 지구 청소년 조례제정 도현/都県 연락회의 결의로 각 도현이 지정한 도서에도 띠지조치에 준한 조치를 강구하도록 출판윤리협의회의 요청이 있었다. 출판윤리협의회는 조례에 의한 지정 잡지의 증가(22도현 연간 지정 총 3,435건)가 배경이 되어 자율 규제를 더 강화하기 위해 '잡지윤리연구회'와 의견을 교환하면서 1967년 2월 새로운 자율규제 방법으로 '요주의 취급 잡지'를 지정하기로 하고 6월 16개지를 지정했다. '요주의 취급 잡지'란 ①각 도도부현 청소년 조례로 지정된 잡지류를 대상으로 하고, ②출판윤리협의회에서 전국 지정 상황을 감안하여 '요주의 취급 잡지'를 지정하며, ②의 해당 잡지를 발행하는 출판사에 알리고 유통회사는 전국의 소매점에 대해 정기 부수의 개정을 실시하며, 신청이 없는 소매서점에는 송품하지 않는다, ③소매서점은 '요주의 취급 잡지'는 청소년에게 판매하지 않도록 유의하고, '성인 코너'와 같이 구분 진열하는 것 등이다. 서적협회는 1967년 4월 〈'출판의 자유'를 지키기 위해 회원 여러분에게 부탁드림〉 공문을 송부하여 각 도도부현 조례에 의한 지정 상황을 보고하고, 협조하라고 요청했다.

1966년 5월에 청소년육성국민회의가 결성되어 다음 1967년 11월 〈출판물과 청소년에 관한 간담회〉(1968년까지 계속)가 개최되었고 1973년부터는 〈청소년과 영화, 출판물, 광고물에 관한 간담회〉(1976년까지 계속)를 개최하여 육성관계자와의 의견 교환을 했다. 또한 정부는 1966년 중앙청소년문제협의회를

에게는 판매할 수 없습니다'라는 문구를 인쇄한 띠지/帶紙(폭 3cm 이상 5cm, 엷은 청색 또는 녹색)를 발행자로 하여금 붙이게 한다.
2. 연간 통산 다섯 번 지정된 잡지도 다음 호부터 같은 모양의 띠지를 붙이게 한다.
3. 띠지는 해당 잡지 전체 발행 부수에 붙이게 하고, 띠지가 없는 것은 유통업체가 취급하지 않는다.
4. 유통업체는 이러한 대지가 붙은 첫 번째 현품을 소매서점에 송품함에 있어 정기 부수를 재확인하기 위해 필요부수의 신청을 받는다. 신청 받지 않은 소매서점에 송품은 일절 행하지 않는다.
5. 이러한 잡지류로서 이후 연속 세 번 지정받지 않는 경우는 종전과 같은 취급으로 되돌아 올 수 있다.

'청소년문제협의회'로 개편하고, 1968년에는 청소년 대책본부(청소년국 개편)를 설치하여 청소년 건전육성 대책을 추진했다.

1969년 4월 총리부가 전국 도도부현의 관계 위원 및 민간단체 관계자를 추가한 협의회를 개최하였는데, 이 자리에서 지라오카효스케/鯨岡兵輔 부장관이 "현재 전국 관계자들이 매스컴의 윤리를 이대로 두어서는 피해는 확산되어 갈 뿐이므로 중앙정부의 입법을 고려하라는 소리가 높아지고 있지만, 정부로서도 이런 상태에서 개선되는 낌새가 없다면 생각해볼 필요가 있다."고 발언했다. '출판윤리협의회'는 이런 발언과 최근 조례로 주간지 지정이 증가하고 있는 점, 잡지협회, 서적협회 회원사의 잡지도 지정되고 있는 점 등을 고려하여 회원사에게 자숙을 요청하기로 했다. 잡지협회는 5월 19일 청소년대책윤리위원회(스즈키료/鈴木良 위원장)에서 각 주간지 편집장에게 〈윤리에 관한 요청〉과 지정 상황을 첨부하여 요청하였고 서적협회는 5월 20일 '자유언론 및 책임에 관한 위원회'에서 해당 회사를 중심으로 자율 규제를 요청했다.

1970년 7월 일본변호사연합회/日弁連 나리토미노부오/成富信夫 회장이 이시카와카스오/石川数雄 잡지협회 이사장 앞으로 〈주간지 사생활 침해 사건에 대하여〉라는 제목의 권고장이 송부되어 왔다. "언론, 표현의 자유에 빙자하여 쓸데없이 독자를 자극하는 흥미 본위의 기사를 게재하여 개인의 명예, 신용, 프라이버시 등을 무시하는 풍조가 심히 증가하는 경향이 있다."는 것. 이에 대해 잡지협회는 이시카와 이사장 이름으로 회답을 일변련 나리토미노부오 회장에게 송부했다.

4) '긴급 지정' '포괄 지정'의 확대 우려

1971년부터 〈청소년조례〉를 실시하는 지방 현에서 '긴급 지정'이 실시되었다. 도쿄도는 인정 기준과 지정까지의 절차 등이 명확하게 되어 있지만, 실시하는 현에 따라 "통보 등에 즉응하는 형태로 긴급지정이 이루어지는 케이스와 특정 잡지를 매회 지정하는" 실태도 보고되고 있어 잡지협회 '청소년대책윤리위원회'는 향후 편집에 참고하기 위해 해당 실시 현에 지정 잡지와 지정 위치를 알려주도록 문서로 요청했다.

1972년 〈오모시로 한분/面白半分-재미 반〉 잡지가 게재한 노사카아키유키/野坂昭如의 소설 〈4조 반의 다다미 아래/四畳半の下張〉가 적발됐다. 〈채털리 사건〉 판결 (1957년) 이후 다시 외설성의 판단 기준을 대법원에서 다루게 되었다.

1977년 9월, 오카야마 현이 청소년 조례를 개정하고 전국 최초의 포괄적 지정(일정한 기준을 충족하면 지정도서로 간주한다.)을 규정한 것으로 1985년까지

13개 현이 이를 도입, 2006년 현재 45도부현에서 '포괄 지정'을, 44도부현이 '긴급지정'을 도입하였고 개별 지정을 하지 않는 현도 나오는 등 문제가 되고 있다.

5) 자판기 책 문제 계기로 국회 집중 심의

1976년 3월 출판윤리협의회는 자율규제 실시 상황과 연간 238개 잡지에서 지정 총 건수가 7,612건에 달하는 지정 상황이 중앙정부의 입법화와 각 지방자치단체의 조례를 통한 규제강화를 초래할 수밖에 없다고 각 출판사에 자율 규제를 요청했다. 성인용 포르노 잡지를 판매하는 자판기가 급증하여 청소년 건전육성 관계자로부터 출판규제 강화의 목소리가 속출하면서 경시청은 이 해 소년과를 신설하여 환경 정화를 위한 단속을 강화했다.

또한 자판기 문제를 계기로 청소년 조례를 제정한 현이 6현 증가하여 39현으로 늘었고 현재는 조례를 제정한 도도부현에서 자판기 판매규제 조항이 신설되었다. 중의원 문교위원회도 저속 출판물을 집중적으로 심의하여 1978년 12월 총리부 청소년대책본부가 출판윤리협의회에 '자율규제촉진'을 요청해 왔다. 같은 해 11월 〈만화 에로젠카〉, 다음 해 1979년 2월 〈별책 유토피아〉가 적발된다. 1985년에는 자판기설치업자가 유해도서로 지정된 잡지를 자판기에 투입하여 기후현/岐阜県 청소년 보호육성조례 위반[17]으로 기소되었다. 업자 측은 '표현의 자유'에 위배된다고 제소했지만, 1989년 최고재에서 '합헌'으로 판결되었다.[18]

(2) 청소년 대상 출판물 국회 논의

1) 국회의 소녀 잡지 기사 초점

1984년 2월 14일 중의원 예산위원회에서 자민딩의 미츠카히로시/三塚博 의원이 소녀잡지 '팝틴', '걸즈 라이프', '캐롯 걸즈', '키스' 등 섹스 기사를 들어 질문했다. 나카소네 야스히로 총리는 "청소년들을 이 속되고 악한, 나아가 범죄 행위를 유발할 수 있는 환경으로부터 보호하는 데 있어서, 입법을 포함하여 시급 검토할 필요가 있다."고 답변했다. 예산위원회에서 지적된 잡지

---

17) 〈기후현 청소년 보호육성조례 위반사건〉(최고재 판결, 1989년 9월 19일) → 유해도서의 자동판매기에 보관 금지 및 유해도서 지정이 '검열'에 해당하는지 여부를 다툰 것으로 모두 청구가 기각되고 '벌금형'이 확정됐다. 〈기후현 청소년 보호육성조례 위반 사건〉-최고재 판결

18) "출판의 자유'의 위기에 즈음하여 출판사 각위에게 호소합니다."(1984년 3월 16일), 출판윤리협의회.

중 〈키스〉, 〈걸즈 라이프〉가 다음날 휴간하였고 또 〈악마의 안내서〉가 14개 현에서 유해 도서로 지정되자 16쇄로 발매 중지를 단행했다. 또한 자민당 총 무회에서도 후지오 마사유키/藤尾正行 정조(政調) 회장이 '새로운 입법에 의한 출판물 규제'를 제언하여 본격적 검토가 시작되었고 28일에 〈소년의 건전한 육성을 저해하는 도서류 판매 등 규제 법안 요강〉(시안/試案)을 마련했다.

이러한 상황을 감안하여 출판윤리협의회는 3월 1일 기자회견에서 "자유 언론의 위기에 즈음하여 출판사 여러분에게 호소합니다."를 발표하고 요청서를 전 출판사에 송부하여 자숙을 요청했다. 계속하여 출판윤리협의회는 출판업계 각 단체가 취한 조치, 윤리 활동, 소녀잡지의 현황을 정리하여 4월 17일 중참/衆參 양원 관계 의원, 각 정당 관계처에 보내고 각 출판사에 대해 다시 자율 규제 노력을 존중하라고 호소했다. 그 결과 법 규제를 연기하고 국회 결의로 자제를 요청하는 방향을 정했지만, 8월 국회 회기가 종료됨에 따라 국회 결의도 보류되었다.

이 해 11월 다시 도서관 규제 문제가 부상하자 잡지협회 편집윤리위원회는 〈표현의 자유와 자율규제를 지키는 편집자 심포지엄〉을 개최했다. 동시에 이 해부터 '윤리전문위원'을 위촉하고 월 2회 청소년 건전육성의 관점에서 잡지 통람을 개시하여 경우에 따라 발행자, 편집장에게 서면으로 경고를 보냈다. 청소년 조례로 지정되는 잡지는 출판윤리협의회 비회원 출판사가 많았고 출판윤리협의회는 출판 4개단체로 구성되기 때문에 대외적으로는 출판계를 대표하여 대응했다. 이러한 상황에서 1985년 6월 성인용 잡지출판사가 '출판문제간담회'를 결성했다.

2) 코믹만화 문제 발생

1989년 12월 출판윤리협의회 의장이 누노가와가쿠자에몬/布川角左衛門 씨에서 시미즈히데오/清水英夫 아오야마가쿠인대학/青山學院大學 명예교수로 바톤 터치되었다. 시미즈 씨는 법률학자로 "공공규제는 최소화되어야 한다는 것은 자유주의 사회의 철칙이다. 그러나 문제는 민주주의에 불가결한 표현의 자유와 사회 환경 정화 및 사생활 보호 기타 공공 이익과 개인의 자유·권리의 공존이다. 그 길을 탐구함이 없이 자유주의 사회의 유지는 있을 수 없다. 공적 규제는 강력하고 직접적인 효과가 있지만, 그것은 항상 양면의 칼이며, 잘 잘라질수록 한층 더 위험한 것이다."[19]라고 주장했다.

1990년 9월, 와카야마/和歌県의 '만화로부터 어린이를 지키는 모임'이 쇼가

---

19) 〈청소년 조례〉- '자유와 규제의 쟁점' 清水英夫/秋吉健次 篇, 三省堂, 1992.

쿠칸/小學館이 발행한 〈영 선데이〉 연재만화 〈엔젤/ANGEL〉을 포르노 만화라고 지적하자 후쿠오카/福岡県이 만화책을 16점 유해도서로 지정하면서 각 도도부현에서 지정이 확대되었고 이로 인해 유해도서 문제가 대형출판사에 파급했다. 같은 해 10월 〈ANGEL〉은 연재가 중지되고 단행본도 발매가 중지되었다.

출판윤리협의회는 사태를 중시하여 10월 '청소년에 대한 배려에 대한 부탁'을 출판사, 유통회사, 소매서점에 요청했다. 총무청 청소년대책본부는 출판윤리협의회에게 〈청소년의 건전한 육성을 저해할 우려가 있는 도서의 자숙, 자율 규제 등에 대하여〉(1990년 11월 8일)에서 구체적 대응책을 요청하고, 각 도도부현에서도 출판 각 단체에 자숙요청이 있었다. 또 청소년국민육성회의는 12월, 〈청소년을 위한 출판물의 자숙에 관한 긴급간담회〉를 개최하고 출판윤리협의회 등 각 단체는 '식별 마크' 표시 등의 대책을 설명하여 자율규제에 대하여 이해를 구했다.

1991년 1월 출판윤리협의회는 학식 경험자 2명을 추가한 '만화 특별위원회'를 발족시켰다. 〈만화 단행본에 대한 자율규제 요청서〉(8월 20일)를 만들어 실시해 지정된 해당 서적은 회수, 보충 출하 정지, 중판·재출하의 경우는 문제된 부분을 수정하고 표지 또는 띠지에 '성년 만화' 마크 및 '18세 미만에게는 판매할 수 없습니다.'는 표시를 하도록 요청했다.

자민당은 2월 정조회장/政調会長 이름으로 "만화잡지 등 유해도서의 '청원'에 대한 대처 방법에 관하여"를 통지하고 전국 일제히 유해도서의 배제와 중앙정부 입법을 염두에 둔 국회 청원을 요청했다. 동시에 〈어린이 대상 포르노 만화 등 대책 의원간담회〉(아소타로/麻生太郎 회장)가 발족되었다.

만화 문제는 성의 상품화와의 관계가 논란의 대상이 되었다. 12월에 오사카, 교토에서 청소년조례가 개정되어 포괄 긴급 지정이 도입되었고 히로시마/広島, 이와테/岩手 등에서도 규제가 강화되었다.

1992년 3월, 도쿄도는 청소년조례를 개정하여 소위원회를 설치하고 〈도민 제안 제도〉가 추가되었다. 또 만화가 등이 결집하여 〈만화 표현의 자유를 지키는 모임〉을 결성했다.

같은 해 6월 출판윤리협의회는 잡지협회, 서적협회와 함께 문부성·문화청과의 검토회에서 유해도서 문제와 관련되는 여러 문제에 대해 의견을 교환했다. 도서 규제를 구하는 국회청원은 1991년 120회 국회~123회 국회에서 채택되었으며, 이에 대해 총무청 청소년대책본부는 청소년조례에 의한 대책의 강화와 중앙정부 입법은 헌법상의 관계도 있으므로 신중하게 검토하여야 한다는 의견을 국회에 제출했다. 만화 문제는 1994년경까지 논의되었고 이 동안 각 현의 청소년 조례의 규제 강화가 진행되었다. 출판윤리협의회는 각 출판사에 '성인 만화' 마크를 표시할 것을 자주 요청하였고 소매점에는 '성인 코너'의 정비를, 유통회사에게는 "송품 등의 배려"를 요구했다. 그 배경에는 영업세 경감 조치를 계속하는 현안과도 관련이 있었다.

1991년 시노야마키신/篠山紀信 씨가 찍은 히구치카나코/樋口加南子의 누드 사진집 〈WATER FRUIT〉가 화제가 되고 경시청으로부터 경고를 받았지만, 적발까지는 이르지 못하면서 '헤어 누드'가 사실상 해금되어 일약 인기를 끌었다.

1994년 카노텐메이/加納典明 씨의 〈더 텐메이〉(8월호, 竹書房)에 경시청이 경고했다. 이듬 해 1995년 2월 카노노리아키 씨 〈키쿠제/きくぜ 2!〉가 적발되어 다케쇼보/竹書房 사장 등 4명이 체포되고 〈더·텐메이〉는 휴간되었다. 사장 등은 벌금 50만 엔을 지불하고 석방되었다.

3) '성인 대상 잡지' 마크 부착

이러한 움직임을 이어가면서 1995년 1월 경시청에서 출판윤리협의회에 대해 "청소년의 건전육성에 바람직하지 않은 잡지(사진집) 등에 대한 요구"에서 자숙 요청이 나왔다. 또한 전화 클럽, 〈투 쇼트 다이얼 영업〉, 〈원조 교제〉 등이 사회 문제가 되면서 도쿄도 의회에 〈음란 행위 처벌규정〉과 이를 규제하는 조례의 청원·진정이 접수되었고 이에 더해 도서류의 긴급 지정 등을 요구하는 청원·진정이 도쿄 도의회에 다수 접수되는 사태로 발전했다. 이 해 초부터 도쿄서점상업조합은 전체조합원에게 〈청소년 건전육성협력점〉 스티커, '성인 코너' 스티커를 배포하고 구분 진열 판매 강화를 도모하였다.

1996년 들어 출판윤리협의회는 이러한 사태에 대응하기 위한 새로운 자율규제를 개시하였다. 또 출판윤리협의회 및 각 구성 단체는 규제 강화에 반대하는 의견을 표명하는 동시에 출판노련/出版勞連 등의 조례 개악 반대 청원·진정에 협력했다. 3월 8일에 도의회 의장과 문교위원회 위원들에게 자율규제를 존중해 주도록 요청하고 12일에 아오시마유키오/青島幸男 지사에도 같은 요구를 냈다.

출판윤리협의회는 성인 대상 잡지의 구분 진열 판매를 촉진하기 위하여 3월 25일 〈성인대상 잡지에 대한 자율규제 요청서〉(1996년 4월 1일)을 발표하고 마크 표시를 7월 1일부터 실시하기로 했다. 이 새로운 자율 규제에 의해 도서류의 지정 재검토에 대해 청소년 문제 협의회에게 제출하는 자문이 보류되었다.

1897년 6월 도쿄 도의회에서 성매매 처벌규정, CD-ROM 등의 컴퓨터 소프트 규제를 포함한 청소년 조례 개정안과 전화방 관련 조례가 채택되어 12월 시행되었다.

(3) '표현의 자유' 규제와의 투쟁
1) '아동포르노 금지법' 제정

1998년 일부 출판물에 청소년 누드가 게재되어 PTA 등이 '어린이의 인권 문제'라고 지적했다. 출판윤리협의회는 〈청소년을 모델로 사용함에 있어서 고려 사항〉을 문서로 각 출판사에 요청했다. 이보다 2년 전, 스웨덴에서 개최된 〈제1회 어린이의 상업적 성적 착취에 반대하는 세계회의〉에서 일본은 아시아 개발도상국에서 어린이를 성의 대상으로 아동 포르노를 대량으로 만들고 있다고 지적하여 피해국을 비롯하여 서양 참석자의 분노를 샀다. 이 문제를 맞게 되자 국회 중참/衆参 양원의 여성의원이 나서서 '아동 매춘·아동 포르노 금지법안'을 제안하기에 이른 것이다.

이 해 5월 출판윤리협의회가 기자회견을 하고 시미즈/清水 의장이 '아동포르노 금지법안'에 대한 견해를 발표했다. 그리고 6월 출판윤리협의회는 '구분 진열' 판매를 더 강화하기 위해 〈18세 미만에게 성인용 출판물은 판매할 수 없습니다. - 출판윤리협의회 협력점〉 스티커를 전국 서점에 부착하도록 배포했다. 같은 해 9월 잡지협회가, 12월에는 서적협회, 일본 펜클럽이 이 법안에 대한 견해 성명을 냈다. 이 법안에는 반포, 공공연한 진열, 제조, 소지, 운반, 수출입 등은 3년 이하의 징역 또는 300만 엔 이하의 벌금을 처하도록 형법 제175조 이상의 무거운 처벌이 규정되어 있었다.

1999년 3월, 초당파 의원들의 〈스터디 그룹〉이 수정안을 공표하여 출판윤리협의회/倫協會와 간담회를 열었지만, 잡지협회는 "아동 포르노의 정의가 애매하다." "확대 해석의 우려가 있다." "출판에 대한 규제다"라고 반론했다. 그 결과 아동 포르노의 예시에서 '그림'은 빼고 수정법안이 국회에 제안되었고 5월 '아동 매춘·아동 포르노 금지법'은 중의원 본회의에서 가결, 통과되어 11월부터 시행되었다. 2000년 3월 출판윤리협의회는 〈아동 포르노 금지법의 가이드라인〉을 작성하여, 서점 등에 배포했다. 2004년에는 전자적 기록 매체 등의 제공 금지, 처벌 강화 등의 개정이 이루어졌다. 또한 2000년 12월, 다카라지마샤/宝島社가 도쿄도에 대하여 '불건전 도서의 지정은 헌법 위반'이라고

행정 소송을 제기했지만, 2004년 도쿄 고등재판소는 청구를 기각하였다.[20]

2) '구분 진열' 의무화

1990년대 들어 청소년의 강력 범죄의 연속 발생을 우려한 정부는 그 요인으로 방송, 출판, 게임, CD-ROM 등의 "청소년을 둘러싼 유해환경에 있다."며 중앙정부 입법을 고려하게 되었다.

1999년 11월에 첫 CD-ROM 첨부 잡지가 도쿄도의 불건전 도서로 지정되었고, '완전자살 매뉴얼'을 청소년 대상이 아니라고 불건전 도서로 지정하지 않은 도쿄도에 대하여 경시청이 조례 개정을 요청했다.

2000년 2월, 도쿄도는 편의점(CVS/Convenience Store)에서 '성인용 잡지'의 구분 진열 조사를 시작하고 일부 불법 판매를 확인했다. 12월 20일 이시하라신타로/石原慎太郎 도지사의 자문을 받은 도쿄도 청소년문제협의회가 조례 개정에 대해 ①'자살·범죄를 유발하는 것'을 지정 사유로 추가하고, ②'구분 진열'의 필요성과 실효성이 있는 방안, ③'자판기 규제 강화' 등을 중간보고했다.

한편, 도쿄도는 1996년부터 실시하고 있는 〈성인용 잡지 마크〉가 편의점을 중심으로 '구분 진열'이 불충분하여, 시민의 불만이 많기 때문에 8월부터

---

[20] 〈도쿄도 불건전도서 지정처분 취소사건〉 도쿄 고등재판소 판결(2004년 6월 3일) → 원고는 도쿄도의 불건전 도서 지정은 헌법 제21조의 표현의 자유 등을 침해한다고 제소하였는데, 재판소는 ①헌법 21조의 '검열금지'는 공공복지를 이유로 예외 허용도 인정하지 않는 절대 금지의 취지로 해석해야 한다. '검열은 행정권이 주체가 되어 사상 내용 등의 표현물을 대상으로 그 전부 또는 일부의 발표 금지를 목적으로 대상이 되는 일정한 표현물에 대해 망라적 일반적으로 발표 전에 내용을 심사한 후, 부적당하다고 인정되는 것의 발표를 금지하는 것을 그 특징으로서 함을 가리킨다고 보아야 한다, ②불건전 도서류의 지정 대상은 모두 발표 후의 것으로, 그 효과는 판매자 등에 사후적으로 청소년에 대하여 지정 도서류를 판매, 배포, 대부를 금지하는 것이라고 한다면 검열에 해당하지 않는다, ③표현의 자유는 헌법이 보장하는 기본 인권 중에서도 특히 중요시해야 될 것이지만, 그렇다고 절대 무제한의 것이 아니라 공공복지의 제한 하에 있다. 유해도서가 일반적으로 사려 분별이 미숙한 청소년의 성에 대한 가치관에 나쁜 영향을 미쳐 성적 일탈 행위와 잔학 행위를 용인하는 풍조를 조장하는 데에 이어져서, 청소년의 건전한 육성에 유해한 것이라고 이미 사회 공통의 인식이 있다고 해석된다, ④출판윤리협의회에 의한 자율규제(띠지 조치)에 의하여 사전 억제 금지에 위반하는 것이라고 주장하나 도쿄도의 청소년조례는 원칙적으로 출판업계의 자율 규제를 존중하고, 그것과 협동하여 청소년의 건전 육성 목표를 달성하는 것이 인정된다. 또한 자율규제는 출판윤리협의회가 요청한 것이며, 도쿄도가 출판윤리협의회 및 회원을 지배하거나, 이를 도쿄도의 영향 하에서 자율 규제를 운용하고 있는 것 같은 사실을 인정할 만한 증거는 존재하지 않고, 달리 도쿄도가 지정 도서를 폐간시키려는 의도 하에 불건전 도서류의 지정을 실시하고 있다는 사실을 인정할 만한 증거도 존재하지 않는 등을 이유로 청구를 기각했다. 〈도쿄도 불건전도서 지정처분 취소사건〉(도쿄 고등재판소 판결).

마크를 붙인 잡지도 지정할 방침임을 발표했다. 출판윤리협의회는 "성과가 불충분하다고 자율 규제의 근간을 흔드는 것은 행정 당국의 독단 행위이다."라고 항의문을 제출하여 표시된 잡지의 지정은 단념했지만, 도쿄도의 사고 방식이 자율 규제형에서 행정 규제형으로 변하였음을 드러냈다.

3) 제3기관 '출판조닝/zoning 위원회' 발족

'청소년유해사회환경 기본법안'의 정부 입법 움직임과 함께 2001년 3월 도쿄도는 앞서 중간보고를 받고 '청소년조례개정안'을 의회에 제출하고 불건전 도서의 지정 사유에 '자살 또는 범죄를 유발시킬 수 있는 것'을 추가하고 또 '지정 도서류의 구분 진열 의무화'와 '표시 도서류의 구분 진열'을 포함시켰다. 그리하여 개정 도조례는 3월 말 성립하여 7월 시행되었다. 출판윤리협의회는 "구분 진열 7월 시행은 너무 성급하다."며 시미즈 의장이 강력히 항의하여 시행은 10월로 연기되었다.

이러한 도조례 개정의 영향을 받아 새로운 '자율규제조치'를 강구하지 않으면 더욱 규제강화를 초래한다는 인식하에 검토를 거듭하여 같은 해 7월, 제3기관으로 '출판구역화위원회'[21] 설치를 결의했다. 위원회는 잡지협회, 서적협회, 유통협회, 일서련에 출판윤리간담회(구 출판문제간담회)을 더한 5개 단체로 구성하고 다시 학식경험자를 더해 우치다타케히로/內田剛弘 변호사가 위원장으로 제3자적 위치의 자리매김을 한 후, 9월 마크 표시 요청을 시작했다. 위원회는 잡지협회 윤리전문위원회가 열람·심사한 해당 잡지를 다시 선별위원에 의한 열람을 거쳐서 식별 마크 표시 후보지를 조닝위원회에서 결정토록 하고 해당 출판사에 '출판 조닝'[22] 마크 표시를 문서로 요청하는 구조로 짜였다. 식별 마크를 붙이면 내용은 과격해도 무방하다는 면죄부로 사용되는 깃에 비판이 쏟아졌던 만큼 매장에서 거주지와 분리하는 데 실효성이 높아지리라고 기대하였다.

도쿄도의 새로운 '구분 진열' 규제는 그 후 다른 도부현에서 도입되어 2006년 말 현재 벌칙이 추가된 곳이 21개 부현/府県이고, 아직 벌칙이 없는 곳은 24개 도부현이다.

---

21) 조닝/zoning-구역제를 뜻함. '출판 조닝'이란 일정 지역에서만 유통할 수 있는 표시로, 예컨대 성인 잡지 등의 마크 표시된 책의 판매 구역 지정을 정한 구역을 말하며, 지정 이외의 지역에서는 유통할 수 없는 하나의 '구분 진열' 의무 규제임.

22) 〈조닝/zoning 출판조닝위원회 운영요령〉(2001년 7월 11일)

4) 만화 코믹 단행본 '밀실/蜜室'의 적발

2002년 7월, 출판윤리협의회 의장 시미즈히데오/清水英夫 씨로부터 스즈키 토미오/鈴木富夫 씨(전 잡지협회 편집윤리위원회 위원장)로 교체된 직후, 출판계의 자율 규제가 문제화 되었다. 이 해 10월, 쇼분칸/松文館이 발행한 '성년 만화' 마크가 붙은 단행본 '밀실'이 형법 제175조 위반으로 적발되어 사장 등 3명이 체포, 기소되었다(2007년 최고재 상고 기각, 고등재판소의 벌금형 확정).

5) '치안 대책'의 도쿄도 청소년조례 개정

2003년 10월 〈어린이를 범죄에 말려들지 않게 하기 위한 방안을 검토하는 모임〉이 작성한 긴급 제언이 도쿄도에 제출되었다. 동시에 도쿄도는 치안대책의 일환으로 청소년조례 개정에 나섰다.

같은 해 11월, 청소년문제협의회 전문부회는 스즈키/鈴木 의장, 서점 대표, 편의점 단체대표들로부터 자율규제 상황의 의견을 청취하였다. 출판윤리협의회의 스즈키 의장은 "1964년 〈도쿄도 조례〉 제정 이후의 역사적 방향 전환이다."고 안이한 개정의 재검토를 요구하면서, "포괄 지정의 도입은 자율 규제의 근본을 무너뜨릴 우려가 있고, 출판 활동의 사전 억제 내지 위축에 연루될 수밖에 없다."고 지적했다. 출판윤리협의회는 개별 지정 제도를 지키기 위해 실효성 있는 '구분진열' 방법을 어필할 필요가 있다는 인식을 같이 하고 구체적 방법으로 '마크 표시 잡지의 비닐 포장' '조닝 위원회의 판정 강화' '판정시의 근거의 명확화' 등을 꼽았다. 문제는 편의점들이 마크 표시 잡지 판매를 하지 않고 있기 때문에 마크 표시를 할 수 없다는 사실에 있어 편의점 단체와 협의가 필요하게 되었다. 이 배경에는 잡지 판매가 편의점에 의존하는 비율이 갑자기 높아진 '유통 이변'이 있었다.

2004년 1월, 도쿄도 청소년문제협의회는 '당분간 포괄적 지정은 보류'하고, 지정도서·표시도서의 포장 의무화, 서점 등에서의 절도 범죄 방지책으로서 청소년의 중고서적 매입 제한, 심야 외출 제한, 경찰관의 입회 조사권 부여 등을 담은 의견서를 제출했다. 또 긴급 지정에 대처하는 소위원회를 상설하여 체제 정비를 실시하게 되었다. 조례안은 3월 도의회에서 가결, 성립하고, 도서 관계 조항은 7월 시행되었다.

출판윤리협의회의 스즈키 의장은 "새로운 제도가 생긴 것은 우려하지만, 포괄적 지정을 도입하지 않고 개별 지정을 존속시킨 의의는 매우 크다."며 해외에서도 소매점의 공존은 확실히 되어 있다. 출판계는 구분 진열을 철저히 하고 특별 포장을 의무화하는 대처 방안 등 진일보한 자율 규제의 실행이 요구되고 있음을 확인했다.

6) CVS단체 '불건전 도서'의 포장 및 밀봉 요구

2004년 2월 일본 프랜차이즈협회(JFA)는 출판윤리협의회에 대하여 "모든 불건전 도서는 미성년자가 열람할 수 없도록 포장하고 밀봉/帶封을 완전하게 실시한다."는 자율규제 강화 방침을 제시했다. CVS(편의점)는 마크가 찍힌 잡지는 취급하고 있지 않았던 JFA가 자체적인 자율규제 기준은 이른바 '회색지대 잡지'가 대상이 되기 때문이었다. 편의점의 상품, 영업 전략의 전환이 기조에 있는 만큼, 잡지협회는 사태를 중시하고 출판윤리협의회 위원에게 잡지협회 판매위원회 담당을 추가하여 '윤리위원회'를 설치하여 유통협회와 JFA와 절충하였다. 위원회는 3월 JFA와 의견을 교환했지만, JFA는 7월 실시를 강조하면서 출판계에 구체적 대책 제시를 요구했다. '윤리위원회'는 포장, 종이 밀봉 등의 대응은 출판사의 자체 판단이라고 생각하고 잡지 출판 활동, 유통, 판매의 원활화를 기반으로 가능한 방안으로 5월 중순 '소구(小口)[23]에 씰을 부착'(잡지 앞마구리 쪽 중앙에 3센치 씰을 부착하는 방법)을 제시하여 도쿄도와 JFA와 합의를 이루어 7월에는 '씰 부착' 잡지가 매장에 진열되었다. 인쇄, 제본업계의 협력을 얻고 출판사 측도 비용을 억제하여 구매, 판매의 수고로움도 해소되어 실시 초부터 30개사가 참여했다.

7) 책 '앞마구리/小口' 두 군데 부착 실시

2005년 7월, 카나가와/神奈川県의 청소년 조례가 개정되었다. 이에 호응하여 JFA는 출판윤리협의회 앞으로 '앞마구리 씰 부착'을 대폭 수정하여 자율규제를 더욱 강화한 새로운 '비닐 완전 포장'을 요구하여 왔다. 이미 이 시점에서 약 170개 잡지 1,800만 부를 웃도는 잡지가 '앞마구리 씰 부착제'를 실시하고 있었다. 협회가 엄중한 대응을 요구해 온 배경에는 카나가와 현의 개정 조례에 도쿄 조례와 같은 내용이 포함되었기 때문이었다.

잡지협회 윤리위원회는 10월까지 현재의 앞마구리 실 부착을 응용하여 '책 마구리 2 군데 부착'을 고안하여 카나가와 현과도 협의한 결과 개정조례에 대응할 수 있는 모델로 평가되었다. JFA도 "종래대로 취급을 계속한다."고 하여 11월부터 '마구리 두 군데 부착제'가 실시되었다.

---

23) 소구/小口 : 제본된 책의 앞쪽 재단 부분, '앞마구리를 일컫는 용어로 책배/fore-edge의 일본 제본용어. 全泳杓, 〈국어표준규정과 편집기호 콘텐츠〉(서울 : 시간의물레, 2010), pp.411-427. *역자 주.

8) 도쿄도 씰 부착 잡지 내용 과격화 지적

2006년 7월, 이전부터 '앞마구리 씰 부착' 잡지의 내용이 과격하고 '성인 잡지' 마크 표시 서적과 다르지 않다는 현상에 대해 도쿄도 치안대책본부가 잡지협회 출판윤리간담회와 의견을 교환했다. 도쿄도 측은 가을 심의회에 과격한 씰 부착 잡지를 불건전 도서로 심의에 올리겠다는 의향을 표명하였다. 출판사 측은 '앞마구리 두 군데 부착' 잡지는 내용을 거의 완전하게 볼 수가 없어 청소년의 눈에 닿지 않으므로 조례의 목적을 다하고 있고 내용의 시비는 형법 제175조 규정에 맡겨야 한다고 주장했다.

---

5. 일본출판윤리강령

1957년 10월 27일

우리 출판인은 문화의 향상과 사회의 발전에 기여해야 출판 사업의 중요한 역할에 비추어, 사회 공공에 미치는 큰 책임을 인식하고 여기에 우리의 지표를 내걸고, 출판도의 향상을 도모하고, 그 실천에 힘쓰려고 하는 바이다.

1. 출판물은 학술의 진보, 문예의 번영, 교육의 보급, 인심의 고양에 이바지하는 것이 되어야 한다. 우리는 높은 인류의 이상을 추구하여, 폭넓게 문화의 교류를 도모하고 널리 사회복지 증진에 최선의 노력을 다한다.

2. 출판물은, 지성과 정조/情操에 바탕을 두고 민중의 삶을 바르게 형성하고 풍부하게 함과 동시에 참신한 창의를 발휘함에 도움이 되게 하여야 한다. 우리는 출판물의 품위를 유지하기 위해 노력하고, 저속한 흥미에 영합하여 문화 수준의 향상을 저해하는 출판은 하지 않는다.

3. 문화와 사회의 건전한 발전을 위해서는 어디까지나 언론출판의 자유가 보장되어야 한다. 우리는 저작자 및 출판인의 자유와 권리를 지키고, 이에 가해지는 제압 또는 간섭은 극력 이를 배제함과 동시에, 언론 출판의 자유를 남용하여 다른 사람을 해치거나 사익 때문에 공익을 희생하는 행위는 하지 않는다.

4. 보도의 출판에 있어서는 보도 윤리의 정신에 따라, 또한 평론은 진리를 지키기에 충실하고 절도 있는 것이어야 한다. 우리는 진실을 정확하게 전달하고, 개인의 명예는 항상 이를 존중한다.

5. 출판물의 보급은 질서와 공정이 지키지 않으면 안 된다. 우리는 출판사업을 혼란에 이끄는 과당경쟁을 억제함과 함께, 부당한 선전에 의해, 출판인의 성실과 품위를 손상시키는 일은 하지 않는다.

사단법인 일본서적출판협회
사단법인 일본잡지협회

6. 일본잡지편집윤리강령

1963년 10월 16일 제정
1997년 6월 18일 개정

문화의 향상과 사회의 발전에 기여해야 하는 잡지의 사명은 중대하며, 국가, 사회 및 기본적 인권에 미치는 영향도 매우 크다. 사회적 책임으로부터 잡지는 높은 윤리 수준을 지키지 않으면 안 된다.

우리 잡지 편집자는 그 자각에 따라 다음의 지표를 내걸고 스스로 경고하고 그 실천에 노력, 편집 윤리의 향상을 도모한다.

1. 언론·출판의 자유

잡지 편집자는 완전한 언론의 자유, 표현의 자유를 가진다. 이 자유는 우리의 기본적 권리로서 강하게 옹호되어야 한다.

2. 인권과 명예의 존중

개인 및 단체의 명예는 다른 기본적인 인권과 평등하게 존중 옹호되어야 한다.
(1) 진실을 정확하게 전달하여, 기사에 참여한 사람의 명예와 프라이버시를 함부로 해치는 내용이어서는 안 된다.
(2) 사회적 약자에 대한 충분한 배려를 필요로 한다.
(3) 인종, 민족, 종교 등에 관한 편견과, 가문·출신·성·직업·질환 등에 관한 차별을 보존하거나 조장하는 표현이 있어서는 안 된다.

3. 법의 존중

헌법과 정당하게 제정된 법은 존중되어야 한다.
(1) 법 및 법의 집행에 관한 비판은 자유롭게 행한다.
(2) 미성년자의 취급은 충분히 신중해야 한다.
(3) 기사 작성에 있어서는 저작권 등에 관한 제반 권리를 존중한다.

4. 사회 풍속

사회의 질서와 도덕을 존중함과 동시에 폭력의 찬양을 부정한다.
(1) 아동 권리에 관한 협약의 정신에 따라 청소년의 건전한 육성에 도움이 되도록 배려가 이루어져야 한다.
(2) 성에 대한 기사·사진·그림 등은 표현과 방법을 충분히 배려한다.
(3) 살인·폭력 등 잔인 행위의 과대 표현은 삼가야 한다. 또한, 범죄·사고 보도에서 피의자나 피해자의 취급에 충분히 주의한다.

5. 품 위

잡지는 문화적 사명으로 말미암아 높은 품위를 필요로 한다. 잡지편집자는 진정한 언론·출판의 자유에 상응하는 품위 향상에 힘쓸 의무가 있음을 확인한다.

사단법인 일본잡지협회

▷작가 이시자카 요지로
생가/生家 입구 표지판/
1999

제Ⅳ장 지적재산권과 출판인의 권리

1. 저작권 법제의 변천과 출판인
(1) 출판권 제정과 신저작권법의 시행
(2) 국제 조약과의 관계
(3) 권리 제한 규정의 개정

2. 출판인의 권리와 복사 등 권리의 처리
(1) 출판인 고유권리의 창설
(2) 복사에 관한 집중적 권리 처리기구의 설립
(3) 출판인 권리 법제화 노력
(4) 일본 복사권센터의 설립과 발전

3. '대여권'과 재활용사업의 대책
(1) '대여권' 획득과 권리처리
(2) 만화 카페와의 잠정 합의

4. 저작권과 출판계약의 문제
(1) 출판계약 및 저작권 비즈니스
(2) 저작권 관리단체와의 관계

5. 지적재산권 둘러싼 제문제

다이쇼/大正(1912~1926년)에서 쇼와/昭和(1927~1989년) 시대에 걸쳐 출판인의 비원은 저작자와 계약에 의해 출판하는 출판물에 대하여 독점적인 출판의 보장, 즉 물권적인 독점출판권을 획득하는 것이었다.

그 후 복제 기술의 진보에 따른 복사기의 보급과 법제도의 개정, 디지털 기술의 경이적인 발전에 따른 정보 전달 수단의 혁신으로 '설정출판권' 제도만으로는 출판인의 입장(이익)을 지키는 것이 어렵다는 것이 분명해짐과 더불어 출판인의 권리 요구 내용은 시대에 따라 변화해 오고 있다. 즉 복사기기의 보급에 대응하는 요구는 판면권의 주장이며, 정보 전달 혁신에 대응하는 요구는 조판면의 전자적 입·출력, 공중송신 등에 대한 권리이다.

여기에서는 출판사의 권리를 둘러싼 운동의 역사를 개괄한다.

1) 저작권법의 전면 개정

1912년~1989년 동안 독점적 출판권의 획득 운동은 1934년 저작권법 개정에 의하여 출판권 제도의 법제화로 결실을 맺지만, 출판 계약이 즉시 독점적 출판권을 출판업자에 부여한 것은 아니고 저작권자의 권리 설정에 의하지 않으면 안 된다는 점에서 결코 출판업자가 희망한 대로 된 것은 아니었다.

1899년 제정된 저작권법 전면 개정 작업은 1962년에 시작된다. 이 과정에서 서적협회는 저작권 제도 개선을 호소하였지만, '저작권제도심의회' 제1분과위원회는 1965년 5월 보고서에서 출판권 설정계약은 아직 출판계 대부분이 이행하지 않은 실태를 고려하면 저작권 제도 자체의 타당성을 재검토해 나가야 한다는 의미의 견해를 표명했다.

저작권제도심의회는 최종적으로 1966년 〈심의회의 보고〉에서 설정출판권 제도의 유지를 제안(보고서 건의)하였고 이 제도는 거의 종래대로의 형태로 1970년 개성한 현행법에 답습되었다.

그러나 출판자가 원한 것은 다이쇼, 쇼와 시대의 주장과 같은 것이었다는 것은 신법 시행 후 13년이 지난 1983년 서적협회의 〈저작권법 개정요청서〉[1]에서 설정출판권 제도가 도입된 구법 시대부터 50년이 경과하였고 서협 회원사의 77%가 출판권설정계약을 원칙으로 하기에 이른 지금이야말로 "출판에 있어 원칙적으로 출판권이 설정되도록 법을 개정하는 것이 출판권의 확립과

---

1) 〈저작권법 개정에 관한 요청서〉(1983년 7월 15일) 일본서적출판협회. 이 해 저작권법의 일부 개정 움직임에 대하여 서적협회는 5회에 걸쳐 의견서를 제출하고 출판물의 반포권을 인정할 것과 서적·잡지를 대여권의 예외로 하지 말 것, 사적사용을 개인의 사용으로 엄하게 한정할 것을 요청했다.

나아가서 저작권자의 권리보호 내지 활용을 위해 필수적이라고 생각하는 바이다"라고 분명히 언급하고 있다.

서적협회는 1957년 '표준형 샘플/ヒナ型' 출판계약서를 작성 공표한 이래 이의 보급에 노력한 결과 1973년 조사에서 회원사 72%가 설정계약을 체결하고 있다고 보고하고 있다.

서협은 '표준형 샘플'의 보급에 노력함과 동시에 구저작권법 개정에 적극적으로 의견을 제시했다. 서협·잡협은 17회에 걸쳐 의견서를 제출했다. 그 주요 포인트는 설정출판권의 확충과 번역권 10년 유보의 유지 및 판면의 보호였다. 주목할 것은 1965년 8월의 제9차 의견서에서 판면의 보호를 요청하고 있는 것이다. '저작권제도심의회'는 1966년 4월, 보고서/答申[2])에서 "발행된 출판물의 조판면과 관련된 발행자의 보호를 위해 이들에게 어떤 권리를 인정한다는 것은 고려해 볼 만하다."고 언급하고 있지만, 저작권심의회가 제4분과위원회에서 복사복제 문제를 거론하는 것은 그로부터 8년이 경과한 1974년 7월의 일이었다.

신저작권법에서 설정출판권은 거의 구법의 내용을 그대로 담게 되었지만, 한편 번역권의 10년 유보는 방치되고, 신법 시행 후 발행되는 저작물에는 적용되지 않게 되었다. 판면의 보호 요청은 법개정에는 포함되지 않았지만, 판의 보호·출판인의 권리문제의 추이에 대해서는 다음과 같이 기술한다.

2) 복사·복제에 대한 대응

복사·복제기기가 가져온 영향에 대해 해외에서는 일찍부터 관심을 불러왔는데, 1961년 세계저작권협약(UCC)을 관리하는 UNESCO와 베른 동맹과의 합동회의에서 이 문제를 다루고 있다. 그 후 회의를 거듭하여 1973년 5월 실무작업그룹이 복사·복제는 정당한 보상을 지급할 것, 교육기관 등에 대해서는 포괄적 허락 제도의 도입을 검토할 것을 정리했지만, 같은 해 12월 합동위원회에서 격론 끝에 계속 검토하기로 했다.

이 논의는 1975년 6월 워싱턴 합동회의에서 국제적 통일적 해결책을 찾는 것은 당분간 불가능하다고 보고 각국이 독자적으로 각국의 사정에 따라 조치하되, 권리행사 및 관리를 위해 집단적 방식을 장려한다는 취지의 결의안을 채택하게 되었다. 이후 많은 나라가 집중적 권리관리방식을 채용하게 되

---

2) 답신/일본은 심의회 등의 '보고서', '건의서' 등을 '답신'이라 표현함. 그 의미는 '건의서', '보고서'에 해당하지만, 일본의 답신은 정부가 거의 100% 존중한다는 점을 고려해야 함. •역자 주

었다.

저작권심의회 제4분과위원회는 1976년 9월 집중적권리처리기구의 설립과 포괄허락제도가 바람직하다고 하면서도, 현 단계에서는 시기상조이며, 좀 더 신중한 연구를 진행시켜야 한다는 취지의 보고서를 제출했다.

제4분과위원회의 보고를 받은 "저작권집중처리에 관한 조사연구협력자회의"가 3년여의 검토를 거쳐 "저작권단체와 출판단체가 협력하여 권리처리기구를 설립한다. 이 경우 출판사는 일정한 지위를 얻는 것이 바람직하다"는 제언을 발표한 것이 1984년 9월이었다.

이 후 권리처리기구 설립을 위한 서적협회를 비롯한 관계단체에 의한 실무적 검토협의와 출판자의 권리문제를 검토하기 위한 저작권심의회 제8분과위원회의 설치와 흐름은 둘로 나누어 진행하게 되었다.

'집중적권리처리기구'는 1991년 9월 저작자 단체, 학협회, 출판자관계 13개 단체에 의해 '일본복사권센터'로서 설립되었지만, 출판사의 권리 관계는 1985년 9월에 심의를 시작하여 1990년 6월 보고서를 낸 '제8분과위원회'의 "출판사의 고유의 권리를 저작권법상 인정 보호하는 것이 필요하다"고 건의하였는 데도 2007년 현재까지 법제화되지 않고 있다.

출판업자들에게 권리를 주는 문제에 대하여 경제계의 이해를 얻지 못한 것이 주된 이유이지만 저작자 단체도 반대 입장을 표명했다.

'제4과위원회' 및 '제8분과위원회'의 심의 계기가 된 것은 증대하는 출판물의 복사·복제로 인해 입는 저작자와 출판업자의 경제적 손실을 구제하는 데 있었지만, 저작자들에게는 권리가 있으면서 권리 행사적 수단이 없기 때문에 입는 피해이기에 이해를 얻기 쉬웠다. 반면 새로 권리를 주장하는 출판업자에 대해 새로운 비용 부담을 강요당하는 경영자와 권익이 잠식되는 것을 우려하는 저작자가 반대한 것이다. 반대 이유 중 중요한 것은 복사에 의한 출판업자의 피해 실태가 명확하지 않고, 출판업자에게는 설정출판권이 이미 있어 권리가 이중으로 발생한다는 것이다. 이에 대한 출판업계 반론이 성공하지 않은 것은, 첫째 경제적 손해의 실태를 증명하는 것, 둘째로 설정출판권과 출판업자 고유의 권리가 전혀 다른 것이며, 애초부터 비교 대상이 될 수 없다는 두 가지의 설명이 불충분했기 때문일 것이다.

그 당시로부터 17년이 경과했다. 후술하는 바와 같이 서협은 2002년에 공표한 '저작·출판권위원회'의 보고서 '제8분과위원회'의 결론에, 후속 기술혁신과 출판계가 처해 있는 상황을 가미한 출판사 고유 권리의 필요성을 호소하고 있다. 새로운 권리 주장에 널리 사회적인 지지를 얻기 위해서는 서적협회로서 권리의 필요성, 권리의 성격, 권리 행사의 실효성 확보를 위한 시스템 구축 등에 대해 추가 검토를 거듭하는 것과 동시에 관련 단체의 협조 요청을 위한 노력이 필요할 것이다 .

3) 대여권

1980년 무렵부터 급성장을 보인 레코드 임대업이 가져온 저작자, 실연가, 음반제작자의 경제적 영향이 사회 문제가 되어, 1984년 저작권법 개정으로 '대여권/貸與權'이 신설되었는데, 그 때 '경과조치'로서 서적·잡지 대여는 당분간 대여권을 적용하지 않기로 되었다.

출판업계는 이 '경과조치'를 규정한 저작권법 부칙 4조 2항의 철폐를 주장해 왔지만, 2002년 무렵, 만화 카페 또는 신고서점/新古書店의 만화의 대량 유통과 함께 비디오 대여점 등의 대규모 만화 대여가 새로운 문제로 등장했다. 최신 만화를 대여보다 싸게 읽을 수 있게 되면, 당연히 구매를 하지 않게 되고 만화 작가와 출판업자는 막대한 경제적 타격을 받아 세계적으로 평가를 받고 있는 일본 만화계의 미래에 미치는 영향도 심각하다. 한국에서 실시한 대여 실태 조사 결과는 대여점의 급증으로 인해 신간의 80% 이상이 대여로 전환하였다는 놀라운 보고가 있었다. 대여 만화의 흐름에 제동을 거는 방법은 서적·잡지의 대여권이 작용하도록 봉인을 풀어주는 것이다. 만화작가모임과 잡지협회는 서적협회의 협력을 구하고, '대여권' 획득 운동을 강력하게 전개한 결과, 부칙4조 2항이 2004년 6월 저작권법 개정으로 폐지되었다(2005년 1월 실시).

신고서점 문제는 양도권과 관계가 있기 때문에 해결방법을 검토할 필요가 있지만, 만화카페는 업계와 문제 해결을 위한 실무적인 잠정 합의에 도달하였다.

서적협회는 이 외에도 도서관과 학교 교육기관 등의 출판물 이용과 관련, 저작권법 제30조에 의한 '사적복제'라 하여 자유 복사를 인정했던 요코하마 시립도서관과의 협의(2000~2003년), '공대권/公貸權'에 대해서는 일본문예가협회, 일본도서관협회와 의견 교환(2003년)과 도서관의 복제 서비스 지침(2006년 1월 1일 공표), 읽고 들려주기에 관련한 저작권 지침서(2006년 6월 공표), 교육 기관의 저작물 복제지침(2004년 3월 공표) 등의 작성협의에 참가하고 있다.

1. 저작권 법제의 변천과 출판인

(1) 출판권 제정과 신저작권법의 시행

1) 1899년 저작권법 성립

메이지/明治 정부는 1869년에 출판조례/出版條例를 선포하지만, 에도/江戶시대부터 출판물 단속이 이어진 것이며, 서적을 출판하는 자는 "출원하여 관청의 허가를 받을 것, 관에서 이를 보호받아 전매/專売의 이익을 거둘 것"이라고 정하고 있다. 1875년 개정에서 저작, 번역 출판을 하고자 하는 자는 신고할 것과 30년간의 전매권을 부여하고 이를 판권/板權이라고 규정하였다. 1887년에 이르러 출판조례, 판권조례, 각본 악보 조례, 사진판권 조례가 정비되었고, 판권조례에서 문서도화를 출판해서 그 이익을 전유할 권리를 판권이라고 하며, 판권은 저작자에게 속한다는 것, 출판조례에 의해 문서도화를 출판하는 자는 모두 이 조례에 의해 판권의 보호를 받는다고 규정했다[3].

출판자의 권리는 1697년(元禄 10년) 무렵 이미 출판 단속을 목적으로 하여 정봉행소/町奉行所(읍소재지의 武家관청)의 고지나 동업자 간의 합의로 판주/版主로서 독점출판권의 보호를 받는 구조가 되어 있었다고 한다.[4] 1869년 출판조례는 이러한 규제를 발견할 수 있는데 그 후 개정조례에서 조문 상, 출판인(발행인)이 판권의 소유자인지 아닌지 분명하지 않다. 앞서 언급한 문서에 의하면 판주의 권리는 메이지 중기에 이르기까지 저작자가 아니라 출판자인 서적상이 가지고 있던 것으로 보아도 틀림이 없다.

이때까지의 제도는 판권은 저작자의 권리라고는 하지만 그 내용은 출판권이고(각본악보는 출판권과 흥행권), 그 실태는 출판자의 권리이었다고 말할 수 있지만 이를 일신한 것이 1899년 제정한 저작권법이다. 불평등조약 해소, 치외법권 철폐를 위해 노력한 메이지 정부는 1886년 설립된 베른저작권조약에 가맹하기[5] 위해 법제를 정비하고 판권조례, 각본악보조례, 사진판권조례를 폐지하고 이를 저작권법에 통합하고 저작자는 복제권, 번역권, 흥행권을 전유한다고 규정했다. 이렇게 하여 출판자는 법제도상 아무런 권리도 갖지 못하는 입장이 된 것이다.

---

3) 이 조례는 1893년 개정되어 출판법 및 판권법으로 시행되었다.
4) 長野傳藏, "板株から著作權まで", 〈日本著作權法制の沿革〉, 付祿. 著作權資料協會, 1968.
5) 일본의 베른조약 체결은 1899년에 가입했음.

2) 출판권 제정

출판자는 1899년 저작권법 제정 후 출판자의 권리확보를 위해 노력을 계속해왔지만, 1920년대에 시작된 소위 원본소동/円本騷動이 출판권 획득운동에 커다란 영향을 끼쳤다.

출판 불황에서 탈출을 노려 1926년에 제1권을 배본한 카이조샤/改造社의 1권에 1엔 하는 염가책 "현대일본문학전집" 기획이 성공하자 각사가 경쟁하듯 염가판 전집 출판경쟁에 참가하고 무단출판 및 저자의 이중계약이 빈발하여 출판업계는 혼란하고 피폐했다.

도쿄출판협회는 1925년 발행권법안을 만들어 1926년 3월 의원 제안 형식으로 의회에 제출했지만 심의에 들어가지 못했다. 1928년 저작권법안으로 수정해서 다시 제출했으나 심의를 마치지 못했다. 단, 정부는 법안취지에 찬동하였고 정부가 조사하여 법안제출을 약속하는 성과를 얻었다. 그러나 1931년 3월 다시 제출한 안도 심의 미료가 되었고, 다시 네 번째 법안이 1933년 1월 제출되었다. 이때는 특별위원회의 토론을 통해 법안의 의회통과 전망이 나오자 일본문예가협회가 강한 반대운동을 전개하여 출판자·문예가의 양자 사이에 격렬한 항쟁이 생겼다. 이 때문에 소위원회가 설치되고 문예가협회의 의견을 넣어 원안이 수정되어 3월 14일에 중의원을 통과한 후, 귀족원에서 두 번 수정이 가해져 최종안이 완성되었다. 그런데 그때 정부당국으로부터 법안에 동의하기 어려운 사항들에 대한 의견이 제출되어 다시 차기 의회에 정부안을 제출하게 되어 성립이 확실시된 출판권법안은 또다시 심의 미료가 되었다.

다음 해(1934), 정부는 저작권법 개정안에 새로이 1장의 설정출판권을 추가한 법안을 제출하여 양원을 통과함으로써 같은 해 5월 1일 공포되었다. 녹음권, 레코드 출판권, 출판권을 규정한 개정이다.

출판자가 출판권법안을 제안하기에 이른 이유는 출판자가 출판계약에 근거하여 출판하지만 저작자가 계약을 무시하거나 간단한 통보로 계약을 파기하고 더 나은 조건을 제시하는 다른 출판업자에게 출판시키는 풍조가 널리 퍼졌었다. 그러나 출판자는 저작자의 위반 배임을 물어 소송을 제기함은 사실상 곤란한 현실이어서 사태를 개선하려면 법률에 의한 출판업자의 보호 이외는 구제방법이 없다는데 있었던 것이다.

도쿄출판협회가 제안하여 의원 제출에 의한 출판권법안의 골자는 출판권이란 저작물을 복제하고 발매 반포하는 물권적 권리로서 출판계약 성립 시에 권리가 발생하고 출판을 넘겨받은 발행자가 출판권을 전유하고 저작자의 복제권은 출판권의 존속기간동안에 발행자에게 이전된다는 것이다.

이에 대하여 1934년 성립된 정부제안 출판권은 단지 출판계약의 성립으로 물권적인 독점 출판권이 출판자에게 발생한다는 것은 지나치게 과하다는 폐해가 있고, 또 출판자의 권리를 확보할 방법으로서 저작권의 부분양도도 저작자의 심정에서 볼 때 바람직하지 않다고 출판자가 특히 희망하여 저작자가 이에 동의한 경우는 양자 계약에 의해 물권적 출판권을 출판자에게 설정하는 방법을 채용한 것이다. 이것은 현행법에도 계승되고 있는 개념이다.[6]

3) 신저작권법 시행

제2차 세계대전 후 점령기와 독립회복 후에도 저작권법 개정 움직임이 있었지만, 본격적인 개정작업이 시작된 것은 1962년 4월 저작권제도심의회의 설치 후의 일이다. 1963년 11월 각 소위원회의 중간보고, 1965년 5월 각 소위원회 심의결과보고를 거쳐, 1966년 4월 심의회 보고서가 정리 확정되었다. 1969년 법안이 국회에 제출되었으나 심의 종료가 안 되어 폐안이 되었으나 이듬해 다시 제출하여 1970년 4월 신 저작권법이 성립하여 1971년 1월 1일부터 시행되었다.

저작권법 개정에 있어 출판계에 큰 문제는 출판권 내용의 충실화와 번역권 10년 유보의 철폐 문제였다.

1965년 5월 제1소위원회 보고서 중 출판권에 관련된 기술은 매우 힘든 문제로 "현실적으로 이루지고 있는 출판계약은 많은 경우 단순한 출판의 허락이며, 현행법에 규정하는 출판권을 설정하는 출판계약에 의한 계약은 극히 적은 것으로 생각된다. … 출판자가 원칙적으로 제3자와의 관계상 물권적인 배타적 지위를 취득한다는 것은 현재의 출판관행으로 볼 때 적당하지 않고, … 현행법의 출판권과 같은 취지의 규정을 두는 것은 적당치 않다"는 것이었는데, 최종보고서인 1966년 심의회 보고서에서는 출판권 부분은 다음과 같이 수정되었다.

"현행법의 출판권설정 제도를 유지하되 그 내용은 출판자의 출판의무에 대하여 원고를 전달한 때부터 6개월 이내에 이행해야 한다고 수정한 것 외

---

6) 참고문헌: 伊藤信男,〈出版權の歷史〉,
〈코피라이트/コプライト〉, 1971년 10월/11월호, 著作權資料協會,
小林尋次,〈現代著作權法の立法理由と解釋〉, 1958년,
著作權法百年史編集委員會 編著〈著作權百年史〉, 1999.

에는 현행법이 정하는 바에 따라 조치하여야 한다."

서적협회와 잡지협회는 1962년 4월부터 1969년 9월까지 17회에 걸쳐 의견서, 요청서, 진정서를 심의회와 문부성에 제출했는데[7], 1969년 2월 서적협회·잡지협회의 "저작권 법안에 대한 합동요청서"의 요구 사항은 다음과 같은 것이었다.

① 출판권의 내용을 적정하게 할 것
② 번역권 10년 유보규정을 유지할 것
③ 보호기간은 현행대로 전시(戰時) 가산/加算을 철폐할 것
④ 사진의 보호기간을 적정히 할 것
⑤ 자유사용의 복제범위를 엄격하게 할 것
⑥ 판(版)의 보호에 대한 규정을 둘 것

출판권 내용의 적정화란 출판자는 출판권 설정행위에 의하여 복제 배포의 권리를 전유하는 것, 출판의 양상을 문서, 도서, 도화 외에 '그 밖의 형태'를 추가하는 것이고, 판의 보호는 "발행된 출판물 조판 면을 사진 기타 물리적 화학적 방법으로 복사하는 경우에 출판자의 허락을 요한다. 그러나 사적사용, 도서관의 복제, 학교 교육 목적의 경우는 예외로 한다."는 것이다.

출판권의 '그 밖의 형태'란 무엇을 가리키는 것인가의 논의가 있었지만 출판권에 관해서 결국 구법과 거의 같은 모양의 규정이 유지하게 되었다.

(2) 국제 조약과의 관계

위와 같이 일본은 1899년 베른조약[8]에 적합한 저작권법을 제정하고 동 조약 파리 추가규정에 가입했다. 그 후 동 조약의 수차에 걸친 개정, 새로운 2개국 간 또는 다자간조약의 체결이 이루어졌지만, 그 중 출판계와 밀접하게 관련된 주요사항에 대해 설명한다.

---

7) 〈저작권제도 개정에 관한 요청서〉(제1차 - 제17차) (1962년 4월 - 1969년 9월) 日本書籍出版協會.

8) 정식으로 '문학적 및 미술적 저작물의 보호에 관한 베른 조약'이라 한다. 1886년 스위스 베른에서 체결되었는데 일본은 1899년에 가맹했다. 저작물의 전달·이용수단의 발달과 변화에 수반하여 여러 차례 개정되어 왔는데, 개정에 가맹국의 전원 일치가 필요하기 때문에 1971년 파리에서 개정된 이래 개정되지 않고 있다. 조약의 기본 방침은 저작권 발생에 있어 무방식주의 사고방식을 취하고 있으며, 저작권의 존속 기간은 저작자의 사후 50년으로 정하고 있다. 사무국은 세계지적소유권기관(WIPO)사무국이 담당하고 있다.

1) 번역권 10년 유보

1886년 베른협약 창설 시에 번역권은 발행 후 10년이면 소멸하는 것으로 규정되었지만, 1896년 파리 추가규정은 발행 후 10년 이내에 번역 출판되지 않으면 번역권은 소멸한다고 수정했다. 일본이 가입한 것은 이 파리 추가규정이다. 이 번역권에 관한 특례는 1908년 베른개정규정으로 폐지되었지만, 파리 추가규정이 정하는 번역권 보호 기간의 특례를 계속 적용한다는 유보 선언을 하면 이 제도를 유지할 수 있게 되었다.

저작권제도심의회 제1소위원회는 1965년 보고에서 10년 유보국가는 일본 외에 태국, 터키, 유고슬라비아, 아이슬란드 4개국에 불과하고 오늘의 일본의 국제적 위상을 고려하면 장래에 번역권을 유보하는 것은 적당하지 않다고 기술하고 있다.

일본의 번역출판계는 이 제도를 통해 많은 혜택을 얻었고, 구 저작권법 전면개정 당시는 제도 유지를 위해 유보 방치를 반대하는 운동을 전개했지만 결국 번역권 10년 유보 유지 요청은 여론의 지지를 얻지 못하였고, 신저작권법 제정에 있어서 10년 유보는 포기되었다.

다만, 현행 저작권법 부칙 제8조에 따라 현행법 시행(1971년 1월 1일) 이전에 발행된 저작물에 대해서는 경과조치로서 현재도 효력을 가진다.

번역권 10년 유보에 근거한 구저작권법 7조의 발행 후 10년 이내에 번역물이 발행되지 않는 경우에는 번역권은 소멸한다는 규정의 신법에서 포기와 신법 부칙 8조와의 관계를 이해하기 위해 서적협회는 회원사들에게 주지시키는 설명 활동을 실시했다.

그 후 서적협회는 1994년 회원사를 대상으로 10년 유보의 경과 조치가 폐지될 경우의 영향을 조사하였다.

2) 미·일 간 조약

일본과 미국은 1906년 발효된 '미·일간 저작권보호에 관한 조약'에 의해 복제권의 내국민대우[9]와 번역의 자유를 정하고 있었다. 이 협약의 효력은 형식상 일본과 평화조약(샌프란시스코 강화조약) 발효 전날인 1952년 4월 27일까

---

[9] 베른조약, 만국저작권조약 등의 저작권조약은 조약 체결국이 외국인의 저작물을 보호할 경우에, 자국민에게 주어지고 있는 보호와 동등 이상의 보호를 해주어야 한다는 원칙이 있는데, 이를 '내국민대우'라고 한다(베른조약 5조 1항). 다만, 그 예외 조항으로 외국과 자국의 저작권의 보호 기간이 다른 경우, 예를 들면, 일본의 저작물은 일본보다 긴 보호기간을 정하고 있는 구미 제국에서도 일본의 보호 기간인 50년밖에 보호되지 않는다. 이를 '상호주의'라고 한다.(동 조약 7조 8호)

지 존속했다고 생각되지만, 전후 점령군에 의해 1941년 미·일 개전에 의해 실효되었다고 하며, 평화조약이 발효할 때까지 점령군에 의한 초 법규적인 저작권 행정이 이루어졌다.

일본의 저작권법 및 베른조약의 규정을 초월하여 번역권 10년 유보도 전쟁 전 미·일간 번역 자유의 원칙도 관계없이 '1950년 픽션'[10]으로 대표되는 점령 행정에 일본의 번역출판계는 혼란을 겪었다.[11]

평화조약 발효 후 1952년 4월 28일부터 4년간 잠정협정이던 미일교환공문과 부속서류로 된 미일잠정합의사항이 미일 간을 규율했다. 1956년 4월 28일 일본의 만국저작권법 가입으로 미일 잠정합의사항을 대신하여 일본과 미국은 세계저작권조약으로 상호 보호하게 되며, 또한 1989년 3월 미국의 베른조약 가입에 따라 베른협약에 의한 보호관계로 이어졌다.

3) 전시 가산

1952년 4월 28일 발효된 일본국과의 평화조약으로 통상의 보호기간에서 전시기간을 빼고 계산하는 의무를 지게 된 일본은 연합국과 연합국 국민의 저작권의 특례에 관한 법률에 의해 저작권법에 규정한 권리의 존속기간에 전시기간[12](번역권에 관해서는 다시 6개월)을 가산 할 것을 규정하고 있다. 그러나 미국에 대해서는 전쟁 이전 번역자유의 조약에 의해 번역권에 대해서는 전시가산이 필요가 없게 되었다.

4) 번역권 7년 강제 허락제도

1956년 일본이 가입한 세계저작권조약은 번역권 제한의 특례로서 조약체결국에 대해 발행 후 7년간 그 나라에서 번역물이 발행되지 않은 경우, 일정한 조건하에 강제허락제 도입을 인정하고 있다.

이에 따라 일본에서는 만국조약특례법으로 이 특례조치를 정하고 있지만, 세계조약에 의해 보호를 받고 있는 저작물이 대상이며, 베른 동맹국의 저작물에 적용되지 않는 경우도 있어 실제로 이 규정이 적용된 예는 극히 적다.

---

10) 당시의 저작권법상 보호 기간은 30년이었는데, GHQ(연합최고사령부) 명령으로 일방적으로 50년이 되었다.
11) 참고문헌: 宮田昇, 〈翻譯權の戰後史,〉, みすず書房, 1999.
12) 평화조약 체결일이 다르기 때문에 가산되는 기간은 나라에 따라 다른데, 대략 10년 5개월에서 11년 사이.

5) 양도권/讓渡權

1996년에 체결된 '저작권에 관한 세계지적소유권기구조약(WCT[13]-WIPO Copyright Treaty)'이 새롭게 양도권/讓渡權(Right of Distribution)을 규정함으로써 동조약 가입에 따라 1999년 저작권법이 개정되어 새로 양도권이 제정되었다. 이에 따라 기존 저작권법 80조 반포의 목적을 가지고 복제할 권리는 당연한 것으로서 저작물의 복제물을 출판물로 공중에게 양도하는 것이 포함된다는 해석 변경이 필요하게 되고, 출판자는 저작물의 복제권자와의 출판권설정 계약 외에 출판물의 양도에 관한 양도권자와의 계약이 필요하게 되었다. 이 때문에 서적협회는 2000년 출판계약서 표준형의 문구 수정을 실시했다.

(3) 권리 제한 규정의 개정

1) 2002년의 검토 사항과 법 개정

2002년 문화심의회 저작권분과회는 학교 등의 교육기관에서 복제, 도서관 등에서의 복제, 장애인 복지를 위한 권리 제한에 대하여 이용자로부터 권리 제한 확대 요청이 제출되었으나 권리자 단체는 안이한 권리 제한의 확대는 반대한다는 취지의 진술이 이루어졌다.

분과회의 논의와 병행하여 당사자 간 협의도 적극적으로 진행되었고 일부 법 개정내용은 이용자, 권리자 쌍방의 타협점을 찾아 법 개정을 추진한 것도 있지만, 과제가 된 항목 대부분은 다음 해로 미뤄졌다.

아래에 2003년 1월에 공표된 〈저작권분과회 보고서〉의 개요를 보자.

ⅰ. 권리 제한 개정에 관한 사항

2001년도에 '도서관 등에서의 복제' 및 '저작물 등의 교육목적 이용'에 대해 워킹그룹을 두어 권리자 측과 이용자 측 쌍방의 실태 및 제안 등을 정문하면서 논점을 정리했다. 각각의 논점에 대해서는 권리자와 이용자의 쌍방이 당사자 간 협의의 장을 두어 다음과 같은 논점에 대한 구체적인 검토를 실시했다. 쌍방의 당사자 협의는 저작권분과회위원인 가네하라유/金原優 서적협회 부이사장이 참가했다.

(ⅰ) 교육 기관에서의 복제
ⅰ) 권리 제한 확대에 관한 논점
① 수업 과정에서 허가 없이 복제할 수 있는 주체에 '학습자'를 추가할 것.

---

13) World Intellectual Property Organization Copyright Treaty의 약자로 WIPO저작권조약이라고도 표기함.

② 허가 없이 제작된 복제물을 동일한 교육기관에서 공용할 수 있도록 할 것.
③ 허가 없이 제작된 복제물을 교과연구회 등에서도 사용할 수 있도록 할 것.
④ 원격교육으로 학습할 특정 학습자의 수업을 위해 공중송신 할 수 있도록 할 것.
⑤ 원격지에 있는 사람을 대상으로 한 시험을 위해 공중송신 할 수 있도록 할 것.
⑥ 인터넷을 통한 교육성과 발신을 위해 '복제' '공중송신' '송신 가능화'를 허가 없이 할 수 있도록 할 것.

ii) 권리 제한의 축소에 관한 논점

· 저작권법 제35조에 의거한 이용에 대해서 원칙적으로 단일창구에서 보상금을 지불할 것.

이러한 논점에 대해 당사자 간의 협의 결과를 토대로 법제문제소위원회에서 검토한 결과는 다음과 같다.

i) 법 개정 방향의 제시 사항

① 수업 과정에서 허락 없이 복제할 수 있는 주체에 '학습자'를 추가

지금까지는 수업과정에서 사용을 목적으로 허락 없이 복제할 수 있는 자는 '교육을 담임하는 자'에 한정되어 있었다. 그러나 신 학습지도 요령은 학습자가 다양한 정보기기를 활용하여 주체적으로 학습을 실시하고 정보를 적절히 수집·판단·창조·발신해 나가는 것을 추진하고 있으며, 평생학습 전반에 대해 학습자의 자발성·주체성이나 정보 활용 능력의 육성이 강조되었다. 때문에 '교육을 담임하는 자'의 지도 아래 '수업' 과정에서 사용하는 경우에 한해 교육을 받는 학생들도 허락 없이 복제할 수 있도록 하는 것이 적당하다는 것이다.

또한 당사자 간의 협의는 개정법 시행까지 이용자 측의 협력을 얻으면서 권리자 측에서 제35조 단서에 있는 '저작권자의 이익을 부당하게 해치는 경우'에 해당하는지 여부의 가이드라인을 작성하기로 했다. 이 '35조 가이드라인'[14])은 교육기관 측과의 합의에 의한 공표를 목표로 했지만 몇 가지 점에 합의가 이루어지지 않았기 때문에 결국 권리자 측의 의사를 제시하는 선에서 권리자 측 9개 단체로 구성하는 '저작권법 제35조의 가이드라인 협의회'에 의해 2005년 3월 공표되었다.

---

14) '학교, 기타 교육기관에서 저작물의 복제에 관한 저작권법 제35조 가이드라인'(2004년 저작권법 제35조 가이드라인 협의회)

② 원격교육에서의 특정 학습자의 수업의 공중송신 가능

　지금까지는 허락 없이 이용할 수 있는 이용 형태는 '복제' 및 '양도'에 한정되어 있었다. 그러나 예를 들어 대학·학교 등의 '원격수업' '합동수업' 등의 주회장/主會場에서 복제·배포되는 교재를 위성통신·인터넷 등에 의해 송신할 필요가 있으며 이 때문에 영리를 목적으로 하지 않는 교육기관이 특정 학생을 위해 수업을 중계할 경우, 제35조의 규정에 의하여 복제한 저작물 등을 해당 특정 학생들을 위하여 실시간 송신할 수 있도록 하는 것이 적당하다고 하였다.

③ 원격지에 있는 자를 대상으로 시험하기 위한 공중송신 가능

　지금까지는 타인의 학식과 기능에 관한 시험 또는 검정을 할 때, 저작물을 허락을 얻지 않고 사용할 수 있는 이용 형태는 '복제'와 '양도'에 한정되어 있었다. 그러나 원격 교육 등의 경우 인터넷을 이용하여 시험을 실시하는 것이 가능하게 되었고, 이러한 경우에 대처하기 위해 시험 또는 검정의 문제로 저작물을 '공중송신' 및 '송신가능화' 할 수 있게 함이 적당하다고 하였다.

　ii) '인용'의 범위 명확한 대응 사항

　다음 사항은 인용에 관한 권리 제한에 대부분 대응할 수 있다고 생각되기에 관계자간의 협력으로 인용에 해당하는 범위를 명확히 하는 것이 적당하다.

① 교과연구회 등의 저작물 사용
② 학교 홈페이지 등의 저작물 이용

　iii) 관계자 간 협의 사항

　다음 사항은 당사자 간 협의결과를 보면서 필요한 검토를 실시하도록 하였다.

① 허가 없이 제작된 복제물을 동일한 교육기관에서 공유하도록 힐 것
② 법 제35조 규정에 의한 이용에 대해서 원칙적으로 보상금 지불이 필요하게 됨

　(ii) 도서관 관계의 권리 제한의 개선
　i) 권리 제한의 확대에 관한 논점

① 도서관이 허락 없이 공중송신하여 복제물을 제공 할 수 있도록 하는 것.
② '구입 곤란한 도서관 자료'를 허락 없이 복제 할 수 있도록 하는 것.
③ '재생수단'의 구입이 곤란한 도서관 자료를 보존하기 위해 복제가 가능하게 하는 것.
④ 도서관에서 시각장애인을 위해 '녹음도서'를 만들 수 있도록 하는 것.

⑤ 도서관에 설치된 '인터넷 단말기'에서 이용자가 저작물을 '인쇄'할 수 있도록 하는 것.
⑥ 도서관 내에서 송신을 목적으로 도서관 자료를 '데이터베이스화'할 수 있도록 하는 것.
(그 후 법제화를 요구하지 않기로 하여 도서관 측이 철회)

ⅱ) 권리 제한 축소에 관한 논점
① 상업 목적의 '조사 연구' 목적인 복제를 권리 제한 대상에서 제외하는 것
② 도서관 자료의 대출에 대해 보상금을 부과하는 것
③ 도서관 등에서 이용자의 요구에 응한 복제에 대해 보상금을 부과하는 것
④ 공중용으로 제공하는 복사기를 이용한 사적사용의 복제를 권리제한의 대상에서 제외하는 것
⑤ 도서관 등에서 비디오를 상영하는 것에 대하여 권리제한 대상에서 제외하는 것

이러한 논점에 대해 당사자 간의 협의 결과를 토대로 법제문제소위원회에 검토한 결과는 다음과 같다.

ⅲ) 법 개정 방향의 검토 사항
① 재생수단의 입수가 곤란한 도서관자료를 보존하기 위한 복제가 가능하도록 하는 것

기록을 위한 기술·매체의 급속한 변화에 따라 예를 들어 SP 레코드처럼 매체의 내용을 재생하는 데 필요한 장비가 시장에서 입수 곤란하게 되어 매체를 변경하지 않으면 사실상 열람이 불가능한 상태가 생기고 있는데 이러한 매체변환은 권리자의 이익을 부당하게 침해한다고 간주할 수 없으므로 일정한 조건하에 무 허락으로 할 수 있도록 하는 것이 정당하다고 보았다.

② 도서관 등 공공시설에서 영화저작물을 상영하는 데에 대한 권리제한의 대상에서 제외하는 것

이 사항에 대해서는 공공시설 전반에 관련된 사항이므로 "도서관 등 공공시설의 영화저작물 등의 상영"으로 검토하였다.

현행법에서는 저작물을 비영리·무료·무보수로 상영하는 것은 허락이 불필요하다. 그러나 지금은 누구나가 간단하게 비영리·무료·무보수 상영이 가능한 것에서 공공시설 등으로 실시되는 비영리·무료·무보수의 상영이 상업적 상영과 경합하고 있다는 지적이 있다.

또한 이 규정은 베른협약 의무와의 관계 상, 대상이 되는 행위의 범위를

검토할 필요가 있다. 그러나 그 경우에도 상업적인 영화 상영 등과 경쟁이 적다고 생각되는 정지화의 상영, 교육기관의 수업에서 상영, 재판절차나 입법·행정 목적을 위해 필요한 상영 등에 대해서는 계속 허락 없이 시행할 수 있도록 하는 것이 타당하다고 보았고, 또한 도서관 등 공공시설에서의 비영리·무료·무보수 상영에 대해서는 상업적인 영화 상영과 경합하지 않는 범위에서 권리자의 허락을 얻어서 가능한 한 실시하는 것이 바람직하다고 보았다.

③ 도서관 자료의 대출에 대해 보상금을 부과하는 것

'영화 저작물'의 비영리·무료 대여에 대하여 이른바 '공대권/公貸權' 부여 제도가 있지만 일반도서 등의 저작물은 이 같은 보상금 제도는 없다. 그러나, 도서관의 증가, 도서관의 대출 수의 증가 등으로 책의 구입이 도서관에서의 대출로 대체되는 경향이 강해지고 있으며, 저작권자의 이익에 손해가 커지고 있다는 것을 이유로 도서관 자료의 대출에 대해 보상금을 부과하는데도 같은 제도를 도입해 달라는 요청이 권리자 측에서 나왔다.

이 점에 대해서 비영리·무료대여에 관련된 보상금제도의 대상을 향후 '서적 등'으로 확대한다는 방향성에 기본적으로 반대는 없었다. 그러나 우선은 당사자 쌍방에 의한 구체적인 제도적 방안에 관한 검토를 지켜보기로 하였다.

iv) '의사 표시' 시스템의 대응 사항

다음 사항은 관계자 간의 협력에 기초한 저작자의 '의사표시' 시스템으로 대응할 수 있는 것으로 고려된다.

① 입수 곤란한 도서관 자료에 게재된 저작물의 전부를 복제할 수 있도록 하는 것.
② 도서관 등에서 시각장애인을 위해 녹음도서를 작성할 수 있도록 하는 것.
③ 도서관 등에 설치된 인터넷 단말기에서 이용자가 저작물을 인쇄할 수 있도록 하는 것.

v) 계속 관계자 간의 협의할 사항

다음 사항은 당사자 간 협의를 계속하고 그 결과를 기다려 필요한 검토를 하기로 하였다.

① 공중용으로 제공되는 복사기를 이용한 사적 사용의 복제를 권리 제한에서 제외하는 것.
② 도서관 등이 팩시밀리 등의 공중송신을 통하여 복제물을 제공할 수 있게 하는 것과 "이용자의 요구에 응하여 도서관이 이용자의 대리인으로서 다른 도서관에 도서관 자료의 복제를 의뢰한 경우, 해당 도서관 사

이에서 팩시밀리 등에 의한 공중송신을 하는 것을 권리 제한의 대상에 추가하여 법 개정을 지지하는 문제"에 대하여 당사자 간의 의견 일치를 보았지만 법제 문제 소위원회에서는 법 개정 문제의 결론에 이르지 못했다.

③ 상업적인 목적인 '조사 연구'를 목적으로 이용자가 복제를 요구한 경우에 권리 제한 대상에서 제외할 것.

④ 도서관 등에서 이용자의 요구로 하는 복제에 대한 보상금을 부과할 것.

⑤ 도서관 등에서도 시각장애인을 위해 예외적으로 허락을 얻지 않고 녹음도서를 만들 수 있게 하는 것.

(ⅲ) '확대교과서' 관련 권리 제한 규정의 개선

검정교과서를 작성하는 경우에 대해서는 일정 금액의 보상금을 지불하면 저작권자의 허락을 얻지 않고 기존 저작물을 게재할 수 있다. 이 외에도 약시/弱視 학생을 위한 '확대교과서' 작성의 경우도 일정 금액의 보상금을 지불하면, 기존의 저작물을 게재할 수 있도록 하고 자원봉사자가 비영리·무료로 양도하는 경우에는 보상금의 지불을 면제하는 것이 타당하다고 하였다.

2) 2005년의 검토 사항

문화청 문화심의회 저작권분과회는 2005년 1월 '저작권법에 관한 향후 검토 과제'를 취합했지만 동 분과회 법제문제 소위원회는 그 중 긴급 검토를 요하는 과제로 '권리 제한 개선'과 '사적 녹음 녹화 보상금 개선'을 상정하고 같은 해 8월 소위원회의 심의 결과의 공표와 그에 대한 각계의 의견 청취를 거쳐 2006년 1월에 〈저작권분과회보고서〉를 발표하였다.

권리제한규정의 재검토는 출판자가 입는 경제적 영향이 커서 심의 과정에서 출판계가 적극적으로 의견을 개진했다. 그 내용은 출판계가 놓여 있는 입장을 아주 명확하게 반영하고 있는데 조금 자세히 여기에 기록하여 놓는다.

권리 제한의 검토 사항과 보고서의 결론 및 검토 사항에 대한 서적협회 의견의 개요는 다음과 같다.

ⅰ. 저작권법 개정 요구 및 저작권분과회의 검토 결과

(ⅰ) 특허심사 절차 관련 권리 제한

① 비특허문헌[15]을 출원인에게 송부하기 위하여 심사관이 복제.

---

15) 특허문헌(특허공보에 게재) 이외의 특허심사 절차에 사용된 문서의 총칭. 구체적으로는 논문, 서적, 팸플릿, 매뉴얼, 신문 등.

② 심사관들의 서류 제출의 요구에 응하기 위하여 비특허문헌의 출원인에 의한 복제에 대하여.
③ 특허청의 선행기술문헌(비특허 문헌)의 제출에 의한 정보 제공을 위한 복제에 대하여.
④ 비특허문헌을 출원·심사 정보의 일환으로 전자적으로 보존하기 위해 특허청이 행하는 복제에 대하여.

이상의 검토 결과 : 모두 권리 제한 조치를 강구하는 것이 적당하다는 의견이 다수

(ii) 약사 행정 관련 권리 제한
① 승인·재심사·재평가제도에서 신청서에 연구논문 등을 첨부하기 위해 연구논문을 복사하여 국가에 제출하는 것에 대하여.
② 부작용·감염보고제도, 치료 부작용보고제도에서, 연구논문 등을 복사하여 국가에 제출하는 것에 대하여.
③ 의약품 등의 적정 사용에 관한 정보 제공을 위해 의약품 제조업자가 관련된 연구논문을 복사하고 의료기관에 정보를 제공하는데 대하여.

이상의 검토 결과: ①, ②는 권리 제한이 적당하다고 하는 의견이 다수. ③에 관해서는 의약품 등의 적정 사용에 필요한 정보 제공을 위한 복사 실태를 충분히 고려하고 저작권자 등의 영향을 감안하여 적절한 조치를 계속 검토하는 것이 적당

(iii) 도서관 관련 권리 제한
① 법 31조 '도서관자료'에 다른 도서관에서 차용한 자료의 포함 여부에 대하여.
② 도서관 등 사이에 팩시밀리, 전자우편 등을 이용하여 저작물의 복제물을 송부하는 것에 대하여.
③ 도서관 등에서 조사연구 목적으로 인터넷 정보를 인쇄하는 것에 관하여.
④ 재생 수단의 입수가 곤란한 도서관자료를 보존하기 위한 복제에 관하여.
⑤ 관공서 작성 홍보자료, 보고서 등의 모든 부분을 도서관 등이 복사 제공하는 것에 대하여.
⑥ 장애인을 위한 복제 등에 대해 점자 도서관의 복제는 녹음에 국한하지 않으며, 이용자를 시각장애인에 한정하지 않고, 대상 시설을 시청각 장애인 정보 제공 시설 등에 한정하지 않을 것, 시각장애인을 포함한 독

서 장애가 있는 사람의 이용을 제공하기 위하여 공표된 저작물의 공중송신을 인정하는 것에 대해서.

이상의 검토 결과 : ①, ②는 권리자 단체와 도서관 단체와 당사자 간 협의를 거쳐 검토. ③, ④, ⑤에 대하여는 향후 필요에 따라 검토. ⑥은 도서관 관계자로부터 보다 구체적인 제안을 기다려 검토.

(ⅳ) 장애인 복지 관련 권리 제한
① 시각장애인 정보제공시설에서 공표된 녹음도서의 공중송신에 대하여.
② 청각장애인 정보제공시설에서 공표된 저작물(영상에 의한 것)의 수화나 자막에 의한 복제에 대하여. 또 수화 및 자막에 의해 복제된 저작물(영상에 의한 것)의 공중송신에 대하여.
③ 청각장애인을 위한 자막에 관한 번안권의 제한과 관련하여 지적장애인이나 발달장애인도 알 수 있게 번안(요약 등)하는 데 대하여.
④ 사적사용을 위한 복제는 해당 저작물을 사용하는 자가 할 수 있지만, 시각장해자 등은 스스로 복제할 수 없으므로, 일정한 조건을 충족하는 제3자가 점자, 녹음 등의 형식으로 복제하는 것에 대하여.

이상의 검토 결과 : ①은 요청 취지에 따라 권리 제한을 인정하는 것이 타당, ②, ③은 제안자의 취지의 명확화를 기다려 다시 검토, ④는 문제점 정리한 후 다시 검토

(ⅴ) 학교 교육 관련 권리 제한
① e-러닝이 추진될 수 있도록 학교 및 기타 교육기관(영리목적으로 설립된 것을 제외)의 수업 과정에서 사용할 목적의 경우, 필요하다고 인정되는 한도 내에서 수업 받는 자에 대한 저작물을 자동공중송신(송신가능화를 포함)에 관하여.
② 법 35조 1항 규정에 의하여 복제된 저작물에 대해서는 '해당 교육기관의 교육 과정'에서 사용할 수 있게 함과 동시에 교육 기관의 서버에 축적하는 데 대하여.
③ 동일 구내에서 무선 LAN에 대해서 유선 LAN과 마찬가지로 공중송신에 해당하지 않도록 하는 데 대하여.

이상의 검토 결과 : ①, ②구체적 제안을 기다려 검토. ③공중 송신에 해당하지 않게끔 하는 것이 타당.

ii. 서적협회 의견

권리자의 권리 제한은 공공의 이익과 권리자의 이익 모두를 감안하여 판단해야 할 것이지만, 이번 개선 심의에서 공공의 이익이 선행하여 권리자에 대한 배려가 충분하지 않다. 출판물은 원래 공공의 이익을 목적으로 한 상황에서 유상으로 이용하는 것을 목적으로 출판된 것이 존재하고 있는데, 그러한 것까지 무상복제를 인정하는 것은 해당 저작물의 정상적인 이용을 방해하는 것이며, 베른조약에 저촉될 우려가 있다.

출판물 복제에 관해서 3개 복사권관리단체가 존재하고 원활한 이용 시스템이 이미 가동하고 있으며, 무상 이용을 법제화하지 않으면 공공복지에 지장이 생기는 상황은 아니다.

ⅰ) 특허심사 및 약사 행정 관계

학술 논문지는 연구정보의 전달을 목적으로 하고 있으며, 심사 절차 및 행정의 신속화라는 이유로 논문지의 자유로운 복제가 인정된다면 출판사가 받는 영향은 아주 크다. 제약기업이 행하는 논문 복사 제공 건수는 연간 수백만 건, 수천만 페이지에 이른다고 한다. 영리회사인 제약기업이 저작인, 출판인 희생의 무상복제를 인정하는 것은 공정성이 결여된 것이다.

ⅱ) 도서관 관계

다른 도서관 자료의 대출이 출판물의 공동이용 확대로 이어지지 않도록 하기 위한 운영 기준이 필요하다. 도서관 간의 저작물의 복제송신은 권리자가 받을 영향을 고려하여 반대한다. 인터넷 정보 출력은 도서관만의 문제가 아니어서 신중한 검토를 요한다. 재생 수단으로 입수 곤란한 자료의 복제는 일정 조건을 준수한다면 이론이 없다. 관공서 자료의 전 부분 복사는 관공서측이 그 취지를 표기하면 되는 것이므로 법 개정의 필요는 없다. 장애인 복지에 반대하는 것은 아니지만, 제안은 정상인의 이용에 제공되지 않는다는 보장이 없다. 비영리 서비스일 것, 장애인 범위의 명확화, 기존 사업을 침해하지 않는다는 조건이 필요하다.

ⅲ) 장애인 복지 관계

장애인의 특성과 그 범위 내 이용이 담보되고, 기존의 사업을 침해하지 않는 조건이라면 반대할 이유가 없다. 사적 복제에 대해서 복제 행위가 비영리와 무상으로 장애인 본인의 이용에 한한다면 반대할 이유 없다.

ⅳ) 학교 교육 관계

e-학습 및 교육기관 내 서버 축적에 관하여 유상의 것과 이용을 거부하는

것을 제외한다고 전제한다면 특히 반대할 이유는 없다. 동일 구내의 무선 LAN을 공중송신에서 제외하는 데 이론은 없다.

이와 같이 요즈음 저작물의 원활한 이용을 촉진하기 위한 이유에 따라 이용자 측에서 여러 가지 장면에 저작권의 제한규정 확대에 관한 요청이 제출되었고 이후에도 그런 경향은 계속될 것이라고 생각된다. 이에 대하여 출판계는 저작물의 이용은 저작물의 창조·전달에 관련된 자의 권리를 제한할 것이 아니라, 적절하고도 간편한 허락 시스템을 만들어 시행할 필요가 있다는 입장을 일관하여 표명하고 있다.

2. 출판인의 권리와 복사 등 권리의 처리

(1) 출판인 고유권리의 창설

1) 저작권심의회 등의 논의/복사·복제문제

1970년대에 들어서 복사기기의 발달·보급[16]으로 출판물이 무단 복사가 증가하여 저작권자와 출판자의 이익에 큰 영향을 미치게 되었다. 이에 대해 저작권심의회는 1976년 9월 제4소위원회[17] 보고서에서 ①저작권 사상 보급의 철저, ②집중적 권리 처리기구[18] 설립과 포괄허락제의 도입 등을 제언했다.

1970년 저작권법 전면 개정을 심의한 중참의원 문교위원회는 각각 저작물 이용수단의 개발이 급속히 진행되고 있어 조속히 검토해야 할 새로운 과제로 이를 저작권심의회가 대처해야한다는 부대결의를 했다. 이에 따라 저작

---

16) 제4분과위원회에 의하면 1975년 복사기기의 판매대수는 지아조식 약 10만 대 및 정전식 약 30만 대(그 중 간접방식은 약 13만 대)이지만, 이후 수요예측에서는 보급률의 상승이 예상되며, 또한 1972년 복사기기에 의한 복사매수는 약 250억 장, 1973년은 약 300억 장으로 추계된다. 그리고, 1980년대에 이르면 복사기기의 출하대수는 1988년에는 66만 대가 되고, 1980년의 26만 대(전사업소)의 거의 2.5배가 되었다. 복사용지의 추정소비량도 780억 장에 달하고, 1980년과 비교해서 75%의 증가가 되었다(제8소위원회 보고서에서).

17) 제4분과위원회에는 서적협회 시모나카 쿠니히코/下中邦彦 이사장과 사사키 시게루/佐々木繁 전무이사가 위원으로 참여했다. 그 외, 출판 관계로는 스즈키 토시오/鈴木敏夫(일본출판학회 상임이사), 미노와 시게오/箕輪成男(전 도쿄대학출판회 전무이사)가 참가했다.

18) 영어는 collective administration society. 복제권리처리에 한정해서 reproduction rights organization 일반적으로 부르는데 약칭은 RRO. 권리자로부터 저작권 등의 권리를 위탁받은 권리자를 대신하여 이용자와 체결할 권리계약에 기초하여 복제사용료를 징수하고 권리자에게 분배하는 것을 업으로 하는 단체. 1990년 설립된 일본복사권센터(1998년 사단법인화)와 2002년 설립된 ㈜日本著作權出版權管理시스템, 學術著作權協會 등이 있다.)

권심의회는 컴퓨터 관계, 비디오 관계에 이어 1974년 7월, 복사복제문제에 관한 제4분과위원회를 설치하고, 1976년 9월에 보고서를 정리하고 있다. 이 소위원회의 목적은 "복사기기의 보급에 따라 사회전체의 복사복제의 총량은 가속도적으로 계속 증가하고 있다. 따라서 저작물의 창작자인 저작자 및 저작물의 전달에 중요한 역할을 하고 있는 출판자의 경제적 이익이 부당하게 침해될 가능성이 커지고 있다."고 하면서 대응을 검토하는데 있었다.

복사복제문제는 국제적으로는 이미 1961년 UNESCO[19]와 베른 동맹 합동회의에서 검토가 시작되어 수차에 걸친 결과, 1975년 6월 워싱턴 결의가 채택된 바 있다.

제4분과위원회의 검토는 이러한 국제적 동향을 배경으로 한 것이다. 위원회는 이 문제를 사적 사용 및 기업, 연구기관, 도서관, 교육기관 등에서 이뤄지는 복사에 대해 검토하고, 보고서에서 집중적 권리 처리기구와 포괄적 허가제의 필요성을 설명하고 아웃사이더 대응책으로 신중한 검토를 필요로 하면서도 강제허락제·법정허락제 및 기기과징금제도도 언급하였는데 위원회의 결론은 다음과 같았다.

"이 문제는 복제권이라는 저작권의 기본적 권리의 있음직한 모습에 관련된 것이며 저작권 제도의 근간에도 관련된 문제이기도 하므로, 그 해결책에 대해서는 신중한 배려가 필요하다. 이후 기기의 진보와 보급 상황은 유동적인 요소가 많고 현 단계에서 명확한 전망이 없는 상태에서 제도를 개정해도 실효를 거둘 수 없는 가능성이 다분히 존재한다. 각국의 동향을 보아가면서 연구를 진행하는 것이 바람직하다."

또한 '저작권의 집중처리에 관한 조사연구 협력자회의'[20]가 1980년 11월에 설치되었는데 동 회의에서 1984년 4월 보고서를 공표했다. 여기에서는 ①긴급성이 높은 학술출판물을 중심으로, ②저작권자가 처리기구에 권리를 위탁하는 방법으로, ③저작자단체와 출판자단체가 협의 협력하여 기구를 설립하고, ④포괄허락제에 의한 권리처리를 시행하도록 제언하였다.

2) 저작권 집중 처리 관련 조사연구협력자회의/복사 문제

1976년 9월 제4소위원회보고를 받고 문화청은 1980년 11월 '저작권 집중처리에 관한 조사연구협력자회의'를 설치했다. 같은 해 4월 서적협회는 문화청 장관에 '복사복제에 관한 저작권법 개정에 대한 요청서'를 제출했다.

---

19) United Nations Educational, Scientific, and Cultural Organizationd의 약자.
20) 협력자회의에는 미사쿠타로/美作太郎 서적협회 상무이사(新評論)가 위원으로 참가했다.

이 조사연구협력자회의는 "복사 분야의 저작권 집중처리의 구체적인 방안에 대해 학계 연구자의 협력을 얻어 조사연구를 실시하고 그 결과를 저작자, 출판자, 저작물 이용자 등 관계자에 제언하기 위하여 설치된" 것으로, 1983년 6월에 중간보고를 공표하고, 같은 해 10월 관계 단체의 의견 청취를 거쳐 1984년 4월에 보고서를 발표하였다.

저작자단체와 출판자가 협력하여 집중적 권리처리기구 설립을 제언했는데, 보고서에는 출판자의 권리에 관해 "출판자가 저작물의 전달에 중요한 역할을 담당하고 있다는 점에서 사용료 분배에 있어서도 출판자의 이익이 고려될 필요가 있다. 그럴 경우 출판자가 일정한 지위를 가지고 기구에 참여할 수 있어야 업무 운영이 원활할 것으로 생각된다."고 기술하고 있다.

3) 제8소위원회/출판자의 권리 관계

저작자의 권리와 출판자의 권리가 양쪽의 톱니바퀴가 되어야 복사에 대한 권리처리기구가 원활하게 기능할 수 있다는 구상으로 출판자의 권리문제를 검토하기 위하여 1985년 9월에 설치된 것이 저작권심의회 제8소위원회이다.

출판계에서는 집중적 권리처리를 할 경우 저작권자의 권리 위탁을 받는 것뿐만 아니라 출판자가 출판물 발행을 통하여 출판자 자신의 고유 권리를 가질 필요가 있다는 인식 하에 "출판자의 권리" 창설을 요구하였고 이에 따라 저작권심의회 제8소위원회가 1985년 9월에 심의를 시작하고 1990년 6월 보고서를 공표했다. 그 내용은 다음과 같다.

① 권리의 종류는 저작 인접권으로 한다.
② 보호되는 출판자는 발의 및 책임을 가지고 출판물의 기획에서 발행에 이르는 전체의 활동을 하는 자를 말한다.
③ 보호내용은 판면 복사기기 및 사진기기에 의한 복제 활동으로 하며, 전자매체의 이용에 대해서는 향후 검토과제로 한다.
④ 권리행사 방식은 관리단체에 의해 저작권과 일체로서 권리행사를 한다.
⑤ 보호기간은 30년(당시 저작인접권의 보호기간).

그러나 이 보고서 내용은 법 개정으로 이어지지 않았다. 제8소위원회의 심의과정에서 경제단체연합회를 중심으로 하는 산업계에 출판자에게 저작인접권을 인정하는 데 대해 강력한 반대의견이 있었기 때문이다.[21]

---

21) 1988년 10월에 제8소위원회의 중간보고서가 나오자 경단련/経団連은 출판자 권리 창설에 반대하는 소책자를 만들어 법제화에 반대 태도를 선명하게 하였다. 이에 대해 출판 4개 단체는 "출판문화의 유지·발전을 위하여 '출판자의 권리' 법제화가 필요합

4) '판면 관련 출판자협의회'의 설립

제8소위원회의 위원으로 미마사카 타로/美作太郎 씨(新評論) 및 이마무라 히로시/今村廣 서적협회 상임이사(偕成社)가 취임하였는데, 이마무라는 얼마지나지 않아 서적협회 저작·출판권위원회 부위원장인 토요다 키이치/豊田亀市(小学館) 씨와 교대하였다. 뒤에 토요타는 야마시타타츠미/山下辰巳 잡지협회 저작권위원장(德間書店)이, 미마사카는 츠바키타카오/椿孝雄 서적협회 상임이사(医学書院)로 교대되었다.

출판계에서는 제8소위원회의 검토에 대응하기 위해 서적협회, 잡지협회, 출판아즈사회/出版梓會, 자연 과학서적협회의 4개 단체로 구성한 '판면에 관한 출판자협의회'(약칭:版面協)가 1985년 발족하여 고바야시타케히코/小林武彦(光文社)가 회장으로 선임되었다. 출판계는 판면협을 중심으로 하나가 되어 출판인들의 권리 법제화를 추진했다.

(2) 복사에 관한 집중적 권리 처리기구의 설립

1) 복사기 보급 따른 저작자와 출판인에의 영향

출판자 고유의 권리를 창설하려는 운동과 표리 관계가 있는 것이 복사복제문제이다. 출판자권리 창설을 위한 활동을 하는 한편, 출판자의 권리가 인정될 때 권리를 집중적으로 처리할 처리 기구의 모습을 검토하기 위해 1984년 6월에 서적협회 내에 집중적권리처리기구실행위원회가 설치되었다. 실행위원회는 1986년 6월에 '저작권의 집중처리기구의 개요-기구설립을 위한 시안'을 정리 발표했다.

이 무렵 일본공학회에서도 집중적 처리기구에 대한 연구를 진행하고 있었으며 1985년에는 '복사에 관한 집중적 권리처리의 개요(시안)'를 발표했다. 이 두 단체의 집중적 권리처리 기구에 대한 연구를 결합하여 광범위한 저작자를 대상으로 하는 처리기구 설립을 목적으로 1986년 12월 '저작권의 집중적 처리 기구에 관한 간담회'[22]가 발족했다.

니다'라는 전단지를 만들어 널리 배포했다. "출판문화의 유지·발전을 위하여 '출판자의 권리' 법제화가 필요합니다."(1989년 1월)

[22] 간담회에 참석한 것은 호소단체인 일본서적출판협회, 일본공학회 외에 일본문예가협회, 일본음악저작권협회, 일본저작자단체협의회 등 저작자단체, 일본의학회, 일본약학회, 일본심리학회, 화학관계학협회연합협의회 등 학협회, 일본잡지협회, 출판아즈사회/出版梓會, 자연과학서협회 등 출판단체의 총 16개 단체였다. 위원장에는 일본공학회 칸모리 오히코/神森大彦가 선임되었다.

복사 기기의 보급에 따라 출판 복사 복제 사용의 증대가 저작자 및 출판자에 대하여 간과하기 어려운 영향을 미치고 있는 상황을 구제하기 위해서는 기업 등에 업무용 복제에 대한 복제 허락과 사용료를 징수하는 시스템의 구축과 출판자들에게 사용료의 분배를 받기 위한 법적 지위를 인정하는 것이 필요했다[23].

출판자의 법적지위 확립, 즉 출판자 고유의 권리 확립을 위한 운동에 대해서 이 장 1절 및 3절을 참조하기 바란다. 여기에서는 저작권법상, 권리행사의 대상이면서 권리행사 체제가 없어서 사실상 방임되어 온 기업·단체의 저작물 복사복제 문제를 어떻게 처리할 것인가, 이 기구 설립 경위를 언급하고자 한다.

2) 집중권리처리기구의 설립

문화청의 심의에 호응하여 서적협회, 일본공학회는 각각 독자적으로 집중적 처리기구에 대한 연구를 거듭해 왔는데, 두 단체는 1987년 3월에 '저작권의 집중처리 관리기구 설립 준비위원회'를 발족시켰다. 이 준비위원회는 출판단체, 학협회(학회 및 학술협회의 총칭), 저작자단체와 학계전문가 20명으로 구성되어 같은 해 4월에 제1차 회의를 개최하였다. 준비위원회에 업무전문위원회(권리처리와 사용료의 두 분과회를 설치)와 총무전문위원회를 두고 검토를 시작했다. 동시에 서적협회에서도 '집중적 처리기구문제 대책특별위원회' 설치하였다.

준비위원회는 처리 기구의 설립 발기인회를 위해 준비를 거듭해 1988년 10월 17일, 일본복사권센터 설립발기인회가 발족했다.

출판자와 학협회를 중심으로 하는 복사권센터 설립 준비 작업은 실행위원회의 작업소위원회가 중심이 되어 진행하여 1989년 6월 홍보 팸플릿 '일본복사권센터 개요'를 만들어 숙지시키는 활동을 전개함과 동시에 센터 정회원 후보 단체와 경제 단체, 도서관 관계자와의 설명회·협의 모임을 갖고 1990년 2월, 발기인회는 문화청에 법인 설립 예비심사 신청서류(설립취지서, 정관, 권리위탁약관, 복사이용규정, 사용료분배규정, 수입지출시산안)를 제출했다.

한편, 집중처리기구의 설립 준비와 병행하여 출판자의 권리문제, 즉 출판

---

[23] 위법복사 대책을 세우는 데에 큰 계기가 된 것에 '사사츠카/笹塚 비즈니스 카피' 사건이다. 동사는 고객에게 주문을 받고, 의학서 등의 고가의 전문서의 복사를 허락을 받지 않고 작성하고 판매했다. 이에 대해 자연과학계 출판사가 중심이 되어 증거보전의 가처분신청을 1985년 2월에 실시한 결과, 동사는 저작권침해 사실을 인정해 폐업했다.

물의 판면 권리에 대한 출판자로서의 대응은 서적협회, 잡지협회, 자연과학서협회, 출판아즈사회의 4개 단체로 구성된 '판면에 관한 출판단체협의회'(판면협)가 1985년 9월에 발족하여 제8소원회와 집중처리기구의 준비 동향을 살피면서 연구를 거듭해 왔다. 출판자에 저작인접권/著作隣接權을 부여하는 것이 타당하다고 하는 1990년 4월 제8소위원회 결론의 법제화가 곤란해진 사태를 맞아 권리를 갖지 못한 출판자 단체가 권리의 집중처리기구에 참가하는 것은 문제라는 의견이 경단련 등에서 나왔기 때문에 복사권센터는 복사에 관한 저작권 단체가 구성하게 되었다.

이에 따라 판면협은 저작권자로부터 각 출판자가 복사에 관한 권리 위탁을 받아 그 권리 취급 단체로 '출판저작권협의회'를 설립하기로 하고, 서적협회, 잡지협회, 자연과학서협회, 출판아즈사회, 일본도서교재협회, 일본전문신문협회, 일본악보출판협회의 7개 단체가 가입, 1990년 12월 설립총회가 개최되었다.

같은 시기, 학협회/學協會가 독자의 권리 처리를 할 수 있도록 '학저협/學著協[24] 저작권집중처리 시스템'을 발족시킴에 따라 1991년 2월 복사권센터 설립 준비 작업은 권리자 단체인 출저협·학저협·일본저작자단체협의회의 3자 사이의 구체적 협의에 맡기게 되고, 복사권센터 발기인회 준비위원회는 그 역할을 마무리했다.

복사권센터는 1991년 4월 1일 발족할 예정이었지만, 바로 앞서 학저협이 불참을 표명했다. 따라서 문화청장관이 사태 타개를 위한 중재안 '일본 복사권센터의 설립에 대해'를 제시하고, 이에 따라 4월 전 단계로서의 '저작자·출판자복사권집중처리센터'를 발족시키고 7월을 목표로 복사권센터를 발족시켜 그 시점에 집중처리센터의 업무를 이관하고 처리센터는 해산하기로 하였고, 학저협은 조속한 시기에 복사권센터에 복사 취급을 위탁하는 절차를 취하게 되었다.

5월에는 센터설립 발기인회 간사회 안에 소위원회(테라지마아키코/寺島アキ子 좌장)를 두어 통일적인 센터 설립에 관한 논의를 시작했다. 이 회의는 문화청 회의실에서 저작권과 입회아래 개최되어 복사권센터의 정관과 제규정에 덧붙여 실제 운영에 관한 양해각서의 검토를 했다. 7월부터는 소위원회는 경단련 복사문제 워킹그룹 간의 사이에서 복사 사용료의 산정 방법, 계약 방법

---

24) 학협회저작권협의회는 (사)일본공학회, (사)일본치과의학회, (사)일본농학회, (사)일본약학회에 의해 1989년 2월에 발족했다. 1999년 학술저작권협회로 개칭하고 2003년 4월에 유한책임 중간법인화로 탈바꿈했다.

등에 대한 논의를 시작했다. 이러한 관계자의 노력의 결과, 일본복사권센터는 마침내 1991년 9월 30일 설립총회를 개최할 수 있었다. 설립시의 회원은 13개 단체[25]였다.

(3) 출판인 권리 법제화 노력

1) 제8소위원회 이후의 움직임

1990년의 제8소위원회의 결론인 법제화가 진행되지 않는 상황이며, 출판계는 기회 있을 때마다 출판자 권리의 필요성을 호소해 왔다.

· 1992년 12월/ 출판자 권리의 법제화, 부칙 5조의 2의 삭제에 관한 요청서 (서적협회, 잡지협회, 자연과협, 아즈사회 연명으로 문화청장관 앞)

· 1993년 10월/ 출판자의 보호(유선송신, 방송, 전자매체의 입출력, 복사기기에 의한 복제 이외의 출판물의 판면 이용, CD-ROM 등의 전자 매체 또는 통신회선 등을 통해 출판물의 공중에 대한 전달), 부칙 5조의 2 삭제, 기타 제한 규정의 재검토(서적협회의 저작권심의회 제 1소위원회 앞)

· 1995년 4월/ 출판자의 권리(복사기기 등에 의한 복제, 전자 매체의 입출력, 방송 및 유선방송에 의한 출판물에 고정된 정보 이용에 대해 출판자들에게 권리를 인정하는 것, 권리의 성격은 허락권으로 하되 집중적으로 관리하는 것이 적합한 경우에는 보수청구권 또는 보상금을 대상으로 한다.) 기타 소위원회 검토 항목에 대한 의견(서적협회의 저작권심의회 멀티미디어 소위원회 워킹 그룹 검토 경과보고에 대한 의견서)

· 1996년 6월/ 출판자의 권리 법제화, 부칙 4조의 2 및 5조의 2의 폐지, 보호기간 연장, 기타(서적협회 저작권법 개정 검토 항목에 관한 의견서)

· 1998년 5월/ 출판자의 법적보호 (멀티미디어 소위원회 복제검토반 청문회)

· 1998년 10월/ 출판자의 권리 법제화(서적협회·잡지협회, 복사권센터의 법인화에 관하여, 문화청장관 앞)

2) 제1분과회 보고서

출판자의 권리 법제화 움직임이 진전 없는 상황에서 서적협회는 문제점을 다시 한 번 종합적인 검토를 거쳐 새로운 제안을 할 목적으로 1998년 10월 저작·출판권위원회에 제1분과회를 설치했다.

이 분과회는 우선 제1단계로 1998년, 1999년도에 출판계가 놓여 있는 법적

---

[25] 일본문예저작권보호동맹, 일본각본가연맹, 전일본사진저작자동맹, 미술저작권연합, 일본그래픽디자이너협회, 학협회저작권협의회, 출판자저작권협의회, 일본서적출판협회, 일본잡지협회, 자연과학서협회, 출판아즈사회, 일본전문신문협회, 일본도서교재협회.

상황, 과거 출판계의 권리 주장 및 저작권심의회의 심의 내용, 관계 단체의 의견, 설정출판권제도 등에 대하여 분석하고, 인쇄매체의 출판자의 권리문제를 검토하고 결과를 2000년 3월에 중간보고서의 형태로 공표했다.

이어 제2단계로서 2000년 및 2001년도에 소위 전자출판을 둘러싼 출판자의 권리문제를 검토하고 2002년 4월 중간보고서의 내용을 통합하고, 제1분과회보고서 '출판자의 권리에 대하여'[26]를 발표했다.

(ⅰ) 제1분과보고서 요약

ⅰ) 전자출판의 권리 : 소위 패키지계·네트워크계에 공통적이라고 할 수 있는데, 내용은 대부분의 경우 이미 현행 저작권법에서 저작물로서 보호되고 있으며, 그 권리와는 별도로 발행자의 권리를 주장하는 것은 시기상조라고 보지 않을 수 없어 관련업계의 동향을 주시하면서 신중하게 검토해야 할 과제이다.

ⅱ) 출판인의 권리 : 현 단계에서는 전자매체에 이용되는 인쇄출판물에 관한 출판자의 권리를 확립하는 것이 중요하다.

ⅲ) 출판인의 권리 내용

① 권리의 종류: 인접권
② 권리의 성질: 원칙적으로 허락권으로 고려
③ 보호하는 출판자: 발의와 책임을 가지고 출판물의 기획에서 발행에 이르기까지 활동을 전체적으로 행하는 자
④ 보호 내용: 출판물의 판을 이용하여 행하는 다음 행위
복제(복사기기·사진기기 등에 의한 복제, 전자매체에의 입출력), 공중송신, 양도, 대여
⑤ 권리 행사 방식: 집중관리가 적합한 경우에는 보수청구권적 행사를 고려
⑥ 보호 기간: 50년(다른 저작인접권에 준한다)

또한 권리의 성질에 관하여 "원칙적으로는 허락권을 고려한다."는 표현이 의미하는 것은 환언하면 "출판자의 인접권은 저작물의 전달 행위로 인접권자로 인정받고 있는 음반제작자, 방송사업자와 마찬가지로 그 성질은 허락권이 되는 것이 바람직하다. 그러나 허락권의 경우 이론상 저작권과 경합이 발생한다. 이와 관련 저작자의 이해를 얻는 것이 곤란한 경우 출판자는 저작자와 대립 관계에 있는 것이 아니라 공존공영을 도모하는 입장이기 때문에 권한행사상 보수청구권으로도 가능하다."는 것이다.

---

26) 〈出版者의 權利에 대하여〉, (2002년 4월).

(ii) 설정 출판권과의 관계

저작권법이 정하는 저작권은 다이쇼·쇼와(大正·昭和)시절 출판자의 노력에 의해 제정된 제도이다. 그러나 이것은 어디까지나 저작권자가 자신의 저작물을 해당 출판자에 독점적으로 출판하는 것을 계약에 의해 인정하는 것으로서 저작자의 권리와 독립적으로 존재하는 것은 아니다.

제1분과회가 제창한 것은 출판물의 저작물성, 저작자와의 계약, 저작권의 유무와 관계없이 출판물을 출판함으로써 해당 조판면의 이용에 대해 출판자에게 인정되어야 할 권리이며, 설정출판권과는 차원이 다른 권리이다.

(iii) 제8소위원회 및 종전 권리 주장과의 차이점

제8소위원회에서는 판면의 복사기기 및 사진기기에 의한 복제에 대한 보호를 인정하고 전자적 이용에 대해서는 향후의 검토 과제로 했다. 서적협회의 1995년 4월 의견서는 보호되는 출판자는 저작물 등의 정보를 최초로 출판물(전자출판물 포함)에 고정시킨 것으로 하고 보호되는 행위는 전자기기에 의한 복사, 전자매체의 입출력, 방송·유선송신 등에 의한 이용으로 규정하고 있다.

3) 저작권법 개정 요구

2002년 제정된 지적재산기본법은 내각에 설치되는 지적재산전략본부가 지적재산의 창조, 보호 및 활용에 관한 추진계획 작성을 의무화하고 있다. 서적협회·잡지협회는 2003년 4월 출판자에 대한 인접권 부여 등을 요구하는 의견서를 제출하고, 같은 해 7월 추진계획에 출판의 소위 '판면권'에 관하여 "출판물의 복제에 관한 출판사의 보수청구권의 시비에 대한 관계자 간의 협의가 진행되고 있지만, 관계자간 협의 결론을 얻어 2004년 이후 필요에 응하여 저작권법 개정안을 국회에 제출한다."는 것이 명기되었다.

'지적재산추진계획 2004'에도 이와 같은 방침을 기재하였으나 2005년과 2006년 판에는 기재되지 않았다.

(4) 일본복사권센터 설립과 발전

1) 운영 둘러싼 우여곡절

일본 복사권센터는 1991년 9월에 설립되어 회장에 일본 학술회의 회장인 곤도지로/近藤次郎 씨, 이사장에 일본 문예저작권보호동맹 회장인 오바야시 키요시/大林清 씨가 취임하여 출판물의 복사에 관한 일본 최초의 권리처리기구로서 제1보를 내디뎠다. 하지만 조정관계자들은 운영을 둘러싸고 학협회,

저작자단체, 출판인단체의 세 그룹 사이에서 생각의 차이와 직면하지 않으면 안 되었다.[27]

출판단체는 센터 설립 당초, 출저협이 회원단체가 된 것에 덧붙여 출저협을 구성하고 있는 서적협회, 잡지협회, 자연과학서협회, 출판아즈사회, 일본전문신문협회, 일본도서교재협회도 회원으로 참가하고 있다.

1992년 1월 11일에 IFRRO[28](International Federation of Reproduction Rights Organization 국제복사권관리기구연합) 회장의 페르디난트 메리햐(독일, VG WORT[29]), 부회장 조셉 알렌(미국, CCC[30]), 사무국장의 죤=위리 루돌프의 3인이 일본에 오고 IFRRO 워킹 세미나가 도쿄에서 개최되었다. 3인은 센터의 설립을 축하하며 구미의 선진 RRO 현황에 대해 보고하고 일본 센터의 발전을 위해 조언했다.

1992년 2월 일본복사권센터는 경단련과의 사이에서 복사이용규정 및 이용계약서식 등에 합의에 도달하여, 4월부터 계약업무를 시작했다. 1992년도의 복사이용계약이 879건(1892개사), 1억 3,218만 엔이 된다. 징수사용료를 분배하기 위해 7월부터 '저작물복사실태조사'를 실시했다. 그 결과에 따라 제1회 복사사용료분배 비율이 1996년 3월 22일에 센터 이사회에서 결정되었다.

1997년 9월 센터는 제2차 복사사용료 분배를 실시했다. 센터에서 분배를 받은 출저협에서는 각 저작자, 출판자에 대한 간편하고도 합리적인 분배 방법을 검토했지만 센터에서의 복사실태조사는 개개의 출판사에 대한 분배 비율을 결정하기 위한 충분한 근거를 찾지 못했다.

---

27) 센터를 구성하는 3개의 그룹(저작자단체, 학협회, 출판사)는 설립 후 당분간 센터의 운영에 관해 총회는 당분간 개최하지 않고 3그룹에서 같은 수의 이사가 참가하는 이사회의 결의로서 총회결의로 가름한다는 등, 3그룹 균형에 의해 운영한다는 방침을 결정했다.

28) International Federation of Reproduction Rights Organisations의 약자. 복사권관리기구국제연합. 1980년 국제출판연합(IPA)의 저작권위원회 내의 워킹 그룹을 발족시켜 1988년 독립 단체가 되었다. 2007년 5월 현재, 정회원 48개 단체, 준회원 61개 단체, 본부(벨기에).

29) Verwertungsgesellschaft WORT(독일관리단체WORT)의 약자.

30) CCC : Copyright Clearance Center(미국의 저작료정산센터)의 약자.

〈그림 2〉 일본복사권센터와 권리자·이용자와의 관계

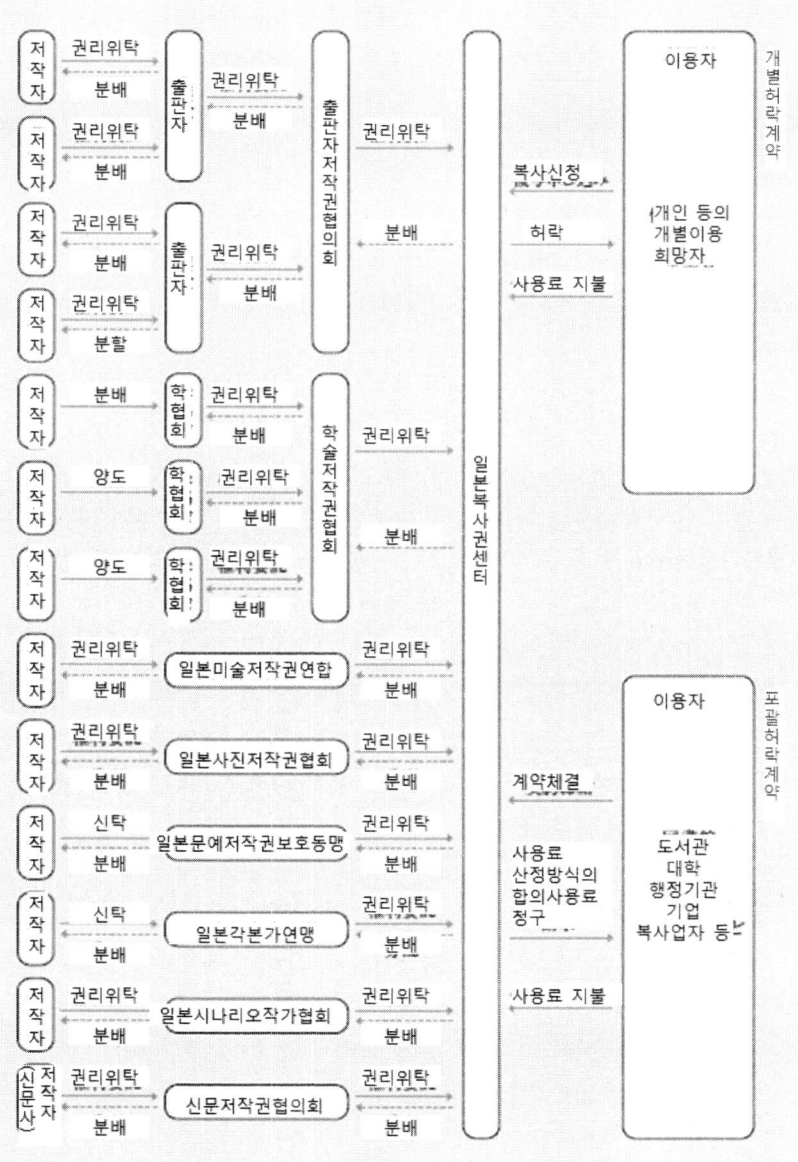

따라서 출저협은 저작권 문제와 출판계 사정을 잘 아는 가토 모리유키/加戶守行 일본음악저작권협회 이사장, 우에다야스오/植田康夫 죠치/上智대학 교수, 시미즈히데오/淸水英夫 아오야마가쿠인/靑山學院 교수 3인으로 구성된 자

문위원회를 개최하여 적절한 배분 방법에 대하여 자문했다. 이에 관해 자문위원회는 아래의 보고서를 제출하고 출저협 간사회는 이 안을 채용하여 1998년 1월에 출판자의 몫을, 3월에는 저작자의 몫을 분배했다.

2) 일본복사권센터

① 일본복사센터에서 분배받은 사용료에서 출저협의 사무수수료 10%를 공제한 후, 저작자 분배기금과 출판자 분배기금에 50%씩 구분하여 나눈다.

② 저작자 몫은 위탁출판사에서 추천된 저작권단체 468 단체에 분배한다. 분배액은 위탁출판사에서 접수한 회답의 수와 분야별 단체의 수 등을 고려해서 결정한다.

③ 출판자 몫은 출저협의 구성단체 7개 단체에 분배한다.

④ 클레임 기금으로 분배 총액의 10% 정도를 마련한다.

1998년 5월, 센터의 특별위탁출판물(R 출판물)의 권리처리방식에 불만을 가지고 있던 자연과학계를 위주로 한 전문출판사의 뜻을 참작하여 출저협은 특별위탁출판물의 권리 처리의 실효성을 높이기 위한 방책 검토를 센터 운영위에서 실시할 것을 요구하여 검토가 시작되었다.

센터의 관리 저작물은 복사사용료가 1페이지에 2엔 하는 보통위탁출판물(R 출판물)과 복사사용료를 권리위탁자가 지정하여 위탁할 수 있는 특별위탁출판물(R 출판물)이 있지만, R 출판물은 포괄적허락계약의 대상이 되는 반면, R 출판물은 개별 허락계약만으로 권리처리 되고 있다. 즉, R 출판물은 센터의 복사사용료 수입의 95% 이상을 차지하는 포괄허락 간이방식(종업원 1인당 연간 16~24매의 복사를 예상하여 사용료를 결정하는 방식)의 대상이 되는 반면, R 출판물은 이용자로부터 그때그때 신고가 있어야 비로소 권리 처리하는 방식에 불과했다[31]. 출저협은 R 출판물에 대해서 동일하게 2엔과 다른 단가로 포괄허락계약의 대상이 되는 등, 그 권리처리의 실효성을 확보하는 것을 강력하게 요구했다. 그러나 학저협, 저작자단체연합/著團連[32] 위원은 출저협안/出著協案에 찬동하지 않고, 결국 센터는 2000년 12월 이사회에서 R 출판물의 취급을 중지하기로 결정했다

---

31) '사단법인 일본복사권센터의 개요'
32) 일본사진저작권협회, 일본각본가연맹협회, 일본미술저작권연합, (사)일본문예가협회, (사)일본시나리오작가협회로 구성.

3) 주요 저작권 3단체

이에 따라 ®출판물을 위탁하고 있던 출저협 가맹 자연과학계 출판사의 대부분이 센터에 권리 위탁하는 길이 폐쇄되게 되었다. 이런 사태를 타개하기 위해, 자연과학계 출판사 유지들이 2001년 1월, 주/일본저작권출판권관리시스템(JCLS)이 설립되었다. JCLS는 2007년 3월 시점에서 150여개 출판사에서 서적 약 3만 8,000종, 잡지 2,600종의 권리위탁을 받고 있다. 한편, 센터의 한 회원인 학저협은 단독으로 미국 권리처리기구인 CCC로부터 약 58만 건의 관리저작물의 일본 내 대리업무를 하청받아 독자적으로 저작권관리업무를 시작했다. 학저협은 위의 해외저작물 이외에 국내 855개 학협회 등으로부터 정기간행물 1,653종, 서적 1,569 종의 권리 위탁을 맡고 있다(2007년 4월 1일 현재).

이에 따라 일본의 복사에 관한 저작권 관리사업은 주요 3개 단체[33]의 정립 상황이 되었다. 이러한 상황은 이용자에게 복사허락을 얻고자 하는 저작물을 어느 단체가 관리하고 있는지 일일이 확인해야하며, 또한 포괄계약을 맺으려 해도 3개 단체와 개별적으로 계약 체결을 해야 하는 매우 번잡한 일이어서 이용자로부터 3개 단체의 단일화 요청이 강력하게 제기되고 있다.

이러한 상황 속에 2002년 7월 신문저작권협의회가 가맹하여 센터는 일간신문 약 80개지에 대해서도 복사에 관한 권리처리를 대행하게 되었다.

2004년 3월 센터는 2007년도까지의 중장기계획을 수립했다. 여기에서 모든 저작물의 모든 복사 이용에 대하여 권리 처리를 할 수 있도록 한다는 목표를 내세워 목표를 실현하기 위해 사용료규정 개정 검토를 시작하게 되었다. 이 사용료규정 개정에서 복수 단가제 도입이 확인되었으며, 이전에 취급이 거부되었던 특별위탁출판물도 포함된 형태로 관리사업자의 조직 통합 또는 권리 처리 접수창구의 일원화를 목표로 한 검토가 이루어지고 있다.

센터는 1998년 10월 사단법인화되었다. 또한 2001년에 시행된 '저작권 등 관리사업법'에 의거 사업자 등록을 2001년 11월 14일자로 하여, 이 법에 의한 지정저작권 등 관리사업자의 지정을 2002년 3월 7일에 받았다. 센터의 관리 저작물 수는 저작자 단체가 권리위탁하고 있는 저작자 수 1만 2,464명, 출판자, 학협회, 신문사 등으로부터 출판물 단위로 위탁하고 있는 정기간행물 2,959종, 단행본 6만 9,195종이었다(2007년 3월 말 현재).

---

33) 이외에 복사에 관한 관리사업자로서는 일본출판저작권협회(JPCA)가 있다.

3. '대여권'과 재활용사업의 대책

(1) '대여권' 획득과 권리처리

1) 저작권법 개정 운동의 태동

1995년을 기점으로 지금까지 호조를 누렸던 만화의 매출이 둔화 경향을 보이기 시작했다. 원인의 하나는 이미 1980년대 개점한 신고/新古서점의 '신고서/新古書시장' 확대가 주목된다. 신고서점은 기존의 고서서점과 달리 종이의 연마 작업을 하여 고서를 신간본처럼 판매하는 고서점 업태의 변형으로서, 고객은 일반 매매자뿐만 아니라 출판물을 구매하고 영리사업을 전개하는 신업종, 즉 '만화카페'(음식을 팔면서 점내에서 휴식 장소를 시간 단위로 임대하는 업태. 대부분이 휴식 장소로 만화의 무료 열람 서비스로 손님을 끌어들이고 있다), 또는 '대여서점'(CD나 비디오처럼 이용료를 지불하고 대출, 이용하는 가게)에서의 판매가 큰 비중을 차지하고 있다.

이런 업태를 그대로 방치하면 일반 독자의 구독 이탈을 일으키는 요인이 될 수 있으며, 구독이 감소하면 신간 및 중판 부수의 인세로 생계를 유지하는 저작권자의 수입도 감소한다고 생각한 만화가 다수가 1994년 4월 "신고서 시장 확대는 신간본 시장의 축소로 이어질 수 있어 저작권자의 대가 없는 시장의 확대로 이어질 것"이라고 하면서 '21세기 만화작가의 저작권을 생각하는 모임'(21세기의 모임)을 결성하고 신고서 시장의 확대를 경고했다.[34]

한편으로 판매 부수 감소에 따른 매출 감소에 직면한 만화출판사는 출판 사업의 입장에 서서 다른 업계와의 연계를 모색하고 게임 소프트 중고 판매 문제라는 신고서와 비슷한 문제에 직면했던 사/일본컴퓨터소프트웨어저작권협회와 협력하여 2001년에 이른바 자기 상품 관리권이라 할 '반포권'[35]을 연구하는 것으로, 게임과 서적 등의 중고판매 및 유통 문제를 해결하기 위한 '반포권연구회 (가칭) 설치준비회'[36]를 세웠다.

이 모임은 6회 개최 후 '저작물 재활용 사업 대책 회의'로 명칭을 변경하여 위의 '21세기 모임'의 참가를 보고 '신고서', '만화카페', '렌탈 북 가게' 등 출판 관련 신업태 문제를 검토했다. 하지만 영화저작물 이외의 '반포권 획득'은 해결해야 할 문제가 많았고, 출판업계와 게임업계와의 차이도 확실히 보이면서

---

34) 21세기의 코믹작가의 저작권을 생각하는 모임 '설립선언'
35) '영화저작물'로 인정되는 '양도'와 '대여' 양방을 가지는 권리. 저작권법 제26조.
36) 쇼가쿠칸, 고단샤, 슈에이샤, 가도카와쇼텡, 미디어하우스 참가. 일본잡지협회, 일본 서적출판협회는 옵서버로 참가.

출판사 측은 새로운 업태인 '만화 카페' '렌탈 북 가게'의 현저한 증가 현상을 앞에 놓고 차츰 출판물 독자의 '권리 획득'과 '유통'의 문제를 동시 다각적으로 검토할 필요에 직면했다.

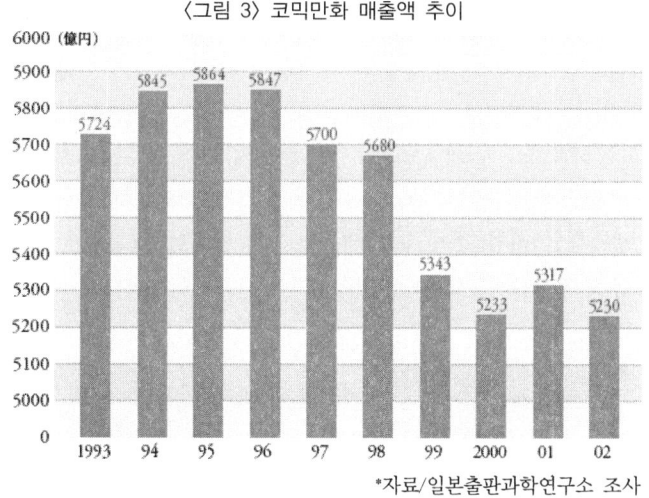
〈그림 3〉 코믹만화 매출액 추이
*자료/일본출판과학연구소 조사

이러한 저작권자 측과 제작사 측의 활동은 양자가 권리 면에서 같은 방향을 지향한 협력의 기반을 만들게 되었다. 여기에 출판사 측도 권리 측면에서 저작권자를 지원하는 출판업계 내의 조직을 설치하는 것이 급선무로 인식하게 되고, 2002년 10월 출판사 유지가 잡지협회에 상호협력을 의뢰했다. 이 의뢰를 받은 잡지협회 이사회는 협회 내에 전문검토위원회를 설치했다.

다음 달 제1차 회의가 개최되고, 잡지협회 저작권위원회 및 서적협회 위원의 파견으로 명칭을 '대여사업검토 전문위원회'(모리다케후미/森武文 위원장·講談社)로 발족하였다. 또한 당분간 활동 대상으로 '만화카페'와 '렌탈 북 가게' 대책을 집중적으로 작업하여 저작권자를 지원하고자 했지만, 설치와 동시에 적극적으로 전개한 문화청[37], 경제산업성[38] 등 관계기관과의 협의를 전개하고 관계저작권단체와의 적극적인 협력을 얻어 렌탈북 가게 대책을 집중적으로 노력하고, 그 방법으로서 '저작권법 부칙 제4조의 2를 철폐하여 출판물의 저작권자에게 대여권[39] 획득'을 목표로 정했다.

---

37) 장관관방저작권과·저작물유통추진실.
38) 상무정보정책국 문화정보관련산업과(미디어콘텐츠과)
39) 저작물을 공중에게 대여하는 권리. 레코드 렌탈을 시작으로 1984년부터 도입. 당시

다음 해인 2003년 5월부터 렌탈북 실태 파악을 위해 데이터 수집을 목적으로 한 '렌탈 코믹만화 실증 실험'을 신간판매 및 렌탈북 병설서점 협력으로 시작했다[40].

이 실증 실험은 경제산업성의 협력을 얻어 주로 새 책 판매에 미치는 영향과 이용자(독자)의 이용 동향을 조사하여 데이터화하는 것이 요구되었다. 같은 해 6월에 위 부칙 철폐 활동을 출판에 관한 저작권자 전체의 권리획득 운동에 연결하기 위하여 11개 저작권단체와 출판관련 4개 단체로 조직된 '대여권연락협의회'[41](후지코후지오/藤子不二雄)를 설립했다. 동 협의회는 8월에 출판물의 대여권을 획득하기 위한 저작권법의 개정을 목표로 성명서[42]를 발표하는 등 적극적인 어필 활동을 전개했다. 이 협의회 설립으로, 저작권자와 출판사의 운동이 하나로 결집케 되었다.

2) 개정법 성립 – 국가 심의 활동의 결실

이상의 움직임을 보고 2003년 8월에 경제산업성은 문화청에 대해 '서적·잡지의 대여권에 관한 잠정조치를 철폐하는 저작권법 개정요청서'를 제출했다. 이를 받아 대여사업검토 전문위원회와 대여권연락협의회는 중참의원에서 모두 120명이 넘는 국회의원 및 각 정당에 청원 활동을 수행하고, 그 결과 7월부터 문화심의회 저작권분과회 법제문제소위원회에서 이 문제의 심의가 시작되었다. 대여사업검토 전문위원회는 문화심의회의 심의를 위한 준비와 토의에 전력을 쏟아 넣었다.

특기할 것은 이 위원회의 체제가 매우 즉응성이 풍부하여, 각사에서 선정되어 온 위원은 모리/森 위원장 이하 전원이 문제가 발생하면 즉시 달려갈 태세를 갖추고 있었다. 또한 표리일체의 관계에 있는 '대여권연락협의회'가 전문위원회에서 검토된 내용을 저작권자의 입장에서 검토하고 저작권자의 의사로 발송하는 것이 가능했던 것이다.

의 대여업은 그 업태가 영세한 독립업자가 많은 서적·잡지(주로 악보로 구성되어 있는 것을 제외)의 대여에는 당분간 '대여권'은 적용되지 않는다고 해 왔다. 저작권법 제26조 3, 구저작권법 부칙 제4조 2.

40) '코믹렌탈실험점 보고서'(2003년 11월) 잡지협회·대여사업검토전문위원회

41) 가맹단체는 일본잡지협회, 일본서적출판협회 외, 21세기 코믹작가의 저작권을 생각하는 모임, (사)일본만화가협회, (사)일본출판유통협회, (사)일본사진가협회, (사)일본아동문화자협회, (사)일본아동문예가협회, (사)일본추리작가협회, (사)일본문예가협회, (사)일본펜클럽, 일본서점상업조합연합회, 일본아동출판미술가연맹, 일본미술저작권연합, 망가재팬.

42) 〈성명문 – 출판물에도 대여권의 적용을!〉(2003년 8월 4일) 대여권연락협의회

활동의 보람이 있어 문화심의회 저작권분과회 법제문제소위원회의 검토는 순조롭게 진행되어 2004년 1월 문화청장관에게 제출한 '문화심의회 저작권분과회 보고서'는 "신속하게 저작권법을 개정하여 부칙 제4조 2는 철폐하는 것이 타당하다."고 했다.

같은 해 2월 문화심의회는 저작권법 개정안의 입법보고서를 작성하기로 결정하였고, 문화청 저작권과에서 부칙 제4조 2의 철폐가 포함된 개정안을 작성하여 내각부에 제출하였다. 이 법안은 4월 참의원 문교위원회에서 CDVJ(일본 콤팩트디스크 비디오 렌탈 상업조합)와 저작권자 쌍방의 참고인 초치/招致[43]를 거쳐 가결되었고 5월에 중의원 문부과학위원회에서 심의하여 6월 9일 가결 성립했다. 시행은 2005년 1월 1일이었다. 이 사이 2004년 3월에 후지코 후지오 Ⓐ대여권 연락협의회 대표가 고이즈미준이치로/小泉淳一郎 총리와 면담하고 부칙 제4조의 2의 철폐를 요구하는 등 저작권자와 출판사의 일치단결된 운동이 은근히 벌어졌다.

3) 권리 처리기구 발족

국가(정부)의 심의진행에 맞추어 2004년 3월, 대여사업검토전문위원회와 대여권연락협의회는 집중적인 권리처리기구[44] 설립을 위한 '출판물 대여권관리센터 설립준비회'를 발족시키고 향후의 권리 처리의 방향과 조직 구성 등을 검토했다. 또 준비위원회는 설립자금을 잡지협회·서적협회의 협력을 얻어 두 협회 가입 회원사로부터 기부금을 모금했다. 동 기부금으로 같은 해 10월에 '유한책임 중간법인 출판물대여권관리센터'[45](후지코 후지오 대표이사)가 설립되었다. 이 센터의 설립에 대해 2004년 7월 잡지협회 이사회에서는 센터에 대한 '전폭적인 지원과 협력'을 결정하고, 그 일환으로 센터의 전무이사 겸 사무국장을 잡지협회 사무국에서 파견하기로 하였다.

---

43) 연락협의회참고인 : 만화가 히로가네겐시/弘兼憲史 씨, CDVJ 참고인 : 전무이사 와카마츠오사무/若松修 씨
44) 이용하려고 하는 저작물 분야 등에서 저작권을 집중해서 관리하고 있는 단체. 대부분은 저작권관리사업자로서 문화청에 등록되어 있다. 문화청 HP참조 (http://bunka.go.jp)
45) RRAC/Rental Rights Administration for Publication) 약칭 랙. 사원 13개 단체 : 일본잡지협회, 일본서적출판협회 외, 21세기의 코믹작가의 저작권을 생각하는 모임, (사)출판만화가협회, (有責)일본사진저작권협회, (사)일본아동문학자협회, (사)일본아동문예가협회, (사)일본추리작가협회, (사)일본문예가협회, (사)일본펜클럽, 일본아동출판미술가연맹,일본미술저작권연합, 망가재팬.

4) 사용료 공방-대여사업검토전문위원회에서 센터 중심 운영으로 이행

대여사업검토전문위원회와 대여권연락협의회는 만화가인 사이토 타카오 씨를 단장으로 하여 2004년 6월부터 이용자대표단체인 CDVJ와 대여사용료 금액과 징수 방법을 결정하기 위한 협의를 시작했다. 이미 국회의 참고인 초치에서 CDVJ가 사용료 지불에 반대하지 않는다는 취지의 답변을 하였지만 불행히도 금액을 둘러싸고 10월에 협의가 결렬되었다.

〈그림 4〉 대여 허락 기구도식 개략도

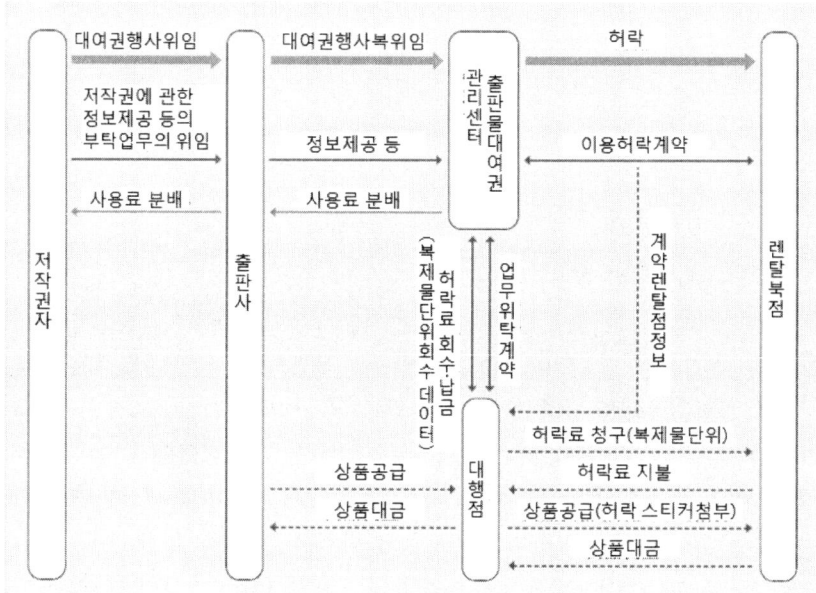

그 후 같은 해 11월부터 출판물대여권관리센터가 '비공식협의' 형식으로 협의를 인계받았다. 협의에서 센터는 CDVJ 사이에 첫째로 장래 CDVJ와 합의가 된 센터가 사용료 금액을 규정한 '사용료규정'에 근거하여 활동을 개시할 때까지 사이 양자 합의로 '잠정 기간'을 설정할 것, 둘째 렌탈 사업자는 저작권자가 결정한 일정한 사용료를 센터에 지불한다는 두 가지에 합의하고 법 시행에 맞추어 운영을 시작했다.

2005년 3월부터 이러한 운영과는 별도로 저작권 등 관리사업법[46]에 의거 공식협의 일환으로 재차 사용료의 협의를 재개시켰다. 재개된 협의가 도합

---
46) 동법 제13조.

100회 이상에 달하였으나 결렬 일보 직전의 어려운 협의였다. 그러나 모리타 케후미/森武文 운영위원장[47]을 비롯한 각 위원의 끈질긴 노력으로 같은 해 12월 기본선에 합의하고 2006년 8월 '사용료'에 관한 완전한 합의를 보았다[48]. 때문에 센터는 문화청과 공정거래위원회의 조정 절차에 들어가서 독점금지법에 근거한 내용의 정밀 검사를 거쳐 개정 저작권법의 시행에서 1년 8개월이 필요했지만 '사용료 규정'[49]을 제출하기에 이르렀다.

센터는 2007년 2월 1일부터 본격적인 대여권 허락업무를 시작했다.

5) 이번 계획-출판사의 역할과 센터의 존재 의의

이번 관리사업에서는 출판사의 역할이 중요한 점이다. 저작권자와 직접 계약을 하지 않은 것은 당초 저작권자 측이 권리 위탁 방법을 JASRAC[50]와 같은 '신탁적' 방식으로 하지 않기로 했기 때문과 관리방식을 ISBN코드를 기본으로 한 출판물마다의 관리로 하였기 때문이다. 이 때문에 출판사가 저작권자로부터 권리의 위탁이나 출판물 데이터 제공, 사용료 분배 등 실무 등의 측면에서 저작권자를 보좌하고 일정한 역할을 하는 것으로, 앞으로도 권리자인 저작권자는 사업 상대 출판사와의 협력체제를 유지하고 안심하고 창작활동에 전념할 수 있게 되어 있다. 소설이나 만화 등 출판물은 영화나 드라마와 같은 다각적 전개가 기대되는 '콘텐츠 오브 콘텐츠(contents of contents)'로 불리는 지식의 보고이다[51]. 지적재산 입국을 목표로 하는 일본 지적산업의 발전을 위해서도 출판물 "저작권"은 중요한 것이며 출판산업을 담당하는 출판사와 작품을 창작하는 저작권자 양자의 협력은 불가결한 것이다. 센터의 존

---

47) 센터 설립과 동시 모리타케후미/森武文가 센터의 운영위원장에 취임.
48) DVJ는 당초 사용료를 '각 점포 매상의 2%'를 주장했고 그 후 '60엔/책'을 주장했다. 센터 측의 노력으로 실질적인 결정 액수는 거의 그 3.5배의 금액이 되었다.
49) 〈사용료규정〉(2006년 8월 31일) 서적의 정가를 근거로 가격대별로 일률사용료를 설정. 그 밖에 회전수로 대여에 대응되는 회전수를 근거로 하는 사용료, 대량으로 구입하여 일괄해서 허락을 신청한 경우의 할인사용료를 정한다.
50) JASRAC/ Japanese Society for Rights of Authors, Composers and Publishers의 약자.(사) 일본음악저작권협회. 1939년 설립.
51) 2002년 일본영화 베스트 10인 13작품(2작품 동시 상영을 포함/ 흥행 수익 262.2억 엔) 가운데 8작품(흥행 수익 210.9억 엔)이 원작 코믹만화. 일본 영화의 기초를 코믹만화나 소설이 지탱하고 있는 현상이 보인다. 최근 그 경향이 점점 더 강화되고 있으며, TV 드라마, 애니메이션 원작에 관해서도 같은 경향이 보인다. 2006년 가을에는 실로 23개 타이틀이 TV 드라마, 애니메이션화되고 있다. 2002년 대여권 연락협의회 조사 : 사단법인 일본영화제작자연맹 (자료/ '출판경향잡지'〈출판월보〉, 사/전국출판협회 출판과학연구소, 2006년 10월)

재는 "대여권" 관리뿐만 아니라 협력관계를 위한 시금석이 될 것이라 생각된다.

(2) 만화 카페와의 잠정 합의

1) 대여권의 적용

대여사업검토 전문위원회는 저작권자의 의향(요청 사항)에 따라 '만화카페'도 저작권자의 어떤 권리를 미치고 싶다는 의향이 강했다. 그러나 대여권은 법 해석상 만화카페에는 권리가 미치지 않는 것으로 인식되었다. 그래서 검토해 보았지만 만화카페에도 미치는 권리의 특정화가 어려워 대여권 획득과 같은 법 개정 운동에는 이르지 못했다.

그러나 대여권과 마찬가지로 앞서 말한 21세기의 모임이 저작권자 측의 중심이 되어 대여 사업검토전문위원회의 잡지협회위원이 출판사 측 중심이 되는 형태로 경제산업성 미디어콘텐츠과의 협력과 중개를 요청하면서 만화카페 측 단체인 '복합카페협회'[52]와 교섭을 시작했다.

수차례에 걸친 협의 결과, 2003년 5월 15일 경제산업성에서 '잠정합의서'를 이 협회와 잡지 협회 및 21세기의 모임 등 3자간에 체결하였다[53].

해당 합의서에서는 2003년 말까지 협의를 거쳐 실무협정을 체결하기로 하였지만, 저작권자 측과 대여사업검토전문위원회는 대여권 문제 해결에 전력을 경주하였기 때문에 '만화카페 문제'는 일시적으로 보류 상태가 되고 말았다. 그러나 2006년 9월부터 회원을 쇄신하여 이 문제에 대한 특별 담당 워킹그룹(하세오료지/長谷尾良二 좌장·白泉社)을 설치하고, 출판물대여권관리센터의 협력을 얻어 다시 다루기로 결정하고 검토를 시작했다.

4. 저작권과 출판계약의 문제

(1) 출판계약 및 저작권 비즈니스

1) 출판 계약의 실태

저작권 산업을 조사한 2005년 3월 〈저작권백서(제2집)〉(저작권정보센터부속 저작권연구소)은 저작권산업을 13개 업종으로 분류하고, 2002년도 저작권산업의 부가가치를 16조 1,360억 엔으로 국내총생산(GDP)의 2.9%를 차지하는 것으로 분석하고 있다.

---

52) JCCA(Japan Complex Café Association) 2001년 6월 설립. 2006년 1월 말 현재 가맹점 1,323점.
53) '복합카페협회와의 잠정합의서'(2003년 5월15일)

이 백서에 의하면, 출판인쇄 분야의 부가가치액은 1조 6,660억 엔으로 저작권산업 전체의 10.3%이다. 13개 업종은 출판인쇄 외에도 컴퓨터 소프트, 게임소프트, 영화·비디오, 저술가·예술가 등이 포함되어 있다. 2000년 11월 〈저작권백서〉는 1998년도 저작권산업의 부가가치 액을 10조 9,040억 엔 (GDP 대비 2.5%), 출판인쇄분야를 1조 8,280억 엔으로, 저작권산업 전체에서는 연율 7.1%의 순조로운 신장을 보였지만, 출판인쇄산업은 저작권산업 내에서의 점유율이 전년보다 16.7%에서 크게 감소하고 있는 것을 알 수 있다. 한편 같은 기간에 컴퓨터 소프트는 연평균 13.4%, 송신은 50% 신장이라는 대폭적인 성장을 보이고 있어, 이러한 경향은 정보기술의 발전과 정보통신산업의 비약적 발전을 고려하면 앞으로도 계속 저작권산업은 거대 비즈니스로 성장하고 있다고 할 수 있다. 이 거대 비즈니스에 얼마나 출판사가 관여할 수 있는지는 모두가 저자와 출판사 사이의 계약에 달려 있는 것이다.

저작권 설정계약 체결 상황을 조사한 과거 자료에 따르면, 1966년 실시된 한다마사오/半田正夫 아오야마가쿠인대학/靑山學院大學 교수의 연구는 대표적 출판사 280개사를 대상으로 회답사 120사 중 91사 79.1%로 설정출판권 계약을 했다[54]. 1973년의 서적협회 조사에서 회답사 195사 중 150사 72%가 계약하고 있다고 결과가 나타났다[55].

계약 상황으로 보아서는 높은 비율이다. 그러나 이것이 과연 당시 출판계의 계약 실태를 제대로 반영하고 있느냐의 평가에서는 이론도 있다.

서적협회가 출판계약서의 표준형식을 작성 공표하고, 보급에 주력하기 시작한 것은 1960년 무렵부터인데, 설정출판권 제도가 법제화된 1934년부터 1965년까지 30년 동안에 대해서는 출판계약은 거의 보급되지 않았던 것으로 추측한다. 미마사카타로 씨에 의하면 1981년 당시 상황을 "약 2,600여 중소출판사에서는 오히려 출판권설정이 거의 이루어지지 않았을 것이라고 소극적으로 생각하는 편이 좋을 것 같다. 이것은 서적협회의 출판계약서 표준형은 원칙적으로 비회원사에게는 배포되지 않았고, 비회원인 중소출판사가 자체적으로 저작권설정을 수반하는 계약서를 작성하기 위해서는 그 회사에 저작권과 출판 계약에 대한 상당한 이해 능력이 있었던 것으로 생각할 수밖에 없지만, 경험적으로 말해 바라는 것이 무리한 일이라고 생각된다."고 기술하고 있다[56].

---

54) 半田正夫, 〈著作權法의 硏究〉, 一粒社, 1971
55) 〈일본서적출판협회회보〉, No.208 (1973년 5월 7일)

저작권법 개정에 관한 곳에서 언급했지만, 저작권제도심의회 제1소위원회는 저작권설정계약은 거의 이루어지지 않았고 현행 출판권제도 유지는 적당하지 않다는 보고서를 제출하고, 일본 문예가협회가 사실 오인이라고 반박했지만, 계약 관행의 보급은 대형출판사에서 볼 수 있는 정도였다는 것이 실태였는지도 모른다. 이후 1982년 11월 서적협회 조사에 의하면 회답 268개사 대부분이 출판계약서를 주고받고, 그 중 62%가 서적협회 표준형식을 사용하고 있다는 결과가 나왔다[57]. 이것은 서적협회의 계몽 활동이 회원사에 성과를 올렸다라고 이해해야 할 것이다.

그러나 2006년 4월 발표된 서적협회의 〈출판 계약에 관한 실태조사결과에 대해〉(2005년 가을 조사)에 따르면 총 발행종수에서 차지하는 계약체결 종수 비율은 59.6%이다. 회답 회사 수는 104개 사로 이 연구 조사를 가지고 전체를 추측하는 것은 곤란하지만, 출판사의 출판계약에 대한 의식이 높아졌다고 보기는 어렵다. 분야별로는 자연과학이 80.8%, 공학공업이 85.9%이라는 높은 비율을 보였지만 문학서적은 25.4%에 그쳤다.

2) 출판 계약서 표준형

서적협회는 1957년 출범에 맞추어 최초로 '출판계약서'의 표준형을 작성·공표했는데 저작권법 전면 개정에 대응하기 위해 1971년 표준형을 개정하여 '출판계약서 표준형(일반용)'을 발표했다. 여기서 말하는 일반용은 1인의 저작자의 신작 원고를 단행본으로 출판하는 경우의 일반적 계약을 상정하여 저작권법의 규정과 출판계의 관행에 따라 일반 경우의 최대공약수적인 계약 조항을 망라했다는 의미이며 서적협회는 출판 사정에 응해 적절하게 수정하고 실제에 합치되는 계약서를 작성하는 것을 권장하고 있다.

1984년에는 복사복제 문제와 연동하여 복사복제에 관한 권리 위임, 저작권 사용료의 실매부수제/実売部數制에 대한 배려와 저작물의 2차적 사용의 경우, 업무 처리의 위임 등에 관한 조항을 넣어 개정하였다.

그 뒤 1989년, 1990년, 1994년, 1998년에도 부분적인 수정을 했다.

2000년에는 양도권의 제정에 따라 계약서의 조문 개정을 실시하였다. 그 사이 서적협회는 일반 표준형 외에, 미술용으로 1972년 10월 저작권양도계약서, 출판계약서, 저작권사용계약서의 표준형을, 1990년에는 2차 출판시의 저

---

56) 미마사카타로/美作太郎, 〈저작권과 출판권-지금 무엇이 문제인가〉(1981년) 일본에디터스쿨출판부.
57) 〈출판계약서-일반용 표준형 해설/ 서언〉(1984년)일본서적출판협회.

작권사용료에 대한 계약 표준형을 작성·공표하였다.

또한 동화책을 대상으로 1994년 9월에 서적협회 아동서적부회 및 일본아동출판미술가연맹, (사)일본아동문학자협회, (사)일본아동문예가협회의 4개 단체가 공동으로 '출판계약서' 표준형을 작성하였다.

현재 서적협회는 기본적인 출판계약의 표준형으로 2종류를 작성·공표하고 있다. 출판권설정을 내용으로 하는 2005년판의 '출판계약서'와 같은 해 새로 만든 '저작물이용허락계약서'이다.

전자는 출판물 반포 권리 외에 복사권의 관리 위탁, 전자적 이용에 대한 출판자의 우선이용권, 2차적 이용시의 출판자에 대한 처리업무위임 등을 정하고 있으나 그 외 저작권법상 출판권자로서의 의무를 지는 것은 물론이다.

새로 만든 이용허락계약서는 출판물로서의 복제·판매에 대한 독점권, 전자출판을 포함한 전자적 이용·공중송신·데이터베이스의 이용에 대해서 출판자의 우선이용권, 제3자 이용시의 창구권, 복사·대여·그 밖의 2차적 이용의 경우의 출판자에 대한 처리업무 위임을 정한다.

양자의 기본적인 차이점은 출판권설정계약 여부이며, 그 밖에는 큰 차이가 없다. 비록 저작권설정계약을 체결했다 해도 문화청에 대하여 저작권 등록을 하지 않으면 법적으로 당사자 사이의 채권계약에 불과하여 '준물권적 독점권'을 출판자가 제3자에게 대항할 수 없는 것이다. 그러나 '출판계약서' 표준형은 '저작권자는 출판권자가 출판권을 등록하는 것을 수락한다.'고 되므로 출판사에 유리하고 저작자에게 불리한 형태로 많은 규정을 담고 있기 때문에 저작자로서는 이 표준형으로 출판계약을 체결할 수는 없다."라는 견해를 발표했다.

1985년 11월, 문예가협회에서 '출판계약서 문제 메모'를 통해 문예가협회안이 서적협회에 제시되었는데 그 내용에 대하여 서적협회는 회원사의 의견을 청취하고 조정을 도모했지만, 특히 문예용 계약서를 만들어야 하는 필연성은 없다는 의견도 나와 문예가협회와의 협의는 상호 창구는 열려 있었으나, 자연 휴회의 형태로 중단되었다.

3) 대학 입시문제집

1966년 10월부터 대학입시문제집 출판시의 저작권 처리에 대해 일본문예가협회와 교섭이 이루어져서 1969년 5월부터 문예협에 있으며, 필요에 따라 제3자 대항 요건을 충족시킬 수 있게 되어 있다.

이 두 종류의 출판계약서는 각 출판자가 적절하게 선택하고 내용을 필요에 따라 수정하여 이용하도록 서적협회는 권장하고 있다. 서적협회가 이 두 가지 계약표준형을 만든 것은, 출판권 설정 행위 자체가 현재 출판자에게 더 이상 중요한 의미를 갖지 않는 경우도 나왔다는 것을 의미한다. 오히려 출판물이 발행된 뒤 해당 저작물의 2차적 이용의 중요성이 높아지고 있다고 할 수 있다.

출판물의 해외 번역 출판, 번안, 전자서적, 공중송신, 기타 전자적 이용 등은 모두 저작자의 권리이며, 이의 취급에 대하여 당초 출판계약시 저자와의 합의가 성립되어 있지 않으면 출판자가 관여하는 것은 법적으로 불가능하다. 이것은 출판자가 주장하는 출판자 독자의 권리가 법제화되더라도 변할 수 없는 것이다.

앞서 2005년 가을 계약실태조사와 함께 실시된 설문 "출판자의 권리가 없어 곤란하다."에 대한 회답을 보면 대부분이 출판 행위의 성과인 출판물의 내용이 복사, 복제, 전재 및 해외출판, 전자화, 공중송신, 번안, 상품화 등 2차적으로 이용되는 데에 출판사가 법적으로 관여할 수 없다는 조바심이다.

그러나 이들은 출판자의 권리와 다른 것이며, 출판자가 이를 통제 가능한 입장에 서고, 또는 활동이 현저한 저작권 비즈니스에 출판자도 참여를 원한다면 저작자와 계약에 의한 방법 외에 이를 실현할 방법은 없다.

출판자의 독자적 권리문제와 저작자와의 계약을 통해 해결해야 할 문제를 명확하게 구별하여 이를 이해, 인식하는 것이 필요하다.

(2) 저작권 관리단체와의 관계

1) 통일 표준형 계약서를 둘러싼 문예가협회와의 협의

일본문예가협회는 종래부터 저작권설정계약에 난색을 표시하고 독자의 출판계약서 표준형을 작성했는데, 서적협회가 1971년 개정·공표한 개정 저작권법에 대응한 출판계약서 표준형에 관련하여 문예가협회에서 문예도서의 계약표준형을 양협회 공동으로 만들자는 신청과 문예가협회안을 제시해오자 1972년 1월 양협회 저작권위원회의 협의가 시작되었다. 그 후도 절충은 단속적으로 계속되었는데 1984년 서적협회가 공표한 출판계약서 표준형 개정판에 대해 문예가협회는 회보인 〈문예가 협회뉴스〉 400호 부록(1984년 12월)에 나카무라미노루/中村稔 씨의 사견의 형식으로 "서적협회 계약서는 일방적가협회와 해당 출판사 사이에서 각서가 체결되었다. 그 후 문예가협회에서 개정의 요구가 있었고 일본문예저작권보호동맹[58]을 포함하여 절충의 결과,

1977년 1월 보호동맹과 해당 출판사 사이에 잠정 협정을 체결했다.

잠정협정 내용은 사용료는 일률적으로 4%(페이지와 행수 안분)로 하고 시험문제로 사용 시는 개정된 경우는 가능한 대로 이를 밝힐 것과 게재를 거부하는 저자의 것은 게재하지 않는 등이었다.

또한 학습참고서에 사용되는 문예 작품의 저작권 처리에 대해서 1977년 가을부터 교섭이 시작되어 '현대국어 대학수험 참고서류에 관한 잠정협정'이 성립했다.

잠정협정은 일본문예저작권보호동맹이 해산하고, 2003년 10월 그 업무를 문예가협회가 계승해, 저작권 등 관리사업자가 될 때까지 계속하고 있었는데 문예가협회의 요청에 의해 순차적으로 폐지되었고 그 이후에는 협회의 사용료규정 중 교육목적 이용 사용료 결정에 근거하여 저작물을 이용할 수 있게 되어있다.

2) 음악 저작권 사용료

일본음악저작권협회(JASRAC) 사용료규정 중 출판관계부분 개정을 위한 협의가 1980년 3월부터 동 협회와 서적협회 및 잡지협회 사이에 시작되어 1983년 7월 합의가 성립되었다. 합의 내용은 출판사용료를 서적과 잡지로 나누어 설정할 것과 학술·전문서적에 감액 제도를 마련하는 것이었다. 이 내용의 JASRAC의 사용료규정은 1983년 12월 인가되어 1986년부터 적용되었다.

3) 음악 작품의 인용

JASRAC 사용료규정 개정에 즈음하여 '인용'의 해석에 대해 계속 협의하기로 되었으나 1985년 6월 서적협회 및 잡지협회와 JASRAC 사이에 합의가 성립되었다.

지금까지 JASRAC은 문예가협회와 사이에서 소설의 인용에 관해 악보는 2분의 1 이내, 가사는 1절 이내 '인용'의 경우라는 양적 제한을 두고 있는바, 같은 기준 적용을 주장했다. 이번 합의는 저작권법 32조의 '인용'는 양만으로 판단할 것이 아니라 모든 가사에서 인용으로 판단되는 경우도 있을 수 있다고 확인하고 있다[59].

---

58) 1939년 설립. '저작권에 관계 중개업부에 관한 법률'(2001년 10월 폐지)에 의해 허가를 받고 소설에 관련되는 저작권 중개업무를 담당하던 단체. 저작권 등 관리사업법 시행에 수반하여 이 법이 폐지될 경우, 보호동맹이 중개업무를 맡았던 저작물은 전면적으로 일본문예가협회에 인계되며, 보호동맹은 2003년 9월 30일 해산했다.

59) 자료 : 1985. 7. 31 서적협회 회원사 앞, 저작출판권위원회, 1985. 9. 12. 雜協 각사편집책

4) 일본사진작가협회

1992년 8월 일본사진작가협회로부터 사진의 저작자 이름 표시, 사진의 저작권 부활 요청에 대한 지원 요청이 있자 서적협회는 이를 지지하는 뜻을 표명했다. 사진 저작권 보호 기간은 이때까지 공표시로부터 기산/起算하였지만, 이를 다른 저작물과 마찬가지로 사후 기산으로 개정해 달라는 요청이 있었다. 그러나 출판물에 게재된 사진에는 저작자 이름을 표시하지 않는 것이 많이 있어, 사진이 보호 기간 내의 것인지를 알아내는 데 저작자 표시가 필요하며, 이는 사후 기산으로 변경했을 때 원활한 권리 행사를 하기 위한 큰 조건이었다.

또한 사진의 보호기간은 구법 시대는 발행 후 10년(저작권법 전면 개정 작업 과정에서 순차적으로 연장되어 법 개정 직전에 13년)이었기 때문에 사진작가가 생전에 현행 저작권법 시행 전에 권리가 소멸하는 사진이 있어 사진가 단체에서는 이러한 사진의 저작권 보호의 부활을 겸해서 요구했다.

이 두 요청에 대해 서적협회 및 잡지협회에서는 이러한 요청을 기본적으로 지지하기로 하였지만, 기존출판물에 이용하고 있던 오래된 사진의 저작권이 부활하여 현장에 혼란을 발생하지 않도록 운영을 요구했다.

5. 지적재산권을 둘러싼 제문제

1) 상표법·부정경쟁방지법·상품화권

출판자가 자신의 지적재산권을 침해당한 경우, 당사자 간에 문제를 해결할 수 없을 때 사법판단을 요구하게 된다. 도서의 내용, 장정·표지 디자인은 저작권법에 의해 보호되지만, 저작권법의 보호가 되지 않는 경우는 다른 법률에 구제를 구하는 것이 필요하다.

저작물로 간주되지 않는 제호의 보호와 출판물 내용의 저작물성이 부정되는 경우의 문제에 대한 몇 가지 사례를 소개한다.

2) 저작물 제호의 보호

저작물 및 간행물의 제호를 어떻게 보호할 것인지는 출판사에게 큰 문제이다. 저작권법에서는 많은 경우 제호 자체에 저작물성이 인정되지 않기 때문에 저작권이 미치지 않는다고 하여 저작인격권으로서 저작물 및 제호의 동일성을 유지하는 권리를 인정하는 데 불과하다. 일본문예가협회는 "문예

───────────
임자 앞, 雜協 저작권위원회〉

작품의 제목은 작자의 고심의 소산으로 독창성이 높은 것도 많다. 이러한 작가의 고심과 독창성은 존중되어야 하지만 제목을 정하는 표현의 자유도 보장되어야 한다. 기존 작품의 제목이 독창성이 높고 작품의 평가가 정해져 있어 작품의 명성에 편승하거나 모독하거나 작가의 감정을 상하게 할 경우 기존 작품과 동일한 제목 사용을 피하는 것이 바람직하다. 패러디 등 정당한 목적이라면 동일한 제목을 사용해도 괜찮으나 또한 작가의 책임 아래 이용하는 것은 작가의 자유다."라는 견해를 발표(1984년 4월)하였다.

제호를 가지고 다툰 사례로는 〈아버지! 어머니!/父よ！母よ！〉 사건이 알려져 있다. 〈아버지! 어머니!〉의 편저자가 '일행시, 아버지 어머니'(一行詩, 〈父よ母よ〉)저자를 저작권 침해로 소송을 제기했지만, 화해로 종결했다(도쿄지방법원 1997년 1월 22일 화해).

도쿄지방법원은 동일한 제호는 경우에 따라 저작자의 인격적 이익의 침해가 될 수 있다는 주목할 만한 견해를 표명하고 화해권고 이유로 다음과 같이 언급하고 있다(요지/要旨).

① 동일한 제호의 서적 출판이 경우에 따라 저작자의 인격적 이익을 침해할 경우가 있다.
② 제호만을 검토하면 고도의 독창성이 있다고 할 수 없으며, 이러한 제호를 특정인에게 독점시키는 것은 표현의 자유의 관점에서 타당하지 않다.
③ 피고의 서적 제목을 〈일행시 아버지 어머니〉라는 것은 충분히 합리적인 이유가 있다.
④ 두 서적은 그 내용, 표현 형식에 현저한 차이가 있어 상호 오인 혼동할 우려는 거의 없다.
⑤ 이상으로 본다면, 피고는 제호를 모방할 의도 내지 부정한 목적은 존재하지 않는다고 인정된다.

양당사자는 본 화해권고 이유를 받아들이고 소송을 종료하고 화해를 했다.

상표법에서는 제호의 취급은 도서와 정기간행물이 다르다. 정기간행물의 제호는 상표 등록을 하면 상표법에 의해 보호를 받지만, 서적에 대해서는 일반적으로 등록은 인정되지 않는다. 산지, 판매지, 품질, 원재료, 효능, 용도 등을 일반적으로 사용하는 방법으로 표시하는 것만으로는 상표의 등록 요건이 결여되고 서적의 제호가 즉시 특정 내용을 표시하는 것으로 인정될 때, 그것은 품질을 표시하는 것이라고 할 수 있기 때문이다(상표법 3조 1항 3호, 상표심사기준). 이것은 나츠메소세키/夏目漱石의 저작권 보호기간 만료에 따라 소세키의 유족이 제호를 상표 등록하여 작품의 출판을 저지하려고 한 것이 계기가 되어 조치한 것이다.

상표는 상품이나 일의 식별 표식이며, 그 기능은 출처의 식별기능, 품질보증 기능, 광고선전기능이라고 하고 있지만 책의 제호는 저작물의 내용(품질)을 표시하는 것으로서 상품인 서적의 출처를 표시하는 것이 아니라고 하는 것이다.

3) '부정경쟁방지법'에 의한 보호

'부정경쟁방지법'은 어떻게 되어 있는가. 이 법은 혼동야기, 저명표시모용/著明表示冒用, 상품형태 모방, 영업비밀 부정 취득, 품질 등 오인야기 행위 등을 부정경쟁이라고 하고 있지만, 영화 제목이 부정경쟁방지법으로 다툰 사건이 있어 출판물의 제호를 고려하는데, 참고가 된 사례가 있다.

*사례 : '초시공요새/超時空要塞 마크로스 사건'

〈초시공요새 마크로스사건〉(도쿄지방법원 판결 2004년 7월 1일 도쿄고등법원 판결 2005년 10월 27일)에서 법원은 요지 "영화 제명(타이틀)은 부정경쟁방지법 제2조 1항 1호, 2호 소정의 '상품 등 표시'에 해당하지 않는다. 영화의 제명은 어디까지나 저작물로서의 영화를 특정화하는 것이므로 상품과 그 출처 내지 방영·배급 사업을 행할 영업 주체를 식별하는 표시로 인식되는 것이 아니기 때문이다. 특정 영화가 인기를 얻어 제목이 널리 알려지게 되었어도 그것이 특정 상품이나 영업 주체가 널리 알려졌거나, 또는 저명하게 되었다고는 말할 수 없다."고 판단하고 있다.

부정경쟁방지법상 '상품 등 표시'라 함은 사람의 업무와 관련된 성명, 상호, 상표, 포장, 상품의 용기 또는 포장, 그 밖이 상품 또는 영업을 표시하는 것을 말한다. 상표법과 마찬가지로 부정경쟁방지법도 내용의 표시인 제명은 상품 또는 영업 표시는 아니라는 것이다.

이 판단은 학설상의 다른 의견도 있지만(토이 카즈후미/土肥一史 〈Copyright〉 528호 44쪽, 저작권정보센터), 현상에서는 일반 서적의 제호에 대하여 1966년 발행된 저작권제도심의회의 "저작물 제호의 보호는 부정경쟁방지에 관한 법제 문제로 별도 조치하는 것이 바람직하다."라는 답신이 법제도에 반영되어 있지 않은 것이다.

무엇보다 시리즈 출판물로 그 시리즈를 표시하는 제호의 경우, 상표 등록이나 상품 등의 표시로 간주될 가능성은 있다.

4) 불법행위 법리에 의한 구제

출판자가 저작 행위를 한 경우에 출판자가 그 저작물의 저작권자이며 편집저작물의 경우 편집 저작권을 소유한다. 저작권이 침해된 때에는 당연히 출판자가 권리자로서 행동하게 된다(예컨대, 〈라스트 메시지 사건〉, 도쿄지방법원 판결, 2005년 12월 18일).

저작물성이 부정되어 저작권자가 어쩔 수 없게 된 경우에도 무단복제행위가 민법상의 일반 불법행위로 인정받은 출판자가 참고해야 할 사례는 많다. 〈차량 데이터베이스 사건〉(도쿄지방법원 판결 2001년 5월 25일)에서 법원은 데이터베이스의 저작물성을 인정했지만, 피고가 원고의 데이터베이스를 복제해 판매한 것이 분명하다고 하여 불법행위를 구성한다고 판단했다.

마찬가지로, 신문기사의 제목에 대해 저작물성은 부정했지만, "불법 행위(민법 709)가 성립하기 위해서는 반드시 저작권 등 법률에 정해진 엄밀한 의미에서의 권리가 침해된 경우뿐만 아니라 법적으로 보호할 만한 이익이 위법하게 침해된 경우라면 불법행위가 성립하는 것으로 해석해야 한다. …저작권법의 보호 아래 있다고 인정할 수 없지만 상응하는 수고와 작업으로 만들어진 것으로서, … 법적으로 보호할만한 이익이 될 수 있는 것이라 할 수 있어야 한다."라고 하면서 불법행위의 성립을 인정한 판례가 있다. ('신문기사 표제사건' 지적재산 고등법원 판결 2005년 10월 6일).

또한 가구 등 표면에 붙이는 나뭇결(木目) 화장지의 원화는 미술저작물로 무단복제 판매한 업체를 고소한 사건에서 법원은 순수 미술과 동일시할 수 없다고 저작물성을 부정했지만 모방판매 행위는 불법행위에 해당한다고 판단하고 있다(〈나뭇결화장지/木目化粧紙사건〉, 도쿄고등법원 판결, 1991년 12월 17일).

5) 지적재산권 둘러싼 문제

2002년경부터 인터넷 옥션 등에서 저작권 침해가 눈에 띄게 되었다. 잡지협회에서는 실태 파악을 진행하여 2004년 8월 최대기업인 야후와 지적재산권 보호프로그램을 체결했다. 이 계획은 등록잡지사가 침해품을 발견하면 이메일을 야후에 삭제를 의뢰하고 이 회사가 확인하여 삭제 등의 대응을 취하는 것이다. 라쿠텐/楽天, DNA 등도 비슷한 방식을 구축한다. 잡지협회는 사이트 운영사와 의견을 교환하고, 잡지·만화 등의 콘텐츠 침해에 대한 사태 인식을 깊게 하고 있다.

2006년 2월 도쿄도 내 중고만화 매매 사이트 운영자가 대량의 만화를 권리자에게 무단으로 스캔하여 전용 사이트에서 무단 송신한 사건으로 후쿠오카현/福岡県 경찰은 운영자 3명을 저작권법 위반으로 체포했다. 그 후 사이트 운영자는 기소되어 유죄판결을 받았다. 전자서적사업을 모방한 저작권 침해 행위가 형사 적발된 것은 처음이다. 만화작가, 해당출판사, 그리고 인터넷상의 저작권 침해 방지에 적극적으로 임하는 컴퓨터 소프트웨어 저작권협회 등 관련 단체가 긴밀한 제휴를 도모하여 대응해 온 문제이며 그 성과라고 할 수 있다 .

　망, 휴대폰 비즈니스에서는 관련 기기의 보급이 한차례 돌았기 때문에 콘텐츠 제공·전송 서비스 경쟁이 심화되고 있다. 성공 여부는 인기 콘텐츠가 열쇠를 쥐고 있다. 만화·캐릭터 등에 관계가 있는 출판사에서는 향후 비즈니스 전개와 함께 동향에 신경을 곤두세우고 있다. 배경에는 정부의 지적재산 추진계획이 있으며 경단련도 콘텐츠 유통을 활발하게 하기 위해 모든 콘텐츠의 소재를 망라하는 포털사이트 구축을 진행시키고 있다. 이러한 동향에 대해서 정보수집 및 잡지출판사로서의 권리 비즈니스 전략을 모색하는 흐름이 강해지고 있다.

▷일본 노벨 작가 가와바타 야스나리 /川端康成, 大森 생가/生家 앞의 표지판/1999

제Ⅴ장 독서 추진

1. 독서추진·독서보급
(1) '독서주간', '어린이 독서주간' 등 독서추진 활동
(2) 2000년 어린이 '독서의 해'와 어린이 독서활동
(3) 문자·활자문화의 진흥
(4) '잡지애독 월간'의 노력
(5) 日本의 '文字·活字文化振興法'/全文

책읽기의 독서 추진은 착실하게 긴 시간을 걸쳐 노력하는 것이다. 출판업계에서는 '독서추진운동협의회/讀進協'를 중심으로 수많은 독서추진 활동을 계속 실시해 왔다. 민간 노력에 호응하면서 2000년 이후 국가 시책으로서 국민, 특히 어린이의 독서 추진을 도모하기 위한 입법 등을 계속해서 실시해 왔다. 미래를 이끌어 갈 어린이들의 독서 습관을 기르는 것은 아주 중요하다. 일본의 독서추진운동 성과가 조금씩 나타나면서 아동서 출판은 전반적으로 어려운 상황에서도 출판계의 노력은 계속되었다.

어린이들의 독서 추진 활동이 큰 전환점을 맞이한 것은 1993년이다. 같은 해 3월, '어린이와 책의 만남'(이노우에 히사시/井上 ひさし 회장・코니시 마사야스/小西正保 사무국장), 사무국, 이와사키서점/岩崎書店이 창설되었다. "어린이들이 많은 책과 만나고, 즐겁고 풍요로운 독서 체험을 할 수 있도록 각각의 입장을 존중하고, 창의를 살려서 협력하는 것"을 목적으로 하고 어린이 책에 관련된 단체를 중심으로 32개 단체가 참가했다. 개인 참가자는 706명이었다. 이 단체의 설립 배경으로 어린이와 젊은 층이 독서와 멀어져가는 것과 갈수록 심각해지고 있는 아동도서의 출판 상황에 대한 위기감이 있었다. 같은 해 12월, '만남'과의 연계・협회 조직으로서 당파를 넘은 국회의원들에 의한 '어린이와 책의 의원연맹'(하토야마 쿠니오/鳩山邦夫 회장・히다미요코/肥田美代子 사무국장)이 설립되고, '활동 목표'로서 '학교도서관법'의 개정과 '어린이 책의 관/館(가칭)의 설치가 목표였다. 그 해, 문부성은 '학교도서관 도서 표준' 및 '학교도서관 도서 정비 신 5개년 계획'을 책정하고, 그 재원으로서 5년 간에 약 500억 엔을 교부세로 책정했다. 여기에 어린이 독서 환경의 정비・충실을 핵으로 한 정치・행정・민간 연계의 새로운 관계를 성립시켜 나아갔다. 1994년, 국립국회도서관 지부인 우에노도서관에 국제 어린이도서관을 설치한다는 결정을 하고, 1995년 5월, 민간의 제언・협력 조직으로서 '국립국제어린이도서관'의 설립을 추진하는 전국연락회(나가이 미츠오/永井通雄 회장・마츠이나오/松居直 사무국장)가 설립되고, 사무국을 일본아동도서출판협회에 두도록 했다. 또한 같은 해 6월, 이 사업을 '전후 50년 기념사업'이라 하고 초당파 국회의원에 의한 '국제어린이도서관 설립 추진의원연맹'(추진의련, 무라카미마사쿠니/村上正邦 회장・히다미요코/肥田美代子 사무국장), 2000년 '어린이의 미래를 생각하는 의원 연맹'〈미래의련/未來議連〉으로 조직을 개편(가와무라다테오/河村健生 회장, 이와나가미네이치/岩永峯一 사무국장)하고, '전국연락회'는 추진의련과의 연계・협력을 적극적으로 진행했다.

추진의련은 '국제어린이도서관'의 설립뿐만 아니라, 1997년, 오랫동안 현안이었던 '학교도서관법'의 개정을 포함해, 1999년의 중참 양원의 〈'어린이 독서의 해'에 관한 결의〉를 채택하고, 2001년 '어린이 독서 활동의 추진에 관한 법률'('어린이 독서 활동 추진법')의 제정 등을 발의하고, 어린이 독서 환경 정비에 충실하게 큰 역할을 담당했다. 일본은 이 법률에 기반해 2002년 8월 '어린이 독서 활동 추진에 관한 기본적인 계획'을 책정하고, 2004년에는 문화심의회 답신으로 '내일의 시대가 요구하는 국어력에 대해서'를 공표했다.

일본의 독진협과 서협은 항상 이와 같은 움직임에 호응하고, 제언하며 참가했다. 이러한 활동과 축적을 토대로 해서 2005년 7월, '활자문화의원연맹'(活字議連, 河村建夫 회장, 岩永峯一 사무국장), 2007년 3월 현재, 나카가와히데나오/中川秀直 회장·스즈키츠네오/鈴木恒夫 간사장에 의한 의원 입법으로서 〈문자·활자문화진흥법/文字·活字文化振興法〉 제정의 길을 열었다.

2005년에 제정된 〈문자·활자문화진흥법〉은 일본의 독서추진 활동의 집대성이라고 할 수 있는 법률이며, '모국어로서의 일본어'를 함양하고, 문자·활자문화의 진흥에 관한 시책의 종합적인 추진을 꾀하는 것을 그 목적으로 하고 있다. 이 법률이 단순히 이념을 높이는 것으로만 끝날지, 실체를 함께 할 것이 될지는 관계자의 노력에 걸렸다고 할 수 있다. 법률 이념의 실체화를 목표로 민간의 추진 모체로서 각계 각층을 결집하는 '문자·활자문화추진기구'(가칭)를 2007년 10월에 설립할 예정이었다. 2007년 3월, 서협·잡협을 비롯한 출판 관련 8단체에서는 〈활자문화진흥출판회의/活字文化振興出版會議〉를 설립하고, 이 추진 기구에 참가하고, 적극적으로 노력하는 환경을 마련하였다(역자 주/'文字·活字文化振興法', 이 장 5절 참조).

1) 국민적인 추진 활동 목표

이미 2006년에 60회를 맞이한 〈독서주간〉을 비롯해서 〈어린이 독서주간〉 '잡지월간' '성인의 날·독서 권유' '신사회인·독서 권유', '경로의 날·독서 권유' 등, 독서협을 중심으로 연간을 통해 전개되어 있는 독서 운동도 오랜 역사를 두고 있다.

한편, 아침 독서 운동이나 북스타트 등, 비교적 역사는 짧지만, 착실한 성과를 올리고 있는 노력들도 있다. 게다가 고령화가 급속하게 진전하고 있는 사회에서는 어린이 독서추진뿐만 아니라, 전 세대, 전 국민에 걸쳐 독서추진을 진행해 가는 것이 점점 더 중요한 과제가 되고 있다.

개최 당초부터 독서 추진과 깊은 관련을 가지고 있는 도쿄 북페어도 매년 개최하여 벌써 15년이 경과했다. 매년 성황리에 개최되기는 하나 그 개최 기본방침에 대해서는 다양한 논의가 있다. 세계 최대의 북페어인 프랑크푸르트 북페어와 지금은 아시아에서 최대 규모가 된 '북경국제도서전'과 같은 판권매매/版權賣買를 중심으로 한 페어를 목표로 하는지, 독자사은·독서 추진을 주안으로 둔 페어로 할지에 대한 논의가 조금씩 일어나고 있다. 어느 쪽이든 이미 4일 간의 회기에서 5만 명 이상의 입장자를 모으고 있는 이 페어는 출판계의 활성화를 꾀하는 좋은 기회의 하나로서 각사가 얼마나 활용해 갈 것인가라는 긍정적인 시점이 필요한 시기가 되었다.

1. 독서추진·독서보급

(1) '독서주간', '어린이 독서주간' 등 독서추진 활동

1) '독서주간'의 역사

오늘날 가을의 국민적 행사가 된 '독서주간'은 2006년에 제60회를 개최했다. 이 '독서주간'의 활동은 일관해서 민간 주도, 특히 출판계와 도서관계의 연계·협력에 의해 계속되어 왔다.

'독서주간'의 역사는 1947년 11월 17일부터 23일까지 1주간 동안 실시된 제1회 개최부터이다. 당시, 패전 직후의 혼미한 나날 속에서 출판계는 급거 활동을 개시하고, 또한 일반 독서에 대한 관심도 활발하게 시작되었다. 그리고 새로운 일본의 지표로서 '문화국가의 건설'이 강조되는 속에서 출판계가 스스로 사명의 중요성을 인식한, 활황의 시대였다.

이와 같은 배경 아래서 당시 출판업계를 대표하는 일본출판협회(이시이 미츠루/石井滿 회장)가 일본도서관협회, 출판유통업계와 소매서점조합 등의 단체 기관에 호소해 이에 보도 및 문화관련 단체 30여 개가 참가한 '독서주간실행위원회'를 결성하고, 그들과의 협력 아래에 다채로운 행사를 전개했다.

"즐겁게 읽고 밝게 살자"가 제1회의 표어였다. 수만 장의 포스터가 배포되고, 방송 프로그램을 포함한 화려한 출발이었다. 그 현저한 반향이 "일주일만으로는 아깝다"라는 목소리가 있었고, 다음해 제2회 실시 기간을 '문화의 날'(11월 3일)을 중심으로 한 앞뒤 2주간으로 새롭게 정하고, 오늘날까지 계속되고 있다.

△일본 '독서주간' 포스터/2006
종전 후부터 시작한 독서추진운동도
60회를 헤아리고 있다.

△ 2007년 〈어린이독서주간〉의 포스터.
캐치 프레이즈는 〈다 함께 읽읍시다〉

그 후, 전후의 사회 혼란기에서 탈피하는 속에서 출판업계는 부흥기에 들어가고, 도서관관계에서는 1950년의 '도서관법', 1953년의 '학교도서관법' 등의 성립에 의한 사업의 정비가 진행되었다. 독자층의 확대와 독서 경향의 변화도 일어났다. 사회가 크게 움직이는 속에서 '독서주간'의 과제와 운동의 중점도 변화하고, 거기까지의 실행위원회 형식에서 운영의 한계가 의식되고, 독서추진 활동을 전문으로 담당하는 조직의 필요가 요구되었다.

2) '독서추진운동협의회'의 탄생

또한 〈독서주간운동에서 항상 독서추진운동으로〉를 테마로, 일반적인 조직 설립 구상으로 1959년 〈독서추진운동협의회〉가 탄생되었다.

이 협의회는 일본도서관협회/日圖協, 전국학교도서관협의회/전국SLA, 일본서적출판협회/書協, 일본잡지협회/雜協, 교과서협회, 일본출판유통협회/取協, 일본출판물소매업조합 전국연합회/현 일본서점상업조합연합회, 일서련의 7개의 대표적인 단체가 중심이 되었다.

독진협은 그 후 '독서 주간'의 주최자가 되는 것과 함께 각 도도후현립/都道府縣立 도서관에 사무국이 있는 지방독진협과 연계하면서 1960년의 '어린이 독서주간'(5월 '어린이날'을 포함 2주간)의 시행을 비롯해, 1968년의 '성인의 날·독서 권유'(1월 '성인의 날' 중심), 1969년의 '신사회인·독서권유'(3월), 1976년 '잡지 월간'(현, 잡지애독월간=잡협 주최, 7월 21일~8월 20일), 그리고 1981년에는 '경로의 날·독서 권유'(9월 '경로의 날' 중심) 등을 실시, 연간을 통해 독서 운동을 전개하는 조직이 되었다.

위의 운동 이외에 독진협은 1971년도부터 독서 그룹의 실태 조사를 실시하고 〈전국독서그룹 총람〉을 발행, '독서주간' 사업으로서 1968년부터 각 도도후현독진협 추천에 의한〈우량도서그룹 표창〉을 설립, 1971년부터 독서추진운동에 공적이 있는 개인 및 단체를 표창하는〈독서추진상〉(현, 〈노마/野間讀書推進賞〉[1])을 설정했다. 또한 2000년 '어린이 독서의 해'에는 '어린이 독서의 해' 추진 회의(현, '어린이독서추진회의')의 사무국도 담당하고, 민간독서운동의 네트워크 중심으로 기능을 다하고 있다.

3) '어린이 독서주간'

1959년, 서협의 아동도서부회가 중심이 되어 개최한 '어린이 독서주간'은 다음 해 1960년 제2회부터 '독진협/讀振協'이 주최 단체가 되어 2006년에 제48회를 개최했다. 이 '어린이 독서주간'(현재는 4월 23일~5월 10일 개최)은 오늘날에는 가을의 '독서 주간'과 함께, '봄의 독서주간'으로서 전국적으로 실시되고 있지만, 덧붙여 2001년 12월에 공포된 '어린이 독서 활동의 추진에 관한 법률'에 따라 개최 기간 첫째 날이 '어린이 독서의 해'로 제정됨으로써 더욱 기간 내의 활동의 중요도가 높아지고 지금은 국민적인 행사로 되어 가고 있다.

'독진협'은 종래부터 계속된 '어린이 독서주간' '독서주간'의 전국의 행사 실시 상황을 조사하고, 2000년부터 기관지의 별책으로서 일괄 게재하고 있다. 전국에서 전개하는 행사 실시 수·단체 및 기획 내용 등이 한눈에 알 수 있도록 되어 있으며, 자료 가치가 높고, 전국 각지의 행사 수체단체와 독서그룹 기획 추진의 참고로서 도움이 되고 있다. 이 조사를 보아도 행사 실시 수 및 참가 단체 수가 매년 증가하고 독서 운동이 착실하게 넓혀져 가는 것을 알 수 있다.

---

1) 독서추진운동협의회는 1971년도부터 독서추진상(1985년부터 〈노마/野間독서추진상〉으로 개칭)을 설정하고, 지역·직장 등 오랫동안 독서추진운동에 공헌하고 업적을 올린 개인 및 단체를 표창하고 있다. 이 상은 고(故) 노마쇼이치/野間省一 코단샤/講談社 사장의 1969년 독진협의 사단법인 설립을 계기로 기본 재산으로 1000만 엔, 그 후 1979년에 1,000만 엔, 또 1989년에 2,000만 엔의 기부를 받고, 그 기부금을 기반으로 수여하고 있다. 매년, 초여름에 각도 도후현 독진협 등 전국으로부터 수상 후보자의 추천을 모집하고, 엄정한 심사를 거쳐 수상자를 결정, 독서주간 중의 11월 상순에 도쿄의 일본출판클럽회관에서 증정식을 실시하고 있다.

(2) 2000년 어린이 '독서의 해'와 어린이 독서활동

1) 2000년 '어린이 독서의 해' 국회 결의

1999년 8월 9일 참의원, 다음 날 10일 중의원에서 2000년을 '어린이 독서의 해'로 하는 역사적인 〈어린이 독서의 해에 관한 결의〉2)가 각각 전회 일치로 채택되었다. 이 결의에서는 충동적인 행동이나 따돌림/いじめ 등이 문제가 되는 어린이들의 현상을 우려하고, 말을 획득하고, 감성과 표현력, 창조력을 육성하며, 독서의 측량할 수 없는 가치가 강조되어 있다.

오부치케이죠/小渕恵三 수상은 이 양원의 결의에 대해 "깊은 찬성의 의를 표한다"고 하며, "차세대를 담당하는 어린이들이 건전하게 성장하기 위해서 어린이들의 체험 활동 기회를 충실히 꾀하는 것이 중요하며, 그 중에서도 독서는 전통적인 문화유산을 계승함과 함께 어린이들에게 풍부한 감성과 정서, 그리고 배려의 마음을 키우는 중요한 활동입니다. 오늘날의 어린이들은 독서량이 감소했다고 지적되는 안에서 정부로서도 관계자와 손을 잡고 어린이들의 독서 진흥을 꾀하는 것이 긴요하다고 생각하고 있습니다."라는 소신을 표명했다.

이 국회의 결의를 입법화한 것이 2001년 12월 공포·시행된 '어린이의 독서활동추진법'이다. 이 법률도 국회결의도, '추진 의련'의 제안에 의한 것이었다.

2) 정/政·관/官·민/民의 연계와 '어린이 독서해' 추진회의

1999년 4월, 추진의련/推進議連은 '국제 어린이 도서관개관행사', '어린이독서의 해' 활동, '어린이 문화기금'의 창설을 정·관·민의 국가사업으로서 추진하는 것을 목적으로 〈기획 종합 프로젝트〉를 설치하고, 독진협·전국SLA·아동출협 등 민간 9개 단체에게 참가를 요청했다. 같은 해 7월, 이 프로젝트는 '어린이 독서의 해 실행위원회'로 개칭되고, 재발족했다.

같은 해 10월, 이 실행위원회와의 협력을 더하여 민간으로서 운동을 추진하기 위해서 〈어린이독서해〉 추진회의〉가 설립되었다. 이 회의는 "어린이와 책의 만남으로 즐거움과 풍부함을 육성하기 위해 독서 활동을 전개하고, 독서 환경의 정비·촉진을 꾀하는 것과 함께 "2000년 '어린이 독서의 해'의 추진을 꾀할 것"을 목적으로 했다. 동 회의에서는 출판사, 출판관계 각사·단체, 도서관 단체, 저작자 단체, 독서 활동 단체 등, 273개의 단체·기업·개인의 정회원, 찬조회원이 참가하고, 큰 파장과 가능성을 가진 새로운 독서추진 네트

---

2) 〈어린이 독서의 해에 관한 결의〉 (참의원의 결의문),

워크가 형성되었다. 대표로는 노마 사와코/野間佐和子, 독진협회장(講談社 대표)이 취임, 부대표로는 이노쿠마요코/猪熊葉子(일본국제아동도서평의회=JBBY[3]회장), 코미네노리오/小峰紀雄, 아동출협회장·코미네/小峰서점, 카사하라요시로/笠原良郎(전국SLA이사장), 마츠이타다시/松居直, 국립의 국제어린이도서관설립을 추진하는 전국연락회[4] 회장(福音館書店)이 취임했다. 사무국은 '독진협' 내에 설치하고, 하마다히로노부/浜田博信 사무국총괄(독서추진연락회운영위원장·講談社)을 중심으로 운동을 전개했다.

3) 2000년 '어린이 독서의 해' 활동

'어린이 독서의해' 모든 활동은 정(추진의련), 관(국립국회도서관·문부성·후생성·통산성·우정성·내각관방내각외정심의실)·민(독서해추진회의)의 연계·협력으로 지금까지 없었던 커다란 틀로 진전했다. 그 구체적인 활동은 아래와 같다.

ⅰ) 보급 계발 활동
- 전국 어린이를 대상으로 한 '어린이 독서해'의 심벌 마크, 표어의 모집
- 신간아동도서, 관련 잡지, 신문 광고에서의 어필
- '어린이 독서의 해' 포럼 개최

ⅱ) 독서 추진사업
- 읽고 들려주기 활동의 전국 전개
- 〈어린이 독서활동추진대회〉의 개최(전국대회/블록대회)
- 〈어린이 독서포럼〉〈그림책 월드〉의 개최
- 〈두근두근 어린이 책 월드〉의 개최
- 〈우에노/上野의 숲 어린이들 페스타〉의 개최
- 독서추진·문부대신장려상의 수상(문부성과의 연계)
- 독서추진우수실천교의 현창(문부성위촉사업과의 연계)

---

3) Japanese Board on Books for Young People의 약어. 어린이 책에 관한 국제교류를 통해 어린이들의 책의 본질을 높이고 독서 활동을 촉진시켜 어린이들의 성장에 기여할 목적으로 1874년에 설립되었다. 국제아동도서평의회(JBBY)의 일본의 창구로서, 또는 널리 어린이들의 책에 관한 국제협력의 대외기관으로 활동하고 있다.

4) 국립의 〈국제어린이도서관〉의 설립을 지원하며, 21세기의 어린이들에게 전할 독서문화의 센터로서 기능과 설비를 갖추고 필요한 제언을 하는 연락회 조직이다. '국립의 국제어린이도서관 설립을 추진하는 전국연락회'는 1995년 5월에 결성되었다. '국제어린이도을 생각하는 전국연락회'는 국립도서관지부 '국제어린이도서관'의 개관(2000년 5월 5일)을 맞아 그 전신인 설립 추진의 전국연락회를 발전적으로 해산하고 그 설립 이상을 달성하도록 지원함을 목적으로 2000년 10월에 결성했다.

iii) 기타 관련사업
· 북스타트 프로젝트의 연구·구축
· 국제 어린이들 도서관개관기념 사업
· '어린이 책의 날' '국제어린이 도서관 개관' 기념우표 발행(우정성)

더 구체적으로는 〈2000년 '어린이 독서의 해' 실시 보고서〉[5] 참조하도록. '어린이 독서의 해' 추진회의는 2000년의 테마로서 '북스타트' 운동을 진행하고, 7월의 영국 연수 시찰, 11월 4일 도쿄국립박물관에서 '국제심포지움'의 개최, 국내에서의 시험적인 실시 등을 거쳐 다음 해 2001년 4월 '북스타트 지원센터'(마츠이나오키/松居直 이사장)를 설립해서 본격적인 활동을 개시했다.

4) '어린이 독서추진회의'의 결성과 그 후 활동

2001년 4월 12일, '어린이 독서의 해' 추진회의는 운영위원회를 개최, 2000년 '어린이 독서의 해' 사무총괄, 수지결산 등을 체결 후, '어린이 독서의 해' 이념 아래 결집한 폭넓은 분야의 단체의 힘을 분산하는 일 없이, 어린이 독서 환경에 일체가 되어 힘을 모아야 한다는 취지로 '어린이 독서추진회의'(추진회의)의 명칭으로 사업을 재스타트하는 것을 결의했다. 출발은 14개 단체[6], 임원은 계속을 원칙으로 대표에 노마사와코/野間佐和子, 부대표에 이구마요코/猪熊,葉子, 코미네 노리오/小峰紀,雄 시카하라요시로/笠原良郎, 마츠이타다시/松居直를 새롭게 승인했다. 사무국은 새롭게 독진협 내에 설치했다.

추진회의는 문부과학성이 올림픽기념 청소년 종합센터의 사업으로서 2001년 4월에 창설한 〈어린이 꿈 기금〉의 조성을 하여, 2001년도부터 중심사업으로서 〈그림책 월드〉의 전국전개를 추진하고, 2006년도까지 20곳의 도후현/都府縣에서 개최했다. 이 사업을 통해서 각 지역에 도서관·신문사·교육위원회·서점조합·교육자·시민운동그룹 등, 어린이 독서에 관계하는 많은 단체·개인이 참가하는 실행위원회를 설치하고, 〈그림책 월드〉의 추진뿐만 아니라 각 지역에서 어린이의 독서 환경을 생각하는 네트워크를 조직했다.

또한, 민간조직의 대표로서 정·관과의 연계를 강하게 하는 역할을 담당하고, 정·관과의 공동 개최로 포럼 등, 이벤트의 실행부대로서도 활동했다. 그 중요한 활동으로 2001년 6월=〈'어린이 꿈 기금' 창설기념 '어린이·꿈·독서' 포

---

5) 〈2000년 '어린이독서의 해' 실시보고서〉(2000년 3월), '어린이독서의 해' 추진회의.
6) 독진협, 서협, 잡협, 아동출협, 일도협, 전국SLA, 유통협, 일서련, JPIC, JBBY, 국제어린이도서관을 생각하는 전국연락회, 일본아동문학자협회, 일본아동문예가협회, 일본아동출판미술가연맹.

럼〉, 2001년 12월 = '어린이의 독서활동 추진법'의 성립으로 "긴급포럼 어린이 독서진흥을 위해 지금 무엇을 해야 하는가 -'어린이 독서활동 추진법'의 실체화를 목표로", 2002년 4월 = 앞의 '어린이 독서활동 추진법'의 제정으로 4월 23일이 '어린이 독서의 날'이 되고, 그 보급 활동으로 〈'어린이 독서의 날' 기념·어린이 독서활동추진포럼〉, 2003년도부터 시작한 문부과학성이 추진하는 〈전국독서페스티벌〉, 2002년 8월 / 〈일본·중국·한국 어린이 동화교류 2002〉 등을 열었다.

5) 어린이 독서 활동의 확대

2000년의 '어린이 독서의 해', 2001년 '어린이의 독서활동추진법'의 성립으로 어린이 독서추진 활동은 여러 분야와 많은 지역에서 확대되고 있다. 그 중에서도 〈북스타트〉와 〈아침 독서〉의 급속한 확대·발전은 놀랄 만하다. 또한, 독진협이 2003년에 실시한 〈전국독서 그룹 조사〉에서도 어린이 독서 관계 그룹·단체는 4년 전과 비교해서 대폭적으로 증가하고 있는 것이 증명되고 있다.

〈북스타트 운동〉은 1992년, 〈아이와 함께 그림책의 즐거움을 나누자〉라는 캐츠프레이즈와같이 영국의 버밍검에서 시작한 운동이다. 일본에서는 2001년 4월, 21일 시구읍촌(市区町村) 등의 자치체에서 운동을 시작하자마자 매스컴 등에서도 화제가 되어, 1년간 순식간에 전국으로 넓혀지고, 2002년 12월에는 305시구읍촌 자치체가 참가하는 운동이 되었다. 운동의 지원단체인 〈북페스타 지원센터〉도, 2002년 1월, 특정비영리활동법인(NPO)이 되고, 전국 자치체와 실천협력자로부터 신뢰감이 점점 높아져, 2007년 3월말 현재, 실시 시구읍촌의 598개 지역을 넘은 운동이 되었다. 또한 이 운동은 아시아 여러 나라에서도 주목하고, 있어 앞으로는 아시아의 어린이들을 위해서도 활동을 넓혀갈 예정이다.

〈아침 독서〉는 학교에서 수업이 시작하기 전 10분간, 학생과 교사 전원이 스스로 읽고 싶은 책을 자유롭게 읽는 독서운동이다. 이 운동은 1988년, 하야시/林公敎諭(市川學園 근무)와 오츠카/大塚笑子敎諭, 토요/東葉고등학교 근무의 두 사람이 사회나 학교에서 교육이 황폐해 가는 시대 속에서 고민하는 아이들에게 '살아가는 힘'과 '스스로 배우는 힘'을 육성시키기 위해 시작한 것으로 방법은 "모두 함께 한다" "매일 한다" "좋아하는 책으로 좋다" "그냥 읽는 것뿐"으로 아주 심플한 것이었다. 1995년부터 토한이 두 사람의 활동을 응원하고, 운동은 조직화되었다. 점점 그 실천 효과가 보고되게 이르렀으며, 교육 관련자에게 주목되어 2000년 9월, 전국의 초중고교의 실천학교 수는 4,500교가 되고, 또한 2001년 '어린이 독서활동추진법'에서 큰 탄력이 붙고, 2005년 8월에는 실천학교 수는 2만교를 넘었으며 약 740만 명의 아동·학생이 노력한 운동이 되었다.(2007년 3월말 현재, 2만 4,336교, 약 900만 명)

6) 기타 '독서 운동'의 활동

① 2000년 '어린이 독서의 해'로 개최한 '우에노/上野의 모리/森 어린이 북스타트'(현, 우에노의 숲 부모자녀/森親子 북스타트)는 그 후도 매년 개최하고 해마다 참가자들이 괄목할 만큼 늘어나고 있다.

② 1999년부터 개최하고 있는 〈JPIC[7] 읽고 들려주기 서포터 강습회〉는 매년 전국의 강습장에서 호평을 얻고, 참가자 수가 8년 간 누계로 2만 9,000명을 넘고 있다.

③ 〈국제 어린이 도서관을 생각하는 전국 연락회〉는 2000년, 국제 어린이 도서관의 설립 후에도 그 진전과 함께 제언하는 활동을 계속하고 있다.

④ 1996년에 설립한 '학교도서관정비추진회의'는 2000년 이후, 더욱 활동을 강화하고, 학교도서관 도서정비비의 예산화와 그 완전 획득화 운동[8]을 전국 규모로 확대를 철저하게 하고 있다.

또한 문부과학성은 2007년 2월에 〈신학교 도서관 도서정비 5개년 계획〉을 책정하고, 총액 1,000억 엔을 지방교부세로 조치하기로 했다.

---

7) (재)출판문화산업진흥재단(Japan Publishing Industry Foundation for Culture). 출판문화산업 및 독서활동에 맞는 생애 학습의 추진, 출판문화산업 및 독서활동에 관한 조사 및 연구, 인재육성, 정보의 수집 및 제공 등을 실시하는 것으로 동산업의 진흥을 꾀하는 것과 함께 독서활동의 추진을 꾀하는 것으로 일본 경제사회의 건전한 발전·국민 생활 문화의 향상, 청소년의 건전 육성에 기여하는 것을 목적으로 1991년 3월에 설립되었다.

8) '어린이독서활동추진법'의 제정으로 2002년도부터 국가는 새로운 〈학교도서관 도서정비 5개년계획〉을 실시했다. 이 시책은 초·중학교의 학교도서관 도서정비비로서 총액 약 650억 엔을 5년간에 걸쳐 지방교부세로 조치하는 것으로, 매년 약 130억 엔씩 조치되었다. 그러나 이 도서정비비는 지방교부세로 조치된 것으로 각 자치체로 자동적으로 도서의 구입비가 되는 것이 아니다. 지방교부세는 용도가 제한되지 않고, 어떻게 사용하는가는 각 자치체의 재량이기 때문에 다른 예산으로 유용되는 것도 있다. 2003년도도 30%의 자치체밖에 도서구입비로 사용하지 않았다. 여기에서 어린이 도서추진회의, 학교도서관정비추진회의, 서협은 구체적인 안내 〈어린이독서활동추진법〉 실체화를 위한 매뉴얼, 제3판〉(2004년)을 작성하고, 이 지방교부세를 완전하게 도서비로서 예산화하는 운동을 전국적으로 호소하고 있다.

(3) 문자·활자문화의 진흥

1) '문자·활자문화진흥법'의 탄생

2005년 7월 22일, '문자·활자문화진흥법'이 성립하고, 같은 달 29일에 시행되었다. 2004년 2월, 문화심의회는 〈미래 시대에 요구되는 국어력에 대해서〉를 보고서[9]를 제출하고, "앞으로의 시대는 지금까지 이상으로 국어력이 필요"하며, "스스로 책을 선택하는 어린이를 육성한다."는 것이 더욱 큰 목표가 되며, 이를 위해서는 '국어교육'과 '독서활동'을 두 축으로 '독서'가 핵심으로 자리 잡았다. '문자·활자문화진흥법'의 법제화에는 이 보고서와 2001년 12월에 시행된 '어린이 독서활동 추진법' 및 이것을 기반으로 책정된 〈어린이 독서활동 추진에 관한 기본적인 계획〉[10](2002년 8월 각의결정)이 토대가 되었다.

이 법률 제정으로 '문자·활자문화의 진흥에 관한 시책'의 종합적인 추진이 국가 및 지방공공단체의 책무로서 관계기관 및 민간단체 등과의 연계 강화 아래에서 계획되게 되었다.

덧붙여 이 법률의 제정에 맞춰 활자의련/活字議連은 정책목표로서 '문자·활자문화진흥법'의 시행에 따른 시책 전개〉[11]〈시책의 전개〉를 공표했다. ①지역에서 문자·활자문화의 진흥, ②학교교육에 관한 시책, ③출판 활동으로 지원이란 항목별로 구체적인 시책의 추진을 명기하고 있다.

서협은 이 법률의 제정에 있어 활자의련(河村建夫 회장, 히다미요코/肥田美代子 사무국장)으로부터 의견이 요구되어 2005년 3월, 요청서[12]를 제출했다. 그 사고방식과 요청 사항의 대부분이 이 〈시책의 전개〉 속에 담겼다. 〈출판 활동의 지원〉에 관해서 제시한 구체적인 시책은 다음과 같다.

① 문자·활자에 관련한 저작물 재판제도의 유지
② 학술적 가치를 가진 저작물의 신흥·보급
③ 저작자 및 출판자의 권리보호 충실
  · 번역기회가 적은 나라의 저작물의 번역, 일본어 저작물의 번역 진흥·지원, 이에 필요한 번역자의 양성
  · 세계 각지에서 개최된 북페어 등 국제문화교류의 지원

---

9) 〈앞으로의 시대에 요구되는 국어력에 대해서〉(2004년 2월 3일, 문화심의회 답신)
10) 〈어린이의 독서활동 추진에 관한 기본적인 계획〉(2002년 8월, 각의 결정)
11) 〈문자·활자문화진흥법의 시행에 따른 시책의 전개〉(2005년), 활자문화의원연맹.
12) 〈'문자·활자문화진흥기본법'(가칭)안에 대한 요청서〉(2005년 3월 18일) 제안. 이 법률 전문 다음 3절 참조

그리고 이 전문에는 "문자·활자문화진흥법에 기반해 정치·행정·민간은 연계해서 다음의 시책을 추진한다."고 되어 있다. 구체적인 시책의 전개·실현에는 이후의 민간의 노력·책무 또한 큰 것을 제시하고 있다.

2) '문자·활자문화진흥법'과 '어린이 독서활동 추진법'

'문자·활자문화진흥법'은 국회의원 286명이 만드는 활자의련이 의원입법으로서 제안하고, 성립시킨 것으로 마찬가지로 미래의련에 의한 의원 입법으로서 2001년 12월 12일에 제정된 '어린이 독서활동추진법'과 견줘 생각하면 전 국민으로의 독서활동추진의 법률이 생겼다는 것이다.

이러한 법률을 성립시킨 배경으로는 어린이들의 폭력적인 범죄나 부모의 어린이 학대, 세계 각지에서 일어나는 끝없는 전쟁 등의 사회 현상에서 대화의 필요성, 그 말의 부족과 재생의 필요성을 강하게 느낀 사람들이 일어난 것이 직접적인 요인이지만, 〈독서주간〉을 비롯한 전국에 뿌리내린 독서추진운동의 반복 활동이 진정한 법률을 성립시킨 원동력이었다고 할 수 있다.

그 무엇보다의 증거는 '문자·활자문화진흥법'에서 〈독서주간〉의 첫째 날인 10월 27일이 이 '어린이 독서의 날'로 제정된 것이다. 이 '문자·활자문화의 날' 제정을 계기로 출판계 전체로서도 '독서협'을 중심으로 한 독서추진운동의 연계는 더욱 깊어지고, 〈독서주간〉 사업을 중심으로 한 확실하며 견고한 방침 및 실시가 필요하다.

또한 '문자·활자문화의 날'에 대해서는 2005년부터 출판 7개 단체[13]에서 〈문자·활자문화의 날 출판연락회〉를 만들고 연계해서 주지·보급을 꾀하는 활동을 실시하고 있다.

3) 추진 모체 '문자·활자문화추진기구'의 전개

2005년 12월, 서협은 '시책의 전개'와 새로운 시책의 검토를 진행하기 위해 '문자·활자문화진흥특별위원회'를 세웠다. 특별위원회에서는 〈서협으로서 중점방침〉을 정리하며, 되도록 빨리 관계 단체와 연계해서 출판계의 총의를 결집하기 위해 '문자·활자문화진흥회의'의 개최를 촉진하기로 했다. 그러나 준비 과정에서 '시책의 전개'를 보다 실효성 있게 하기 위해서는 출판관계단체에 머물지 않고, 보다 넓게 국민적인 연계와 결집이 필요하다는 판단으로 그 추진모체로서 교육·경제·노동·유통·언론 등으로 된 '활자문화·독서활동추진기구'(추진기구, 이후 '문자·활자문화추진기구'로 개칭)의 설립 구상이 부상했다.

---

13) 서협, 잡협, 취협, 일서련, 아동출협, 독진협, JPIC.

2006년 7월 13일, 코미네노리오/小峰紀雄 서협 이사장의 촉구에 의해 서협·잡협·유통협·일서련·독진협·아동출협·JPIC의 7단체의 대표가 모여 '추진기구'의 설립 준비에 관한 회의가 개최되었다. 코미네 서협이사장은 '추진기구'의 상세안/詳細案을 제시하면서 ①서협은 출판 관련 단체와 연계해서 '문자·활자문화진흥법'의 실체화를 추진하는 조직으로서 서협이 당초 예정한 '문자·활자문화진흥회의'에 대신해 보다 국민적인 연동체로서 규모와 가능성을 가진 '추진기구'의 설립준비회에 참가하고 협력한다. ②출판업계 특유의 모든 문제의 해결을 위해 출판업계 단체와 함께 연구·조사·시책입안·추진기관으로서 '활자문화진흥출판회의'(출판회의)의 설립을 촉구한다. ③'출판회의'가 참가한 모든 단체는 '출판회의'로서 '추진기구'에 참가 및 협력한다. 또한 마찬가지로 '추진기구'의 준비회가 개최를 예정하고 있는 11월 25일의 심포지엄 〈언어의 힘과 일본의 미래〉에는 '출판회의'로서 후원한다. ④전국출판협회(全協) 등 당일의 참가 단체 이외의 업계 단체에도 참가를 촉진한다. ⑤상기의 '서협 방침'을 원안으로서 각 단체의 의견을 집약해서 이후 방침을 세워간다. ⑥'출판회의'의 사무국은 서협이 담당한다는 등을 설명과 제언했다.

또한 9월 13일에는 촉구에 참가한 7개 단체에 전협도 포함한 사무국 회의가 열려, '추진기구'의 설립 준비 상황을 확인하며, '출판회의'의 준비회 사무국을 당면 JPIC에 두는 것을 결정했다.

11월 25일, 일본 프레스센터 홀에서 광범한 분야의 관계자가 일당으로 만나서 '문자·활자문화추진기구설립준비회'(설립준비회)의 주최에 의한 〈심포지엄 '언어의 힘과 일본의 미래'〉가 개최되었다. 심포지엄 종료 후, 대회 어필[14]이 채택되어 ①2007년 10월을 기준으로 '문자·활자문화추진기구'를 정식으로 창설한다. ②2010년을 '국민독서의 해로 하는 결의'의 채택을 국회에 촉구한다. ③어린이들의 언어력, 독해력을 올리기 위해 〈신학교도서관도서정비 5개년 계획〉을 책정·실시하도록 국가·자치체에 요구하는 등을 확인했다. 또한 심포지엄인 당일에 '설립 준비회'가 개최되고, 2007년 10월 설립을 위해 '설립준비인회'[15]가 정식으로 발족되었다.

---

14) '어필'-(2006년 11월 25일) '문자·활자문화추진기구설립 준비회'

15) 설립준비인회/일본펜클럽회장(이노에히사시/井上ひさし), 일본한자능력검정협회 부이사장(大久保浩), 일본총합연구소 전이사장(柿本壽明), 일본의사회 회장(唐澤祥人), 일본신문협회장(北村正任), 일본서적출판협회 이사장(小峰紀雄), 일본작사가협회 이사장(타카타카시/たかたかし), 일본노동조합총연합회 회장(髙木剛), 전국출판협회장(田中健五), 활자문화의원연맹 회장(中川秀直), 일본약제사회장(中西敏夫), 출판문화산업진흥재단 이사장(肥田美代子), 일본국제아동도서평의회장(松居直), 일본잡지협회 이사장

이러한 '출판회의'는 먼저 2006년 12월 25일에 서협·잡협·아동출협의 3단체에서 설립되어 결국 2007년 3월 27일에는 유통협·일서련·독진협·JPIC·전협의 5개 단체가 참가를 결정했다. 이것으로 당초 예정한 출판 관계 8개 단체가 일치 협력해서 '문자·활자문화진흥법'의 실체화를 목표로 '문자·활자문화추진 기구'에 '출판회의'로서 참가하고, 각계각층과의 폭넓은 연계 아래 '출판문화의 진흥, 독서 환경의 정비·충실을 꾀하기' 위한 활동 기반이 정비되었다.

(4) '잡지애독 월간'의 노력

1) 역사적인 '잡지축제' 시작

'잡지애독월간'은 7월 21일부터 8월 20일인 1개월이 대상 기간으로 잡협이 주최·운영하고, 독진협이 후원하는 잡지 출판사에서 시작한 독서추진 활동이다. 잡지출판계가 독자, 사회의 잡지에 대한 흥미·관심을 환기하는 것이 취지였지만, 업계 내에서는 잡지의 사회적 역할을 자각하는 기회로서 자리잡고 있다.

캠페인의 PR 활동의 원동력은 잡협회원사 발행 잡지로 광고 게재 협력이다. PR 광고게재는 약 300잡지에 이른다. 게재 잡지에는 오리지널 도서 카드를 추천으로 독자에게 선물하는 사은기획을 넣었다. 캠페인 포스터를 작성하고, 유통협의 협력으로 전국의 서점에서 독진협의 협력으로 전국의 공공도서관에 배포하고 있다. 캠페인의 근간 테마는 "더욱 오래 잡지를 읽었으면 좋겠다."라는 생각을 넣었지만, 적정 테마를 설정, 그에 맞춰 관련 이벤트 등을 기획·실시하고 있다.

잡협이 〈잡지애독월간〉을 주최·운영하게 된 것은 1999년부터이다. 그때까지 독진협의 주최 행사에서 '잡지월간'의 명칭이었지만, 2001년에 현재의 명칭으로 변경했다. '독진협'은 1976년부터 여름의 '독서주간'을 나타내는 표어 설정, 포스터 등을 작성해 왔다.

'잡지애독월간'은 1932년의 교토/京都 서적상조합이 단독으로 개최한 〈잡지축제〉가 시작이라고 한다. 다음 해, 당시의 잡협이 '잡지주간'을 주최했지만, 7회로(1939년) 폐막했다. 그 당시의 기록에서는 전국 270종의 잡지가 모두 1페이지 지면 및 대소의 기획 기사를 가지고 신문계의 전에 없는 커다란 원조를 받았고, 하쿠호도/博報堂는 특별할인판매를 4일간 제공했고, 또한 오지제지/王子製紙는 상금 1천만 엔의 기부금을 내는 등, 본 계획은 각 방면으로부

(村松邦彦), 일본방송협회 아나운서실장(山根基世). (2006년 11월 현재)

터 대환영의 소리를 듣는 한편, 또한 "정계·재계의 여러 명사들의 절대적인 찬사를 받았었다."(《講談社 50年史》 제1회 '雜誌週刊'의 기술) '잡지 주간'을 위한 대선전 부대가 걸어 다니며 니혼바시/日本橋 쪽 시라키야백화점/白木屋百貨店에서 잡지전람회가 열리고, 저명인사의 강연회, 노래, 춤, 마술 등 다양한 기념 이벤트가 실시되었다. 신문은 간다/神田 진보쵸/神保町, 스루가다이/駿河台 일대가 잡지전람회로 넘쳐나고 있다고 보도했다. 그 후 1951년에 전국출판협회의 촉구로 '잡지주간'이 부활하고, 독자가 뽑는 인기잡지 랭킹 등의 기획을 실시했다. 그리고, 1954년에는 '독서주간'과 합쳐지고, 1976년에 '잡지월간'으로서 다시 태어나고, 2001년 〈잡지애독월간〉으로 개칭해서 현재까지 이어지고 있다.

2) 1999년부터 잡협이 주체적으로 기획·운영

잡지의 독서추진은 〈독서는 좋은 것, 책을 읽자〉라는 서적과 다른 다종다양한 잡지가 있기 때문에 장르마다 개별의 잡지라면 어느 정도 알기 쉽게 전달하지만, 전체적인 대상의 잡지 캠페인이 되면 콘셉트가 어렵다고 한다. 이전의 '잡지월간'의 추진 취지에서는 잡지문화의 향상과 그 보급을 들고 있다. 잡지사에서 하는 캠페인에서는 직접 독자에게 어프로치하는 것이 중요하다는 인식 아래, 잡협에서는 1998년에 프로젝트 추진실을 설치하고, 여기에서 "잡지는 재미있고 즐겁기 때문에 읽는 것" 등, 캐츠프레이즈 등의 논의를 했다. 〈잡지애독월간〉으로 명칭 변경도 콘셉트를 명확화하기 위해서였다. 그리고 잡지협회 내에 〈잡지애독월간〉 추진특별위원회를 설치해 매년, 기획·입안·운영을 실시하고 있다.

잡협이 운영 주체가 된 후의 〈잡지애독월간〉 캠페인의 노력은 다음과 같다.

3) 이미지 캐릭터로 '골든 애로우상 그래프상' 수상자 기용

잡협 주최 초년도인 1999년은 '잡지 월간' 캐츠프레이즈를 회원사 잡지에 광고하여 독자들을 공모했다. 1만 6,500통의 응모가 있었으며 〈읽고 싶어〉로 결정. 캠페인의 이미지 캐릭터로는 골든 애로우상/Golden Arrow賞 그래프상/Graph상(잡지예능기자 클럽·일본잡지사진기자회가 운영·선출) 수상자에게 협력을 받아, 탤런트인 유카리/優香里 씨가 포스터에 등장했다. 독자사은기획으로서 잡협 회원사 협찬으로 오리지널 상품을 추천해서 1천명에게 선물하는 잡지사상, 이미지 캐릭터의 매거진 카드(도서카드)를 추천으로 1999명에게 증정하는 기획을 잡지 광고로 선전, 그 응모권을 엽서에 붙여서 지원하는 형식으로 실시한 결과, 5만 5천통이 넘는 응모가 있었다.

이벤트 기획에서는 〈어떻게 되나 2000년〉을 테마로 〈FraU/프라우〉〈Very/베리〉〈Petit Seven/프티 세븐〉의 편집장 토크를 기노쿠니야/起伊國屋서점 우츠노미야점/宇都宮店에서 그 지역의 시모노/下野신문사의 협찬 협력을 얻어서 실시했다. 이 신문지상에서 그 모양이 보도되어 반향도 컸다. 그리고 칸토/関東 교통광고협의회의 협찬과 협력으로 지하철 교통광고가 되어서, 〈잡지캠페인〉의 선물을 크게 높였다.

4) 〈연간정기구독 캠페인〉 시작

2000년에는 '잡지월간'에 연간정기구독캠페인을 처음으로 실시했다. 도쿄 메구로/目黑·세타가야/世田谷 지구의 약 100곳의 서점이 참가하고, 참가 출판사는 15개 사, 대상지는 15종의 잡지였다. 기간 중에 대상지를 연간정기구독 신청으로 구독 요금 1개월분을 무료로 하고, 참가 출판사는 1개월분을 서점에 돌려주는 구조이다. 정기구독의 촉진과 함께 서점 방문 촉진·활성화, '재판탄력운영'의 실천무대가 기획의 목적으로 참가 서점 중 약 70%가 예약을 받았는데, 예약 총수는 450종에 달했다. 캐츠프레이즈의 공모는 계속하였으며, 인터넷 응모를 포함해 2만 종 넘는 작품에서 "좋아하는 잡지는 무엇입니까?"가 선택되었다. 잡지사상, 매거진 카드 선물기획도 계속 실시하여 호평을 받았다. 이미지 캐릭터는 혼죠 마나미/本上まなみ 씨, '어린이 독서의 해'인 2000년은 작가인 하이타니켄지로/灰谷健次郎를 초대해 "어린이들의 마음·어린이들의 상냥함"을 테마로 게이트시티 오자키/大崎에서 기념강연회를 개최했으며, 그는 〈슈캉소넹매거진/週刊少年Magazine〉, 〈초등일년생/初等一年生〉, 〈전격/電擊 NINTENDO64〉의 편집장으로 '인터넷 세대인 어린이들'을 오카자키미츠요시/岡崎満義 씨의 사회로 전개되고 잡지의 앞마구리/小口 면에 '어린이 독서의 해'를 표시하고, 방문 최초 독자의 관심을 불러일으켰다.

2001년부터는 잡지 애독자를 향한 캐츠프레이즈도 잡지 만드는 측의 메시지를 전달하는 것을 주안으로 하고, 공모는 그만두었다. '연간정기구독 캠페인'은 도쿄 2지구에 미야기현/宮城縣을 포함 약 300점이 참가하고, 21개 사·25지의 대상지의 예약 수는 1,250종이 되었다. 매거진 카드 선물 기획은 계속 이미지 캐릭터로 샤크 유미코/釈由美子로 2001년의 캐츠프레이즈는 "이 사람을 유명하게 한 것은 우리들이다. – 그라비어에서 정치·경제까지 잡지는 오늘을 전달하는 미디어입니다"였다.

5) '환경캠페인' 전개 / 40년 만의 '미국잡지연수단'

21세기는 환경의 세기이다. 새롭게 함께 한 여성위원의 발안으로 일본제지연합회의 협찬·협력을 얻어 2001년에는 '잡지환경 캠페인'을 전개했다. 회원사 발행잡지 외에 전국지에 광고를 게재했다. 광고에는 잡지협회의 전 회원사명을 명기하고, "잡지환경 프로젝트를 시작합니다"라는 표어를 기반으로 협회의 환경에 대한 자세를 보인 내용이다. 이것을 계기로 잡지협회의 생산위원회는 '생산환경위원회'로 이름을 바꾸었다. 환경 캠페인에서는 3타입의 광고 원고를 작성하고, 알림·어필 게재잡지는 450지를 넘으며 매거진 카드의 응모 총 숫자는 6만 5천 통을 넘었다.

또한 잡지왕국 미국에서 미스터 매거진이라고 평가되는 미시시피대학의 서밀 후스니/サミール・フスニ 교수를 초청해 <미국의 최신 잡지 상황>에 대해서 출판 클럽회관에서 세미나를 개최하고, 회원사를 포함해 업계 관계자 130명이 참가했다. 그리고 특별기획으로서 40년 만에 <미국 잡지 판매·유통 시찰연수회>를 실현, 오쿠보 테츠야/大久保徹也 단장(슈에이샤/集英社) 외에 10명이 정기구독 실정을 중심으로 미국잡지협회, 출판사, 서점 등을 시찰하고, 그 성과를 후스니 교수의 강연록을 포함해서 보고서로서 정리했다.

2002년은 "그러한 당신에게 전하고 싶은 것이 있다."를 메시지로 <정기구독 캠페인>을 일서련·유통협의 3개 단체 공동주최 기획으로서 처음으로 전국 전개를 시작했다. 참가 서점은 약 5,000점으로, 대상지는 28개 사·34지로 확대하고, 예약 총수는 약 5,400이 넘었다. 2001년의 환경 캠페인의 반향을 얻어, 제지 메이커의 환경 책임자와 잡지의 오래된 종이/古紙 100%의 봉투를 실현한 소니의 디자이너를 강사로 초빙해 환경 세미나를 출판클럽회관에서 개최했다. 잡협에서는 일련의 환경 캠페인의 반향을 계속 받아, 100% 잡지고지/古紙 봉투를 도입하고 있다. 이미지 캐릭터는 이가와/井川遙 씨. 중간광고 (지하철 내) 포스터도 잡지고지 100% 용지를 사용, 4개 타입의 포스터를 작성하고, 관동교통광고협의회의 협력으로 약 4만 7,000매가 제출되어 폭넓게 주목되었다.

6) '디지털 도둑'이 내외미디어로 대반향 / 매너 캠페인

'디지털 도둑'(("서점 내에서 휴대폰 카메라로 잡지기사 촬영하지 마세요"))가 2003년 캠페인으로는 크게 영향을 일으켰다. 서점 점두의 목소리를 반영해서 서점 내에서 휴대폰 매너를 지키길 원한다는 발안이었다. 카메라가 있는 휴대폰의 급속한 보급, 공공기관에서의 휴대폰 매너가 문제화되고 있던 시기였기 때문에 진짜 도둑에 비해 '디지털 도둑'으로서 TV·신문을 포함한 인터넷 미디어, 그리고 해외 미디어에서도 폭넓게 보도되었다. 결과로서 디지털 카피 시대의 저작권, 사적 이용 범위에 대해서도 논의를 불러일으켰다. 캠페인에서는 휴대폰 사업자 단체인 사단법인/전기통신사업자협회와 연합 이름으로 약 3만 장의 포스터를 만든 것도 화제가 되었으며, 전국의 서점에서 문의가 쇄도했기 때문에 매너 포스터의 증쇄를 했다. '디지털 도둑'은 이 해의 유행어 후보가 될 정도로 획기적인 캠페인이 되었다. 메시지는 "나는 매거인/매거진人16) - 잡지가 당신을 기다리고 있다."로 요시오카미호/吉岡美穂가 이미지 캐릭터로서 "매거人은 매너를 지킨다."는 말로 호소했다.

정기구독 캠페인은 32개 사·대상 60개 지로 확대하고, 참가 서점은 6,000점을 크게 넘고, 예약 수도 7,000점을 넘었다. 환경 PR의 일환으로서 "매거人은 환경을 생각한다. - 다 읽은 잡지는 집에 가지고 가서 재활용을 하는 것에 협력해 주십시오."라는 교통 중간 광고 포스터로 어필했다. 대도시의 역 구내의 휴지통 등에서 조직적으로 잡지를 회수하고, 역 부근에서 잡지 발매 당일의 저렴하게 판매하는 행위가 눈에 띄고 업계에서는 효과적인 방책이 없고 대응도 궁핍했기 때문이기도 했다.

2004년 메시지는 '자는 잡지의 자(ザ☆は, 雜誌のザ)'. 이미지 캐릭터는 이노우에 와카/井上和香. 관동교통광고협의회의 첫 와이드 판에서 중간 광고 협력이 실현되고, PR은 두텁게 증가했다. 정기구독 캠페인은 전국 전개 3년째를 맞이했다. 참가 출판사 36개 사·대상 75개 지로 퍼졌지만, 대기업 유통회사가 일괄 사전 지불의 정기 예약 시스템을 이 해 여름부터 도입한 관계로 참가 서점이 전년 대비 반감의 3,000점에 지나지 않고 예약 수도 약 3,700점으로 서점수와 마찬가지로 감소했다. 이러한 속에서 서점의 의향을 반영해서 도쿄도 서점상업조합과의 연계로 도쿄지구 한정의 대상지 16지를 설정했지만 결과로서 성과는 올라가지 않았다. 서점으로 내점 촉진·활성화를 목표로 시작한 정기구독 캠페인은 잡지의 일괄 사전 지불 구조가 없어지고, 그 실현도 과제였지만, 그 시스템화는 유통회사의 협력으로 열매를 맺었다. 매너 캠페인에서는 전기통신사업자협회가 "서점의 책은 찍지 말자. - 알고 싶은 휴대폰 매너"라는 포스터를 독자적으로 작성하고, 전국의 서점·학교 등에 배포했다. 그리고 NTT 도코모가 작가의 메시지를 전하는 형태로 "점두 책이나 잡

---

16) 매거진(매거人:일본에서 人의 발음이 '진'과 같아서 매거진에서 진을 같은 음의 한자 '人'으로 바꾼 것이다.

지를 카메라가 있는 휴대폰으로 촬영하지 말자." 라고 주요 신문에 전면광고를 게재하기도 했으며, 어필은 폭넓게 침투했다.

정기구독 "계속 읽기 운동을 시작하자" 코너에서는 대상 85개 지의 실물을 전시하고, 대상지 1개월분의 할인에 덧붙여 참가 출판사의 오리지널 선물을 뽑기로 제공하여 특별함을 연출했다. 예약은 16개 책에 머물렀지만, 그 외 잡지 POS센터의 데모코너 PR, 이와사마유코/岩佐真悠子 코너를 설치, 회원사의 스탭 협력으로 잡지 부스는 연일 붐볐다.

〈정기구독 캠페인〉에서는 토한/東販, 닛판/日販, 오사카야/大阪屋의 정기구독 시스템에 연계하는 형태로 전개하고 있다. 메시지도 "모두 함께 읽자! 하나 둘 셋!! 계속 읽기 운동 시작하자, 제철의 정보, 화제의 연재, 계속해서 읽으면 즐거움도 가속한다. 자, 정기구독 운동 시작하자."라는 심플하며 강력한 콘셉트로 이미지 캐릭터인 이와사마유코/岩佐真悠子가 잡지 읽는 방법을 몸으로 표현한 포스터와 서점·유통회사 지원의 일환으로서 〈정기구독 운동 스티커〉를 만들어 '정기'라는 읽는 방법의 PR를 겸해서 추진했다.

유통의 정기예약 시스템을 연계해서 추진한 정기구독 캠페인은 참가 서점이 5,400점포로 증가하고 출판사 34개 사·대상 83개 지의 예약 총수는 약 800으로 지금까지의 최고가 되었다. 신청한 전단지를 각 유통 시스템에 맞춰서 작성하는 등, 세세한 대응을 실시하고 있다.

7) 잡협 HP로 정기구독 신청 창구 설치

2006년은 '정기구독 캠페인'으로 처음 잡지협회 홈페이지에 구독 신청 창구를 개설했다. 그리고 북하우스 진보쵸/神保町의 협력을 얻어 대상지 36개 사·91개 지를 전시하고, 처음으로 대상지를 50% 할인 판매했다. 북하우스 진보쵸 점내에서는 도서 보급의 협찬 협력을 얻어 어린이용 잡지 표지를 모티브로 오리지널 도서카드 선물(3일간에 106장)을 실시하는 외에 일본절지협회/日本折紙協会의 협력으로 부모자녀절지교실의 개최와 절지작가의 작품전시 코너를 마련했다. 게다가 잡지협회가 성원의 마스오카히로시/増岡弘·죠하루히코/壤晴彦 씨를 초대해 이야기를 하고, 잡지애독주간(7월 21일~8월 20일) 기간 중, 같은 곳과의 조인트 페어는 '재판탄력운용'의 측면에서도 업계 내외에서 주목을 받았다. 메시지는 "사랑과 잡지는 반드시 온다. 예를 들어 당신이 아주 좋아하는 잡지 발매일을 잊어버려도. 정기구독이라면 당신의 '좋아함'이 반드시 옵니다"이었다. 정기구독포스터에서는 "사랑도 잡지도 1년은 만나야 하지"라며, 이미지 캐릭터인 야스다미사코/安田美沙子가 사랑스럽게 말하고 있다. 예약구독 신청 총 수요는 9,700을 넘어 과거 최고를 기록했다.
칸토교통광고협의회에서 중간광고 게재 협찬협력은 처음으로 10만 장을 넘고, 강력한 지원이 '잡지의 여름'을 풍부하게 했다.

△ 2007년의 제14회 동경국제북페어 개회식

(5) 日本의 '文字·活字文化振興法'/全文
<2005년 7월 29일 제정/법률 제91호>

제1조 (목적)
　이 법률은 문자·활자 문화가, 인류가 장구한 역사 속에서 축적해 온 지식과 지혜의 계승 향상과 풍요로운 인간성의 함양과 함께 건전한 민주주의 발달에 불가결하다는 점을 감안해서, 문자·활자 문화의 진흥에 관한 기본이념을 정하고, 아울러 국가와 지방 공공단체의 책무를 명확히 함과 함께 문자·활자 문화의 진흥에 관한 시책의 종합적인 추진을 도모함으로써 더욱더 지적이고 풍요로운 국민 생활과 활력 있는 사회의 실현에 기여함을 목적으로 한다.

제2조 (정의)
　이 법률에서 '문자·활자'라 함은 활자와 기타 문자를 이용해 표현된 것(이하 이 조에서는 '문장/文章'이라 한다.)을 읽고 쓰는 것을 중심으로 이뤄지는 정신적 활동, 출판 활동 이외의 문장을 사람에게 제공하기 위한 활동 및 출판물 기타 이들 활동의 문화적 소산을 말한다.

제3조 (기본 이념)
　1. 문자·활자 문화의 진흥에 관한 시책의 추진은 모든 국민이 그 자주성을 존중받으며 생애를 통해 지역, 학교, 가정 기타 여러 가지 장소에서 거주하는 지역, 신체적 조건, 그 밖의 요인에 구애받지 않고 동등하게 풍요로운 문자·활자 문화의 혜택을 누릴 수 있도록 환경을 정비할 것을 취지로 행하여지지 않으면 안 된다.
　2. 문자·활자 문화의 진흥에 임해서는 국어가 일본 문화의 기반인 점이 충분히 배려되지 않으면 안 된다.
　3. 학교 교육에 있어서는 모든 국민이 문자·활자 문화의 혜택을 향유할 수 있도록 하기 위해 교육과정 전체를 통해 읽기 능력과 쓰기 능력, 그리고 이러한

능력을 기초로 하는 언어에 관한 능력(이하 '언어력/言語力'이라 한다)의 함양에 충분히 배려하지 않으면 안 된다.

제4조 (국가의 책무)
국가는 앞 조의 기본이념(이하, '기본이념'이라 한다.)에 따라 문자·활자 문화의 진흥에 관한 시책을 종합적으로 책정하고 실시할 책무가 있다.

제5조 (지방공공단체의 책무)
지방공공단체는 기본이념에 따라 국가와의 제휴를 도모하면서 그 지역의 실정에 입각해서 문자·활자 문화의 진흥에 관한 시책을 책정하여 실시할 책무가 있다.

제6조 (관계기관 등과의 제휴 강화)
국가 및 지방공공단체는 문자·활자 문화의 진흥에 관한 시책이 원활히 실시될 수 있도록 도서관, 교육기관, 기타의 관계기관 및 민간단체와의 제휴 강화, 기타 필요한 체제의 정비에 노력하도록 한다.

제7조 (지역의 문자 활자문화 진흥)
1. 시읍면(市町村)은 도서관 봉사에 대한 주민의 수요에 적절히 대응할 수 있도록 하기 위해 필요한 수의 공립도서관을 설치하여 적절히 배치하도록 노력한다.
2. 국가 및 지방 공공단체는 공립도서관이 주민에 대해 적절한 도서관 봉사를 제공할 수 있도록 사서의 충실 등 인적 체제의 정비, 도서관 자료의 충실, 정보화 추진 등의 물적 조건의 정비, 기타 공립도서관의 운영 개선과 향상을 위해 필요한 시책을 강구하도록 한다.
3. 국가 및 지방 공공단체는 대학 및 기타 교육 기관이 시행하는 도서관을 일반 공중에의 개방, 문자·활자 문화에 관계된 공개 강좌의 개설, 기타 지역에 있어 문자·활자 문화의 진흥에 기여하는 활동을 촉진하기 위해 필요한 시책을 강구하도록 노력한다.
4. 앞의 3항에서 정한 것 이외에 국가 및 지방 공공단체는 지역에서 문자·활자 문화 진흥을 도모하기 위해 문자·활자 문화의 진흥에 도움이 되는 활동을 펼치는 민간 단체의 지원 기타 필요한 시책을 강구하도록 한다.

제8조 (학교교육에서의 언어력 함양)
1. 국가 및 지방 공공단체는 학교 교육에서 언어력의 함양이 충분히 이뤄질 수 있도록 효과적인 방법의 보급, 기타 교육 방법의 개선을 위해 필요한 시책을 강구함과 아울러, 교육 직원의 양성 및 연수 내용의 충실, 기타 그 자질 향상을 위해 필요한 시책을 강구하도록 한다.
2. 국가 및 지방 공공단체는 학교 교육에 있어서 언어력의 함양에 이바지하는 환경 정비의 충실을 기하기 위해 사서 연수 및 학교도서관에 관한 업무를 담당하는 기타 직원의 충실 등 인적 체계의 정비, 학교도서관의 도서관 자료의 충실과 정보화의 추진 등 물적 조건의 정비에 관해 필요한 시책을 강구하도록 한다.

제9조 (문자·활자문화의 국제교류)
국가는 가능한 한 다양한 나라의 문자·활자 문화가 국민에게 제공되도록 함과 아울러 우리나라 문자·활자 문화를 해외로 교류를 촉진하기 위해, 일본에 있어서 그 문화가 널리 알려지지 않은 외국 출판물의 일본어 번역을 지원, 일본어 출판물의 외국어 번역 지원, 기타 문자·활자 문화의 국제 교류를 촉진하기 위해 필요한 시책을 강구하도록 한다.

제10조 (학술적 출판물의 보급)
　국가는 학술적인 출판물의 보급이 일반에 어렵다는 점을 감안, 학술 연구의 성과에 관한 출판의 지원, 기타 필요한 시책을 강구하도록 한다.

제11조 (문자·활자문화의 날)
　1. 국민 사이에 널리 문·활자에 관한 관심과 이해를 깊게 하기 위해 '문자·활자 문화의 날'을 제정한다.
　2. '문자·활자 문화의 날'은 10월 27일로 정한다.
　3. 국가 및 지방 공공단체는 '문자·활자 문화의 날'에는 그 취지에 상응한 행사가 실시될 수 있다.

제12조 (재정상의 조치 등)
　국가 및 지방 공공단체는 문화·활자 문화의 진흥에 관한 시책을 실시하기 위해 필요한 재정상의 조치, 기타의 조치를 강구하도록 노력한다.

부　칙
　이 법률은 공포한 날로부터 시행한다.

▷조치대/上智大 도서관을
찾은 공동역자.
전영표(左), 김광식(右) /
1998

제Ⅵ장 도서관과의 연계

1. 도서관 정비 위한 출판계 협력
(1) 납본제도와 국립국회도서관
(2) 도서관의 정비·충실과 공공도서관
(3) 학교도서관의 정비·충실

2. 도서관 운영과 출판계

도서관의 역할은 출판물을 수집하고, 정리하고, 보존하고, 그리고 이용하는 곳이다.

출판사로부터 발행되는 서적과 잡지는 일반 유통 시장에서 판매·유통되지 않지만, 이후에는 도서관에서 문화적인 자산으로서 오래도록 보존되고, 이용된다. 출판사가 한 권의 책을 단순히 상품으로서가 아니라 문자대로 '출판문화'로서 계승을 원하며 세상에 내보낼 때, 도서관은 마치 이 출판사의 의사를 받아들이고, 출판물에 오랜 생명을 줄 수 있는 기관이라고 할 수 있다.

이와 같이 출판문화를 폭넓게 보급하고, 또한 후세에 전하기 위해 제휴해서 발전해 나가야 할 출판계와 도서관계와의 사이에 유대는 최근 다양한 요인으로 흐트러짐이 눈에 띄고 있다.

일본 출판계는 전후 일관하여 계속 상승하는 성장을 거듭해 왔으며, 도서관도 국민의 문화적인 생활 향상을 지지하는 기관으로서, 또한 시민 서비스를 중시한 도서관의 선도에 따라 그 역할을 높여왔다. 그러나 그 한편으로 공공도서관에서 자료 구입 예산이 1998년의 약 369억 7천만 엔을 피크로 감소를 계속하고 있으며, 2005년에는 307억 3천만 엔으로까지 떨어졌다. 이 시기, 출판계의 총매출도 1996년 이후 마이너스 성장으로 바뀌고, 2005년까지 10년 사이에 서적판매 부수에서 20%, 서적·잡지를 합친 판매 금액으로는 17%의 감소로 집계되고 있다. 이와 같이 출판 불황 속에서 일본의 도서관 대출 종수는 1975년 6,900만 종에서 2005년에는 6억 1,700만 종으로, 30년 사이에 약 9배라는 실로 엄청난 증가를 나타냈다. 이 시기에 일본의 도서관 수는 1,048관에서 2,953관으로 2.8배로 늘었기 때문에 이 점을 감안하더라도 1관당 평균 대출 종수는 약 3배 이상으로 나타나고 있다.

이러한 상황으로서 도서관이 출판 불황 원인의 하나라는 의견이 나오기도 했다. 한편 도서관계는 기술한 앞의 자료비 삭감과 도서관 직원인 사서의 감소 등, 도서관 운영 환경은 점점 더 어려워졌다. 2002년부터 2003년을 정점으로 한 작가·출판사와 도서관의 논쟁은 이와 같은 양자의 현상적 불만이 맞부딪쳤다고 할 수 있다.

이러한 논쟁을 거쳐 도서관 대출 조사가 실시되어 베스트셀러 책의 대출 실태가 완전하지는 않지만 명확하게 감소 현상을 드러내고 있다.

1. 도서관 정비 위한 출판계 협력

(1) 납본제도와 국립국회도서관

1) 납본제도와 보상금

국립국회도서관은 일본에서 유일한 납본도서관이며, 일본에서 발행되는 모든 도서, 소책자, 축차간행물(잡지, 신문, 연감 등), 악보, 지도, 영화 필름, 마이크로필름 자료, 점자 자료 및 CD-ROM, DVD 등 패키지로 분류되는 전자출판물(음악, CD나 게임 소프트도 포함) 등은 도서관에 납본되지 않으면 안 된다.[1]

민간 출판물이 발행된 때는 발행자는 발행일로부터 30일 이내에 1부를 국립국회도서관에 납본해야 한다. 또한 출판물을 납본한 사람으로부터 청구가 있는 경우에는 해당 출판물의 출판 및 납본에 일반적으로 필요한 비용이 그 대가(대상금)로 교부된다.

민간 출판물의 실제 납본 방법으로는 직접 납본하거나 유통회사를 경유하여 국회도서관에 납부하는 시스템으로 되어 있으며, 보상금은 해당 출판물 가격의 50% 상당액이 지불된다. 정당한 이유 없이 납본하지 않은 때는 해당 출판물 소매 가격의 5배에 상당하는 금액 이하의 과태료를 납부하도록 되어 있지만, 실제로 과태료가 부과된 사례는 아직 없었다.

또한 서협은 1962년 1월부터 사업자금 적립을 회원사에 의뢰하고, 국회도서관 납본보상금의 취득을 서협에 위임하는 방법으로 적립하고 있다. 이것은 1967년까지 5년간의 시한 조치로, 이 기간에 적립된 금액은 납본 5만 642종인 보상금액 2,430만 엔이었다. 이 적립액은 일본출판회관 건설 비용에 충당하고 있다.

그 후, 1973년에 3년 후의 국제출판연합대회의 일본 개최를 위한 특별사업자금 적립을 위해 회원 각사는 서협에 대해 납본출판물의 헌본을 실시하고, 그 보상금을 서협이 받기로 했다. 현실의 납본의 흐름으로서는 회원 각사가 서협에 기증하는 도서를 납본 담당인 유통회사에 납입하고, 담당 유통회사는 서협에 대신해서 국회도서관으로 납본을 하고, 그 보상금이 서협에 지불되는 형태를 갖추고 있다. 이 적립은 당초 5년간의 시한 조치였지만, 1978년의 정기 총회에서 〈정보 문제, 도서 보급 운동 등 업계 전체에서 실시해야 할 사업〉을 구체화하기 위해 5년간의 연장이 승인되었고, 또한 1983년의 정기 총회에서 '출판계 전체에서 달성해야 할 각종 사업을 위한 자금의 준비 목적'으

---

1) 국립국회도서관법 제24조~25조의 2

로 〈특별사업 적립〉으로 계속할 것을 결정하여, 오늘에 이르고 있다.

2) 납본제도 조사회

납본제도 조사회는 1997년에 설치되고, 국립국회도서관장의 자문을 받아 납본제도에 관한 중요 사항 및 보상금 액수에 관한 사항을 조사 심의하는 것이 그 임무이며, 출판계에서는 와타나베타카오/渡邊隆男 서협 이사장(二玄社), 마에다칸지/前田完治, 일본전자출판협회회장(三修社)이 위원으로 참가했다. 동조사회에서는 패키지계 전자출판물을 납본제도에 포함하는 것이 적당한지에 대해 검토와, 1999년 2월에 '답신' 〈21세기를 전망한 일본의 납본제도 존재-전자출판물을 중심으로〉[2]를 공표했다. 이 '〈보고서/답신〉은 디지털화·네트워크화가 급속하게 진전하고, 대부분의 전자출판물이 발행되는 실정에 비추어, 패키지계의 전자출판물의 납본을 제언하고, 전자매체 자료 수집·보존에 관한 법적 모든 문제에 대한 문제를 정리했다.

서협에서는 출판물에서 위원의 의견을 보완하기 위해, 이 〈답신〉에 대해 〈의견서〉[3]를 제출하고 "납본된 전자출판물의 이용 제공 방법에 대해서 대부분의 출판자가 저작권자 및 출판자의 정당한 이익을 손해 보는 것이 아닌가 라는 우려를 가지고 있다. 이 점에 관해서 적절한 대응이 출판계가 전자출판물의 납본제도에 협력하기 위한 전제 조건이다."라고 제언했다. 게다가, 구체적인 이용 방법에 대해서 저작권자 등의 보호에 관한 구체적인 사고방식이 명확하게 되어 있지 않은 부분이 있다고 지적하고, 이후 저작권자, 발행자 등 관계자와의 충분한 협의에 기반한 합의를 얻은 후에 비로소 전자출판물의 이용 제공이 시작돼야 한다고 말하고 있다.

서협에서는 또한 납본제도 개혁과 국회도서관에서 전자도서관 구상에 대해서 검토하기 위해, 저작·출판권, 진자출판, 도시권의 3위원회기 협력해서 〈납본 제도·전자도서관 대책위원회〉를 설치하고, 1999년 4월에 제1회 회합을 개최했다. 동위원회는 그 후, 8회에 걸쳐 회합하고, 전자출판물의 이용,제공에 관한 문제점의 정리를 실시하고, 2000년 2월에 국회도서관과 협의했다. 그리고 3월에는 동위원회명으로 국회도서관에 대해 〈납본된 전자출판물의 이용,제공 등에 관한 의견〉이라는 의견서를 제출하고, 전자출판물의 복제물 이용자에 대한 제공 방법은 권리자 단체와 협의를 걸쳐 신중하게 그 방법을

---

2) 〈답신/答申/21세기를 전망한 일본의 납본 제도의 존재 – 전자출판물 중심〉, 1999년 2월 22일, 납본제도조사회.
3) 〈납본제도조사회 최종 답신에 대한 견해〉, 1999년 2월 23일, 서협·잡협연명

결정해 나가야 할 것을 다시 요청했다. 전자출판물의 이용 방법에 대해서는 그 후, 도서관 측과 권리자 단체와의 간담회에서도 검토가 이루어져, 국회도서관과 서협·잡협을 포함해 권리자 단체 25단체와의 사이에서 〈패키지계 전자출판물의 납입 및 이용에 관한 합의서〉[4]가 체결되게 되었다. 패키지계 전자출판물을 납본 대상에 포함한다는 '국립국회도서관법'의 일부 개정이 시행된 2000년 10월 1일에 맞춰 서협, 잡협은 합의서에 조인했다.

또한 2005년도에는 기계가독자료/機械可讀資料를 받아들인 것이 약 7,300종이 되었지만, 이용에 관해서는 패키지계의 전자출판물 중, 관의 방문자에 복제를 제공한 것은 본관, 칸사이관/關西館, 국립어린이도서관의 3관을 합쳐 221종에 머물고 있다.

또한 국회도서관에서는 네트워크계 전자출판물의 수집에 관해 연구를 하고, 납본제도심의회는 최종적으로 2004년 12월에 〈답신-네트워크계 전자출판물의 수집에 관한 제도의 존재에 대해서〉[5]를 공표했다.

여기에서는 ①국립국회도서관이 국가의 강제력을 배경으로 해서 네트워크계 전자출판물을 수집하는 경우에는 내용에 의한 선별을 하지 않는 것으로 현행의 출판물과 같은 폭넓은 네트워크계를 수집하는 것이 적당하다. ②국가, 지방공공단체 등의 네트워크계는 고정을 면제할 만한 '정당한 사유'가 있는 경우를 제외하고, 송신 의무 또는 도서관에 의한 복제에 의해 수집한다. ③개인의 네트워크계의 수집에 있어서는 국가의 강제적 고정이 '언론의 위축'의 우려가 생기지 않도록 도서관이 고정에 앞서, 고정을 거부할 수 있는 것을 공고하는 것으로 신청 없는 네트워크계는 고정하지만, 일정 기간은 말소 권리를 인정하는 등으로 결론지었다.

(2) 도서관의 정비·충실과 공공도서관

1) 일본 도서관의 분류와 개요

일본에서 도서관은 크게 나누어서 다음과 같이 분류하고 있다.

① 국회도서관

국립국회도서관은 일본에서 유일한 국립도서관이며, 국회와 행정·사법기관에 대한 서비스에 덧붙여 폭넓게 일반 국민을 대상으로 한 서비스를 주요

---

4) 〈패키지계 전자출판물의 납입 및 이용에 관한 합의서〉(2000년 10월 2일)
5) 〈답신- 네트워크계 전자출판물의 수집에 관한 제도의 존재에 대해〉, 2004년 12월 납본제도심의회.

한 업무로 하고 있다.

국립국회도서관법으로 일본 국내에서 출판된 모든 도서·잡지·신문 및 패키지계 전자출판물의 납입이 의무로 되어 있다(납본 제도). 또한 국내 출판물의 종합 목록을 편집 간행하고, 웹사이트상에서 공개하고 있다.

2002년 5월 5일에 국제어린이 도서관이 도쿄·우에노공원 내에 전면 개관하고, 같은 해 10월 7일에는 칸사이관을 개관하고, 전자도서관화도 주시한 새로운 운영 방법을 취하고 있다. 2005년도 말의 국회도서관 장서 수는 3,143만 종(도서 837만권, 정기(축차) 간행물 1,063만 종, 비도서 자료 1,243만 종)이며, 2005년도에 받은 종수는 도서 24만 2,000종, 축차간행물 62만 3,000종, 비도서 자료 24만 3,000종으로 합계 약 111만 종이다.

② 공공도서관

공공도서관은 1950년 시행한 도서관법에 기반해서 각 지방 자치체에 설치되어 있다. 2005년 4월 현재, 도서관 수는 2,869관이지만, 1도서관 당 인구를 비교해 보면 일본의 경우 4만 2,000명인 데 비해 영국·미국·프랑스·독일 등의 주요 선진국의 평균은 6,000명으로 큰 격차가 있다. 그리고 연간 자료 구입비 총액은 일본 내의 공공도서관을 합쳐서 307억 엔이며, 1인당 자료비액은 1997년을 정점으로 감소 경향이다.[6]

③ 대학도서관

국공사립대학의 도서관은 분관 등도 포함해서 1,325관이다. 여기에 단기대학도서관 278관, 고등전문학교도서관 61관을 합쳐 고등교육 도서관 총수는 1,664관이다. 총 장서는 2억 9,282만 종, 연간 구입 종수는 합계 729만 종이다.

2005년도 자료 구입비는 총액 702억 엔이다. 그 중 대학도서관 683억 엔으로 1도서관 당 평균 5,154만 엔, 단기대학은 15억 엔으로 평균 540만 엔, 고등 전문학교는 4억 엔으로 평균 655만 엔이다. 자료 구입비의 많은 부분은 원서·축차간행물, 자연과학계 전자저널 등이다.

④ 전문도서관

전문도서관은 기업·비영리법인과 행정기관 등이 설치할 도서관이다. 그 규모·실태는 극히 많은 부분으로 나누어져 있다. 총 기관 수는 1,724관으로 매년 감소 경향이며, 평균 장서 수는 2만 2,398종, 평균 면적은 300㎡로 비교

---

6) 〈도서관연감 2006〉 (2006년) 일본도서관협회

적 소규모이다.7) 기업과 기타 법인이 설치하고 있는 도서관의 대부분은 이용자를 설치 주체의 성원으로 한정하고 있고, 외부에 공개되어 있는 것은 13.7%에 지나지 않는다. 자료의 내용은 각각의 전문 영역에서 목적에 대응한 전문적 조사·연구 문헌과 데이터류에 중점을 두고, 각종 데이터베이스의 이용도 활발하다.

학교도서관에 대해서는 다음 장에서 더 설명하도록 한다.

2) 출판계와 도서관과의 연계

서협에서는 도서관계과의 긴밀한 연계를 유지하고, 도서관을 충실히 하고 독서 보급의 진전을 목표로 하고 1971년 3월에 도서관연락위원회를 설치했다. 위원회는 같은 해 6월에 일본도서관협회와의 사이에서 처음 간담회를 개최하고, 공공도서관 및 대학도서관의 현상에 대해서 의견 교환을 실시했다. 이 안에서 도서관에 대한 예산 조치에 양단체가 협력해서 관계성청이 움직이도록 하는 것이 필요하다는 인식이 일치하고, 같은 해 12월에는 양협회 연명의 의견서를 정부에 제출했다.

때마침, 1972년은 UNESCO의 제창에 의한 '국제도서의 해'였으며, 일본에서 다양한 사업이 전개되었다. 그러한 상황의 지원이 있어서 정부의 공공도서관 관련 예산은 전년도의 9,000만 엔에서 약 5배에 이르는 5억 1,000만 엔이 수립되었다.

도서관연락위원회는 1974년에는 히노/日野, 후츄/府中, 도코나메/常滑, 토미야마/富山, 카가와/香川의 각도서관 관계자와의 간담, 도서관 견학 등을 계속해서 실시하고 도서관의 현상 파악에 노력했다. 그 결과로 위원회 안에서 도서관예산소위원회와 도서관 판매·정보소위원회를 설치하고, 검토를 실시하기로 했다. 1975년도 이어서 우라와/浦和, 히가시무라야마/東村山, 사가미하라/相模原라는 도쿄도 부근에서 발전하고 있는 도서관 견학을 실시함과 함께 일본도서관협회, 도쿄도 등과의 간담회를 실시했다. 도서관 예산의 증액에 관해서는 자료 구입비에 대한 보조를 정부 예산으로 지출하도록 출판계로서 요구했으며, 1975년 6월에 〈공립도서관의 도서구입비의 국고보조에 대한 요청〉8)을 문부대신, 중의원·참의원 양원의 문교위원와 관계 당국에 제출했다.

1986년 8월에는 국제도서관연맹(IFLA)9) 도쿄대회10)가 세계 55개국에서 참

---

7) 〈도서관핸드북-제6판〉(2005년) 일본도서관협회.
8) 〈공립도서관의 도서구입비인 국고보조에 대한 요청〉(1975년 6월 30일)
9) International Federation of Library Associations and Institutions의 약자. 국제도서관연맹은

가자를 모아 〈21세기를 향해 새로운 도서관의 지평〉을 메인 테마로 개최했다. 서협에서는 이 개최 자금으로 회원사를 대신해서 1,000만 엔을 기부하고, 대회에 협력했다.11) 또한, 함께 주최 행사였던 〈국제도서관정보종합전시회〉에도 2부스를 출전하고, 〈일본서적총목록〉 및 〈제본장정/製本裝幀 콩쿠르전〉 입상 작품을 전시했다.

또한 그 해 8월에는 국제아동도서평의회(IBBY)12)의 도쿄대회13)가 개최되었다.

ⅰ) 국제어린이도서관 설립의 움직임

〈국제어린이도서관〉의 설립은 1993년에 설립된 민간의 〈어린이와 책의 만남〉과 국회의원에 의한 〈어린이와 책의 의원연맹〉과의 연계·협력에 따라 제안되었다. 동의련은 설립에 있어서 〈당면의 활동목표〉의 주로서 〈어린인 책의 관〉(가칭)의 설치를 올렸다. 1994년 7월, 국립국회도서관법의 개정으로 지부 우에노도서관의 도쿄도로의 이관 조항이 삭제되고, 같은 해 말 중·참 양원의 의원운영위원회에서 동관에 어린이 도서관을 설치하는 것이 적절하다고 했다. 동관은 1906년에 건설된 테이고쿠/元帝国 도서관이다.

민간에서는 이 '국제어린이 도서관'의 설립을 지원하고, 또한 21세기 어린이들에게 전하는 독서문화 센터로서 어울리는 설립과 기능을 위해 필요한 제언을 하려고 아동도서출판계, 아동작가, 그림책 작가, 학식자, 공공도서관·학교도서관 조직, 독서추진운동단체, 그리고 관심을 가진 개인이 모이고, 전국으로 연락회 조직을 만드는 호소가 발신되었다. 1995년 5월, '국립 국제어

1927년에 에딘버러에서 창설되고, 1929년의 제2회 총회에서 정관이 채택되고, 국제도서관협회연맹이 되었다. 그 후, 1976년의 제42회 로스앤젤레스총회에서 종래 표결권이 없었던 도서관, 도서관학교, 서지기구 및 도서관 관련·유관기관에 표결권을 부여하고, 현재 명칭인 국제도시관연맹이 되었디. 본부는 네덜란드의 헤이그. 현재 가맹 회원은 약 150개국에서 약 1700의 기관, 단체, 개인.

10) 제52회 IFLA대회. 회기는 1986년 8월 24일에서 6일간. 주회장은 아오야마가쿠인대학/青山学院大学에서, 기타, 일본청년관, 국립극장도 사용되었다. 전시회 회장은 호텔 뉴오타니. 아시아에서의 개최는 1980년 제46회 마닐라대회 이후 2회째. 참가자는 55개국에서 178명. 그 중 일본에서의 참가자는 1,107명이었다.

11) 핫토리토시유키/服部敏幸 서협 이사장이 대회의 모금위원장을 역임했다.

12) IBBY-International Board on Books for Young People의 약자. 1953년에 스위스 취리히에서 창설되고, 현재 본부는 스위스 바젤. 60개국 이상이 가맹, '국제안델센상', 'IBBY 아사히 국제아동도서보급상'의 운영, '국제 어린이 책의 날'(4월 2일) 보급 촉진 등의 활동을 전개하고 있다. 일본 지부에 해당하는 일본국제아동도서평의회(JBBY)는 1974년 창립. 초대 회장은 시모나카쿠니히코/下中邦彦(平凡社 사장, 서협이사장).

13) 제20회 IBBY대회. 회기는 1986년 8월 18일~22일까지로 대회장은 도쿄·아오야마/青山극장.

린이 도서관 설립을 추진하는 전국연락회'(추진의련, 무라카미마사쿠미/村上正邦 회장·히다미요코/肥田美代子 사무국장)가 결성되었다. 동연락회는 '국립어린이도서관'의 설립(2000년 5월 5일, 부분 개설)을 받아, 2000년 10월에 '국제어린이도서관을 생각하는 전국연락회'로 개칭하고, 또 추진의련은 같은 해 5월 '어린이 미래를 생각하는 의원연맹'으로 개칭했다.

ii) 도립도서관의 자료 구입비 증액 등 요청

공립도서관의 자료구입비는 1999년이 절정기로 총액이 감소 경향이었으며, 또한 1관 당 구입 예산은 1993년 이후, 감소를 나타내고 있다[14]. 특히, 도쿄 도립도서관에서는 예산삭감률이 아주 많고, 이에 대해 서협은 2000년 11월 18일부로 이시하라신타로/石原慎太郞 도쿄도지사에 대해 〈도립도서관의 충실 자료비 예산 증액에 대한 요청서〉를 제출했다. 더구나 2001년 11월, 서협은 28단체의 대표와 함께 도청을 방문하고, 이시하라 도지사, 요코야마 요키치/橫山洋吉 교육장, 오시키리시게히로시/押切重洋 중앙도서관장에 대해, 요청서 〈도쿄도립도서관의 존재에 대해서〉[15]를 제출하고, 도립도서관의 정비·충실을 요구했다. 또한 12월 10일에는 일본도서관협회와 공동주최로 〈수도 도쿄에 어울리는 도립도서관을.〉이라는 주제로 긴급 집회를 개최하고, 어필[16]을 채택했다.

iii) 전국도서관대회의 전시회

일본도서관협회[17]에서는 1906년 이후, 전국도서관대회를 각지에서 개최하고, 전국의 다양한 종류의 도서관인들이 많이 참가하고 있다. 이 도서관대회에서는 도서관용 도서의 전시회 실시는 관계자의 오랫동안의 현안 사항이었지만, 1977년 1월에 그 현실을 향해 서협은 도서관연락위원회에 전시회 소위원회를 설치하고, 같은 해 9월에 실시되었던 오사카 대회에서 제1회 전시회를 개최했다.

제1회의 '도서관이 소장하기 원하는 도서'전시회에서는 전시품의 집품·수송에 관해 도쿄출판판매(현, 토한/東販)의 협력[18]을 얻어 176사의 출판사의 책 4,700종을 전시했다. 전시품은 대회 종료 후에는 지역 도서관에 납본하도록

---

14) 1993년에 1관당 1,617만 엔이었던 자료 구입비는 2004년에는 1,187만 엔으로 감소했다.
15) 〈도쿄도립도서관의 존재에 대해서(요청)〉(2001년 10월 25일) 서협 외 27개 단체 연명
16) 긴급집회 〈수도 도쿄에 어울리는 도립도서관을...〉, 집회 호소, 2001년 12월 10일.
17) 1908년까지는 일본문고협회라고 칭하고 있다.
18) 이후, 토한/東販과 일본출판판매(주)가 1년마다 담당판매회사로서 협력하고 있다.

했다.

이 전시회는 대회에 참가한 도서관인에게도 아주 호평을 얻었으며, 이후 거의 매년 도서관대회에서 전시회가 개최되어, 2006년에는 27회나 실시되었다. 1985년의 제9회 전시회에서는 〈전집·사전〉이라는 테마를 설정했다. 이후, 매년, 한정된 분야의 전시라는 형태로, 〈인문과학〉〈환경문제〉〈인권문제〉〈Young Adult〉〈아동서/兒童書〉 등의 테마가 설정되어 있다. 게다가 2000년 이후는 테마 설정에 궁리를 하며, 2001년은 〈의식주 환경 - 복식 관계도서를 중심으로〉, 2002년은 〈종합적인 학습의 시간에 도움이 되는 책〉, 2004년은 〈어린이와 어린이의 독서를 생각한다〉, 2005년은 〈인문과학의 현재와 기본 도서〉 등이다.

iv) 출판유통분과회의 활발한 논의

전국도서관대회의 분과회에서는 1982년 이후, 출판유통에 관한 문제를 가지고, 출판계에서도 보고를 하는 등 도서관인과의 의견 교환이 활발하게 실시되어 있다. 1995년의 니이가타시/新潟市에서의 대회에서는 제13분과회에서 재판제도와 도서관의 선택서가 테마가 되었다. 재판제도에 관해서는 분과회로서 〈재판제도의 유지〉를 결의하고, 전체회에 부의되었다. 전체회에서의 토의 결과, 〈저작물의 재판매가격 유지제도 존속의 결의〉를 채택했다. 재판제도 유지의 문제에 대해서는 다음 해의 대회에서도 출판 유통 분과회의 테마로서 채택되었다.

그 후, 최근의 분과회에서 출판 유통에 걸리는 테마는 아래와 같다.

1998년/〈서지 정보의 미래상 -마크의 현상과 장래-〉두 Part로 나눠 진행
1999년/〈도서관 자료의 수집 규칙과 유통- 서협 데이터베이스와 Books에 대해서〉
2000년/〈출판물의 수집과 유통〉
2001년/〈21세기의 출판과 저작권〉
2002년/〈출판계와 도서관계의 상호 이해를 위해〉
2003년/〈자료의 수집과 수집 방침〉
2004년/〈지방출판·서지 컨트롤에서 선택서까지〉
2005년/〈출판물 제작과 도서관 요구의 출판물-출판계와 도서관계의 상호이해를 위해〉
2006년/〈인터넷·출판·도서관〉

또한 2002년부터는 저작권에 대해서 분과회가 설치되었으며, 예를 들어 2002년에는 〈도서관에서 저작권을 둘러싼 현상과 과제〉, 2003년에는 〈저작권을 둘러싼 최근의 동향-공공대여권/公貸權 문제를 중심으로〉, 2006년에는

〈법해석에서 가이드라인으로〉라는 테마로 토의가 진행되었다.

(3) 학교도서관의 정비·충실

1) 학교도서관의 개요

학교도서관은 학교교육에 있어서 없어서는 안 되는 기초적인 설비이며('학교도서관법' 제1조), 초등학교, 중학교 및 고등학교(맹아학교, 농아학교 및 요양학교를 포함)는 학교도서관을 설치해야만 한다고 되어 있다. 따라서, 전국에 있는 초등학교 2만 2,878교, 중학교 1만 992교, 고등학교 5,385교, 중등교육학교 27교, 맹·농·요양학교 1,006교(2006년 5월 1일 현재)의 총 수와 비슷한 학교도서관이 존재한다고 할 수 있다.[19]

학교도서관의 장서 수는 〈학교도서관 도서표준〉에 따라 학교 규모에 따라서 정해져 있지만, 실제로 표준을 달성하고 있는 것은 초등학교에서는 전체의 40.1%, 중학교는 34.9%에 지나지 않는다. 2006년 3월 말 시점에서 장서권수는 초등학교 1억 6,254만 권, 중학교 9,145만 권, 고등학교 8,573만 권이며, 1교 당 평균장서 수는 초등학교가 7,312권, 중학교가 9,040권, 고등학교가 2만 1,771권이다.[20]

2) 세계적인 법제정 실현

학교도서관은 1947년의 학교교육법시행규칙으로 처음으로 모든 학교에 설치가 의무화되어, 다음해인 1948년에는 〈학교도서관기준〉이 문부대신의 자문기관인 〈학교도서관협의회〉에서 보고되었다. 그러나 이 기준에는 법적 구속력이 없고, 예산조치도 없었기 때문에 학교도서관의 개선은 생각처럼 진행되지 않았다. 이러한 상황에 위기감을 느낀 민간관계자들에 의해 50년에 전국학교도서관협의회(전국 SLA)[21]가 결성되었다. 동협의회는 전국에서 100만 명의 서명을 모아 '학교도서관법'의 제정을 강하게 요청했다. 이것으로 1953년에는 동법이 의원입법으로서 제정되게 되었다. 학교도서관에만 관련된 독

---

19) 〈학교기본조사〉 (2006년도) 문부과학성
20) 〈학교도서관의 현상에 관한 조사〉(2007년도) 문부과학성
21) 전국학교도서관협의회(Japan School Library Association, 약칭=전국 SLA). 각 도도부현의 학교도서관연구단체(61단체)의 회장 등, 이 법인의 목적에 찬동해서 입회한 개인 또는 법인으로 이루어진 정회원 및 찬조회원, 명예회원으로 조직되었다. 학교도서관 정비 충실을 목적으로 하는 운동(직원 배치, 예산 증액, 시설 확충 등), 학교도서관용 자료의 선정과 보급, 〈학교도서관 활용과 독서추진에 관한 조사연구〉 등의 활동을 실시하고 있다.

립한 법률은 세계적으로도 거의 예를 찾아볼 수 없는 것이다.

동법에서는 "학교도서관이 학교교육에서 없어서는 안 되는 기초적인 설비인 것을 생각한다."(제1조), 학교도서관의 운영, 사서교사司書敎師의 배치, 설치자 및 국가의 임무 등을 규정하고 있다. 사서교사는 모든 초등학교, 중학교 및 고등학교에 배치를 의무로 하고 있지만, 부칙에 유예규정을 두고, 사서교사의 유자격자가 필요 수만큼 양성되기까지의 당분간은 그 적용이 유보되었다. 이것으로 사서교사가 배치된 것은 제한된 학교에 지나지 않고, 대다수의 학교에서는 정식 사서자격을 가지지 않은 '학교사서'가 대신에 일정한 역할을 담당해 왔다. 결국 이 부칙이 철폐되고, 본칙에 따라 사서교사의 배치가 전 교육기관으로 의무화된 것은 법률 제정에서 반세기 가깝게 지난 2003년 4월이었다.[22]

3) 학교도서관 정비 신5개년 계획

문부성은 1993년 6월에 〈공립의무교육제학교도서관의 도서 구입 경비의 지방재원조치에 대해〉를 통지하고, 1993년도에서 1997년도까지의 5년 사이에 총액 500억 엔의 지방교부세를 조치했다.

그 종료 후, 1998년도부터 2001년도까지는 매년도마다 도서정비시책이 실시되었지만, 그동안 전국학교도서관협의회를 중심으로 제2차 5개년계획 책정을 요청하는 활동이 성실하게 실시되어 왔다.

2001년의 '어린이 독서활동 추진법' 제정을 계기로서, 2002년도부터 〈학교도서관도서정비 5개년 계획〉이 시작했다. 이 계획은 5년 사이에 공립 초·중학교에 대해 650억 엔의 도서 정비비를 지방교부세로 조치한다는 것이었다.

이것은 국가가 정한 학교도서관도서표준[23]의 수준까지 정비하려는 것으로 일반적인 도서구입비로 상승시킨 예산이었지만, 지방교부세라는 성격상, 이것을 도서구입비로서 사용할지 아닐지 지방공공단체에게 맡기고 있다.

2007년에는 〈신학교도서관도서정비 5개년 계획〉이 책정되고, 2011년도까지 5년 사이에 1000억 엔의 지방교부세가 학교도서관의 도서정비비로서 조치되었다.

---

22) '학교도서관법'의 일부 개정법은 1998년 6월에 가결, 성립하고, 2003년 3월 31일까지 전국의 초·중·고등학교 및 맹·농·양호 학교에 순차사서를 두는 것이 정해졌다. 단, 11학급 이하의 학교에서는 여전히 당분간 두지 않는 것이 가능하게 되었다.

23) 〈학교도서관서표준〉(1993년 문부성 설정)

▷〈'어린이 독서활동추진법'실체화 위한 매뉴얼〉(제3판).
학교나 가정, 지방의 어린이들의 독서환경 조성, 증진 위한 매뉴얼/3판 표지.

2. 도서관 운영과 출판계[24]

1) 복사에 대한 요코하마시립도서관 문제

국립국회도서관 도서관연구소가 발행하는 〈Current Awareness〉 No.248(2004년 4월 20일 발행)에, 〈요코하마시립도서관의 '용기 있는' 결단 -저작권법 제30조에 의한 복사서비스의 실시〉라는 주제로 논문[25]이 게재되었다.

도서관 자료의 복사는 저작권법 제31조의 규정으로 이용자의 요구에 따라, 일정한 조건 아래서 도서관 스스로가 복제를 실시하고, 제공하는 것이 인정되지만, 이 도서관에서는 1999년 4월부터 도서관의 시설 내에 설치된 셀프 복사기에 따라 동법 제30조의 사적 사용 조항에 기반하여, 이용자 스스로가 그 책임으로 복사하는 것을 인정했다. 이 논문에서는 요코하마 시립도서관의 실시에 대해서 "이 도서관의 '용기 있는' 결단은 도서관의 복사 서비스와의의 관계에 대해서 큰 파문을 던질 가능성이 있다."고 결론짓고 있다. 이 학교도서관도서정비계획의 실체화를 목표로 하기 위한 활동이 어린이의 독서추진회의, 학교도서관정비추진회의 및 서협을 중심으로 해서 적극적으로 실시하고 있다. 이 3단체에서는 이 법률을 실체화하고, 학교도서관 도서 정비비를 완전 예산화하기 위한 상세한 안내로서 〈'어린이의 독서활동 추진법'- 실체화를 위한 매뉴얼〉을 작성하고, 전국적으로 운동을 전개하고 있다.

---

24) 국립국회도서관법 제24조~25조의 2
25) 〈재신청서/2002년 12월 13일자에 받은 회답문서를 받고〉(요코하마시 중앙도서관 우메다마코토 관장 앞,2002년 12월 25일, 서협·잡협 연명)

이에 대한 서협·잡협에서는 이와 같은 서비스는 도서관에서 복제에 대해 규정하는 제31조를 유명무실화한 조치로, 저작권법으로 정한 제한 규정의 정신으로 즉시 이것을 중지하고, 법 31조에 기반한 복사 서비스를 개선해야 한다고 신청하고, 대화를 시작했다. 2001년 2월, 서협의 우에노미키오/上野幹夫 저작·출판권위원장(東京 布井出版), 잡협의 후루오카 아키라/古岡滉 저작권위원장(学習研究社) 외에 요코하마시 중앙도서관의 우메다마코토/梅田誠 관장을 방문하고, 같은 시 도서관에서 30조에 기반한 복사 서비스를 시작하기에 이른 경위에 대해서 설명을 듣는 것과 함께 이 조치는 저작권법의 제한 규정의 취지에 반한 것과의 문제를 지니고 있다고 신청했다. 그러나 도서관 측에서는 시민의 요구에 응답하며, 법적으로도 위법이라는 것은 판단하지 않는다고 회답이 있었다. 그 후도 저작·출판권위원회 및 사무국이 수회의 접촉을 가졌지만, 해결에는 이르지 못했다.

그 사태를 타개하기 위해 서협·잡협은 2002년 11월 28일부로 나카타히로시/中田宏 요코하마시장 앞으로 신청서를 송부하고, 저작권에 저촉되는 복사 서비스를 즉각 중지하도록 신청했다.[26] 이에 대해 중앙도서관의 우메다마코토/梅田誠 관장으로부터 같은 해 12월 13일부로 회답이 있었으며, 제30조 등에 기반한 서비스에 의해 이용자는 사적 사용을 목적으로 한 복사가 가능하며, 제31조만으로는 얻을 수 없었던 시민 서비스를 크게 향상시킬 수 있었던 것, 양협회가 제안한 3항목을 포함해 계속해서 충분히 이야기해 가고 싶다는 등으로 대답했다. 양협회는 같은 달 26일에 신청서[27]를 다시 제출, 12월 13일의 회답은 현재의 복사 서비스의 중지를 요구한 신청서의 회답으로는 매우 불충한 것인, 어떤 논거로 30조에 기초한 복사 서비스를 실시하고 있는지의 견해 및 본 건 해결을 위해 구체적 제안을 가지고 있는지, 어떤지의 회답이 있어야 하는 것 등을 다시 신청했다. 이에 대해 다시 회답이 있고, 복사기 설치는 '행정 재산의 목적 외 사용' 허가로 인정되어 있으며, 가지고 온 자료의 복사가 가능해진 것, 복사신청 절차가 간소화된 것, 민간 사업자의 경영 노하우의 활용으로 복사 요금이 저렴해졌다는 내용이 있었다.

서협·잡협에서는 저작권 침해를 이유로 하는 소송 제기의 가능성도 포함해서 대응책을 검토했다. 얼마 전에 도서관계에 있어서도 이 도서관의 조치는 저작권법의 정신을 생각해 적당하지 않고, 도서관에서 복사 서비스는 어

---

26) 〈신청서〉(나카타히로시/中田宏 요코하마시장 앞, 2002년 11월 28일(書協·雜協連名)
27) 〈2002년 12월 13일의 회답문서 받고 재신청서〉(요코하마시 중앙도서관·梅田誠 관장 앞, 2002년 12월 25일, 書協·雜協連名)

디까지나 31조에 기반해서 실시되어야 한다는 의견을 모으게 되었다. 이와 같은 상황 속에서 결국, 요코하마시립도서관에서는 2003년 5월 30일을 기준으로 동관에서 복사 서비스 취급을 다음과 같이 하도록 했다. ①복사기 옆의 저작권법 제30조의 취지를 게시했던 것을 철거하고, 복사방법 안내만을 남겼다. ②카운터에 복사신청서를 두게 되었다. ③카운터의 옆 혹은 관내의 게시판 등에 저작권법을 개정하는 내용; 31조의 취지를 철저히 하는 내용의 포스터를 붙였다.

서협, 잡협에서는 이것으로 일정한 개선이 되었다고 이해하고, 또한, 적정한 복사 서비스의 실시 실현을 위해 대화를 계속해 가기로 했다.

2) 복사본 문제 심포지엄

1996년을 절정기로서 출판물 매상이 전년도를 넘지 못하는 일이 생기고, 한편으로 공립도서관의 대출 권수는 증가하였다.[28] 이와 같은 상황 속에서 공립도서관의 대출과 복사본 구입에 관한 비판이 나오게 되었다. 하야시노조무/林望 씨는 "도서관은 '무료대출장'인가"를 〈붕게슌슈/文藝春秋〉[29](2000년 12월)에 발표하고 주민 서비스 명분 아래, 베스트셀러 대출 편중에 빠진 도서관의 존재에 경종을 울렸다. 또한, 작가인 니레슈헤이/楡周平 씨는 2001년에 "도서관 번영에 글쓰기 망한다"[30]라는 제목의 글을 발표하고, 공립도서관의 대량 복사본 구입과 대출이 출판 불황 원인의 하나라고 지적했다.

이와 같이 작가 측에서의 발언이 높아짐에 따라 2002년 9월 7일에 일본 펜클럽이 심포지엄 〈격론! 작가 vs. 도서관〉을 개최했다. 참가자는 코디네이터로서 이노세나오키/猪瀬直樹·일본펜클럽언론표현위원회 위원장, 패널리스트로 작가는 이노우에 히사시/井上ひさし, 니레슈헤이, 미타마사히로/三田誠広, 히로카네켄지/弘兼憲史 등 4명과 출판사 측에서는 신쵸샤/新潮社의 이시이타카시/石井昂 씨. 도서관 측에서는 츠네요덴료/常世田良(浦安시립도서관), 니시가와우치야스하루/西河内靖泰(도서관문제연구회), 마츠오카카나메/松岡要(일본도서관협회)의 3명. 심포지엄에서는 유럽에서 공대권 제도가 확립되어 있는 것, 일본에서는 책은 구입하지 않고 빌리는 것이라는 풍조가 만연하고 있는 것, 도서관은 현재의 대출 중심주의를 개선하고, 주민의 면학과 비즈니스에 일조가 되도록 활동을 우선해 주길 바라는 것, 어느 일정 기간의 대출 금지 기간을 만들어 줄 것,

---

28) 과거 35년간의 도서관수는 3.5배 증가했고, 대출 도서는 27배나 되었다.
29) 〈文藝春秋〉(2000년 12월호)
30) 〈新潮 45〉(2001년 10월호)

출판계는 지금 아주 위기적인 상황이며, 도서관이 '무료대출책방'화하고 있는 것에 걱정을 가지고 있는 것 등이 작가·출판사 측에서 주장되었다. 이에 대해 도서관 측에서는 도서관이 서점에서의 매출을 저해하고 있다는 견해는 완전히 잘못 생각하고 있고, 도서관이용자의 대부분은 서점에서 책을 구입하고 있는 것, 지금의 일본 공공도서관의 빈곤함에 근본적인 원인이 있고, 그 속에서 도서관원은 현장에서 격투하고 있는 것, 일본에서는 도서관의 자료구입비가 감소해 오고 있으며, 결과적으로는 공대권의 보상금을 어디에서 낼까라는 문제에 귀착하는 것, 도서관이 가지고 있는 "독자를 늘린다"는 기능이 중요한 것, 복제책 문제에 대해서는 자치체의 인구와 도서관 수도 감안해서 논의해야 할 것 등의 주장이 있었다.

3) 공공도서관 대출 조사

앞의 글과 같이 공공도서관에서 복사책 문제에 대해 관계자 간에서의 논의가 뜨겁게 있었지만, 도서관 측, 저작자·출판사 측의 어느 쪽도 그 주장의 근거가 되는 실증적인 데이터가 부족하고, 추측에 의한 발언이 많았기 때문에 서협과 일본도서관협회는 협력해서 공공도서관의 대출 실태 조사를 실시하기로 했다.

조사는 2003년 7월에 실시되고, 주요한 문학상, 학술적인 출판상 각상의 수상작품, 각각의 문고판이라는 3종의 타이틀 모두 80종에 대해서 자치체 내 도서관에서의 소장권수, 대출 횟수, 그 시점의 예약 건수를 알아보았다. 조사 대상으로서는 도서관을 설치하고 있는 자치체 중 도도부현 등을 제외한 1,574 자치체 중에서 무작위로 500자치체를 추출하고, 85%에 해당하는 427자치체(도서관 수로서는 679관)에서 회답을 받았다. 이 조사는 회답률도 아주 높고, 모든 공립도서관의 4분의 1 데이터를 정확하게 수집하고 있다고 판단되었다.

조사 결과[31]에 따르면 정령지정도시/政令指定都市에서 문예서 베스트셀러의 평균 소장권수는 4.2권이라는 결과가 나왔다. 촌읍 수준에서는 각각 1.3권, 1.0권으로 비교적 규모가 작은 도서관에서는 베스트셀러 복사 책은 거의 없다는 것을 알았다.

또한 조사결과에서 '도서관 구입률'과 '도서관 제공률'이라는 2가지 지표를 계산하고 공표했다. 도서관 구입률은 전국 도서관에서의 소장권 수÷발행부수, 도서관 제공률은 전국도서관에서 대출 수÷(발행부수 + 대출 권수 - 소장 권

---

31) 〈공립도서관대출실태조사(2003년 7월)보고서〉(2003년 10월 22일) 書協, 일본도서관협회.

수)에서 산출했다. 구입률에 대해서는 '기증', '폐기'를 고려하지 않은 것, 제공률에 대해서는 신고서점이나 북렌탈, 혹은 회람을 고려하지 않은 것 등으로 완전한 숫자라고 할 수 없지만, 논의를 활성화하기 위해서는 의의가 있다는 인식으로 공표되었다.

발행 부수 100만 부를 넘는 초베스트셀러에서는 도서관 제공률이 5%에서 20%정도이지만, 발행 부수 10만~60만 부의 것이 도서관 제공률이 더욱 높았고, 30%~40%에 달했다. 한편으로 발행 부수가 적은 학술·전문도서에서는 도서관 구입률이 10%를 넘는 것이 희귀하지 않고 이와 같은 도서는 도서관 제공률도 동시에 높으며, 학술·전문서의 이용에 관한 도서관의 역할이 큰 것도 숫자로서 나타났다.

앞의 조사 결과를 어떻게 평가할 것인가에 대해서〈조사보고서〉에서는 서술하고 있지 않지만, 더욱 문제시되었던 베스트셀러의 복제본 수가 예상외로 적었다는 것도 있고, 이 조사로 복사본 문제는 종식되었다.

4) 부상한 공대권 논의

도서관에서 도서의 대출에 대해 저작자·출판자에 보상금 지불 제도가 유럽 등의 선진국에서 법제화되어 있다. 이것은 '공공대출권' 혹은 '공대권'(public lending right)이라고 불리지만, 제도가 있는 국가를 보더라도 그 법률 구성은 저작권법에 기반한 것, 특별 입법에 의한 것 등 갖가지이며, 저작자 또는 출판자에 부여된 '권리'라는 것보다는 문화 보호 정책상의 관점에서 조성금이라는 성격을 가진 제도와 자리매김되는 것도 있다. 이 제도는 최초에 북유럽제국[32])에서 도입되었지만, 그 주목적은 인구가 적은 나라에서 자국 언어에서의 집필·출판 활동의 장려였다. 1992년 11월에는 유럽위원회가 〈대여권에 관한 지령〉[33])에 따라 가맹국에 공대권 제도의 도입을 의무화했다.

일본에서도 2002년 문화심의회 저작권분과회에서 저작권법상의 제도로서 도입에 대한 검토가 이루어졌다. 일본의 저작권법에서는 제38조 5항에서 영화 저작물의 대여에 관한 보상금이 정해졌으며, 이에 유사한 방법으로 도서관이 도서를 구입할 때에 '대여권 사용료'를 추가해서 지불한다는, 이른바 '라이브러리 가격' 방식으로의 제도 도입이 제안되었다. 그러나, 도서관 측, 저

---

32) 1942년 덴마크의 도서관법에 이 제도가 설정된 것이 최초로서 1947년 노르웨이, 1955년에는 스웨덴, 1961년은 핀란드, 1967년은 아이슬란드로 이어졌고, 독일은 1972년, 영국은 1979년에 제도화되었다.
33) 〈대여권 및 공대권 모두 지적재산권 분야에서의 저작인접권에 관한 각료이사회 지령〉(1992년 11월 19일) EC위원회.

작자·출판자 측 쌍방이 자료 구입비 예산에서 대여권 사용료가 지불될 가능성이 있다는 이 제안에서는 구입 가능 자료의 실질적인 감소에 연결될 수밖에 없다며, '권리자 측·도서관 측 쌍방에게 구체적인 보상금 제도 등의 존재에 대해 협력해서 검토하고 싶다는 의향이 있는 것으로, 당분간 그 검토를 지켜보는 것으로 그 결론이 얻어진 단계에서 필요한 법 개정 내용을 구체적으로 정하는 것이 적당하다."[34]는 결론을 내었다.

2003년 11월 8일에 일본 펜클럽 주최의 심포지엄 〈작가·독자·도서관 ~ 공대권을 생각한다 ~〉가 개최되었다.[35]

이 심포지엄은 유럽 선진국에서는 이미 확립되어 있는 '공대권'을 일본에서 어떻게 도입해 가야 하는지를 도서관과 작가, 독자가 대립하는 것이 아니라, 협력해서 아이디어를 내어 간다는 것을 목표로 한 것이다.

미타마사히로/三田誠広(일본문예가협회 상임이사)가 문제점으로서 다음의 3가지를 지적했다.

① 추리작가협회가 제창하고 있는 '발매 후 6개월 간은 대출을 유예할 것'이라는 요구,

② 단기간에는 팔리지 않지만 오랫동안 팔리는 책에 대해서 '공대권'이라는 개념 아래 국가 보상으로 기금을 설립해야 한다는 문제,

③ 도서관의 자료 구입 예산이 너무 적은 문제 등을 제시했다.

이에 대해, 도서관 측에서는 ①공대권에 대해서는 모두가 지혜를 내어 국민적 논의를 해야 한다, ②복사본 문제에 대해서는 현상에서도 저작자의 권리 침해로는 되어 있지 않다고 인식하고 있지만, 이전에 조사를 보면 생각해야 할 문제, ③도서의 대출 유예 기간을 만든다는 제안에는 결코 반대라는 의견이 나왔다.

또한 "빌려서 읽는다"에서 "구입해서 읽는다"로 대체성은 얼마나 있는지 보는 것에 대해서 작가·출판자 측과 도서관 측에서의 인식이 어긋남에 따라 논의의 차이가 생기기 때문에 공동으로 검토해 갈 필요가 있다는 지적이 있으며, 저작자와 도서관은 힘을 합쳐서, 독서 환경의 충실과 도서관 진흥을 꾀하고, 국민 누구라도 납득할 수 있도록 보상 제도를 실현시켜야 한다고 제

---

34) 〈문화심의회 저작권분과회 심의경과보고〉(2003 1월)

35) 패널리스트는 작가 이노세나오키/猪涑直樹, 이시이/石井昂(新潮社), 이토가/糸賀雅兒(慶応大 교수), 오자와/大澤在昌(일본추리작가협회 상임이사), 니시노/西野一夫(川崎市立中原도서관장), 미타/三田誠廣(일본문예가협회 상무이사), 요시다/吉田直樹(도쿄도립중앙도서관), 종합사회는 히로노/條田博之(〈創〉편집장).

안했다.

5) 도서관 당사자협의회

2001년에 문화심의회 저작권분과회 〈도서관 등에서 저작물 등의 이용에 관한 워킹 그룹〉이 설치되었다. 여기에서는 도서관 측·권리자 측에서 각 4명의 위원으로 도서관에서 저작권 문제에 관한 논의가 시작되었다.

그 후, 2002년에는 〈도서관 등에서 저작물의 이용에 관한 검토〉라는 형태를 바꿔서, 도서관 측에서의 요청과 권리자 측에서의 요청(계 11항목)을 상호 논의했다.36) 이 검토에 참가했던 위원 8명이 2003년 1월에 개인 자격으로 각서를 교환하고, 〈도서관 등에서 저작물 등의 이용에 관한 당사자 협의〉를 개시했다. 이 협의는 거의 월 1회 개최되고, 이 논의를 토대로 다음의 성과를 거뒀다.

① 일본도서관협회·일본서적출판협회가 협력해서 공공도서관의 대출 실태, 복사본 수의 조사를 실시한 〈공립도서관 대출 실태조사 2003 보고서〉를 간행했다(2004년 3월).

② 일본도서관협회와 일본문예가협회의 사이에서 시각장애자를 위해 녹음도서작성에 대한 허락 계약을 체결했다(2004년 4월).

③ 국공사립대학도서관협회 위원회와 일본저작출판권관리시스템, 학술저작권협회 사이에서 도서관간 상호대차(ILL)를 위해 팩시밀리, 인터넷 송신을 위한 무상 허락을 권리자 측 단체에서 얻는다(2004년 3월).

본 협의회는 2004년 5월 이후, 각 단체에서의 위원 파견이라는 형태를 가지는 것으로 협의의 결과가 이용자와 권리자에 확실하게 환원되는 것을 기준으로, 도서관 측 5개 단체, 권리자 측 6개 단체, 모두 11개 단체가 2~3개월에 1회로 도서관에서 저작권 문제의 해결을 위해 협의를 실시하고 있다.

당협의회에서의 합의 내용에 기반해서 2006년 1월에 일본도서관협회 등 도서관 3단체는 〈도서관간 협력에서 현물 대출로 빌린 도서의 복사에 관해서 가이드라인〉37)과 〈복사물의 복사에 관한 가이드라인〉38) (2015. 5. 26. / 제92호)을 공표했다.

---

36) 그 결과, 2003년 1월의 〈문화심의회 저작권분과회 심의경과보고〉로 종결했다.
37) 〈도서관협력으로 현물 대차로 빌리는 도서의 복제에 관한 가이드라인〉(2006년 1월 1일) 일본도서관협회, 국공사립대학도서관협력위원회, 전국공공도서관협의회.
38) 〈복제물의 복사에 관한 가이드라인〉(2006년 1월 1일) 일본도서관협회, 국공사립대학도서관협력위원회, 전국공공도서관협의회

△ 고단샤/講談社/1998

제VII장 전자 출판

1. 전자출판의 발전
   (1) 탄생과 발전
   (2) DTP의 발달과 전개
   (3) CD-ROM에서 온디맨드로

2. 표준화 문제

전자정보기술은 20세기 후반에 출판물 제작에 큰 변화를 초래했다. 그때까지 출판물은 사람들이 직접 금속활자를 1개씩 집어 늘어놓는 것으로 조판되었지만, 컴퓨터가 도입되면서부터 단시간에 다량의 페이지 조판이 가능해졌다. 또한 20세기 말에 디지털기술의 진보와 인터넷의 등장은 문자 정보의 유통에서 역사적으로 중요한 역할을 담당해온 출판 활동에 다대한 영향을 주고 있다.

문자나 화상을 인쇄물로 정보교환을 하는 것은 물류에 의존하게 된다. 따라서, 정보유통량은 시간과 거리에 따라 제한되어 왔다. 그러나 인터넷이 보급한 오늘날에는 디지털화된 출판 정보는 순간적으로 세계에 유통되며 복제와 유통 배포에 소요되는 경비는 인쇄 미디어와 비교하면 대폭적으로 경비가 절감된다. 말할 것 없이 출판 활동에서 더욱 중요하며 노력과 경비가 드는 것은 신뢰할 수 있으며, 가치 있는 작품을 창출하는 것이다. 전자 미디어를 이용해서 복제와 유통 코스트가 절감된다고 해도 콘텐츠의 생성 코스트는 변하지 않는다.

이와 같은 전자 미디어의 영향과 가능성에 대하여는 출판계도 신속히 주목하면서 연구해 왔다. 서협에서는 1981년 9월에 더욱 빠르게 뉴미디어가 출판물에 미치는 영향을 연구하는 목적으로 〈신매체연구회〉를 발족시켰다. 게다가 1988년에 '전자출판위원회'를 신설하고, 위원회 활동을 통해서 전자출판의 동향 조사와 최신 정보의 공유, 그리고 표준화 제언 등을 제시했었다. 전자출판의 개요를 정리한 후에 미디어 발달에 따라 전자출판의 변신을 살펴보도록 한다.[1]

1) 출판의 전자화

전자출판을 광의로 보면 인프라의 전자화와 콘텐츠의 전자화라는 두 가지로 나눌 수 있다. 전자는 최종적으로 발매되는 것은 지금까지 그대로의 종이 책이지만 그 제작이나 유통 등의 기반 기술이 변화한 것이다. 이것은 또한 책의 제작 기술 변화와 유통판매 변화로 나눌 수 있다. 제작 기술의 변화에는 지금까지 인쇄회사가 시행해 왔던 활자 조판을 출판사 내에서 시행하는 등 편집 제작 작업 공정의 변화도 포함된다. 또한 책의 수발주/受發注 시스템도 전자화되었다.

후자는 책 그 자체가 전자화한 것이다. 콘텐츠의 전자화로는 인쇄출판물

---

[1] 우에무라야시오/植村八潮 〈출판의 電子化와 電子出版〉, 〈출판미디어 入門〉(2006), 日本評論社

에서 전자미디어로 이행한 것으로 '콘텐츠 미디어'와 '표시 장치'로 분리한 것이다. 이 콘텐츠의 전자화는 지금 일어나고 있는 변화이며, 편집자의 기술, 출판사의 조직, 출판산업구조, 거래(유통) 등의 상관습/商慣習, 유통판매 등의 각 분야로 대응이 촉구되고 있다.

IT(Information Technology)가 초래한 출판의 변화는 다음의 4가지로 정리할 수 있다.

① 책 제작기술의 변화(1970년대 이후)

납활자에 의한 조판과 활판인쇄는 전산사식시스템(CTS[2])으로 변화하고, 퍼스널 컴퓨터와 전용조판 소프트에 의한 DTP[3]로 이행했다. 게다가 1990년대 후반이 되어서 프린트온디맨드(POD)에 의한 온디맨드/on demand 출판이 본격화했다.

② 콘텐츠 미디어의 변화(1980년대 중반 이후)

CD-ROM 등의 전자미디어가 새로운 매체로서 등장했다. 책의 콘텐츠(내용)가 디지털 데이터화한 것으로 인터넷의 보급 이후, 디지털 데이터만을 네트워크로 유통시키는 온라인 출판이 실현되었다.

③ 표시 장치(뷰어)의 변화(1980년대 중반 이후)

책을 CD-ROM화한 것으로 컴퓨터 등의 재생 장치가 꼭 필요하게 되었다. 처음에는 CD-ROM 드라이브가 고가이기 때문에, 컴퓨터에 드라이브를 외장해서 이용했다. 그 후, 후지츠/富士通 FM-TOWNS 등 멀티미디어 컴퓨터로 칭한 CD-ROM 일체형 컴퓨터가 보급되고, 그에 맞춰 CD-ROM 미디어도 보급되게 되었다. 게다가 8센티 CD-ROM을 이용한 〈데이터 디스크맨〉(소니)나 PDA, 전자사전 〈리브리에〉와 〈Σ북〉 등 전자서적 전용단말의 개발이 이어지고 있다. 또한 2000년대가 되어서 휴대전화를 이용한 독서가 주목되고 있다.

④ 유통판매의 변화(1990년대 중반 이후)

네트워크에 의한 전자상거래/e-commers의 성공예로서 아마존 닷컴 등의 온라인 서점을 들 수 있다. 인터넷 보급 이전부터도 출판사, 유통, 서점 간에서 수발주로 네트워크가 사용되었다. 또한 온라인 서점은 협의로는 전자출판에

---

2) computer(ized) typesetting system의 약자.
3) desk top publishing의 약자. DTP라는 말은 1986년에 Aldus PageMaker를 발매한 미국의 알더스사가 제창했다.

는 분류하지 않는 것이 일반적이다.

2) 전자출판의 정의

한편, 전자출판을 협의로 정의하면, "문자·화상정보를 디지털데이터로 편집 가공해서 CD-ROM 등의 전자미디어나 네트워크로 배포하는 활동"이다.

일본에서 전자출판이 주목된 1980년대는 DTP[4]에 의한 전자편집 제작과 플로피디스크, CD-ROM 등의 전자미디어에 의한 패키지계 전자출판이 중심이었다. 1990년대 후반 이후에는 책의 내용을 데이터화한 이른바, 디지털 콘텐츠를 인터넷으로 유통하는 전자출판이 주류가 되었다. 이와 같이 전자출판을 콘텐츠계 '전자 출판'이나 '온라인 출판'으로 부르고 있다.

전자 서적은 〈e-Book〉이라고 부르기도 하며, 일반적으로는 네트워크로 유통되는 소설이나 에세이 등의 문예서, 만화, 사진집 등의 전자출판물(디지털 콘텐츠)을 가리키는 일이 많다. 컴퓨터로 전자 서적을 읽기 위한 소프트웨어를 뷰어, 전자서적 전용의 독서 장치를 전자서적 전용단말기라고 부르는 것이 일반적이지만, 종종 장치 그 자체를 〈e-Book〉이라고 부르기도 한다. 전용 장치로서는 〈전자사전〉이 있다.

또한 서적을 디지털화한 데이터베이스에서 독자의 요청에 의해 온라인을 인쇄하여 판매하는 온 디맨드 출판도 전자편집 제작의 개념에 포함할 수 있다.

1. 전자출판의 발전

(1) 탄생과 발전

출판물의 전자화는 1960년대에 미국에서 학술정보 분야에서 시작되었다. 이즈음 학술집지와 연구논문지를 기반으로 '초록지'와 '색인지'를 편집·조판하기 위해 컴퓨터가 이용되기 시작했다. 1970년대 초기가 되어서 인쇄용 컴퓨터 데이터에서 문자정보를 찾아내어, 온라인데이터베이스와 자기테이프를 이용한 제공이 시작되었다. 1980년대에는 자기테이프로 바뀌어 CD-ROM에 의한 제공이 이루어졌다.

일본의 출판계에서 전자출판은 1980년대에 등장한 CD-ROM과 INS[5](고도정보통신 시스템)에 의한 뉴미디어 붐과 함께 시작되었다. 일반적으로 전자출판이라 하면 1980년대에 시작한 동향을 가리키고 있다.

---

4) DTP-Desk Top Publishing의 약자.
5) Information Network System의 약자.

1982년에 서협의 〈신매체연구회〉는 〈네트워크시스템의 이용에 대한 연구〉, 〈전자출판의 유통 시스템과 소프트에 대한 연구〉, 〈신기술에 의한 출판 제작 과정의 변화에 대한 연구〉 등 3개의 분과회를 만들었다. 이듬해 INS의 보급을 진행하는 우정성은 출판·인쇄에 미치는 영향에 대해 검토하는 연구회를 우정성 내에 설치했는데, 여기에는 신매체연구회의 위원이 참가했다.

1984년의 제22회 국제출판연합(IPA) 대회에서는 특히 뉴미디어가 논의되고, 일본에서 나리타 아키오/盛田昭夫 소니 회장이 특별 참가해 기조강연을 했다. 뉴미디어 붐 속에서 출판이 손꼽히고 있었던 것이다.

1990년대에 들어가면서부터 전자출판물의 멀티미디어화가 진행하고 CD-ROM의 특징을 살린 본격적인 백과사전이 등장했다. 그러나 1990년대 후반에 일본에서도 인터넷이 급속하게 보급되며, 〈멀티미디어백과사전〉은 무료로 검색할 수 있는 인터넷 정보와 경합하게 되었다.

유럽에서는 1990년대 중반에 인터넷이 보급한 것으로 학술전자 저널이 확립되었다. 그 흐름이 일반도서의 출판으로 옮겨 〈닷컴 비즈니스〉로 주목과 함께 전자서적에 기대가 높아졌다. 당시, 소설 등의 일반도서가 바로 전자출판으로 이행되어 독자들이 받아들여야만 했다. 그 사고방식은 일본에도 직수입되어 같은 붐을 일으키게 되었다. 그러나 신규 잠입이 즉시 성과를 내는 것이 아니라, 유럽이나 미국에서는 2001년 이후의 닷컴 버블의 붕괴로 전자출판의 벤처 기업은 철퇴했다. 또한 일반서를 취급했던 대기업의 전자서적 업자도 2003년이 되어 시장이 성립하지 않은 채로 철퇴되고 말았다.

전자출판은 새로운 기술의 등장으로 화제가 되고, 또한 메이커와 해외의 대기업 IT기업의 제안으로 주기적으로 붐이 연출되어 왔다고 한다. 최근에는 〈아마존 닷컴〉이나 〈구글〉의 본문 전문검색 서비스가 주목되고 있다. 웹 서비스가 진화하는 것으로 전자서적 판매와 전자도서관과의 경계가 독자로서는 애매하게 되었다고 할 수 있다.

한편으로 전자출판에 대한 출판사 등의 노력으로 몇 가지 성과도 확실히 나타났었다. 다음과 같이 〈전자사전〉과 〈CD-ROM/DVD〉 부록 잡지는 이미 독자들이 선택하고 있으며, 또한 휴대전화를 중심으로 한 전자 코믹(디지털 코믹) 등이 시장을 형성하고 있다.

(2) DTP의 발달과 전개

1990년 소니가 판매한
〈데이터 디스크맨 DD-1〉 8센티
CD-ROM 전용 플레이어 1호기 겉모습.

1993년 NEC가 판매한 〈디지털 북플레이어
DB-P1〉 플로피디스크를 넣어 콘텐츠를 액정
디스플레이에 표시하고 읽는다.

1) 전산사식/寫植에서 DTP로

출판의 전자화는 처음에 전자 기술의 제작 시스템 변화로서 등장했다. 1980년대가 되어 사식은 컴퓨터를 이용한 전산사식 시스템으로 바뀌고, 도서 조판에도 본격적으로 도입되게 되었다. 이 제작 코스트의 감소를 한번에 진행시킨 것이 1980년대 중반에 보급된 DTP 시스템이다.

DTP는 탁상출판의 의미로 컴퓨터를 이용하여 출판물을 제작하는 시스템이다. 입력과 도판의 작성, 편집, 레이아웃, 또한 판하/版下(제판용 편집) 작성 등의 일련의 작업을 탁상의 작은 시스템에서 처리할 수 있게 되었다.

이 배경으로 아웃라인 폰트라고 불리는 인쇄 품질이 높은 문자의 정비, 페이지 프린터와 스캐너의 저가격화 등을 들 수 있다. 그중에서도 1985년에 발표된 페이지 기술언어 Post Script[6]의 공적은 크다. 이것으로 이미지 세터라고 불리는 고품질의 판하 작성 장치에서 개인용의 프린터까지 폭넓은 출력 환경에 맞춰 컴퓨터에서 직접 데이터를 출력할 수 있게 되었다. 또한 디스플레이 화면에서 본대로 출력된 WYSIWYG/위지윅[7]가 실현되고, 복잡한 레이

---

6) 1985년에 발표된 것은 현재 〈Level 1〉이라 불린다. 1990년에 일본어 등의 2바이트 언어와 컬러 인쇄에 대응한 〈Level 2〉가 만들어져 1996년에는 PDF 형식에 대응한 〈Post Script 3〉이 발표되었다.

7) WYSIWYG-what you see is what you get: 입력에서 출력까지를 통합한 DTP의 문서 편집 제작 시스템. *역자 주

아웃을 쉽게 할 수 있고, 전문지식 없어도 단시간에 DTP 소프트를 마스터할 수 있게 되었다.

원래, DTP는 개인용의 출판 시스템을 목표로 개발된 것이지만, 결과적으로는 시스템의 중심적 이용자는 인쇄회사를 비롯해, 개인 사업의 판하 제작 회사와 편집 프로덕션 등이었다. 최근에는 워드프로세서로 집필된 원고가 데이터로 입고되었다. 워프로 전용기의 데이터는 호환성이 없고, 당초, 변환이나 작가에 의한 문자 변형 등의 문제가 생겼다. 그 후, MS-DOS상에서 움직이는 워프로 소프트 〈이치타로/一太郞 ver.2〉가 1986년에 발매되어 베스트 셀러가 되고, Window95의 보급으로 워프로 전용기는 쇠퇴해졌다.

현재에도 교정은 교정쇄(게라)가 나오고 나서 빨간 색으로 기입하는 것이 주류이지만, 데이터 입고로 집필에서 교료/校了까지 디지털 데이터로 제작 시스템의 기반이 완성되었다. 게다가 조판이 컴퓨터로 처리되어 책의 내용을 데이터화해서 저장할 수 있게 되었다. 이것으로 잡지 게재에서 단행본 출판, 또 문고화라는 일련의 출판 사이클 안에서 인쇄 데이터를 재이용할 수 있게 되었다.

DTP 소프트로서는 미국의 어도비사가 앨더스/Aldus사를 매수한 것으로 입수한 페이지 메이커/Page Maker와 그 후 개발된 인디자인/InDesign, 또는 쿽사/Quark의 Quark XPress 등이 대표적이다.

2) 온디맨드 출판

1990년대에 현저하게 보인 경향으로 신간 종수의 증가와 함께 배본 부수의 증대가 있다. 대량 배본은 반품률의 증가를 부르고, 또한 재고 경비의 압축을 위해 짧은 상품 사이클로 폐기에도 연결되었다.[8]

이와 같은 출판 상황이 1990년대 전반에서 시작되었던 온디맨드 인쇄와 연결되어서 1990년대 말에 온디맨드 출판으로서 주목받게 되었다. 온디맨드(on demand)란 〈요구에 응해서〉라는 의미이다. 많은 부수가 될수록 효율성이 높은 오프셋 인쇄에 대한 온디맨드 인쇄는 수부에서 수백부라는 작은 부수의 인쇄에 적합한 시스템이다. 온디맨드 출판은 이 온디맨드 인쇄 시스템을 이용해서 책을 디지털화하여 저장, 독자의 주문에 응해 1부부터 인쇄 제본하는 서비스이다. 또한 서적과 잡지를 화상 데이터베이스로 저장하는 것으로 논문, 기사 혹은 본문의 페이지 단위로 독자의 요청에 응해 필요한 부분만을

---

8) 일찍이 반품률의 증가에 대해 사회적인 비판이 쏟아지면서, 〈반품=폐기〉라는 사실 오인도 있었다.

모아서(커스터마이즈/), 1권의 책으로서 판매하는 것도 가능하다.

온디맨드 출판에서는 소부수 인쇄의 특징을 살려, ① 절판본의 복각, ② 자비출판, ③ 학위·박사논문의 출판 등이 있고, 또한 데이터베이스를 이용한 가변성을 살려서, ④강의 내용에 맞춘 교과서의 커스터마이즈, ⑤수강생 한 사람 한 사람에 맞춘 교재의 커스터마이즈, ⑥약시자/弱視者용의 대활자 출판, ⑦서점 점두 등에서 출판 서비스 등이 현재, 제공되고 있다.

(3) CD-ROM에서 온디맨드로

1) 백과사전과 지도의 전자화

일본 최초의 CD-ROM 출판물은 1985년의 〈최신 과학기술용어사전〉(산슈샤/三修社)이다. 이것으로도 알 수 있듯이, 사전은 검색성과 데이터 처리라는 점에서 컴퓨터와 친화성이 높다. 1990년대 후반이 되어서 음·영상을 포함한 본격적인 멀티미디어 백과사전이 계속해서 간행되었다. 동시에 일본 국내외의 인쇄백과사전은 계속해서 출판하기에 곤란한 상황이 되었다. 그 요인의 하나로서 인터넷의 영향을 말할 수 있다.

특히, 2001년에 미국에서 시작한 백과사전 〈위키피디아/Wikipedia〉는 2006년에는 250만 항목이 넘은 거대한 백과사전으로까지 성장했다. Wikipedia는 인터넷상에 자원봉사로서 만들어진 무료 백과사전으로 일본을 포함한 각 국판이 운영되고 있다.[9]

또한, 지도는 주택정보의 데이터베이스화나 도형의 화상 처리 등을 위해 컴퓨터가 도입되어 왔다. 제작 공정이 디지털화된 것으로 자동차 네비게이션으로의 탑재도 빨리 진행되었다. 검색으로 편리성이 높은 것은 2000년대 전반까지는 CD-ROM/DVD의 지도 출판이었다. 그러나 2000년대 중반 이후, 브로드밴드 네트워크와 유비쿼터스 환경의 보급과 함께 구글과 야후의 지도정보 무료 제공 서비스가 유저의 지지를 얻고 있다.

1990년대부터 CD-ROM 부착 서적과 CD-ROM을 부록으로 붙인 잡지가 발매되어 왔지만, 2003년부터 DVD로 바뀌어 왔다. 〈출판지표연보/出版指標年報〉(2007, 출판과학연구소)에 의하면 2006년의 신간으로 CD-ROM 부착 서적은 637종(전년 대비 97.5%), DVD 부록 서적은 206종(전년 대비 121.2%)이다. 또한 2000년 10월에 서협에서는 국립국회도서관으로의 전자출판물 납본제도에 대해서 동관

---

9) 2006년 5월의 〈월간 유니크〉 유저 수는 같은 해 1월과 비교해서도 204만 명이나 늘어 661만 명으로 급성장했다(비디오 리서치 인터랙티브 조사). 일본어판은 2006년 8월 28일에 25만 항목을 마련했다.

과 〈패키지계 전자출판물의 납본 및 이용에 관한 합의서〉를 조인했다(제6장 1절 참조).

2) 전자사전과 다양성의 확보

전자출판의 성공예로서 〈전자사전〉이다. 이 〈전자사전〉은 사전 콘텐츠를 반도체 메모리에 넣은 전용기인 것이다. 1990년대 말이 되어서 저렴한 간편 사전형이 TV 쇼핑의 인기상품이 되고, 급속하게 매출을 증가시켰다. 또한 2000년대가 되어서 반도체 메모리의 가격이 내려가고 처리 능력도 향상된 것으로 출판사가 발행하고 있는 사전의 모든 내용을 수록하는 것이 가능하게 되었다. 이와 같이 풀콘텐츠형은 출판사의 사전 브랜드를 명기해서 판매되어 있다.

그 판매대수는 간편 사전형이 판매된 2000년에 일단 정점이 되지만, 풀콘텐츠형으로 이행하며 평균단가가 올라가고, 매상 금액은 증가했다. 2005년의 시장 규모는 330만 대, 600억 엔 시장으로 추정되고 있다. 종래는 주로 가정으로 판매되었지만, 최근 학교용 판촉이 실시되어 서점도 적극적으로 취급하고 있다. 이에 대해 종이 사전시장은 이전의 연간 판매 부수로 1,500만 권이라고 하지만, 지금은 800만 권 정도이며, 시장은 10년 사이에 300억 엔에서 250억 엔까지 축소한 것이라고 한다.[10] 사전 판매의 주류는 학습사전이며, 소자화에 의한 학습자 인구의 감소를 고려해서도 명확하게 전자사전의 영향은 받고 있다.

3) 온라인 서비스

출판사가 제공하는 디지털 콘텐츠의 온라인 서비스에는 데이터베이스, 백과사전·사전의 검색 사이트, 웹매거진, 메일 매거진 등에 의한 정보제공 등이 있다. 학술전자저널은 해외의 대기업 학술출판사가 도서관과 대학·연구기관과의 직접계약으로 큰 시장을 형성하고 있지만, 일본의 출판사 잠입은 거의 적다. 백과사전·사전의 검색 사이트로서는 Japan Knowledge와 Web Dictionary 등이 있다.

4) 전자서적의 판매와 전용단말

일본에서 본격적인 비즈니스로서 전자서적판매 사이트의 운영이 시작된 것은 1995년의 〈전자서적 파피루스〉이다. 한편으로 1997년에는 온라인 전자

---

10) 「〈전자사전〉과 그 시장」〈出版月報〉, 2003년 10월호.

도서관 〈아오조라/青空 문고〉가 개설되었다. 이것은 저작권이 소멸한 일본의 문예작품을 무료 공개하는 것으로 인터넷상의 공유재산으로 하고, 누구라도 읽을 수 있는 것을 목표로 한 활동이다. 협력자들이 무상으로 문자 입력을 취급하는 등, 운영은 모두 자원봉사이다. 이러한 것으로 화제가 되고, 전자서적을 일반인에게 인지시키게 되었다.

2000년에는 문고본 출판사에 의해 〈전자문고 파브리〉가 개설되었다.

1999년부터 다음 해에 걸쳐 통산성에서 보조금을 받아, 메이커와 많은 출판사가 참가한 〈전자서적 컨소시엄 실증 실험〉이 실시되었다. 전국지에서 취급하는 등 화제가 되었지만, 비즈니스로 바뀌지 못하고 종료했다.

2003년이 되어, 마츠시타전기/松下電氣는 독서전용단말 〈Σ북〉을 발표하고, 출판사와 인쇄회사에 참가를 촉진해서 전자서적 비즈니스 컨소시엄을 결성했다. 한편, 소니도 표시 장치에 전자 페이퍼를 이용한 독서전용단말 〈리브리에〉를 발표하고, 대기업 출판사와 공동으로 전자서적 사업회사를 설립했다. 다음해에 〈Σ북〉, 〈리브리에〉가 각각 발매되어 화제가 되었지만, 출판계가 기대한 정도로 시장은 성립되지 않았다. 이유로서는 독서 전용 단말기로 읽을 수 있는 전자서적의 종수가 아직 적고, 단말기가 고가인 것으로 책에 대한 가격 경쟁력이 약한 것도 있다.

2006년 전자서적의 발행 종수는 약 8만 종(전년도 약 6만 종)으로 신간의 월간 평균 간행종수는 약 1,400종으로 추측된다.[11] 주로 이미 간행된 책의 2차 이용과 절판본의 복간을 중심으로 발행되어 있다. 휴대폰 시장의 성장에 따라 시장 규모는 약 94억 엔(전년도 약 45억 엔)으로 확대하고 있다.[12]

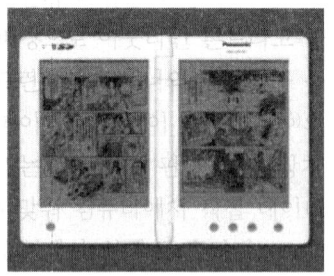
마츠시다/松下電器産業파나소닉
솔루션사의 판매 〈Σ북〉.

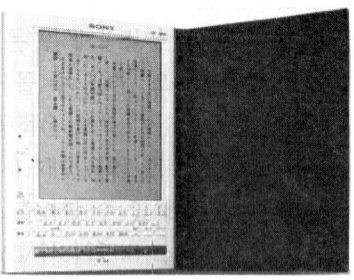
소니가 판매한 e-Book 리더기〈리브리에〉
-최대 500권의 책을 보존할 수 있다.

---

11) 〈2007出版指標年報〉. 판매사이트에서는 각사 모두 전년대비 약 1.5배~2배로 확대되고 있다.
12) 〈전자서적 비즈니스 조사보고서 2006〉 임프레스.

5) 휴대폰 독서와 전자코믹

휴대전화의 보급과 함께 2004년 이후 휴대폰 콘텐츠로서 음악에 이어 소설과 코믹이 주목되게 되었다. 기존의 문예 작품을 유통하는 서비스뿐만 아니라, '휴대폰 노벨'이라고 불리는 오리지널 작품도 다수 생겨나고 있다. 휴대전화는 작은 화면이기 때문에 열람성이 낮고 반복 읽기가 힘들다는 특징이 있다. 그렇기 때문에 휴대폰 노벨에서는 대화의 문자수와 별행, 회화 주체의 작품 등, 작가와 편집자에 따라 표현 방법과 검토가 실행되고 있다.

또한 코믹 콘텐츠를 중심으로 한 휴대전화로의 송신 시장도 급성장하고 있다. 2006년 3월말 시점에서의 전자코믹 시장은 약 34억 엔으로, 그 중 휴대폰용 시장이 23억 엔이라 한다. 전자코믹 시장은 더욱 성장하고 있고, 2006년은 100억 엔에 달한다고 예상하고 있다.

전자서적에서 휴대폰 시장이 주목되는 배경으로서, 휴대전화의 막대한 보급대수, 견고한 DRM[13], 확실한 과금 시스템을 들 수 있다. 한편, 독자층을 생각하면, 휴대폰의 중심 유저가 원래 책을 읽지 않는 젊은 층이었던 것이 새로운 독자층 개척으로 연결되었다는 지적도 있다. 이것은 휴대폰 노벨뿐만 아니라 전자코믹에서도 '종이로는 만화를 읽지 않는 독자층'의 개척이 지적되고 있다.

휴대전화로 소설과 만화를 읽게 된 것은 화질이 향상되었다는 기술적 해결뿐만 아니다. 오히려 출판계를 중심으로 한 사회적 문화적 활동으로 콘텐츠 유통의 새로운 미디어가 성립했다고 생각해야 한다.

2. 표준화 문제

1) 전자출판의 권리 관계

1997년 11월에 서협이 실시한 〈출판 계약에 관한 앙케이트 조사〉에서는 전자출판에 관한 항목을 처음으로 설정했다.[14] 1998년에는 재/국제고등연구소의 연구 프로젝트 〈정보시장에서 근미래의 법 모델〉에 자격이 되기 위해서 전자출판에 관한 설문지와 인터뷰를 실시했다. 이것은 1998년도 조사보고 〈출판자의 전자출판에 관한 의식·실태조사 보고서 -전자출판에서 출판자의 관행상 권리에 대해서〉로서 결실을 맺었다.

---

13) digital rights management(디지털저작권관리)의 약자.
14) 〈출판자의 전자서적에 관한 의식·실태조사 보고서〉(1999년 3월)

2) 문자 코드

컴퓨터에서는 문자와 기호에 고유의 코드를 배당하고 있다. 초기 컴퓨터에서는 1바이트의 ASCII가 운용되어 있었지만, 이것으로는 256문자밖에 표현할 수 없다. 그래서 문자종이 많은 한자를 수록하기 위해 일본에서는 2바이트인 JIS한자 코드를 제정했다.

최초로 JIS한자코드가 제정된 것은 1978년의 C6226이며, 동규격은 1983년, 1990년, 1997년에 개정되었다.[15] 1978년의 JIS코드를 1983년에 개정한 때에 문자의 추가와 자형 변경을 실시했다. 제1수준과 제2수준으로 22조합의 한자를 변경할 수 있다는 비호환의 개정과 인명 한자 허용 자체로의 미대응이 많은 문제를 일으키게 되었다.

다양한 문자코드의 존재와 메이커마다 다른 표외자/表外字(이른바 外字)의 취급이 문자 변형 등의 문제를 일으키고, 출판계에서도 문제가 되었다. 그 때문에 1997년의 개정에 있어서는 서협의 국어문제위원회와 전자출판위원회 표준화 문제소위원회가 합동으로 연구회를 여는 등 적극적인 대응을 실시했다. 또한 제1, 제2수준 한자 개정안 공개 리뷰 때에서는 위원회에서 의견을 정리해 일본규격협회 내의 JCS 조사연구위원회에 제출했다.[16]

또한 1998년 12월에는 문자확장계획(X0213)에 대해서 〈비한자부호〉의 요청을 정리해, JCS조사연구위원회로 제출했다.[17] 이 요청에서 〈비한자부호〉의 대부분이 JISX0213(한자 제3, 제4수준) 제정에 있어 채용되었다.

또한 문자 코드의 호환성에 관한 문제에 대해서는 세계의 주요한 언어를 서포트한 2바이트의 통일문자코드 체계인 유니코드의 이용이 진행하고 있다. 또한 국제표준화가 진행하고, 유니코드의 상위 호환인 ISO/IEC 10646, 일본에서는 JIS X0221(국세부호화 문사집합)로서 규격화되어 있다.

3) 표외한자 자체의 JIS화

2000년에는 서협의 국어문제위원회가 문화청 국어심의회 〈표외한자 자체표〉 시안에 대한 의견서[18]를 제출했다. 표에서 인쇄표준 자체/字體 혹은 간

---

15) JIS C6226은 1987년에 X0208로 명칭 변경했다.
16) 부호화문자집합조사연구위원회.
17) 〈JIS문자확장계획(X0213)에 대한 추가 기호류·서협안〉(1997년 12월 18일) 일본서적출판협회.
18) 〈제22기 국어심의회 제2위원회 시안 '표외한자자체표(안)'에 대한 의견서〉(2000년 11월 1일)

이관용자체로서 한 것과 JIS코드와의 정합성을 다루면서, 문자 이용의 현장에서 혼란이 생기지 않도록 요청했다. 게다가 국어심의회의 〈표외한자 자체표〉를 받아, 신JCS위원회가 2001년 1월에 공개 리뷰한 〈신JIS문자코드 개정안〉에 대해서 요청서[19]를 제출했다.

경제산업성이 2002년도부터 2005년도까지 실시한 위탁조사연구에 〈범용전자정보교환환경 정비 프로그램〉이 있다. 전자정부[20]를 비롯한 고도 IT 사회의 실현을 위해서는 전자 신청 등 고효율적으로 안전한 행정 서비스의 제공〉과 〈행정 내부의 업무·시스템의 최적화(효율화·합리화)〉를 꾀하는 것을 목적으로 하고 있다. 이는 전자정보교환의 원활화와 신뢰성 향상을 꾀할 필요가 있기 때문에 지금까지 주로 외자/外字 등으로서 취급되어 온 문자 정보의 정리·체계화를 실시하고, 문자정보 데이터베이스를 구축하고, 필요한 문자 글리프(Glyph/문자도형 전자데이터)를 제공하도록 한 것이다. 서협에서는 친위원회와 분과회에 각각 위원을 파견, 활동하면서 이바지하고 있다.

---

19) 〈문자코드개정안에 대한 요청, 의견〉(2002년 2월 14일) 국어문제위원회.
20) 〈전자정부구축계획〉은 2003년 7월, 〈각 부성 정보화통괄책임자(CIO)연락회의〉에 의해 책정되어, 2006년 8월에는 마찬가지로 〈전자정부추진계획〉이 책정되었다. IT기술의 활용에 의해 〈이용자 본위의 투명성을 높여 효율적이고 안전한 서비스의 제공〉과 〈행정 내부의 업무 시스템의 최적화(효율화·합리화)〉를 도모할 것을 목적으로 하고 있다.

▷ 도쿄 시나가와 오모리/
大森 / 문자촌/**文士村** 입구
문사들의 얼굴 초상판(이시
자카 요지로, 가와바타 야
스나리 작가들의 얼굴)

제Ⅷ장 일본어와 표기

1. 일본어·표기 문제
(1) 서협 국어문제위원회의 국어심의회 대응
(2) 잡협 표기연구위원회의 활동

일본 국어를 둘러싼 모든 문제, 즉 일본 국어를 어떻게 표기하는지는 잡지나 서적 출판에 있어서 중대한 문제이다. 개개의 지적인 활동을 퍼블릭한 것으로 해서 독자에게 전달하게 하려면 어떠한 표현이나 표기가 적절할까. 그것은 대략 저자의 영역에 속하는 과제이지만, 출판을 일로 하는 자도, 저자의 지적산물을 그 내용과 질을 파손하는 일 없이, 많은 사람들에게 받아들이는 1권의 책으로 만들어 가는 과정으로 이 문제를 대응하는 것이 된다. 출판의 입장에서 말에 관련된 견식이나 판단이 필요하다.

말은 그 성격으로 정오/正誤에 대한 폭과 흔들림이 언제나 있게 마련이며, 다양성이 풍부한 표현의 원천이지만, 사회생활 가운데 일정한 기준이 필요한 것도 사실이다. 국가의 시책으로서 표기법에 대한 출판의 입장도 말의 풍부함을 손상하지 않는 범위에서의 부드러운 표준을 요구하는 것이다.

서협의 '국어문제위원회'도 이러한 기본자세로 활동해 왔다. 도서 출판에도 교과서나 사전 등 국어 시책과 달리 할 수 없는 부분이 있고, 저자들 당사자의 입장에서 때로는 단지 한 종류의 표준을 요구하는 자세나 이념보다도 책의 편집 방향에 따라야 한다는 의견을 표명한 바도 있었다. 예를 들어, 일본문예가협회가 〈사용한 문자표〉에서 표명한 것처럼 이념에 관련한 근본적인 논의만을 전개하는 경우는 없었지만, 그 날 그 날의 언어 생활 속에서 스스로 정해지거나 바뀌거나 하는 것을 국가 레벨로 정하거나, 그러한 규정이 개개인의 표현을 제약하거나 하는 규제라면 안 된다는 것을 서협 국어문제위원회는 일관하여 계속 주장해 왔다.

이 위원회에서는 이른바 국어시책이라고 불리는 국가 레벨의 일본어 표준(혹은 기준)이 새롭게 제정되거나 개정되거나 하는 때에 출판사이드의 의견을 정리해 왔다.

제2차세계대전 후, 〈상용한자표/常用漢字表〉〈현대 가타가나 사용〉(1946년), 〈상용한자별표(교육한자)〉, 〈상용한자음훈표〉(1948년), 〈상용한자자체표〉(1949년), 〈인명용한자별표〉(1951년), 〈오쿠리 가나[1]의 한자 붙이는 방법〉(1959년)과 현대 표기에 관련해 정한 것이 계속적으로 '내각고시'로 고지되었다. 이 일련의 국어시책은 다양한 논의를 일으키면서도 학교교육·학술용어와 법령·공문서, 신문·잡지·방송을 포함하는 공공적인 성격을 가진 분야·장면에서 받아들여져 일정의 정착을 보였지만, 그 정착은 동시에 적어도 수정이 필요한 것을 보여주었다. 그러한 수정의 중심이 되는 사고방식은 어느 쪽도 강한 규범성과 제

---

[1] 한자로 된 말을 분명히 읽기 위하여 한자 뒤에 붙이는 가타가나. *역자 주

한적 성격을 완만하게 해 가는, 이른바 규칙에서 기준의 방향으로서 먼저 온당한 것이었다고 할 수 있다. 게다가, 그 개정에서 논의와 절차 자체도 열린 것으로 폭넓게 각계의 의견을 구해, 사회 일반의 이해·지지를 얻으려고 했다.

1965년대 후반에 〈상용한자음훈표〉, 〈오쿠리가나 사용방법〉이 일부 개정되어(모두 1973년 내각고시), 1975년 이후는 상용한자의 전면적인 수정에 의한 〈상용한자표〉로 시작해, 순차적으로 〈개정 현대 가타카나 사용〉, 〈외래어의 표기〉 등, 전후의 일련의 국어시책의 재점검·수정이 큰 테마로서 문화청·국어심의회[2]에서 제기되었다. 국어문제위원회는 그때마다 각 출판사의 의견과 사정을 고려하여 검토하고, 필요에 따라 문화청·국어심의회 측의 구체적인 설명을 듣는 모임을 개최하고, 또한 앙케이트 조사를 실시하는 등으로 서협으로서 의견서를 작성했다.[3]

〈상용한자표〉부터 〈외래어의 표기〉〈표외한자/表外漢字 자체표〉에 이르는 이른바 현대표기 규칙의 수정에서 서협의 국어문제위원회 및 잡협의 표기연구위원회가 어떤 의견을 표명해 왔는지를 간단히 정리하고자 한다.

1. 일본어·표기 문제

(1) 서협 국어문제위원회의 국어심의회 대응

1) '상용한자표'에 대한 검토

〈상용한자표〉 및 그 〈음훈표/音訓表〉〈자체표/字體表〉는 전후의 국어시책의 근간을 이룬 것만큼 영향력은 절대적이었으며, 각 방면에서의 비판과 논의도 컸었다. 비판의 핵심은 한자의 자종/字種과 음훈의 제한적인 취급이 일본어 표현을 속박하는 것이며, 또한 일반사회의 한자 사용의 요청에 맞지 않는다는 점에 있다. 국어문제위원회의 기본적인 의견도 그와 같은 입장에서 일관해 왔다. 문제 크기로 문화청·국어심의회도 조속하게 결론을 정리하는 것이

---

[2] 문부대신의 자문에 따라, 국어의 개선, 국어교육의 진흥, 로마자에 관한 사항 등을 조사·심의하고, 또한 국어정책에 대해서 필요하다고 인정되는 사항을 정부에 건의한 기관. 위원은 각계의 학식 경험자 속에서 선택되어, 문부대신이 임명. 1934년 설치, 1959년 개정, 2001년 폐지되어, 문화심의회 국어분과회에 이어 계속되었다.

[3] 국어심의회에는 서협의 위원으로서 노마쇼이치/野間省一(1968.6-1972.6), 시모나카구니히코/下中邦彦(1972.11-1981.5), 핫토리토시유키/服部敏幸(1982.3-1994. 6), 와타나베다카오/渡邊隆男(1994.9-1998.10)의 역대 각 회장·이사장 및 하마다히로노부/浜田博信 담당 상임이사(1998.10-2000.12)가 참가했다.

아니라, 긴 기간에 걸쳐 심의하고, 중간에는 설명회를 열고, 종종 다각도로 의견을 수집하면서 조정하여 왔다.

먼저, 1977년 1월, 국어심의회는 그때까지의 6년 간의 심의 결과를 〈신한자 표시안/表試案〉으로서 문부대신에 보고하는 형태로 공표하고, 넓게 국민의 의견을 듣기도 했다. 그 요청에 응답하는 형태로, 다양한 단체·조직이 의견서를 제출했다. 서협도 국어문제위원회가 중심이 되어 〈신한자표시안/新漢字表示案에 대한 의견서〉[4]를 정리해, 같은 해 5월에 제출했다. 그 골자는 ①상용 한자표의 제한적 성격을 개선하고, 일반 사회생활에서의 한자 사용의 〈기준〉을 삼은 것은 타당했다, ②자종의 선정 방침은 타당했지만, 각종 전문 분야에서의 실태를 고려하고, 또한 별자/別字로 대용하기 어려운 문자도 배려하고, 게다가 어느 정도 늘려야 한다, ③자체/字體의 흔들림, 활자 디자인에 의한 차이의 허용 범위를 명시해야 한다는 등이며, 이에 맞춰서 추가하고 싶은 자종과 음훈/音訓의 예를 구체적으로 제시했다.

2년 후 1979년 3월, 국어심의회는 여러 의견을 감안하고 수정한 〈상용한자표안〉을 중간 보고서로 공표, 그리고 각계의 의견을 요구했다. 위원회는 그 전의 〈신한자표시안〉에 대해 제출한 서협 의견이 많이 받아들여졌다고 판단했지만, 또한 〈상용한자표안〉에 들어가 있지 않은 점이나 명확하게 해야 할 점을 다시 한번, 의견서로서 정리했다. 이 〈상용한자표안/常用漢字表案에 대한 의견서〉[5]는 이사회에서 승인되고, 7월, 서협이사장 이름으로 문화청에 제출했다. 그것은 ①학교 교육에서 교육 한자와 법무성의 인명용 한자 등, 관계 방면과의 충분한 협의를 하고, 보조를 맞춰서 공표되어야 한다, ②글자 종류의 선정에 관해 관청의 용어에 유래한다고 반드시 기초적인 일본어라고 할 수 없는 것이 있고, 또한 검토해야 한다, ③자체에 대해서 상용한자표에 기반한 현재 넓게 실시되고 있는 자체를 변경하지 말 것, 활자 디자인상의 차이를 문제 삼지 않는 원칙에 찬성한다는 등을 골자로 하고, 추가·삭제하고 싶은 곳곳의 자종·음훈을 붙이고, 또한 후리가나(한자 읽기를 히라가나로 첨가)의 사용에 대해서 한층 더 구체적인 지침을 희망한다는 것이다.

〈상용한자표〉는 1981년 3월, 국어심의회가 최종 보고서를 제출하고, 10월에 그 내용대로 내각고시되었다. 〈상용한자〉에 95자를 덧붙인 1,945자에서 되는 것으로 동시에 호적법시행규칙의 개정에 의한 인명용 한자도 54자가

---

4) 〈상용한자표시안에 대한 의견서〉(1977년 5월, 서협)
5) 〈상용한자표시안에 대한 의견서〉(1979년 7월, 서협)

늘어나게 되었다.

2) 현대 가타가나/仮名 사용

국어심의회는 〈상용한자표〉에 이어서 1982년 3월 이후 〈현대 가타가나 사용〉의 심의를 진행했지만, 종래의 〈현대 가타가나 사용〉(1946년 고지)을 어떻게 평가할지, 혹은 문제 있다고 하면 어느 점이 문제인지를 폭넓게 각계로부터 청취하기로 했다.

1983년 서협은 제15기 국어심의회에 대해 핫토리 토시유키/服部敏幸 이사장 명으로 〈'가타가나/仮名 사용 문제'에 대한 의견서〉[6]를 제출하고 〈현대 가타가나 사용〉은 전후의 국어시책 속에서 가장 국민에게 침투, 정착한 것이며, 이것을 크게 개혁하는 것은 국민의 언어 생활에 혼란을 초래하는 것이 좋지 않다고 하는 의견을 표명했다. 이에 맞춰, 문화의 계승을 사명으로 하는 출판사업의 입장에서 개변한 경우에 필요로 하는 출판물 표기상의 개정 작업의 부하에도 언급해서 〈현대가타가나 사용〉의 원칙을 바꾸지 않는 것을 요청한 것이다.

이어서 문화청 국어과에서의 요청에 의한 〈'현대가타가나 사용'의 검토에 관한 설문〉에서도 〈현대 가타가나 사용〉의 기본 방침은 바꾸지 않고, 몇 가지 수정한다고 하며 애매한 부분과 예외적인 사항을 제외해서 간단명료 하게 하면 충분하다는 것을 이사장 명으로 회답했다. 또한 같은 설문에서 〈현대 가타가나 사용〉이 고전교육의 장애가 될 것 같은 일부의 주장에 관련한 질문에서는 고전에 의한 문화·전통의 계승은 중요하지만, 일부러 현대 가타가나 사용과 역사적 가타가나 사용을 대비·관계시킬 필요는 없다고 한다. 각론에서는 예를 들어 〈시치스츠/しちすつ〉의 4가지 가타가나의 사용 구분에 대해서 법칙이 아니라 구체적 예를 많이 드는 것을 요구하는 등, 구체적이며 간단명료한 것으로 하도록 주장했다.

1985년 2월에 〈개정 현대 가타가나 사용(안)〉이 공표되었지만, 여기에 〈'현대가나사용'은 큰 줄기에서는 개정할 필요가 없다고 판단했다.〉라고 한 대로, 근간은 종래의 〈현대가나 사용〉과 크게 바뀌지 않았다. 이때도 문화청의 요구에 따라 서협으로서의 의견서를 제출했지만, 그것은 기본적으로 찬성·지지를 표명하는 것이다. 개별 의견을 약간 붙인 외에 국어심의회의 이후 심의 대상으로서 〈외래어 표기를 기반으로〉를 희망하고, 심의회의 멤버에 현대표

---

6) 〈'가타가나/仮名 사용문제'에 대한 의견서〉(1983년 1월)

기로 키운 젊은 세대의 참가를 요청하는 등의 주문을 붙였다. 다음 해 1986년 3월에 〈개정 현대가타가나 사용〉의 보고서가 있고, 같은 해 7월에 그 보고서대로 〈현대 가나사용〉이 〈현대의 국어를 표기하기 위한 가타가나 사용을 기반으로〉 한 내각고시가 있었다.

3) 외래어의 표기

외래어의 표기에 대해서 심의도 표기에 관련된 전후의 국어 시책 수정의 일환이기는 하나, 오쿠리가나·가나 사용 등의 경우와는 어느 정도 사정이 다르다. 수정해야 할 원래의 규칙 자체가 정식으로 고시된 것은 아니었기 때문이다. 1954년, 국어심의회 표기부회가 정리한 〈외래어 표기에 대해서〉의 원안은 문부대신 앞으로 건의된 내각고시로서 폭넓게 일반에게 보급시키고 싶다는 취지이기는 했으나, 국어심의회 총회의 장에서의 다양한 반대 의견에 따라 보고에 머물렀다. 단지, 이 심의회보고는 다른 표준이 될 정도의 공적인 규정이 없는 것으로 공용문과 교육을 포함해 공공적인 장면에서는 고시에 준한 취급을 받아왔다. 그러한 경위에서 외래어 표기를 둘러싼, 어디에 의견의 대립이 있는지는 이미 명확했다. 국어의 음훈 체계의 틀에 따라서 표기하는 입장(이른바 평이/平易주의)과 원어의 발음에 가능한 한 접근하려고 하는 원음주의/原音主義이다.7) 따라서 문화청과 국어심의회의 검토는 개개의 문제에 대해서 의견의 대립이 어느 정도인지, 어디에서 조화를 만드는 것이 가능할지를 찾는 것이 되어, 몇 번의 폭넓은 설문 조사가 실시된 것이다.

국어문제위원회는 몇 번에 걸쳐 검토회를 열고, 외래어 전문가인 이시와타 토미오/石綿敏雄(이바라기/茨城대학 교수)의 강연(1987년)을 듣는 등으로 깊게 논의를 하고, 설문 조사로 회답이나 서협으로서의 의견·요청서8)를 제출했다. 주요한 포인트는 ①일본인이 들어서 구분, 발음해서 구분할 수 있는 음운/音韻 내에서 표기하는 것, 일본어로서 외래어를 표기하기에는 외래어의 발음과 쓰는 것을 꼭 알아야 한다면 본말전도이다, ②단, 일본인의 발음은 1954년의 심의회보고서 당시부터 바뀌었기 때문에 표기를 이용한 가타가나는 수정되어도 좋다. ③어형의 흔들림과 표기는 구별해서 생각하는 것이 좋다. ④지명·인명 등 고유명사의 표기에 대해서도 맞춰서 심의되는 것이 좋다는 의견이었다.

---

7) 당시 국어문제위원회 부위원장(石井峇明)의 〈외래어 표기법의 문제〉〈출판클럽모임〉 제282호(1988.7.10)에
8) 〈외래어의 표기에 관한 요청서〉(1979년 7월, 서협)

1990년에 〈외래어의 표기(안)〉이 공표되었지만, 그것은 외래어를 표기하기 위한 가타가나와 그 조립을 2개의 표로 나누어, 일반 표기와 원음에 상대적으로 가깝게 표기하려는 경우와 구별하는 것으로 어형의 변화에 대해서는 가부의 판단을 하지 않고, 써서 나타내는 방법에 한정하고, 또한 〈근거〉라는 유연한 성격의 규정이었다. 서협은 이러한 점에 대해서 찬성을 표명하고, 또한 약간의 의견을 붙인 의견서를 제출했다.

이듬해인 1991년 6월, 〈외래어 표기〉는 〈법령, 공용문서, 신문, 잡지, 방송 등, 일반 사회생활에서 현대의 국어를 표현하기 위해〉 기반으로서 내각고시되었다.

4) 제19기 국어심의회 이후의 국어 문제

1991년 9월에 발족한 제19기 국어심의회는 〈전후의 표기에 관한 국어시책의 개정〉이 결착되었다고 해서 이후 논의해야 할 국어문제의 조사를 주요한 과제로 했다. 1992년 6월에 심의경과 보고서 〈현대 국어를 둘러싼 모든 문제〉에는 실로 다양하고 크고 작은 문제가 열거되어 있지만, 체계가 결여된 면도 부정할 수 없다. 그 중에서 〈향후 더욱 깊이 심의할 필요가 있다.〉고 한 하나를 들고 있는 것이 정보화 대응, 특히 정보기기가 취급하는 한자 코드와 폰트 문제는 워프로 입고나 전산사식을 주류로 하는 출판에서 실로 큰 테마이다. 위원회는 1993년 3월, 이 보고에 대한 의견(메모)을 제출, 〈각종 정보기기에서 소프트웨어나 폰트〉에 대한 심의를 요청하고, 또한 상용한자표 이외의 문자 글자체에 대해서도 검토할 필요가 있는 것을 지적했다.

문자 코드체계에 대해서는 종래의 JIS코드와 새로운 국제표준문자 코드 ISO[9] 10646과를 대응시키기에 있어서 위원회에서 이시이/石井岑明 부위원장(角川書店)이 UCS[10] 조사연구위원회에 위원으로서 참가, 또한 UCS위원인 타시마 카즈오/田島一夫(메세이/明星대학 교수)를 강사로 초빙해 신코드 체계의 연구회를 개최했다. 출판물로 사용하는 비한자에 대한 자료 제공도 실시했다.

국어심의회에서는 1995년 이후의 검토 과제로서 언어 사용 등에 대한 조사와 동시에 상용한자표에 들어가지 않는 한자의 글자체에 대해서도 심의하기로 하고, JIS로 사용되고 있는 약자체 등의 설문 조사를 실시했다. 그 점에 대해서 서협은 상용한자·인명용한자 이외의 표외자/表外字는 정자체/正字體를 원칙으로 하고 적극적으로 약자체를 허용해서는 안 되는 것, 단지, 초두/草冠

---

9) International Organization for Standardization(국제표준화기구)의 약자.
10) universal multiple-octet coded character set(국제부호화문자집합)의 약자.

와 지받침/之繞11) 등은 현대의 표기법에 준해서 좋은 것, 이후의 JIS 개정에 있어서는 문화청·국어심의회가 적극적으로 관여할 것 등을 회답했다.12) 이 주장은 이후의 〈인쇄표준자체〉, 〈간이관용자체〉에 대한 사고방식까지 기본적으로 일관하고 있다.

표외자/表外字에 어떤 글자체를 채용하는지는 서적출판 외에도 잡지·신문·방송, 또한 전자기기 메이커 등, 입장에 따라 의견을 다르게 하는 면이 있다. 또한 문자 코드 체계는 한번 실시되면 그 체계에서 작성된 기존의 데이터를 바꾸는 일이 없는 것처럼 개정은 극히 곤란하다. 그러한 어려움으로 국어심의회는 각계에서의 의견과 자료를 요구하고, 1998년 6월 〈표외한자 자체표시안〉, 2000년 9월 〈표외한자 자체표(안)〉을 거치고, 같은 해 12월에 〈표외한자 자체표/字體表〉를 보고했다. 그것은 비교적 자주 사용되는 1,022자의 표외한자에 대해 그 〈인쇄표준자체〉를, 그 중 22자에 대해 〈간이관용자체〉를 합쳐서 나타낸 것이다. 또한 지변/之繞·시변/示偏·식변/食偏의 3개 부수에 대해서는 새로운 자형을 허용했다. 이것들은 대략 서협이 몇 번이나 표명해 온 의견·요청에 덧붙인 것이다. 이 후, 2001년부터의 신 JCS위원회13)에 의한 〈JIS 문자코드 개정안〉에 대해서도 표외한자 자체표의 취지를 살릴 것을 요구하고, 그것을 위해 JIS의 예시자형을 간이관용자체와 허용 자체가 아닌, 가능한 한 인쇄표준자체로 할 것, 만약에 간이관용자체를 채용할 경우라도 그것은 과도적인 처치이며, 인쇄표준자체가 표준적으로 사용되는 기초 조건이 정리되어야 한다는 것을 주장하고 있다.

5) 문화심의회 국어분과회의 심의내용

문화심의회 국어분과회는 2004년 2월에, 보고서 〈새로운 시대에 요구되는 국어력에 대해〉를 공표했다. 이것은 문부과학대신의 자문을 받은 것으로 〈앞으로의 시대에 요구되어지는 국어력에 대해서〉는 ①국어의 역할과 국어의 중요성, ②앞으로의 시대에 요구되어지는 국어력, ③요구되는 국어력의 구체적인 기준, 〈앞으로의 시대에 요구되어지는 국어력을 몸에 익히기 위한 방안에 대해서〉에서는 ①국어력을 스스로 익히기 위한 국어교육의 존재, ②

---

11) 한자 구성요소의 명칭. 草 한자의 윗머리(艹)와 之 받침.
12) 〈국어심의회의 설문 조사로 회답〉 (1955년, 서협)〉
13) 부호화문자집합조사연구위원회(JCS는 JIS-kanji Character Set의 약자). 서협에서는 나카무라츠요시/中村剛士 국어문제위원회 부위원장(講談社), 잡협에서는 후지나미쇼지/藤波誠治 표기연구위원회 위원(小學館)이 참가했다.

국어력을 평소 익히기 위한 독서 활동의 존재 등에 대해서의 제언이 있었다. 이 국어분과회의 검토의 과정에서 이루어진 관계단체 히어링에 있어서 코미네 노리오/小峰紀雄 서협부이사장(小峰書店)이 출판계에서의 보고를 하고, 〈모국어로서 일본어〉의 중요성과 그것을 육성하기 위한 독서습관과 독서환경 정비의 중요성에 대해서 서술했다.

2005년 2월에, 이 분과회에서는 〈국어분과회의 이후 노력해야 할 과제〉로서, 경어에 관한 구체적인 지침 작성과 정보화시대에 대응하는 한자 정책의 존재 2점을 게재, 검토를 시작했다. 경어의 지침에 대해서는 2007년 2월에 문화심의회에서 승인되고, 공표되었다. 한자 정책에 대해서는 〈상용한자표〉의 수정이 실시되었다.

(2) 잡협 표기연구위원회의 활동

1) 표기연구위원회의 설치/국어시책의 개정 계기

1973년 3월, 문화청의 국어시책의 개정에 있어서 관계성청에서 〈상용한자의 음훈과 오쿠리가나 붙이는 법〉에 대한 잡협의 견해를 요구한 케이스가 많아져, 잡협편집위원회 내에 표기연구위원회를 설치하게 되었다.

같은 해 7월에 제1회를 개최하고, 이후 위원회의 운영 및 당면의 음훈·오쿠리가나명의 개정에 대해서 의견 교환을 했다. 잡협의 사회적 영향력의 증대와 함께, 표기연구위원회에서는 국어시책의 통일 견해를 정리, 이후의 컴퓨터, 사식·활자 만드는 법 등, 기기와의 관련에 맞춰서 적극적으로 연구해 가게 되었다.

같은 해 10월의 위원회에서는 각사의 음훈·오쿠리가나의 실태에 대해서 그 기본적인 사고방식·문제점 등을 토의했다. 각사가 음훈·오쿠리가나에 대한 자사의 방침을 설명하고, 그 문제점을 서로 검토하는 것으로 아주 유의한 연구회가 되었다. 다음 해 1974년 6월에는 문화청 국어과에서 주임조사관을 초빙해서 의견교환회를 실시해, 표기의 '변화'를 중심으로 한, 〈신·상용한자 음훈표에 대해〉의 자료를 정리하고, 책자화해서 회원사로 배포했다.

2) 〈상용한자표안〉에 대한 의견서

1979년 3월, 국어심의회에서 문부대신 앞으로 〈상용한자표안〉이 '중간답신'으로서 보고되었다. 그 내용은 1977년 7월에 문화청에 제출한 〈신한자표시안〉에 관한 잡협의 의견서가 대폭적으로 수용되어 거의 만족할 만한 것이 되었다.

이 〈상용한자표안〉에 대해서 문화청에서 잡협에 의견서 제출이 요구되었기 때문에 표기연구위원회에서 검토한 결과, 이번의 보고서안의 기본인 '기준'이라는 사고방식에 대해서는 취지에는 찬성이지만, 그 개념이 애매하기 때문에 이대로는 혼란을 조장할 우려가 있다고 했다.

구체적 예를 들어 바람직한 방향을 나타내고, 〈상용한자표안〉의 각항에 대해서 잡협의 의견을 정리해, 〈의견서〉를 7월 말, 문화청에 제출했다.

3) 가타가나 사용 문제에 대한 요청서·의견서 제출

1982년에 발족한 제15기 국어심의회에서는 〈현대 가타가나/仮名 사용〉의 개선 문제가 채택되었다. 이 문제에 대해서 표기연구위원회는 1983년부터 연구를 계속해 왔지만, 1984년 1월의 편집위원회에서 국어심의회에 제출하는 〈가타가나 사용 문제에 대한 요망서〉[14]가 승인되어 2월 문화청에 제출했다. 문화청에서는 제16기 국어심의회에서 참고로 하고 싶다는 회답이 있었다.

1985년 2월, 국어심의회에서 〈개정 현대가타가나 사용(안)〉이 제시되었다. 문화청에서 4월 말일까지 이 안에 대해서 의견 요청이 있었기 때문에 표기연구위원회에서는 3월에 문화청 국어과장과 조사관을 초빙, 설명을 들었다. 시안/試案은 잡협의 요청 사항이 거의 수락된 점으로는 평가할 수 있었지만, 다시 의견서를 작성하게 되고, 시안의 주요한 개정점인 〈적용의 범위〉〈고유명사·외래어에 대해〉〈발음이 혼동되는 표기에 대해〉를 중심으로 한 의견서[15]를 제출했다.

4) 외래어 표기와 워프로 등의 한자 자체 문제

1987년 3월부터 시작한 제17기 국어심의회에서는 외래어 표기에 대한 검토를 개시했다. 외래어 표기는 지명·인명뿐만 아니라, 보통명사 등에서도 혼란스럽고, 표기위원회에서는 두 번에 걸쳐 설문조사를 실시해서 심의회에 보고하여 채용되었다. 외래어에 관해서는 제18기에 인계되게 되고, 표기연구위원회는 1990년 4월에 문화청 앞으로 〈의견서〉[16]를 제출했다.

1992년에 출범한 제19기 국어심의회에서는 워프로 등의 기기가 폭발적으로 늘어나고, 워프로 한자 자체의 정리가 급하게 되었다. 상용한자에는 없고, 정자와 다른 워프로 한자로 혼란이 생기고 있기 때문에 어떻게 통일해 갈

---

14) 〈'가타가나/仮名 문제'에 대한 요망서〉(1984년 2월 15일, 잡협)
15) 〈'개정 현대가타가나/仮名사용(안)'에 대한 의견서〉(1985년 4월 25일, 잡협)
16) 〈'외래어 표기(안)'에 대한 의견서〉(1990년 4월 26일, 잡협)

것인지가 문제되어 심의회의 자체의 워킹 그룹에 위원을 파견했다.

5) 표외한자자체표와 JIS의 수정

〈표외한자 자체표/字體表〉는 제21기 국어심의회에서 1996년부터 검토가 시작되고, 이어 제22기에서도 심의되었다. 이에 대해서 표기연구위원회는 1999년 1월에 〈의견서〉[17]를 제출하고, 보고서에도 반영되는 등 일정의 평가를 받았다.

2000년, 국어심의회는 상용한자표 이외의 한자, 이른바 표외한자에 관한 인쇄표준자체를 표시한 〈표외한자자체표〉에 관한 심의회보고를 문부대신에게 보고했다. 표기연구위원회에서도 이 국어심의회의 시책에 대한 JIS와의 연계가 불충분하다고 지적해 왔지만, 문화청도 경산성에 대한 이번의 보고서 내용을 JIS에 반영하고 싶다고 신청했다. 이것을 받아들여 경산성도, 사회적 영향을 고려해서 위원회를 신설했다. 잡협에서도 위원을 파견했다.

6) 교정기호의 수정 검토

교정작업에 사용하는 '기호'는 일본에서는 'JIS규격'으로서 1965년에 제정된 이래 한 번도 수정이 없었고, 40년이 경과했다. 2003년에 교토에서 개최된 ISO의 국제회의에서 영국규격협회에서 교정기호를 '국제규격'으로서 수정하고 싶다는 제안이 있었으며, 이것을 받아서 사/일본인쇄산업연합회 내에 '교정기호검토위원회'를 발족시켜, 일본의 교정기호를 개정하고, '국제 규격'에 반영시키게 되었다.

개정표안/改正表案의 공개 리뷰는 2006년 12월에 실시되어, 2007년 1월, 개정 JIS가 공표되었다. 이 위원회에는 잡협 및 서협에서도 위원을 파견했다.

---

17) 〈표외한자 자체표시안/表外漢字 字体表試案에 대한 의견〉(1999년 1월 25일, 잡협)

△ 고단샤 사옥 현관 앞에서
회사 중역과 함께/1999.10

제IX장 출판세제·경영관리

1. 출판세제를 둘러싼 제문제
(1) 회계·세무 취급 기준의 확립
(2) 출판업의 특성과 문제점

2. 소비세

3. 경영 관리
(1) 출판업의 경영실태조사
(2) 노동환경의 연구와 임금 등 실태조사

△ 일본잡지협회 닛판네리마 유스센터 방문기념
좌측부터 김명환 월간中央 부장, 김원태 발행인,
닛판유통센터 공장장. 맨오른쪽 대표 역자

전쟁 후에는 '회계 제도, 세제, 회사에 관한 법률' 등의 제도 개혁 문제의 대응을 제외하고는 회사 경영은 고려할 수 없었다. 특히, 회계·세제 문제는 전전과는 달리 크게 변화했고, 1949년 샤프 권고를 기반으로 다음 해 1950년에 대폭적인 세제 개정이 실시되어, 법인세법에서는 확정 결산에 기반한 신고납세 제도를 도입, 소득세법에서는 급여 소득, 보수, 요금 등에 대한 원천징수 제도가 도입되었다. 또한, 같은 해에는 〈기업회계원칙〉이 설정되었고, 상법 등의 개정이 실시되었다. 이러한 문제에서 출판업계의 대처는 회계·세제 문제의 대응을 보면 이해할 수 있다.

전후의 세제 개정 등에 동반한 출판업계에서 문제는 출판사가 출판물 제작의 대부분을 인쇄회사, 제책회사 등 외주로 의존하는 기업 형태를 가지고 있는 것, 판매에서는 출판사가 유통 회사를 경유해서 서점 등에 상품을 송품하고, 거래처에서 남은 물건을 무조건 반품으로 받아들이고, 대금 결제에 대신하는 '위탁 판매'(다시 돌려받는 조건 판매)를 실시하고 있는 것, '재판매가격유지제도'를 유지하고 있는 것, 이에 다른 제조업에 비교해 '장기 재고'를 다수 보유하고 있는 것 등, 업계에서 거래 관행·경영 실태를 얼마나 그 취급에 반영시켜, 경영 안정을 확보하는지가 주제가 되어 왔다.

이와 같은 문제에 대해 1949년에 일본출판협회(出協)와 전국출판협회(全協)를 중심으로 '출판세제연구회'가 조직되었다. 연구회는 출판업계에 특유한 거래 형태와 상관행을 회계 제도 및 세제상의 취급에 어떻게 반영시키는지에 대해 연구하고, 세제 당국 등과의 절충을 해가면서 출판업의 기업회계의 확립에 노력하고, 그 경과를 1951년 6월에 '출판업회계의 제문제'로 정리해 배포했다. 이 '출판세무연구회'의 활동은 잡협의 '경영관리위원회'(구, 세무위원회)와 서협의 '출판경리위원회'(구, 출판세무위원회)에 인계되어, 양위원회는 공동으로 세무당국 등과 절충, 출판회계의 정비·연구 등을 계속하며, 오늘에 이르게 되었다. 또한, 소비세 문제 등의 정책 과제에 대해서는 양협회 합동의 위원회 또는 출판 4개 단체(서협·잡협·유통협·일서련)에서 특별위원회를 조직하고, 대처해 왔다.

1. 출판세제를 둘러싼 제문제

(1) 회계·세무 취급 기준의 확립

1) 3개의 프로세스

전쟁 후, 출판사에서 회계·세무면의 정비 전개는 다음의 3시기로 분류된다.

① 전후의 민주화와 함께 확정신고제도, 청색신고제도 등의 정비가 실시되고, 기업에 있어서도 확정결산주의에 기반한 신고 납세제도가 정착했다. 출판업계에서도 출판물의 거래에 적합한 상관행의 확립과 그 상관행과 회계·세무처리의 기본 원칙과 중개하는 취급 기준을 책정할 필요가 생겼다. 여기에서 회계·세무상의 사고방식 및 처리 방법이 검토되고, 관계방면에 이해를 요구하는 등의 절충을 한 결과, 오늘날의 처리 방법의 골격이 되는 기준이 생겼다.

② 1965년에 법인세법 등의 전면 개정이 실시되고, 기간 손익 기준을 기반으로 하는 확정 결산에 의한 신고 납세제도가 보다 명확하게 되었다. 출판업계에 관련된 제도에서는 '반품 조정 할당금'(법인세법 제53조)이 법으로 정해지고, 이 개정을 받아 기본 통달의 정비가 실시되었으며, 출판업에서 각종 취급이 명확하게 되었다.

③ 1989년 소비세 도입에 관련해서 재판제도를 유지하면서 소비세의 도입에 대응하는 검토가 실시되었다. 이 문제에 관해서는 그 후의 세율 개정, 총액 표시의 도입 등 계속해서 출판업계로서 대응이 요구되어지고 있다.

2) 회계·세무 취급 기준 확립까지의 경위

전쟁 후부터 1965년경까지의 시기는 출판세무회계의 초창기라고 할 수 있다. 종전 후, 출판사가 다수 창업되는 한편으로 다수의 출판사가 계속해서 출판 활동을 실시하는 것이 곤란하게 되고 폐업에 빠지게 되었다. 이와 같은 상황에 위기감을 가지고, 경영 안정을 목표로 출협, 전협 등의 업계단체를 중심으로 오늘날에는 상식이 된〈반품조정 할당금〉, 〈반품채권특별감정/返品債權特別勘定〉 장기 재고를 보유할 수밖에 없는 출판사의 실태를 반영한 〈단행본재고조정계산〉 등의 원형이 검토되고, 세무당국에 대해 거래 실태에 입각한 취급을 요구하는 활동을 전개했다.

1950년에는 도쿄에 다수의 출판사가 집중하는 것에서 도쿄국세국에 진정서를 제출했지만, 그 내용은 〈세무상으로도 위탁판매로 인정할 것〉(반품의 취급), 〈반품 재고품, 팔고 남은 재고품의 시가는 제조 원가에 의한 것이 아니라 평가되는 것〉(재고자산의 평가) 등 업계의 취급 실태에 이해를 요구하는 것이었다. 또한 다음 해인 1951년에는 일본학술회의에서 국세청장관 앞으로〈학술전문서의 재고평가에 대해서〉의 요청서가 제출되었다. 이러한 사항에 대해서 도쿄국세국은 출판업계와의 절충 결과를 1951년경까지 사실 인정으로 그 취급을 인정하게 되었다. 같은 시기에는 '점두진열견본품'으로서 상비

위탁제도(현 '상비기탁제도')가 출판물의 판매 특성에서 민법상의 '기탁계약'에 기반한 것으로서 인정되어 실시되고 있다. 1953년에는 현안이었던 〈지형/紙型〉의 평가에 대해서 자산 계상을 하지 않고 〈원칙으로서 초판의 원가에 포함되는 것을 인정한다〉는 취급이 명시되었다.

1951년에는 출판관계 단체에서 출판사업세 대책연합회를 조직하고, 〈출판물에 대한 사업세 면세에 관한 의견서〉를 정부, 국회 등 관계 방면에 제출했다. 다음 해인 1952년의 제13국회에 지방세법개정안이 의원제안되고, 국회를 통과해서 「학술연구, 학교교육, 사회교육에 관한 출판물을 발행하는 출판물〉의 사업세가 비과세가 되었다(1986년에 비과세 조치폐지, 1998년 경과조치 종료).

반품의 취급에 대해서는 1960년에 〈반품 및 경품 등에 관한 법인세 취급에 대해서〉(서협에 대해서) 및 〈출판업에서 잡지 반품 조정계산으로 양도액의 특별에 대해서〉의 개별 통달이 제출되고, 취급이 명확하게 되었다.

1965년에는 법인세법 및 소득세법이 전면 개정되고, 적정한 기간손익계산상 결여할 수 없는 할당금으로서 〈반품조정할당금〉이 법으로 인정되는 등의 변경이 있고, 1980년의 법인세기본통달 개정에서 서적의 평가손이 〈단행본 재고조정계산〉으로서 규정되었다. 이외, 소득세법, 조세특별조치법, 인지세법 등의 취급 등에 대해서도 각각 대응해 왔다.

이러한 취급에 대해서 서협·잡협은 1957년에 〈출판세무연구회보고서 및 특별보고서〉를 작성하고 회원사에 배포, 서협에서는 1964년에 〈출판세무회계에서 주의해야 할 점〉을 작성, 1968년 이후는 〈출판세무회계의 요점〉을 작성하고, 그 후의 취급의 개정에 따라 수시 개정을 계속해 출판업계에서 출판세무회계상의 유의점을 명확하게 해 왔다.

(2) 출판업의 특성과 문제점

1) 출판업의 특성

출판사의 기업 활동 특성은 ①출판은 독자(수요자)가 요구하는 내용을 기획·편집하는 것이며, '질과 양', '영리성과 문화성'의 조화를 꾀하는 출판 경영에 살려가는 것, ②출판기획을 실현하기 위해 저작자와의 인간관계 및 저작권 등의 권리를 계약상 취득하는 것, ③서적·잡지의 제작을 인쇄회사, 제본회사 등에 외주하는 것, ④유통 회사 및 소매 서점 등과의 거래 형태가 〈위탁판매〉하는 것, ⑤재판매가격을 유지하기 위해 '정가'를 표시하는 것, ⑥장기재고를 대량으로 가지고 있는 것(재고 종수 및 재고량의 증가, 보관비용의 증가)

등을 말할 수 있다.

위탁 거래에서 회계상 문제의 하나는 반품 취급이다. 당초는 출판업계(출판사-유통회사-소매서점)에서 거래의 상법상 해석에서, 세법상의 관계, 출판물의 소유권 관계 검토가 실시되어, 1965년경 오늘날의 자세가 되었다. 현재는 출판사·유통회사 간, 유통회사·소매서점 간에서 거래계약서가 성립되고 있지만, 출판회계·세무상으로는 아래와 같이 취급하고 있다.

출판물의 산업 분류는 총무성의 〈일본표준산업분류〉에서는 종래 〈제조업〉이었지만, 2002년의 개정으로 대분류의 〈H 정보통신업〉의 〈414 출판업〉에 분류되었다. 단지, 〈신문, 서적 등의 발행, 출판을 실시하는 사업〉은 종래대로 제조업으로서 취급하는 것으로 하지만, 지방세법의 법인사업세 분할기준에서는 비제조업으로 되어 있다.

2) 반품 조정 할당금의 취급

출판사는 위탁판매제도 하에서 다시 구입한다는 조건으로 유통회사 등의 인도(출하) 기준에 의해 상품을 매출로 계상하고 있다. 따라서 기간손익계산에 기반한 사업연도 말에서는 다음 기에 반품이 예상되는 미실현 이익을 계상하는 결과가 되고, 비용수익 대응의 원칙에서도 그 조정이 요구되었다.

반품조정 할당금은 ①출판업, 출판에 관련된 유통업 등에서 상시 그 판매하는 상품의 대부분에 대해서, ②판매처의 요구에 따라, 그 판매한 상품을 당초의 판매가액에 따라 무조건으로 다시 구입하는 특약이 있는 것, ③판매처에서 출판업자로부터 상품의 송부를 받은 경우에 그 주문에 의한 것인지 아닌지에 관계없이 이것을 구입하는 특약이 있는 것이 요건이 되어 있다. 조입/繰入(할당) 한도액의 계산 방법은 다음의 2가지 방법이 정해져 있고, 그 어느 것에 의한 것인지는 대상 사업의 종류마다, 또 사업 연도마다 법인의 선택이 가능하다.

A. 출고율 매출금 기준(기말출고율매출금 잔고 + 수취어음)×반품률×매매이익률

B. 판매고 기준(기말 이전 2개월 간의 총매상고 - 기말 2개월 간의 대응하는 매상 리베이트)×반품률×매매이익률

A, B의 계산식으로 알 수 있듯이 기말결산시에 소매서점 등 유통 과정에 있는 반품이 예상되는 미실현 이익을 할당금으로서 계상하는 것이며, 다시 말하면, 반품이 예상되는 상품을 자사 재고와 마찬가지로 원가평가하는 사고방식으로 세법과 기업회계 기준에서 말하는 본래의 〈위탁판매〉에 가까운 처리 방법이다.

3) 반품채권특별계정

반품채권특별계산은 출판사가 잡지(주간지, 순간지, 월간지 등의 정기간행물)의 판매에 관해 유통회사 등(판매업자)과의 사이에 다음의 ① 및 ②의 사항을 내용으로 하는 특약을 계약하고 있는 경우에, 그 판매한 사업 연도에서 조입 한도액의 범위로 손해금 경리에 의해 반품채권특별계산에 이월할 수 있다.

① 각 사업 연도 종료 시에 그 판매업자가 아직 판매하지 않은 잡지(당해사업 연도 종료 시 직전의 발행일에 걸리는 것을 제외) (이하 〈점두 남은 제품〉이라 함)에 걸리는 출고율 매출금에 대응하는 채무를 그 당시로 면제할 것.

② 점두에 남은 제품을 당해사업 연도 종료 시에 자기 앞으로 귀속시킬 것.

이라는 내용이다. 이 계정은 전술의 반품조정할당금과 비슷하지만, 내용적으로는 다른 것이다. 이 기본적 사고방식은 주간지 등의 정기간행물은 다음 호가 간행된 시점에서 상품성이 없어 출판사에 반품되면 폐기 처분의 대상이 된다. 따라서 기말 시점에서 점두에 있고, 그 후 반품되는 상품은 스크랩/scrap(소량) 평가가 타당하다는 실상이 밑에 깔려 있다.

그것을 조입(할당) 한도액의 계산 방식으로 보면,

A. 출고율매출 기준{(기말의 잡지 출고율 매출 잔금 - 최종호분 출고율 매출잔금)× 반품률) - { }의 소량/스크랩 가격

B. 판매고 기준 {(기말 전 2개월 간의 잡지판매고 - 최종호분 판매고) × 반품률) - { }의 스크랩/소량 가액

이상과 같으며, 기말 시점에서의 점두에 남아 있는 잡지 중, 그 후 반품될 것 같은 상품을 스크랩 평가하고, 그 차액을 적용한다는 내용이다. 마치 주간지 등의 정기간행물의 상품 성격을 반영시켰다고 할 수 있다.

4) 재고 평가와 단행본 재고 조정 계산

출판물의 제조 원가는 원가산입 비목 속에서 일반적으로 제조간접비로 하는 편집인건비, 편집비를 둘러싼 취급, 즉 〈재고평가의 문제〉의 역사적 경위를 보면 출판업의 성격이 나타나고 있다.

1945년부터의 전쟁 후 일시적 시기에는 세법상 제조업으로 구분되는 출판업의 제조원가(취득/取得 원가)의 산입 비목은, a.용지 재료비, b.인쇄비, c.제책비, d. 인세·원고료였다. 당시는 제조간접비의 원가에 점하는 비율이 상대적으로 낮은 것과 출판업의 경영 실태를 반영한 재고평가의 문제이기도 하며, 또한 회계상의 보수주의의 원칙에서 직접비만 재고 평가를 실시했다. 그러나, 세무당국의 일정한 승인 위에 일반관리비에서 처리해 온 제조간접비(편집

인건비, 편집비)가 1953년의 법인세법 개정으로 제조원가에 산입하도록 취급 되었다. 이 개정으로 출판업계로서 세무당국과 절충을 실시했지만, 출판업에서 제조원가는 현재의 취급인 직접제조비에 제조간접비를 덧붙여 계산하게 되었다.

〈재고평가의 문제〉에서는 1950년경 〈반품재고평가기준요강〉을 작성, 이 요강에 따라 서적의 평가감/評價感을 실시하고 싶은 뜻을 세무당국에 요청하고, 절충 결과, 사실 인정으로서 인정되게 되었다. 또한 1965년의 법인세법 개정에서 재고 자산의 평가감이 한정되었기 때문에 서협의 출판세무위원회가 세무당국과 절충하고, 〈판매하고 남은 것에 따라서 상품 가치가 없는 평가 기준〉으로서 계속 인정되게 되고, 1980년의 법인기본통달 개정에서 〈단행본재고조정계산〉으로서 현재의 취급이 규정되었다.

단행본 재고조정계산의 주요한 취급은 아래와 같다.

설정 기준은 ①결산일 전 6개월에 발행(증쇄 포함)한 서적은 원가로 평가한다, ②결산일에 가지고 있는 서적 중, 그 최종 발행인쇄 후 6개월 이상 경과한 것을 단행본 재고조정계산의 대상으로 한다, ③상비기탁품(판매업자 등에 기탁되어 있는 것)은 점두진열 견본품이기 때문에 원가로 평가한다 등이다.

산입한도액은 〈당해 사업연도 종료시 남은 단행본의 장부가액의 합계액〉×〈평가기준표의 매상비율 및 발행 부수의 각 난의 구분에 따른 조입률〉로 계산하고, 조정계산에 이월한 금액은 다음 기제품으로 되돌려, 새롭게 조입한 도액의 계산을 실시하게 된다. 평가기준표는 당초의 기준에서 변경은 없지만, 1991년의 개정에서 매상 비율(기전 6개월 간의 실매출 부수 /기전 6개월 이전에서 최종 인쇄의 발행 부수)은 실판매 부수가 되었다.

이 계산은 출판물의 문화성으로 소수의 수요에도 응할 수 있는 사회적 책임과 상품의 대체성이 없는 것, 저작권자로의 계속 출판의 의무 등의 출판물의 상품 특성에 착안하고, 상품의 판매 가능성을 가미해서 평가를 미룬다는 생각이다. 다른 업종과 비교해서 제품 재고율이 높은 출판업계에서 필요불가결한 취급이다.

2002년의 출판업의 경영실태조사에서는 연간매상고비에서 1사 평균 재고율 44.03%, 전제조업에서는 7.6%(재무성 〈법인기업통계〉)가 되었다.

이상, 출판업계 특유의 회계·세무상의 주요한 취급에 대해서 기술했지만, 그것은 〈위탁판매〉(다시 매입하는 조건 판매), 〈다량 재고〉와 관련되어 있다. 이외, 지형의 평가, 상비기탁품의 취급, 원고료 등의 원천징수(1961년 4월부터 15%

→ 10%로)도 출판업에 대한 특유의 배려였다.[1]

2. 소비세

1) 일반소비세·사업세 등의 문제

일본형 부가가치세의 도입은 1948년 거래고세(取引高稅, 간접세의 일종)의 신설로 시작하지만, 1970년경부터 일반소비세 또는 부가가치세의 도입이 검토되게 되었다. 1978년 9월, 정부세제조사회의 〈일반소비세특별부회보고〉가 발표되고, 12월에 보고서가 있고, 오히라 마사요시/大平正芳 내각은 1979년도 세제개정 대강에서 일반소비세의 도입을 결정했지만, 다음 해 9월 철회했다. 출판업계에서는 정부세제조사회에서 한창 심의하고 있는 1978년 8월, 출판 4개 단체로 〈일반소비세 등 대책협의회〉(다케우치슌죠/武內俊三 위원장/雄鷄社)를 조직하고, 도입반대의 의사를 각 방면으로 띄웠다.

1984년에는 출판업 등 매스컴 7업종의 사업세 비과세조치의 폐지, 광고 과세, 용지로의 물품세 과세 문제가 부상하고, 서협·잡협은 '출판세무특별위원회'(치바겐죠/千葉源藏 위원장·文藝春秋)를 설치, 전문위원회(오가테츠오/相賀徹夫 위원장·小學館)를 설치해 대처했다. 한때에는 소녀잡지 문제가 국회에서 채택되어, 그에 대한 대응과 겹쳤다. 양협회는 사업세에서는 신문협회, 민간방송연맹과 연락을 긴밀하게 하고, 광고 과세에서는 보도·광고 8개 단체와 연계하고, 용지로의 과세에서는 제지연합회와 협력해서 각각 요청의 의견을 제시했다. 1985년 11월에는 〈쇼와/昭和 60년도 세제 - 출판업 등으로의 사업세 과세, 광고 과세, 종이의 물품세 과세에 대한 반대 요청서〉를 정부, 관계 관청, 자민당 등에 제출했다. 특히, 사업세의 비과세조치 폐지 문제에 중점을 두고 요청했지만, 12월의 〈자민당세제대강〉에서 비과세조치의 폐지와 경과 조치가 정해지고, 다음 해 3월, 지방세법 개정안이 가결, 성립했다. 그 후, 경과조치의 연장을 둘러싸고, 세 번에 걸쳐 연장되었지만, 1998년도 말에 경과조치도 종료되었다.

1986년에는 10월에 정부세조가 신형 간접세의 도입을 알리고, 12월에 자민당세조가 매상세의 도입을 정해, 나카소네 야스히로/中曽根康弘 내각은 매상세법안을 다음 해 1987년의 통상국회에 제안했다. 출판업계는 1월, 매상세문제를 업계가 모두 노력하기 위해 출판4단체에서 '매상세대책특별위원회'를

---

1) 참고문헌:〈出版稅務會計の要點〉, 日本書籍出版協會.

발족시켰다. 3월부터 4월에 걸쳐 신문, 잡지로 "출판4단체는 교육·학술·문화의 발전을 저해하는 '매상세'에 강경히 반대합니다."라는 의견광고를 게재, 각 사의 사옥에 현수막을 내거는 등 관계 업계도 함께 연계한 운동을 전개했다. 법안은 5월 27일 심의 만료로 폐안되었다.

1988년에는 다케시타 노보루/竹下登 내각이 7월 임시국회에 '세제개혁관련법안'을 제출, 12월, 참의원에서 가결 성립되고, 소비세법은 다음 해 1989년 4월부터 시행되었다. 소비세에 대한 출판업계의 대응은 3 시기로 나눌 수 있다. 첫 번째는 소비세의 도입기이다. 소비세 도입에 대한 시비와 출판물의 취급, 소비세 제도의 검토, 재팬 상품인 출판물의 가격표시와 정가 문제 등에 대해서 대응이 요구되었다. 두 번째는 1997년의 3%부터 5%(지방소비세 1%를 포함)로의 세율 변경이다. 이때는 가격표시 방법, 거래 계산의 문제 등이 과제였다. 세 번째는 2004년의 총액 표시의 실시이다. 출판물 판매의 침체 속에서 비용이 들지 않는 방책이 요구되었다.

이후의 과제로서는 EU 여러 나라들을 비롯해 서적, 잡지의 출판물은 경감세율 또는 0세율(영국, 아이슬란드, 노르웨이〈서적〉은 0세율, 기타 국가는 5~7%의 경감세율, EU지령은 5% 이상)이지만, 일본에서도 미래를 보는 대책이 요구되고 있다.

다음에서 각 시기별 대응책을 요점 정리해 보았다.

2) 소비세 도입의 대응

소비세 도입시에 출판업계에서 대책을 세우기 위해, 서협·잡협은 1988년 7월 각각의 '세제대책특별위원회'(치바 겐죠/千葉源藏 잡협이사장, 핫토리 토시유키/服部敏幸 서협이사장, 위원장)를 만들어 구체적인 대응을 검토했다. 9월부터 합동회의를 개최하고, 정부 및 관계 관청과의 절충, 출판·유통·서점 간의 조정 등과 맞춰서 출판사에서 대책을 정리했다. 특히 소비세법안이 12월 참의원에서 가결 성립된 후, 다음 해 1989년 1~3월의 사이는 협의·조정을 실시하고, 출판 4개 단체에 의한 4자회담을 개최, 3월 3일의 제4회 4자회담에서 4월 이후의 취급 기본 방침을 정리했다.

도입시 출판업계 대응책의 개요는 다음과 같다.

① 재판매/再販賣 상품으로서 가격 표시는 검토의 결과, 공정거래위/公取委의 가이드라인을 참조하고, 세 포함 정가를 표시하고, 법시행 후 발행하는 서적·잡지는 신가격 표시로 하는 것, ② 구정가본의 신가격 표시는 스티커 붙이기, 커버의 교체 등을 순차적으로 실시하고, 법시행 전에 간행한 서적은 4월 1일 이후 6개월 간은 구정가표시인 채로 출하할 수 있을 것, ③ 유통·거래상의 취

급은 4월 1일~9월 30일까지의 6개월 간은 본체 가격 거래로 할 것, 유통회사에서 출판사의 반품 취급은 5월 1일 이후 과세 취급으로 할 것, ④ 구정가본의 재판가격은 이미 표시되고 있는 '정가'에, 소비세는 추가한 가격을 재판가격으로 하고, 서점 점두에서 징수할 것, ⑤ 소비세의 단수 처리는 사사오입할 것, ⑥ 코드의 가격 표기는 세포함 가격(P)으로 할 것 등이다. 그 후, 거래 기준은 12월 31일까지 본체가격으로 하고, 1990년 1월 이후의 송품·반품 모두 세포함 거래하도록 되었다.

서협·잡협은 각각 '소비세의 전가/轉嫁 및 표시에 대해서 공동 행위'를 결정하고, 실시했다(1991년 3월 31일 실효). 소비세 도입시에 가격 표시 변경 등에 필요한 비용은 출판사 1사 평균 3,623만 엔에 달했다(1989년 6월 조사).

3) 소비 세율의 변경

소비세율의 변경은 무라야마 도미이치/村山富市 내각이 1994년 11월의 임시국회에 제안한 세율 5%(중 1%는 지방소비세)로 하는 세제개혁법안이 가결 성립되고, 1997년 4월 1일부터 실시되었다.

이에 앞서, 서협·잡협은 합동 '세제특별위원회'를 1993년 10월에 설치하고, 소비세, 사업세 문제에 대처했다. 11월에는 후쿠이히로히사/藤井裕久 대장대신(장상/藏相), 우치다히로야스/內田弘保 문화청장관, 정당, 관계 의원에게 출판물의 0세율 적용, 또는 세율의 거치에 대한 〈소비세 문제에 관한 요청〉을 제출했나. 12월에는 소위원회(노가바사이토/相賀昌宏, 小學館)를 설치해, 세율 변경의 영향, 각국에서 출판물의 취급 등의 검토를 실시하고, 1994년 8월에 중간 보고를 정리했다. 또한 8월부터 9월에 걸쳐 각 정당, 관계 관청 등에 소비세 거치를 요청, 11월에는 출판 4개 단체 연명으로 점두 포스터 "출판물은 '마음의 양식' 소비세율의 거치를 강하게 요구합니다."를 게시하는 등의 활동을 실시했다. 11월의 법안 성립 후도 계속해서 0세율 또는 경감 세율, 세율 변경 전에 발행한 3% 출판물의 경과 조치 등을 요구했다. 이와 병행해서 10월에는 특별위원회에 '세제전문위원회'(야마모토도키오/山本時男위원장·中央經濟社)를 설치하고, 1997년의 실시에 따른 제문제에 대해서 검토하고, 관계 기관 등과의 절충, 유통협, 일서련과의 조정을 실시하고, 소비세 가이드라인과 공지의 작성, 회원 설명회 등의 개최, 점두 포스터 등을 작성·배포했다.

1997년 4월의 소비세율 변경에 따른 업계의 대응책에 대해서는 1996년 7월 30일에 발표한 〈소비세 가이드라인 1: 소비세율 변경에 따른 재판매/再販賣 가격 표시 등의 기본 문제에 대해서〉에 있는 것처럼, 소비세 도입시와 같이 스티커 붙이기와 커버를 교체하는 일 없이, 서점에서 점두 책임 아래 유통·판매를 중심으로 검토했다. 그 결과, ① 고객(독자)의 이해를 얻을 수 있는 것, ② 거래와 유통·판매상에 과도한 불편을 발생시키지 않는 것, ③ 신·구표시 출판물이 혼란 없이 유통할 것, 등을 종합적으로 검토하고, 소비세 도입시와 같이 소비세의 전가 및 표시의 공동 행위가 인정되지 않았기 때문에 가이드라인 등은 각 출판사의 참고 자료로서 작성하고 공표했다. 세율 변경에 있어서 주요한 대응점은 ① 세포함 가격 표시에 덧붙어 〈정가 본체 1,000엔(세별도)〉(예시)를 채용, ② 거래 계산을 본체/本体 가격으로 할 것, ③ 경과 조치의 취급, ④ 코드의 가격 표기는 본체 가격(엔/¥)으로 할 것 등이다.

4) 소비세의 총액 표시

2004년 4월 1일부터는 2003년도 세제 개정에 따른 소비세법의 개정에서 새롭게 사업자가 소비자에 대해 가격을 미리 표시하는 경우에는 소비세액을 포함한 지불 총액의 표시가 의무로 되었다.

서협·잡협은 종래부터 총액 표시의 의미는 반대해 왔다. 2002년 12월 여당 세제대강령에서 총액 표시 의무를 포함한 것에 반대 요구를 실시하고, 그 후 관계 관청에도 출판물의 가격 표시 실태를 설명하고, 출판물을 대상 외로 하도록 요구했다. 2003년 1월에는 출판 4개 단체에서 세제 등 '대책특별위원회'(아사쿠라쿠니조/朝倉邦造·서협 이사장)를 조직하고, 시오가와마사쥬로/塩川正十郎 재무상이나 관계 의원에 출판물을 총액표시 의무의 대상 외로 하도록 요청하고, 통상 국회 심의에 있어서도 출판물의 가격 표시에 대해서 의제로 삼았지만, 결국 3월에 법안이 가결 성립되고, 다음 해 2004년 4월 실시하게 되었다. 4월에는 특별위원회에 소위원회(오츠보/大坪嘉春위원장·세무경리협회)를 설치하고, 재무성 등과의 절충, 유통상의 문제 등을 검토하고, 6월에 〈소비세 총액 표시의 대응에 대해서〉를 발표하고, 회원 설명회 등을 실시했다.

이 가이드라인에서는 가격을 표시하는 사업자는 소비세법에서는 소비자에 자산 등을 양도하는 사업자이며, 재판출판물인 경우는 재판계약상, 출판사가 정가를 표시하고, 재판가격을 지시하고 있기 때문에, 실질적으로 출판사가 책임을 지게 된다. 소비세의 총액 표시의 대응에 있어, ① 현행의 가격 표시를 계속할 수 있을 것, ② 되도록 시간과 비용이 들지 않는 방법으로 하는 것을 전제로 하고, 재무성 등과의 협의를 포함해 검토를 실시, 재판출판물의 가격 표시 등의 가이드라인을 정리했다. 가이드라인은 ① 현행 방식을 계속할 수 있는 항목, ② 2004년 4월 1일 이후 대응을 필요로 하는 항목에 대해서 정리되어, 표시 방법은 최저한 슬립 등에 의한 총액 표시가 필요한 것 등, 실무상 혼란이 일어나지 않도록 대응책을 게재했다. 또한 2004년 4월의 총액 표시 실시에 따른 3월 점두 포스터를 작성하고, 독자에게 주지시키며 가이드 라인의 〈증보판〉을 발표해서 대응책을 명확하게 했다.

5) 출판물의 경감 세율 실현 위해

2004년 12월, 자민당·공명당은「장수·소자화/少子化[2] 사회에서 연금, 의료, 간호 등의 사회보장급부와 소자화/少子化 대책에 요하는 비용 예상 등을 입각하는 등, 소비세를 포함하는 세체계의 발본적 개혁을 실현한다」와의「세제개정대강령」을 발표했다.

출판업계에서는 그 후의 소비세율의 예상 등의 동향을 근거로, 2007년 3월 출판 4개 단체에서 세제대책특별위원회(코미네 노리오/小峰紀雄 위원장·서협이사장)를 조직하고, 신문협회 등과 협력하고, 활자문화의원연맹(나카가와 히데나오/中川秀直 회장) 등에 작용해서, 출판물 등의 경감세율 실현을 위해 활동을 실시하고 있다.

3. 경영 관리

(1) 출판업의 경영실태조사

출판업의 경영실태조사는 서협이 1985년 〈출판사의 세무·재무실태조사〉를 실시한 것이 처음으로, 1987년에 제2회를 실시했다. 1991년부터는 서협·잡협 공동으로 〈출판업의 경영실태조사〉를 실시하게 되었으며, 1993년, 2000년, 2001년, 2003년으로 4회를 실시하고, 회원사에 보고서로서 배포하고 있다. 경영실태조사의 1993년과 2001년의 조사 결과를 비교하면, 대략적인 출판업의 동향을 알 수 있다.

서적, 잡지 매출고 비율은 규모별로 보면, 연간 매상고 10억 엔 이하로 서적 매상고가 70%를 넘지만, 매상고 50억 엔을 경계로 서적이 30% 이하가 되었다. 매상 원가는 서적 중심의 출판사가 55~60% 정도, 잡지 중심의 출판사는 70% 전후이다. 재고율은 서적출판사에서 약 48%로 높고, 전 제조업에서는 7.8%(2000년 법인기업 통계)이며, 출판업의 특성을 나타내고 있다. 또한 충당금(준비금) 등의 이용 상황은 2003년 조사에서 반품 조정 충당금 64.7%, 단행

---

[2] 일본 사회는 장수자들의 증가와 기성세대들의 열세로 어린 소년, 소녀들의 인구만 증가의 경향을 일러 소자화/少子化 사회회라 말한다.

본 재고조정 계산(계정) 59.5%, 반품채권특별계정 30.2%이다.

2005년부터는 경산성의 〈특정 서비스 산업실태조사〉에 신문업, 출판업이 추가되고, 그 조사 결과가 2006년 11월에 발표되었다. 그것을 보면, 회답기업 수는 2,721사로 그중 출판업이 1,712사(62.9%)이며, 자본금규모별 기업 수에서는 1,000만 엔-5,000만 엔 미만이 63.8%, 1,000만 엔 미만이 12.9%, 합쳐서 전체의 76.7%, 취업자 규모별 기업수로는 29명 미만이 전체의 78%를 차지하고, 비교적 소규모의 기업이 대부분을 차지하고 있다. 기업 전체의 연간 매상고 (2005년)는 6조 7,415억 엔, 중 출판업무가 2조 6,040억 엔(38.6%), 신문업무가 2조 3,859억 엔(35.4%), 기타 1조 7,515억 엔(26.0%)이다. 출판업무의 내역은 서적 판매수입 9,960억 엔(38.2%), 잡지 판매수입 7,776억 엔(29.9%), 광고료 수입이 6,389억 엔(24.5%)이다. 자본금 규모별 매상고 구성비로는 1,000만 엔 이상 5,000만 엔 미만으로 6,965억 엔(26.7%), 5,000만 엔 이상 1억 엔 미만으로 4,050억 엔(15.6%), 1억 엔 이상 5억 엔 미만으로 8,453억 엔(32.5%), 5억 엔 이상으로 5,924억 엔(22.8%)이다.

출판업의 경영실태 조사

비율은 연간 매출액비

매출액 항목	1993년 조사			2001년 조사		
	5억~ 10억 엔	20억~ 50억 엔	100억 엔 이상	5억~ 10억 엔	20억~ 50억 엔	100억 엔 이상
서적매출액	76.7%	60.0%	24.2%	71.7%	51.9%	22.6%
잡지매출액	18.7%	24.8%	64.0%	12.0%	38.8%	48.9%
매출원가	55.5%	55.7%	66.4%	59.0%	59.8%	73.2%
영업이익	6.1%	5.7%	4.7%	4.5%	6.0%	2.7%
기말재고	43.2%	24.0%	7.9%	47.6%	30.4%	5.5%

* 〈출판업의 경영실태조사보고서〉에서 작성

(2) 노동 환경의 연구와 임금 등 실태 조사

서협·잡협이 노동 문제에 노력하는 계기가 된 것은 1961년 3월에 일본출판노동조합협의회(현, 일본출판노동조합연합회 : 출판노연) 및 전국인쇄출판산업노동조합총연합회에서 잡협이사장, 서협회장 앞으로 임금 인상, 임시노동자의 노동조건개선, 최저임금제의 확립 등에 대해서 협의 신청이 있었다. 이 신청에 대해 서협은 이사회에서 경영자 단체가 아니기 때문에 교섭을 받을 성질의 단체가 아닌 것, 출판업계 전체의 노동 조건 등의 연구가 필요한 것, 이 두 가지를 확인했다. 이것을 받아서 1963년 2월, 노동 조건 등의 각종 자료의 수집 작성·연구를 목적으로 '인사관리연구위원회'(현, 인사총무위원회)를 설치했다. 또한 출판노연으로부터는 그 후 양협회에 매년 봄에 노동 조건 개선 등의 신청이 있고, 전기 이사회 확인 후 대응을 하고 있지만, 출판의 자유, 재판 문제 등 출판업계로서 과제가 되는 문제에 대해서는 의견 교환 등의 대응을 실시하고 있다.

서협에서는 1964년에 〈출판업에서 취업규칙작성예〉를 자료로서 회원에 배포, 1964년에는 〈노동조건조사〉를 실시하고, 회원사의 약 73%부터 회답을 얻어 그 결과를 배포, 1965년부터는 매년 10월 1일 현재로 〈회원의 임금 상황조사〉(회답률 53%)를 실시, 1966년부터는 이에 덧붙여 〈회원의 노동 상황조사〉를 격년으로 각각 실시하고, 현재까지 계속하고 있다(조사자료는 모두 원칙으로서 회답사에만 배포하고 있다). 또 1992년 9월에는 제1회 '해외출판노동상황 시찰 연수'(독일, 프랑스, 이탈리아)를 실시하고, 이후 2006년 제5회 '해외연수'(한국)까지 실시하고, 각각 보고서를 정리해 회원사에 배포했다. 이외, 노동 환경의 변화에 함께 재량노동제, 육아간호휴업, 고령자 고용, 남녀공동 기획참가 등의 과제에 대해서 조사·연구를 실시하고 있다.

제Ⅹ장 생산·제작

△ 닛판/日販 네리마 유스센터의
완전 자동 유통시스템/1999.10.

1. 용지, 자재의 안정 공급
  (1) 용지의 안정 공급과 가격
  (2) 산성지에서 중성지로
2. 인쇄·제본 공정의 혁신과 효율화
  (1) 인쇄·제본기술의 변화와 출판물
  (2) 인쇄 원판의 소유권 문제
3. 제본 장정 콩쿠르전

일본의 서협, 잡지 간행에 관련된 출판사업은 정보산업의 날개를 담당하고 있지만, 그것을 지지하는 제작 과정에서 판면의 제작, 인쇄, 제본 등의 생산 공정이 중요한 역할을 하고, 이 공정에서 데이터화, 자동화 등의 기술적 혁신이 오늘날의 과제가 되어 있다. 또한 자재로서 인쇄 용지는 양과 가격면으로 안정 공급이 오랫동안 과제로 되어 있으며, 서적, 잡지를 문화재로서 보존하기 위해 중성지로의 전환하면 지구 환경의 대응으로 리사이클 이용에 배려한 조본/造本 및 재생지/再生紙 사용 등에서 보이듯이 환경 문제에 대해 정확한 대응이 요구되고 있다.

이러한 문제는 정보기술 혁신이 급속하게 진행하는 속에서 근본적인 변화와 개선이 이뤄지는 것으로 보이지만, 출판사업의 기본이 종이·인쇄 매체에 의존하고 있는 이상, 본질적으로 바뀌는 것은 없다.

이 장에서는 출판사가 도서, 잡지를 제작하기에 있어, 제지회사, 인쇄회사, 제본회사 등 관련 업계와의 관계에서 제작상의 과제를 들고, 또한 저작물 등의 콘텐츠 제공의 방법, 데이터 보관에 대해서도 이후의 방향을 알아보도록 한다.

1. 용지·자재의 안정 공급

(1) 용지의 안정 공급과 가격

1) 전후의 용지 부족 대책

일본의 출판계는 제2차 세계대전의 전화/戰火가 확대되면서 정부에서 국가 통제체제에의 기획참가를 추구한바, 제물자의 통제, 그중 인쇄용지의 통제, 배급제가 도입되었다. 〈일본출판문화협회〉[1](1943년 3월 11일에 일본출판회로 개편)가 주로 그 업무를 맡았는데, 종전을 계기로 해산되었다. 1845년 10월에 설립된 업계의 자주적 단체인 〈일본출판협회〉는 다소형의 용지 할당제를 바꾸면서 그 업무를 계속하면서 1951년 5월의 이 용지 배급제도 종료시까지 그 업무를 맡았었다. 전시하의 통제시에는 200사 정도로 통합, 정리되었던 출판사들이 그 통제가 풀어지면서 우후죽순처럼 크게 늘어났다. 용지 부족 상태는 더욱 개선되어 배급표를 받아도 종이 구하기가 어려웠던 상황이 이어졌다. 용지의 배급과 가격의 자유화가 되었지만, 지가의 폭등으로 출판 단체는 협의회를 조직하여 추후의 대책을 세웠다. 그 무렵의 용지 부족은 전후의 혼

---

[1] 1940년 12월 19일 내각 정보국의 지도로 설립되어진 출판통제 단체.

란에서 벗어나면서 한국 6·25전쟁의 특수/特需 발생을 계기로 서서히 개선되어졌다.

1960년대에 이르러 경제 확대의 영향으로 제지업계의 과잉 설비, 과잉 생산의 문제가 발생했고, 그 대책으로서 조업 조정이 이뤄졌다. 이러한 대책은 잡협과 서협의 생산위원회가 합동으로 조속히 해제되어진 1963년 이후는 통산성에서 각 수요자 업계의 수요량을 파악, 용지의 수급 대책을 세웠지만, 1970년까지 용지난이 이어졌다.

인쇄필기용지의 생산 추이를 보면 1960년의 93.9만t이 1973년에는 281.9만t으로 3배나 되었다. 1970년대에 들어서면서 원목/原木 부족과 공해 규제에 따라 다시 용지 부족이 두드러졌는데, 1972년 후반 경부터 수급 핍박과 가격 상승을 가져왔다. 그 위에 같은 해 말에는 제4차 중동전쟁을 계기로 석유 부족 문제(이른바 오일쇼크)가 더해져 업계의 존속이 문제시되었다.

이 용지 부족 문제에 대처하고자, 서협, 잡협은 각종 조사, 설명회, 상담알선소의 설치, 절약 모색, 관계 당국에 진정하기도 했다. 1973년 6월의 서협 회원사 대상의 용지사정조사를 한바, 용지를 희망해도 구할 수 없었던 경우가 60%에 달했으며, 가격은 약 20% 상승한 것으로 나타났다. 따라서 서협, 잡협은 연명으로 1973년 7월 30일부로 나카소네가스히로/中曾根康弘 통산상과 일본제지연합회/製紙連 가네코 사이치로/金子佐一郎 회장에게 안정가격의 안정 공급 위한 〈출판 용지의 확보 촉구 요청서〉를 제출했다.

그 해 가을에는 소위 〈두루마리휴지 소동〉이 일어나 각 출판사에서도 용지 확보에 나섰다. 12월에는 다나카가쿠에이/田中角榮 수상과도 회담하고, 출판이 문화 보급의 역할을 제대로 하기 위해서는 용지 확보의 특단의 배려가 있어야 한다는 요청서를 제출했다. 또한 서협은 10월 정기이사회에서 "용지 사정 악화는 문화 보급이란 출판의 목적을 저해하고 있다. 출판사도 기획 엄선, 책임 판매제의 추진 등과 용지 절감의 정신으로 문화 자재의 활용에 전력한다."는 취지의 뜻을 모아 내외에 공표했다. 아울러 제지연에서 제안한 1만 4,700종에 이르는 용지의 규격을 2,250종으로 정비하였으며, 자원의 유용한 활용과 용지의 안정 공급에 따른 관점에서 협의한 결과 다음 해 1974년 5월 〈용지·판지표준규격표〉(출판용지 관계)로 종결지었다.

2) 불황 카르텔과 유통 개선

오일 쇼크 이후, 제지업계는 순조로운 수요 확대를 배경으로 대폭적인 설비 투자를 했었다. 그 사이의 인쇄필기용지의 생산 추이는, 1973년에 281.9만t

이었는데, 1983년에는 431.9만t으로 1.5배나 늘어났다. 1980년에는 원재료 부족과 광열비 등의 폭등으로 용지대의 상승 문제가 일어나, 이 해 2월에는 서협, 잡협 연명으로 제지연에 대하여 번번이 높은 용지대 인상은 출판사업에 뚜렷한 영향을 미친다고 판단되어, 용지의 안정 공급과 더불어 가격 상승을 고려하고, 또한 상황의 변화에 따른 정보를 사전에 전해 줄 것을 바란다는 요지를 요청했다. 이에 대해 3월 제지연으로부터 안정 공급에 최대로 노력하겠다는 보고서가 있어서, 용지의 신가격 체계는 각 출판사는 어느 정도 응할 수가 있었다.

1980년대에 들어서면서 1981년 3월, 제지연에서 서협, 잡협에 대하여 제지업계의 불황에 대처한 상급지 및 코트지를 대상으로 공동행위(불황 카르테르)를 예정하고, 그 수속을 같이 할 것을 요구했었다. 서협, 잡협은 즉시 대응을 협의하고, 안정공급, 안정가격, 구조 개선의 세 가지를 내세운 요청서를 정리, 통산성, 제지연에 보냈었다. 또한 이 공동행위인가신청서를 받은 공취위/公取委에서 의견 제출 의뢰가 있어, 서협은 "제지업계와 출판업계는 불가분의 관계에 있어, 공존공영의 입장에서 공동 행위는 부득이한 것이다. 그러나 기간 중 가격의 부당한 인상은 없을 것이며, 안정 공급을 이룩하고, 공동행위 종료 후에는 제지업계의 구조 개선으로 두 번은 안 된다는 지도가 있어서, 공동 행위는 신청 기간 중에도 끝낸다." 등의 의견을 제출했다. 공동 행위는 1981년 5월 21일부터 8월 말일까지 상급지 13사, 코트지/coted paper(코팅지·광택지) 11개 사가 그런 초지기/抄紙機의 운전 최고 일수를 결정하는 식으로 실시되었다. 그러나 공동 행위는 당초의 목표를 달성하려는 이유로 9월 6일부터 11월 말일까지의 제2차, 곧이어 12월 15일부터 다음 해 1982년 2월 25일까지 제3차의 연장을 하였다. 양협회는 연장의 여러 의견서를 제출하면서, 제지연 등에 대하여 안정 공급을 목표로 5월 이후부터 각 메이커가 용지의 가격 개정의 요청을 하는 것은 부당한 일이라 보았다. 1982년 3월, 서협은 용지 사정의 설문조사를 실시한 결과, 1980년의 최고가격 때부터 안정하게 입수하는 회사는 상급지 67.5%, 코트지 62.9%, 인상 요청을 한 사는 상급지 63.4%, 코트지 57.2%, 이에 응한 사는 상급지 45%, 코트지는 41%였다.

공동 행위 종료 후의 1982년 2월, 통산성은 생활산업국장의 사적자문기관으로서 제지 메이커, 대리점, 지업상 및 출판업계, 인쇄업계 등에서의 위원으로 구성된 종이 수급협의회 및 분과회를 설치하고, 상급지 및 코트지의 수급 전망을 협의하면서, 가이드라인을 제시했다. 이 협의회는 1997년까지 계속되었다.

1990년에는, 일미구조협의를 배경으로 거래의 투명화가 지적되고, 통산성은 〈상관행 개선지침〉을 발표하여 각 업계의 의견을 구했다. 1991년 11월, 제지업계, 대리점, 지업상은 주로 수요자인 출판, 인쇄 등의 업계에 〈종이 유통거래 관행개선 간담회〉를 열고, 다음 달에 거래기본계약서, 물류의 개선, 정보시스템화의 추진 EMDDP 관한 보고서를 마무리하여 금후의 바람직한 방향을 제시했다.

(2) 산성지에서 중성지로

1) 문화유산의 위기

〈지금 종이가 위험하다!〉〈도서관의 책은 너덜너덜해지고〉〈책이 50년도 버티지 못한다〉는 충격적인 캐치카피로 산성지의 열화/劣化 문제가 표면화되었던 1982년의 일이었다. 이 해 10월에는 가나야 히로타카/金谷博雄 씨의 편역서 〈책의 보존 용지의 산성문제 자료집〉이 간행되어 매스컴에 보도되었다. 도서관, 출판, 제지의 각 업계에서 이 문제를 다루면서 해결을 모색하려 했지만, 곧 사회 문제가 되었다.

문화유산의 위기를 불러올 산성지는 양지초지제조 공정에서 약제에 의해 산성화한 종이로, pH치 6.5 미만의 수치를 표시한다고 지적했다. 그중 문제가 되는 것은 pH치 4.9 이하의 강산성지로서, 이 산/酸이 섬유의 약화를 초래하여 도서를 너덜너덜하게 만들어 버린다. 양지 제조 공정의 메커니즘은 로진/rosin(송진유) 등의 이용으로 그 로진의 정착을 위해 유산알루미늄을 사용하는데, 그 유산알루미늄이 수분과 반응하여 산을 발생, 종이를 산성으로 만들어 버리는 것이다.

이 문제에 대처하기 위해 국립국회도서관(국회도서관)을 중심으로 하여 1983년 11월에 심포지엄 〈종이의 약화와 도서관 자료의 보존〉이 개최되었고, 1984년 전국도서관대회에서도 문제 제기되어 자료 보존의 문제를(pH 6.5 이상) 과제로 삼았다. 국회도서관은 자료 보존에 관하여 제언하면서, 산성지 대책으로는 탈산 처리 기술 연구를 하여, 장래의 산성지 대책의 홍보 팸플렛을 작성하여 금후 출판되는 서적류는 중성지(pH치 6.5 이상)를 사용할 것을 출판 관계 단체 등에 권유하는 등 적극 홍보 활동을 실시했다. 이에 더하여 1989년에는 팸플릿 〈중성지 사용의 당부〉를 작성, 관련업계에 배포, 중성지의 제조 및 사용을 권유했다. 구미에서는 1960년 경부터 중성지(퍼머넌트 페이퍼라 함)가 제조되어, 일본에서도 호쿠에츠 제지/北越製紙에서 중성지의 제조를 시작했다.

2) 중성지의 사용률 조사

1986년에 국회도서관은 제1회 중성지 사용률 조사를 시작했다. 중성지의 보급 상황을 조사·공표했는데, 도서관, 출판, 제지 각계의 생산과 사용을 알아봤다. 1995년의 제10회 조사에서는 민간 출판물의 중성지 사용률이 80%를 초과했다. 2003년의 제17회 조사에서는 전체의 중성지 사용률은 91.4%, 거기에 관청 출판물은 96.7%, 축차(연속) 간행물은 88.0% 등으로, 2006년 현재로는 상질 서적용지에 한하여 90% 이상이 중성지로 나타났다.

또한 최근의 출판 사정을 반영했는데, 전체의 페이지 수는 약간 줄었고, 종래의 책 두께는 확보되었지만, 더욱 가벼운 것을 찾는 독자들에게는 고급 용지를 사용한 것이 늘어났다. 이른바 고급스럽고, 부드러운 용지는 이면 이용이 되지 않는 종이로, 중성지 쪽이 그야말로 시대의 흐름에도 합치되는 것이라 보아진다. 산성지 문제를 계기로 각 제지회사가 중성지 제조를 끊임없이 적극적으로 나서거나 또한 초지 공정에 사용하는 충전제/充塡劑를 값싼 탄산칼슘으로 바꾸는 것이 기술적으로 가능하며, 고급지 포함, 특별한 제조율이 높아진다고 생각된다. 또, 가격면에서도 산성지와 중성지에는 차이가 있는데, 중성지 보급에 크게 기여하고 있다. 이후, 용지 발주에 있어, 중성지 거부의 확인과 중성지의 적극적 사용을 고려해야 하며, 서적의 보존성을 확보해야 한다는 것이다.[2]

2. 인쇄·제본 공정의 혁신과 효율화

(1) 인쇄·제본기술의 변화와 출판물

1) 전후의 부흥/전집/全集·신서/新書·주간지/週刊誌 붐

전후, 언론·출판의 자유가 보장되고, 국민은 활자의 굶주림에서 해방되어, 서적·잡지가 강하게 요구되었다. 〈쇼와/昭和 문학전집〉(카도가와/角川서점)을 비롯한 전집, 혹은 신서/新書의 붐으로 이어졌던 출판계는 크게 호황을 맞이했다. 당시, 인쇄는 활자 조판에 의한 활판인쇄가 주류였으며, 제본이라고는 하지만, 전쟁의 영향으로 전력에 의해 가동되는 것은 재단기와 실을 꿰는 기계 정도밖에 없고, 접기, 붙이기, 페이지 순으로 조아이/丁合하는 등의 거의 대부분이 수작업으로 해야 하는, 마치 수제작(手製作)으로 돌아간 느낌이었다.

---

2) 참고문헌/〈국립국회도서관보〉, 제420호, 519호(일본 國立國會圖書館).

인쇄 양식에 변화를 이룩한 것은 1956년의 출판계 주간지의 탄생과 이어지는 창간이었다. 먼저 〈슈캉신쵸/週刊新潮〉를 비롯해서, 〈슈캉분슌/週刊文春〉, 〈슈캉겐다이/週刊現代〉가 창간되고, 1957년에는 〈슈캉죠세/週刊女性〉, 이어서 〈죠세지싱/女性自身〉이 탄생하고, 1959년의 미치코비/美智子妃의 결혼, 이른바 결혼 붐이 일어났다. 이와 함께 대기업 인쇄회사에는 종래의 활판 인쇄와 병행해서 오프셋 인쇄 4색기, 그라비아 인쇄 8색기 등이 계속 도입되었다. 도입에는 이 주간지 붐과 함께 지금까지와 다른 대량 부수 대응이라는 의미도 있었다.

제본 회사에서도 지금까지 수작업이었던 접기, 붙이기, 페이지 맞추기 등의 공정에 조금씩이지만, 기계가 도입되게 되었다. 제본 방식으로는 대부분의 주간지에 중철을 사용했다. 그러나 기계가 충분하지 않았기 때문에 지금까지의 잡지, 특히 부인지에 많이 이용했던 호부장 제본의 기계를 개량하여 이에 대응하는 것 같은 궁리도 되었다. 마치, 주간지 시대의 도래를 위해 인쇄, 제본의 양업계가 크게 움직이는 때였다.

1965년경에는 무선철의 기계도 도입되었다. 먼저 수입 기계가 도입되었지만, 접착제의 원인으로 제대로 활용되지 않고, 국산 기계가 그 분석, 개량 등을 계속해서 실용기를 만들어냈지만, 그것을 지탱한다는 것이 전화 수첩의 제본과 우수한 핫멜트(hotmelt)[3]의 개발이었다. 이것은 주로 평철/平綴, 중철/中綴, 무선철/無線綴에 이용되었고, 그 후의 잡지, 무크/mook 등의 제본에 대량으로 사용되게 되었다.

2) 백과사전 같은 고품질 인쇄, 양장본 공정의 정비

또 한편, 주간지 등의 호부장 제본의 확대와 달리, 견고한 양장본이 계속 간행되었다. 그것은 1961년경부터 1969년경에 걸쳐 일어났던 백과사전 붐이었다. 마침 이 시기는 고도경제성장기이기도 하며, 분할 지불, 이른바 할부판매가 각 업계에서 유행이었다. 출판업계에도 도입되어 많은 '판매회사'가 생기고, 그것이 이 붐을 크게 지지했다. 인쇄에서는 제판 또는 오프셋 인쇄의 기술의 틀을 모은 고품질 인쇄물이 대량으로 출판되었다. 제본에서는 양장본의 피크 시기라고도 할 정도로 많은 간행이 있었다. 이즈음까지는 제본업계의 기계화도 확대되어 왔다. 지금까지의 분업(예를 들어, 접기, 페이지 정리, 표지붙이기 등은 외주를 주는 등)이나, 또한 공정으로는 별도로 작업했던 것이 기

---

[3] hotmelt/제본용 접착제의 통칭.

계화로 1대의 기계로 등굴림(rounding), 등붙이기(backing), 등굳힘 등의 라인화가 가능하게 되었다. 1971년경에는 대기업 제본 회사뿐만 아니라 중소 제본 회사에도 기계가 도입, 보급되었다. 이것을 백과사전에 한하지 않고, 전집, 화보, 호화본 등이 계속하여 간행되고, 가정에는 반드시라고 말해도 좋을 만큼 유리문 달린 책장에 이러한 책들이 꽂혀져 장식되었다.

3) 잡지 시대/잡고서저/雜高書低

1970년부터 1971년 경에는 잡지의 컬러화, 비주얼화, 와이드/wide 대형화가 이뤄졌다. 이것은 TV 보급이 원인이라고도 생각되지만, 〈앙앙/アンアン〉, 〈논노/ノンノ〉의 창간 이후 모든 잡지가 와이드화되어, 〈앙논판/アンノン判〉, 〈앙논족/アンノン族〉 등의 단어가 생겨, 마치 잡지 시대의 정점을 맞이했다. 대기업 인쇄회사는 한결같이 그라비어 인쇄기의 도입을 또한 풀컬러/full colour, 올 그라뷔어화/all gravure化로 돌입하면서, 그라뷔어 인쇄의 전성기를 맞이했다.

잡지 지면의 대담함, 사진이 많은 것이 눈에 띄고, 제작 과정에서도 사진 분해 스캐너 등의 전자화가 이루어졌다. 이즈음에는 제본 회사도 주로 주요한 공정의 기계화가 완료되고, 이후, 현존하는 제본 회사에서는 거의 모든 공정이 기계화, 완전 자동화가 되어져서, 이에 뒤쳐진 회사는 쇠퇴할 수밖에 없었던 측면도 있다.

그라비어인쇄 특성에 따라 잡지 품질의 향상은 세계에 자랑할 수 있게 되었다. 서적 혹은 1972년에 등장한 무크와 함께 그 후 1980년 경까지는 모두 '잡고서저/雜高書低', 이른바, 잡지의 시대가 계속되었다.

4) 기술 혁신

1973년의 오일쇼크 이후의 일본 경제는 경기 침체에 들어갈 수밖에 없었으며, 불황이 없었던 출판업계도 1995년의 1.9% 성장에서 마이너스 성장시대로 들어섰다. 그러나 인쇄 관련업계는 신기술 개발의 태풍이 불고, 디지털화로 한 걸음 더 나아갔다. 고성능 레이아웃 스캐너[4], 지금까지 활자에 대응하는 CTS 조판 및 CTS 데이터베이스 또한 활판 인쇄에서의 아연판, 동판에 대응한 수지판의 개발(한편으로는 환경 문제의 고려도 있었다)도 진행되었다. 또한 윤전기에서 다양한 가공이 가능한 시스템, 비디오 화상에서 인쇄로의 공정, 그라비어 신시스템의 망/網 그라비어기 등이 계속적으로 개발되었다. 대기업

---

4) response라는 스캐너 이름이었는데, 이즈음부터 화상 수정이라는 의미로 사용되었다.

인쇄회사에서는 전자동 제어의 A3배판, 48페이지 지면의 8색 그라비어 윤전기를 도입하고 가동시켰다. 제본 관련도 상제본/上製本의 활성이 계속되었지만, 일시적 현상으로 계속된 증가는 멈춰졌다. 이즈음에, 전자동화, 고속화의 제본기가 속속 개발되었다.

5) 디지털화

인쇄(프레스/press) 부분의 전자화, 디지털화는 계속 진행되었고, 1980년 CTS 조판에서 마침내 전공정/前工程(프리프레스/prepress) 부분의 디지털화의 조짐이 보이기 시작했다. 조판의 흐름이라고 하면 활자 조판, 모노타입 조판, 사진식자/寫眞植字 조판, 전자사식 조판, CTS 조판을 거쳐, 1985년에는 미국에서 애플사가 맥킨토시/Macintosh를 발매, PS(포스트 스크립트)에 대응한 레이아웃 소프트, 프린터가 등장하고 DTP가 시작했다고 한다. 일본으로의 등장은 1990년경, 1993년에는 레이아웃 소프트의 퀵스프레스 프레스가 3.1J에 버전업하고, 본격적인 DTP 시대가 시작되었다. 이 해를 경계로 인쇄에 관한 기존의 가치관과 개념이 크게 변화했다. 이 기술혁신에 종래의 활자인쇄회사, 사진식자 제판회사, 판하/版下 제작회사 등으로 대응할 수 없고, 폐업한 곳도 많았다.

이것은 저자의 원고를 출판사로 송고할 때에도 나타나고, 서협의 생산위원회가 실시한 〈서적의 출판기획·제작에 관한 실태조사〉에서는 저작에서 디지털 데이터로 원고의 전달을 받는 비율이 2001년에 64.3%였지만, 2005년에는 75.7%로 증가하고 있다. 출판사의 편집·제작 면에서도 지금까지 인쇄회사의 색교정판까지 기다리지 않으면 전체를 확인할 수 없었지만, 바로 확인이 가능하고, 또한 수정이 가능하게 되었다. 그 후, 많은 출판사는 2003년 무렵까지 거의 출판물이 DTP화하였다. 이른바, 콘텐츠의 디지털화의 실현이 이뤄졌다.

6) 출판 형태 변화의 외적 요인

이 콘텐츠의 디지털화는 출판 형태의 외적 변화를 초래하고, '전자출판'이라는 출판 형태를 가능하게 했다. DTP화가 본격화한 1987년에는 〈코지엔/広辭苑〉(이와나미서점 발행 대사전)의 CD-ROM화를 실현, 전자 사전이 시작되었다. DTP화의 진보와 함께, 가전 메이커의 하드의 전자화된 콘텐츠를 제공하는 것도 종이에 콘텐츠를 인쇄해서 간행하는 것과 병행하여 많은 출판사에서 시행되고, 〈신쵸문고/新潮文庫의 100권〉(新潮社), 〈가정의 의학백과〉(슈후토 세카츠샤/主婦と生活社)나 각종 사전·사전류 등, 다양한 출판이 전개되었다.

CD-ROM과 같은 종이가 없는 인쇄라는 점에서 출판업계에 더욱 큰 영향을 주었던 것은 인터넷의 등장이었다. 1995년이 〈인터넷 원년〉이라고 하지만, 지금은 〈네트워크 사회〉라고 할 정도로 보급이 두드러지고 있다. 이것은 1997년을 경계로 지금까지 출판시장이 침체되고 있는 것과 관계가 없지는 않다. 서적에서는 양장본의 간행이 극히 줄어들고, 코스트 문제에서 품이 드는 책은 피했으며, 따라서 페이지 수가 얇아지게 되는 등, 주변 산업의 영향도 컸다. 이러한 흐름 속에서 페이퍼백/paperback에서의 무선철 기술의 새로운 풀의 사용으로 접착 강도가 강화된 PUR 제본[5]이 등장했다. 책 강도 면에서도, 또한 재활용성을 위한 환경면에서도 앞으로의 제본 방식을 시사하고 있다.

7) 향후의 업계

　제작면에서의 인쇄 디지털화는 프레스, 프리프레스를 포함 착실하게 진행되고, 가까운 장래에는 색 교정기의 폐지, 수정 슬라이드와 제판 필름의 폐지도 예상되는데, 그것은 색 교정의 DDCP[6]화, 쇄판/刷版의 CTP[7]화 등으로 크게 움직이기 시작하는 것으로 알 수 있다.

　2003년 11월에 잡협은 일본잡지광고협회·일본광고업협회와 함께 〈잡지광고 디지털 송고추진협의회〉를 설립하고, 잡지광고의 전자화, 전자송고화/電子送稿化를 스폰서, 대리점의 이해를 얻으며 추진하도록 했다.

　한편, 이후는 출판사의 편집 작업의 디지털화(사진 분야에서는 디지털 카메라의 보급), DTP의 완전화가 요구되었다. 또한, 인쇄의 디지털화도 물론이거니와, 제본업계에서도 제본기의 컴퓨터화, 고속화, 생력화가 더욱 진행되었다.

　이후, 콘텐츠의 완전 디지털화에 따라, 전자책도 마찬가지로 전자잡지의 시도가 진행되고 있다. 출판업계는 저작물 등의 콘텐츠를 서적과 잡지에 의한 제공뿐만 아니라 네트워크에서의 제공 등 다양한 형태에서의 제공에 대응하는 것이 요구되어졌다.

---

5) PUR 제본이란 PUR(Poly Urethane Reactive) 접착제를 사용한 제본 방식. 현재, 제본에 일반적으로 사용되는 EVA(Ethylene Vinyl Acetate)계 접착제보다 접착 강도, 내열 내한성, 재활용성, 내/耐잉크성에 우수하다.
6) digital direct color proof의 약자. 인쇄용 필름을 만들지 않고, 디지털 데이터를 고품질의 컬러 프린터에서 출력한 색 교정지.
7) computer to plate의 약자. 필름 제작을 생략하고, 디지털데이터에서 직접 쇄판을 만드는 것.

(2) 인쇄 원판의 소유권 문제

1) 잦은 소유권 소송

출판·인쇄의 양업계의 사이에서는 인쇄 양식의 변화에 따라, 인쇄 원판과 제판용 필름의 소유권을 둘러싼 문제가 자주 발생하여, 서협·잡협은 함께 그 대응을 고려해 왔다.

그 효시라 할 수 있는 사진 동판의 소유권 귀속에 관한 재판으로 1958년 2월 도쿄지재/東京地裁는 〈인쇄를 위해 작성된 사진 동판은 인쇄업자의 소유로 하는 것을 상업 관습〉으로 하고, "특약이 없는 한, 그 동판 보존도 인쇄업자의 의무가 아니다."라는 판결을 내렸다. 원고로서의 출판사는 불복하여 도쿄고등재판소에 항소, 서협에서는 코다마쿠니오/小玉国雄 사무국장이 감정인이 되어 〈소유권은 출판사에 귀속한다〉라는 감정서를 제출했다. 이 건으로는 도쿄고재에서 와해의 움직임이 있었지만, 여기에서 인쇄 회사는 사진 동판의 소유권은 출판사에 있다는 것을 확인했다.

인쇄 원판의 소유권 문제의 대부분 제판용 포지 필름의 소유권의 귀속 소송이었다. 주목되는 것은 그 후의 흐름으로서 인쇄회사 측에 유리한 판결이 내려진 것이다. 1980년 7월에는 출판사가 인쇄회사를 상대하여 그라비어인쇄의 포지 필름의 소유권 귀속에 대해서 분쟁이 있었지만, 도쿄지재는 "원고(출판사)가 단순히 본 건 각 포지의 제작비용을 포함한 인쇄 대금을 지불했다고 해서 바로 본 건 각 포지의 소유권이 원고에게 귀속해야 할 이유는 없다."라는 판결을 내렸다. 서협 생산위원회는 종래의 상/商관습과 다른 판결이 나온 것을 중시하고, 대응책을 협의했다.

이 인쇄 원판 소유권 문제에 크게 영향을 준 것이 1990년 3월 인쇄회사의 판 필름 분실에 불을 당긴 〈미수금 청구사건〉이다. 여기에서 피고인 출판사 측은 인쇄회사 측의 미수금의 일부와 스스로 소유권이 있다고 주장한 판하/阪下의 대가와의 상쇄를 요구했다. 그러나 제 1심 도쿄지방법원 판결에서는 피고의 주장을 인정하지 않고, 원고의 미수금 청구를 인정했다. 같은 해 12월의 공소심의 도쿄고등법원 판결은 "인쇄의 발주·수주의 관계는 인쇄물의 완성을 목적으로 한 청부 계약의 성질을 가지는 것이며, 인쇄업자로서는 주문에 관련된 인쇄물을 완성시켜, 이것을 주문자에게 인도하는 것으로 계약에 기본을 둔 의무 이행을 끝내는 것으로 풀었다." 그리고, 이른바 판하는 주문자가 이것을 제공하는 경우와 달리, 인쇄 공정에서 인쇄물 완성을 위해 수단의 하나로서 제작되는 것에 지나지 않는 것으로, "당사자 간의 합의, 상관습,

기타 특별 사정이 간직하지 않는 한, 인쇄업자로서는 이것을 주문자에게 인도할 필요는 없다."고 공소인인 출판사의 주장을 인정하지 않았다.

서협은 이 고등법원 판결이 나온 것을 기회로 생산위원회를 중심으로 연구회를 열고, 인쇄회사와의 계약 방법 등 문제점의 정리를 실시하고, 출판사와 인쇄회사와의 인쇄청부계약에서는 통상 당사자 간에 제판 필름의 소유권이 출판사에 있다는 합의가 있으며, 그것이 상관습이 되어 있는 것을 확인하고, 필요에 따라 계약서 등으로 명확하게 구분하는 것으로 했다.

2) 적합한 규칙 만들기

1995년 6월의 〈코믹만화잡지 제판 필름 인도사건〉의 도쿄 지방법원 판결에서는 "청부계약에서 제판인쇄 제본을 전체로서 청부하고, 합의한 대금을 지불한 이상, 제작된 제판 필름의 소유권은 주문자인 원고에 있다."고 출판사의 주장을 인정했지만, 공소심/公訴審의 도쿄 고등법원에서는 전기 고등법원 판결을 답습하는 방향이 나와 와해되었다.

또한, 1997년에는 〈주택전문지 제판 필름 파기사건〉이 발생하고, 서협은 도쿄지방법원의 촉탁조사에 대해 "① 제판용 포지 필름의 소유권은 주문자인 출판 회사에 귀속할 것, ② 출판 회사의 주문에 기반해 완성된 조판면으로 한 후, 제판용 포지 필름이 제작되었다. 인쇄원가 중 큰 부분을 점하는 조판 등의 제판 관계의 비용을 절감할 수 있고, 초판에서와 마찬가지로 품질을 유지할 수 있기 때문에 제판용 포지 필름의 보관은 출판물의 제작상 필요불가결인 것일 것, ③ 제판용 포지 필름을 보관하는 것이 상관습상 상식이 되어 있는 것, ④ 인쇄회사는 출판 회사에 무단으로 출판물을 복제하는 것은 저작권의 침해가 되고, 게다가 제판용 포지 필름을 다르게 전용하지 못하고, 원재료로서도 재사용을 할 수 없다."는 취지의 회답을 보냈다. 한편, 일인산연/日印産連은 이 촉탁 조사에 대한 "소유권은 인쇄회사에 귀속하고, 그 보존, 폐기한 인쇄회사의 재량에 맡겨져, 이것이 상관습이 되었다."고 회답했다. 2001년 7월에 이 지방법원 판결이 내려지고, 출판업계와 인쇄업계에서 견해가 대립되고, 공통의 상관습은 확립되어 있지 않다고 하여, 원고의 출판사 측에 "인쇄회사가 파기한 필름을 다시 작성하는 것까지 요구하는 권리가 없다."는 판결이 내려졌다.

인쇄 데이터의 디지털화가 진행되는 가운데 2002년에는 일본인쇄공업회에서 서협·잡협의 인쇄회사에서의 필름 없는 공정에서 〈출판인쇄용 포지디지털 데이터의 보관 운용에 관한 가이드라인〉이 제안되어, 이에 대해서 의견 교환을 하고, "거래 당사자 간의 계약에서 적정한 규칙이 형성되는 것이 바람직하다."는 것을 확인했다.

3. 조본 장정 콩쿠르전

1) 조본 장정/造本裝幀 콩쿠르전의 발걸음

서협과 일본인쇄산업연합회에서 주최하는 조본장정/造本裝幀 콩쿠르전(이하 책콩쿠르전)은 2006년에 제40회를 맞이했다. 이 콩쿠르는 매년 열었는데, 그 전해 1년간 발행된 도서로서 출판사, 인쇄·제본회사, 디자이너 등의 개인이 응모한 것을 12부문으로 나눠 본문의 문자 조판, 색상, 편집, 표지 카버의 조화, 기능성, 재료의 적성, 인쇄, 제본 등을 심사하여 수상 작품을 선정하는 것이다.

책의 콩쿠르전은 1966년에 제1회가 개최되었다. 이때는 지상전/紙上展으로만 개최되었는데, 현재와 같은 전시의 것은 아니었다. 1969년에 제4회전이 열렸는데, 그 해 처음에는 문부대신, 통상산업대신, 도쿄도교육위원회의 3개 상이 정해졌다. 그 때, 금, 은, 동의 입상작 63점이 선정되었다. 그 당시는 서협, 일본인쇄공업회, 전국제본조합연합회의 3단체가 주최하여, 운영사무국은 주/인쇄시보사/印刷時報社[8]가 담당했다. 일반의 공개는 시부야/涉谷·도큐백화점/東急百貨店 도요코점/東橫店을 제1회장, 과학기술관/科學技術館을 제2회장으로 하여, 10월 31일부터 11월 5일까지 열었다. 1971년부터는 부문별로 일본서적출판협회 회장상, 전국제본조합연합회상의 주최자 단체상이 제정되었고, 그 밖에 후원단체인 독자추진운동협의회, 유네스코도쿄출판센터, 일본사진제판공업조합연합회, 도쿄비닐가공지협동조합 등에서도 상을 수여했다. 1872년의 제7회부터는 주최자 단체상으로 협회회장상[9] 10종, 전일본제본공업조합연합회 회장상 5종이 추가되고, 일본인쇄공업회 회장상이 신설되어 6종의 상을 수여했다. 또한 일본도서관협회와 유네스코 도쿄출판센터가 발전적으로 설립된 유네스코·아시아문화센터가 후원단체로 추가되어 이러한 상들을 수여했다. 그 후 1985년의 제20회부터 주최 단체 내의 일본인쇄공업회가 일본인쇄산업연합회를 대표하여 출판문화국제교류회가 새로이 후원단체로 되었다.[10]

---

[8] 1044부터, 사무국은 (주)인쇄출판연구소와 교대했다.
[9] 서협의 임원조직의 변경 없이 1978년 제13회부터는, 〈이사장상〉으로 변경되었다.
[10] 전일본제본공업조합연합회는 1986까지는 주최 단체였는데, 1987년부터 일본인쇄산업연합회와 함께 개최했다.

1992년부터는 도쿄국제북페어가 매년 개최되어서, 이 전시회장에 전 응모 작품을 전시할 공간을 마련하게 되었다.

2) 〈세계 최고 아름다운 책〉전에서의 수상

이 콩쿠르전의 수상 작품은, 1970년 이후, 동독(당시)의 라이프치히에서 개최되는 〈세계 최고 아름다운 책〉 국제 콩쿠르[11]에 출품되었다.

이 전람회는 1963년, 당시의 1970년에 동독서적업조합의 주최가 처음이었다. 1970년에 일본에서 초기 제4회 〈조본장정 콩쿠르전〉의 입상 작품을 출품했다. 여기에서 〈도다이지/東大寺〉(岩波書店)가 금상을, 〈꽃꽂이/いけばな〉(美術出版社), 〈현대일본의 주택〉(彰國社), 〈이와나미강좌 기초과학/岩波講座 基礎科學〉(岩波書店), 〈국부 조상/國寶 彫像〉(東販), 〈죽망/竹網〉(淡交社) 등이 은상을 받았다.

1990년 동서독 통일 이후 〈세계 최고 아름다운 책전〉은 독일서적업조합, 독일국립도서관, 프랑크프르트시, 라이프치히시, 헷센시 등에서 설립한 독일북페어재단[12]이 운영을 맡아 계속 현재에 이르고 있다.

심사회는 매년 2월 중순에 라이프치히에서 개최되며, 수상 작품은 3월 하순부터 4일간의 회기에 개최되는 라이프치히·북페어에 전시되며, 그 후 10월의 프랑크푸르트 북페어에 전시되어진다. 전시회 종료 후에는, 전 출품 작품은 독일국립도서관이 관리하는 독일서적미술관[13]에 기증된다.

△제41회 조본장정 콩쿠르전 수상작품. 왼쪽부터 동경도지사상의 〈불가사의한 나라 아리즈〉, 〈거울나라의 아리즈〉(에스콰이어 매가진), 문부과학대신상의 〈웃기는 2인조〉(쥬드 커플) 3부작(講談社), 경제산업대신상의 〈에도/江戸鳥類大圖鑑〉(平凡社).

---

11) International Competition 'Best Designed Books from All Over the World'
12) Die Stiftung Buchkunst in Frankfurt am Main and Leipzig
13) German Book and Type Museum

일본에서의 출품 작품(일본콩쿠르전의 수상작)에는 매회 가장 높이 평가되어지며, 최고상인 금상의 활자상(The Golden Letters)은, 1982년의 〈전진언원양계만다라/傳眞言院兩界曼多羅〉(平凡社), 1990년의 〈연감일본의 그래픽 1989〉(講談社), 2005년의 〈일본의 근대 활자 모도키 쇼죠/本木昌造의 주변〉(近代印刷活字文化保存會)이 이러한 상을 수상했는데, 금상 이하의 상으로는 많은 수상작이 있었다.

3) 사회에 개방된 콩쿠르전

이 콩쿠르전은 조본장정에 관한 작은 콩쿠르로 정착되었다. 한편으로는 출판업계 내부의 주최로 하여 사회적으로 주목을 더 받을 수 있지 않을까 싶다. 또한, 심사원의 고정화는 매너리즘에 빠진다는 비판도 있었다.

2000년에 이르러 이 전시를 개혁하여 사회에 개방한 이 콩쿠르를 장정의 '현재'의 표현으로 하여 젊은 장정 디자이너의 작품이 응모할 수 있는 길을 열었다. 그 결과, 제37회를 맞은 2002년의 3가지 상의 심사 방법을 바꾸어 심사원들을 일신했다. 새로운 심사원으로는 디자이너·도서 장정가인 키쿠찌노부요시/菊地信儀, 나카가키노부오/中垣信夫, 학식 경험자로는 카시와기히로/柏木博(무사시노/武藏野 미술대학 교수) 등 여러 분에게 의뢰하여 전부터 독자를 대표한 심사원으로는 오다마 키요/兒玉 淸 씨와 주최 측 대표의 서협 및 일인산련/日印産連의 양단체 전무이사를 포함 7명으로 3상 선발회를 구성하고, 문부과학대신상, 경제산업대신상, 도쿄도지사상 및 심사위원장려상을 놓고 선발 심사를 했다.

또, 2003년부터는 3상 선발심사회에 인쇄·제본의 전문가를 자문위원에 추가하여 2007년부터는 주최 측 대표의 서협, 일인산련/日印産連의 3상 선발회를 구성하고, 새로이 하마다게이코/濱田桂子 씨(그림책 작가)를 심사원에 영입하여 심사회의 충실,개선을 도모했다.

이 콩쿠르전은 2006년에 제40회를 맞이하여, 〈도쿄국제북페어 2006〉에서 수상식을 갖고 2005년에 〈세계 최고 미장본/美裝本〉 국제콩쿠르의 최우수 수상의 〈일본의 근대활자〉의 디자이너였던 카츠이 미츠오/勝井三雄 씨의 기념 강연을 열었고, 또한 제40회 기념으로 인쇄박물관에서는 〈일본과 독일의 미장본 '제40회 기념 조본장정 콩쿠르'와 '독일 최고미장본 2005'〉가 개최되었다.

또한 서협에서는 도서콩쿠르전의 운영을 생산위원회가 담당하여 2003년부터는 조본 장정이 독서 추진에 미치는 역할을 중시하여, 독서추진위원회도 실행위원회(주최자·후원단체로 구성)에 포함시키도록 했다.

▷도쿄대학의 뒷문 아카몽/赤門 앞에서. 가운데 하마다/浜田純一 정보사회연구소장/1998

제 XI 장 잡지광고·홍보

1. 잡지광고의 가치향상과 점유율 확대
(1) 부수 문제
(2) 독자구성 데이터 정비

2. 잡지광고 송고의 디지털화
(1) JMPA컬러/잡지광고 기준 컬러 책정
(2) 잡지광고디지털 송고추진협의회
(3) 새로운 잡지광고 가치의 창조

3. 선 전
(1) 선전위원회 발족 당시 과제는 파업의 대응
(2) 교통광고요금의 개정 문제
(3) 광고와 표현 문제

잡지에서 광고는 잡지를 태어나게 하고 키워준 부모라 할 수 있다. 1955년대에 들어서 매출 그 자체를 광고에 의존하는 TV 미디어의 대두로 신문·잡지 광고도 국제 기준의 파도에 흔들리게 되었다. 광고주로부터 매체 데이터 정비 요청은 고도성장에 따른 일본 경제의 확대, 생활 향상에 의한 광고 효과가 커짐에 따라 급속하게 높아졌다. 그리고 버블 붕괴 후, 글로벌 경제의 진전에 따라 데이터 정비는 당초의 '양'(부수)에서 '질'(독자층 등)로 변해 왔다.

1) ABC가맹 문제 계기로 '광고위원회' 설치

잡지협회의 광고위원회는 1960년 10월에 설립되었다. 그 계기는 1959년 9월에 일본광고주협회[1]에서 일본ABC협회[2](ABC)에 가맹하도록 한 움직임이 있었기 때문이다.

위원회가 설립되기 전의 문제는 신문광고 요금의 상승이었다. 1956년에 주요신문 광고요금의 대폭적인 상승이 표면화되고, 위원회는 일본신문협회의 광고요금 상승을 최소한으로 하기 위해 의견서를 제출하고 유력 신문사를 순방하며, 요청 활동을 전개했다(광고의 문제는 현재, 선전위원회가 담당하고 있다).

광고위원회가 제일 먼저 시작한 것은 잡지광고요금의 표준 단가의 설정이다. 광고 수입이 잡지 경영에 큰 비중을 차지하게 되었지만, 광고요금 개정의 근거가 되는 기준이 없고, 그것을 제시하는 것이 바람직하다는 견해에서이다. 1962년에는 안건을 정리했지만, 거래상 영향이 크기 때문에 공표는 보류하고 내부 자료로 했다.

한편, 같은 해 6월에 일본잡지광고회(현재 일본잡지광고협회[3])에서 잡지협회에 "ABC에 가맹해야 할 시기가 도래했다. 광고 의존도가 높은 잡지사부터 우선적으로 가맹하도록 추진하고 싶다."는 신청이 있었다. 또한 11월에는 ABC에서도 직접 요청이 있었다. 이러한 움직임으로 잡지협회는 다음 해인 1963

---

1) 사단법인 일본광고주협회는 광고주의 광고 활동의 질적 향상과 합리화를 목적으로 1957년에 설립되었다. 2007년 3월 현재, 285사의 광고주 기업에 따라 조직되어 있다. 2007년 6월 12일에 일본 어드버타이저협회로 명칭을 변경했다.
2) ABC는 Audit Bureau of Circulations의 명칭. ABC기구는 1914년에 미국에서 탄생하고, 일본에서는 1952년에 일본 ABC협회의 전신인 ABC간담회가 발족, 1955년에 현재의 명칭으로 개칭하고, 1958년 통산성에 사단법인으로서 인가받았다.
3) 일본잡지광고협회는 잡지광고에 관한 조사·연구, 윤리 향상을 위해 시책의 추진, 작품의 표창, 연수회·세미나의 개최 등을 통해서 잡지 광고의 질적 향상을 목적으로 30사의 잡지사와 광고회사에서 1946년에 발족했다. 1952년에 명칭을 〈일본잡지광고회〉로 변경했지만, 1974년에 원래대로 되돌려 현재의 명칭으로 사단법인화했다. 2007년 3월 현재, 회원은 잡지사 171사, 광고회사 115사.

년에 〈ABC에 대한 태도 표명〉을 하고, 가맹을 희망하는 잡지에 대해서는 "참가해서 부수를 명확화하고, 광고계의 기대에 부응하기를 바란다."는 자세를 표명했다.

ABC는 1964년 9월까지 잡지 관련 24사로 구성된 위원회에서 〈잡지공사규정안〉과 〈잡지 리포트 규정안〉을 정리해서, 1965년 5월에 발표했다. ABC에서 발표된 조사 대상 잡지는 27지로 같은 해 11월에는 28지의 공사 리포트가 배포되었다.

2) 잡지 광고의 연구, 데이터 정비 추진

1969년, 위원회는 〈잡지광고 PR 활동을 위한 기초조사〉를 일본리서치센터에 위촉하여 실시했다. 이것은 회원사에서 총액 약 1,000만 엔의 비용을 모아서, 개인 대상의 면접 조사와 세대 대상의 유치 조사를 함께 하여 주요 잡지의 종류별 구독·열람 실태를 조사한 것으로 1970년에 〈잡지 매체의 종합조사〉로서 정리하고, 관련된 곳에 배포했다.

1970년에 잡지 광고 PR의 일환으로서 '독서주간'의 기간 중에 '잡지 광고의 날'(11월 5일)을 만들자는 제안이 있었으며, 위원회에서 결정했다. 1973년에는 광고비 과세 문제가 대두했기 때문에 '잡지광고의 날'을 중심으로 캠페인을 전개하고, 그 후는 세제 개정을 주시하고, 광고 단체와 매스컴 단체가 공공으로 매년 정부 세제 등 관계 방면에 요청서를 제출했다.

잡지광고 요금의 개정에 대해서는 일본광고주협회의 요청으로 1973년 2월부터 광고위원회가 회의를 계속했지만, 10월에 〈잡지 광고요금의 개정 기준〉이라는 제목의 문서가 광고주협회로부터 보내왔다. 여기에는 요금 개정의 대상은 ABC협회의 부수 공사를 받고 있는 잡지로서 광고료 개정의 요인으로는 〈매체 가치의 향상(판매 부수의 신장 등)〉과 〈광고 페이지의 직접 원가의 상승〉을 들 수 있으며, 기준의 운영은 상호 신뢰와 협조에 의한 것이라고 적혀 있다. 또한 ABC미가맹지에 대해서 가입 촉진의 요청이 있었다.

1976년에는 광고주협회에서 〈잡지의 편집 방침을 듣고 싶다〉는 요청이 있었으며, 같은 해 5월부터 잡지 장르별로 8회, 8명의 잡지광고 담당자들이 광고연구 세미나를 개최했다.

잡지 광고의 질적 향상과 양적 확대를 목표로 위원회는 1977년, 유력 광고주 6개 사의 홍보담당책임자들을 강사로 연구회를 개최하고, 동시에 잡지협회에서는 저작권·편집·판매 대표자를 연구회에 파견했다. 그 후, 인쇄 세미나를 비롯해서 기업의 공장 견학 등 다양한 형태로 세미나를 실시하고 있다.

1979년에는 장르마다 잡지의 〈독자조사 기준 특성 항목의 기준 통일〉에 대해서 기준을 작성하고, 각사의 매체 자료 작성의 참고가 되도록 전 회원사에 배포했다. 여기에서는 예를 들어 여성지에서는 〈연령의 세분화〉 등도 제시하고 있지만, 이것은 1980년대 후반에도 위원회에서 노력했지만, 실제로 별로 보급하지 못했다.

1995년 경부터 독자의 질 데이터 정비의 일환으로서 〈독자조사 항목의 통일〉에 대해서 광고주협회에서 요청이 있어, 1997년까지 새로운 〈매체 독자조사 항목의 가이드라인〉을 정리했다. 여기에 기초해서 각 회원사의 독자 구성 데이터(63사 400잡지)를 1998년 5월에 책자 및 잡지협회의 홈페이지(HP)에 공표했다. 그 후는 잡지협회 홈페이지를 회원사의 신고에 따라 갱신하고 있다.

1. 잡지 광고의 가치 향상과 점유율 확대

(1) 부수 문제

1) 부수 표기 기준은 '평균 발행부수'로 통일

잡지 광고에서 역사적인 최대 테마는 '부수 문제'이다. 특히 외자계 기업의 잠입이 계속된 1980년대 후반 이후, 광고주협회에서 잡지협회에 부수 자료의 공표를 강력하게 요청했다. 1990년 이후는 광고주협회, 잡지협회의 임원 간담회에서 '부수 문제'가 매회 테마로 올라오게 되었다. 배경에는 잡지의 ABC 공사가 잡지 100사 수준에 멈춘 상황(현재는 130지)에서 잡지 종류는 오히려 증가했기 때문이다. 여기서 광고주협회의 잡지위원회와 잡지협회의 광고위원회는 실무 수준에서 구체적인 의견 교환을 계속했다.

1994년 2월, 위원회는 〈회원사 발행 잡지매체 자료〉의 가이드라인을 정리하고, 10월에 처음으로 〈잡지매체 자료〉(광고위원회 편, 부수 자료 : 60사 538지)를 간행했다. 배포 가격 700엔으로 발행 부수는 3,000부였다. 이것은 일반지를 포함해 〈잡지 부수 20년 전쟁의 종지부〉 등으로 보도되었다.

〈잡지매체 자료〉의 발행은 〈잡지 광고에서 획기적인 한 걸음〉으로 업계 내외에서 평가를 얻었다. 그러나 부수 기준에 대해서는 회원 각사에 위임했기 때문에 목표 부수에서 ABC부수까지 그 기준이 7종류가 되었고, 부수 자료의 내용이 광고주를 비롯해 광고업계에서 화제가 되어 침투함에 따라 부수 기준의 명확화가 요구되었다.

〈매거진 데이터〉의 게재사 및 게재지의 추이

연도판/월호	게재사·게재지	부수 자료의 내용
94년판/10월호	60사·538지	부수표기기준 7종류 〈잡지매체자료〉
95년판/10월호	76사·619지	부수표기기준 3종류
96년판/10월호	80사·658지	부수표기기준 3종류
97년/10월호	81사·701지	평균발행부수로 통일 〈매거진데이터〉로 개칭
98년/9월호	84사·735지	평균발행부수로 통일
99년판 봄/3월호	84사·723지	평균발행부수로 통일
99년판/가을/10월호	84사·754지	평균발행부수로 통일
2000년판/4월	84사·763지	평균발행부수로 통일
2001년판/5월	85사·792지	평균발행부수로 통일
2003년판/7월	89사·835지	평균발행부수로 통일
2004년판/11월	75사·656지	인쇄증명첨부 부수공표/인쇄증명 첨부 50사, 400지
2005년판/11월	78사·645지	인쇄증명첨부 부수공표/인쇄증명 첨부 52사, 416지
2006년판/11월	79사·660지	인쇄증명첨부 부수공표/인쇄증명 첨부 53사, 433지

위원회에서는 1996년 4월에 부수 산정·표기 기준을 〈평균 발행부수〉(평균 인쇄 부수)의 하나로 묶는 방침을 내놨다.

회원 각사에 앙케이트를 실시했을 때, 부수 기준의 통일에는 충분한 설명이 필요하다고 인식하였지만, 그 해 하나로 하는 방침은 연기하고, 1997년부터 실시하는 것을 전제로 회원 각사의 이해와 협력을 얻도록 하였다. 그 후, 확대광고위원회를 비롯한 이사회에서의 합의를 충분히 얻은 후, 같은 해 9월의 이사회에서 매체 자료의 명칭을 〈매거진 데이터〉로 개칭하고, 〈평균 발행부수〉로 표기 통일을 최종 확인하고 10월에 〈매거진 데이터〉(81사 701지)를 간행했다.

광고주를 비롯해 잡지광고계에서는 큰 전진으로 받아들이고, 초판 5,000부는 완매하고, 바로 500부를 증쇄할 정도로 기대가 커졌다. 위원회에서는 〈매거진 데이터〉의 호평으로 1997년 11월 위원회에서 연 2회의 발행 방침을 정했다. 1999년 3월에 〈매거진 데이터(봄호)〉(84사 723지)를 간행하고, 10월에는 〈가을호〉(84사 754지)를 발행하고 처음으로 대형서점 13곳에서도 판매했다. 그 직후 광고주협회와의 의견 교환에서 부수에 대해서는 좋은 평가를 받았지만, 광고 주목률/注目率 등의 데이터 정비의 확충, EDI(전자 거래)의 연구 등이 과제로 남았다.

그 후, 〈매거진 데이터〉는 2000년판이 84사 763지, 2001년판이 85사 792지로 참가하는 기업 수·잡지 수가 순조롭게 증가했지만, 2002년판은 잠시 휴간되었다.

위원회에서 부수의 질에 대한 논의가 늘어남에 따라 고생하여 어렵게 발행해도 부수의 정확한 표시에 대하여 불만이 남거나 광고주의 불만을 부추긴다면 간행해도 의미가 없다는 의견이 대부분이었기 때문이다.

〈그림 3〉 인쇄증명의 수속순(흐름도)

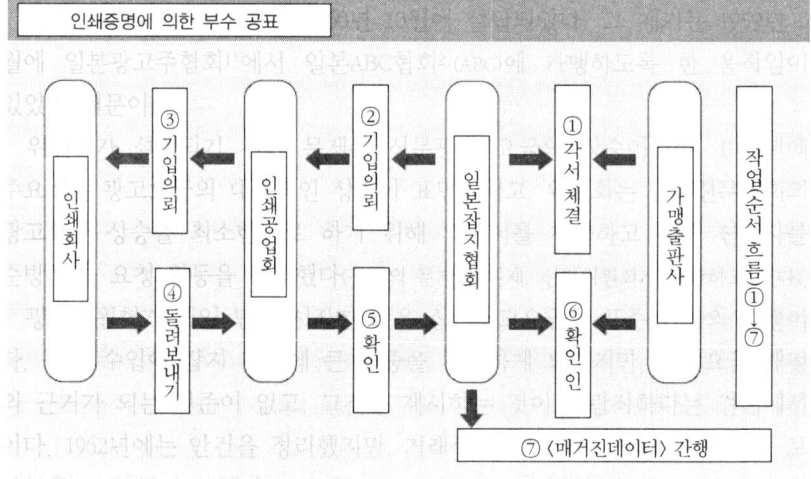

*자료: 〈매거진 데이터〉 2004년판에서

2) '인쇄부수 증명' 제출 실현

2002년 11월, 광고위원회에서 〈매거진 데이터〉에 '인쇄부수증명' 게시의 검토를 시작하기로 했다. 광고주협회와의 간담회에서 무라마츠 쿠니히코/村松邦彦 광고위원장(主婦の友社)은 "잡지에는 위탁배본제라는 유통상의 특징이 있어서 '인쇄 부수'가 잡지의 양을 기준으로 알맞다. 게다가 실판매 부수의 조사에는 시간이 걸리고, '인쇄 부수'라면 리얼 타임으로 공표하는 것도 가능하다."는 설명으로 광고주도 이해를 했다.

다음 해 2003년 2월에는 〈매거진 데이터〉 자기 신고 부수를 같은 해 7월 발행 예정으로 최종호로 하는 것을 내정, 회원사의 이해와 협력을 전제로 이사회에서도 보고해 이해를 얻었다. 이렇게 해서 이사장·위원장의 이름으로 〈2003년 매거진 데이터 편집에 대한 요구- 2004년을 향해 보다 신뢰성이 높은 데이터 개시를 목표로)라는 제목의 문서가 회원 각사에 발송되었다.

이 문서는 "부수 표시에 대해서는 2004년판부터 제3기관에 의한 증명서 첨부의 인쇄 부수를 개시합니다. 그렇기 위해서도 이번에는 2004년판의 인쇄 부수 공표를 준비해서 실제의 인쇄 부수를 신고해 주시기를 부탁드리는 바입니다."라고, 표현은 종래보다도 한층 더 깊어졌다.

〈매거진 데이터〉 편찬위원장은 "〈매거진 데이터〉의 존재 의의는 과거도 현재도 그리고 미래도 협회 가맹 각사가 자발적으로 부수를 알리고 있는 잡지광고업계 최대의 데이터집"이라고 하며, "〈2002년판〉을 휴간한 것은 위원회를 비롯한 회원 각사의 깊은 논의와 이해를 위해서 〈2003년판〉은 부수 문제를 결정하는 스탭이 된다."는 견해를 표명했다.

2003년 7월에 간행된 〈매거진 데이터〉(89사 835지)는 표지뿐 아니라 모든 페이지를 올 컬러로 하고, 과거 최대의 참가사·게재지 수효였다. 덴츠/電通, 하쿠호도/博報堂, 아사츠 D·K의 3사 광고를 처음으로 게재하고, 2000엔으로 했지만 다음 호는 편찬위원의 잡지광고의 점유율 확충과 신고 부수를 게시한 최종호가 되었다.

2003년 9월에는 광고위원회가 〈인쇄부수증명〉에서 인쇄공업회에 협력을 요청했다. 2004년 1월에는 인쇄부수증명의 계획(잡지협회가 회원 각사, 인쇄공업회와 각서를 교환하고, 인쇄공업회는 인쇄 회사마다 각 잡지의 부수를 기입해서 일괄하여 잡지협회로 보내고, 그것을 각 회원사가 확인한다.)을 결정하고, 2월에는 회원 각사의 설명회의 실시에 67개 사가 참가했다.

회원설명회 후의 2월 이사회에서 '인쇄증명부수'의 〈매거진 데이터〉의 게시를 최종적으로 결정했지만, 그 내용은 ① 부수 신고는 인쇄증명 첨부(평균 인쇄부수)로 한다, ② 단, 자기신고 부수도 구별하고 게재한다, ③ 회원 각사의 판단에 의해 그 선택은 매체 단위로 한다, ④ 인쇄 부수는 인쇄공업회의 협력으로 잡지협회가 공표한다(부수에 대한 책임은 각 회원사에게 있다)는 4항목으로 이후도 회원 각사의 이해와 협력을 구할 것을 확인했다.

그 후, 인쇄공업회와 구체적 작업을 실시하고, 11월에 처음으로 인쇄부수증명를 게재한 〈매거진 데이터〉(인쇄부수증명 게시 400지)의 발행을 달성했다. 〈잡지협회 부수 투명 실현〉을 전국지의 톱기사로 보도하는 등, 잡지 출판계의 공고에 대한 새로운 노력이 큰 반향을 불러일으켰다.

그렇지만, 인쇄증명 첨부 발행 부수의 개시는 다음 해 〈2005년판〉은 416지, 2006년판도 433지로 3년째를 맞이했지만, 아직 전체의 3분의 2에 불과하다.

위원회에서는 이후에도 인쇄증명 첨부 부수 게시의 촉진 활동을 추진하고 있으며, 그 성과는 점차 나타나고 있다. 또한 〈매거진 데이터〉 최신호의 부수 데이터는 잡지협회 홈페이지에도 공표되고 있다.

(2) 독자구성 데이터 정비

1) 최초 〈잡지광고조사〉 실시

1998년 3월, 잡지협회의 광고위원회는 잡지광고협회의 광고문제대책위원회와 합동으로 〈잡지광고의 효과 측정에 관한 데이터 정비〉의 첫 회합을 열었다. 광고 주목률, 열독률 등에 대해서 정비 촉진을 목표로 연구를 시작한 것이다.

6월에는 미디어 조사기관인 비디오리서치와 검토를 했다. 조사는 비디오리서치가 독자들에게 실시하는 것이지만, 조사 내용·항목에 대해서 잡지출판사의 의견을 반영하는 것으로 조사 데이터의 신뢰성이 증가한다는 생각에서부터였다. 그 후도 출판사에서 독자들에게 실시하고 있는 조사 사례나 매체 가치의 향상에 연결되는 관점 등에 대해서 검토를 계속했지만, 이러한 검토 내용을 기반으로 이 리서치사는 다음 해 1999년 10월에 처음으로 이 수법에 의한 〈잡지광고조사〉(450지 6,000샘플)를 실시하고, 그 결과를 2000년 5월에 발표했다.

위원회에서는 이 데이터에 대해서 광고주협회와 의견을 교환하며, 〈광고주목률은 납득할 수 있는 수치〉라는 견해였다. 게재 장소의 차이, 열독률 등의 판단도 실정을 반영하고 있으며, 이후, 데이터가 축적되어진다면 더욱 잡지의 특징이 명확하게 나타나고 타사에 광고를 게재할 때도 설득력이 있는 데이터가 된다고 기대하며, 받아들여졌다.

2) 잡지 장르를 통일

잡지 장르가 통일된 것은 2006년이었다. ABC, 잡지광고협회, 잡지협회의 3개 협회 공통으로 2006년 7월 발행 〈MAGAZINES IN JAPAN〉(일본잡지광고협회 발행)부터 적용되었다. 이것은 2005년에 3협회 가맹의 출판사를 대상으로 설문조사를 실시하여 정리한 것으로 대분류로 〈남성지〉, 〈여성지〉, 〈남여공통지〉로 하고, 중분류로서 종래의 〈종합〉, 〈비즈니스〉, 〈정보〉, 〈코믹잡지〉 등의 분류에 덧붙여, 〈라이프 디자인〉, 〈라이프 컬쳐〉 등으로 분류를 신설했다. 그 하위 장르는 〈타깃 연령〉에서의 분류 방법을 채용하고, 그 후, 각 장르에 각 사의 잡지를 맞추는 확인 작업을 실시했다.

이후는 수차례 갱신 작업을 하면서 잡지협회 홈페이지에 공표하고 있다.

2. 잡지광고 송고의 디지털화

(1) JMPA컬러/잡지광고 기준 컬러 책정

1) 디지털 송고 추진

풀 디지털 공정에서 중요한 것은 컬러 매니지먼트이다. JMPA컬러[4](잡지광고 기준 컬러)는 디지털 입고에서 교정에 이르는 과정까지 기준이 되는 색조를 말하는 것으로 종래는 크리에이터, 인쇄회사 등의 감각에 의뢰했던 색교정을, 기준 컬러를 책정하고 활용하는 것으로 작업의 효율화, 제작 코스트의 삭감, 원고 마감의 단축화를 꾀하는 것을 목적으로 하고 있다. 광고위원회는 2001년까지 책정한 기준 컬러를 베이스로 새로운 운용룰을 제안하며 운영에서 사용하는 프린터에 탑재하기 위해 관련 벤더(메이커 및 판매대리점)를 위해 JMPA컬러 벤더키트[5]를 작성했다. 2002년에는 광고주협회의 주요 6사와 함께 JMPA컬러의 실증 실험을 실시하고, 다음 해 2003년 5월에는 도요타자동차가 실운영에 착수하고, 현재는 50사 정도가 실제의 광고 교정 작업으로 활용하고 있다.

1999년 3월, 광고위원회에 광고 EDI(전자데이터 교환) 연구회가 발족했다. 광고신청부터 청구서 발행까지의 잡지광고 거래 EDI에 대해서 연구에 착수하고, 같은 해 내에는 잡지광고의 디지털 송고를 테마로 광고회사·인쇄회사를 포함한 「전자송고연구회」가 시작했다. 먼저, 출판사의 인식을 공통으로 하고 광고회사·인쇄회사·프린터 메이커 등 관계단체, 기업과 공동연구를 진행했다.

특히, 잡지광고의 기준컬러 책정이 급선무가 되고, 2001년 7월 전자송고에 대한 세미나에서 「디지털송고의 컬러 매니지먼트와 잡지기준 컬러」를 발표했다. 그 후, 프린터 메이커의 설명회, 〈IGS2001〉(일본인쇄종합기재전)에서 기준 컬러 탑재프린터의 데모·전시, 〈PAGE2002〉(일본인쇄기술협회의 전시회)에서의 세미나 개최 등, 다양한 기회를 찾아서 JMPA컬러의 유효성을 호소하고, 보급 활동을 추진했다. 광고주, 프린터 메이커 등과 실행실험을 계속하고, 그 성과를 적시보고하고 수정을 계속하는 형태로 진화해 갔다.

---

4) JMPA컬러(잡지광고 기준 컬러)를 프린터와 DDCP(Direct Digital Color Proofing) 등에 탑재하기 위한 개발에 필요한 정보를 하나로 패키지 한 프로파일 개발용의 키트.

5) 사단법인 일본광고업협회는 일본의 유력한 광고회사 165사가 멤버인 업자단체. 광고업의 건전한 발달과 광고 활동의 개선 향상을 목적으로 1950년에 발족했다.

(2) 잡지광고디지털 송고추진협의회

1) 제작 운영규정 제정

2000년 7월의 잡지광고인쇄 세미나에서는 〈잡지광고 디지털화의 정의〉〈데이터 원고의 트러블 실례와 원고 작성 방법의 소개〉〈광고 원고의 전자 송고와 미래의 자세〉의 3테마 외, 잡지 광고의 네트워크 송고에 관한 기술적인 실증 실험을 하며, 〈데이터 출력 포맷〉 등을 제안했다. 또한, 트러블을 없애기 위해서 〈데이터 원고의 확인 매뉴얼〉(데이터, 출력 견본, 입고 사양서)을 만들고, 잡지협회 회원사와 관계 단체의 PR툴로서 배포했다.

2004년 7월, 잡지협회, 잡지광고협회, 일본광고업협회의 3개 단체는 〈잡지광고 디지털송고추진협의회〉를 설립했다.

추진협의회는 잡지광고 가치의 향상을 목적으로 운영문제검토회의와 기술문제검토회의를 설치하고, 〈잡지광고디지털제작운영규정〉의 통일 등을 협의하도록 하고, 다음 해인 2005년부터 실시되는 〈JMPA컬러 준거의 제작 규정〉과 '사양서와 확인서'에 대해서는 잡지광고업계 전체의 상황을 파악해 가면서 개선을 목적으로 했다.

또한 협의회에서는 디지털 송고에 관해 종래의 〈KMPA컬러 준거〉 제작 가이드 및 사양서·확인서의 신OS 대응판(J타입)을 공표함과 함께, 〈풀 데이터용〉의 사양서, 확인서(F타입)도 발행했다. 이것은 이 개정과 함께 요청이 높은 〈최신 제작 환경을 살리는 것〉과 전자 송고를 위한 〈디지털 교정을 안전하고 확실하게 실시하는 것〉을 목적으로 하고 있다. 또, 현안이었던 디지털 교료 입고/校了入稿의 워크프로도, JMPA컬러(잡지광고 기준 컬러)의 보급과 함께 대기업 광고주를 중심으로 늘어났다. 이와 같은 움직임에 대응하기 위해 새롭게 디지털 교료 전용(J타입)의 제작뷸, 사양서, 확인서가 준비되고, 안진하고 명확하게 처리가 가능하도록 노력하고 있다[6].

협의회는 2006년부터 디지털 송고에 관해 PDF[7]를 사용한 디지털 송고 연구에 착수했다. PDF로 운영하면 어플리케이션과 RIP[8](문자·화상 변환율) 및 폰트에 의존하지 않는 송고율이 확립 가능하다. 이후의 전개로서는 메이커가

---

6) 구체적인 것은 잡지협회 홈페이지를 참조. PDF 파일 등으로 다운로드할 수 있도록 되어 있다.
7) portable document format의 약자. Adobe Systems사에서 개발된 전자문서를 위한 포맷. 컴퓨터의 기종이나 어플리케이션 소프트, 폰트에 의존하지 않고 표시, 인쇄가 가능한 파일 형식.
8) raster image processor의 약자.

안정한 PDF의 제공을 실시하고, 협의회가 중심이 되어 검증 등을 진행할 필요가 있다.

2) 광고주협회와의 연대

2000년 11월, 광고주협회의 잡지위원회와 의견교환회가 실시되고, 잡지협회에서 광고EDI[9](전자 데이터 교환)에 대해서 설명하고, 광고주 측에서는 〈입고 기간 단축〉, 〈코스트삭감〉, 〈품질 보유〉의 3점이 포인트가 된다는 인식이 나타났다. 같은 해 말에는 위원회가 광고주협회를 향해 잡지광고 EDI의 설명회를 개최하고 있다. 다음 해 2001년 7월에는 디지털 송고의 기초 지식, 디지털 원고의 컬러 매니지먼트를 테마로 전자 송고에 대해서 세미나를 개최하고, 잡지 광고의 노력에 대해서 폭넓게 어프로치했다. 그 후, 몇 번인가 의견 교환을 계속한 결과, 디지털 송고로 실운영을 시작한 광고주도 순조롭게 증가하고 있다.

(3) 새로운 잡지광고 가치의 창조

1) 종합적인 세미나의 전개

2005년 12월, 잡지협회는 잡지광고협회와 공동 주최로 〈'정/絆-잡지광고의 매체가치와 매력을 찾다-〉를 테마로 덴츠사 홀에서 잡지광고세미나[10]를 개최했다. 이는 광고주협회, 광고업협회의 협찬·협력을 얻은 종합적인 첫 세미나였다. 광고주 80사를 비롯해 관계자 약 500명이 참가했다.

2006년 7월에 제2회의 광고세미나를 개최하고, 2일 간에 걸쳐 1,300명이 참가했다. 다양한 시점에서 〈잡지와 잡지 광고의 가치〉를 다시 보는 계기가 되었다고 각 방면에서 높은 평가를 받았다. 이 세미나는 출판사, 광고주의 사례 소개와 구미의 최신 동향, 편집 방침과 방향성 등의 프로그램으로 잡지광고의 현재와 미래를 전망하는 다채로운 것이었다. 이후에도 정기적으로 개최하는 것으로 잡지의 가치와 가능성을 공유하고, 새로운 가치를 창조해 나아가는 것으로 기대되고 있다. 잡지협회는 잡지광고의 매체 점유율 10%(현재 7%)를 목표로 하고 있다. 인터넷, 휴대폰 미디어, 브로드밴드 등, 디지털화의 진전으로 각각의 능력을 살린 〈크로스 미디어화〉가 진행되는 가운데 잡지가 상대적 가치를 높여가기 위해서는 다양한 활동·시도가 다시 한 번 논의되고 있다.

---

9) electronic data interchange의 약자.
10) 2005·2006 〈잡지광고세미나〉 정리집 사/일본잡지광고협회.

3. 선전

(1) 선전위원회 발족 당시 과제는 파업의 대응

잡지협회 선전위원회는 1971년에 설치되었다. 이 위원회는 타사 게재 광고의 문제를 주로 담당한다. 신문광고 요금의 상승 문제는 설립 당시부터 논의되어 왔지만, 선전위원회 이전은 자사 광고를 담당하고 있는 광고위원회가 대응했었다. 잡지 종류의 증가와 함께 선전·타사 게재 광고에 관한 대응이 요구되는 것이 신설의 배경이었다.

신설된 지 얼마 되지 않아 선전위원회의 과제는 철도의 파업에 따르는 전철의 중간/ 광고의 손실 보상과 신문광고의 게재 윤리기준 문제이다. 1971년 5월에는 이소자키 사토시/磯崎叡 국철/國鐵 총재 앞으로 파업에 따르는 중간 광고 포스터의 게재 비용의 감액·보전을 요구하는 요청문을 제출했다. 사철/私鐵에서는 게재 연장 등의 조치가 강구되었지만, 국철은 그 사정 설명도 없었고 서전위원회는 대응에 고심했다.

1972년, 사철 8사 연합회로부터 파업 중인 중간 포스터의 요금 환불에 대해서 문서로 회답이 있었다. 출퇴근 시간 등의 광고 효과가 큰 시간대를 감안해서 환불을 하는 것으로 위원회는 이해했지만, 국철은 파업 중인 운휴/運休 등의 비율을 감안해서 환불한다는 자세였다. 그 후, 국철 담당자와의 회의를 통해 국철에서 환불액 산정 방식, 환불의 조건이 제시되고, 회원 각사에 송부했다.

신문광고의 게재윤리기준 문제에 대해서는 신문협회광고위원회와 잡지협회의 편집·교열담당자와의 이야기를 지속하고 있었지만, 주요 7신문광고부장과 선전위원회가 간담회를 개최한 것은 1971년 7월이었다. 그 후, 실례를 들어 이야기를 계속해 갔지만, 각사의 사정이 다르기 때문에 케이스 스터디를 계속 실시해 상호 이해를 해 왔다.

1991년 11월에는 선전위원회가 신문협회 광고게재기준연구회와 처음으로 잡지광고 게재기준에 관한 신문 각사의 대응 방법에 대해서 의견 교환을 했다. 최근에도 신문 광고의 문제가 논의되었지만 윤리기준 문제는 획일적인 룰이 없고, 그 시대의 사회 상황도 있기 때문에 상호 의지 소통을 꾀하면서 대응해 간다는 자세는 기본적으로 바뀌지 않았다.

또한 중간광고 입고시, 디지털 입고의 비율이 증가했기 때문에 선전위원회에서는 새로운 시도로서 1999년 〈중간광고 디지털 입고〉를 테마로 세미나를 개최하고, 디지털 시대로 돌입에 적응했다.

(2) 교통광고 요금의 개정 문제

중간광고에 점하는 잡지 점유율은 주요 노선에서 60%정도로 높고, 잡지 출판사에게는 중간광고의 게시 틀의 확보와 그 코스트는 중요한 문제이다.

1955년대부터 중간광고 요금 개정시에는 해당 전철 회사에 문서 등으로 "반년 전에는 연락하길 바란다. 상승률이 큰 경우는 압축해 주길 바란다."는 요청이 반복해 왔다. 그 결과 1960년대 중반에는 인상할 때 사전 연락은 양해 사항이 되었다고 선전위원회에서는 받아들이게 되었다.

교통광고는 거의 2년마다 요금 개정이 실시되고, 운임과 마찬가지로 정가판매가 원칙이기 때문에 선전위원회는 주로 관동교통광고협의회11)에 대해 탄력적인 가격 설정과 운용을 요청해 왔다.

버블 경기의 절정기인 1980년대 후반부터 1990년대 초반경은 게시 희망이 많고, 게시 틀의 확보조차도 어려운 상황하에서 20% 가까운 요금 인상의 제시가 계속되었다. 선전위원회에서는 안정된 게시틀의 확보를 계속 우선하고 그 인상폭의 압축이 강하게 있었지만, 인상예정의 회사와의 이야기는 7시간에 이르는 일도 있었다. 위원장과 부위원장이 직접, 전철회사를 방문하고, 잡지출판에서 중간 포스터의 중요성 이해의 요구도 계속 있었다.

1992년 해가 바뀌는 시점에는 전철 8사에서 평균 13%의 인상 제안이 있고, 30회 이상 위원회를 개최하고 이야기를 계속했다. 당시, 선전위원장 명의 요청문에는 〈반사회적인 대폭인상〉이라는 것도 있고, 진지함과 혹독함이 전해져왔다. 전국지의 보도에서도 〈잡지출판사가 중간광고 인상으로 비명〉이란 제목이 붙여질 정도였다.

1994년에는 관례화해 있던 2년에 1번의 요금 개정 패턴이 처음으로 붕괴되었다. 동시에 전철 각사는 하우스 엔지니어(자사 매체의 광고회사)를 설립하고, 정기광고·다량 광고 및 계절에 따른 할인이 도입되게 되었다. 이러한 탄력적인 운영은 선전위원회가 요청을 계속해 온 것이지만, 잡지출판사 홍보비의 혹독한 상황이 잡지의 특성을 살린 유연한 운영에 대한 이야기에 박차를 가했다.

---

11) 칸사이교통광고협의회/関東交通広告協議会는 1961년에 발족한 관동사철 8사협의회를 모체로서 1989년에 설립한 관동지구 11사(쿄하마/京浜급행전철·쿄큐/京急아드엔터프라이즈, 도쿄지하철·메트로아드에이전시, 쿄세이/京成 전철·쿄세이/京成에이전시, 토부/東武철도, 세이부/西武철도, 케이오/京王전철·케이오/京王에이전시, 오다큐/小田急전철·오다큐 에이전시, 도쿄급행전철·토큐/東急에이전시, 동일본여객철도·JR동일본기획, 도쿄도 교통국, 사가미/相模철도·소테츠/相鐵에이전시)로 구성하는 임의단체.

그러던 중, 1998년에 관동교통광고협의회 가맹 11사 중 5사에서 대폭적인 요금 개정(실질적인 인상)의 움직임이 있었다. 그 때문에, 선전위원회에서는 각 사와 절충하고, 그 결과 4사가 철회, 1개사가 약간 조정했을 뿐이다.

신문광고에 대해서도 1993년 도쿠마 야스요시/德間康快 잡지협회 이사장의 방침도 있고, 요미우리신문사, 아사히신문사의 광고담당책임자에 의한 광고요금 개정설명회를 개최하고, 광고요금 개정 이유의 명확화를 요구했다.

(3) 광고와 표현 문제

1) 신문 광고

1999년 초에는 회원사의 잡지 신문광고 게재 거부 문제가 발생했다. 거부 이유는 표현이 신문광고에 어울리지 않는다는 것이었다. 배경에는 신문협회가 진행하고 있는 〈신문을 학교교육의 교재(NIE·Newspapers in Education)로 하는 운동〉과 관계가 있다고 한다.

선전위원회는 주간지의 광고 표현에 대해서 신문협회 광고위원회와 의견 교환을 하고, 잡지의 특성에 대해서 설명하고 이해를 구했다. 문제가 되는 것은 성표현, 명예, 인권·프라이버시 등이지만, 주간지의 광고 표현은 각각의 잡지 편집 방침과 깊은 관계가 있고, 일률적으로 논할 수 없고, 신문사에서도 각사의 판단이 있을 뿐 어려운 문제였다. 단지, 잡지출판사의 홍보 담당에서 본다면 아주 타이트한 거래로 광고 원고의 입고가 되기에 다양한 실례를 파악하고 긴급 사태에 준비할 필요가 있다. 그 의미로는 의사 소통을 면밀히 하고 잡지출판사와 신문사 담당자 간의 상황·사태 인식을 하는 것이 중요하다.

2) 교통광고의 심사와 게출/揭出

선전위원회는 관동교통광고협의회와는 임의로 광고 표현에 대해서 의견 교환을 하고 있고, 신뢰 관계는 유지하고 있다. 칸사이/關西 기타 노선에서도 필요한 때는 문서를 교환하거나, 논의하지만 취급대리점, 선전위원회 내의 정보 교환의 상황 인식이 연결되어 있다.

동협의회의 성표현에 관한 심사 포인트는 ① 표현이 노골적인지, 아닌지, ② 치한 등 성범죄를 유발·조장하는 듯한 표현은 없는지, ③ 남녀별 불쾌감을 느끼게 하는 표현은 없는지, ④ 신체 부분이나 성행위를 흥미 본위로 예를 드는 표현은 없는지, ⑤ 아동과 미성년에게 영향을 미치는 성행동에 관한 부적당한 표현은 없는지의 5가지이다.

1999년에는 중간광고의 성표현이 일본변호사연합회를 비롯해 각계에서 큰 사회 문제라고 했다. 같은 해 9월에는 매스컴 윤리간담회에서 사토준이치/佐藤俊一 선전위원회 부위원장(文芸春秋)이 발표자로서 잡지 중간 광고의 특성이나 중요성에 대해서 강연했다.

성표현을 둘러싼 상황은 2001년경부터 바뀌어 왔다. 이 해의 1월에는 케이오전철/京王電鉄에서 5건의 게재 거부가 있었다. 이것은 같은 해 3월부터 케이오전철이 여성 전용 차량 도입을 시작한 것이 영향을 미친 것이다. 이 후, 여성 전용 차량의 도입은 JR를 포함한 각 전철로 퍼졌고, 이러한 대응은 치한 등의 범죄 방지에 대해서 이용객의 요청으로 실현한 면도 크다. 그렇기 때문에 광고 표현에는 신경질적이 될 수밖에 없고, 잡지출판사, 전철 담당자에게도 이용객의 목소리, 사회 상황의 변화에 근거를 둘 필요가 있다.

2004년에는 민주당에서 제출된 〈공공교통 기관의 중간광고 규제에 관한 질문주의서〉에 대해서 정부는 관계 업계의 자주적인 노력에 맡겨야 한다는 답변서를 제출했다. 2005년부터 전철 회사는 전국을 기반으로 광고 윤리 문제에 관한 협의회를 설치했다. 광고 표현에 대해서는 여론의 동향이 보다 민감하게 반영된 상황을 맞이하고 있다.

3) 칸토/關東 교통광고협의회의 협력

잡지협회의 판매위원회가 중심이 되어 추진하고 있는 〈잡지애독월간〉(7월 21일~8월 20일)에서는 칸토/關東 교통광고협의회의 협력으로 1999년 이후 애독월간 기간 중, 캠페인 포스터 중간 공간이 무료 제공되고, 2006년은 칸토/關東 11사의 전철회사에서 약 10만 장의 중간광고를 캠페인 기간 중 게출했었다. 11회사와는 지금까지 우호 관계를 유지하고 있다. 또한 2007년부터는 칸사이/關西의 전철회사와도 협력 관계를 맺었다.

△ 고분샤/光文社 전시부스/1998

제XII장 국제 관계

1. 세계 출판계와의 연대와 협력
　(1) 국제출판연합의 참가와 활동
　(2) 국제잡지연합과 잡지에 관한 국제 관계
　(3) FBF '일본의 해' 실시
　(4) 기타 해외 북페어 참가

2. 아시아의 출판계
　(1) 아시아출판계와의 협력
　(2) APPA의 설립과 활동

△ 쇼가쿠칸/小學館 편집실에서 대표역자/1984.7.27.

세계 경제는, 자본이나 노동력의 이동이 활성화하고, 무역과 투자의 증대로 서로 간의 연결이 긴밀해지는, 이른바 글로벌화가 진전되고 있다. 출판계에서도 그것은 예외가 아니라 구미의 주요 출판사는 국경을 넘은 합병·흡수를 반복하고, 몇 개의 거대 복합기업이 탄생하고 있다. 일본의 출판계는 이에 비해 언어의 벽과 국내 시장의 크기, 전국적인 유통 시스템의 존재 등으로 국내 시장의 독립성이 유지되어 왔기 때문에 외국 출판사와의 자본 관계는 아직 많지 않다[1]. 그러나 인터넷의 폭발적인 발전은 각종 미디어의 더 나은 글로벌화를 진전시키며, 또한 중국을 중심으로 하는 동아시아는 세계적으로 보아 이후 유망한 시장으로서 주목받고 있고, 일본의 출판계도 이후 보다 한층 국제적인 연결을 강화할 것이라는 예상이다.

1) 일본의 번역 출판시장

일본의 출판 시장은 오랫동안 수입 초과의 시대가 계속해 왔다. 메이지(明治) 이후, 급격하게 근대화를 추진하는 과정에서 일본은 서구의 과학·사상·문화 등을 번역서로 흡수하고, 출판계에서 번역 출판은 중요한 지위를 점해 왔다. 전후에 이르러도 번역 출판이 모든 서적에서 점하는 비율은 많고, 신간서 전체에 점하는 번역서의 비율은 1971년에는 13.8%, 1991년에도 9.8%였다. 한편, 일본의 고금의 문학 작품은 세계적으로 아주 높은 평가를 받고 있으며, 일본 문학을 비롯해 일본의 저작물이 해외에서 번역 출판되는 것도 숫적으로는 아주 다수에 이르고 있다. 1990년의 프랑크푸르트 북페어 때에 일본서적출판협회와 일본 펜클럽이 공동 편집하고, 해외에서 번역 출판된 일본의 저작물 리스트 〈*Japanese Literature in Foreign Languages*, 1945-1990〉(문예편)에는 약 1만 5,000건의 문학 작품의 해외 번역이, 또 〈*Japanese Publications in Foreign Languages*, 1945-1990〉(인문과학 기타 편)에는 23개 언어로 번역된 합계 5,335종이 게재되어 있다[2].

그러나 외국어에서 일본어로 번역된 많은 것이 베스트셀러가 된 것[3]에 비

---

1) 주요한 예로서 세계 유수의 잡지그룹인 프랑스 아셰트 필리파시 미디어(Hachette Filipacchi Médias)의 일본법인이 후징화보사/婦人画報社 흡수 합병(1999), 미국 랜덤하우스와 코단샤/講談社의 합병으로 랜덤하우스 코단샤의 창립(2003) 등. 그 외 현재는 쇼가쿠칸/小学館 그룹의 일원인 프레지덴트사가 2001년까지 미국 타임워너 그룹의 전액 출자 자회사였다. 한편, 양판/洋版은 미국의 Stone Bridge Press를 2005년에 매수하고 있다.
2) 이 숫자는 각 출판사의 앙케이트 조사에서 회답이 있었지만, 총수이며 통계적으로 해외에서 일본 출판물의 번역 총수를 나타내고 있다고는 할 수 없다.
3) 연간 베스트셀러 상위 10위에 점하는 번역서의 비율은 1945~1954년은 24%였지만, 1955~

해서, 일본의 저작물 대부분은 지금까지 내용적으로는 높은 평가를 받았지만, 대중 시장에 크게 퍼져나가지 못했던 것은 부정할 수 없다.

이러한 상황이 크게 바뀐 것은 1980년대 후반 이후이며, 무라카미 류/村上龍, 무라카미 하루키/村上春樹, 요시모토바나나/よしもとばなな(일본 인기 작가) 등의 젊은 작가가 구미 각국에서 계속해서 소개되고, 각국에서 베스트셀러가 되었다. 1990년에 개최된 프랑크푸르트 북페어에서 '일본의 해' 사업도 이와 같은 일본의 저작물의 존재를 전 세계에 널리 알리는 계기의 하나가 되었다고 할 수 있다.

게다가 전 세계에서 일본의 코믹 수요의 향상에 의해 일본의 출판물 번역이 가속화되고, 그것이 큰 상업적 성공에 연결되었다. 그러나 아시아에서도 유럽에서도 주요국에서는 일본 코믹만화의 시장은 이미 성숙기를 맞이하고 있다. 일본의 출판계가 이후, 세계의 출판시장 속에서 한층 더 비약해 가기 위해서는 새로운 매력적인 출판물을 계속해서 탄생시키는 것이 필요하다.

2) 아시아 시장 개척과 해적판 문제

동아시아 및 동남아시아에서는 일본의 출판물에 대한 요구는 아주 많다. 예를 들어 2003년에 한국에서는 1만 294종의 번역서(총 신간서 중 29.1%)가 간행되었지만, 그 중 4,770종이 일본 출판물 번역이었다. 그 내역을 보면, 4,556종이 코믹, 기타가 1,214종으로 코믹만을 보면 번역서 3,600종 중 실로 98.7%를 점하고 있다[4]. 또한 대만에서도 1998년에는 8,876종의 신간서 중 32.5%를 번역서가 점하고, 번역서 중에 점하는 일본 출판물의 비율은 62.4%였다고 한다. 그 후, 일본의 출판물에서 번역 수는 상대적으로 감소하고 있지만, 그래도 아직 대만에서 일본의 출판물 지위는 아주 높다고 할 수 있다.

또한 국립국회도서관이 매년 조사하고 있는 「외국어로 번역간행된 일본의 아동서」에 대한 통계에서는 대만 739종, 한국 1527종, 중국 217종, 인도네시아 245종, 태국 139종 등이며, 미국 456종, 프랑스 380종, 영국 232종, 독일 215종 등, 구미의 번역수출을 대폭 웃돌고 있다.

이와 같이 일본 출판물이 다수 번역출판되어 있는 아시아 제국은 저작권

1964년은 2%, 1965~1974년은 4%로 저조했다. 이것이 1975~1984년에는 10%, 1985~1994년은 16%, 1995~2004년에는 20%로 증가하고 있다. 또한 상위 20위를 보면 1985~1994년은 17.5%, 1995~2004년은 30.5%로 되어 있다. (《出版指標年報 2006》, 出版科學硏究所)

4) 아미노 요시미/網野美美, 〈해외출장보고-한국의 출판 사정을 중심으로〉, 〈아시아 情報室通報〉(2004년 9월) 국립국회도서관.

조약의 가맹과 국내법 정비가 늦어져서 한때는 무허락의 번역출판이 횡행했었다. 그러나 한국이 1987년에 만국저작권조약에 가맹하고, 중국도 1992년에 베른조약에 가맹을 했다. 게다가 2001년에는 중국, 대만이 각각 세계무역기관(WTO)가맹에 승인되고, 국제법상의 저작권보호 조직은 동아시아지역에서는 정비되었다고 할 수 있다. 단, 현실에서 해적판이 근절되었다고는 아직 할 수 없는 상황이며, 특히 잠재적인 거대한 시장을 가진 중국에서 비즈니스 확대를 꾀하기 위해서는 저작권보호의 실효성을 높이기 위한 방책을 정부, 관계기관에도 움직이게 하는 것이 필요하다.

3) 국제출판계와의 연대

일본의 출판계는 1958년 일본서적출판협회의 국제출판연합(IPA[5])에 가맹 이후, 국제적인 연대를 강화해 왔다.

IPA 관계에서 특기할 일들은 1976년의 IPA교토/京都대회를 말할 수 있다. 일본의 출판계가 총력을 기울여 노력해서 이 대회는 세계 각국의 칭찬을 받고, 대성공리에 끝냈다. 그 후, IPA대회마다 일본에서는 일본서적출판협회를 중심으로 대대적인 파견단을 보내게 되었다.

잡지 관계에서는 1966년에 잡지협회가 국제잡지연합(FIPP[6])에 가맹하고, 1997년에는 세계대회를 도쿄에서 개최했다. 이 대회는 잡지협회의 역사 속에서도 최대 행사이며, 가맹 출판사의 전면적인 협력 아래서 대성공을 거두었다. 이 대회에서는 중국이 옵저버로서 처음 참가하고, 후에 FIPP가맹의 길을 열게 되었다.

1990년의 프랑크푸르트 북페어 '일본의 해'는 일본 출판계의 국제화에 아주 큰 계기가 되었다.

1998년에는 제4회 IPA국제저작권 심포지엄이 도쿄국제 북페어(TIBF)에 맞춰서 개최되었다. 이 해는 TIBF에서 '프랑스의 해'도 겹치고, 관계자는 바빴지만 각각의 행사는 큰 성과를 거둘 수 있었다.

그 후도 2002년의 타이베이국제도서전에서 '일본의 해', 2003년에는 파리의 〈어린이책 박람회(salon de Livre de jeunesse)〉에서 '일본의 해' 사업과 각지의 해외 북페어에서 일본의 출판문화를 소개하는 큰 행사가 계속 실시되었다.

한편으로 아시아 제국과의 연계에 대해서는 1994년에 설립된 아시아·태평양출판연합(APPA)에 있어서도 일본서적출판협회는 중심적인 역할을 담당하고

---

5) International Publishers Association의 약자. 〈www.ipa-uie.org〉
6) International Federation of the Periodical Press의 약자. 〈www.fipp.com〉

있다. APPA는 지금까지 IPA가맹을 하지 않고 있는 중국을 포함해 아시아·태평양 지역의 출판계와 국제출판계를 연결하는 존재로서 IPA 내부에서도 그 의의를 높이고 있다.

APPA총회는 현재는 가맹국이 교대로 개최하고 있으며, 아시아·태평양 지역의 출판계의 상호 이해와 협력에 관한 활동을 계속하고 있다.

1. 세계 출판계와의 연대와 협력

(1) 국제출판연합의 참가와 활동

1) IPA에의 가맹

국제출판연합(IPA)은 1896년에 설립된 세계의 출판계를 대표하는 국제기관이다. IPA의 사명은 각국의 출판협회가 상호 협력하고, ① 출판의 자유, ② 저작권 보호, ③ 자유로운 출판 유통 등을 실현해 나간다는 것이다.

일본은 제2차 세계대전 중 1951년의 샌프란시스코 강화조약의 체결에 의해 국제사회로 복귀했지만, 출판계에서도 국제사회의 일원으로서 국제 단체에 가맹해야 하는 기운이 높아지고 일본서적출판협회는 설립 다음 해인 1958년 4월에 IPA로부터 가맹 권장을 수락하고, 정식으로 가맹을 결정했다.

현재로서는 4년에 한 번 개최(당시는 3년에 1회 개최)하는 IPA대회에 일본의 첫 참가는 1962년 제16회 바르셀로나 대회였다. 이 때, 참가한 것은 노마쇼이치/野間省一(講談社) 회장, 시모나카 구니히코/下中邦彦(平凡社) 부회장 등 4명이었다. 노마/野間 회장은 이 해의 일본서적출판협회 총회에서 대회 참가와 관련해서 "우리들의 출판물, 일본의 출판물 구미 제국의 수출, 진출이라는 것을 강력히 생각하고, 이것을 구체화하도록 노력해 가는 것이 앞으로의 우리들의 임무가 아닌가."라고 서술하고 있다.

일본은 그 당시, 출판 종수에서는 연간 2만 2,000종으로 이미 구미의 출판 선진제국[7]에 뒤지지 않는 수준에 이르렀으며, 일본의 IPA 가맹은 국제출판계에서도 중요한 사건으로 받아들여졌다. 그 증거로 일본에서는 이미 1970년부터 IPA의 상임이사회(Executive Committee)의 일원으로 노마/野間 회장이 선출되었다. 또한 1988년부터 1995년에는 핫토리토시유키/服部敏幸 이사장(講談社)이 1995년부터 2001년까지는 와타나베 다카오/渡邊隆男 이사장(二玄社)이 각각 IPA 상임이사회 멤버가 되고 또한 아시아 지역담당 부회장에 취임하고 있었

---

[7] 같은 해 미국의 신간 종수는 2만 1,904종, 영국은 2만 5,079종.

다. 그 후, 2001년부터는 가네하라 유/金原優 부이사장(국제위원회 담당·医学書院)이 상임이사로 취임했다. 가네하라/金原 부이사장은 2007년 1월에 IPA 부회장에 취임했다.

2) IPA 교토대회에 43개국 참가

일본의 출판계가 국제적 지위를 높이는 기회를 얻은 것으로 1976년 5월 제20회 IPA대회의 일본 개최였다.

일본서적출판협회에서는 1969년경부터 IPA대회의 일본 개최에 대해서 논의가 국제위원회를 중심으로 있었고, 1970년에는 대회 개최지로서 입후보를 표명했다. 1972년 5월의 IPA 파리대회에서 정식으로 일본 개최가 승인되자, 일본서적출판협회에서는 11월에 국제출판연합대회 준비위원회를 설립하고, 출판계 전체가 준비 체제를 정비했다. 1975년 1월에는 준비위원회를 확대 개조하고, 53명의 위원으로 구성되는 〈국제출판연합대회 실행위원회〉를 발족시켰다. 대회명예총재로는 미카사노 미야/三笠宮 전하가 취임하고, 회장은 노마쇼이치/野間省一 서적출판협회장, 실행위원장은 시모나카 구니히코/下中邦彦 이사장이 맡기로 했다. 대회 개최의 총비용으로는 당초의 예산안인 1억 5,000만 엔으로는 부족하다고 예상되어, 총액 2억 엔 이상으로 수정되었다. 수입 내역은 회원 각사·관계 각사에서의 기부 약 1억 엔, 정부에서 조성금 4,500만 엔, 개개의 참가자로부터 참가비 7,000만 엔이었다.

제20회 IPA대회 교토/京都대회
(1976년 5월, 교토국제회의장)

IPA 제20회 대회는 1976년 5월 26일부터 6월 1일까지의 8일 간, 교토 및 도쿄에서 개최되었다. 참가자는 41개국에서 동반자 포함해 1,177명에 이르렀다. 개회식은 25일 오전 10시부터 거행되고, 시모나카/下中 실행위원장의 개회 선언으로 시작해, IPA 분/Boon 회장, 나가이 미치오/永井道雄 문부대신, 야스지마 히사시/安嶋彌 문화청장관, 베아슈톡 유네스코 대표의 인사 뒤, 미카사노미야/三笠宮 전하가 〈동서문화의 교류에 대해서〉라는 제목의 기념 강연을 했다.

회의는 25일 오후부터 29일 오전 중까지(27일은 당일치기 여행) 총 3일 간, 11건의 회의가 실시되고, 29일의 전체회의에서는 각 분과회 등에서 16개의 권고안이 제안되었다. 이 중 11개가 같은 해 9월의 프랑크푸르트의 IPA총회(국제위원회)에서 정식으로 채택되었다.

회의 자료는 사전에 보고 예정자에게 원고 제출을 받아서 영국·독일·프랑스·일본의 4개 국어로 번역을 하고, 언어별로 A5판, 400페이지의 보고집을 정리하여 배포했다.[8] IPA대회에서도 이와 같은 회의 자료를 완비한 대회는 그 이전에도 이후에도 없었다고, 각국에서의 참가출판인의 칭찬을 받을 수 있었다. 게다가 대회 종료 후에는 영국·프랑스·일본의 3개국 언어로 의사록을 작성하고, 참가자에게 송부했다.

교토에서의 회의 뒤, 참가자는 도쿄로 이동하고, 거래 회사·인쇄소·서점·도서관의 견학, 노/能(일본 전통 예능인 노가쿠/能樂[9]) 중 하나) 감상회 등 다채로운 이벤트가 실시되었다. 특히 교토에서의 행사는 칸사이 지부의 일본서적출판협회 회원출판사가 큰 역할을 했다.

3) 그 후의 IPA대회

그 후의 각 대회에도 서적출판협회는 매회 다수의 참가자를 보내고 있다. 1980년의 스톡홀름대회에는 86명의 다수가 참가하고, 이 때 처음으로 일본어 동시통역자가 동행했다. 이후, IPA 사무국 및 주최국의 출판협회 지원으로 IPA 공용어인 영어·독일어·프랑스어·스페인어의 4개 국어에 추가해서 일본어의 동시통역 부스가 무상으로 제공되었다. 이것으로 일본의 참가자는 일본에서 동행한 동시통역자의 지원으로 국제출판계의 최전선의 논의를 정확하게 이해할 수 있었다.

1984년 멕시코 대회에서는 소니의 모리타 아키오/盛田昭夫 회장이 기조강

---

8) 〈국제출판연합 제20회 대회 보고 및 의사록〉(1976)
9) 노가쿠: 일본의 대표적 가면 음악극-역자 주

연자로서 초대되고, 소니가 개발한 CD-ROM을 연계해 이 1장에 백과사전을 수록할 수 있다고 소개하고, 세계의 출판계에 새로운 시대의 도래를 강력히 인식시켰다.

1988년 런던대회에는 총 105명의 대표단이 참가하고, 일본의 발표도 4명이 전자출판, 교과서 출판, 복사 문제, 출판 유통 등의 테마로 각각 보고를 했다[10].

인도 뉴델리에서 개최된 1992년 대회는 1976년의 교토대회 이후의 아시아 지역에서의 개최가 되었다. 일본에서는 우에키 유타카/植木浩 국립서양미술관장(전 문화청장관)이 〈일본 문화의 발전과 출판〉에 대해서 기조강연을 했고, 또한 핫토리/服部 이사장은 〈아시아의 출판〉분과회의 좌장을 맡았다. 여기서는 출판 연수, 독서 추진, 전자 출판, 저작권과 출판인, 저작권 집중 처리의 각 분과회에서 일본에서 발표자 5명이 보고를 했다. 일본에서는 총 42명이 참가했다[11].

1996년 바르셀로나대회는 IPA설립 100주년을 축하하는 기념 대회임과 동시에 전년인 1995년에 유네스코가 4월 23일을 '세계 책과 저작권의 날'로 제정한 제1회 대회이기도 했다. 일본에서는 82명이 참가했지만, 특히 일본에서 1985년부터 시작했던 '상 조르디(Sant Jordi)의 날'의 본고장에서 개최하는 것이기에 일본서점연합회에 가맹한 서점인도 수십 명이 참가하고, 4월 23일의 '상 조르디의 날'을 직접 피부로 느낄 수 있었다. 일본에서의 발표자는 아동서, 아시아의 출판, 뉴미디어와 책의 미래라는 전체회의 및 분과회에 3명이 참가한 외에, 전체회의 〈기술 개발 - 전자북에서 정보 하이웨이까지〉의 의장을 와타나베타카오/渡邊隆男 이사장이 역임했다. 이 대회에서는 스페인의 카를로스 국왕 부부가 개회식에 참석하고, IPA 100주년에 축사를 했다. 또한 폐회식에는 경계 태세 속에서 1989년의 〈악마의 시〉[12] 간행 이후, 이슬람 원리주의자에 의해 '사형선고'의 대상이 되었던 저자 살만 루시디/Salman Rushdie 씨가 참석하고, 출판 자유의 중요함에 대해서 강연했다[13].

---

10) 〈IPA 런던대회 특집호〉 일본서적출판협회(1989년 1월)
11) 〈국제출판연합 제24회 뉴델리 대회 보고특집호〉, 일본서적출판협회(1992년 5월)
12) 1991년 7월에 동서의 일본어 번역을 한 이가라시/五十嵐一·츠쿠바대학 조교수가 살해되었다는 사건이 일어났다. 이탈리아, 노르웨이, 터키 등에서도 번역자가 피해를 입는 사건이 계속되었다.
13) 〈IPA 제25회 대회보고서〉(1996년)

제4회 IPA심포지엄(1998년 1월, 도쿄빅사이트국제회의장)

2000년 부에노스아이레스 대회는 IPA의 역사 속에서 처음으로 남미에서의 개최가 되었다. 이 대회에서는 전자출판에 대한 보고가 특히 주목받았다[14]. 일본에서의 참가자는 34명으로 발표자는 어린이와 젊은층을 위해 독서, 전자출판과 온디맨드 출판, 저자와 출판자의 권리, 국제공동출판, 해적판과 복사 등의 분과회에 5명이 보고를 했다[15].

2004년 대회는 베를린에서 개최되었다. 이 대회에서는 회장 선거가 있었고, 제28대 회장으로 아르헨티나 출신의 아나 마리아 카바네랴스 씨가 남미 출신으로도, 여성으로도 처음으로 IPA회장에 취임했다.

2008년 대회는 한국·서울에서의 개최로 16년 만에 아시아에서 개최되었다.

4) IPA 국제저작권 심포지엄

IPA에서는 1986년부터 대회 개최 중간 해에 국제저작권 심포지엄을 개최하고 있다. 제1회는 베른 저작권 조약 체결 100주년 기념으로 독일 하이델베르크에서 개최했다. 그 후, 1990년에 파리, 1994년에는 이탈리아 터키에서 개최하고, 1998년 제4회가 아시아에서 처음으로 도쿄에서 개최하게 되었다.

서적출판협회에서는 1996년 12월에 'IPA국제저작권심포지엄위원회'가 발족하고, 회장으로 와타나베다카오/渡邊隆男 이사장, 실행위원장에 사토 마사츠구/佐藤政次 상임이사(OHM사)가 취임하고, 개최 준비를 진행했다. 심포지엄의 프로그램 작성은 국제출판저작권협의회(IPCC[16])가 담당하고, 사토/佐藤 위원장

---

14) 2000년 3월 14일, 인터넷상에서 스티븐 킹의 전자책 〈Riding the Bullet〉이 2달러 50센트로 판매되고, 발매 후 48시간에 50만 부가 판매된 것이 많이 이야기되었고, 본격적인 전자출판 시대의 도래로 선전되었다.
15) 〈IPA 제26회 대회 보고서〉(2000년)
16) International Publishers Council for Copyright의 약자.

및 우에노 미키오/上野幹夫 저작·출판권위원회 위원장(도쿄누노이출판/東京布井出版)이 여기에 참가했다.

일본측 위원회에서는 고문으로 기타가와 센타로/北川善太郎·교토대학명예교수, 사토 히로시/齊藤博 츠쿠바대학 교수, 나가오 마코토/長尾眞 교토대학 교수, 나카야마 노부히로/中山信弘 도쿄대학 교수, 한다 마사오/半田正夫 아오야마가쿠인/靑山學院대학 교수가 취임하고, 대회 프로그램·운영 등에 대해서 조언받았다.

심포지엄은 1998년 1월 22일부터 24일의 3일 간, 도쿄 빅사이트 국제회의장에서 〈변용하는 시장에서 출판인〉을 주테마로 개최했다. 세계 40개국·지역에서 332명(국내 162명, 해외 146명, 동반자 24명)이라는 다수의 참가자가 있었다. 개회식에서는 미카사노미야/三笠宮 전하의 개회인사말에 이어, 하야시다 히데키/林田英樹 문화청장관이 인사, 세계지적소유권기관(WIPO[17])에서 미하리 피철 사무국장보, 또한 유네스코에서 밀라그로스 델 코럴 저작권부장이 발표자로서, 화려하게 개회했다. 프로그램은 기조강연 및 8개의 섹션으로 구성되고, 기조강연은 사이토하쿠/齊藤博 교수와 W·폰 루치아 IPCC 의장이 했다[18].

심포지엄 마지막 날에는 〈출판자의 권리 법제화를 위해 서적출판협회의 활동을 지지한다〉라는 선언을 포함한 4가지의 결의가 채택되었다[19].

교류 행사로서 환영 리셉션을 도쿄국립박물관에서 일본미술 내람회를 병설해서 개최하고, 또한 23일의 연회를 핫포엔/八芳園에서 실시했다. 개최 비용은 회원사의 운영협력금 약 2,400만 엔, 참가등록 요금 약 2,000만 엔, 서적출판협회 특별사업적립금 중의 2,000만 엔의 합계 약 6,400만 엔으로 실시했다. 심포지엄 종료 후, 사토/佐藤 위원장 아래서 모든 섹션과 결의를 집약한 의사록·논문집이 편찬되고, 관계자에게 배포되었다.

(2) 국제잡지연합과 잡지에 관한 국제 관계

1) 국제무대로의 진출

잡지협회는 1966년 8월, 국제잡지연합(FIPP)에 가맹했다. 그 해 처음으로 FIPP(당시 가맹국은 25개국)의 명예의장이 내방하고, 이 연합의 가입 요청이 있고, 잡지협회는 6월 이사회에서 가맹을 결정했다.

---

17) World Intellectual Property Organization의 약자. 〈www.wipo.int/〉
18) 〈제4회 IPA 국제저작권심포지엄 프로그램〉(1998년)
19) 〈제4회 IPA 국제저작권심포지엄 결의〉(1998년)

FIPP는 1925년에 프랑스 파리에서 결성되고, 1966년에는 본부를 파리에서 런던으로 이동하고, 현재는 40개국 지역이 가맹하고 있다. 당초는 국제교류, 친목의 장소라는 성격이었지만, 잡지 저널리즘의 '눈', '귀'로서 역할을 해 가며, 주요한 국제 기관과 협력·연계를 꾀하면서 언론·보도의 자유의 옹호, 잡지의 발전을 위해 조사·연구를 실시하고 있다. 2년마다 세계대회를 개최하고 1997년에는 아시아에서 처음으로 세계대회를 도쿄에서 열었다.

잡지협회의 대표단이 FIPP의 세계대회에 처음으로 참가한 것은 1967년 베니스대회이다. 이시가와 카즈오/石川数雄 이사장(主婦の友社), 와시오 요조/鷲尾洋三 편집위원장(文藝春秋), 스즈키료/鈴木良 편집부위원장(誠文堂 新光社)의 3명이 출석하고, 이시카와/石川 이사장은 〈일본의 잡지출판계의 현상에 대해서〉라는 제목의 독일어로 발표를 하고, 와시오/鷲尾·스즈키/鈴木 이 두 명도 〈일본에서 보도의 자유와 프라이버시〉〈일본에서 저작권 문제〉를 테마로 강연을 했다. 이 이후, 잡지협회는 FIPP의 세계대회에 대표단을 파견하고, 관련 테마에 대해서 강연·보고를 실시하고 있다.

2) 아시아 최초의 FIPP 도쿄대회 '21세기에의 도전'

1997년 5월, FIPP의 제31회 세계대회는 도쿄에서 개최되었다. 테마는 〈글로벌 마켓 - 21세기에의 도전〉, 회기는 5월 13일부터 15일까지 메인 회장은 이제 막 완성된 도쿄국제포럼이었다. 35개국 2지역에서 714명(국내 327명)이 참가하고, FIPP세계대회사상, 최대규모의 대회가 되었다[20].

오가 노리오/大賀典雄 소니회장이 〈21세기 '종이와 활자'의 기대〉라는 제목으로 기조강연을 하고, '미디어 왕'인 루퍼트 머독/Rupert Murdoc 뉴스코퍼레이션/News Corporation 회장도 〈21세기의 미디어 세계지도〉를 테마로 강연하는 등, 잡지출판계뿐만 아니라 내외의 미디어계에서도 큰 주목을 받았으며, 그 내용은 높이 평가되었다.

회의 내용의 충실함은 물론이거니와 리셉션을 비롯해 각종 행사가 아주 세심하게 프로그래밍되고, 참가자로부터 〈지금까지 대회에서 가장 인상에 남는 대회〉라는 이야기를 들었다. 그 하나를 소개하면 개회식에서 사이토/斎藤 메모리얼 오케스트라의 미니 콘서트로 시작하고, 아오지마 유키오/青島幸男 도쿄도지사 주최의 오찬 파티가 있었고, 또한 갈라파티에는 일본스모협회의 협력으로 데와노우미/出羽海 이사장을 비롯해 다카노하나/貴乃花, 아케보노

---

20) 〈제31회 국제잡지연합세계대회(1997년 FIPP 도쿄대회) 프로그램〉〈제31회 국제잡지연합세계대회(1997년 FIPP도쿄대회) 보고서〉 일본잡지협회.

/曙의 요코즈나/橫綱, 무사시노마루/武蔵丸, 다카노나미/貴ノ浪 두 분의 게스트가 참가하고, 해외 출석자와 같은 테이블에서 식사를 하면서 교류를 넓혔다. 또한 잡지사진기자회가 참가자의 스냅 사진을 촬영해서 연회 종료 후에 참가자들에게 제공하는 등, 일본의 잡지출판계의 창의적인 궁리로 참가자는 놀랄 만큼의 깊은 인상을 남겼다. 대회의 보고서에서 잡지협회의 다나카준/田中潤 사무국장은 "도쿄대회는 극대에다 최선을 다해 마치 역사적이었다는 것을 확신한다."라고 서술했다.

FIPP도쿄대회는 잡지협회의 보조로 최대의 행사였다. 일본에서의 세계대회의 개최 기운은 1991년 헬싱키 대회(필란드)를 계기로 시작되어, 1993년의 네덜란드 대회(미국)에 다나카켄고/田中健五 부이사장(이 회 이사장·FIPP회장·文芸春秋)이 출석하고, 제31회 세계대회의 도쿄 개최를 선언한 것이다. 다음 해 1994년, 잡지협회는 FIPP도쿄대회 준비위원회를 설립했다. 나가타아키라/永田晨 이사(이 대회실행위원장·日經 BP사)를 FIPP 매니지먼트 이사로 위촉, 총무·프로그램·회의 운영·홍보·접대·재무의 준비위원회를 시작했다. 같은 해 11월에는 관계 8개 사(電通·博報堂·大日本印刷·凸版印刷, 東販·日販·日本製紙·新王子製紙)를 클럽 관동에 초대해 자금·운영에 대해서 협력 요청을 실시, 대회를 위해 기반 정비를 진행했다.

제11회 FIPP도쿄대회(1997년 5월, 도쿄 국제포럼). 강연하는 루퍼트 머독씨

3) 도쿄대회 10년 후의 북경대회

1995년 9월, FIPP 암스테르담대회(네덜란드)에는 일본에서 88명이 도쿄대회의 홍보 활동을 위해 참가했다. 같은 해 12월에는 도쿄대회 준비위원회를 실행위원회로 개편하고, 준비 운영의 강화·확충을 꾀하고 있다. 도쿄대회는 아시아에서 첫 대회가 되기 때문에 아시아 지역에서 홍보 활동을 중점으로 추진하고, 1996년에 다나카/田中 이사장·대회 회장, 노마사와코/野間佐和子 대회

부회장(講談社), 나가타/永田 대회 실행위원장이 중국기간협회를 방문, 같은 해 11월에는 한국잡지협회 100주년 기념식전에 다나카 이사장, 혼요시/本吉 부이사장(婦人画報社), 나가타/永田 실행위원장이 게스트로 참석했다.

중국은 도쿄대회에 10명의 대표단을 파견하고 처음으로 참가, 한국 35명, 대만 43명, 태국, 싱가포르, 인도네시아, 홍콩 등 아시아에서 약 130명이 참가했다. 그 후, 중국은 2000년 10월에 FIPP에 정식으로 가맹했다.

잡지협회는 도쿄대회추진본부를 1996년 말에 발족시켜, 긴급성 있는 사안을 제외하고 일반적 위원회 활동을 중지하고, 대회를 위해 임전태세를 갖추었다. 최종적인 협찬·협력회사는 관련 단체 가맹사 등의 관계 8사를 비롯하여 80사의 기업·단체에 이르렀다.

FIPP 도쿄대회 이후의 세계대회는 1999년 함부르크(독일), 2001년 브라질·아르헨티나공동 주최(상파울로·리오데자네이루 등), 2003년 파리(프랑스), 2005년 뉴욕(미국)에서 개최되고, 잡지협회는 매회, 이사장을 비롯해 대표단을 파견했다. 2007년 5월 세계대회는 북경(중국)에서 개최되고, 일본에서는 58명이 참가했다[21].

4) 국제교류의 발걸음

잡지협회는 1990년 7월, 국제위원회를 설치했다. FIPP와의 관계 외에 해외잡지출판사, 관계 단체 등에서의 조회, 교류가 증가해 온 것이 배경이다. 그 후는 국제위원회가 FIPP세계 대회의 참가를 비롯해 대응을 실시하고 있다. 국제위원회는 2006년 8월, 지금까지의 임원중심에서 실무담당위원으로 위원구성을 변경했다.

FIPP의 도쿄대회를 계기로 중국기간협회와의 교류가 활발해졌고, 1999년에는 이 협회의 대표단이 일본을 방문, 10일 간의 체재 기간 중에 출판사를 비롯해 유통·서점·인쇄·광고회사를 시찰하고, 관계자와의 교류를 했다. 다음 해 2000년 11월, 중국의 요청에 대응해 일본의 잡지광고 사정을 중심으로 세미나를 북경에서 개최하고, 현저하게 성장하는 중국 관계자들에게 높은 관심을 끌었다. 게다가 2003년 2월에는 덴츠/電通가 중개하여 중일/中日잡지경영세미나를 북경에서 개최하고, 일본에서 광고주·광고회사를 포함해 60명이 참가했다.

1962년 3월, 잡지협회 최초로 미국잡지사정조사단(사이토코지/齋藤幸治 단장·東洋経済新報社)은 일본생산성본부의 알선으로 뉴욕, 워싱턴, 캘리포니아 등의

---

21) 〈FIPP(국제잡지연합) 북경세계대회보고서〉(2007년 6월) 일본잡지협회

출판사 등을 35일 간에 걸쳐 시찰했다. 그 성과는 단행본으로 정리되고, 회원 각사를 비롯해 각 관계처에 배포되었다. 그 후 40년 후인 2000년 1월에는 〈잡지애독월간〉 특별기획으로서, 판매관계위원으로 미국잡지판매·유통시찰연수단(오쿠보데츠야/大久保徹也 단장·集英社)이 뉴욕에 1주간 체재하고, 전미잡지협회, 출판사 등을 방문하고 정기구독을 비롯해 판매·유통의 현상을 중심으로 디지털·넷/net 시대의 잡지출판사의 전략에 대해서 조사했다. 이 리포트도 소책자로 정리되어 있다.

1966년 7월, 러시아 및 공산권의 출판사정시찰·보고회가 개최되고, 1979년 2월에는 러시아출판위원회 대표단 환영 리셉션이 잡지협회·서적출판협회 공동 주최로 실시되었다. 또한, 1974년 6월에는 아시아에서 정기간행물의 진흥을 테마로 유네스코 주최의 전문회의가 경단련/經團連회관에서 개최되고, FIPP의 사무총장, 이시카와/石川 이사장이 참석했다.

5) 2002년 서울의 'FIPP 아시아 태평양회의' 개최

한국잡지협회가 처음으로 일본을 방문한 것은 1980년 12월. 대표단 일행 11명은 출판사, 유통, 광고, 인쇄회사를 시찰하고, 특히 유통업무에 많은 관심을 보였다. 그 후에도 한국잡지협회는 자주 방문하고, 의견 정보 교환을 하고 있다.

특히, 2002년 4월 〈FIPP 아시아 태평양회의〉를 한국·서울에서 개최한 것이 큰 행사였다. 일본에서는 아사노준지/浅野純次 이사장(東洋經濟新報社)을 비롯해 광고주 46명이 참가하고, 세계 25개국에서 약 150명이 참석했다. 이 대회에서는 일본의 제안으로 '개인정보보호법안' 등 미디어 규제 법안에 대해 〈언론의 자유를 흔드는 중대한 문제〉와의 결의가 이뤄진 것은 특기할 만하다. 2005년에는 한국 잡지협회에서 정기적으로 교류를 실시하고 싶다는 요청으로 구체적인 내용 등에 대해서 협의를 한 후에 검토해 나가는 것으로 했다.

6) 영국잡지협회 대표단 최초 일본 방문

2005년 11월, 영국잡지협회의 대표단 10명이 처음으로 일본을 방문했다. 1주일간 머물고, 영국대사관에서 리셉션을 개최한 외에 출판사·유통센터·서점·광고회사를 정열적으로 시찰하고, 의견·정보 교환을 했다. 그 목적은 일본의 출판사와 제휴 등을 모색하는 일환으로 일본의 잡지 사정을 조사하는 것이었다. 영국에서는 잡지 창간이 연간 400지를 넘고 활발하며, 잡지 매출도 판로 확대 등에서 확고한 추이를 보이고 있으며, 오히려 일본의 잡지업계에서 영국의 실정에 대한 질문이 눈에 띌 정도였다.

(3) FBF '일본의 해' 실시

일본문화 구석구석 소개

매년 10월에 개최되고 있는 프랑크푸르트 북페어(FBF)는 세계 최대의 북페어이다. 2006년은 전 세계 70개국 이상으로, 6,500사 이상의 출판사가 출전하고, 참가자는 28만 명이 넘었다. 일본에서도 매년 많은 출전자가 참가하고, 활발한 판권 거래를 실시하고 있다.

이 FBF에서는 1988년에서 매년 1개국을 초대국으로 선택하고, 그 국가의 출판뿐 아니라 문화 전반에 걸쳐 소개 행사를 전개하고 있다. 1990년, 이 초대국으로 일본이 선택되고 '일본의 해' 사업을 전개했다.

전체 테마는 〈JAPAN : Then and Now〉로 하고, 일본의 출판계의 역사 속에서도 해외에서 실시하는 행사로서는 극히 대규모가 되고, 1990년 8월부터 11월까지의 약 3개월[21] 간에 27의 관련 행사가 진행되었다[22]. 그 중심은 말할 것도 없이 북페어 개최 중의 전시이며, 호류지/法隆寺의 백만탑다라니경/百萬塔陀羅尼經에서 전자출판까지의 일본의 출판계의 역사를 소개하는 〈JAPAN : A History in Books〉, 서적출판협회 가맹사를 중심으로 각 출판사가 출전한 현대일본을 정확하게 표현하는 〈Japanese Books Today 1990〉의 전시를 중심으로 전자출판의 최첨단 기술을 소개하는 코너도 설치하여, 연일 대성황이었다. 또한 회기 중에는 오에켄자부로/大江健三郎, 나카가미켄지/中上健次, 츠시마유코/津島佑子, 후루이유시키치/古井由吉, 미하엘 엔데/Michael Ende, 크리스토프 하인/Christoph Hein, 아돌프 무슈크/Adolf Muschg 등이 참가한 문학심포지엄 〈세계의 전환기와 문학 표현 - 독일과 일본〉, 슈미트/Schmidt·전 서독수상이 사회를 보고, 미야자와 키이치/宮沢喜一, 츠츠미 세이지/堤清二, 미야자키 이사무/宮崎勇, 사카모토요시카즈/坂本義和가 일본에서 참가한 심포지엄 〈새로운 세계 질서를 위하여〉, 뒤에 두 사람 모두 노벨상의 영예에 빛난 오에켄자부로/大江健三郎와 귄터 그라스/Günter Grass와의 대담, 오오카 마코토/大岡信와 타니가와준타로/谷川俊太郎가 독일의 시인 2명과 함께 실시한 연시모임/連詩の会(하나의 시에서 연상되는 시를 만드는 것) 등, 다채롭고 의미 있는 행사가 전개되었다(기획위원장=미도리가와토오루/綠川亨 씨, 岩波書店).

---

21) 회기 중인 1990년 10월 3일에 동서독일이 통일되었다.
22) 〈프랑크푸르트 '일본의 해' 사업보고서〉(1991년 6월) 프랑크푸르트 '일본의 해' 실행위원회

프랑크푸르트 북페어(FBF)〈일본의 해〉 전시회장(1990년 9월-11월)

또한, 북페어회장 외에도 니쿠히츠우키요에/肉筆浮世繪(에도/江戶 시대에 붓으로 직접 그리고 채색을 가한 풍속 채색 판화)의 컬렉션으로 유명한 폴란드 크라쿠프국립미술관전을 비롯해서 일본 미술의 컬렉션으로서 고명한 미국의 〈버크 컬렉션 명품전〉, 이치야나기토시/一柳慧 기획총감독의 아악기를 이용한 일본 현대음악공연 〈뮤직 시즌 - 전통과 신풍/新風〉, 팔멘가르텐식물원에서 실시된 사카모토류이치/坂本龍一의 솔로 콘서트, 나카무라우타에몬/中村歌右衛門이 〈스미다가와/隅田川〉로 춤추는 관중을 매료한 가부키 공연, 현대 일본을 대표하는 연극으로서 도쿄 그로브(grove)좌에서 테라야마 슈지/寺山修司 작 〈노비훈/奴婢訓〉 등, 전체 테마 〈JAPAN : Then and Now〉의 표현에 어울리는 기획이 실시되었다.

일본에서 출전자 수도 124사가 되고, FBF의 초대국으로서도 전례없는 규모였다. 일본의 출판사의 출전홀에는 출판문화국제교류회[23]에서 종합 안내 부스를 설치했다. 이 부스는 현재에 이르기까지 매년 교류회에서 유지·운영되고, 출전자의 편의를 꾀하며 방문객에게는 일본의 출판계의 창구로서 중요한 역할을 담당하고 있다.

---

[23] 출판문화국제교류회(와타나베/渡邊隆男 회장)는 1953년 10월, 아시아문화교류출판회의 명칭 아래 설립되고, 1956년에 출판문화국제교류회로 개칭, 1961년에는 사단법인이 되었다. 출판물을 통한 제외국과의 문화교류, 상호 이해와 친선 촉진을 목적으로 다양한 활동을 하고 있지만, 특히 프랑크푸르트 북페어를 비롯한 각국의 국제북페어로 참가는 가장 중요한 활동의 하나이며, 외무성과 국제교류기금과의 공동프로젝트에 의해 연간 수십 개국의 국제북페어에 일본 출판계를 대표하여 참가·출전하고 있다.

실행위원회의 총 비용으로는 약 13억 8,000만 엔이며, 수입 내역은 출판사·출판관계기업·일반기업 등에서 지정기부금 10억 8,000만 엔, 협찬금 8,800만 엔, 민간예술활동조성회·국제교류기금·새송/Saison재단 등에서 보조금·조성금 약 8,000만 엔, 금리 5,000만 엔 등이었다(재단위원장=도쿠마야스요시/德間康快 씨, 德間書店).

(4) 기타 해외 북페어 참가

1) 살롱 드 리브르/Salon de Libre/1997

프랑크푸르트 북페어에서 '초대국' 이벤트 성공으로 다른 북페어에서도 같은 행사가 실시되었다.

프랑스의 북페어인 〈살롱 드 리브르〉에서는 1997년에 일본이 '초대국'이 되었다. 이것은 프랑스와 일본 양국 정부가 합의한 '프랑스에서 일본의 해'의 일환으로서 실시된 것으로 3월12일부터 17일까지 파리, 포르트 드 베르사이유의 견본시회장에서 실시되었다. 일본에서는 서적출판협회 회원사를 비롯해 57사에서 524종, 1156권이 출전되었다. 북페어 회장 중앙에는 종이학을 이미지화한 파티션과 붉은 색과 흰색의 컬러로 조화롭게 장식된 300㎡의 〈일본관〉이 설치되고, 일본 관계 도서의 전시 즉매/卽賣·종이접기·서도·종이연극 등의 실연 등을 실시했다. 회장 2층에서는 타니자키 준이치로/谷崎潤一郎, 미시마 유키오/三島由紀夫, 엔도 슈사쿠/遠藤周作의 각각의 홀이 만들어지고, 일본에서 초대된 작가·평론가·만화가 등 약 20명이 교대로 참가해서 대담·강연회 등이 연일 개최되었다. 일본의 출판계에서는 65명의 프랑스 방문대표단(단장=와타나베다카오/渡邊隆男 서협 이사장)이 참가했다.

회기 전인 3월 10일에는 일본에서 25명, 프랑스에서 30명이 참가하고, 〈일본, 프랑스 출판인회의〉가 개최되고, 양국 출판계의 현상과 문제점 등에 대해서 논의가 있었다. 마지막에 재판제도/再販制度의 옹호를 위해 양국 출판계가 협력할 것을 강조한 '공동성명'이 채택되었다.

2) TIBF 1998 '프랑스의 해' 행사

1998년은 '일본에서 프랑스의 해'의 일환으로 TIBF 1998(실행위원장=와타나베/渡邊隆男 이사장)에서 '프랑스의 해' 행사를 실시했다[24]. 서적출판협회 내에 설치된 〈프랑스의 출판문화소개실행위원회〉(실행위원장=이시카와하루히코/石川晴彦·

---

24) 〈도쿄국제북페어 1998 '프랑스의 해' 프로그램〉(1998년 1월)

主婦の友社)는 관련 단체의 협력을 요청하고, 전시·행사의 기획·준비를 실시했다.

　TIBF1998은 1월 22일부터 25일까지 개최되고, 북페어 회장 내의 프랑스 파빌리옹에는 일본 및 프랑스 서적 약3,500권이 전시되고, 주문 판매도 실시되어 연일 대성황이 되었다. '프랑스의 해' 개회식은 22일에 프랑스 파빌리옹에서 JEAN-BERNARD OUVRIEU(장 베르나르 우브리외) 프랑스 대사, 하야시다히데키/林田英樹 문화청장관, 아사오신이치로/浅尾新一郎 국제교류기금이사장을 내빈으로 초대했으며, 다음 날 23일부터 일본에 방문한 프랑스 작가의 강연회와 일본 작가들과의 대담회 등 기획성이 풍부한 행사를 개최했다. 프랑스에서는 장 필립 투생/Jean-Philippe Toussaint, 마리 다리외세크/Marie Darrieussecq, 레진 드포르쥬 Régine Deforges 등의 저명한 작가, 역사가로서 고명한 알랭 코르뱅/Alain Corbin 외 10명이 특별 초대되고, 또한 프랑스 출판계에서는 약 50명의 대표단이 일본을 방문했다. 25일 문학 심포지엄 〈감성의 역사를 찾아서〉에서는 Alain Corbin, 요시마즈고조/吉増剛造, 미야다 노보르/宮田登의 3명에 의한 정담이, 또한 〈프랑스에서 본 일본문화의 현재〉에서는 작가 올리비에 제르맹 토마/Olivier Germain-Thomas, 미술가인 프랑수아 르베일랑/Francoise Levaillant, 일본에서 오카노부/大岡信, 다카시나 슈지/高階秀爾의 두 명과 함께 열정적인 논의를 하였다.

　북페어에 앞서, 20일에는 전년에 이은 〈일본·프랑스 출판인회의〉가 개최되고, Alan Grund(알란 그룬) IPA회장이 〈21세기에서 출판의 역할〉에 대해서 기조강연을 했다. 다음 날은 〈출판전문가회의〉로서 이시가와하루히코/石川晴彦 실행위원장을 의장으로 〈일본·프랑스 출판 유통의 비교와 과제〉를 제목으로, 오가마사히로/相賀昌宏 부이사장(小学館)이 일본형 서적 유통의 문제점을 지적하고, 프랑스 출판협회에서는 장 사르자나/Jean Sarzana사무국장이 프랑스에서 한번 철폐한 재판 제도를 1981년의 랑법/Lang Law에 의해 부활시킨 프랑스의 실정, 재판제를 방치한 시장에 발생한 문제점, 랑법 시행 후, 상품의 다양성을 유지하는 프랑스 출판계의 현상에 대해서 보고했다.

　초대작가, IPA, APPA의 대표자들의 특별 프로그램으로 일본출판업계 시찰(거래유통센터·대형서점 시찰) 외에 양국 국기관/國技館에서 오스모 일월바쇼/大相撲 一月場所(첫경기) 관전에 이어, 아즈마제키베야/東関部屋, 이츠즈베야/井筒部屋, 하카쿠베야/八角部屋, 와카마츠베야/若松部屋의 협력을 얻어서 스모베야를 방문하여 스모 스승(親方)과 함께 접대를 한다는 기획도 있고, 해외에서 온 참가자에게 귀중한 인상을 깊이 남길 수 있는 경험이라는 호평을 받았다.
 이 해는 IPA국제저작권 심포지엄, IPA상임이사회, APPA총회·출판 포럼이 도쿄에서 동시에 개최되었지만, 실행위원회를 중심으로 하는 회원 각사의 큰 협력을 받아 모두 무사히 종료할 수 있었다.

3) 타이베이/台北 국제도서전/2002

타이베이국제도서전(TIBE[25])에서는 1998년 이후, 특별초대국을 정해서 특별 파빌리옹에서 출판물 전시, 작가들을 초대해서 심포지엄, 강연회 등의 행사를 실시하고, 2002년 2월 개최한 제10회 도서전의 특별초대국으로 일본이 선정되었다. 서적출판협회를 비롯해서 12단체가 TIBE2002 '일본의 해' 실행위원회를 조직하고, 와타나베/渡邊 서적출판협회 이사장을 실행위원장으로서 개최 준비를 했다. 전체 테마는 〈서국일본/書國日本〉(Japan, A Country in Love with Books)으로 세계 속의 출판 대국 일본을 위치시켰다.

주최자로부터 제공된 25부스(225㎡)의 집합 부스에, 50부스의 개별 부스를 더해 675㎡의 〈일본관〉을 전시장 중앙에 설치하고, 집합 부스에서는 인문·사회과학, 자연과학, 문학, 아동, 예술, 사전·학습참고서·어학, 취미·실용, 잡지, 코믹만화, 전자출판, 대만에서 번역서 11분야로 분류 약 1,400종의 도서가 전시되었다. 일본에서 출전자 수는 개별 부스인 26사를 더해 총 175사에 이르렀다.

타이페이국제도서전 2002 〈일본해〉의 전시장

관련 행사로는 14개의 심포지엄·강연회 등이 전시회장 내의 〈극장 중심〉 등으로 실시되었다. 일본에서는 작가인 조노 아야코/曾野綾子, 츠지하라 노보루/辻原登, 아동작가인 니시마키 카야코/西卷茅子, 만화가인 사토나카마치코/里

---

25) Taipei International Book Exhibition의 약자.

中満智子 등이 참가했다. 또한, 〈90년대의 일본 출판계〉, 〈'일본어 대만문헌'의 데이터베이스화에 관한 일본·대만 출판 협력〉, 〈만화, 애니메이션 제작 현장의 실연〉, 〈장서표의 동서/東西〉, 〈일본에서 '북스타트' 운동의 전개〉 등 심포지엄·대담회 등도 실시되고, 일본의 문화와 출판물에 높은 관심을 갖고 있는 많은 대만인들이 참가했다.

그 중에서도 〈마음에 남는 이 한 권〉이라는 제목의 심포지엄에는 리딩후이/李登輝, 전대만 총통, 진메이링/金美齡(평론가), 나카지마미네오/中嶋嶺雄 전 도쿄외국어대학 학장, 쿠사카키민도/日下公人 도쿄재단 이사장이 참가하고, 750명 이상의 청중이 참가하였는데, 서서 듣는 사람들도 있을 정도로 성황이었다. 이 심포지엄은 모두 일본어로 이루어졌고, 이덩후이/李登輝는 일본유학시에 읽은 감명을 받은 토마스 카라일/Thomas Carlyle 저, 〈도이 반스이/土井晚翠 번역의 〈의상철학〉을 소개했다.

개회식 참석 후의 천수이벤/陳水扁 총통, 장쥔슝/張俊雄 전 행정원장(수상), 리덩후이/李登輝 전 총통을 비롯해 대만의 중요 인물도 많이 집합 부스를 방문하고, 일본의 출판물을 열심히 시찰했다.

집합 부스에 전시된 도서에 개별 출전자로부터 기증을 한 도서 약 2,300종은 종료 후, 국립타이중/台中도서관에 기증하고, 일본 통치시대의 일본 관계의 장서 2만 권으로 질량 모두 높이는 것도 환영되었다[26].

4) 아동도서 박람회(Salon de Livre de Jeunesse/2003)

프랑스의 아동도서 전문 북페어인 〈살롱 드 리브르 즈네즈/Salon de Livre de Jeunesse〉에서는 2003년의 페어에서 '일본의 해'를 실시했다. 같은 해 4월의 〈도쿄 국제북페어 2003〉의 일로 일본을 방문한 동 페어 주최자들로부터 서적출판협회 및 일본아동도서출판협회에 대하여 같은 해 11월의 페어에서 '일본의 해' 행사가 정해져 있기 때문에 협력을 원한다는 의뢰가 있었다. 여기에서 양 협회 및 영 어덜트/young adult 출판회가 〈Salon de Livre de Jeunesse '일본의 해' 실행위원회〉를 설치하고, 준비했다.

회기는 2003년 11월 26일부터 12월 1일로 전시장은 파리시 교외의 몽트르이유 시 전시홀이었다. 일본에서의 출전 도서는 40사 328종으로 이들 도서는 회기 종료 후 파리시도서관에 기증되었다.

회기 중에는 일본에서 작가·화가가 초대되고, 회장 내 또는 시내 서점 등

---

26) 〈TIBE 2002 '일본의 해' 실시보고서〉(2002년 6월) 동 실행위원회

에서 워크숍·대담회·사인회 등이 실시되었다. 초대작가는 이와무라 카즈오/Iwamura Kazuo, 코마가타카츠미/駒形克己, 고미타로/五味太郞, 후지노치야/藤野千夜, 츠지히도시게/辻仁成 등이었다.

이 페어의 특징은 근처의 초중고등학교의 학생들이 수업의 일환으로 견학하고, 작가의 워크숍과 대담회에 클래스 단위로 참가한다는 것으로 6일간 총 방문객 약 14만 명 중 그와 같은 학생 단체로 1,142단체, 2만 9,523명(동반자 : 약 3,400명)이 방문했다. 또 하나 특징은 다수의 작가·일러스트레이터가 스탠드에서 행사에 참가하는 것으로 실로 작가·일러스트레이터 1,090명의 사인회가 각 스탠드에서 개최되었다.

일본에서 초대작가의 행사는 모두 성황이었지만, 특히 五味太郞 씨와 駒形克己 씨의 일러스트·크리에이션의 워크숍이 대인기를 끌었다. 또한 초·중·고등학생 대상으로 실시된 이와무라카즈오/石村 Kazuo, 후지노치야/藤野千夜 및 츠지히도시게/辻仁成 씨 등과의 대담에 나온 아이들이 사전에 작품을 학교에서 읽고, 작가들과의 질문을 준비해서 왔기 때문에 작가의 세계로 매료시킬 수 있는 기회가 되었다.

12월 1일에는 〈일본의 아동서 출판에 대해서〉(패널리스트=코미네노리오/小峰紀雄), 실행위원장(小峰書店), 요시타유리카/吉田ゆりか(일본저작권수출센터), 코린 칸탱/Corrine Quentin(프랑스저작권사무국), 〈일본의 소출판사의 입장에서〉(와카츠키 마치코/若月真知子, Bronze新社), 고니시히로유키/小西宏行(스카이피시·그래픽 외), 〈만화탐구/マンガ探究〉(細萱敦 가와사키시/川崎市 시민뮤지엄)를 테마로 심포지엄이 개최되었다.

파리의 준쿠도/ジュンク堂서점에서도 처음 출전하고, 일본관계 도서의 판매를 하고, 7일간의 회기 중에 약 4만 유로(약 500만 엔)의 매출을 달성했다[27].

2. 아시아의 출판계

(1) 아시아출판계와의 협력

1) 유네스코와의 공동지원

1966년 5월, 유네스코의 주최로 도쿄에서 개최된 〈아시아지역에서 서적출판·배급에 관한 전문가회의〉의 결론을 기반으로 1969년 3월 29일, 도쿄에 〈재단법인 유네스코 도쿄출판센터(TBDC[28])〉가 설치되었다. 그 준비로서 아시

---

[27] 「Salon de Livre de Jeunesse '일본의 해' 실시보고서」(2004년 3월) 동실행위원회

아지역출판기술연수 코스가 1967년, 1968년 2년 간 각 2개월에 걸쳐 도쿄에서 실시되었다.

TBDC는 서적출판협회가 중심이 되고, 유네스코 국내위원회와 긴밀한 연락을 하며 설립준비를 했다. 동 센터의 주요한 사업은 ①아시아 지역의 출판에 관해 조사연구, ②아시아지역 출판 관계자에 대한 연수·편의 제공, ③아시아를 중심으로 한 출판 사정에 관한 간행물 발행, ④아시아 제국에서 공동출판의 촉진, ⑤도서, 출판 자재 등에 관한 국제전시회의 개최, ⑥번역사업의 추진, ⑦국제회기의 개최 등 도서 개발에 관한 국제 교류의 실시 등이었다. 초대이사장에는 노마쇼이치/野間省一 서적출판협회장이 취임했다.

TBDC의 사업은 내외에서 높은 평가를 받고, 특히 아시아 제국에서 협력 요청은 일거에 증가하고, 동 센터는 재정·운영의 양면에서 이미 설립 후 수년의 시점에서 그러한 것에 충분히 응할 수 있는 것은 어려워질 것이 예상되었다. 그 때, 〈아시아 지역의 문화교류 촉진과 전통문화의 보존·활용의 협력〉을 목적으로 재단법인 유네스코·아시아문화센터(ACCU[29])가 1971년 4월 29일에 설립되었다.

이 ACCU와 TBDC를 합병시키는 것이 재정·운영면에서도 효율적이라는 생각이 관계자 사이에서 깊어지고, 1971년 3월 TBDC이사회에서 1년 이내의 되도록 빠른 시기에 ACCU와 합병하는 것을 확인했다. TBDC는 1971년 7월에 해산하고, 그 사업은 모두 ACCU에 인계되었다. 출판계는 그 후도 ACCU의 사업에 대해 강사 파견 등으로 협력하고 있다.

ACCU에서는 TBDC에서 인계된 출판기술연수 코스를 비롯해 아시아 지역의 출판 관계자의 일본 방문 지원, 아시아 지역에서 공통문서 공동출판, 또한 1978년부터는 노마/野間 국제그림책 원화콩쿠르 등, 아시아 지역의 출판 활동의 촉진을 위해 수많은 유의미한 사업을 전개하고 있다. 출판연수 코스에서 배운 아시아 각국의 연수생은 그 후 각각의 나라의 출판계를 담당하는 중진이 되어 있다. 예를 들어, 제1회 연수 코스에 참가한 인도의 디나·N·말호트라 씨는 그 후 인도출판협회의 회장도 역임하고, 또한 후술하는 아시아·태평양출판연합의 설립 멤버이기도 하다.

---

28) Tokyo Book Development Centre의 약자.

29) Asia Cultural Centre for UNESCO의 약자. 〈www.accu.or.jp〉 1993년에 Asia/Pacific Cultural Centre for UNESCO로 개칭.

(2) APPA의 설립과 활동

1) 아시아출판계의 연대

1992년 1월에 개최된 IPA 뉴델리대회에 아시아출판계를 망라한 조직을 설립하자는 기운이 높았다. 이 구상에 대해서 핫토리토시유키/服部敏幸 서적출판협회 이사장은 1992년 10월에 프랑크푸르트에서 개최된 IPA상임이사회에서 개혁·개방을 진행하고 있는 중국을 비롯해 발전도상국이 많은 아시아 사정이 있으며, 그 공통 문제를 검토하기 위해 아시아 지역의 출판 단체가 필요한 것, IPA와 별개의 조직이 되지만 대립하는 것은 아니라는 등을 설명하고, IPA의 이해와 지지를 얻을 수 있었다.

1992년 11월에 도쿄·이케부쿠로/池袋에서 개최된 〈도쿄국제북페어 1992〉 때에 〈아시아 출판포럼〉이 개최되고, 아시아·태평양출판연합(APPA) 설립에 대해서 제안이 있었다[30]. 포럼에서는 미우라슈몬/三浦朱門 씨가 기조강연을 하고, 또한 국제도서관연맹의 R. 웨지워드/Wedgeworth 회장이 특별강연을 했다. 또한 아시아 각국의 출판협회 대표가 각국의 국가 출판 상황을 보고했다. APPA의 설립합의서에는 일본을 포함한 11개국이 서명하고, 1994년 1월에 치바·막쿠하리메세에서 개최된 「도쿄국제북페어 1994」에서 설립총회가 개최되었다. 설립에 참가한 것은 일본을 포함한 12개국의 출판협회(방글라데시, 중국, 인도, 인도네시아, 일본, 한국, 필리핀, 싱가포르, 스리랑카, 태국, 터키, 베트남. 설립합의에 참가한 말레이시아는 국내 조정이 필요하기 때문에 옵저버에 머물렀다), 회장에는 핫토리/服部 서적출판협회 이사장이 선출되고, 또한 실무자회의 의장에는 마에다 칸지/前田完治 상임이사(서적출판협회국제위원회 위원장·三修社)가 선택되었다. 前田 상임이사는 APPA의 창립·운영에서 중심적인 존재로 조직 발전에 전력을 다했다. 또한 APPA사무국은 서적출판협회가 담당하게 되었다.

APPA는 아시아태평양지역의 출판산업의 추진과 개발, 문제 해결을 위해 가맹국 간의 상호 지원, 적극적인 출판문화의 교류를 목적으로 한 아시아 유일의 출판 국제조직으로서 구축하고, 그 주요한 사업으로서 APPA 출판상의 창설, APPA 포럼의 실시 등이 합의했다. APPA에는 그 후, 1995년에 오스트리아, 몽골, 1996년에 뉴질랜드, 1997년에는 파키스탄가맹, 또한 1999년에는 파퓨아뉴기니아 대학출판국이 준회원으로서 가맹했다[31].

1996년 APPA회장은 핫토리/服部 씨에서 와타나베/渡邊隆男 서적출판협회 이

---

30) 〈아시아·태평양출판연합'의 설립에 관한 합의서〉(1992년 11월 1일)
31) APPA 홈페이지 : www.appa21.org

사장에게 인계되었다. 1998년 1월은 TIBF의「일본에서 프랑스의 해」, 일본·프랑스 출판인회의, IPA도쿄저작권심포지엄과의 동시개최로 바쁜 일정을 보내고, APPA에서는 프랑스출판협회에서 Jean Sarzana 사무국장을 맞이해,「아시아태평양지역에서 국제도서전 운영성공의 열쇠」라는 제목으로 출판 포럼을 개최했다.

2) 각국이 순회 총회 개최

APPA는 설립부터 1998년까지 매년 TIBF는 도쿄에서 개최되었지만, 1999년부터는 가맹 각국이 교대로 총회를 개최하게 되었다. 1999년은 시드니의 오스트리아 북페어를 계기로 개최되어, CAL(Copyright Agency Limited) 대표인 Michael Fraser(마이클 프레이저) 씨 등을 스피커로 맞이하고, 저작권세미나가 열렸다.

2000년에는 회장이 일본의 와타나베다카오/渡邊隆男 이사장이 대한출판문화협회(한국)의 나춘호/羅春浩 회장에게 인계하고, 사무국도 한국으로 옮겼다. 같은 해, 북경의 APPA 출판포럼에서는 〈IT시대의 저작권 보호와 출판계의 현상〉이라는 제목으로, 중국·한국의 대표와 함께 일본에서는 문화청 저작권과의 엔도 켄타로/遠藤健太郎 씨가 강연했다. 2001년 서울 북페어에서의 APPA 총회에서 APPA 각국 대표들이 청와대에 金大中 대통령을 방문하고, 와타나베/渡邊隆男 회장으로부터 일본 재판제도의 존속 결정이 보고되자 대통령이 APPA 출판 포럼에 제출된 일본의 재판제도 논의 보고서를 요청하여 의견 교환이 이루어졌다. 계속된 2002년 방콕에서의 태국 내셔널 북페어에서는 시린돈/Sirindhorn 왕녀가 참석하여 개회식이 이루어지고, APPA 출판 포럼에서는 〈출판산업 발전에서 정부의 역할과 출판인의 노력〉에 대해서 각국의 논의가 교환되었다. 총회는 시드니를 시작으로, 이후 북경, 서울, 방콕, 뉴델리, 마닐라, 이슬라마바드, 덴파사르(발리섬)로 인계되고, 2007년 총회는 베트남에서 개최되었다. 2007년 총회에서는 말레이시아와 브루나이가 새롭게 가맹하고, 가맹국은 전부 16개국이 되었다. 일본에서는 가네하라 유/金原優 부이사장(국제위원회 담당)이 대표로서, 또한 국제위원회에서 니타미치오/新田満夫 국제위원장(雄松堂出版), 쿠로스유키코/黒須雪子 국제부위원장(二玄社)이 여러 번 총회에 참가했다. 또한 실무자 회의에는 히구치 세이이치/樋口清一 서적출판협회 조사부장이 출석했다.

설립 당초야말로 일본의 주도로 총회 개최에서도 서적출판협회 및 일본정부 관계기관 등의 재정적 원조에 의존했지만, 가맹 각국에서의 총회 개최를 계기로 자립한 국제단체로서 아시아·태평양 지역의 출판문화의 정보 교환, 출판문화 보호를 위해 국제협력의 거점으로 발전하고 있다.

　1995년에 시작한 〈APPA 출판상〉도 10회를 넘고, 매년 학술·전문서, 아동서, 문학·일반서의 3부문에서 아시아·태평양 제국간의 우수한 번역 출판·공동 출판을 표창하고, 이 지역에서 출판 활동의 진흥을 꾀하고 있다[32].

---

32) 〈APPA 출판상 수상작 일람〉

△1998년 도쿄국제북페어 전시회장 입구

[부록 1] 일본의 출판·잡지사들

- □ 도쿄대학 출판회(東京大学出版会) / 350
- □ 이와나미쇼텐(岩波書店) / 355
- □ 고단샤(講談社) / 359
- □ 쇼가쿠칸(小學館) / 365
- □ 고분샤(光文社) / 368
- □ 가도가와쇼텐(角川書店) / 372
- □ 가와데쇼보신샤(河出書房新社) / 374
- □ 슈에이샤(集英社) / 376
- □ 신쵸샤(新潮社) / 378
- □ 치쿠마쇼보(筑摩書房) / 381
- □ 츄오코롱신샤(中央公論新社) / 383
- □ 분게이슌슈(文藝春秋) / 385
- □ 마가진하우스(マガジンハウス) / 387
- □ 산세이도(三省堂) / 389
- □ 오분샤(旺文社) / 391
- □ 헤이봉샤(平凡社) / 393
- □ 소시샤(草思社) / 395
- □ 니홍지쯔교슛판샤(日本實業出版社/實業之日本社) / 397
- □ 참고문헌 / 399

□도쿄대학 출판회/東京大学出版会
−일본의 학문 보급과 학술 진흥에 크게 기여

일본의 명문인 도쿄대학이 1951년 3월에 설립한 대학 출판부이다. 도쿄대학 출판회는 "대학의 연구·발표 분위기의 조성과 뛰어난 학술 논문의 간행과 아울러 학술 연구의 진흥과 문화의 향상 발전에 이바지한다."는 목적에서 당시의 총장 미나하라시게루/南原 繁에 의해 발족됐다. 원래 학술서의 간행은 시장성이 없기 때문에 도쿄대학 출판회는 먼저 간행기금제도를 도입하고 대학 자체연구소는 물론 일반 연구기관이나 학회의 연구 업적을 출판토록 했다. 또 이 대학 출판회는 영문 학술논문 등의 출판을 위해 외국대학 출판부와의 업무 제휴로 공동 출판을 추진하면서 학문의 국제교류에도 앞장서고 있다.

東京大學出版會는 '시대의 변화에 따라 학문의 상황도 바뀌게 된다'는 모토 아래 이 대학 출판회는 '대학의 개혁에 발맞추어 나아간다.'는 출판의 경영 방침을 세우고 오늘에 이르렀다. 요즘 이 대학은 2004년 4월 1일부터 과거 제국대학이 아닌 '국립대학법인' 동경대학으로 그 운영 체제가 바뀌었다. 1996년부터 대학의 법인화 논의의 진통을 겪으면서 끌어온 문제가 8년 만에 결말이 난 것이다. 따라서 곧이어 대학 출판회에도 새로운 바람이 일 것이 예상된다.

대학 캔버스 내 중심지 깊숙이 출판회를 두고 양서를 출판하면서 학문의 보급, 발전에 기여하는 것과 같은 방법으로 설립한 출판부인 것이다. 1951년 당시의 총장 미나하라시게루/南原 繁의 발의에 따라 교수들의 협찬으로 한 구좌 5엔의 기부금을 받아 시작한 출판회였다. 출판 비용은 많이 들지만, 출판사의 채산성은 어려운 점을 감안, 대학 자체의 연구와 그들의 발표 장를 마련하기 위해 일반 도서와 학술서적의 간행으로 학문의 보급과 학술의 진흥에 기여한다는 취지의 설립이었다.

당시 아카데믹한 서적을 출판해 온 이와나미쇼텡/岩波書店의 창업자 이와나미시게오/岩波茂雄는 '내용이 좋아도 팔리지는 않을 것' 같은 책도 펴냈는데 동경대의 영문학과 출신의 소설가 〈나쓰메소세키전집/夏目漱石全集〉을 시작으로 동경대학 출판회/東京大學出版會는 학문의 보급과 학술의 진흥이란 한 가지 기준으로 출판해 왔는데, 이는 대학 당국의 많은 자금 지원으로 가능했었다. 그러나 출판회 회장은 역대 총장이 맡았으며, 이사장과 이사에는 교수들이 취임하였고, 출판 기획 심사도 교수들이 맡아 했었다. 대학 측은 머리로 도운 것이지, 자금을 대준 것은 아니었다는 것이다. 간행 비용은 출판물로 얻어진 이익금으로 충당했었다. 우수한 연구 학술 서적은 가끔 지원을 받기도 했으나 이는 일부분이었고 주력한 부문은 자체 대학 교수들이 쓴 학술서, 교과서, 교양서, 강좌 시리즈, 사전, 사료/史料의 복간, 영문학 도서 등이었다.

2차대전이 끝나고 몇 해가 지나는 사이, 학자들은 상아탑에 묻혀서 연구에 전념했는데 사회에 대해 어떤 역할을 하려는 풍조가 높았다. 그 방법은 대학 프레스를 통해 출판물로 이바지하는 것이 제일 좋다는 것이었다. 이 도쿄대학에는 그때까지 〈대학신문〉과 대학협동조합의 출판부가 읽을 만한 〈해신/海神의 소리〉로 20만부를 판매, 베스트셀러를 만들어내기도 했다. 그 전에는 전몰 학생의 수기를 모아 〈아득한 산야〉를 출판했었다. 그 전 1944년에 〈다이고쿠/帝國 대학신문〉에 1월부터 12월까지 1년 간 연재하여 큰 반향을 일으켰으나 학술서적 출판에 전념하면서 출판회의 경영은 악화됐다.

1950년대 후반에 7대 이사장 다나카히데오/田中英夫 교수는 "양서를 내되, 손실이 없게 하라. 손실을 내면 책임을 묻겠다."고 진로를 바꾸었다. 도서 목록을 엄선하여 경영은 서서히 호전돼 출판회의 위치를 굳혔다. 창립 다음 해 명저를 낸 마루야마마사오/丸山眞男 교수의 〈일본 정치사상사 연구〉를 펴냈었다. 2차 대전 후 일본 사상사 연구의 길을 열어 이책은 정치 사상을 공부하는 데 고전이 된 획기적인 학술서로 〈마이니찌출판문화상/每日出版文化賞〉을 받았다. 마루야마/丸山 교수에 한하지 않고 전 대학 교수의 강의록, 강좌 시리즈를 간행하면서 국립 제국동경대학의 명성도 높여 나아갔다.

현재까지 5,000 종이 넘는 대학 출판부 목록에 의하면 동경대학 사료 편찬소의 연구 논문을 비롯해, 인문·사회·자연 과학에 걸쳐 무게있는 학술 전문서가 대부분이다.

학술서는 이와나미/岩波 못지 않은 동경대학 출판회의 출판물을 일반 독자들이 인정하는 한편. 법률도서나 역사서에서도 도쿄대 출판회의 간행물을 일본 출판계와 독자들이 생각할 만큼 학술 출판으로서 일본 출판계 알려져 있다. 이 대학출판회의 출판 여부는 이사회의 심사에 따른다는데, 그 결정의 기준은 '팔릴 것인가' 여부보다 '내용이 출판할 만한 가치가 있는가'였다. 도

교대/東京大는 10학부, 11연구소로부터 학문 분야의 최첨단이나 새로운 연구 성과가 제안되었는데, 편집자는 그 연구 성과 판단을 위해 교수들과 자주 접촉, 정보를 교환했다. 학문 분야에서 공전의 베스트셀러가 된 〈지/知의 기법〉, 〈지/知의 논리〉, 〈지/知의 모럴〉도 그런 과정을 거쳐 간행됐다. 그런 방침은 '미래에도 피가 되고 살이 될 것'이라며, '재미있는 책'이 아니라 대학의 교육 연구의 추세를 반영한 것이었다.

1999년에는 하스미시게히코/蓮實 重彦 총장이 출판회장을 맡고 있으며 이사장인 공학부 스가노타쿠오/菅野卓雄 교수가 무라카미슌이치/村上淳一, 가토사부로/加藤三郎 교수 등 17명의 이사진들과 더불어 이사회를 이끌어 가고 있다. 이 대학 총장은 임기제여서 자주 바뀌므로 출판회장 역시 총장의 임기를 따르고 있다. 최근 2010년 이후 하마슌이치/濱田純一 총장(전 사회정보연구소장)취임 이후 도쿄대학 출판회는 정보 관련 뉴미어 학술서가 상당수 출판되기도 했다.

이 대학 출판부는 대학 내의 교수진뿐만 아니라 이시이카슈오/石井和夫, 나카히라셍샤뷰로/中平千三郎 등 사계 권위자를 한때 고문으로 추대하여 기획도서의 출판 방향을 자문하기도 한다는 것이다. 과거 한때 이 출판회는 전무이사인 사이토토루/齊藤至가 출판국장을 겸하면서 업무의 능률을 도모했으며, 그보다 먼저 5개의 편집부 외에 사업출판부와 국제출판부, 제작부, 교재부, 선전부 그리고 2개의 판매부 등 일반 출판사보다 비교적 다양한 부서의 조직 체제를 갖추고 있다. 원래 학술서의 간행은 시장성이 없기 때문에 도쿄대학 출판회는 연구소는 물론 일반 연구기관이나 학회의 연구 업적을 출판토록 했다. 또 이 출판회는 영문 학술 논문 등의 출판을 위해 외국의 대학 출판부와의 업무 제휴로 공동 출판을 추진하면서 학문의 국제 교류에도 앞장서고 있다.

1,000여 종이 넘는 대학 출판부 목록에 의하면 동경대학 사료편찬소의 연구논문을 비롯해, 인문·사회·자연 과학에 걸쳐 무게 있는 학술 전문서가 대부분이다.

1980년대 후반기에는 모리와타루(森 亘) 총장이 출판회장을 맡고 있었으며, 이사장인 공학부 스가노타쿠오/菅野卓雄 교수, 무라카미슌이치/村上淳一 교수, 가토사부로/加藤三郎 교수 등 17명의 이사진들과 더불어 야마시타타다시/山下 正 전무이사의 공로가 많았던 것으로 알려져 있다. 또한 이 야마시타 전무는 일본의 대학출판부협회 간사장/幹事長을 맡아 한국과 중국 등 아시아권의 대학출판부협회와의 공동세미나를 주관하기도 했다.

여기서 도쿄대학 출판회의 창립 멤버로서 전무이사 겸 출판국장을 역임한 미노와시게오/箕輪成男님을 빼놓을 수가 없다. 그 후 그는 아이치가쿠인대학/愛知學院大學 교수, 카나가와대학/神奈川大學 교수를 역임하는 한편 일본출판학회 회장을 맡기도 하며, 여러 권의 출판학 관련 저서를 발행한 출판학자이기도 하다. 그의 저서 중 대표적인 저서로는 〈국제커뮤니케이션으로서의 출판/國際コミュニケ-ションとしての出版〉(국제출판개발론/國際出版開發論,한국번역판, 안춘근 역, 서울:汎友社, 1989)을 비롯 〈정보로서의 출판/情報としての出版〉(弓立, 社), 〈역사로서의 출판/歷史としての出版〉(弓立, 社), 〈소비로서의 출판/消費としての出版〉(弓立, 社) 등 대표적인 도서를 저술한 출판학자라고도 말할 수 있다. 이러한 출판 관련 양서는 모두 도쿄대학의 출판회에서 체험한 이론의 체계화라 짐작된다. 가장 최근의 저서로 〈出版學序說, 東京:日本エディタ-スクール出版部, 1997〉(한국역서, 関丙德역), 〈출판학서설〉(서울:범우사, 2001)의 출판 등 여러 권의 출판학 관련 도서를 발행하면서, 현재 80세의 노익장을 과시하고 있다.

2001년 출판회 50주년기념출판으로 〈일본경제사/日本經濟史〉(전6권)와 〈사회과학의 이론과 모델〉(전11권)을 간행했다. 그보다 앞서 마루야마마사오/丸山眞男 교수의 명저 〈일본정치사상사연구〉의 영문 출판 도서의 발행 경험에서 비롯된 출판이라 보아진다. 도쿄대 출판회는 〈동경대학공개강좌〉, 〈UP선서/選書〉 등의 시리즈를 간행하면서 1996년에는 〈지의 기법/知の技法〉에 이어 〈지의 논리〉, 〈지의 모럴〉 등 '지/知의 3부작'을 발행하여 학생들에게 화제를 모아, 〈지의 기법〉은 30만부가 넘게 팔린 베스트셀러가 되기도 했다. 이 3부작 시리즈는 1967년에는 이웃 한국에서도 번역, 출판되어(서울: 도서출판 경당) 대학생들의 관심을 모으기도 했다.

현재 동경대학 출판회 목록에 의하면 동경대학 사료편찬소의 연구 논문을 비롯해, 인문·사회·자연 과학에 걸쳐 무게 있는 학술 전문서가 대부분이다.

1999년부터는 하스미시게히코/蓮實重彦 총장이 출판회장을 맡았으며, 이사장은 가와노미찌카타/河野通方 신영역 창생과학연구과 교수가 맡았으며, 이사로는 스기노카즈오/管野和夫 대학원 법학정치학연구과 교수, 고미후미오/五味文彦 대학원 인문사회계 연구과 교수, 히라이시나오아키/平石直昭 사회과학연구소 교수 등 15명의 이사진과 감사로 대학본부의 이타바시이찌타/板橋一太 사무국장, 대학원경제학연구과 모찌다노부키/持田信樹 2인과 더불어 이사회를 이끌어 가고 있다. 특히 도쿄대 출판회는 각 전공 분야의 교수진 37인을 평의원으로 구성하고 있으며, 그 중에는 대학본부의 총무부장을 비롯, 경리·시설·학생부장과 도서관 사무부장도 평의원으로 출판회의 의결권을 가지고 참여하고 있다. 그 밖에 히라이시이카즈오/平石井和夫, 나카히라센사부로/中平千三郎 등 사계 권위자를 고문으로 추대하고 있다. 이 도쿄대학 출판회는 전에는 전무이사인 사이토토루/齊藤至가 출판국장을 겸하면서 업무를 처리하고 있었는데, 2015년 현재는 전술한 사무국장 구로다타구야/黑田拓也 이사가 편집부 외에 사업 출판부와 국제출판부, 제작부, 교재부, 선전부, 그리고 2개의 판매부 등을 설치, 일반 출판사보다 비교적 다양한 부서 체계의 조직을 이끌어 나아가고 있다.

한편 도쿄대 출판회는 일찍이 1973년부터 출판회의 기관지로 회보〈UP/University Press〉를 매월 발행하고 있다. 이 기관지는 일반 시중 서점에서도 정가 50엔에 판매되고 있어 대학 홍보에 크게 기여하고 있다는 것이다.

*소재지: 東京都 文京區 本鄕 7-3-1/
*참고문헌/塩澤實信,〈出版社大全·上〉, 東京: 論創社, 2003.
　　　　　塩澤實信,〈比較日本の會社出版社〉, 東京: 實務敎育出版, 2003.
　　　　　蓮實重彦 品切·絶版〈圖書目錄1999, II〉, 東京大學出版會, 1999.
*참조/UP/University Press, 1995년 1월, 3월호, 1999년 8월호 등
　　　URL:http://www.utp.or.jp/

□이와나미쇼텐/岩波書店
－문고와 신서 출판 붐 일으킨 일본의 선구 출판잡지사

1927년 이와나미 시게오/岩波茂雄에 의해 서점으로부터 출발한 일본의 대표적인 문고 출판사이다. 〈이와나미문고〉의 역사는 크게 세 시기로 나눌 수 있다. 첫 번째는 다이쇼/大正 연간으로 이 시기의 이와나미 문고는 주로 단행본을 취급했다. 두 번째는 2차대전을 전후한 시기다. 이때 문고 출판이 본격적으로 개시됐다. 이 시기는 신간의 3분의 1 이상이 문고판이었다. 세 번째는 전후로 문고가 어느 정도 쇠퇴하고 창작집이 많이 간행되던 시기라 한다.

이 중 이와나미의 이름을 세계에 떨친 문고 출판은 원래 독일 문고의 대명사 레클람출판사(Reclam Verlag)를 모방해 동서고금의 고전류 보급을 목적으로 출발했다. 첫 시리즈로 출판된 톨스토이의 〈전쟁과 평화〉나 플라톤의 〈소크라테스의 변명〉, 〈크리톤〉 등은 곧 일본 출판계에 큰 반향을 불러일으켰다. 이로 인해 이와나미 문고는 일본 출판계에 '문고'의 이름을 정착시켰으며 이후 쏟아져 나온 문고 출판의 선구자가 되었다.

'만주사변' 당시에는 인텔리 출신 병사들이 이와나미 문고 몇 권씩을 꼭 배낭 속에 집어넣고 다녔으며, 따라서 군부에서도 이와나미 측에 10만 부의 문고를 주문했던 사실은 너무도 유명하다.

이와나미 문고는 메이지유신/明治維新 이후 일본에 물밀 듯이 밀려들어 온 서구 사상을 권위 있는 주석과 해설로써 일본 국내에 보급, 일본 문화를 국제적인 수준에 올려놓은 데 크게 공헌했다. 이로 인해 일본에서는 '이와나미 문화'라는 말이 통용될 만큼 커다란 영향력을 끼치고 있다. 한편, 〈이와나미 주니어신서/岩波ジュニア新書〉, 〈동시대 라이브러리/同時代ライブラリー〉의 문고판을 최근 새로 발행하고 있다. 또 3·6판과 4·6판의 〈와이드판 이와나미문고/ワイド岩波文庫〉도 기획, 이미 발행된 문고를 활자와 판형을 크게 해 30권씩 묶어 다시 간행하면서 문고 문화의 활성화에 계속 정진하고 있다. 현재도 출판과 더불어 서점을 운영하고 있는 이와나미 서점의 변치 않는 출판 정신은 높이 평가되고 있다.

지금으로부터 꼭 100년 전인 1913년, 이와나미시게오/岩波茂雄가 간다/神田

의 상점가의 모퉁이에 있는 가정 집에서 고서점을 개업했다. 처음엔 〈마음〉 〈유리집의 가운데〉 등 나쯔메소세키/夏目漱石의 작품을 중심으로 출판을 시작했다. 소설가 나츠메소세키의 사후 7년에 〈소세키전집/漱石全集〉을 간행했다. 한편 철학서에도 힘을 기울여 4년마다 〈철학총서/哲學叢書〉의 간행을 시작했다. 이렇게 소세키와 철학서 출판으로 이와나미는 확고한 기반을 다지게 된다.

1927년 고전의 보급을 목적으로 〈이와나미분고/岩波文庫〉를 간행, 발간사에 '진리는 만인이 구하고자 하고, 예술은 만인이 사랑하기를 바란다'고 썼다. 값은 20전. 첫 회에는 〈마음〉, 〈국부론/國富論〉, 〈전쟁과 평화〉 등 31권, 발매되자 큰 평판을 얻었다. 이에 자극을 받아 다른 출판사도 〈가이소분고/改造文庫〉, 〈신쵸분고/新潮文庫〉, 〈순요도분고/春陽堂文庫〉 등을 속속 간행, 본격적인 문고시대가 시작되었다. 이와나미문고는 10년 동안에 7백 종의 책을 펴냈다. 한편 시대적 주제를 중심으로 1938년에 〈이와나미신서/岩波新書〉를 간행, 〈중국 사상과 일본〉(津田左右吉), 〈만요슈 걸작선/萬葉秀歌〉 등 20책을 동시에 발간, 그 가운데서 〈철학입문〉(三木淸)은 10만 부나 발매됐다. 문고는 독일의 〈레클람문고〉, 신서/新書는 영국의 〈페리칸북스〉를 모델로 했는데, 당시 출판계에서는 획기적인 기획이었다.

2차 대전 중 언론통제 시대에는 이와나미의 역사상 가장 어려운 시기였다. 〈고사기/古事記〉 및 〈일본서기/日本書紀의 연구〉(津田左右吉)를 시작으로 야나이하라다대오/矢内原忠雄, 오우치호에/大內兵衛, 야마다모리타로/山田盛太郎 등의 저작물이 속속 절판/絶版, 발매 금지 처분을 받았다. 전후에는 1945년, 아베요시시게/安倍能成, 다니가와데쓰조/谷川徹三에 의해 〈세카이/世界/세계〉지가 월간으로 창간되었다. 요시노겐자부로/吉野源三郎가 편집장을 맡았다. 이 〈세계〉지는 전후 민주주의의 기수로서 강화 논쟁, 안보 논쟁의 논설을 주로 실었던 당시 대표적인 종합지로서 전후 일본 논단의 중심지가 되었다. 특히 1949년의 〈평화 문제 특집호〉와 1951년의 〈강화문제/講和問題 특집호〉는 전후 일본이 가야 할 길을 민주주의의 입장해서 분석하여 큰 반응을 받았다.

한편, 일반서적이나 문고, 신서 출판을 활발하게 진행, 많은 명저를 내놓았다. 작가 소세키 이외에도 모리오가이/森鷗外, 나가이가후/永井荷風, 우치무라간조/内村鑑三, 스즈키 다이세쓰/鈴木大拙, 니시다기타로/西田幾多郎, 미키기요시/三木淸, 오쓰카 시다오/大塚久雄, 가와시마 다케요시/川島武宜, 우노고조/宇野弘藏 등 쟁쟁한 작가, 학자의 전집·저작집을 출판, 이와나미의 성가를 높여

[부록 1] 일본의 출판·잡지사들 357

일본의 큰 문화재로 남겨지도록 했다.

대표적인 시리즈로 〈이와나미신서/岩波新書〉를 들 수 있으며 우리나라 한국과 관계된 것으로는 〈조선어역 시집/朝鮮語譯 詩集〉, 〈조선민요집/朝鮮民話集〉, 〈조선동화집/朝鮮童話集〉 등을 들 수 있다.

이와나미는 2003년 창업 90년을 맞아 기념 출판으로 전 10권의 〈종교 강좌〉, 시리즈로 〈구텐베르크의 숲〉, 〈모리시마미치오/森嶋通夫 저작집〉, 신편 〈이스미교카집/泉鏡花集〉(10권. 별책), 〈이와나미 수학입문사전〉, 호에조판/保永堂版 〈도카이도 53쓰기/廣重東海道53次〉를 간행했다.

이미 10년 전 창업 80주년의 〈마루야마마사오집/丸山眞男集〉(전 16권)의 간행을 시작, 〈일본사진선집〉(전 40권), 〈세계역사〉(전 8권), 〈가부키/歌舞伎·文樂〉(전 10권) 등과 2000년에는 〈세계의 미술〉(전 12권), 〈현대수학의 기초〉(전 17권), 〈이시모다/石母田正저작집〉(전 16권), 2013년에는 〈쌍서/双書 현대의 철학〉(전 15권) 등 시리즈물을 속속 간행했다. 〈이와나미 주니어신서/岩波ジュニア新書〉, 〈동시대 라이브러리/同時代ライブラリー〉의 문고판을 최근 새로 발행하고 있다. 또 3·6판과 4·6판의 〈와이드 이와나미문고/ワイド岩波文庫〉도 기획, 이미 발행된 문고를 활자와 판형을 크게 해 30권씩 묶어 다시 간행하면서 문고 문화의 활성화에 계속 정진하고 있다. 현재도 출판과 더불어 서점을 운영하고 있는 이와나미 서점의 변치 않는 출판 정신은 높이 평가되고 있다. 이렇듯 1998년 창간 60주년 기념의 복간 20종의 문고 도서 목록을 보면(자사 발행〈도서/圖書〉, 1997년, 임시증간호 자료), 〈봉천/奉天 30년/상·하〉, 〈일본미/日本美의 재발견〉, 〈파스칼〉, 〈주자학/朱子學과 양명학/陽明學〉, 〈현대 일본의 사상〉, 〈인간의 한계〉, 〈잊어버린 사상가〉, 〈야마켕/山縣有朋〉, 〈고사기/古事記의 세계〉, 〈소세키의 시주/詩注〉, 〈정치가의 문장〉, 〈그리스의 미술〉, 〈아메리카 감정 여행〉, 〈우주와 별〉, 〈시에의 가교〉, 〈신들의 메이지유신/明治維新〉, 〈17세기 영국 신사의 생활〉, 〈단편소설 예찬〉 등이다. 이 밖에 그 동안에 발행한 〈이와나미신서/岩波新書〉의 최다(429인) 독자 추천으로는 〈철학의 현재〉(中村雄二郎 저), 〈철학입문/哲學入門〉(三木淸), 〈지구 환경 보고〉(石弘之), 〈지적생산의 기술〉(梅棹忠夫) 등 이와나미 기간 신서 중 '내가 추천하는 1책'으로 독자 앙케이트로 선정한 신서들이다. 이는 출판사가 독자와 함께 하고 있는 이와나미의 출판 정신이라 보아진다.

이 문고 출판사는 오늘에 이르러 회장 이와나미 2세/岩波雄二郎)에 의해 문고나 일반 출판물 이외 〈세계/世界〉, 〈사상/思想〉, 〈문학/文學〉, 〈과학/科學〉,

〈도서/圖書〉 등 5종의 잡지도 발간은 앞에서 언급한 바와 같다.

2003년 창업 90주년에는 〈종교〉 강좌 전 10권, 시리즈 〈구텐베르크의 숲〉, 〈모리시마미치오저작집/森嶋通夫著作集〉, 〈마루야마마사오전집/丸山眞男全集〉(전 16권)의 간행을 시작했다. 〈일본사진모음집(選書)〉(40권), 〈세계 역사〉(전 28권), 〈가부기인형극·문집/歌舞伎·文樂〉(전10권) 등 외에도 2000년에는 〈세계의 미술〉(전 12권), 〈현대 수학의 기초〉(전 17권), 〈이시모다타다시/石母田正저작집〉(전16권), 2001년에는 총서〈현대의 철학〉(전15권) 등 시리즈 물을 간행하면서 월간 잡지로 앞에서 언급한 〈사상/思想〉, 〈문학/文學〉, 〈과학/科學〉 등 5종의 잡지를 발행했다. 그 후 이와나미쇼텡/岩波書店은 다가오는 뉴미디어 시대에 부응하고자 일본어 사전인 〈코지엔/廣辭苑〉을 CD롬화하여 전자 출판에도 힘을 기울였으나, 온라인 전자 출판에 밀려 큰 성과는 거두지 못했다.

인문·사회과학계의 도리쯔기·스즈키/取次·鈴木 서점의 도산으로 이와나미도 자체의 경영 환경이 어려워져 결국 그해 6월부터 출하량을 2.3% 줄여 73.5%로 도매율을 변경했다.

타사가 70% 내외로 출고한 것과 비교하면 한 단계 높은 73.8% 시대가 오랫동안 지속되었다, 그만큼 도매나 서점의 수입은 적어진 것이다. 그러나 직영의 스즈키서점/鈴木書店의 도산으로 자사의 판매 촉진 기능이 저하하는 것을 바로잡기 위해 정가를 낮출 수밖에 없었던 것이다.기존의 월간지인 〈세카이/世界〉, 〈사상/思想〉, 〈문학/文學〉, 〈과학/科學〉, 〈도서/圖書〉 등 외에 〈컴퓨터 소프트웨어〉의 새 잡지의 발행에도 힘을 기울이고 있다.

2004년의 월간 〈세카이/世界〉지의 이와나미 발행 신간 안내에 의하면, 창업 초기 자본금 9천만 엔으로 출범한 이와나미사는 2000년대에 이르러서는 야마구치아키오/山口昭男가 사장을 맡아 240명의 사원을 거느리는 인문학 출판의 발전적 면모를 현재에도 과시하고 있다. 오늘의 이와나미는 회장 이와나미 2세/岩波雄二郎에 의해 문고나 일반 출판물 이외 월간 교양지의 발간에도 매진하고 있다.

*소재지: 東京都 千代田區 一ッ橋 2-5-5 *참조/URL:http://www.iwanami.co.jp/
*참고/〈사상/思想〉, 〈문학/文學〉, 〈과학/科學〉, 〈도서/圖書〉 등 자사 발행지.
*참고문헌/塩澤實信, 〈出版社大全·上/下〉, 東京 : 論創社, 2003.
　　　　　〈比較日本の會社 出版社〉, 東京 : 實務敎育出版, 2003.

□ 고단샤/講談社
- '재미있고, 윤택하게 꾸미라'는 '노마'의 잡지 편집 정신 구현

웅변가인 노마 세이지/野間清治에 의해 창업된 100년이 넘는 역사를 지닌 일본의 대출판사이다. 고단샤의 역사는 도쿄제국대학/東京帝國大學 서기를 지내던 노마/野間가 대일본웅변회/大日本雄辯會의 간판을 집에다 걸고 당시 붐을 이루고 있던 연설의 속기록을 모은 〈웅변/雄辯〉 잡지를 발행한 것이 출판과의 인연이었다. 메이지/明治 44년(1909년) 노마세이지/野間清治가 도쿄에 〈대일본웅변회〉의 이름으로, 잡지 〈웅변/雄辯〉지를 발행하면서 출발했다. 〈웅변〉 창간호는 1만 4천부를 판매한 대히트였다. 1911년 오락을 중심으로 한 〈코단클럽/講談俱樂部〉을 발행, 창간 당시는 팔리지 않았으나 〈고단시/講談師〉와의 분쟁이 생겨 고육책으로 〈신고단/新講談〉으로 개제/改題했는데, 크게 히트하여 발행 부수도 비약적으로 늘었다. 1910년대 시대에 들어가서 〈쇼넹클럽/少年俱樂部〉, 〈재미클럽/面白俱樂部〉, 〈후징클럽/婦人俱樂部〉, 〈겐다이/現代〉, 〈쇼죠클럽/少女俱樂部〉 등을 순차적으로 창간, '재미있고, 윤택하게 꾸민다.'는 방침으로 성공했다. 고단샤/講談社라는 이름은 1911년 〈고단클럽/講談俱樂部〉의 창간에서부터 비롯된다. 창간 초기 이 잡지는 경영이 부진했으나 꾸준한 발행으로 1913년에는 제법 독자들에게 팔려 나가기 시작했다. 이에 용기를 얻고 1914년부터 〈쇼넹클럽/少年俱樂部〉, 〈후징클럽/婦人俱樂部〉, 〈겐다이/現代〉, 〈킹/KING/ キング〉 등 9종의 잡지를 발간하게 된다.

그래서 1925년 사운을 걸고 월간지 〈킹〉을 창간했다. 〈킹〉은 동양의 출판업자들이 시도했던 최대잡지사업 '노마/野間'라고 할 정도로 창간호는 중판까지 하면서 74만부를 판매, 당시 최대의 발행 부수를 자랑하던 〈슈후노 도모/主婦之友〉지의 3배가 넘는 판매 실적으로 잡지계의 왕자가 됐다. 또 회사 이름도 〈다이니혼유벤카이 고단샤/大日本雄辯會講談社〉로 고쳤다. 〈킹〉은 1928년 신년호는 140만부란 경이적인 판매 부수를 기록했다. 1940년 〈어린이클럽/幼年俱樂部〉을 창간, 기존의 잡지와 함께 고단샤의 9대 잡지로 불리게 됐다. 그래서 '잡지 왕국'이란 이름을 얻게 되었으나, 1931년의 통계에 따르면 9대 잡지는 월 529만부로 일본의 전 잡지의 30%를 차지한다고까지 하였다. 2차 대

전 중에는 잡지 〈킹〉은 당시 적국/敵國인 영국/Kingdom의 표기와 같은 적성어/敵性語라는 정부 규제로 〈후지/富士〉로 제호를 바꾸었다. 고단샤는 잡지의 통폐합으로 국책/國策에 따라 편집 방침의 주제를 대형으로 잡았다. 당시 전쟁의 상대였던 미국이나 영국, 서구/西歐와 비슷한 표기의 이름을 잡지 제호나 출판사명으로 쓸 수 없도록 당국에서 규제했다.

2차 대전 후에는 1946년 〈군죠/群像〉를 창간, 고단샤로서는 전연 새로운 분야인 문예 분야에도 진출했다. 〈토카톤톤/トカトントン〉(太宰治), 〈육체의 문〉(田村泰次郎), 〈무사시노부인/武藏野夫人〉(大岡昇平), 〈일본문단사/日本文壇史〉(伊藤整) 등의 작품이 나왔다. 또한 코단샤는 〈군죠신인상/群像新人賞〉을 만들어 신예 문인 발굴에도 크게 기여했다. 그 가운데 이회성/李恢成(한국교포 작가), 무라카미류/村上龍, 다카하시미치쓰나/高橋三千綱 등의 작가를 배출했다. 아울러 당시 무명작가 하라다야스코/原田康子의 〈반가/輓歌〉는 고단샤 산하의 별도 회사 토호쇼보/東邦書房의 이름으로 1956년에 발행하여 다음 해까지 60만 부를 판매한 베스트셀러의 출판이었다. 당시 신죠샤/新潮社 발행의 〈태양의 계절/太陽の季節〉(이시하라신타로/石原慎太郎/전 東京都知事)과 함께 젊은이를 소재로 한 문제작이었다. 이상 두 작품은 한국에서도 1960년에 번역되어 인기리에 판매되었다. 한국은 4·19학생 혁명으로 구자유당 정권이 무너지기 이전까지는 일본의 영화나 문예 작품은 수입할 수 없게 되었는데, 최초로 이 일본의 젊은이 소재의 이 두 소설이 최초로 한국에서 번역, 발행 즉시 베스트셀러가 되었다(한국 과학사 발행, 1960). 이를 시작으로 일본의 명작 소설류는 그 후 계속 번역, 출판되면서 한국 독서계를 풍미했다. 문예잡지 〈군죠/群像〉의 창간이 고단샤를 일류 문학 출판사로 키워주기도 했다.

1955년 8월 창설자 노마의 미망인인 제3대 사장 노마사에이/野間左衛 여사가 71세에 협심증으로 사거/死去하게 되어 전무 노마쇼이찌/野間省一가 취체역 대표 사장에 오르게 된다. 4대 사장에 오른 노마쇼이찌/野間省一의 본 이름은 다카키요시카다/高木義賢였으나, 지난 제2대 사장 노마히사시/野間恒의 급거/急去로 그의 아내 20대 미망인 노마토기코/野間登喜子와 결혼하게 되어 일본의 관습대로 노마/野間로 성을 바꾸게 된다. 그러나 4대 쇼이찌/省一 사장은 1981년 취체역 명예회장으로 업무의 일선에서 손을 놓음으로써 제5대 대표 취체역에 노마코레미찌/野間惟道 부사장에게 실무의 일을 넘기게 된다. 노마쇼이찌/野間省一 사장은 전쟁 이후의 1946년 전범 출판사라는 이유로 일본출판협회에서 제명되어 협회를 탈퇴하게 되지만, 그 후 일본서적출판협회의 회장으로 선임되기도 한다. 이러한 어려움으로 회사는 〈겍캉 겐다이/月刊現代〉와 〈고단클럽/講談俱樂部〉의 대표 잡지를 폐간해야만 했다.

한편 1959년 주간지 붐이 일 때 고단샤도 〈슈캉 겐다이/週刊現代〉를 창간하고, 같은 해 창간한 〈슈캉 쇼넹/週刊少年 마가진〉은 소년 만화 잡지 붐의 선구로 자리잡게 되었다. 1968년에는 샐러리맨을 대상으로 한 월간 종합잡지 〈겐다이/現代〉를 창간, 권위지로 키워 현재에 이르고 있다. 또 〈스콜라/scholar〉, 〈Hot-Dog PRESS〉, 〈펜트하우스/PENTHOUSE〉 등 새로운 잡지의 창간은 젊은이 문화에 신선한 흐름을 주었다. 그중 성인잡지였던 〈PENTHOUSE〉는 〈후징클럽/婦人俱樂部〉지와 함께 1988년에 폐간했다.

1971년 〈고단샤문고/講談社文庫〉를 발간했다. 창간 때 한번에 55종, 연내 100종을 갖추어 앞선 이와나미/岩波, 신초/新潮, 카도카가와/角川 문고와 함께 문고 전쟁을 일으켰다. 1975년에는 〈데일리 매거진/Dailly Magazine〉이란 이름을 붙인 〈닉캉 겐다이/日刊 現代〉를 창간, 과격한 논조와 독특한 문체로 성공했다. 또한 1984년 사진 주간지 〈프라이데이/FRIDAY〉를 창간, 3년 앞선 신초샤의 〈FOCUS〉지와 경쟁하였지만, 두 잡지 모두 잘 팔려서 주간 잡지계의 FF붐이라고 할 정도였다. 그러나 1986년 '비트 사건'은 프라이버시와 보도 문제로 논란을 일으켰다. 고단샤는 이 잡지 외에도 〈쇼세쓰 겐다이/小說現代〉 〈장쾌/壯快〉 〈소피아/SOPHIA〉, 〈별책 프렌드〉 등 50종의 잡지를 발행하게 되었다. 현재의 헤이세이/平成 시대에 새 잡지 〈FRaU〉, 〈TOKYO일주간〉 등도 창간했다.

서적 출판도 크게 늘었다. 연간 서적 발행 부수가 2위 이하의 회사와 큰 차이를 보이고 있는 출판사가 손을 댄 책은 〈고단샤문고/講談社文庫〉를 비롯해 〈학술문고〉, 〈문예문고〉, 〈플라스 알파 문고/ +α 文庫〉로부터 〈현대신서/現代新書〉, 〈블루 박스〉, 〈컬쳐 북스〉에 이르기까지 다양했다.

화제의 베스트셀러도 많아서 1981년의 〈창가의 토토님/トットちゃん〉(黑柳徹子)는 7백만 부가 넘는 일본 출판사상 전에 없던 대베스트셀러를 창출했다. 1988년의 무라카미하루키/村上春樹의 〈노르웨이의 숲〉도 문예서로서 상·하권 모두 3백 70만 부가 팔려 '무라카미하루키 현상'을 빚었다. 1997년 와타나베준이치/渡邊淳一의 〈실락원/失樂園〉(상·하권)은 초판 50만 부라는 대부수로 출발, 미디어 믹스의 상승 작용으로 가을까지 2백만 부를 넘었다. 일본의 무라카미/村上春樹의 바람은 2009년 곧 한국으로 이어져서 10억원(한화)이 넘는 선인세를 지불하면서 한국 출판사 '문학동네'가 그의 장편소설 〈IQ84〉 Book1·2

시리즈는 물론, 그의 대표소설 〈노르웨이의 숲〉을 비롯 에세이 〈먼 북소리〉 등 그의 작품 모두를 번역, 발행하여 한국 독서계를 풍미하기도 했다.

사전의 분야에서는 1989년 〈칼라판 일본어 대사전〉이 초판 50만 부, 재판 20만 부가 순식간에 팔렸다. 일본의 히로히토/裕仁 시대(1926~1989)를 총람하는 〈쇼와/昭和 2만 일의 기록〉 〈20세기의 전기록〉도 간행했다. 〈대영박물관〉(전 12권), 〈현대 미술/現代美術〉(18권), 현재의 천황 아키히토/明仁 시대에 들어서는 국제 무대의 간행물도 눈에 띈다. 〈컬러 영문일본대사전〉, 완성하기까지 12년 반이 걸린 〈유어 대사전/類語 大辭典〉이 호평을 받았다.

1994년에는 〈육필그림총대관/肉筆浮世總大觀〉 전 10권과 연표(年表) 기사와 비주얼을 세트로 한 연대기 방식에 의한 〈세계 전사/世界全史〉, 〈전국/戰國 전사 연대기〉, 〈VIVANT 25인의 화가〉(25권), 1995년에는 〈유네스코 세계유산〉(12권). 1999년 창업 90주년 기념 기획으로서 〈겐지 이야기/源氏物語〉(10권)가 베스트셀러가 됐다. 2000년 〈보스턴 미술관육필화/肉筆浮世繪〉(3권), 〈일본의 역사〉(26권) 등 대형 기획물을 출간했다.

특히 1959년 창립 50년을 맞아 첫 번째로 발행한 〈소년소녀세계문학전집〉은 전 50권으로 소년, 소녀들이 꼭 읽어야 할 프랑스 편의 빅토르 위고 작 〈아아 무정/無情〉을 비롯, 독일, 미국, 러시아, 북구 편 등 국가별로 나눠 편집, 발행한 대기획이었다. 그 밖에도 〈세계문학전집/世界文學全集〉과 〈일본미술대계/日本美術大系〉 등의 무게 있는 전집물/全集物은 물론 〈/현대세계대백과사전/現代世界大百科事典〉, 〈유치원백과/幼稚園百科〉와 〈신가정백과사전/新家庭百科事典〉 등 백과사전을 편찬, 발간하면서 일반 출판의 경영에도 많은 힘을 쏟고 있었다. 그 후의 코단샤는 잡지 발행이 더 우위인 재무 구조를 보이고 있다. 당시 잡지계는 코단샤의 〈슈캉 겐다이/週刊現代〉(1959.4.12일 창간호)를 발행 35만 8천부를 인쇄하여 거의 90%를 판매했다. 이 고단샤의 주간지를 기점으로 슈에이샤/英集社의 〈슈캉묘죠/週刊明星〉, 고분샤/光文社의 〈슈캉죠세지싱/週刊女性自身〉 등을 시작으로 스포츠 주간지, 대중주간지의 창간이 붐을 이루면서 '주간지 시대'를 열게 되었다. 한편 무명 작가의 발굴에도 힘쓰면서 고미가와슌페이/五味川純平의 6부작 소설 〈인간의 조건/人間の條件〉을 삼일쇼보/三一書房를 통해 발행, 2년반 만에 250만 부를 판 롱셀러의 작품을 탄생시켰다. 이러한 소설류는 곧 한국에서도 번역되어 베스트셀러가 되었다. 이 작품은 곧 일본에서 영화화되어 11억 2,745만 명이라는 관객의 기록을 세우기도 했다. 이러한 전례 없는 출판, 영화의 문화적 기록은 모두가 '노마정신'의 산물이라고 한다, 그래서 도쿄대학의 나카무라코야/中村孝也 교수는 고단샤를 제2의 문부성, 노마세이지를 '노마대신'이라고까지 부르기도 했다. 고단샤는 과거에 베스트셀러의 도움을 받았으나, 최근에는 7년 연속 수입이 줄어, 제64기 결산에서는 당기 손실이 1천6백만 엔에 이르는 적자 결산을 보였다. 현재 노마사와코/野間佐和子 제6대 사장(전 노마쇼이찌 4대 사장의 장녀, 노마코레미찌/野間惟道 전 5대 사장 부인)은 노마세이노부/野間省伸 상무와 함께 권토중래를 노리고 있다. 이후 1962년에 발행한 야마오카쇼하찌/山岡藏八 저 〈도쿠가와이에야스/德川家康〉(19권)는 일본에 도쿠가 붐을 일으키면서 마지막 권인 19권째는 259만 9,500부를 발행했던 것은 세계출판사상 일찍이 없었던 대히트작으로 기록되고 있다. 덕분에 이웃 한국에서도 번역, 출판되어 독서계를 달군 적이 있음을 밝혀둔다. 또한 고단샤는 무명 작가의 발굴에도 힘쓰고 있다.

일본의 잡지왕이라는 고단샤는 이미 1931년에 총 발행 부수 529만부로 전국 잡지 발행의 82%를 차지하게끔 됐다. 특히 '재미있는 잡지'라는 캐츠프레이즈를 내걸고 창간한 〈킹〉은 한때 한국에도 배부, 오늘의 50, 60대들이 당시 즐겨 읽었을 만큼 그 인기가 대단했다.

당시 자본금 3억 엔에 1,500명의 종업원을 거느리고 있는 고단샤는 'With', 'Vivi', 'Quark' 등의 영문 표기 제호의 대판형 잡지와 〈군죠/群像〉, 〈쇼세쓰/小說〉, 〈겐다이/現代〉 등의 월간지, 그리고 〈슈캉 쇼넹마가진/週刊少年マガジン〉 등 20여 종의 잡지를 발행하고 있는 잡지·출판사인 것이다.

이같이 고단샤는 창립 초기의 월간지 〈겐다이/現代〉 등의 다종의 잡지를 계속 발행하고 있으며, 한때는 국제 판권 제휴를 한 〈펜트하우스/PENTHOUS〉(현재 타사 이관) 등도 발행하는 한편 〈고단샤문고/講談社文庫〉와 〈고단샤 현대신서/講談社 現代新書〉 등 단행본의 문고 출판에도 힘을 기울이고 있다. 이 고단샤/講談社는 현재 창립 이래 대표 취체역 사장이 몇 분 바뀌어 2015년 현재는 제6대로 노마사와코/野間佐和子 여사장이 대표를 맡고 있다. 여기서 몇 차례씩 바뀐 사장의 면면을 살피기로 한다. 설립자 노마세이지/野間清治가 1938년 협심증의 지병으로 갑자기 타계하게 된다. 따라서 20대의 외아들 노마히사시/野間恒가 제2대 사장을 맡게 된다. 이 설립자의 뒤를 이은 제2대사장은 1933년 25세 되는 해 2월에 마치지리토키코/町尻登喜子 양과 결혼했다. 그 해 6월부터 직장암의 발병으로 치료를 받아왔다. 젊은 2대 히사시/恒 사장은 부친 사거 49일의 시치키/七七忌(한국의 四九祭)에 지병인 직장암으로 29세의 나이에 타계했다. 따라서 초대 사장의 미망인 노마사에/野間佐衛가 제3

대 사장에 취임하게 된다. 제3대 노마사에 사장은 곧바로 임원진을 개편하면서 상무에 다가키요시카타/高木義賢를 임명한다. 바로 이분이 뒤에 노마죠이찌/野間省一로 개명하고 취체역 전무를 거쳐 1941년 제4대 사장에 취임한다. 다가키/高木는 1941년에 입사하고 상무취체역과 전무취체역을 거쳐 대표취체역 제4대 사장에 취임하게 된다. 그 사이 제2대 사장 노마히사시/野間恒의 미망인 노마토키코/野間登喜子와 1941년 봄에 결혼하면서 노마가/野間家로 입적하게 되어 다가키/高木義賢의 이름을 노마죠이치/野間省一로 바꾸게 된다. 이 4대 사장은 지난날의 고단샤 발행 잡지 등의 전쟁 문제로 전범출판사의 명예를 짊어지고 사임했다가 1949년에 다시 고단샤 사장으로 복귀하게 된다. 이 노마죠이치/野間省一 사장은 1935년 일본서적출판협회 부회장을 맡으면서 그 후 사단법인 일본잡지협회를 출판의 국제화를 도모코자 국제출판연합/IPA의 상무이사로 취임하게 된다. 이렇게 국내외로 많은 업무를 맡으면서 건강에 문제가 생겨 1970년 9월 뇌혈전의 지병으로 쓸어져 명예회장으로 지내다가 1984년 8월에 지병인 심부전으로 73세의 생을 마감하게 된다. 따라서 제5대 사장으로는 노마고레미찌/野間惟道가 대표 취체역 사장에 취임하게 된다. 일찍이 5대 사장의 고명딸과 결혼하여 고단샤에 입사한 고레미찌 사장의 취임이다. 이 무렵 역사·시대소설집 〈도쿠가와이에야스/德川家康〉 전 13권은 베스트셀러로 보급판, 신장판, 문고판을 모두 합쳐 2,770만 부를 발행한 최대 부수의 기록을 남기고 있다. 이러한 출판의 초베스트셀러의 실적과는 달리 1981년 제5대 노마고레미찌/野間惟道 사장은 1987년 6월 급성경막하혈종/急性硬膜下血腫으로 갑자기 사거/死去하게 되어 그의 미망인이며, 3대 노마죠이치/野間省一 사장의 고명딸 노마사와코/野間佐和子가 제6대 사장에 취임하여 2015년 현재 종업원 1,097명의 고단샤를 잘 이끌어 가고 있다.

*소재지 東京都 文區京 音羽 2-12-21/ * URL:http://www.kodansha.co.jp/
*참조문헌: 講談社八十年史編集委員會, 〈講談社の80年: 1909-1989〉, 東京: 講談社. 1989. 塩澤 實信, 〈出版社大全·上/下〉, 東京: 論倉社, 2003. 〈比較日本の會社 出版社〉, 東京: 實務教育出版. 2003. 言論研究院叢書 ⑪, 〈世界의 出版〉, 서울: 한국언론연구원, 1991. 高正一, 〈愛國作法:新文館 崔南善·講談社 野間淸治〉, 서울: 동서문화사, 2007.
*참조:〈슈캉겐다이/週刊現代〉, 〈겟간겐다이/月刊現代〉, 〈쇼세쓰겐다이/小說現代〉, 〈군죠/群像〉, 〈FRaU〉, 〈슈캉소넨/週刊少年마가진〉, 〈別冊 프렌드〉, 〈베스트 카〉, 〈FRIDAY〉, 〈MINE〉 〈ViVi〉, 〈오프라〉 등 講談社 發行誌 등

□쇼가쿠칸/小學館
- 0세에서 12세까지의 어린이 학습잡지로 출발

쇼가쿠칸/小學館이 출판에 손댄 것은 1928년 〈겐다이 유머/現代ユウモア〉 전 24권의 간행에서부터였다. 그 후 1929년 〈소학생의 학습전서/小學生の學習全集〉 전 60권을 발간하면서 1962년에는 창업 40주년 기념 〈일본대백과대사전/日本大百科大事典〉 전 20권을 출판하기도 했다. 이 백과사전은 그 후 3권을 더 붙여 〈대일본백과사전/大日本百科事典/Japanica〉으로 발전시키는 등 쇼가쿠칸은 전집류, 백과사전 등의 출판에도 학습 잡지 못지않은 많은 힘을 쏟고 있다.

특히 1982년의 〈근세풍속도보/近世風俗圖譜〉 전 13권과 그 이듬 해의 〈일본민속문화대계/日本民俗文化大系〉 전 13권 등의 출판은 그 기획이나 편집에서 정평을 받고 있다.

아이가다케오/相賀武夫(祥宏)가 1922년 학년별 학습 잡지의 출판을 목적으로 재창업했다. '일본 문화의 기초는 초등학교 교육에 있다. 초등학생 교육이야말로 중대한 문제'라는 신념에 바탕한 것이었다. 1922년부터 1925년까지 차례로 〈소학 6년생 교육〉~〈소학 1년생 교육〉을 창간했는데, 예상과 달리 저학년 잡지의 판매가 양호했다.

1927년에는 교사를 대상으로 한 잡지로서 〈소학교 1년생 교육〉~〈소학교 6년생 교육〉까지 6종을 창간, 학년별 교육 잡지의 체계가 완성됐다. 이후 전집 등을 적극적으로 간행했는데, 2차 대전 중의 출판 통제 때에는 〈좋은 자식의 친구〉, 〈소국민의 벗/小國民の友〉, 〈청소년의 벗〉, 〈니홍 쇼세 /日本 少女〉로 명칭을 바꾸었다.

1946년에는 〈소학 1년생〉~〈소학 3년생〉으로 학년별 잡지가 복간되었으나, 1947년 학제 개편에 따라 다음 해까지 〈소학 1년생〉~〈소학 6년생〉 〈소1교육기술〉~〈소6교육기술〉로 학년별 학습 잡지 교육 잡지의 체계가 다시 정리됐다. 어린이, 특히 소학생을 대상으로 한 학습 잡지 출판을 위해 세운 일본의 대출판사이다.

사장 오가타케오/相賀武夫에 의해 1922년 〈소학 6년생/小學六年生〉이란 학습지로 첫발을 내디딘 것이 오늘의 쇼가쿠칸이다. 현재는 0세부터 12세까지의 어린이 학습용 잡지 50여 종을 간행하고 있는 어린이 잡지사이면서 1967년에는 〈대일본백과사전/大日本百科事典〉 전 23권을 발행하는 등 출판사로도 자리를 굳히고 있다.

'재미있는 학습 잡지'를 만들어 아동문화의 향상에 이바지하겠다는 쇼가쿠칸은 '유아용 잡지'와 아울러 학부모 또는 교사용 잡지까지 만들어 일본인 2세 교육에 크게 기여하고 있다.

1955년대에 들어와 일반 서적 분야에도 진출했다. 1956년 〈도설/圖說 일본문화사대계〉가 호평을 받았다. 1962년에는 〈일본백과대사전〉의 간행을 개시, 전년 헤이본샤/平凡社의 〈국민백과사전〉과 맹렬한 판매 경쟁을 벌여 출판계에 제1차 백과사전 붐을 일으켰다. 1960년대는 처음으로 컬러 백과사전으로 〈세계원색백과사전/世界原色百科事典〉, 〈대일본백과사전 자포니카/Japonica〉, 〈원색 세계의 미술/原色 世界の美術〉 등의 백과사전, 〈쇼가쿠칸/小學館 쇼와의 문학/昭和の文學〉(33권), 1995년에는 거의 3천 페이지에 달하는 올 컬러의 〈일본국어대사전/日本國語大辭泉〉을 간행했고, 1996년에는 일본과 세계를 다각적으로 해명한 〈일본열도대지도감/日本列島大地圖鑑〉, 〈세계대지도감/世界大地圖鑑〉을 발간했다. 1997년 가을을 기해서 대형 출판사로서는 제일 늦게 문고 출판에 진출했다.

잡지 창간은 1959년에 창간한 〈주간소년 선데이〉는 소년 만화 붐에 불을 붙였다. 그 밖의 만화 잡지로는 〈소녀 코믹〉, 〈빅 코믹〉 등이 별책을 포함해서 크게 히트했다. 여성 잡지도 〈슈캉죠세세븐/週刊女性 7〉을 1963년에 창간했다. 또 1969년 창간된 〈슈캉포스트/週刊 ポスト〉는 주간지로서는 늦게 나타났으나, 많은 특종으로 발행 부수 톱의 자리에 올라섰다. 그 밖에 〈메바에/發芽/めばえ〉, 〈BE-PAL〉, 〈텔레비군〉 〈레고팔/レゴパル〉, 〈쁘띠세븐/プチセブン/petit 7〉, 〈P.and〉, 〈사라이/サライ〉, 〈사피오/SAPIO〉, 〈DENIM〉, 〈Can Cam〉지를 앞지르려는 여성지 〈Oggi〉, 〈Domani〉 등 여러가지 잡지들을 발행하고 있다. 한편 미디어 믹스에 있어서도 1966년 〈세계의 음악〉의 소노지트화(비닐레코드), 1980년 〈도라에몽/虎門〉의 영화화를 시작으로 비디오, 비디오 디스크, PC 소프트 등에 주력하면서, 1990년 〈모차르트 전집〉 15권의 CD출판도 하면서, 쇼가쿠칸/小學館 창립 70주년을 기념해서 간행하기 시작했다. 전 작품을 CD에 담은 '대전집'이었다. 또 2008년, 창립 80주년 기념 기획으로 전 244곡을 수록한 〈아이들의 노래 대전집〉을 냈으며, 출판 부문에서는 〈세계미술대전집〉 서양 편 28권을 발간했다, 〈21세기 클래식〉 5권, 1998년에는 〈일본 20세

기관)을, 한 테마 한 항목의 테마주의로 간행했다. 2010년에는 〈서양미술관〉 CD-ROM, 〈일본대백과전서+국어대사전〉의 전자백과도 간행했다. 2000년에는 〈일본역사대사전〉(4권)〈일본국어대사전〉 제2판(13권)을 크게 증보하여, 전면 개편으로 간행하기 시작했다. 50만어, 1백만 용례의 대맘모스 판이었다. 2001년 이지마아이/飯島愛의 〈플라토닉 섹스〉로 창업 이래 처음으로 밀리언 셀러의 판매고를 올렸다. 학년 잡지로부터 시작한 쇼가쿠칸은 코단샤/講談社를 중심으로 한 '오토하/音羽클럽'에 맞서는 '히도츠바시/一ツ橋클럽'을 이끌고 있다.

교육 잡지, 학습 사전, 백과사전의 대명사인 쇼가쿠칸은 설립자의 2세 아이가테스오/相賀徹夫에 의해 오늘도 잡지와 출판에 7대 3의 힘을 기울이고 있다. 또한 쇼가쿠칸은 출판 이외에도 1933년부터 오늘까지 매년 아동들을 상대로 한 문학상, 회화상, 만화상 등을 시상하면서 13가지의 문화사업 행사를 벌이고 있다.

1922년에 자본금 1억 4천7백만 엔으로 출범한 쇼가쿠칸은 현재 오가아키히로/相賀昌宏 사장이 이끄는 종업원 904명의 대출판사로 계속 성장하고 있다. 뭣보다 오늘날의 쇼가쿠칸이 있게 된 것은 투병의 병상에서도 자사 발행의 모든 출판물을 일일이 검토했던 아이가타케오의 철저한 편집 정신이 살아 있기 때문인 것이라 할 수 있다. "틀리지 말라, 대조하라, 3일만 빨리, 5일만 빨리, 반년 앞을 생각하라, 1년 앞을 생각하고 준비하라."는 등 아이가타케오의 편집 독려 기준은 오늘의 출판인들에게 귀감이 되고 있다.

교육 잡지, 학습 사전, 백과사전의 대명사인 쇼가쿠칸은 설립자의 2세 아이가테스오/相賀徹夫에 의해 오늘도 잡지와 출판에 7대 3의 힘을 기울이고 있다. 또한 쇼가쿠칸은 출판 이외에도 1933년부터 오늘까지 매년 아동들을 상대로 한 문학상, 회화상, 만화상 등을 시상하면서, 쇼가쿠칸문화 강연회, 성교육세미나 등 13가지 방면의 문화사업 행사를 벌이고 있다.

* 소재지:東京都千代田區 一シ橋 2-3-1/ *참조/URL:http://www.shogakukan.co.jp/
* 참조/〈SAPIO〉, 〈사라이〉, 〈MuffiN〉, 〈Oggi〉, 〈Domani〉, 〈쇼넹/少年선데이〉, 〈/쇼죠少女코믹〉, 〈빅코믹〉, 〈슈캉/週刊포스트〉, 〈죠세세븐/女性7〉, 〈BE-PAL〉, 〈Can-Cam〉, 〈DINE〉 등 자사 발행지.
* 참고문헌/塩澤實信, 〈比較日本の會社:出版社〉, 東京: 實務敎育出版, 2003.
　　　　　塩澤實信, 〈比較日本の會社:出版社〉, 東京: 實務敎育出版, 2003.
　　　　　塩澤實信,〈出版社大全上/下〉, 東京: 論創, 2003.
　　　　　言論硏究院叢書⑪,〈世界의 出版〉, 서울: 한국언론연구원, 1991.

□ 고분샤/光文社
― 편집자와 저자가 함께 공동 저작하는 '창작출판'의 〈갓파북스〉

1945년, 자본금 1천8백만 엔으로 출발한 편집장 간키하루오/神吉晴夫가 고분샤문고의 〈갓파 북스/KAPPA BOOK'S〉 대명사를 창출한 신흥 '창작 출판사'가 현재 종업원 325명의 나미카와아키라/並河良 사장의 고분샤/光文社이다. 2차 대전 후 1945년에 창립된 고단샤/講談社 계열로 일컫는 이 신흥출판사를 최우량 기업으로 키운 것은 설립 당시의 출판국장으로 뒤에 사장이 된 간키하루오/神吉晴夫였다. 그는 '창작 출판'을 내걸고 많은 베스트셀러를 내놓은 인물이다. 그가 말한 '창작 출판'이란 편집자가 저자의 영역에 참여해서 저자와 함께 책의 공동 저작을 이루는 것이다. 당시로서는 획기적인 출판 프로듀서론이었다.

"All Hits All Kappa's"라는 캐츠프레이즈를 내걸고 발행한 '갓파 문고'는 1950, 60년대 한때 발행하는 책마다 베스트셀러의 반열에 올렸던 출판사이다. 이 출판사의 최초 베스트셀러는 1951년 〈소년기/少年期〉(하타노이소코/波多野勤子)였다. 이 〈갓파 북스/カッパ・ブックス〉 문고는 간키하루오/神吉晴夫의 '창작 출판'을 실현하는 것으로 간행된다. '갓파/カッパ/kappa란 일본의 서민이 만들어낸 픽션으로 자기 자신의 상징이다. '갓파'는 어떠한 권위에도 굽히지 않고, 극악무도한 데도 굽히지 않는다. 아무런 걱정이 없는 갓파로 자유지재로 행동하는 〈갓파 북스〉 탄생의 변이었다. 첫 번째 작품 〈소년기/少年期〉에 이어 발행하는 책마다 매년 베스트셀러 10위 안의 서열에 마크된다. 이후 〈니안짱〉(야스모토스에코/安本末子), 〈영어에 강해지는 책〉(이와타가즈오/岩田一男), 〈머리가 좋아지는 책〉(하야시타카시/林髞), 〈文學入門〉(이토세이/伊藤整), 〈민법입문/民法入門〉(사가센/佐賀潛), 〈관혼상제입문〉(시오츠키야에이코/鹽月彌榮子), 〈방임주의/放任主義〉(하니스스무/羽仁進) 등 1970년대 초반까지 매년 펴내는 고분샤 문고 〈갓파 북스〉가 베스트셀러의 상위를 차지했다. 1961년, 1967년, 1968년에는 베스트셀러 10위 안에 '갓파북스' 문고가 4,5종이나 올랐다. 이 베스트셀러 목록은 앞에서 언급한 외에도 상당수가 있었던 것으로 기록되어 있다.

이상 밖에도 〈갓파북스〉의 베스트셀러로는 1955년의 〈욕망/慾望〉(모치즈키마모루/望月衡), 〈민요집의 수수께끼/萬葉集の謎〉(야스타토쿠타로/安田德太郞), 〈지도자/指導者〉(혼다아키라/本多顯彰) 간행, 이어 1958년에는 〈경영입문/經營入門〉(사카모도후지요시/坂本藤良), 〈두뇌/頭腦〉(하야시타카시) 등이 베스트셀러 4위, 9위에 오르기도 했다. 문고 외의 고분샤의 단행본으로도 〈모래그릇/砂の器〉(마츠모토세이쵸/松本淸張), 〈일본의 회사/日本の會社〉(사카모도후지요시/坂本藤良), 〈기억술/記憶術〉(미나미히로시/南博) 등은 1961년에도 베스트셀러 7위 안에 든 출판물이었다. 이같이 인기 작가 마츠모토세이쵸/松本淸張는 수수께끼 풀기로부터 탈피해서 동기나 일상적 현실을 중시하는 세이쵸의 '사회파 추리소설'로 불려 종래의 '탐정 소설'로부터 이미지를 일신, 2차대전 후 최대의 유행 작가가 됐다. 그 외에도 1973년 고마쓰사쿄/小松左京의 〈일본 침몰/日本沈沒上下〉이 SF붐을 일으키면서,〈마늘건강법/にんにく健康法〉(와타나베타다시/渡, 辺正)과 함께 그 해의 베스트셀러 1, 2위를 기록했다. 1983년 모리무라세이쵸/森村誠一의 〈악마의 포식〉은 일본군의 중국에서의 잔학 행위를 취급, 큰 충격을 주어 함께 베스트셀러 1위를 기록했고, 1989년에 간행된 〈No라고 말하는 일본〉(이시하라신타로·모리타아키오/石原慎太郞·森田昭夫 공저)은 미·일 마찰로 큰 파문을 일으켰다. 한편 잡지로서는 1958년 〈죠세지싱/女性自身〉을 창간, 여성 주간지 붐을 일으킨 것을 처음으로 1965년 월간 종합지 〈호세키/寶石〉(1999년 휴간), 1975년에는 여성 월간지 〈제이제이/JJ〉, 1979년 〈SF호세키/SF寶石〉, 1981년 〈주간 호세키/週刊寶石〉, 1986년 사진잡지 〈플레시/FLASH〉를 창간했다. 〈고분샤문고/光文社文庫〉는 뒤늦게 출발했으나, 엔터테인먼트에 초점을 맞추어 문고 베껴쓰기 등으로 타사와 차별화를 시도하여 잘 나갔다.

고단샤 계열의 출판사로서 2차 대전 후 1945년 창립. 고단샤 계열이라고 해도 이 신흥출판사를 최우량 기업으로 키운 것은 설립 당시의 출판국장으로 후에 사장이 된 간키하루오/神吉晴夫였다. 그는 '창작 출판'을 내걸고 베스트셀러를 착착 내놓은 것이다. 그가 말한 '창작 출판'이란 편집자가 저자의 영역에 참여해서 저자와 함께 책의 공동 저작을 이루는 것이다. 당시로서는 획기적인 출판 프로듀스론이었다. 최초의 베스트셀러는 1951년의 〈소년기/少年期〉(하타노이소코/波多野勤子)를 이어 베스트셀러의 창출 출판사로 한 대 이름을 떨쳤지만 1970년대의 임원지 교체에 따라 종래의 명성을 유지하지 못하게 된다.

〈갓파북스〉는 이러한 간키/神吉의 창작 출판을 실현하는 것으로 간행됐다. '갓파/kappa'란 일본의 서민이 만들어낸 픽션으로 자기 자신의 상징이다. '갓파'는 어떠한 권위에도 굽히지 않고, 극악 무도한 데도 굽히지 않는다. 아무런 걱정이 없는 '갓파'는 자유자재로 행동하는 '갓파북스' 탄생의 변이었다. 첫 번째 작품은 1954년의 〈문학입문〉(이토세이/伊藤整), 〈인간의 역사4/人間の歷史4〉(야스타토쿠타로/安全德太郎)였다. 이후 〈니안짱〉(야스모토스에코/安本末子), 〈영어에 강해지는 책〉(이와타카즈오/岩田一男), 〈머리 체조〉(타고 아키라/多湖輝), 〈민법입문/民法入門〉(사가센/佐賀潛), 〈관혼상제입문/冠婚喪祭入門〉(시오츠키야에코/鹽月彌榮子) 등 매년 내는 책이 베스트셀러의 상위에 올랐다. 1959년 갓파북스 간행, 제1탄은 마쓰모토세이쵸/松下淸張의 추리소설 〈제로의 초점〉이었다. 세이쵸의 것으로는 전년에 단행본 〈점과 선〉, 〈눈의 벽〉을 냈으나 1961년의 〈모래그릇/砂の器〉(마츠모도세이쵸/松本淸張) 등과 함께 베스트셀러가 됐다. 수수께끼 풀기로부터 탈피해서 동기나 일상적 현실을 중시하는 세이CY의 소설은 '사회파 추리소설'로 불려 종래의 '탐정소설'로부터 이미지를 일신, 2차 대전 후 최대의 유행작가가 됐다. 그 외에도 1973년 고마쓰사교/小松左京의 〈일본침몰〉이 SF붐을 일으켜, 1983년 모리무라세이초/森村誠一의 〈악마의 포식〉은 일본군의 중국에서의 잔학 행위를 취급, 큰 충격을 주어 함께 베스트셀러 1위를 기록했다. 1989년에 간행된 〈No라고 말하는 일본〉(이시하라신타로/石原愼太郎·모리다아키오/誠田昭夫)는 미·일 마찰 가운데 큰 파문을 불러왔다.

한편 고분샤는 1958년 〈죠세지싱/女性自身〉을 창간, 여성 주간지 붐을 일으킨 것을 시작으로 1965년 월간 종합지 〈호세키/寶石〉(1999년 휴간), 1975년에는 여성 월간지 〈제이제이/JJ〉, 1979년 〈SF호세키〉, 1981년 〈슈캉호세키/週刊寶石〉 등의 창간에 이어 1986년 사진 잡지 〈FLASH〉를 창간하면서 뒤늦게 〈고분샤문고/光文社文庫〉도 출판하면서 엔터테인먼트에 초점을 맞추어 문고 베껴쓰기 등으로 타사와 차별화를 시도하는 한편, 1995년 데즈기오사무/手塚治虫의 〈철완/鐵腕 아톰〉(15권), 요코야마미쓰테루/橫山光輝의 〈철인/鐵人 28호〉(12권)를 만화 문고로 간행하기도 했다. 2000년에는 논픽션, 실용, 에세이를 주로 취급하여 〈지혜의 모리문고/森文庫〉를 창간하면서 2001년에는 〈슈캉호세키/週刊寶石〉을 새로 단장하여 6월에 A4판형으로 바꾸어 〈DIAS〉를 창간했으나 곧 휴간하게 된다. 그러나 1970년의 간키하루오와 함께 사퇴한 임원진의 후속 교체로 그 이후의 베스트셀러는 나오지 않고 있다. 따라서 새로 창간한 〈고분샤신서/光文社新書〉는 같은 유의 신서와 차별화하는 데 성공한 듯했지만, 2003년 모리나가다쿠로/森永卓郎가 쓴 〈연수입 3백만 엔 시대를 사는 경제학〉이 히트했을 뿐, 종전과 더불어 〈갓파북스〉로 출발한 고분샤/光文社는 3

대 사장 나미카와아키라/並河良에 의해 종업원 325명의 출판사로 존재하지만, 고분샤의 대명사 '갓파북스'의 신화를 계속 창출해 나가지 못하고 있다.

뭐니뭐니 해도 고분샤의 〈갓파북스〉를 말하자면 1961년 제2대 사장을 맡아 '창작 출판'을 편집에 도입한 편집장 간키하루오/神吉晴夫의 공로를 빼놓을 수 없다.

일본 출판업계에서는 고분샤를 '간키슛판/神吉出版'이라고까지 말해지고 있지만, 한때 직원들의 쟁의/爭議에 의해 간키 사장은 1970년 임원들과 함께 퇴진하고, 1977년에 타계하면서 간키의 신화는 사라져버린다.

*소재지/東京都 文京區 音羽 1-16-6/ *URL:http://www.kobunsha..com
*참조/〈죠세지상女性自身〉, 〈쇼세쓰호세키/小說寶石〉, 〈FLASH〉, 〈JJ〉, 〈CLASSY〉, 〈VERY〉, 〈BRIO〉 〈STORY〉 등 光文社 자사 발행 잡지.
*참고문헌/塩澤實信,〈比較日本の會社:出版社〉, 東京: 實務敎育出版, 2003.
　　　　塩澤實信,〈比較日本の會社:出版社〉, 東京: 實務敎育出版, 2003.
　　　　塩澤實信,〈出版社大全上/下〉, 東京:論 創社, 2003.
　　　　문연주 역, 〈출판천재 간키하루오〉, 서울: 커뮤니케이션북스, 2011.

□가도가와쇼텡/角川書店
−영상과 출판 결합한 미디어믹스의 바람 일으킨 서점 겸 출판사

2차 대전이 끝난 1945년 중학교 교사로서 하이쿠 시인 세츠메도시오/折目信夫 문하의 국문학자였던 가토카와겐요시/角川源義는 '극단적인 민족 열등감에 빠진 문화 현상을 똑똑히 직접 보고, 출판사업이야말로 패전한 일본을 빠른 시간 안에 회복할 수 있는 길이라고 믿고' 출범했다. 처음에 출판한 책은 〈보도/步道〉(佐藤佐太郎)였다.

다음 해엔 〈호리타츠오/堀辰雄 작품집〉 간행으로 〈마이니찌출판문화상/每日出版文化賞〉을 받아 가토카와의 이름을 날렸다. 같은 해 호리타츠오의 편집으로 잡지 〈사계/四季〉를 복간했다, 또 〈미타로/三太郎의 일기〉(阿部次郎)가 베스트셀러 덤에 올랐다.

1950년에는 〈가토카와문고/角川文庫〉를 창간했다. 처음 B6판의 판형을 더 큰 A6판으로 바꾼 후 부수가 늘어났다. 당시는 용지대가 올라 문고판이 유행했다. 각 출판사에서 90종 이상 발행되었다. 또 1952년에 간행한 〈쇼와문학전집/昭和文學全集〉은 치구마쇼보/筑摩書房의 〈현대일본문학전집〉과 함께 2차 대전 후 제1차의 전집/全集 붐을 일으켰다.

1967년에 창업자의 장남인 가토가와하루키/角川春樹가 입사, 1971년 〈8가지 하카무라/墓村〉를 시작으로 요코미조세이시/橫溝正史 작품을 문고로 속속 출판, 크게 히트했다. 그때까지 문고는 이와나미가 대표적이었는데, 고전을 주제로 삼았으나, 가토카와는 이런 상식을 뒤집어 놓았다. 이때 출판들 모두는 문고를 발행하면서 문고의 붐이 일어났다.

영화 부문에의 진출은 겐요시/源義 타계 다음 해 1976년 가토카와하루키/角川春樹가 사장에 취임하면서 요코미조/橫溝의 작품 〈견신가/犬神家 일족〉으로 시작했다. 이후 모리무라세이이치/森村盛一의 원작 〈인간의 증명〉, 아카가와지로/赤川次郎 원작의 〈세라복과 기관총〉과 〈탐정 이야기〉, 또 츠츠이야스다카/筒井康隆 원작의 〈때를 잊은 소녀〉 등이 크게 히트했다.

한편 서적으로서도 아쿠타카와상/芥川賞 수상작 〈에게해에 바치다〉(池田滿壽夫), 〈악마의 선택〉(F.포사이즈) 등이 베스트셀러가 됐다. 1981년에는 〈가토카와 노벨스)를 간행했다. 잡지로서는 1974년 〈야생/野生시대〉 창간을 시작으로 〈월간 가도카와/月刊角川〉(곧바로 휴간), 〈더 텔레비전〉, 〈DVD와 비디오 데이터〉, 〈CD데이터〉, 〈코믹 쿵푸〉, 〈슈캉 도쿄워커/週刊Tokyo Walker〉 등 뉴미디어 시대를 겨냥한 의욕적인 잡지 전략을 전개했다.

하루키는 미디어 믹스로 출판계에 새 바람을 불어넣었다. 이후 사장의 불상사로 회사 경영이 크게 악화되었으나, 쓰쿠히코/歷彦 새 사장을 중심으로 업계와 독자의 신뢰를 회복했다. 참신한 경영 전략을 계속 내놓아 주식의 상장으로 많은 이익을 취했다.

가토카와쓰쿠히코/角川歷彦 사장은 지주 회사의 대표이사 회장에 취임하고, 서점 사장에는 전년 리쿠르트 회사에서 맞아들인 후쿠다미네오/福田峰夫 상무를 승격시키는 극적인 인사를 단행했다. 더해서 영화회사 다이에이/大映를 매수, 영상과 결합한 출판 전략을 전개하고 있다.

종전의 해에 출범한 가토카와쇼텐은 현재 후쿠다미네오/福田峰夫사장이 413명의 종업원들과 더불어 잘 이끌어 나아가고 있다.

*소재지/東京都 千代田區 富士見2-13-3/ URL:http://www.kadokawa.co.jp/
*참조/〈단가/短歌〉, 〈하이쿠/俳句〉, 〈더 텔레비전〉, 〈DVD & 비데오〉, 〈슈캉/週刊 Tokyo Walker〉, 〈Kansai Walker〉, 〈YOKOHAMA Walker〉, 〈chou chou〉 등 자사 발행지
*참조/塩澤實信,〈比較日本の會社:出版社〉, 東京: 實務敎育出版, 2003.
　　　 塩澤實信,〈比較日本の會社:出版社〉, 東京: 實務敎育出版, 2003.
　　　 塩澤實信,〈出版社大全 上下〉, 東京: 論: 創社, 2003.

□가와데쇼보신샤/河出書房新社
—전후파 신인 작가들의 활동 무대 제공한 출판사

1886년에 기후세이비도/岐阜成美堂 토쿄지점에서 와카모리시게오/若森繁男에 의해 출판사로 창업했다. 1910~20년대 후반에는 과학·수학을 비롯한 교육 도서 중심으로 간행했다. 1930년 가와데쇼보신샤/河出書房新社로 개칭했다. 이후 문학을 학술·사상·교육·예술 각 분야에서 활발하게 출판 활동을 하고 있다.

〈문예/文藝〉는 1933년 가이조샤/改造社가 창간했으나, 전쟁 중이던 1944년 해산되었던 것을 같은 해 가와데샤가 인계한 것이다, 이 때 제1차 전후파 신인 작가들의 활발한 활동 무대가 되었다. 그런데 일시 휴간되었으나 1962년 복간했다. 〈문예〉지를 통해 탄생한 명작은 〈청년의 고리/環〉(野間宏), 〈타카세가와강/高瀨川〉(永上勉), 〈기교적 생활〉(吉行淳之介), 〈사토공작부인〉(三島由紀夫), 〈공동환상론〉(吉本降明) 등 수를 셀 수 없을 정도다.

또 1948년 주식회사로 바꾼 가와데쇼보신샤/河出書房新社는 〈다시 쓰는 장편 시리즈〉를 출판하기 시작했다. 첫 회는 〈영원한 서장/序章〉(椎名麟三). 이후 〈가면의 고백〉(三島由紀夫), 〈가짜 학생〉(島尾敏雄), 〈진공지대/眞空地帶〉(野間宏) 등으로 이어졌다. 담당 편집자는 문예지 편집자로서 이름이 높은 사카모토 하지메/坂本一龜였는데, 간행이 시작됐을 때는 입사 2년째였다.

두 번째로 펴낸 〈베껴쓰기/書取 시리즈〉에는 쓰지구니오/辻邦生, 마루마자 이이치/丸谷才一, 다카하시가즈미/高橋和巳, 마츠기노부히코/眞繼伸彦 등의 삭품이 간행되었다.

1981년에는 첫 회의 도산, 가와데쇼보신샤로서 재건되었으나 계속해서 1968년에는 두 번째 도산이 예상돼 회사 부동산 매각, 사옥을 이전하여 현재에 이르고 있다.

제3차 문고붐에 맞춰 〈가와데문고/河出文庫〉의 발행을 시작했다. 1992년 연말부터 〈시부사와다쓰히코/渋澤龍彦 전집〉(전 22권/별책1권)을 시작했다. 1993년에는 사후 10년을 지나 리바이벌한 테라야마슈지/寺山修司의 문고판 전집을 간행하기 시작, 재능 있는 젊은이의 재평가로 파문을 일으켰다.

베스트셀러도 많아서 오래 전에는 〈사물을 보는 방법에 대하여〉(료신타로/

笠信太郎), 〈무엇이든 보자〉(小田實) 등이 있었는데 그 후 〈어쩐지/아무 것도 안 보이는〉, 〈크리스탈〉(田中康夫), 〈사라다기념일〉(俵方智), 〈두목 P의 수업 시대〉(松浦理英子), 〈초콜릿 어역/語譯 어수선한 머리〉(俵万智) 등이 화제에 올랐다.

가와데쇼보는 1996년이 창업 110주년 기념 기획으로 〈시부사와다쓰히코 번역 전집〉(15권)을 간행하는 외에도 〈중세장원회도대성/中世莊園繪圖大成〉, 〈윌리엄모리스〉, 1998년 〈마쓰시다료이쯔/松下龍一의 세계〉(전 30권), 〈사사키노부쓰나/佐佐木信綱의 세계〉, 2001년부터 전 100권의 인간 다큐멘터리 시리즈를, 창업 115주년 기념 특별기획으로 시작했다. 마츠모토겐이치/松本健一 저 〈마루야마마사오/丸山眞男 전설〉, 시오사와미노부/鹽澤實信 저 〈후루다아키라/古田晃 전설〉 등 전설을 내걸었다. 무욕의 문화인・예능인까지를 포괄한 대하출판/大河出版이라 할 수 있다.

*소재지/東京都 涉谷區 千馱ケ谷2-32-2
*참조/URL:http://www.gawade.co.jp/
*참고문헌/塩澤實信, 〈比較日本の會社:出版社〉, 東京: 實務教育出版, 2003.
　　　　塩澤實信, 〈比較日本の會社:出版社〉, 東京: 實務教育出版, 2003.
　　　　塩澤實信, 〈出版社大全 上下〉, 東京: 論創社, 2003.

□슈에이샤/集英社
- 소녀·소년들의 젊은이 위한 다종·다양한 잡지 출판

1926년 쇼가쿠칸/小學館의 초대 사장 아이가요시히로/相賀祥宏가 쇼가쿠칸 슈에이샤/小學館集英社(가영업소/仮營業所)의 간판을 걸고 독립한 잡지 출판사이다.

최초의 잡지는 〈심상 소학/尋常小學 1학년 남학생〉, 〈심상소학/尋常小學 1학년 여학생〉에 이어 계속해서 〈소공녀/小公女〉 〈탐정기담/探偵奇譚〉을 창간했다. 1927년 간행된 〈현대 유머 전집〉이 히트했다. 슈에이샤/集英社는 쇼가쿠칸샤가 학습성/學習性이 높은 잡지를 발행했던 것과는 달리 학년별, 남녀별의 오락 취미 잡지 부문으로 방향을 설정한 잡지출판사이다.

2차 대전 후 일시 중단했으나, 전후의 1947년 합자회사로 재출발했다. 쇼가쿠칸 사장을 역임했을 뿐인 아이가스미오/相賀澂夫가 가미시바이/紙芝居에서 힌트를 얻어 창간한 〈소년 왕자/少年 王子〉가 크게 히트했다. 당시 위기에 처해 있던 쇼가쿠칸샤/小學館社를 구한 것이다. 뒤이어 1949년 주식회사로 개편, 슈에이샤 자신의 편집부에 의한 과학·모험물인 월간지 〈재미있는 책〉을 창간했다. 계속해서 〈소녀북/少女ブック〉, 〈유년북/幼年ブック〉을 창간, 잡지사로서의 기초를 닦았다.

1952년에는 〈묘죠/明星〉를 창간, 아동잡지사로부터 탈피를 모색함과 동시에 〈헤이본 출판/平凡出版(현 〈마가진 하우스〉의 전신지), 〈주간 헤이본/週刊平凡〉과 함께 '미하족'이란 유행어를 만들어냈다. 편집장은 〈주부의 벗〉 협력사에서 영입한 혼코야스오/本鄕保雄였다. 그 후 헤이본슛판/平凡出版과는, 1958년 〈주간 묘죠/週刊明星〉(平凡出版)는 〈주간 헤이본/週刊平凡〉, 1966년 〈주간 플레이보이/週刊 Playboy〉, 〈주간 헤이본 펀치/週刊平凡パンチ〉, 1971년 〈non-no〉, 〈anan〉 등의 잡지 창간으로 기존 잡지들과 라이벌 관계가 되었다. 1958년 〈주간 묘죠/週刊 明星〉는 황태자 결혼 문제로 황태자비/美智子妃의 기사와 사진을 특종했으나, 국내청/國內廳의 승인을 받지 않은 탓으로 향후 '보도 협정 사진' 이라는 원인을 만들었다.

슈에이샤/集英社는 그 밖에도 크게 늘어난 잡지 발행에만 주력했다. 소녀 잡지에서는 1955년 창간한 〈리본〉 외에 〈더 마가레트〉, 〈SEVENTEEN〉, '소년 만화지'로서는 1968년 창간한 〈소년 점프〉, 남성지로는 1975년 창간한 〈겟캉 플레이보이/月刊 PLAYBOY〉 외에 〈MEN's non-no〉, 여성지로는 1977년 창간한 〈모어/MORE〉 외에 〈코스모폴리탄/COSMOPOLITAN〉, 〈LEE〉, 〈SPUR〉, 영화 잡지로 〈로드쇼〉, 문예지 등. 여기에서 파생한 별책들은 거의 모두 최고의 매상을 올렸다. 그 가운데서도 〈점프〉는 1991년 6백만 부를 돌파했다. 그러나 최고 부수 6백48만 부를 정점으로 인기 연재물 〈드래곤 볼〉, 〈스람 탱크〉 등을 최종으로 계속 줄어들어 1998년에는 백수만 부로 급감했다.

한편 서적 출판 부문은 비교적 역사가 짧아, 1953년 〈재미있는 문고〉를 시작했으나, 2차 대전 후에는 1977년부터 〈슈에이샤 문고/集英社文庫〉로 문고전쟁에도 참가, 2000년 〈슈에이샤 신서/集英社新書〉로 '신서 전선'에도 뛰어들었다. 〈나카보고헤이/中坊公平 나의 사건부/簿〉가 베스트셀러에 올랐다.

1997년 상반기 나오키상/直木賞을 수상한 아사다지로/淺田次郞의 〈철도원/鐵道員〉은 1999년 영화화되면서 롱셀러가 됐다. 이 영화는 한국에서도 상영되어 상당히 흥행되었다.

1993년에는 이 출판사의 문예지 〈묘성/昴星〉의 신인상으로 데뷔, 정력적 활동 중에 사망한 모리요코(森瑤子)의 개인전집을 간행. 1995년에는 〈나카가미겐지/中上健次 전집〉(15권). 창업 70주년 기념으로 1996년에는 3대 기획으로 제임스 조이스의 〈유리시즈〉(3권), 마르셀 프루스트의 〈잃어버린 시간을 찾아서〉(13권), 〈세계문학대사전〉(6권), 1997년에는 〈무라카미류/村上龍가 선정한 소설집〉 제1기 4권이 나왔다. 여성 잡지 〈메이풀〉을 창간, 1999년, 창업 75주년 기념 기획 〈친슌신/陳舜臣 중국라이브러리〉(30권), 2000년의 특별기획으로 〈만화 소년대백과〉를 펴낸 바도 있다.

현재 타니야마츠네요시/谷山尙義 사장은 종업원 727명의 슈에샤를 10종이 넘는 잡지와 더불어 발전해 나아가고 있다.

*소재지/東京都 千代田區 一ツ橋 2-5-10 /URL:http://www.shueisha.co.jp/
*참조/〈더 마가렛〉, 〈슈캉플레이보이/週刊Playboy〉, 〈슈캉 소넹/週刊少年점프〉,
　　〈슈캉/週刊스바루〉, 〈non-no〉, 〈PLAYBOY〉, 〈MORE〉, 〈COSMOPOLITAN〉, 〈LEE〉, 〈SPUR〉,
　　〈BAILA〉 〈集英社圖書書集目錄 84〉 集英社 발행지 등
*참고문헌/塩澤實信, 〈比較日本の會社:出版社〉, 東京: 實務敎育出版, 2003.
　　　塩澤實信, 〈出版社大全 上/下〉, 東京: 論創社, 2003.
　　　言論硏究院叢書 ⑪, 〈世界의 出版〉, 서울: 한국언론연구원, 1991.

□ 신쵸샤/新潮社
–독자투고잡지로 출범한 일본 신진 작가 양성에 기여

1896년 투고 잡지 〈신세이/新聲〉의 창간에서 출범한 출판잡지사로서 창업자 사토요시스케/佐藤義亮는 슈에이샤/秀英舍(大日本印刷)에서 근무하면서 18세 때 〈신세이/新聲〉 8백부를 발행, 모두 판매한 경험에서 출판사 창업을 결심했다고 한다. 〈신세이〉는 신인 투고가를 적극적으로 불러모았는데, 그들 가운데는 유명 작가로 입신한 문인들이 많이 있다. 1999년에 간행한 〈대일본문장학회 강의록〉은 크게 히트, 이를 기반으로 다오카/田岡嶺雲, 다야마/田山花袋, 카토/河東碧梧桐 등 신진 작가들의 작품을 간행했다. 또 1960년에는 〈새벽총서/アカッキ叢書〉를 간행, 크게 히트했으나 경영 문제로 파산했다.

1896년 신초샤를 창립한 사토기료/佐藤義亮에 의해 창업된 출판사이다. 신초샤/新潮社가 비롯된다. 1895년 슈에이샤/秀英社의 인쇄공으로 입사, 교정계에서 일한 사토는 18세의 어린 나이에 투고에 의한 잡지인 〈신세이/新聲〉를 창간하면서 독립하게 된다.

처음 800부를 인쇄, 발행했던 이 투고 잡지의 경험은 곧 신초샤의 기초를 구축하게끔 했다. 1904년에 이르러 신초샤가 창립되고 곧이어 1904년에는 순수 문학 잡지 〈신초/新潮〉를 창간한다. 그 전부터 사토는 잡지 외에도 1899년 〈文章講義大成〉을 발행, 성공하면서 1902년에 이르러는 〈書き下ろし(새로 쓴)〉의 전 7권을 출판했으나, 실패하게 되어 신초샤/新潮社는 다른 사람에게 넘겨주고 말았다.

신cy샤는 문예서 출판사로서는 최대의 출판사로 오늘에 평가되고 있다. 이브세마스지/井伏鱒二, 히로츠카즈오/廣津和郎, 사토하루오/佐藤春夫, 이토세이/伊藤整, 다카이준/高見順 등 전후에도 후쿠나타케히코/福永武彦, 요시유키쥰노스케/吉行淳之介, 키타모리오/北杜夫, 쓰지구니오/辻邦生 등 많은 작가들을 길러냈다. 그런 흐름 속에서 〈미시마유키오・야마모토슈고로상/島由紀夫・山本周五郎賞〉을 제정, 1995년 〈이노우에야스시/井上靖 전집〉(28권), 1997년 〈아베고보/安部公房 전집〉(30권), 〈후루유키쥰노스케/吉行淳之介 전집〉(15권), 1999년 〈엔도슈사쿠/遠藤周作 문학전집〉(15권), 2000년 소설, 문학 이외에 모든 장르를 망라한

〈신쵸분고/新潮文庫〉 50종을 창간했다.

2001년, 종업원 546명의 신초샤의 현사장 사토다카노부/佐藤隆信는 〈신cy신서/新潮新書〉를 발간했는데, 요로다케시/養老孟司의 〈바보의 벽〉은 4개월 만에 1백 만부의 판매고를 올린 베스트셀러였다. 그 밖의 신서도 호조를 보였는데, 책의 타이틀과 테마가 독자들에게 크게 어필한 것으로 평가되고 있다. 따라서 새로 만든 문예지 〈신쵸/新潮〉를 통해 많은 문인들을 알게 되어 1947년에 소설 전문지인 〈쇼세츠 신쵸/小說新潮〉를, 그리고 1950년에는 〈게슈쓰신쵸/藝術新潮〉를 창간하는 한편 출판사에 의한 최초의 주간지라 할 〈슈캉신cy/週刊新潮〉를 발행하게 된다. 아울러 〈신쵸분고/新潮文庫〉도 발간을 거듭해서 한때 1,300여 종의 책을 출판했으며, 〈신초총서/新潮叢書〉, 〈신초일본고전집성/新潮日本古典集成〉 등을 기획, 발행하기도 했다. 또 한편 사전류를 기획 편집해 〈일본문학대사전/日本文學大辭典〉, 〈신초국어사전/新潮國語辭典〉 등을 출판하기도 했다.

20세기 후반에는 사진을 곁들인 사건 중심의 대중 주간지 〈FOCUS〉(총지면 30면 내외)를 발행하면서 화보 곁들인 주간지의 새로운 분야를 개척하여 한때 200만부의 판매 실적을 올리기도 했으나, 창간 20년을 맞이하여 비슷한 유사 주간 경쟁지들의 범람으로 휴간하고 말았다.

1967년부터는 설립자의 3세인 사토료이치/佐藤亮一가 대주주로 신초샤를 대표하기도 했다. 창사 100년을 넘긴 노출판사의 현재 사장은 사토/佐藤 집안의 제4손인 사토타카노부/佐藤隆信가 맡고 있다. 이와 같이 〈쇼세쓰 신쵸/小說新潮〉 및 〈게쥬쓰 신쵸/藝術新潮〉, 〈엥게키 신쵸/演劇新潮〉, 〈니홍시징/日本詩人〉, 〈슈캉 신쵸/週刊新潮〉 등을 발간하면서 많은 작가를 배출하는 한편, 매년 젊은 신인 작가들을 선발하여 주는 문학상인 〈아쿠타가와상/芥川賞〉'의 제정, 수상으로 일본 신진 작가 양성에도 크게 기여하고 있다.

1896년 투고 잡지 〈신세이/新聲〉의 창간에서 출범한 출판잡지사로서 창업자 사토요시스케/佐藤義亮는 슈에이샤/秀英舍(大日本印刷)에서 근무하면서 18세 때 〈신세이/新聲〉 8백부를 발행, 모두 판매한 경험에서 출판사 창업을 결심했다고 한다. 〈신세이〉는 신인 투고가를 적극적으로 불러모았는데, 그들 가운데는 유명 작가로 입신한 문인들이 많이 있다. 1999년에 간행한 〈대일본문장학회 강의록〉은 크게 히트, 이를 기반으로 다오카/田岡嶺雲, 다야마/田山花袋, 카토/河東碧梧桐 등 신진 작가들의 작품을 간행했다. 또 1960년에는 〈새벽총서/アカッキ叢書〉를 간행, 크게 히트했으나 경영 문제로 파산했다.

신초샤는 문예 관련 출판사로서는 최대의 출판사로 오늘에 평가되고 있다. 이브세마스지/井伏鱒二, 히로츠카즈오/廣津和郎, 사토하루오/佐藤春夫, 이토세이/伊藤整, 다카이쥰/高見順 등 전후에도 후쿠나타케히코/福永武彦, 요시유키쥰노스케/吉行淳之介, 키타모리오/北杜夫, 쓰지구니오/辻邦生 등 많은 작가들을 길러냈다. 그런 흐름 속에서 〈미시마유키오·야마모토슈고로상/島由紀夫·山本周五郎賞〉을 제정, 1995년 〈이노우에야스시/井上靖 전집〉(28권), 1997년 〈아베고보/安部公房 전집〉(30권), 〈후루유키쥰노스케/吉行淳之介 전집〉(15권), 1999년 〈엔도슈사쿠/遠藤周作 문학전집〉(15권), 2000년 소설, 문학 이외에 모든 장르를 망라한 〈신초분고/新潮文庫〉 50종을 창간했다. 2001년에는 〈신초신서/新潮新書〉를 창간했는데 요로다케시/養老孟司가 쓴 〈바보의 벽〉은 4개월 만에 1백 만부의 판매고를 올린 베스트셀러였다. 그 밖의 신서도 호조를 보였는데, 책의 타이틀과 테마가 독자들에게 크게 어필한 것으로 평가되고 있다.

1967년부터는 설립자의 3세인 사토료이치/佐藤亮一가 대주주로 신쇼샤를 대표하였으나 창사 100년을 넘긴 출판사는 현재 사토/佐藤 집안의 제4대손인 사토다카노부/佐藤隆信가 맡고 있다. 이와 같이 〈쇼세쓰 신초/小說新潮〉 및 〈게쥬쓰 신초/藝術新潮〉, 〈엥게키신쵸/演劇新潮〉, 〈니홍시징/日本詩人〉, 〈슈캉신쵸/週刊新潮〉 등을 발간하면서 많은 작가를 배출하는 한편, 매년 젊은 신인 작가들을 선발하여 주는 문학상인 '아쿠타가와상/芥川賞의 제정, 수상으로 일본 신진 작가 양성에도 크게 기여하고 있다.

*소재지/東京都 新宿區 失來町71/*참조/ URL:http://webshinchosha.com
참조/자사 발행지
*참고문헌/塩澤實信, 〈比較日本の會社:出版社〉, 東京: 實務教育出版, 2003.
　　　　塩澤實信, 〈出版社大全 上/下〉, 東京: 論創社, 2003.

□치쿠마쇼보/筑摩書房
― 〈현대일본문학전집〉 발행으로 도산 직전 재기한 출판사

1957년, 창업자 요시다쵸/吉田晁가 자신의 출신지인 나가노/長野현의 치쿠마/筑摩에서 회사 이름을 차용한 서점 겸한 출판사이다. 최초의 출판은 〈나카노시게하루/中野重治 수필초/抄〉, 〈프로벨과 모파상〉(中村光夫), 〈문예삼매/文藝三昧〉(宇野浩三), 창업 때부터 우스이요시미/臼井吉見, 가라키준/唐木順, 나카무라미츠오/中村光夫 등을 고문으로 초치, 특히 마츠모토/松本, 중학의 동창 우스이요시미/臼井吉見는 치쿠마의 편집에 큰 영향을 미쳤다. 1942년 〈발레리 전집〉 간행, 전쟁으로 중단되었으나 후에 세 번에 걸친 속간으로 1966년 완결했다.

2차 대전 후에는 1946년 종합잡지 〈전망/展望〉을 창간하였다. 이 잡지는 처음에는 판매가 잘 되었으나 차츰 판매 부진을 보이기 시작, 경영 위기에 빠지기도 했다. 따라서 1951년에는 일시 휴간하지 않을 수 없었다. 1948년 〈인간실격/人間失格〉(타사이오사무/太宰治)을 20만 부 판매하여 베스트셀러 반열에 올렸다.

계속해서 1949년에 〈철학입문/哲學入門〉(타나베하지메/田邊元), 1952년에 〈닛본일기/日本日記〉(마크 케인), 〈천우학/千羽鶴〉(가와바다야스나리/川端康成) 등이 베스트셀러가 되어 일시적으로 위기를 모면했다.

1953년 사운을 걸고 〈현대일본문학전집〉의 간행을 시작했다. 이것이 공전의 대히트로 56권 예정을 99권으로 변경했다. 특히 〈이브세마스지집/井伏鱒二集〉, 소설가 〈아쿠타가와류노스케작품집/芥川龍之介作品集〉이 잘 팔려 발행 부수는 1천3백만 부를 돌파, '전집의 치쿠마/筑摩'란 이름이 붙기도 했다. 전집의 간행은 1960년대에도 계속되어 〈세계문학전집〉, 〈현대일본문학대계/大系〉 등을 간행했다. 그러나 경영 기반은 여전히 불안정해서 1971년에 간행한 〈현대임상의학대계〉는 크게 실패한 출판이었다.

1977년 〈세계의 문학〉, 1978년의 〈메이지다이쇼 도지/明治大正圖誌〉 등으로 재기를 노렸으나 대량 반품으로 실패, 이 해 35억 엔 부채를 안고 도산했다. '회사 갱생법'의 적용을 신청했다. 이 양서/良書 출판사의 도산은 큰 충격을

주었으나 1991년 완전히 자력 갱생하게 된다. 최근 〈치구마 문학의 숲〉, 〈치구마 철학의 숲〉, 문고판 〈치구마 일본문학전집〉(50권), 〈치구마 학예문고〉, 1994년에는 〈신치구마 문학의 숲〉, 〈오오카쇼헤이/大岡昇平 전집〉(24권), 1997년에는 〈오가와다마에/小川環樹저작집〉(5권), 〈미셀 푸코 사고집성/思考集成〉(10권), 〈샬록홈즈전집〉, 1998년 〈마키아벨리전집〉(6권), 2000년 창간 60주년 기념 기획으로 〈메이지/明治의 문학〉(25권)을 젊은 쓰보치유조/坪內祐三 편으로 간행, 현대의 문학으로서 신선한 느낌을 주었다.

2001년에는 〈부자와 가난한 사람〉으로 창업 60년에 최초의 밀리언셀러를 냈으며, 계속 발행된 히트작으로 '회사갱생법' 적용으로부터 25년 만에 도쿄도 쿠라마에/藏前에 10층의 자사 빌딩을 구입하게 된다. 현재 키쿠치메이로/菊池明郎로 사장은 89명의 종업원들과 함께 양서 출판에 더욱 매진하고 있다.

이 출판사는 문고판의 〈치쿠마신서/ちくま新書〉를 발행하면서 〈대인에의 조건/大人への條件〉(小濱逸郎/117), 〈무절조한 일본인/無節操な日本人〉(中山治/250), 〈교육개혁의 환상/敎育改革の幻想〉(刈谷剛彦/329), 〈섹스리스의 정신의학/セックレスの精神醫學〉(阿部輝夫/489), 〈노구찌히데요/野口英世의 생애〉(星亮一/505) 등 사회문제를 다룬 신서들을 500종 이상 간행하면서 최근 독자들에게 상당한 호응을 받고 있다. 2000년 창업 60주년에는 기념기획으로 전 25권의 〈메이지문학/明治文學〉을 펴내면서, 한편 〈부자 아빠 가난뱅이 아빠〉로써 창업 60주년 만에 밀리언셀러를 창출한 바 있다.

*소재지/東京都 台東區 藏前2-5-3 */URL:http://www.chikumashobo.co.jp/.
*참조/塩澤實信, 〈比較日本の會社:出版社〉, 東京: 實務敎育出版, 2003.
　　塩澤實信, 〈比較日本の會社:出版社〉, 東京: 實務敎育出版, 2003.
　　塩澤實信, 〈出版社大全 上下〉, 東京: 論創社, 2003.

□츄오코롱신샤/中央公論新社
- 〈츄오코롱/中央公論〉, 〈후진코롱/婦人公論〉 등 종합교양지 발행

츄오코롱신샤는 1887년 교토/京都의 니시혼간지/西本願寺에서 창간한 한세이카이/反省會 잡지이다. 이 잡지는 당시 니지마조/新島襄 등의 기독교가 뻗어나가는 데 대항하는 불교 재건 운동의 수양 잡지였다. 1899년부터 츄오코롱/中央公論으로 개명/改名, 회사 이름도 한세이샤/反省社로 했다.

다키타조인/瀧田樗陰이 입사한 것은 1903년. 그는 도쿄대/東京大 재학 중에 소설가 쇼세키(漱石)나 도쿠도미소호/德富蘇峰 등 일류 작가나 논객과 자주 만났는데, 이런 경험에서 창작란을 마련, 새 신진 작가들의 발표 장을 제공했었다. 이를 통해 다니자키준이치로/谷崎潤一郎, 아쿠타가와류노스케/芥川龍之介, 시가나오야/志賀直哉, 사마자키도손/島崎藤村 등이 문단에 등장했다. 키쿠치히로시/菊池寬가 소설 같은 소설을 쓴 것도 〈추오코롱〉이 처음이었다. 부수도 10부의 대부수를 판매했다.

1914년 회사 이름을 츄오코롱샤/中央公論社로 바꾸었다. 1916년 〈후징고롱/婦人公論〉을 창간했다. 〈츄오코롱〉과 〈후징몬다이호/婦人問題號〉가 호평을 받았는데, 이는 편집장 시마나카유사쿠/嶋中雄作의 발상이었다. 〈후진코론〉은 부인 해방 운동의 거점이 됐다. 1919년에는 라이벌 잡지라 할 〈가이조/改造〉가 야마모토사네히코/山本實彦에 의해 창간되었다. 〈주오코론〉이 요시노사쿠조/吉野作造, 미노베다쓰키치/美濃部達吉 등의 리벨라리스트에 거점을 마련해 준 데 대해 〈가이조/改造〉는 사카이도시히코/堺利彦, 야마카와히토시/山川均 등 사회주의자를 기용, 보다 급진적인 편집으로 부수를 늘렸다. 〈츄오코론〉은 신흥 잡지 〈가이조/改造〉에 밀려 적자 잡지로 전락했다.

1928년, 시마무라/嶋中가 아사다고모노스케/麻田駒之助로부터 인계받아 2대 사장에 취임했다. 〈후진코론〉의 대중화와 출판부의 창설 등 재건에 나섰다. 후진코론은 부수를 늘리고, 출판으로는 〈서부 전선 이상 없다〉(레마르크 작)가 베스트셀러가 되어, 경영이 안정됐다. 2차 대전 중에는 츄코/中公나 가이조/改造 등의 종합 잡지는 고난의 역사였다. 1944년 양사의 편집자가 검거된 '요꼬하마/橫浜 사건' 등 반전(反戰) 잡지로 몰려 폐간의 위기를 맞이했다.

2차 대전 후에는 1946년 〈츄오코롱/中央公論〉, 〈후진코롱/婦人公論〉 등 모두

복간하게 되었다. 〈후징코롱〉에서는 전쟁 전 〈츄오코롱〉에서 게재가 중지되었던 다니자키준이치로/谷崎潤一郎의 〈세설/細雪〉을 연재해서 대평판을 얻었다. 또 〈주오코론〉에서는 30년 전부터 같은 이름의 〈열쇠/鍵〉를 연재, 모두 단행본으로서 제1회 〈주오코론 신인상〉의 〈나라야마부시코/楢山節考〉, 〈후카지와시치로/深澤七郎〉 등이 함께 베스트셀러가 되었다. 1949년 시마나카유사쿠/嶋中雄作가 61세로 사망, 차남 호지/鵬二가 사장에 취임했다. 1960년 〈후류무단/風流夢譚 사건〉이 일어난다. 이것은 주코에 게재되었던 후카자와시치로의 소설이 발단이 되어 우익 소년이 시마나카 집을 습격, 심부름꾼을 척살했다. 부인도 중상을 입은 사건이었다. 계속해서 1962년에는 〈사상의 과학〉이나 〈천황제 특집호〉로 폐기 처분되는 사건이 일어났다. 〈츄오코롱〉은 창간 이래 114년을 넘었지만 전반적으로 종합잡지가 쇠퇴하고 있는 가운데서 만화 코믹스의 길을 택했다, 젊은 시마나카유키오/嶋中行雄가 깃발을 들어 젊은 이들을 모으는 데 힘썼다. 그러나 사장이 되어서의 업적이 부진한 책임을 지고 스스로 퇴임했다. 1997년 호지/鵬二 회장은 사망했는데 사망 직전 편집의 명수 홍다미cm오/本多光夫에 후사를 맡겼다. 홍다는 이사 상담역으로 경영에 참여, 재건에 전권을 휘둘렀다. 여성지 창간 이래 처음으로 〈츄오코롱〉 편집장으로 등용하고, 〈후진코론〉의 판형을 바꾸어 월 2회 발행하는 등 과거의 적자 체질을 바꾸기 위해 대담한 쇄신을 계속했으나, 1998년 말에 요미우리신문사/讀賣新聞社의 신히로 들이기먼서 그 이듬해인 1999년 2월에 cb오코롱신샤/中央公論新로社로 회사 간판을 바꾸게 된다. 채산성 있는 양서 출판사를 목표로 하고 있으나 요미우리신문사의 체질과 주코/中公의 체질에 조화하기가 쉽지 않아 경영상 어려움에 처하고 있다. 2001년에는 단행본으로 〈일본의 중세〉(12권)를 간행하기 시작했으며, 〈cb코분고/中公文庫〉에 이미 발행했던 명저, 롱셀러를 복간, 재발행하면서 〈cb코신서/中公新書〉의 자세는 〈이와나미신서/岩波新書〉를 앞지르려는 목표를 세우고 있다. 이미 1998년까지 1,269종을 발행한 〈츄오코롱신서/中公新書〉의 최근 발행 한국 관련 신서의 도서 목록을 다음에 열거한다.

*소재지/東京都 中央區 京橋 2-8-7 *참조/URL:http://www.chuko.co.jp/.
*참조/〈이야기 한국사〉(김양기 저, 925), 〈양반〉(宮嶋博史, 1258), 〈재일 한국·조선인〉
　　(福岡安則, 1184), 〈유교란 무엇인가〉(加地伸行, 984), 〈한국의 이미지〉(鄭大均 저, 1269) 등.
*참고문헌/ 塩澤實信, 〈比較日本の會社: 出版社〉, 東京: 實務敎育出版, 2003.
　　　　　塩澤實信, 〈出版社大全 上/下〉, 東京: 論創社, 2003.
　　　　　言論硏究院叢書 ⑪, 〈世界의 出版〉, 서울: 한국언론연구원, 1991.

□ 분게이슌슈/文藝春秋
– 문학상 〈아쿠타카와상/芥川賞〉, 〈나오키상/直木賞〉 제정 시상

분게이슌슈/文藝春秋는 1923년 기쿠치히로시/菊池寬에 의해 창간되었다. 본문이 불과 28페이지의 잡지로서, 정가도 12전으로 당시로서는 파격적으로 싼 값이었다. 내용도 문단의 가십 등이었다. '갑자기 나온 잡지이기 때문에 아무런 정견도 없다. 원고가 모아지지 않으면 다음 달 폐간될지도 모른다'라고 편집후기에 쓴 창간호가 3천 부나 팔렸다. 기쿠치는 작가임과 동시에 천성이 편집자였다고 한다. 1927년 도쿠토미소호/德富蘇峰, 아쿠타가와/芥川, 야마모토/山本, 기쿠치/菊池 등에 의해 잡지사상 최초로 좌담회가 게재되었다. 이 좌담회는 기쿠치의 발안이었다. 이후에도 좌담회는 매호 게재되었다. 3년 후에 주식회사로 개편했다. 계속해서 〈후징婦人살롱〉, 〈모두 읽을거리〉, 〈모던 일본〉, 〈이야기〉를 창간했다. 잡지사로서의 체제를 갖추었다.

〈아쿠다가와상/芥川賞〉 〈나오키상/直木賞〉을 제정한 것은 1936년. 동인이었다가 고인이 된 아쿠타가와류노스케/芥川龍之介와 나오키산주고/直木三十五를 기념해서 문학의 융성을 도모하려는 의도였다. 제1회 수상자는 아쿠타가와상이 이시카와다쓰조/石川木達, 나오키상은 가와구치마쓰타로/川口松太郞. 이 상은 가장 권위 있는 일본의 문학상으로서 오늘에 이르고 있다. 또 다음 해에는 〈문학계/文學界〉를 분포도/文圃堂로부터 인수했다. 중일전쟁의 개시와 함께 분게이슌슈의 〈일본과 중국의 전면 격돌〉을 시초로 각 잡지마다 임시 증간호를 발행했으나, 얼마 되지 않아 언론 통제와 용지 부족으로 1946년 휴간하게 된다. 2차 대전 후 1945년 10월 분게이슌슈는 복간됐으나 기쿠치/菊池는 해산을 표명, 사사키모사쿠/佐佐木茂索 사장, 이케지마신페이/池島信平 편집국장 등이 새로 분게이슌슈신샤/文藝春秋新社를 설립한다. 1949년 분게이슌슈는 다쯔노유타가/辰野隆, 도쿠가와무세이/德川夢聲, 사토하나로의 좌담회 '천황폐하 크게 웃다'를 게재, 이후 부수가 비약적으로 늘었다. 이케지마는 '근로자 중간층의 가족 전체가 읽을 수 있는 건전한 화제를 제공하는 분슌/文春의 모습'이라고 말했다. 바로 '국민 잡지' 선언이었다. 1970년, 주간지 붐으로 〈슈캉 분슌/(週刊文春)〉을 창간, 1969년에는 오피니언지 〈쇼쿤/諸君〉을 창간해서

새로운 분야에 뛰어들었다.

〈분게이슌슈/文藝春秋〉1975년 11월 호는 다치바나다카시/立花隆의 〈다나카가쿠에이/田中角榮 연구-그 금맥과 인맥〉, 고다마다카야/兒玉隆也의 〈쓸쓸한 에치잔카이/越山會의 여왕-또 하나의 다나카가쿠에이론/論〉을 게재했다. 이것이 시끄러운 화제가 되어, 발매 직후 매절/賣切. 당시의 총리를 사임하라는 압력이 되어 매스미디어의 힘을 뚜렷이 보여주었다. 1975년 9월 호는 아쿠타가와상 수상작인 무라카미류/村上龍의 〈한없이 투명에 가까운 풀〉로 드디어 1백만 부를 돌파했다.

1974년에 〈분슌분고/文春文庫〉를 발간, 문고 전선에 참여했다. 1980년 스포츠지 〈Number〉를 창간, 미국의 〈Sports Illustrated〉와 제휴해서 스포츠 잡지의 새 경지를 열었다. 이어 1985년에는 〈Emma〉를 창간했으나 1987년 폐간에 몰렸다. 또 1984년 〈슈캉분슌/週刊文春〉은 〈의혹의 총탄〉을 게재하기 시작했다. 〈미우라/三浦 사건〉은 텔레비전을 포함해서 열풍 현상을 빚었다. 이 주간지는 하나타지카이/花田紀凱 편집장이 앞장서서 교묘한 화제를 만들어 1992년 하반기 수위를 차지했다.

같은 해 창립 70주년 기념 출판으로 〈세계의 도시 이야기〉 12권, 논픽션 〈인간 발굴〉 12권, 〈동시대 논픽션 선집〉 12권 등을 출판했다.

〈분게이슌슈〉는 본래 잡지사의 이미지가 강했으나 서적 분야에서도 〈풍지초(風知草)〉(미야모토유리코/宮本百合子), 〈빛의 구멍〉(안네프랑크), 〈료마/龍馬는 간다〉(司馬遼太郎), 로버트 제임즈의 〈마티슨 군의 다리〉 등 전후 모두 베스트셀러가 되었다. 2002년 80주년 기념 출판으로 〈세계전쟁범죄사전〉과 〈사와키코타로/澤木耕太郎 논픽션〉(9권)을 간행했다. 1989년에는 60년 만에 여성지 〈CREA〉를 창간했다. 1991년에는 〈MARCOPOLO〉, 〈SANTACLAUS〉, 〈노 사이트〉 등 3종의 잡지를 발행했다. 1994년 봄에는 하나다지카이/花田紀凱가 〈MARCOPOLO〉의 편집장에 취임, 대담한 리뉴얼을 단행했으나 폐간, 1996년까지 3잡지는 사라졌다. 그 후 〈Title〉지로 창간, '자기 생각'을 키워드로 〈분슌신쇼/文春新書〉를 창간했다. 나카무라/中村仁 현 사장은 지난 과거보다 내일의 잡지와 출판의 새로운 구상을 하고 있다.

*소재지/東京都 代田區 紀尾井町3-32/URL:http://www.bunshun.co.jp/
*참조/〈文藝春秋〉, 〈올 요미모노/讀物〉, 〈붕카가이/文化界〉, 〈쇼쿤/諸君〉!, 〈슈캉분슌/週刊文春〉, 〈Sports Graphic Number〉, 〈CSEA〉, 〈Title〉 등 자사 발행지
참고문헌/塩澤實信, 〈比較日本の會社:出版社〉, 東京: 實務敎育出版, 2003.
塩澤實信, 〈比較日本の會社:出版社〉, 東京: 實務敎育出版, 2003.
塩澤實信, 〈出版社大全 上下〉, 東京: 論創社, 2003.

□마가진하우스/マガジンハウス
― '경박한 것도 서민들의 문화 만든다'는 젊은이들 위한 잡지사

1945년 이와보리요시노스케/岩堀喜之助가 본진샤/凡人社를 설립하고, 같은 해 〈헤이본/平凡〉지을 창간. 헤이본샤/平凡社가 실패한 잡지 이름을 양수받았다. 문예 오락지로 출발 당시는 호조를 보였으나, 뒤이은 〈로맨스〉지의 추격을 받아 고전했다. 여기서 〈헤이본〉에서 받은 스틸 사진을 활용하여 예능색을 짙게 했다. 미소라히바리/美空ひばり 등 당시의 스타가 지면에 등장, 1950년에는 50만 부를 돌파하는 성공을 거두었다.

1954년 〈헤이본 슛팡/平凡出版〉으로 개편. 1959년 주간지 붐 가운데서 '텔레비전이 있는 다실의 주간지'를 캐츠프레이즈로 〈슈캉 헤이본/週刊平凡〉을 창간, 〈슈캉 묘죠/週刊明星〉, 슈에이샤/集英社와 함께 주간 예능지 전성시대를 연출했다. 1964년 남성주간지 〈헤이본/平凡 펀치〉의 등장은 충격적이었다. 자동차나 패션 외에 누드가 처음으로 그라비아 인쇄에 의해 등장하는 등 현대의 젊은이를 겨냥한 잡지의 선구자가 되었다.

이후 1970년 〈앙앙/anan〉, 1976년 〈POPEYE〉, 1977년 〈크로왓슨〉, 1980년 〈브루투스/Brutus〉, 1981년 〈다카포/ダカ-ポ〉, 1982년 〈올리브〉, 1988년에는 처음으로 리죠날/regional 매거진 〈하나코/Hanako〉를 창간해서 '하나코' 현상이 빚어지도록 했다. 당시의 사장 키나메요시히사/木滑良久는 '경박한 것이 풍속을 만들고, 서민의 문화를 만든다. 그것으로 장사한다.'고 말해 왔다.

이 회사의 잡지는 창간 때 '미하족', '펀치족', '포파이족', '안논족' 등의 유행어를 만들었다. 1983년 현재의 마가진하우스로 회사 이름을 바꾸었다. 이 때부터 〈헤이본〉, 〈슈캉헤이본/週刊平凡〉 등의 지면 쇄신을 시도했다. 회사로서는 적극적인 자세였으나 시행착오를 겪다가 1988년 두 잡지는 폐간했다. 이어 1988년에는 〈헤이본 펀치〉도 휴간, 이로써 '헤이본'이란 이름을 쓰던 잡지는 모두 없어지게 됐다. 1992년 말에 마지막 창업자로 남아 있던 시미즈다쓰오/淸水達夫가 사망했다.

또 1988년부터 무크와 책의 장점을 취한 잡지의 제본을 개선, 새로운 필자를 기용하여 서적 분야로 진출했다. 1998년에는 거의 같은 시기에 〈relax〉,

〈Pink〉, 〈락/樂〉 등의 3개 잡지를 창간했으나, 1999년 세 잡지는 모두 휴간하고, 1997년 3월 '초/超·여성지'를 지향하는 〈긴자/GINZA〉를 창간했다. 1998년 〈잡지만들기의 결정적 순간〉을 간행했다. 1999년 여름 야마구찌모모에/山口百惠의 남편 미우라토모카즈/三浦友和가 과열하는 매스컴의 공세 가운데서도 가족을 지킨 사실을 〈피사체/被寫體〉로 기록 40만 부의 베스트셀러를 만들었다. 2001년 말에 초판 8만 부로 시작한 〈세계가 만약 100인 촌이라면〉의 단행본은 2002년 2월 20일에 1백만 부를 돌파했다. 그해 여름에는 1백30만 부나 팔았고, 종업원 380명의 마가진하우스는 서적 출판에 참여한 지 14년 만에 현 사장 이시자키하지메/石崎孟에 의해 밀리언셀러의 서적을 만들어냈다.

*소재지/東京都 中央區 銀座 3=13-10/ URL:http://www.magazine.co.jp./
*참조/〈anan〉, 〈POPEYE〉, 〈다카포〉, 〈Brutus〉, 〈TARZAN HANAKO〉, 〈GINZA〉 등 자사 발행지
*참고문헌/塩澤實信, 〈比較日本の會社: 出版社〉, 東京: 實務敎育出版, 2003.
　　　　　塩澤實信, 〈出版社大全 上/下〉, 東京: 論創社, 2003.

□산세이도/三省堂
– 일본 최초 백과사전과 '콘사이즈' 시리즈의
  외국어 사전 출판

콘사이스/Concise 사전의 대명사 산세이도는 1881년 카메이추이치/龜井忠一에 의해 산세이도 서점(三省堂 書店)으로 창업됐다. 신발 가게를 운영하던 그가 출판과 인연을 맺은 것은 화재로 가게가 소실됨에 따라 오늘의 유히가쿠/有斐閣 출판사의 창설자인 에쿠사/江草斧太郎와 더불어 도쿄 진보초/新保町의 뒷골목에서 고서점을 차린 데서 비롯된다.

그 때 이 고서점 지대는 학생들의 거리로도 유명했다. 여기서 젊은이들을 많이 대하게 된 그는 이들이 해외 문화를 흡수할 수 있는 외국어의 습득이 필요함을 깨닫게 됐다.

고서점 개업 2년 후인 1883년부터 출판에 손대기 시작, 1885년 〈부음삽도영화자휘/付音揷圖英和字彙〉를 발간했고, 다시 3년 후에는 〈웹스터 신간 대사서화역사휘/新刊大辭書和譯辭彙〉를 발간, 성공을 거둠으로써 출판의 기반을 다지게 됐다.

그 후에는 수학 교재를 비롯한 소·중학생 대상의 교과서를 맡아 발간하기도 했다. 1902년에는 일본 초기의 백과사전 편찬을 기획하고 1908년 제1권을 시작으로 1913년에 제6권까지 간행했으나, 판매 부진과 자금 부족으로 도산하고 말았다.

1915년 '주식회사 산세이도/三省堂로 출판 부분을 독립시키면서 재건했으나 설립자 카메이는 일선에서 손을 뗄 수밖에 없었다. 새 경영진은 1919년 전 10권의 백과사전을 완간시켰고, 그 후 산세이토 출판사는 〈Concise/コンサイス 英和辭典〉을 비롯해 독어, 프랑스어, 러시아어, 스페인어 등 세계 각국의 외국어 사전을 '콘사이스'의 이름으로 꾸준히 발행해 오고 있다.

그 밖에도 〈산세이도신서/三省堂新書〉, 〈산세이도총서/三省堂選書〉의 이름을 붙인 일반 도서와 교재, 교과서, 참고서 등을 주로 발행하면서 도쿄 중심의 서점가에 산세이도서점/三省堂書店을 운영하고 있으며 산세이도 인쇄/三省堂印刷 공장을 통해 자사 출판물을 제작하고 있다.

산세이도 출판사는 1975년에도 50억 엔의 부채 때문에 도산했으나, 1984년

4월 '회생갱생법'에 따라 간신히 재기해 오늘에 이르고 있다. 2001년의 창립 120주년을 기념하여 〈그랜드 콘사이즈 영화사전/英和辭典〉을 간행한 바 있는 '사전의 산세이도'라는 명성을 높이고 있다.

사전의 대명사 산세이도는 1881년 카메이추이치/龜井忠一에 의해 산세이도서점/三省堂 書店으로 창업됐다.

신발 가게를 운영하던 그가 출판과 인연을 맺은 것은 화재로 가게가 소실됨에 따라 오늘의 유희카쿠/有斐閣 출판사의 창설자인 에쿠사/江草斧太郎와 더불어 도쿄 진보초/新保町의 뒷골목에서 고서점을 차린 데서 비롯된다. 그 때 이 고서점 지대는 학생들의 거리로도 유명했다. 여기서 젊은이들을 많이 대하게 된 그는 이들이 해외 문화를 흡수할 수 외국어의 습득이 필요함을 깨닫게 됐다.

고서점 개업 2년 후인 1883년부터 출판에 손대기 시작, 1885년 〈부음삽도 영화자전/付音揷圖英和字彙〉를 발간했고, 다시 3년 후에는 〈웹스터 신간 대사서화역사휘/新刊大辭書和譯辭彙〉를 발간, 성공을 거둠으로써 출판의 기반을 다지게 됐다.

그 후에는 수학 교재를 비롯한 소·중학생 대상의 교과서를 맡아 발간하기도 했다. 1902년에는 일본 최초의 백과사전 편찬을 기획하고 1908년 제1권을 시작으로 1913년에 제6권까지 간행했으나 판매 부진과 자금 부족으로 도산하고 말았다.

그 밖에도 〈산세이도선서/三省堂選書〉의 이름을 붙인 일반 도서와 교재, 교과서, 참고서 등을 주로 발행하면서 도쿄의 서점가에 산세이도쇼텡/三省堂書店을 운영하며, 산세이도 인쇄/三省堂印刷 공장에서 자사 출판물을 직접 제작하고 있다. 산세이도 출판사는 1975년에는 50억 엔의 부채 때문에 도산했으나 1984년 4월 '회생갱생법'에 따라 간신히 재기해 오늘에 이르고 있다.

*소재지:東京都 千代田區 三崎町 2-22-14/URL:http://www.sanseido-publ.co.jp/
참고문헌/塩澤實信, 〈比較日本の會社:出版社〉, 東京: 實務敎育出版, 2003.
　　塩澤實信, 〈出版社大全 上/下〉, 東京: 論創社, 2003.
　　　言論硏究院叢書 ⑪, 〈世界의 出版〉, 서울: 한국언론연구원, 1991.

□ 오분샤/旺文社

−영어 참고서, 사전 등 '아카오/赤尾의 영어책 트리오 학생들에게 대인기

일본의 영어 참고서 출판의 대명사인 오분샤/旺文社가 창립된 것은 1931년 이었다. 아카오요시오/赤尾好夫에 의해 처음에는 같은 음인 毆文社/오분샤로 표기했던 것을 1942년부터 오늘의 오분샤/旺文社로 한자 표기를 바꿨다.

원래 이 출판사의 한자 표기는 毆文社/오분샤였는데 전시 중의 일본은 상대 적국이었던 영국이나 서구/西歐와 같은 표기는 금했던 적성어/敵性語 기준에 해당되므로 그와 비슷한 발음의 한자 오분샤/旺文社로 표기를 변경, 출판사 간판을 바꿔야만 했다.

그것은 태평양전쟁 당시 서구에 대한 배척 정책으로 문자의 표기를 바꿀 수밖에 없었던 것이다. 이 오분샤는 주로 그 명칭에서와 같이 외국어 특히 영어 참고서, 사전 등의 출판에 손대기 시작, 〈영어단어숙어집/英語單語熟語集〉, 〈영어단어 숙어의 종합적연구/英語單語熟語の綜合的研究〉, 〈영어의 종합적 연구/英語の綜合的研究〉 등을 발행, 수험생들에게 인기리에 판매됐다.

소위 '아카오/赤尾의 트리오'라 일컫는 이 세 가지 영어 단어 연구서는 매년 30만 이상이 팔려 나갔다. 마치 수험생들의 교재처럼 영어 마스터의 필독서가 된 오분샤의 영어단어 숙어집은 '마메단'(豆單: 작고 간단한)이란 애칭까지 붙여질 정도였으며 1945년에는 한국에까지도 상륙, 해방과 더불어 비롯된 영어의 열풍을 타고 과학사에 의해 번역 소개됐던 것을 그 무렵 한국의 학생들은 기억하고 있다.

학창시절 개구쟁이로 정학까지 당했던 아카오는 학생들에게 도움되는 출판을 하고 싶었던 것이다.

더욱이 "문화국가 건설을 위해 폭 넓고 깊이 있는 지식의 정신적 양식을 제공해야 한다."는 목적에서 출판업에 손댄 만큼 오분샤는 영어 참고서에 그치지 않고 다시 〈형설시대/螢雪時代〉와 〈JK高二時代〉 등의 학습 잡지도 발행하게 된다. 이 잡지는 당시 수험생들에게 'OO시대'라는 말을 유행시키기도 했다.

이 밖에도 오분샤는 〈學藝百科事典エポカ〉, 〈旺文社カラー學習圖鑑〉 등을 발행하면서 현재도 〈高一時代〉 등의 학습 잡지와 〈오분샤문고/旺文社文庫〉 등의 출

판을 계속하고 있다.

일본의 영어 참고서 출판의 대명사인 오분샤/旺文社가 창립된 것은 1931년이었다. 아카오요시오/赤尾好夫에 의해 처음에는 같은 음인 毆文社/오분샤로 표기했던 것을 1942년부터 오늘의 旺文社로 한자 표기를 바꿨다.

이 밖에도 오분샤는 〈학습백과사전에포카/學藝百科事典エポカ〉, 〈오분샤칼러학습도감旺文社カラ-學習圖鑑〉 등을 발행하면서 현재도 〈고일시대/高一時代〉 등의 학습 잡지와 〈오분샤문고//旺文社文庫〉 등의 출판을 계속하고 있다.

*소재지/東京都 新宿區 橫寺町 55/ *참조/ URL:http://www.obunsha.co.jp/
*참고문헌/塩澤實信, 〈比較日本の會社:出版社〉, 東京: 實務敎育出版, 2003.
　　　　　塩澤實信, 〈出版社大全 上/下〉, 東京: 論創社, 2003.
　　　　　言論硏究院叢書 ⑪, 〈世界의 出版〉, 서울: 한국언론연구원, 1991.

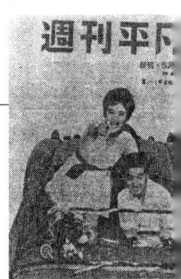

□헤이봉샤/平凡社
─일본에서 처음으로 대백과사전 발행 시도한 출판사

1914년 시모나카야사부로/下中彌三郎에 의해 설립된 초기 일본의 백과사전 출판사이다.

헤이본샤는 원래 "야, 이것은 편리하다.(や, 此は便利だ)"라는 새 용어사전으로 출발했다. 창업주인 시모나카는 당시 세계대전의 영향으로 일본 내에 외래사상과 외국어가 범람하는 현실을 우려, 일본어의 고유한 문법체계를 정리하고 새로운 용어들에 대한 명확한 해설을 내리고자 이 사전을 구상했다 한다. 이 사전을 '야편'(や, 便)이라는 말로 통할 정도로 대성공을 거두었으며, 이후 연간 3만 부씩 30년간 130판이 팔려 헤이본샤의 달러 박스가 됐다.

그러나 1931년 발행한 대중 잡지 '헤이본'의 부도로 도산지경에 이른 시모나카는 이를 가까스로 수습하고 재기를 위해 '대백과사전'의 간행을 구상했다.

당시 일본의 백과사전으로는 산세이토(三省堂)에서 1919년 간행하려 했던 '일본대백과사전' 전 10권짜리가 있었을 뿐인데 이것마저도 6권까지 낸 상태에서 중도 포기한 상황이었다. 그러나 헤이본샤의 '대백과사전'은 가지각색의 새로운 정보를 담으면서 당초의 예상을 뒤엎고 1934년 1월 전 26권을 훌륭하게 완성시켰다. '1가정 1백과 운동'까지 일으키며 성공한 '대백과사전'이었으나 헤이본샤는 무리한 경영으로 다시금 파탄의 위기에 처하게 됐다. 참신한 아이디어에 의한 경영 혁신으로 위기를 극복한 헤이본샤는 2차대전 이후 다시금 야심만만한 기획을 내놓았다. 그것이 바로 전 32권으로 된 '세계대백과사전' 의 간행이었다.

1955년에서 59년에 걸쳐 간행된 이 책은 원래 전 32권으로 구상되었으나 후에 1권이 보완 추가되어 전 33권으로 이루어져 있다. 이 '세계대백과사전'은 엄밀한 기획 아래 만들어졌는데, 그 편집 방침은 다음과 같다.

첫째, 세계적인 시야에서 선진 강대국들만이 아닌 후진 약소국들의 문화도 경시하지 않고 받아들인다. 특히 아시아에 관해서는 서구 사전의 해석을 따르지 않고 정확한 내용을 담는다.

둘째, 현대 과학기술 분야에서의 주요한 성과를 보급함을 목적으로 삼되,

역사나 고고학 등 최근의 연구 성과도 빼놓지 않고 수록한다. 또한 해결되지 않은 문제들은 그 사유를 명확하게 수록토록 한다.

셋째, 정치·경제·사회 문제 등에 대해서는 그 실태를 역동적으로 파악하여 본질을 규명토록 한다.

넷째, 신앙이나 주의, 주장이 문제가 되는 항목은 그 실태의 객관적 서술에 중점을 두고 묵살, 과소 평가, 과장, 왜곡 등에 빠지지 않도록 주의한다.

다섯째, 대백과사전은 지식의 종합성, 상관성을 하나의 소우주로 서술하는 사명을 짊어지고 있다. 따라서 대항목을 중심에 놓고 중소 항목을 적절하게 배치함으로써 표제의 대소 경중이 자연스럽게 판단될 수 있도록 한다.

여섯째, 평이하고 정확한 해설을 원칙으로 하되, 고도의 전문성이 요구되는 분야에서는 필요 이상의 비속화, 통속화에 빠지지 않도록 하고 아울러 실생활과 관련짓도록 노력한다.

일곱째, 삽화는 단지 본문을 보조하는 종속적인 데 머무르지 말고 시각에 호소하는 기능을 최대로 살려 본문과의 유기적 관련을 높이도록 하고 이를 통해 더욱 명확하고도 입체적인 이해가 되도록 배려한다.

헤이본샤는 그 후 1981년 이를 〈최신세계대백과사전〉이라 이름하여 전 36권으로 증간했으며, 1983년에는 다시 전 37권으로 1권을 더 증보했다. 최근 1990년에는 이를 전 35권으로 재편집하고 '신세계대백과사전'이란 이름으로 전질 23만 5,000엔에 발매되고 있다.

이상의 편집 방침에 의해 완성된 '세계대백과사전'은 원래 3만부 예약을 목표로 했으나 초기에는 1만 7,700부의 예약밖에 받지를 못했다. 그러나 그 뒤 적극적인 판매촉진 활동으로 점차 판매가 증가되어 이윽고 6만 세트의 실적을 올릴 수 있었다. '세계대백과사전'은 A4 변형판으로 본문 수록 항목이 7만(대항목 중표제 항목을 포함하면 8만 2,000항목), 사진과 삽화가 3만 5,000개를 넘는 방대한 규모를 자랑하고 있으며 기획비가 2억 7,000만 엔, 선전비만해도 8,000만 엔이 들어다는 대작이다. 헤봉샤는 그 후 1981년이를 '최신세계대백과사전'이라 이름하여 전 36권으로 증간했으며, 1983년에는 다시 전 37권으로 1권을 더 증보했다. 최근 1990년에는 이를 전 35권으로 재편집하고 '신세계대백과사전' 이란 이름으로 전질 23만 5,000엔에 발매했었다.

*소재지/東京都 文京區 白山2-29-4 泉白山ビル
*참조/URL:http://www.heibonsha.co.jp/.
*참고문헌/塩澤實信,〈比較日本の會社:出版社〉, 東京: 實務敎育出版, 2003.
　　　　塩澤實信,〈出版社大全 上/下〉, 東京: 論創社, 2003.
　　　言論硏究院叢書 ⑪,〈世界의 出版〉, 서울: 한국언론연구원, 1991

□소시샤/草思社
-'논픽션 중의 논픽션'이라 일컫는 〈비틀즈〉 출판으로 시작

1967년 '새로운 스타일과 눈으로 보고 쓴 논픽션의 간행'을 목표로 키타니토우난/木谷東南이 1968년에 자본금 3천6백만 엔으로 키야도난/木谷東男이 설립한 출판사이다. 아름다운 문학 작품으로부터 자연과학서까지 넓은 영역의 책을 망라하고 있다. 최초로 출판된 책은 〈비틀즈〉였다.

비틀즈의 전면적인 협력으로 발행된 결정판의 전기라 평가되고 있다. 또한 '논픽션 중의 논픽션'이라는 평가를 받기도 했다. 현재까지 수만부를 판매한 롱셀러이기도 하다.

두 번 째로 겨냥한 것은 도리이다미/鳥居民의 〈마오쩌둥/毛澤東의 5가지 전쟁〉이었다. 중국은 문화대혁명으로 흔들리고 있으나 일본의 매스컴이 마오쩌둥을 찬미할 때, 한국의 6·25전쟁으로부터 문화대혁명/文革에 이르기까지 그가 행한 5가지의 전쟁을 재검토해서 〈문혁은 잘못이다〉라고 선언한 예언서이기도 하다.

창업 10년 후인 1977년 그 해의 베스트셀러 1위는 〈잘못 투성이의 자동차 선정〉(德大寺有恒)를 출판했다. 계속해서 1988년 베스트셀러 6위 〈대국의 흥망〉 상하권(폴 케네디), 2년 후인 1990년에 베스트셀러 10위 〈일본은 다시 침몰한다〉(빌 에모트), 1993년 〈청빈/淸貧의 사상〉(中野孝次), 1996년에는 121만부의 밀리언셀러가 된 〈타인을 칭찬하는 사람, 욕하는 사람〉(F. 아루베노니), 사이토다카시/齋藤孝의 〈소리를 내서 읽고 싶은 일본어〉는 밀리언셀러가 되어 일본어 붐을 일으켰다.

30여년 사이에 9백 본 가까이 출판했는데 그 가운데 〈기/氣를 세워주는 기수의 아내〉 요시미즈미찌코/吉水가 오오야소이치샤/大宅社의 논픽션상, 〈일본 점령하의 자바 농촌의 변〉(倉澤愛子)가 산토리 학예상, 〈시리즈 영광과 꿈〉(5권), 윌리엄 만체스타-(스즈키치카라/鈴木主稅 역)이 일본 번역출판문화상 등 출판 분야의 빛나는 상을 모두 받았다. 2003년에는 신세대의 한국인 김완섭/金完燮이 쓴 〈친일파를 위한 변명〉은 한국에서는 '청소년 유해 도서'로 지정되었는데, 일본에서는 30만 부 판매의 베스트셀러가 됐다.

창업자 카세요시오/加瀨昌男는 출판에 대해 '있어도 없어도 좋은 책을 내지 않는다'는 방침에 따라 '지금 낼 만한 값어치가 있는 책', '돈을 버는 책'을 가려서 출판하는 자세를 견지했다. 번역물, 붓 가는대로 쓰는 책으로 창업자의 뜻에 맞는 책을 무작위로 취하여 헤르만 헷세, 폴카 미벨스 편의 〈정원일의 즐거움〉이라든가 사카키바라키사코/榊原喜佐子의 〈도쿠가와 요시노부가/德慶喜家의 아이들 방〉, 크리스토퍼 손 저 이치카와요이치/市川洋一 역의 〈태평양 전쟁이란 무엇인가〉, 이와다히로시/岩田宏의 1천5백 장에 달하는 〈헐떡임의 경위〉 등이 있다. 책 이름에 공통되는 것은 허세는 적고, 스트레이트로 내용을 읽는 방법이 통일되어 있는데, 그 이유는 '저자 때문에 팔리지 않는 경우에는 한눈으로 읽을 수 있도록 했고, 번역서는 원서가 고전인 경우 직역의 타이틀로 한다'는 때문이다.

*소재지/東京都 涉谷區 千駄ケ谷2-33-8/ URL:http://www.soshisha.com/
*참고문헌/塩澤實信,〈比較日本の會社:出版社〉, 東京: 實務教育出版, 2003.
　　　　　塩澤實信,〈出版社大全 上/下〉, 東京: 論創社, 2003.

□니혼지쓰교슛판샤/日本實業出版社/實業之日本社
- 〈퇴직금의 실무 포인트〉 등 허식 없는 세무 실무서 등

　1929년 12월1일 창립된 지쓰교노니혼샤/實業之日本社는 창업 이래 출판 이념은 '현실 파악으로부터 진리의 탐구'라는 슬로건대로 '허식을 배제하고 진실을 찾는다'는 자세로 일관하고 있다. 창업자 나카무라쓰스무/中村進는 2차 대전 당시 만주의 만철/滿鐵에서 근무하다 패전 후 귀국, 1950년 히로시마/廣島에서 출판사 경영에 뛰어들었다. 당초의 사명은 서일본세무협회/西日本稅務協會였다. 맨 처음 손 댄 출판은 기업인 경영자에게 알기 쉬운 세무 지식의 보급이었다. 당시 광란의 인플레 억제책으로 가혹한 세제/稅制를 운용했는데, 나카무라/中村進 사장 자신이 세금에 대한 공부, 모두 알고 싶어하는 세금의 해설서를 출판하면 좋아할 것이라고 생각했다. 독자의 입장에서 독자가 원하는 데 따라 세금 해설 소책자를 만들어 자신이 한 회사 한 회사 찾아다니며 팔았다. 〈세무회보/稅務會報〉로 시작, 현재도 발간되는 〈기업실무/企業實務〉를 창간했다. 이어 〈법인세법령전집/法人稅法令全集〉, 〈원천소득세령법전집/源泉所得稅令法全集〉을 간행, 경영의 기초를 다졌다. 1959년에 창간한 〈경영자회보/經營者會報〉의 정기간행물이나 약식 법령집을 직판제/直販制로 전환했다, 독자 대상이 중소기업경영자라서 서점 고객이 아니기 때문이었다. 영업사원들이 기업을 하나하나 방문해서 1년간의 지대/誌代를 현금으로 받고 판매했다. 직판제의 또 하나 장점은 편집자와 영업사원을 육성하기 좋은 것이었다.
　창업 10년이 되는 해, 사명을 니혼지쓰교출판사/日本實業出版社로 지쓰교노니혼샤/實業之日本社와 비슷한 이름으로 바꾸었다. '출판이란 진실과 진리에 입각하지 않으면 안 된다'는 창업자의 출판 철학에 따른 것이었다. 1962년 본사를 히로시마/廣島에서 오사카/大阪로 옮기고, 도쿄/東京 사무소도 개설했다. 1966년부터 시판/市販 영업을 개시했다. 처음엔 월간지 연재물을 단행본으로 냈다. 1970년에 창업자의 아들 나카무라요이치로/中村洋一郎 현회장이 입사했다. 그로부터 5년 후에 도쿄사무소는 지사로 격상됐다.
　이 회사의 편집 제작의 모토는 '실업가가 알기 쉽게 쓴다'는 것이다. 초보자도 읽으면 알게 되어 실무를 볼 수 있게 한다는 것이다. 경영 총무 경리

인사, 노무 관계의 출판물로부터 시작해서 지금은 인문, 이공/理工, 수학, 컴퓨터, 어학 등으로 넓혔는데, 그 기반은 독자가 쉽게 이해하도록 한다는 것이다. '피드백을 중시한다'. 서점이 '독자들은 시말서/始末書나 퇴직계에 관한 책을 요청한다'는 피드백이 들어오면 그 책의 제목을 〈시말서로부터 퇴직계까지…타인에게 물어보지 않고 작성하는 방법〉으로 20자가 넘는 긴 제호이어서 뒷면까지 이어졌지만 독자로부터는 '신선하다'는 호응을 받았다.

〈좋은 기분을 만드는 책〉, 〈안달복달하지 않게 된다!〉는 책은 사장 자신의 의도가 반영된 것이다. 〈경영자회보/經營者會報〉에 연재된 것을 단행본으로 낸 〈질책하고 질책하는 방법〉은 10만 부 이상 팔려 히트한 출판이었다. 소니의 창업자 마쓰모토고노쓰케/松本幸之助, 미요 전기/三洋電機의 이우에토시오/井植歲男의 생생한 체험담을 기록한 것으로 독자의 평판이 좋았다. 베스트셀러는 경리, 세금 분야에서 나왔다. 진가와고헤/陳川公平의 〈자유자재로 경리를 알 수 있는 사전〉, 와타이찌마사아키/渡邊昌昭의 〈세금을 알 수 있는 사전〉은 3, 4회의 개정을 거쳐 20년간 50만 부 이상 팔렸다. 〈한눈으로 알 수 있는 기업계열과 업계 지도〉는 롱셀러가 되어 총 50만 부 이상 팔렸다. 〈소비세 실무와 대책은 이렇게〉는 새 법률에 대한 대응책으로 한 달 반 동안 50만부 이상 팔리는 대베스트셀러가 되었다. 이는 '알기 쉽다'는 이 출판사의 캐츠프레이즈에 힘입었다.

〈소비세 실무와 대책은 이렇게〉는 강행 돌파가 성공을 거둔 예로 알려진 책이다. 1980년대의 이 회사 대표는 츄오코론샤/中央公論社를 경영한 바 있는, 1946년에 입사한 마쓰다요시카스/增田義和로 1958년부터 대표취체역 사장에 취임했다.

이 출판사는 잡지에도 손을 내면서 월 2회 긴행의 〈지쓰교노닛퐁/實業の日本〉을 비롯하여 〈투자상담/投資相談〉, 〈올 생활/生活〉(〈호프〉로 창간〉을 월간으로 발행하면서 주간지로도 〈슈캉 쇼세쓰/週刊小說〉, 〈슈캉 망가週刊漫畫선데이〉를 발행했으며, 〈풀가이드SKI〉를 매년 8월부터 12월 간에 6회씩 발행하고 있다. 170명의 사원들은 단행본 출판으로는 문고 시리즈 〈지쓰니찌신서/實日新書〉와 〈가이드북스〉의 일반서 이외에도 문예서 등을 발행하면서 중학교 1, 2, 3학년용의 교과서로서 〈중등생활과 진로학급/中等生活과 進路學級 노트〉도 발행하면서 종종 아동서 등도 출판하고 있다.

*소재지/: 東京都 中央區 銀座 1-3-9/ *참조/ URL:http://www.j-n.co.jp/

*일본의 잡지출판사들 참고문헌

- 講談社八十年史編集委員會, 〈クロニッニ講談社の80年〉, 東京:講談社, 1989.
- 東京大學社會情報硏究所年報, No.25, 28, 31, 東京大學社會情報硏究所, 1997, 2000, 2003
- 〈圖書·岩波新書 創刊60年記念, 1997〉, 岩波書店, 1997.
- 〈圖書〉, 2005, 11, 岩波書店.
- 〈岩波書店の新刊〉, 2005, 11. 岩波書店, 2005.
- 〈岩波書店の電子出版: 1998〉東京: 岩波書店,
- 〈本の話〉, 平成11月, 東京: 文藝春秋, 1999.
- 〈本の雜誌〉No.199, 1月號, 本の雜誌社, 2000.
- 〈ちくま〉, 12, 筑摩書店, 1999.
- 〈izumi〉No.79, 東京: 全國大學生活協同組合連合會, 1999.
- 〈文藝春秋〉, 2月號, 文藝春秋社, 2004
  西田長壽, 〈日本ジャ-ナリズム史硏究〉東京: みすず書房, 1989.
- 〈世界〉, 2004, 2月號, 岩波書店,
  〈21世紀のマスコミ出版〉, 東京: 大月書店, 1997.
  〈日本の書籍出版社〉, 東京: 日本エディディタ-スク-ル出版部, 1995.
- 川瀨一馬, 〈日本出版文化史〉, 東京: 日本エディディタ-スク-ル出版部, 1983.
- 出版年鑑編集部, 〈日本の出版社〉, 各年版, 出版ニュ-ス社
- 塩澤實信, 〈出版社大全/上·下〉, 東京: 論創社, 2013.
- 塩澤實信, 〈比較日本の會社 出版社〉, 東京: 實務敎育出版, 2003.
- 塩澤實信, 〈比較日本の會社 出版社〉, 東京: 實務敎育出版, 2013.
- 塩澤實信, 〈雜誌100年の步み:1974~1990〉, 東京: グリ-ンアロ出版社, 1994.
- 寺門克, 〈比較 日本の會社 出版社〉, 東京: 實務敎育出版, 1984.
- 阿部信行, 〈出版指標 年報 2014年版〉, 東京: 全國出版協會 出版科學硏究所, 2014.
- 〈小學館出版圖書目錄/1990-2000〉
- 〈UP선서/選書〉, 東京大學出版會,
- 〈UP〉各月號(1995~1999), 東京大學出版會,
- 〈東京大學出版會圖書目錄, 1999-Ⅱ〉. 東京大學出版會, 1999, 5. 現在
- 한국언론연구원총서⑪, 〈세계의 출판〉, 서울: 한국언론연구원, 1991.
- 고정일, 〈新文館 崔南善·講談社 野間淸治 愛國作法〉, 서울: 동서문화사, 2007.
- 문연주 역(神吉,晴夫) 〈출판천재 간키하루오〉, 서울: 커뮤니케이션북스, 2011.
- 안춘근 역(箕輪成男), 〈國際出版開發論〉, 서울: 범우사, 1989.
- 이근우·전종훈(고바야시·후나비키), 〈知의 윤리〉, 서울: 도서출판 경당, 1997.
- 三省堂圖書目錄, 1997, 1999
- 〈JAPANESE BOOK NEWS〉, vol.81~83, 2014, 2015, 東京: 國際交流基金, 2015.
  〈Practical Gide to Publishing in Japan, 2014~2015〉, Tokyo: The Japan Foundation, 2015.

[부록 II] 일본잡지협회 및 서적출판협회의 연혁과 기구

   I. 일본잡지협회의 연혁과 기구 / 402
   II. 일본서적출판협회의 연혁과 기구 / 407

△ 일본잡지협회 회관 앞에서의 대표 역자

Ⅰ. 일본잡지협회의 연혁과 기구

1. 상설 7위원회 중심의 폭넓은 활동

사단법인 일본잡지협회/JAPAN MAGAZINE PUBLISHERS ASSOCIATION는 2007년 9월 현재, 회원 95사. 이사회를 비롯해, 편집, 판매, 광고, 선전, 생산 환경, 경영 관리, 국제의 7위원회에서 호선되며, 각 실무위원회의 활동은 이사회와 연동하고 있다. 1992년부터 2명의 부이사장제를 도입하고, 1998년에는 1년이었던 임원의 임기를 2년으로 하고, 전무이사제를 도입하여, 이사회 기능을 강화, 확충했으며, 일본신문협회, 일본민간방송연맹과 함께 보도기관 단체의 한 축을 담당하고 있다.

'경품표시법'에 관련된 잡지의 경품, 현상의 자율규제 기관으로서 〈잡지공정거래협의회〉를 운영하고 있으며, 동 협의회 이사장은 협회의 이사장이 겸임하고 있다.

잡지의 편집·취재의 원활화를 위해 편집·취재위원회와는 달리, 일본잡지기자회(국회, 사법·경찰, 궁내청, 국제공항, 스포츠, 예능의 6개의 기자클럽을 편성)와 사진기자인 일본잡지사진기자회를 운영하고 있다. 잡지기자회에는 신문, 텔레비전의 기자클럽과 같이 편집자·기자, 사진기자는 상주하지 않지만, 필요에 따라 간사회를 열어서 취재 대응을 정하고, 대표·풀 취재 등의 잡지 취재의 창구 기능을 담당하고 있다. 또한 '공항취재완장'을 비롯해 취재 관계 방면에서 대여·관리를 위임받은 각종 취재에 필요한 취재장/取材章을 보관하고, 가맹사에 빌려주는 등, 궁내청 제공 사진, 올림픽을 비롯해 대표·풀 취재사진의 전송을 원칙으로 취재 참가사에 대해 독자적 인터넷 전송 시스템을 실시하고 있다(잡지협회 대표취재, JMPA의 크레디트가 들어간 사진 해당). 각 기자클럽의 대표간사는 취재위원회 위원(편집위원회의 실무위원회)을 겸하고 있다. 출판 4단체에서 구성하는 출판재판매연구위원회(서적협회 사무국) 및 출판윤리협의회(잡지협회 사무국), 독서추진운동협의회에 협회로서 추천위원을 파견하고 있다.

*2007년도의 예산 규모는 약 2억 5000만 엔.

2. 잡지 실제 업무 중심의 임기응변 대응위원회

(1) 각 위원회별 활동 업무

유통협/取次協, 일서련/日書連 등과의 대응 창구가 되고, 잡지 판매에 관련된 모든 과제를 검토하고 있는 판매위원회 계열의 위원회 등으로 분류 운영

된다.
1) **발매 및 소위원회** / 업무량 평준화 등의 관점에서 창간, 발매일·간행 변경 등 검토.
2) **잡지운임문제연구위원회**(유통업의 공동 운송 등에 관련된 운임의 연구)
3) **물류위원회** /중개, 운송업계와의 과제 연구.
4) **잡지기준운영위원회** / 잡지 작성, 부록의 자주 기준〈잡지작성상의 유의사항〉 등 운영.
5) **공통잡지코드운영위원회** / 잡지 코드 운영 담당
6) **코믹, 무크문제대책위원회** / 관련출판물의 표기, 반품 등의 과제 담당.
7) **〈잡지 애독의 달〉 추진특별위원회** / 잡지 애독의 달 캠페인의 기획·입안 관련 운영.
8) **잡지 POS센터운영위원회** / 잡지 POS센터에 데이터 제공 법인을 비롯해 데이터 전송 시스템의 관리·운영 담당.
9) **디지털출판연구회** / 디지털잡지의 구체적인 연구와 기존 유통과의 과제, 또한 유통협/取協, 일서련/日書練이 운영하는 잡지 발매일 장려 본부위원회 중심 운영 담당.
10) **편집위원회 / 취재위원회** / 취재의 원활화와 함께 취재·편집상의 문제 담당.
11) **편집윤리위원회** / 편집 윤리, 미디어 관련의 규제·법률 등 문제 검토.
12) **저작권위원회** /잡지 중심으로 한 저작권 문제 담당
13) **개인정보·인권문제특별위원회** / 미디어의 공적 규제를 둘러싼 문제 담당.
14) **표기위원회** / 국어심의회의 의견보고 및 문자의 폰트·규격 등에 대한 검토.
15) **광고위원회** / 제1소위원회/부수·독자구성데이터,
　　　　　　　　제2소위원회/광고 수주 데이터
　　　　　　　　제3소위원회 / 광고 EDI 외, 매거진 데이터 편찬위원회
16) **잡지광고 디지털 송고 추진협의회** / 잡지광고협회, 광고업협회로 구성돼 있음.
17) **생산환경위원회**/인쇄·용지분과회로 나뉘어져 있으며, 필요에 따라 분과회에서 검토를 하고, 경제산업성 등의 외부연구회의 요청에 따라 추천위원을 파견하고 있다.

19) **선전위원회** / 지하철 중간 광고 중심의 광고 연구.
20) **경영관리위원회** / 협회의 재무, 노무 문제 중심으로 협회 운영의 검토.
21) **국제위원회** / FIPP/국제잡지연맹 대응 비롯하여 국제적 사항 등 검토.
22) **경품표시법위원회** / 잡지공정거래협의회의 실무를 담당하고 있으며, 대여권 관계의 검토위원회로서 대여 비즈니스 검토 전문위원회와 복합카페·만화방 담당 워킹 그룹으로 구분.

(2) 잡지 대표출판사(유지/有志) 30사로 창립

일본잡지협회는 잡지출판사업 및 출판문화의 발전을 기하기 위해, 출판의 윤리 향상을 꾀함과 함께 잡지 공통의 이익을 옹호하는 것을 목적으로 1956년 1월, 사단법인 전국출판협회에서 분리한 잡지 발행 대표출판사 30사에 의해 창립되었다. 같은 해 12월 27일에 사단법인의 인가를 얻어, 사단법인 일본잡지협회로서 탄생했다. 그 설립 취지는 아직도 변하지 않았다.

협회 창립으로부터 1971년까지는 평의원들로 구성된 평의원회를 조직하고 있다. 평의원은 총회에서 회원사로부터 호선되고, 이사 및 감사는 평의원의 호선으로 정해지며, 이사장 및 상무이사는 이사의 호선으로 정해지는 시스템이었다. 그 후, 조직 운영을 알기 쉽게 신속, 원활화하기 위해 평의원회를 해체하고, 현재의 이사회 중심의 운영으로 바뀌었다. 이사회는 월례로 실시되고 있고, 그 후, 예회(例會, 회원사보고회)를 개최하고 있다.

(3) 협회 조직·위원회의 성립

협회의 조직·위원회 구성은 창립 당초, 잡지의 카테고리별로 7부회(종합지·경제지, 대중지, 대중오락지, 부인지, 학생지, 아동지, 전문지, 주간지)를 먼저 조직하고, 발매일 조정, 운송, 세무의 3위원회를 설치했다. 발매일 조정위는 뒤에 판매위원회로 변경하여, 협회 설립 10여 년 동안에 편집, 광고를 포함한 위원회 주도의 운영 체제가 정돈되었다.

선전위원회는 광고위원회에서 독립하는 형태로 1971년에 개설, 1990년에는 국제위원회를 신설하고 있다. 1993년, 운송위원회는 판매위원회 계열의 물류위원회로 바꾸었다. 2005년에는 대표출판사가 1999년에 설립한 잡지 POS센터를 잡지 POS센터운영위원회로서 협회 조직에 통합하고 있다. 2007년 초에는 디지털출판연구회를 판매위원회 내에 발족시키는 등, 시대에 발맞춰 위원회 편성을 실시하고 있다.

(4) 잡지협회 설립까지의 경위

잡지협회 설립까지의 개요는 다음과 같다.

일본에서 출판의 역사는 1200년 전까지 거슬러 올라간다고 하며, 잡지 형식의 출판도 오래 전부터 있었지만, 지금과 같은 형태의 잡지가 출판된 것은 메이지/明治 초기부터이다. 잡지 관련단체의 움직임으로는 1892년, 도쿄잡지판매/東京雜誌売捌 영업자 조합이 결성되었다. 동 조합의 〈잡지소매가격표〉에 게재된 잡지는 151종류에 이른다.

1914년, 도쿄에서 잡지 발행사와 잡지 도매업자들로 구성된 도쿄잡지조합이 생겼다. 잡지의 덤핑 등 판매면의 폐해를 없애는 것이 목적이었다. 동 조합은 1918년에 도쿄잡지협회로 개칭, 1924년 5월에는 오사카의 잡지협회와 합쳐져, 일본잡지협회가 탄생했다. 그 구성이 출판사뿐만 아니라 판매회사와의 합동체인 것을 제외하고, 규약 등은 오늘날의 조직과 상통하는 것이 있으며, 유통·판매면의 활동, 잡지 주간을 개최하는 등 잡지계의 발전에 공헌하고 있다.

이러한 속에서 1938년경부터 전쟁의 기운이 점점 짙어지고, 용지의 공급 제한, 사상 통제 등의 규제가 강화되었다. 다음 해 1939년, 업계에서 자주적으로 모든 출판 기능을 포함하는 종합 기관의 설립의 기운이 나오기 시작했지만, 그 후 정부의 단체 통합 지도에 따라 1940년 8월, 일본잡지협회는 해산하고, 12월에는 관계 각 단체의 통합조직 일본출판문화협회가 발족했다. 다음 해 12월 8일, 영국 및 미국과의 전쟁에 돌입, 2000이 넘는 출판사의 수는 어느 사이에 200사로 축소되는 사태가 벌어졌다.

전후/戰後 얼마 되지 않아 '출판법' 등 '통제법'은 폐지되었다. 용지의 배급 통제 등 생산 자재·설비가 정리되지 않고, 용지 할당 등의 조정 기관으로서 1945년 10월에는 일본출판협회가 결성되었다. 그러나 구성 출판사의 주의 주장이 대두하고, 내부 융화가 되지 않은 채로 동협회는 사실상 분열. 동 협회에서 분파한 출판사에 따라 일본자유출판협회가 다음해 4월에 발족되었다.

일본자유출판협회를 중심으로 업계 단체의 재편 기운이 높아지고, 1949년 4월 27일에 사단법인 전국출판협회가 결성되었다. 이에 앞서 같은 해 3월에 정부는 갑자기 '집중배제법'을 지정하고 일본출판배급회사에 폐쇄지령을 내렸다(같은 해 8월에는 사실상의 폐쇄). 이 사태는 금융긴축정책이 점점 침투하고 있었기 때문에 혼란한 반품 급증을 초래하고 출판계에 자금 빈곤을 초래했다. 전후 부흥의 출판붐으로 같은 해에는 약 960종 있었던 잡지가 다음 해 여름

1년이 되지 않아서 560종까지 감소, 이러한 동요가 재편의 계기가 되었다.

전국출판협회는 일본출판배급회사, 용지, 세무의 3대책 위원회를 설립하고 열정적으로 활동했다. 일본출판배급회사의 폐쇄 후의 판매 대책을 세우는 속에서 1949년 9월에는 전국의 지역마다 9개의 중개회사가 설립되고, 용지 배급량의 증가와 가격 안정을 위해 당국과 절충하고 성과를 올렸다. 세무에서는 사업세(지방세)의 면세 활동을 추진하고, 1952년도부터 면제되게 되었다. 그 외, 독서추진사업으로서 잡지축제(제1회는 1950년 4월 25일~5월 10일), 독서 주간을 개최하고 있다. 잡지 축제에서는 소책자, 포스터, 입간판, 추첨, 잡지인기투표, 전시회, 표어 모집 등 다양한 프로그램을 추진했다.

동 협회 잡지 주체의 출판사가 중심이 되어 1956년, 일본잡지협회를 창립했다. 전쟁 전의 잡지협회의 재산 관리를 했던 '사단법인 일본잡지기념회'를 인계하고, 같은 해 12월 27일, '사단법인 일본잡지협회'가 탄생했다.

역대 이사장 및 재임 기간은 다음과 같다.

역대 이사장 / 소속사　　재임기간	역대 이사장 / 소속사　　재임기간
사사키 / 佐佐木茂索(文藝春秋) 1956-66	다나카 / 田中健五(文藝春秋)1994-97
이시카와 / 石川數雄(主婦の友社)1967-77	이시카와 / 石川晴彦(主婦の友社)1998-99
사와무라 / 澤村三木男(文藝春秋) 1978	가토가와 / 角川歷彦(角川書店) 2000-01
치바 / 千葉源藏(文藝春秋) 1978-88	아사노 / 淺野純次(東洋經濟新聞社)2002-03
아이가 / 相賀徹夫(小學館)1989-91	시로이시 / 白石勝(文藝春秋)2004-05
도쿠마 / 德間康快(德間書店)1992-93	무라마쓰 / 村松邦彦(主婦の友社)2006-

II. 일본서적출판협회의 연혁과 기구

1. 창립 - 출단협/出團連 모체의 출판계 재편

일본서적출판협회(THE JAPAN BOOK PUBLISHERS ASSOCIATION)의 설립위원회 및 창립총회는 1957년 3월 29일, 181사의 출석으로 개최하여 발족했다. 서협의 창립은 1952년에 설립된 출판단체연합회(일본출판협회, 전국출판협회, 교과서협회, 아즈사카이/梓会[1]), 자연과학서협회, 사전협회, 학습서협회, 고등교과서협회, 자습서협회, 공학서협회, 일본서적출판협회로 구성)가 모체가 되고, 전후 출판업계에서 출판 단체가 몇 번인가 분리·재편을 거쳐, 〈서적 등의 출판을 업으로 하는 자를 일환으로 하는 강력한 새로운 단체를 설립〉(발족 성명서)하는 것이 간절하였다.

2. 사 업 - 출판 정보의 제공

서협은 출판사업에 관련된 편집, 판매, 생산, 출판의 자유, 세무 등의 과제 전반에 관련되어 왔다. 협회의 경상사업과는 달리, 다음과 같은 사업을 실시하고 있다.

협회 사업으로서 창립 당초, 〈일본종합도서목록〉의 발행, 〈주간독서인〉의 간행을 계획했다. 목록의 발행은 부문별 부회를 중심으로 각 편의 편집위원회를 설립해, 1958년의 자연과학서 편, 인문·사회과학서 편, 문학·예술·어학서 편, 1959년에 생활·후생서 편, 1960년에는 학습참고서·사전 편, 아동서 편을 발행, 전 6편의 종합도서목록이 연도판으로서 간행되었다. 동시에 기관신문의 발행에 대해서는 일본출판협회 발행의 〈일본독서신문〉의 양도를 계획했지만, 우여곡절을 거쳐 독자적으로 〈주간독서인〉을 발행하게 되고, 1958년 5월에 창간하고, 발행 체재가 궤도에 오른 1964년에 주식회사로서 서협에서 독립했다.

1976년 5월부터는 반품 감소·효율 배본 등에 응하기 위해 근간도서정보 〈앞으로 나올 책/近刊圖書〉(월 2회간)을 82만부를 창간, 이는 현재도 계속 발행하고 있다. 또한, 1977년에는 창립 20주년을 기념해서, 일본에서 유통하고 있는 모든 출판물을 망라한 〈일본서적총목록〉을 간행. 이 목록은 그 후도 계속해서 발행하고 〈2001년판〉은 전 4권의 CD-ROM을 첨부했지만, 〈2002년판〉은

---

[1] '梓会/아즈사카이'는 전문도서출판사의 단체. 일본서적출판협회, 일본잡지협회보다 역사가 오래 되었다고 알려져 있다. 1949년 창간된 순간 타블로이드 독서지 〈출판다이제스트〉는 2005년 4월 21일 2000호 발행.

책 자체의 발행을 중지하고 〈출판연감/出版年鑑〉(出版ニュ-ス社/대표淸田義昭)과 CD-ROM판인 〈총목록〉을 합체시켜서 간행. 이것도 〈2004년판〉을 기점으로 발행을 중지, 사업은 서적데이터베이스로 구축, 전면적으로 이행하고 현재에 이르고 있다. 또한 1997년에는 총목록의 발행사업의 축적을 기반으로 서적데이터베이스의 새로운 구축에 착수하여, 9월 〈Books〉(http://www.books.or.jp)를 인터넷상에서 공개했다.

현재, 서협이 실시하고 있는 사업은 서적데이터베이스의 데이터 제공, 〈앞으로 나올 책/近刊圖書〉의 발행, 2006년부터 일본출판인프라센터에서의 〈상품기본정보센터〉 수탁 사업, 회관 사업 등이다.

3. 조 직 - 사단법인화

1957년 창립시는 임의단체로 발족했지만, 1963년 5월의 총회에서 사단법인으로 개편하는 것을 결의하고, 1965년 2월 문부대신에 신청, 4월 1일부로 허가되었다. 사단법인의 설립취지서에서는 "협회가 걸어온 길은 일본 출판문화의 진보적 족적이다. 출판을 통해 학술의 진보, 문예의 번영, 교육의 보급, 정신의 고양에 이바지하는 등, 사회 공공복지의 공헌은 안팎으로 모두 인정되는 것이다."라고 적혀 있다. 당시의 기세가 보인다. 사단법인화에 따른 정관, 모든 규정은 4월 총회에 제안되어 원안대로 승인되었다. 1970년 5월 총회에서 회장제에서 이사장제, 전무이사 활용으로, 1998년 5월에는 감사를 출판 관계자 이외에서도 선임, 연 2회 총회를 개최하는 것으로 하고, 2000년에는 부이사장을 5명 이내로 하는 정관 변경을 했다.

4. 회 원 - 개인, 법인·단체

회원은 정관 6조 및 회원규정 1조에서 "서적 및 이에 준하는 출판물을 발행하고, 원칙적으로 1년 이상 계속하고 그 업무를 영위하는 개인, 법인 또는 단체"로 자격을 정하고 있다. 입회는 소정의 입회신청서를 제출하면 이사회에서 확인, 결정한다.

회원 수의 추이 〈각 연도의 3월 31일 현재 수〉

1957년도 181명	1976년도 376명	1996년도 492명
1961년도 303명	1981년도 410명	2001년도 494명
1966년도 325명	1986년도 428명	2006년도 479명
1971년도 355명	1991년도 481명	

5. 임 원

임원은 현재, 이사장 1명, 부이사장 5명, 전무이사 1명, 상임이사 10명, 이사 18명, 감사 5명으로, 임기는 2년간이다. 이사회 및 상임이사회는 원칙적으로 각각 매월 각 1회 개최하고, 회무를 집행하고 있다. 1980년도부터는 원칙적으로 상임이사가 상설위원회의 위원장을 역임하고, 이사회에 위원회활동을 반영하고 있다.

이사·감사는 평의원회에서 선임하고, 이사회는 회원의 직접 투표에 의한 평의원 50명, 선출에 의한 평의원 40명, 합계 90명으로 구성되어 있다.

역대의 회장·이사장은 초대회장이 시모나카/下中彌三郎(平凡社, 1957년 3월~1959년 11월), 2대 회장이 노마/野間省一(講談社, 1960년 1월 회장대리, 회장 1960년 6월~1970년 4월), 초대 이사장이 시모나카/下中邦彦(平凡社, 1970년 5월~1980년 4월), 2대 이사장이 핫토리/服部敏幸(講談社, 1980년 5월~1994년 4월), 3대 이사장이 와타나베/渡邊隆男(二玄社, 1994년 5월~2002년 4월), 4대 이사장이 아사쿠라/朝倉邦造(朝倉書店, 2002년 5월~2006년 4월), 5대 이사장이 고미네/小峰紀雄(小峰書店, 2006년 5월~)이다.

6. 위원회, 부회 등 – 다양한 활동

현재의 상설위원회는 유통위원회(판매위원회), 생산위원회, 연수사업위원회(사원연수실행위원회, 교육연수위원회, 인사·연수위원회, 연수위원회), 출판경리위원회(세무위원회, 출판세무위원회), 지적재산권위원회(저작·출판권문제위원회, 저작·출판권위원회), 독서추진위원회, 도서관위원회(도서관연락위원회), 출판의 자유와 책임에 관한 위원회(출판윤리위원회), 국어문제위원회(국어국학문제연구위원회), 국제위원회, 인사·총무위원회(인사관리연구위원회, 인사총무연구위원회, 인사·연수위원회), 서적데이터베이스위원회(서적데이터베이스추진위원회)의 12위원회를 설치하고 있다. 위원회는 이사회의 자문기관이며, 조사·연구를 목적으로 하거나, 출판업계에서 문제 해결을 위해 중요한 역할을 담당하고 있다. 또한, 매년, 사업계획, 수지예산책정은 신사업연도예산 등 위원회를 조직하고 편성을 한다. 경상사업 등에 대해서는 상설위원회에서 대처하고 있지만, 특히 중요한 과제에 대해서는 특별위원회나 대책위원회를 설치해서 대처하고 있다. 이러한 위원회 등의 활동에 대해서는 다음 [부록Ⅲ]의 〈잡지·출판업계 동향 연표〉의 각 연도별로 좀더 기술하고 있다.

부회는 회원 상호 간의 연락과 친목 또는 이사회와의 상호 연락을 위해 출판 부문별로 설치하고 있다. 서협 창립 직후에 9부회를 설립, 분야마다의 특성을 살린 활동을 실시하고, 서협에서 사업에 크게 기여했지만, 최근, 각 분야의 출판 단체가 충실하게 해 왔기 때문에 현재는 2부회만 설립하고 있다. 또한, 정부기관 등의 심의회 등에 위원을 파견하고, 과제별로 관계 단체와 협의·운영기관을 조직, 구성·참가 단체로서 각종 사업에 참가, 의견의 반영을 꾀하고 있다.

7. 지 부 - 오사카/大阪, 교토/京都에서 활동

지부는 오사카지부(33사 / 오사카부·효고현·나라현·와카야마현)와 교토지부(28사/교토부, 시가현, 후쿠이현)를 설치하고 있다. 1957년 11월의 '지부규정' 제정과 동시에 발족했고, 본부와 일상적으로 연락하며, 매월 월례회를 개최, 과제별 설명회와 연수회를 기획하고, 지부의 독자적인 활동을 하고 있다. 지부는 협회가 정한 지부비에 의해 운영되고 있다. 특히, 1976년의 〈IPA교토대회〉, 1996년의 〈일본출판문화사전/文化史展〉의 개최로써 지부 활동이 돋보였다.

각 지부의 지부장 역임자(歷任順)는 다음과 같다.

오사카지부는 오카모토/岡本美雄(ひかりのくに昭和出版), 이마이/今井龍雄(保育社), 시즈토리/矢部良策(創元社), 하라노/原野仲次(新興出版社 啓林館), 누노이/布井達雄(布井書房), 오카모토/岡本恵年(增進堂·受驗硏究社), 시즈토리/矢部文治(創元社), 요코야마/橫山実(大阪敎育図書), 나카무라/中村洋一郎(日本実業出版社), 이마이/今井悠紀(保育社), 오카모토/岡本明剛(增進堂·受驗硏究社), 오카모토/岡本健(히카리노쿠니/ひかりのくに), 사토/佐藤徹哉(新興出版社/啓林館), 시즈토리/矢部敬一(創元社)이다. 교토/京都 지부는 다나카/田中久四郎(電気書院), 다바타/田畑弘(三一書房), 카메이/亀井蔀(法律文化社), 마스이/益井欽一(文英堂), 스기타/杉田信夫(미네르바書房), 다카시마/髙島国男(世界思想社敎學社敎学社), 와타나베/渡辺睦久(人文書院), 우스이/臼井史朗(淡交社), 나카니시/中西建夫(나카니샤/ナカニシヤ出版), 교고쿠/京極迪宏(学芸出版社)이다.

8. 재정·사무소·사무국

서협의 운영은 기본적으로 회원의 회비로 충당하고 있고, 현재의 회비는 연회비로 정액 부분이 일률적으로 12만 엔, 부과 부분이 매상고 단계 지수에 의한 지수 1에 3500엔이다. 회비제도는 창립 이후, 상황에 따라 개정되어 왔지만, 1970년 4월에 월액 회비에서 연회비가 되고, 현재에 이르고 있다. 회계 구분은 일반회계(본부, 서적 DBC, 회관)와 특별회계로 되어 있으며, 특별회계는 회원으로부터의 국립국회도서관 납본분의 기증을 기반으로 한 특별사업자금 적립금이 중심이다.

일본 서적출판협회 일반회계 연도별 추이(1976~2006)

연도	수입(수익사업)		지출(수익사업)	
1957년도	12,801,991	(3,365,014)	8,661,980	(2,048,804)
1961년도	57,785,759	(46,052,162)	52,465,176	(44,678,940)
1966년도	43,588,983	(25,727,594)	40,879,136	(24,673,766)
1971년도	93,825,254	(42,571,413)	93,179,207	(45,641,737)
1976년도	235,887,500	(147,265,291)	224,328,248	(142,223,198)
1981년도	388,559,906	(293,806,581)	381,874,487	(292,165,638)
1986년도	493,147,450	(387,766,718)	492,822,613	(385,170,274)
1991년도	553,656,020	(407,251,732)	552,493,769	(396,773,517)
1996년도	556,038,465	(413,421,351)	560,793,528	(395,226,240)
2001년도	597,915,831	(354,246,310)	555,380,260	(325,976,212)
2006년도	366,136,112	(191,021,920)	327,777,791	(154,632,709)

*자료/수익 사업은 1976년도까지는 〈종합목록〉, 1976년부터 〈앞으로 나올 책/近刊圖書〉, 1977년부터 〈총목록〉·〈앞으로 나올 책/近刊圖書〉, 회관, 2006년부터 〈서적DBC〉, 회관으로 되어 있다.

서협창립시의 사무소는 도쿄도 쵸다구 간다 니시키마치/千大田區1神田錦町-10 구아사쿠라쇼텡/旧朝倉書店에 두었다. 1957년 8월, 신주쿠구후쿠로마치/新宿區袋町 6에 일본출판 클럽회관이 완성되어 일부를 빌리고, 1960년 10월에 출판클럽이 부지 내에 별관을 건설하고, 그 2층을 사무실과 회의실로 했다. 일본출판회관의 건설은 창립 10주년기념사업으로서 계획되고, 1968년 10월 1일 준공하고, 사무소를 이전했다. 회관 건설에 있어서는 전회원의 협력을 얻어 3억 1,300만 엔과 목표를 넘은 갹출이 있었으며, 부지는 출판클럽에서 1,165 m^2의 양도를 받아 소유하게 되었다. 회관 준공에서 39년이 경과하고, 건물의 노후화가 진행되고 그 대책이 현안으로 되고 있다. 현재의 사무국 체제는 조사부, 데이터베이스센터, 총무부를 두고, 전무이사가 총괄하고, 사무국장 이하 13명, 업무 지원 요원 2명이 일하고 있다.

[부록 III] 일본잡지·출판업계 연표와 동향
-1956년 ~ 2007년-

△ 쇼가쿠칸/小学館, 가네히로/金平聖
之助 국제부장(좌측)님과 안내요원
(1984.7.27.)

△ 小学館/소학관 편집실

△ 쇼가쿠칸/小学館 앞에서 대표 역자

잡지·출판업계 등의 동향 연표
-1956년~2007년: 잡지·출판업계 중심-

1956년

하토야마/鳩山 수상이 소련을 방문, 소련과 일본의 국교회복 공동선언에 조인.
일본은 국련에 가맹하고, 세계의 일원으로 복귀함. 〈경제백서〉는 "이미 '전후/戰後'가 아니다"라고 호소함.

출판업계 동향
1.16/ 토한/東販, 〈출판과학연구소〉 창설(全協으로 이관)
2.6/ 〈슈캉신쵸/週刊新潮〉 창간
4.28/ 만국저작권조약 발효
5.30/ 출판문화국제교류회 설립. 중일출판교류 대표단 출발.
5월/ 출판유통간담회, 사단법인 일본출판유통협회/日本出版取次協会로 개편
7.1/ 하청 대금 지불 지연 등 방지법 시행(물품의 제조 위탁 등)
9월/ 일본교과도서판매, 사명을 닛쿄한/日教販으로 개칭
12.20/ 공정거래위원회, 〈교과서업에서 특정의 불공정 거래방법〉 고시 제정(2006년 9월 폐지)

1957년

키시노부스케/岸信介 내각 성립, 미·일 관계 새로운 시대 도래. 소련 인공위성 스푸트니크(Sputnik) 1호 발사 성공. 일본 남극에 쇼와/昭和 기지 설치. 사회는 '진무경기/神武景気'[1]에서 '나베소코불황/な底不況'[2] 초래.

출판업계 동향
3.13/ 최고재판소, 〈채털리 부인의 애인/Lady Chatterley's Lover〉(역자 이토세이/伊藤整) 사건 상고 파기, 예술 작품이지만, 외설성 지닌 작품의 판결.
3월/ 최초 여성 주간지 〈슈캉죠세/週刊女性〉 창간
6월/ TV 수신대수 50만 대를 돌파
8.6/ 일본출판클럽회관 준공
9.2/ 제29회 국제펜대회 도쿄에서 개최(일본의 첫 대회)
10.6/ 태풍22호(가노가와/狩野川 태풍)에 의한 출판계 2억 8,000만 엔 피해
12.24/ NHK가 FM 방송 개시. 28일은 NHK와 일본 TV 컬러TV 실험 개국

주 1) 일본의 고도경제성장의 시작에서 1954년 12월부터 1957년 6월까지 발생한 폭발적인 호경기를 말함.
2) 1957년 7월부터 1958년 6월에 걸쳐 일어난 디플레이션 현상.

1958년

스모는 토치노와카시대/栃若時代, 프로야구는 나가시마 시게오/長島茂雄가 강열하게 데뷔 쇼 다미치코/正田美智子 씨황태자비로 결정, '미치 붐'이 일어남. 1만 엔짜리 지폐가 발행. 도쿄타워 완성.

출판업계 동향
3.15/ 일본출판노동조합협의회를 결성.
4.1/ '매춘방지법' 시행
4.3/ 유유카이/悠々会 결성
5.15/ '저작권법 개정법' 공포·시행(벌칙 강화)
5.16/ TV 수신 대수 100만 대 돌파
5.27/ 일본인쇄공업조합연합회 설립
7.4/ 저작권제도 조사회, 만국저작권협약/U.C.C.에 근거한 ⓒ 기호의 기재 방법 발표
9.22/ 태풍22호에서, 도쿄/東京ⓒ간다가와/神田川가 범람해서 큰 피해를 봄
11.19/ 서점신풍회/書店新風会 결성
12.9/ 공정거래위원회의 지적으로 재판매/再販賣 본부위원회 규약 및 재판매계약의 일부 수정.

1959년
안보개정저지투쟁 전국적으로 크게 확산. 코지마아키코/児島明子 미스 유니버스 우승자로. 일본은 〈이와토경기/岩戸景気〉로, 마이카 시대 시작. 이세만/伊勢湾 태풍으로 큰 피해받음.

출판업계 동향
1.1/ 미터법 실시
3.17/ 〈주간소년 썬데이〉 〈주간 소년 매거진〉 창간
4.9/ 문부성 〈청소년의 독서 지도를 위한 자료 작성 등에 관한 규정〉(성령/省令) 〈도서선택 신청요령〉(고시) 공포, 4월 20일부터 실시
6.4/ 저속 주간지의 횡행에 경시청의 단속 강화, 7월에 걸쳐 각지에서 불매 및 추방운동도 시작
9.26/ 이세만/伊勢湾 태풍으로 긴키/近畿, 토카이/東海의 소매서점 252점 피해를 받음. 각 출판단체에서 구원 운동.
11.1/ 독서추진운동협의회(이시야마 켄키치/石山賢吉 회장) 발족, 출판·도서관 7단체 가입

1960년
안보개정 반대 데모대가 국회에 진입해 기동대와 충돌, 그러나 신안보조약은 자연성립. 키시(岸) 내각이 총사직하고, 이케다 하야토/池田勇人 내각이 성립. 컬러 TV 본방송 개시

출판업계 동향
4.20/ 일본 국회 중의원 문교위원회에서 교과서 부정판매경쟁 논의
9.22/ 첫 유럽 출판산업시찰단, 11월 1일까지 7개국을 방문, 출판관계자 34명
10.10/ 출판문화국제교류회, 전후 처음으로 세계미술서전을 니혼바시/日本橋·마루/丸善에서 개최(10월 15일까지)
11.25/ 일본도서보급주식회사 설립, 도서권은 12월 20일부터 발행
11.29/ 궁내청, 후카자와 시치로/深沢七郎 저 〈풍류몽담/風流夢譚〉(〈츄오코롱/中央公論〉 12월호)에 대해 황실의 명예 훼손을 항의, 중앙공론사 사죄.
12.14/ 일본저작자단체협의회 발족

1961년

소련이 처음 유인우주선을 쏴 올리고, 가가린 소령은 〈지구는 푸른 빛이었다〉고 말함. 미국에서 케네디 대통령 취임. 베를린의 동서/東西 장벽.

출판업계 동향

2.1/ 시마나카/嶋中 사건[3] 발생, 〈풍류몽담/風流夢譚〉에서 우익 소년이 시마나카 호지/嶋中鵬二 츄오코롱/中央公論社 사장 집 습격.
3.24/ 소매전련/小売全連, 〈서점경영백서〉 발표
4.1/ 소득세법 개정으로 원고 등의 보수·요금의 원천세 10%(종래는 15%)로.
5.22/ 소매전련, 적정이윤획득 전국서점 총결기대회를 개최하고, 전 출판물의 도매점 쇼미/正味[4] 10%할인 즉시 단행의 요청서 결의.
10.26/ 전국 일제 학력테스트 실시
12.21/ 추오코롱샤/中央公論社의 〈사상의 과학〉(사상과학연구회 편) 1월호의 '천황제 특집' 발매 중지

주 3) 1961년 일본에서 발생한 우익 테러 사건.
 4) 쇼미/正味란 출판사가 중개 유통사(도매서점)나, 소매서점과 도서 유통시 갑/을 간에 정한 출고 할인율/가케/掛(%)에 따라 정해 놓은 일정 마진율.

1962년

고도경제성장 아래, 기업은 구인난 때문에 〈아오타가이/青田買い〉[5]가 성행했다. 미국과 소련의 대립이 격화, 쿠바 위기가 일어났다. 호리에켄이치/堀江謙一 소형 요트로 태평양 횡단 성공.

출판업계 동향

2.1/ 상질지 등의 권고조업 단축을 실시
4.5/ 저작권법 개정, 저작권보호 기간을 30년에서 33년 간으로 잠정 연장
4.20/ 일본출판클립 주최로 제1회 출판인 대회 개최
5.1/ 문부성, 저작권제도심의회를 설치
5.15/ 경품표시법공시·시행. 7월 20일 공정거래위원회, 〈현상에 의한 경품류 제공에 관한 사항의 제한〉 고지
6.6/ 이와나미쇼텡/岩波書店 발행 〈세카이/世界〉지 7월호 도쿄 중심의 전국 3,500 서점에서 〈취급안함〉으로(정미/正味 인하의 교섭이 결렬되었기 때문)
8.31/ 저작권제도 전면 개정 문제에 대처하기 위해, 20단체에서 저작권 사용자 단체 협의회 결성

주 5) 기업이 인재 확보를 위해 졸업예정의 학생 채용을 미리 내정하는 일로 졸업 전의 학생을 익기 전의 벼와 비유하여, 능력을 수확량으로 예를 든 용어.

1963년

토카이도선/東海道線 전철의 츠루미 사건/鶴見事故[6]과 미이케/三池광 탄진 폭발 등 잇따른 대사고 발생. 미·일간 TV 우주중계가 시작. 케네디 대통령 암살 보도. 볼링이 유행.

출판업계 동향
5.18/ 소매전국연합회, 서적전부문에 걸쳐 7월 1일 이후, 일률정미 2분 인하 요구를 결의. 25일에는 인하에 응하지 않은 출판사의 6월 10일 이후의 송품사퇴를 거래협회/取協에 신청.
6.11/ 대학출판부협회 설립
10.8/ 총리부「매스컴과 청소년에 관한 간담회」발족, 방송, 영화의 3부회 설치. 12월 6일에「저속 출판물은 업계 내부의 자주규제에 기대해야」라고 답신.
10.18/ 소매전국연합회, 〈출판판매윤리강령〉을 제정. 10월 28일, 소매전국연합 윤리위, 불량잡지 매입거부 등 결정, 봄부터 '악서 추방 운동'으로.
12.21/ '교과서무상조치법' 제정

주 6) 1963년 11월 9일 21시 40분경에 일본국유철도 토카이도 본선 츠루미역 부근에서 발생한 열차 탈선 다중충돌사고.

1964년
도쿄 올림픽으로 일본 전체가 들끓음. 토카이도 신칸센, 수도고속도/首都高速道, 모노레일 등 신교통 수단 탄생.
베트남 전쟁 격화, 반전운동 과열. 사토에이사쿠/佐藤栄作 내각 성립.

출판업계 동향
5.6/ 일본문예가협회, 도쿄도의 조례에 대해서 언론표현의 자유를 모독하는 것이라며 반대 성명.
5.18/ 소매전국연합회, 정시총회에서 서적 정미 2% 인하 철저하게 실시를 재확인
6.16/ 니이가타(新潟) 지진, 서점에도 피해
7.27/ 도쿄도 청소년 조례수정안이 도의회 최종일에 가결성립, 10월1일 시행.
9.28/ 도쿄지재/東京地裁, 미시마유키오/三島由紀夫 저 〈연회 뒤/宴のあと〉(신쵸샤/新潮社)에 대해 프라이버시 침해로 위자료 판결
11월/ 유네스코, 〈서적출판 및 정기간행물에 관한 통계의 국제적 규격화에 대한 권고〉.

1965년
일본 국내의 반대 운동 속에서 한일조약조인 산요특수강/山陽特殊鋼의 도산과 야마이치/山一 증권사건 등
사회 불안 고조. 전후 처음으로 적자 국채 발행. 토모나가신이치로/朝永振一郎 노벨 물리학상 수상.

출판업계 동향
2.18/ 소매전련, 할부판매 등 신판매 루트에 대응하기 위해「신유통대책요강」을 작성
4.1/ 법인세법 전면개정, 반품조정 계산이「반품조정 준비금」으로
5.18/ 저작권보호기간을 2년 연장해서 사후 35년으로
6.12/ 이에나가사부로/家永三郎, 교과서 검정은 위헌으로 국가를 제소.
9.13/ 총리부, 〈매스컴과 청소년에 관한 간담회〉(제2차) 발족, 11월 3일 보고서
11.8/ 유네스코국내위원회,「아시아 출판전문가 회의」의 준비위원회를 개최
11.30/ 국세청, 〈잡지의 반품채권특별 계산에 대해〉를 통달, 취급을 명확히.

1966년

재정계에 오직/汚職·부패사건이 계속 발생하고, 연말에는 〈검은 안개 해산/黒い霧解散〉[7]도 있었음.
이자나기경기/いざなぎ景気[8] 속에서 컬러 TV, 차, 에어컨이 "신3종의 신기"로. 비틀즈 일본 방문.

출판업계 동향

1.20/ 서점회관 준공 피로
2.4/ 전일공기 하네다만 추락사고로 출판관계자 24명이 사망. 5월18일 합동추도회를 개최
4.1/ 서적소포제 실시
4.20/ 저작권제도 심의회 답신을 제출
5.15/ 〈전국서점신문〉 창간
5.25/ 유네스코 주최 〈아시아 지역 출판전문가 회의〉 도쿄 프린스호텔에서 개최, 아시아 20개국의 대표 등 85명 참가
5.27/ 청소년 국민육성회의 설립
12.28/ 공정거래위, 전집물 등의 과대 보도 장려 문제에서 그 재판적용 제외의 수정 검토.

주 7) 구로이 기리 카이산(黒い霧解散)이란 1966년 12월 27일의 중의원 해산의 속칭.
   8) 이자나기 경기(いざなぎ景気)란 1965년 11월부터 1970년 7월까지 57개월 간 계속된 고도경제성장 시대의 호경기를 말함.

1967년

사토우 수상 외유 저지의 전일본학생자치회총연합과 경관대가 충돌(하네다/羽田 사건)[9], 유럽공동체(EC) 발족. 도쿄도지사에 미노베료키치/美濃部亮吉 당선, 혁신자치체 확대. '공해대책기본법' 공포.

출판업계 동향

1.25/ 공정거래위원회의 물가담당관회의, 출판물의 과당보상으로의 자숙을 촉진
4.11/ 일본근대문학관 개관
4.18/ 공정거래위원회, 전집물을 재판계약의 대상 외로 하지 않는다는 것을 표명
5.20/ 공정거래위원회, 「사업자에 대한 경품류의 제공에 관한 사항의 제한」을 고지
7.27/ 저작권보호기간을 사망 37년 간으로 잠정연장, 단체명의 및 사진의 보호기간 포함.
10.25/ 일본유네스코 국내 위원회 주최의 아시아 지역 출판기술연수 코스를 도쿄에서 개강. <u>14개국의 17명이 참가</u>, 2개월에 걸쳐 연수

주 9) 하네다/羽田 사건이란 1967년 10월부터 11월에 걸쳐, 일본 도쿄도 오타구/大田区에서 발생한 신좌파에 의한 사토 에이사쿠/佐藤栄作 내각총리대신 외국방문 저지 행동을 말함.

1968년

일본의 GNP가 자유세계 제2위로. 메이지/明治 100년 기념식전 거행. 학원분쟁 격화. 3억 엔 사건 발생[10]. 카스미가세키/霞が関 빌딩 완성. 가와바타 야스나리/川端康成 노벨 문학상 수상.

출판업계 동향
1.8/ 공정거래위원회, 일본잡지광고회에 대해 광고의 자주규제를 요망
1.24/ 문부성, 저작권 및 인접권에 관한 개정법초안(문화국시안)을 공표
5.21/ 가와데쇼보/河出書房 회사갱생법 적용신청. 6월 21일 회사갱생법 적용.
6.15/ 문화청 설치
6.24/ 종이 원촌법규격(JIS규격)이 결정
7.1/ 우편번호제 실시
8.25/ 할부판매법 개정, 서적지정상품으로
12.25/ 총리부, 관계업계에 〈자주규제 강화에 관한 요망〉

주 10) 도쿄도 후츄시/府中市에서 1968년 12월 10일에 발생한 절도사건.

1969년

도쿄대학 야스다/安田 강당의 봉쇄해제로 대학 분쟁 진정화. 미국의 우주선 아폴로 11호 인류 최초 달 착륙 성공.
도메이/東名 고속도로 개통. 반전/反戰 포크송 집회가 유행.

출판업계 동향
3.14/ 일본출판학회 창립총회
3.29/ 유네스코 도쿄출판센터 설립. 공동출판의 촉진, 번역사업의 추진, 출판인연수 등
4.18/ 저작권법 개정법안을 국회 제출(8월 심의미완료)
6.5/ 소매전련이 정가별 정미제에 대해 요청서를 작성, 각 출판사를 방문, 중개회사와 교섭 시작.
8.7/ 대학운영임시조치법 공포, 대학분쟁 진정화.
9.23/ 출판평화당 낙성식·제1회 합사제/合祀祭
10.15/ 최고재판소, 마르키스 드 사드/Marquis de Sade 저 〈악덕의 영광(속)〉 공소 기각, 고등재판소 유죄판결 확정.
12.8/ 저작권보호기간, 1년 간의 잠정연장
12.10/ 전일본 북클럽 창립총회

1970년

〈진보와 조화〉를 테마로 오사카에서 만국박람회 개최. 광화학 스모그나 폐수덩어리 등 공해 문제가 표면화. 요도호/よど号 납치사건. 미시마유키오/三島由起夫 사건[11] 발생.

출판업계 동향
1.5/ 공명당, 소카학회/創價學會에 의한 후지하라히로타츠/藤原弘達의 〈소카학회創價學會를 베다〉, 나이토쿠니오/內藤国夫 〈공명당의 맨얼굴〉 등 출판 방해 문제, 3월 2일, 중의원 조사특별위원회 설치.
2.12/ 소매전련이 출판사 380사에 〈정가별 정미제의 승인 여부〉 문서 발송, 반대 출판사의 출판물은 41일 이후 취급하지 않을 것 표명.
2.27/ 신저작권법안을 국회로 다시 제출, 4.28 참의원에서 가결 성립.
6.17/ 플로렌스 협정에 가입

8.4/ 제1회 아시아 지역공통읽기 기획 전문가 회의 개최. 7개국 12명이 5일 간에 걸쳐 토의.
12.7/ 우편심의회가 요금 인상의 답신

주 11) 미시마유키오 사건은 1970년 11월 25일에 일본의 작가, 미시마유키오가 헌법 개정을 위해 자위대의 결기(쿠데타)를 촉구한 후에 할복자살한 사건.

1971년
닉슨 미국 대통령이 달러 방위책을 발표(달러 쇼크), 엔의 변동 상장제 이행. 1달러=360엔 시대 종료. 번영의 한편, 공해 문제 심각화. 환경청 발족.

출판업계 동향
1.1/ 신저작권법 시행
3.20/ 통산성, 출판물의 유통조건 적정화 지침을 공표.
4.14/ 우편법, 우편규칙의 개정으로 서적 소포요금과 취급에 대한 변경
4.28/ (재)유네스코 아시아문화센터 설립, 유네스코 아시아 도쿄출판센터 통합.
5.17/ 유네스코국내위원회, 출판 등 관계업계에 촉구 국제도서해 기념사업준비회 조직.
7.2/ 공정거래위원회, 오픈현상고지를 제정
12.8/ 소매전련, 서적최고정미 75가케/掛[12] 획득 위원회 설치
12.20/ 국어심의회, 〈상용한자 개정음훈표〉 답신 결정.

주 12) 출판사가 서점에 정가의 75掛/% 출고률 적용하는 일괄 위탁 거래 할인제.

1972년
다나카 가쿠에이/田中角榮 내각 성립, 중·일 국교 회복으로 중국의 팬더 곰 보내옴. 오키나와/沖繩가 본토 복귀. 삿포로/札幌 올림픽 개최. 아사마/淺間 산장 사건[13] 일어남. 다카마츠츠카/高松塚古墳[14] 고분에서 벽화 발견.

출판업계 동향
1.18/ 국제도서해 선언대회를 〈Books for All/모두에게 책을〉을 테마로 우에노/上野의 도쿄 문화회관에서 개최.
2.1/ 우편요금 인상. 편지봉투 20엔, 엽서 10엔
4.16/ 노벨상 작가, 가와바타 야스나리/川端康成 가스 자살.
5.17/ 소매전련, 총회에서 일본서점조합연합회(일서련)로 개칭
7.3/ 국제도서해 기념대회
8.9/ 일서련, 서적 마진 2할 5분 획득의 전국서점 총결기대회, 9월 이후 취급 않는 출판사 16사 발표.
10.2/ 산업구조심의회 〈1970년대의 용지 전망〉의 답신 보냄.

주 13) '아사마 산장 사건'이란 1972년 2월 19일부터 2월 28일에 걸쳐 나가노현에 있는 아사마산장에서 연합적군/聯合赤軍(일본의 테러 조직인 신좌)이 인질을 잡고 숨었던 사건을 말함.
주 14) 나라현 다카이치군 아스카무라/奈良県 高市郡 明日香村의 국영 아스카/飛鳥 역사공원 내에 존재하는 고분.

1973년
베트남전쟁 종결. 제4차 중동전쟁 발발. 일본은 석유 쇼크로 물가 급등. 화장지 등의 선구입 소동 벌어짐.
교진/巨人이 일본 시리즈 9연패.

출판업계 동향
1.1/ 70세 이상의 노인의료비 무료화
1.11/ 이와나미서점/岩波書店 문고 출고율/正味 2.5% 인하,
1.30/ 문고출판사 10사 79가케/掛(%)로 통일.
5.1/ 제5차 자본자유화 실시, 출판업도 100%로
5.27/ 소련, 만국저작권 조약에 가맹
6.18/ 내각, 개정음훈표 고지
8.1/ 철도홍제회(弘濟会), 매점을 "KIOSK"로 부름
8.8/ 김대중 사건
10.26/ 소·일 저작권 센터 창립
11.27/ 전일본 북클럽은 누적 적자의 증대로 7월에 해산 결의, 이날 최후 주주총회에서 청산사무 완료 보고.

1974년
전후 최초 마이너스 성장 기록. 다나카/田中 내각 금맥 문제로 총사퇴. 미키다케오/三木武夫 내각 성립.
닉슨 미 대통령 워터게이트 사건 탓으로 사임

출판업계 동향
1.27/ 씰 첨부 따른 가격 개정 비판
1.29/ 일서련, 대형서점 문제로 성명서,
3.1/ 대서점 출점대책연락협의회 설치
3.29/ 공정거래위원회, 출판사 4사의 과대보장 판매 배제 명령, 5월 24일 2사 추가.
5.29/ 법제심의회, 형법전면개정안을 법상/法相에 답신. 일변련/日弁連 신문협회와 야당은 치안입법적 성격 강하다는 이유의 반대 성명.
7.10/ 저작권심의회 제4 소위원회(복사복제 관계)가 발족
10.10/ 〈붕게이슌슈/文藝春秋〉 11월호 발매, 〈다나카 카쿠에이/田中角榮 연구 - 그 인맥과 금맥〉 특집 국회에서 문제 삼다.

1975년
제1회 선진국수뇌회의(Summit) 개최. 계속적인 기업 도산. 완전 실업자 100만 명 돌파.
엘리자베스 영국 여왕 내방/來訪. 일본 천황·황후 미국 최초 방문.

출판업계 동향
3.10/ 산요/山陽 신칸센, 후쿠오카/福岡의 하카다/博多까지 개통.
4.24/ 국제저작권 베른조약 파리개정조약 효력 발생
4.30/ 사이공 함락, 베트남 전쟁 종결
6.19/ 국련 〈국제부인의 해〉 국제회의 개최

7.19/ 오키나와 국제해양박람회 개막. 출판문화국제교류회, 〈세계의 해양도서전〉 개최
7.26/ 출판노협, 출판노동조합연합회로 개편.
10.11/ 도쿄·히가시무라야마/東村山 시립도서관, 유통 루트에 없는 지방출판사의 책 800권 전시
10.28/ 공정거래위원회, 의학서 등 전문서의 실태조사 실시
11.26/ 공노협/公勞協, 파업권 파업(스트라이크權 스트라이크)[15]
12.1/ 문고 출고율/正味, 78가케/掛(/%) 통일 실시.

주 15) 어떤 이유로 스트라이 행위를 법령에 의해 금지되어 있는 노동자가 스트라이크를 하는 권리 요구로(금지를 부당하다고 생각하는 입장에서 보면, 권리 '탈환'을) 실시하는 스트라이크.

1976년

미국에서 록히드사건 발각, 일본정계를 흔들어 타나카/田中 전수상 체포. 후쿠다 다케오/福田赳夫 내각 성립. 중국에서 주언라이/周恩來, 마오쩌둥/毛沢東 서거. 〈사인조〉[16] 체포. 가고시마/鹿児島에서 다섯 쌍둥이 탄생

출판업계 동향

1.25/ 우편료 인상. 엽서 20엔, 봉투 50엔
4.24/ 지방·소출판유통센터 발족
7.21/ 독진협/讀進協, 제1회 〈잡지의 달〉 개최
8.4/ 유통협/取協·일서련/日書連, 〈월 1회 집금·지불제 문제〉의 3항목 이해 사항 확인
9.1/ 공정거래위원회, 원서수입협회의 〈엔으로 환산 결정〉 사건 심의 결정
9.16/ 문화청, 〈저작권심의회 제4소위원회 보고서〉(복사 복제 관계) 공표
9.20/ 경찰청, 〈소년과 출판물에 관한 간담회〉 개최, 자동판매기 문제 등 요청
12.3/ '방문판매법' 시행, 서적 지정상품으로.

주 16) 중화인민공화국의 문화대혁명을 주도한 장칭(江青), 장춘차오(張春橋), 야오원위엔(姚文元), 왕훙원(王洪文)의 4명을 말함.

1977년

이 해는 일본 세키군/赤軍 일본항공기 납치(다카 사건). 일본의 수출 호조로, 대장성 외화준비고가 사상 최고 발표.
오사다하루/王貞治의 홈런 766호로 세계 신기록 수립.

출판업계 동향

3.1/ 공정거래위원회, 〈잡지업의 경품류 제공에 관한 사항 제한〉 고시 제정(최고액 3만 엔)
5.24/ 공정거래위원회, 독점금지법 간담회 〈재판매 제도의 관점에서 본 출판업 실태에 대한〉 보고.
7.1/ 일서련, 중개회사로의 중간 지불 없애고, 월 1회 지불 시행.
8.15/ 도쿄지검, 〈사랑의 투우/愛のコリーダ〉에 관한 외설문서 위반으로 저자·출판사 기소, 일심, 이심 모두 무죄.
8.17/ 대형서점 야에스/八重洲 북센터의 출점 문제 소매서점 단호히 반대, 1978년까지 분쟁 계속.

9.1/ 후쿠오카현/福岡県, '청소년조례'로 전국 최초의 포괄 지정, 자판기 판매 규제 도입.

1978년
미·일방위협력 위한 지침/가이드라인 결정. 안보 체제 강화. 중·일평화우호조약 조인. 오히라마사요시/大平正芳 내각 성립. 신도쿄국제공항(나리타/成田 공항) 개항.

출판업계 동향
3.18/ 야에스 북센터 문제로 도쿄도서점상업조합과 합의
7.4/ 총리부 청소년대책본부, 〈매스컴과 청소년에 관한 간담회〉 개최
7.21/ 중개사 5사가 〈출판물공동유통센터〉 설립
10.1/ 도서권 교환 수수료 폐지
10.11/ 하시구치오사무/橋口收 공정거래위원장이 기자회견에서 〈재판매제도의 전폐 방향으로, 당면 서적·레코드의 유통 상황 조사와, 법 개정이 목표〉라고 발언함.
11.15/ 유통협/取協·일서련/日書連 월 1회 지불제 합의
12.13/ 유통협·일서련은 입금 보상기준 개정

1979년
이란혁명, 미국 WM리마일 섬의 원자력발전소 사고. 소련의 아프카니스탄 침공 등 세계 불안 고조. 자민당 총재 둘러싼 '40일 항쟁'. 국공립대학 공통 1차 시험 실시.

출판업계 동향
1.11/ 출판유통대책협의회 발족
1월/ 〈국제아동의 해〉 개막
2.20/ 공정거래위원회, 출판사 1,000사의 대상으로 서적 및 잡지의 거래실태조사 개시.
3.8/ 일서련, 도쿄·히비야/日比谷 공회당에서 출판물 재판매제 폐지 반대 전국서점 총결기 대회
8.6/ 중국의 상하이/上海, 창춘/長春 양시의 최초 일본도서전람회
8.27/ 공정거래위원회, 〈사업자단체의 활동에 관한 독점금지법 상의 지침〉 공표
10.1/ 취협·일서련, 〈독자전용주문표〉 도입.
11.20/ 공정거래위원회, 〈출판물의 거래실태조사 개요-출판물 재판매에 관한 의식조사〉 공표

1980년
해프닝 해산으로 헌정사상초의 중·참의원/衆·參議員 동일선거/同日選擧, 스즈키 젠코/鈴木善幸 내각 성립. 모스크바 올림픽에서 미·일·서독 등 보이콧. 가정 내 폭력·교내 폭력 급증·심각화

출판업계 동향
2.19/ 공정거래위원회, 실태조사의 〈출판사와 중개사 및 중개사와 서점의 거래 중심으로〉 공표
3.15/ 출판유통협, 일본도서 코드의 반대 성명
5.15/ 법인세 기본통달/通達 개정, 종래의 서적평가감의 〈단행본 재고 조정 감정〉 신설
10.1/ 신재판제 실시로 간사이/關西 지방이나 요코하마/橫濱도 〈신간도서특화세일〉

10.6/ 유통협/流通協, 〈일본서적총목록〉 출고 거부
10.29/ 출판클럽회관 신관 준공
11.26/ 문화청, 〈저작권의 집중 처리에 관한 조사연구협력자회의〉 발족.
11.28/ 최고재판소, 〈좁은방 후스마의 시타바리/四畳半襖の下張〉 사건 상고 기각.

1981년

제2차 임시행정조사회 최초로 심의. 중국 잔류 고아 47명 친부모를 찾아서 처음 일본에 왔음. 로마법왕의 訪日. 미 스페이스 셔틀 첫 비행. 오키나와에서 신종 새 발견, 얀바루쿠이나/Gallirallus okinawae)로 명명.

출판업계 동향
1.20/ 우편료 인상, 봉투 60엔, 엽서 40엔(4월)
4.27/ 교과서협회, 자민당 등의 비판에 대해 중학교 사회과(공민적/公民的 분야) 교과서를 1984년/ 사용분부터 전면 개정한다고 문부성에 신청.
6.5/ 자민당, 교과서검정의 강화, 광역채택제 등의 교과서제도 개혁안을 정리
8.3/ 교과서협회 정치 헌금으로 8월 31일 회장 사임.
9.1~15/ 대학출판부협회, 베이징/北京, 하얼빈에서 일본대학출판물전람회 개최.
9.22/ 공정거래위원회, 〈출판물소매업의 경품류 제공 제한에 관한 공정경쟁규약〉 인정
10.1/ 내각, 〈상용한자표/1945자〉 고시

1982년

호텔 뉴재팬에서 화재. 일본항공기 추락사고(기장의 역분사 조작). 내외에서 반핵・평화운동 확대. 나카소네 야스히로/中曽根康弘 내각이 성립. 동북신칸센・초에츠/上越 신칸센 개업

출판업계 동향
7.26/ 교과서 검정에 의한 고교사회과의 역사기술 변경에 대해 중국정부의 공식 항의. 8월 3일 한국도 정식 항의. 1개월에 걸쳐 정치 문제화, 8월 26일 〈역사교과서에 대한 정부 견해〉를 발표.
9.19/ 중개사 7사, 잡지공동목록 작성.
10.1/ 상법개정 시행. 소카이야계/總会屋系 잡지,경제지 휴・폐간, 페이지 감소, 광고 수입 감소 속출.
12.6/ 도쿄지재/東京地裁 TV게임의 컴퓨터 프로그램 저작물에 따른 사법 판단.
12.24/ 일서련, 〈전국소매서점 거래 실태 조사〉 실시, 〈도둑 문제 실태조사 보고서〉 발표.
12월/ 중개회사 7사, 〈잡지의 목록/雑誌のもくろく〉 발간.

1983년

로키드 재판에서 다나/(田中 전 수상에 실형 판결 내림. 대한항공기 소련군기에 의해 격추됨. 일본 처음으로 체외수정 아이(시험관 베이비) 탄생. 도쿄디즈니랜드 개원.

출판업계 동향
1.6/ 토한/東販, 출판정보 검색 시스템 발표.

1.28/ 우정성 〈고도 정보통신 시스템의 출판, 인쇄업에 미치는 영향〉에 대한 조사.
2.18/ 일서련/日書連 이사회 반품 감소 대책 추진 위한 운동 방침 결정
2.23/ 교육도서출판회 발족
5.11/ 닛판/日販, 중국에 도서 1만권 기증, 중국, 도서국가도서관에 〈일본출판물 문고 열람실〉 설치.
6.21/ 교과서협회, 교과서의 광역 채택 반대
11.9/ 국립국회도서관, 〈종이의 열화/劣化와 도서관 자료의 보존〉, 심포지엄 개최. 산성지 문제 점차 주목받음.

1984년

국련/國連식량농업기관/FAO은 아프리카의 기아 상황 공표. 〈괴인/怪人 21면상/面相〉에 의한 그리코/グリコ·모리나가/森永 사건〉[17]과 〈로스 의혹〉[18]으로 사회 소동이. 도쿄의 열대야가 23일 동안 지속.

출판업계 동향
3.12/ 자민당 〈소년의 건전한 육성을 저해하는 도서류의 판매 등의 규제에 관한 법률시안〉 공표
3.22/ 도쿄 세타가야구/世田谷区 의회에서 아들 독서단체로의 도서 대출 등에 의한 편향 발언
4.1/ 생활클럽생협, 책의 산지 직송/産直 개시
4.9/ 닛판/日販 온라인시스템 〈NOCS〉 발표
5.14/ 제47회 국제펜도쿄대회, 반핵·군축 결의
6.29/ 토한/東販 〈TONETS〉 가동
9.27/ 매스컴윤리간담회 28회 전국대회(나고야/名古屋)에서 도서 규제 문제 보고
9.28/ 도쿄·미타카/三鷹 지구에서 INS 실험 개시
10.22/ 대학생협, 대학생 독서생활실태보고서 발행

주 17) 1984년과 1985년에 게이한신/京阪神 : 京都市, 大阪市, 神戸市를 무대로서 식품회사를 표적으로 한 일련의 기업협박 사건. 범인이 '카이진/怪人 21면상'이라고 말해, 〈괴인21 면상사건〉 등으로 부름.
18) 1981년부터 1982년에 걸쳐, 미국 로스앤젤레스에서 일어난 총기 살상 사건에 관해 일본 국적의 남성이 의혹받은 사건.

1985년

소련에서 고르바초프 서기장 취임, 페레스트로이카 시작. 정부의 시장개방정책으로 일본전신전화와 일본담배산업이 발족. 일본항공기 점보기 추락으로 사망자 520명.

출판업계 동향
3.16~9.16/ 츠쿠바(つくば) 과학박람회 개최, 출판계 〈책은 영원의 지성 미디어〉 테마로 출전
4.1/ 기노쿠니야/紀伊国屋 서점 데이터 서비스 개시
5.22/ 중의원문교위원회에서 〈출판자의 권리의 창설에 대해〉 부대결의. 참의원은 6월 6일
6.6/ 자민당, 국가비밀법안을 국회로 제출, 12월20일 폐안
7.1/ 문고, 500엔 이하의 서적정미 1분 인하.
9.21/ 문화청, 저작권심의회 제8소위원회(출판자의 보호 관계, 기타가와젠타로/北川善太郎 좌

장·교토대학 교수) 발족
11.27/ '국가비밀법안'의 반대 출판인회 발족
12.18/ 일서련, '국가비밀법안'의 반대성명 결의

1986년
중·참동일(衆·參同日) 선거에서 자민당의 압승. 소련에서 체르노빌 원자력발전소 사고. 미국 스페이스 셔틀의 공중 폭발. 미하라야마/三原山 산의 분화로 섬주민 대피, '남녀고용기회 균등법' 시행.

출판업계 동향
1.1/ 저작권법 개정(컴퓨터·프로그램의 보호)
2.5/ 도쿄지방재판소, 사사츠카(笹塚) 복사서비스 증거 보전의 결정
4.23/ 제1회 '상 조르디(Sant Jordi)의 날'[19]
6.11/ 최고재, 〈북방 저널 사건〉[20]에서 예외적으로 출판의 사전 금지 허용의 판단.
8.18/ 제20회 어린이 책 세계 대회 개막. 23일까지 〈왜 쓰는가, 왜 읽는가〉를 메인테마로 토의.
8.24/ 국제도서관연맹 도쿄대회 개최(~30일까지)
9.12/ 일본전자출판협회 발족
10.1/ 출판후생연금기금 발족
12.1/ 일본출판클럽·도쿄출판협동조합 공동개최로 〈독서의 혜택 운동/読書のめぐみ運動〉을 개시(이후 매년 계속)

주 19) 이 날은「책의 날」이라고 불리고, 카탈루냐에서는 친한 사람에게 책을 보내는 기념일로 되어 있다. 이 풍습은 20세기 후반에「산 조르디의 날」로 되어 일본에도 소개되었다. UNESCO는 스페인에서의 제안에 기반해 4월 23일을「세계 도서·저작권 데이」(세계 책의 날)로 제정되어 있다. 또한 일본에서는 4월 23일이「어린이 독서의 날」로 제정되어 있다.
20) 북방저널 사건은 일본의 공직선거의 후보자가 명예훼손에 해당하는 출판물의 출판의 사전금지를 요구해 이것이 인정된 상대의 출판사가 손해배상을 요구한 사건의 통칭.

1987년
국철의 분할 민영화, JR 6사 등 발족. 뉴욕 주식시장이 대폭락(블랙 먼데이), 도쿄증권도 도미노 도산으로. 다케시타노보루(竹下 登) 내각 성립. 토지가 상승, 땅투기꾼 횡행.

출판업계 동향
1.1/ 저작권법 개정(데이터베이스 관계 등)
3.18/ 일서련 〈매출세(대형간접세) 분쇄 전국서점 총결기대회〉 도쿄·구단회관/九段会館에서. 반대서명 70만 명 돌파.
4.1/ 출판물의 음악저작물 사용료규정 개정(前回, 1983년 12월)
5.3/ 아사히신문/朝日新聞 한신/阪神지국 총격사건
5.27/ '매출세법안', 심의미료·폐안
10.16/ 〈북 인 돗토리/ブックイン とっとり/1987 -일본의 출판문화전〉
12.8/ 유통시스템개발센터, 서적 바코드 연구위원회 발족
12.21/ ㈜서적데이터센터 발족

1988년

천황이 피를 토하며 건강 악화, 국민의 행사 등 자숙. 리쿠르트 의혹[21]이 발각되어 정계를 떠들썩하게 했음. 세이칸/青函 터널 개업, 혼슈/本州와 시코쿠/四国의 연락 다리인 세토/瀨戶 대교 개통.

출판업계 동향
4.6/ 산업구조심의회, 〈이후의 인쇄산업의 방향-21세기의 인쇄산업-〉 제언
7.29/ 정부, '소비세법안' 제출.
8.23/ 일본서점상업조합연합회에 개편
10.17/ 일본복사권센터 설립 발기인회를 개최
10.21/ 문화청, 저작권심의회 제8소위원회(출판자의 보호 관계) 중간보고서 공표.
12.24/ 소비세법안' 등, 가결·성립
12월/ 경제홍보센터, "경제계는 출판자에 복사료 징수를 인정하는 저작권법 개정에 반대한다."는 리플렛 배포.

주 21) 1988년 발간한 일본의 뇌물 사건이다. 리쿠르트의 관련 회사이며, 미상장 부동산회사, 리쿠르트 코스모스사의 미공개주가 뇌물로서 양도되었다. 뇌물을 준 측의 리쿠르트사 관계자와 받은 측인 정치가와 관료들이 체포되고, 정관계/政·官界와 매스컴을 떠들썩하게 한 스캔들.

1989년

천황서거. 황태자 아키히토/明仁 즉위. 〈헤이세이/平成〉로 개원. 중국에서 천안문사건, 독일에서 베를린 장벽 붕괴. 소비세 도입. 카이후토시키/海部 俊樹 내각 성립.

출판업계 동향
2.22/ 공정거래위원회, 「소비세도입에 동반한 재판매 가격 유지제도의 운용에 대해」를 공표
4.1/ 소비세법 시행
6월/ 중참양원 문교위원회에서 부대결의
7.20/ 유대협(流對協), 공취위를 소비세의 가격 표시로 제소
9.19/ 최고재, 기후현(岐阜県) 청소년조례위반사건으로 합법판결(나고야고등재판소 1987년 11월 25일)
10.17/ 정부, 프랑크푸르트 북페어 〈'일본의 해' 기획에 대한 각의 양해〉 → 지정기부금 고시 (11월 22일)
11월/ 일서련·유통협/取協, 출판사에 업계 활성화 캠페인 협력금 요청

1990년

이라크가 쿠웨이트에 침공. 동서독일이 45년 만에 통일. 주가대폭락, 지가도 하락(버블 붕괴). 오사카/大阪에서 꽃 만국박람회. 아키야마 토요히로/秋山豊寛 기자, 일본인 최초로 우주 비행

출판업계 동향
4.27/ 저작권심의회 제8소위원회(주사/主査·키타가와젠타로/北川善太郎 교토대학 교수), 보고서 정리
6.22/ 문화청, 저작권심의회 제8소위원회(출판자의 보호 관계) 보고서 공표
7월/ 일본도서코드 관리센터, 「일본도서코드에 서적 JAN코드(바코드)를 병기하는 요령」을 정리

10.2/ IPA, 〈출판자 권리〉의 법제화와 일본복사권센터 설립에서 카이후토시키/海部俊樹 수상들의 서적 송부. 〈국제식자년/國際識字年〉
12.19/ 청소년육성국민회의, 〈청소년용 출판물의 자숙에 관한 긴급간담회〉 개최

1991년

이 해 걸프전쟁 발발, 다국적군의 이라크 공격. 소련 독립국가공동체로.해체, 미야자와키이치/宮沢喜一 내각 성립. 금융 불상사 일어남. 운젠후겐타케/雲仙普賢岳의 분화로 화산재 등의 대참사.

출판업계 동향
3.27/ 재/출판문화산업진흥재단/JPIC 설립.
4.1/ 일본도서코드관리센터 개편(구 일본도서코드관리위원회).
    총무성 청소년대책본부, 〈청소년의 유해한 도서(소년·소녀용 코믹 만화지·단행본) 문제에 대해〉 대책 요청.
7.23/ 공정거래위원회, 〈독점금지법적용 제외 제도의 수정〉, 〈정부 규제 등과 경쟁 정책에 관한 연구회(츠루타/鶴田연구회) 공표.
9.30/ 〈일본복사권센터〉 설립 총회 개최(회장 곤도지로/近藤次郎 일본학술회의회장, 이사장 오바야시키요이/大林清/일본문예저작권보호동맹 이사장).
11.2/ 제1회 진보쵸/神保町 북페스티벌 개최

1992년

국련평화유지활동/PKO 협력법 성립, 캄보디아에 자위대 파견. 〈뇌사임조(임시뇌사 및 장기이식조사회) 뇌사자에서의 임시 이식 인정. 학교 주 5일제 시작. 야마가타(山形) 신칸센의 개업

출판업계 동향
1.24/ 도쿄도 청소년문제협의회, 〈이른바 포르노·코믹에 대한 대응〉 의견 구체적 설명.
4.1/ 도쿄도 청소년 조례 개정(소위원회 제도의 도입, 비디오 소프트의 지정)
4.5/ 미국·일본 종이제품 정부 간 교섭 정리
4.15/ 공정거래위원회/公取委, 〈재판매 적용 제외의 취급에 대한〉 답신 발표, 저작물재판매 제도 수정
4월/ 일본복사권센터, 계약 업무 개시
5월/ 큐슈/九州잡지센터 설립
6월/ 문화청 저작권심의회의 멀티미디어 소위원회 발족
10.15/ 중국, 베른조약에 가맹

1993년

EC통합시장(12개국) 발족. 카네마루신(金丸信)·전 자민당 부총재 체포, 제네콘(General Constructor) 오직/汚職 사건[22) 지방으로 확대, 호소카와모리히로/細川護熙 내각 성립. 황태자 마사코/雅子 씨 결혼. J리그 개막

출판업계 동향
2.26/ 공정거래위원회, 〈서적·잡지의 유통실태조사〉 출판사, 중개회사, 소매서점 등 대상 실시

3.10/ 〈어린이와 책의 만남의 모임〉 발족
3월/ 문부성, 〈학교도서관 정비 신 5개년 계획〉 발표. 1993년도부터 지방교부세 조치
3월/ 유통협회/取協, 〈중개에서 서적 부문의 실태와 적정한 거래 조건의 수정 요청〉 출판사에 요청
6.1/ 저작권법개정(자동복제기기로의 보수청구권 등)
11.8/ 경제개혁연구회(히라이와 가이시/平岩外四 좌장), 〈규제 완화에 대한 중간보고〉 공표
11.15~19/ WIPO·문화청, 〈아시아지역저작권·저작인접권 세미나〉 도쿄 개최

주 22) 1993년에 발각한 제네콘이 얽힌 정계유착의 오직사건.

1994년

일본사회당·자유민주당·신당 사키가케/新党 さきがけ의 연립인 무라야마토미이/村山富市 내각 성립. 마츠모토/松本 사린/sarin 사건[23]이 발생. 칸사이/関西 국제공항 개항. 오에켄자부로/大江健三郎의 노벨문학상 수상. 여름철 심한 더위와 물 부족 겪어.

출판업계 동향

1.1/ 공정거래위원회, 〈출판중개기업의 시장 구조에 관한 실태조사〉 실시
4.18/ 도쿄고등재판소, 소비세 정가소송, 청구 파기
7.5/ 정부, 재판매 적용 제외에 대해 1998년 말까지 저작물 범위의 한정·명확화 결정
9.28/ 공정거래위원회, 정부 규제 등과 경쟁 정책에 관한 연구회에 〈재판매 문제 검토 소위원회〉(가네코아키라/金子晃 좌장) 설치로 검토 사항, 저작물 범위의 명확화 등.
10.5/ 대형 유지출판사/有志出版社, 도쿄 리브로 이케부쿠로점/池袋店에서 바겐 북페어 개최
11.25/ '세제개혁법안' 가결 성립. 1997년 4월부터 소비세율 5%(지방소비세 1% 포함)로 인상.

주 23) 1994년 6월 27일에 일본의 나가노현/長野県 마츠모토시/松本市에서 맹독성 사린의 살포로 사망 8명, 중경상자 660명이 나온 사건.

1995년

이 해에 한신/阪神·아와지/淡路 대지진 발생. 사망자 6,000명 넘는 대참사.
도쿄에서 지하철 사린사건 발생. 오움진리교 교주 아사하라쇼코/麻原彰晃 체포. 엔고/圓高 진행/1달러=79엔의 사상 최고치 환율임

출판업계 동향

3.13/ 러시아, 베른조약에 가맹
4.14/ 행정개혁위원회에 규제완화소위원회(다케나카카즈오/竹中一雄 소위원장) 설치.
5.31/ 〈국립의 국제어린이도서관 설립을 추진하는 전국연락회〉 발족
7.1/ '제조물책임법(PL법)' 시행
7.25/ 공정거래위원회, 재판문제검토소위원회 중간 보고 공표
7.27/ 규제완화 소위, 〈규제 완화에 관한 논점 공개〉의 공표
10.27/ 문예가협회, 〈재판매 문제 심포지엄〉 개최
11.15/ 유네스코 총회는 매년 4월 23일을 "World Book and Copyright Day"로 정하여 결의

1996년

하시모토 류타로/橋本龍太郎 내각 성립. 2년반 만에 자민당 수상. 후생대신이 약해/藥害 에이즈 문제로 국가의 책임을 인정. 처음의 소선거구 비례대표제에 의한 총선거 실시. O-157 중독 소동.

출판업계 동향

4.1/ 공정거래위원회, 경품규제에 관한 고시 등의 개정
7.25/ 규제완화 소위원회, 「규제완화에 관한 논점 공개」(제4차)를 공표
10.17/ 일본학술회의, 「저작물 재판제도의 존폐에 대해」의 회장 담화를 발표
12월~3월/ 공정거래위원회, 「저작물의 재판을 생각하는 심포지엄」을 7도시에서 개최
12.5/ 규제완화소위, 재판제에 대해서는 「결론을 위한 검토를 진행해 간다」라는 제언을 정리. 12일, 행정개혁위원회 〈규제 완화에 관한 의견(제2차)〉 공표
12.20/ WIPO 외교회의에서 〈WIPO 저작권조약〉 및 〈WIPO 실연가·레코드 협약」〉 발표

1997년

소비세의 세율을 3%에서 5%로 인상. 홋카이도 타쿠쇼쿠/拓殖 은행, 야마이치/山一 증권 등 경영 파탄. 국내 총생산(GDP) 23년 만에 마이너스로 성장. 나가노/長野 신칸센의 개업.

출판업계 동향

2.25/ 공정거래위원회, 〈재판매 문제를 검토하기 위해 정부 규제 등과 경쟁 정책에 관한 연구회/재판규제연〉에서 검토 개시.
3.25/ 저작권법 개정/사진의 보호 기간 등 개정.
3월/ 일본복사권센터규약·위탁 약관·사용료 규정 개정
4.23/ 활자문화의원 간담회 발족
6.11/ '학교도서관법' 개정
11.20/ 활자문화의원 간담회의 긴급 집회 개최, 재판매제 유지의 긴급 시행 채택
12.2/ 일서련, 재판매 옹호 100만 명 서명 국회 제출
12.12/ 행정개혁위원회, 최종 의견 발표

1998년

금융감독청이 발족, 경제전략회의의 설치를 결정. 일본장기신용은행, 일본채권신용은행 구제, 일시 국유화로. 오부치케이조/小淵惠三 내각 성립. 나가노 올림픽 대회 개최.

출판업계 동향

1.13/ 공정거래위원회, 재판규제연 보고서 「저작물 재판적용 제외제도의 취급에 대해」를 공표
3.31/ 공정거래위원회, 「저작물 재판제도의 취급에 대해」를 공표, 소비자 이익의 관점에서 관계업계에 6항목의 시정조치를 강구하도록 요구
6.18/ 국립국회도서관 개관 50주년 기념 심포지엄 〈출판문화와 도서관 - 디지털 시대의 지(知)의 방향〉 개최
10.1/ 일본복사권센터가 사단법인 허가
12월/ 문화청, 〈저작권심의회 제1소위원회 심의의 정리〉 및 〈멀티미디어 소위원회 WG(기

술적 보호·관리 관계) 보고서〉 공표

1999년
유럽연합(EU)에 단일 통화 「유로」가 탄생. 정보공개법, 히노마루(日の丸)·기미가요(君が代)를 국기·국가로 하는 법률이 성립. 토카이무라/東海村의 우란가공시설 JOC에서 임계사고, 사망자 발생.

출판업계 동향
2.22/ 납본제도 조사회 「21세기를 전망한 일본의 납본제도의 존재」를 공표
4.27/ 국제어린이도서관 설치 추진의원연맹 종합기획 프로젝트가 발족, 2000년 어린이 독서해, 어린이 기금창설 등. 7월 16일, 의련/議連 관련 관청, 민간단체로 〈어린이 독서해 실행위원회〉 결성.
7.27/ '저작권법' 100주년 기념식전 개최.
8.9/ 〈어린이 독서해에 관한 결의〉 참의원 의결, 8월 10일, 중의원도 채택
11.1/ '아동매춘·아동포르노 금지법' 시행
12.28/ 공정거래위원회, 〈노력 상황에 대한〉답신 공표 → 포인트 카드 고객서비스 저해 문제 지적

2000년
한국의 김대중 대통령이 북한 방문. 첫 남북 정상 원수 회담 가져. 일본의 자유민주당과 공명당, 보수정당인 자유당 연립의 모리요시로/森喜朗 내각 성립. '개호/介護보험법' 시행. 2000엔짜리 지폐 발행. 미야케시마/三宅島의 화산 활동의 활성으로 섬 주민들 대피.

출판업계 동향
1.1/ 저작권법 개정(양도권 등)
3.14/ 〈어린이 독서해 추진회의〉, '어린이 독서해' 사업의 기자 설명회 개최
5.5/ 국제어린이 도서관 개관
6.24~25/ 문부성과 민간에서 〈어린이 독서해 페스티벌〉 개최(전국 6곳에서 개최, 이후 매년 개최).
11.4/ 〈북스타트 국제 심포지엄〉 개최. 11월, 도쿄도 스기나미구/杉並区의 일본판 북스타트 개시.
12.1/ 활자문화의원 간담회, 재판매유지 긴급 강조.
12.7/ 공정거래위원회, 〈저작물 재판제도의 수정에 관한 검토 상황 및 의견 조회에 대한〉 의견 청취
12.10/ 어린이 마음을 키우는 독서활동추진 전국 대회

2001년
코이즈미준이치로/小泉純一郎 내각의 성립. 미국 뉴욕에서 피랍된 2대의 여객기가 세계무역센터빌딩을 추돌, 빌딩 붕괴(9.11 테러) 마사코/雅子 씨, 여아 아이코/愛子 출산.

출판업계 동향
2월/ ㈜일본저작출판권관리시스템(JCLS) 설립.

3.10/ 일본문예가협회(타카이유이이치/高井有一 회장), 〈서적 유통의 건전화에 구하는 제언〉 발표
6.24/ 〈어린이·꿈·독서 포럼〉 개최
7.31/ 정부, 오와키마사코/大脇雅子 참의원 의원의 공정거래위원회 〈저작물재판제도의 취급에 대한〉 '질문주의서'에 답변
8.20/ NPO 북스타트지원센터 설립
10.1/ 도쿄도 개정 청소년조례(区分陳列規定) 시행.
저작권 등 '관리사업법' 시행
12.4/ 공정거래위원회, 제1회 저작물재판협의회(이시자카에츠오/石坂悦男 좌장·호세이대/法政大 교수) 개최
12월/ "어린이독서활동추진법" 제정

2002년
코이즈미/小泉 수상의 북한 방문, 수뇌 회담 가져, 그 후 일본인 납치 피해자 5명 북한으로부터 귀국. 월드컵 축구 한·일 공동 개최. 코시바마사요시/小柴昌俊 노벨 물리학상 수상, 타나카코이치/田中耕一 노벨화학상 수상.

출판업계 동향
1월/ 북스타트 지원센터 설립(2004년 2월 북스타트로 개칭)
4월/ 일본출판데이터센터 설립(11월, 일본인프라센/JPO로 개칭)
문부성, 학교도서관 도서정비 5개년 계획 책정.
6.21/ 공정거래위원회, 〈저작물재판협의회〉(제2회) 개최
7.1/ 출판물 소매업공정거래협의회, 규약 개정(총부경품의 최고액 100엔 또는 거래 가격의 7%)
10.1/ 독일, '서적가격구속법' 시행
10.25/ 〈일본출판인프라센터〉(JPO)로 명칭 변경
12.13/ 여당 3당, 2003년도 세제 개괄적 결정(소비세/消費税의 총액 표시제)

2003년
미·영국군이 이라크를 공격하고 후세인 정권을 무너뜨림(이라크전쟁).
민주당과 자유당이 합병하고 자민당과 함께 2대 정당화. 중학생에 의한 원아 살해 등 소년범죄 다발.

출판업계 동향
1.10/ 일본문예가협회, 심포지엄 〈서적 유통의 이상 목표〉 주제로 개최.
4.23/ 〈어린이의 독서활동추진포럼〉 개최. 중의원산업경제위원회의
공정거래위원회의 다케시마/竹島 위원장 포인트 카드는 〈할인〉이라고 답변.
5.23/ 참의원으로 개인정보보호법안, 출판사는 적용 제외 취지의 부대 결의 가결 성립.
8.12/ 출판창고유통협의회가 발족.
9.12/ 일본문예저작권센터가 발족.
12.14/ 도둑방지 요코하마모델협의회, 심포지엄〈청소년의 밝은 미래 위한 STOP the 도둑질〉 개최.

2004년

스마트라 섬 인근 해안의 지진 tM나미 발생, 인도양 연안국에 막대한 피해. 일본에서 니가타 츄에츠/新潟中越 지진. 한국 영화 〈겨울연가〉의 인기 상승으로, 〈한류붐〉 일어났음. 전화금융 사기 속출.

출판업계 동향
2월/ 문화심의회 〈앞으로의 시대에 요구되는 국어력에 대한〉 답신 받음.
3.30/ 도쿄도 청소년조례 개정(도서관계 7월 시행).
　　　미일 조세신조약 발효(사용료 면세로)
4.1/ 소비세의 총액 표시 실시.
　　　'개정하청법' 시행(정보성과물의 작성 위탁)
5.21/ '재판원법/裁判員法' 가결 성립
6.18/ '아동매춘·아동포르노금지법'(벌칙 등의 강화) 개정
6.30/ 〈저작물재판협의회〉에서, 재판 제도 운용상의 유의 사항 등 지적, 〈저작물재판제도의 탄력운용〉에 관한 소비자 모니터 조사 결과 공표.

2005년

일본 우정민영화 해산, 총선거의 자민당 압승. 일본 JR 후쿠치야마선/福知山線의 탈선사고, 사망자 107명.
건축사의 내진강도위장사건의 발각으로 사회 불안 격화. 기업의 적대적 매수 계속됨.

출판업계 동향
1.1/ '저작권법/裁判員法' 개정(서적·잡지의 대여권 등)
3.31/ 도쿄도 청소년 조례개정(포장의 의무화 등)
4.1/ '개인정보보호법' 시행
4.22/ 공정거래위원회, 서협·잡협 회원 중심으로〈저작물 재판매 대상 상품과 비대상 상품과의 세트 상품 등에 관한 앙케트 조사〉 실시
5월/ JPO출판관련업계 전자태그표준화위원회 발족
6.16/ 저작물 재판매협의회(제5회) 개최
7.29/ '문자·활자문화진흥법' 제정
10.12/ 〈북하우스 진보쵸/神保町〉의 개점
10월/ 도서권은 도서카드 하나로 합침.
11월/ 토한 오케가와/桶川 SCM센터 가동

2006년

아베신조/安倍 晋三 내각 성립. 일본은행이 제로금리정책을 해제, 5년 만에 금리를 인상.
야구 WBC에서 오우/王 감독 이끄는 일본 우승

출판업계 동향
1.1/ ISBN 13자리화. JPO 상품기본정보센터 사업 개시
5.25/ 공정거래위원회, 출판물 소매업 경품류 공정경쟁규약 등의 변경을 인정 → 기간제한 연 2회 90일, 트레이딩 스탬 2%(1년간 1%) 등
6.23/ 공정거래위원회, 저작물재판협의회(제6회) 개최, 〈서적, 잡지 등의 구입에 관한 소비

자 모니터 조사 결과〉 등
7월/ 일서련 〈전국 소매서점 경영실태조사〉 결과 발표
9.1/ 공정거래위원회, 교과서업의 특수지정을 폐지
11.1/ 경제산업성, 〈2005년 서비스 산업실태 조사/신문업, 출판업〉 공표(첫 조사)

2007년

마츠오카/松岡 농수상/農水相의 자살 등 아베 내각 각료의 불상사 속출. 노도반도/能登半島, 츄에츠오키/中越沖의 대지진 계속됨. 〈헌법 개정 국민투표법〉 성립. 아베 사임, 후쿠다야스오/福田康夫 내각 성립.

출판업계 동향

2.1/ 출판물 대여권관리센터, 관리 업무의 정식 운용 개시
3.7/ 공정거래위원회, 총부경품고지 개정(1,000엔 미만을 200엔, 1000엔 이상을 거래가격의 20%)
5.14/ 〈헌법개정 국민투표법안〉 가결·성립
6.1/ '탐정업법' 시행
6.14/ 최고재/最高裁, 〈'밀실/蜜室' 외설물 반포사건〉으로 상고 기각, 2심의 벌금형 확정.
6.21/ 공정거래위원회, 〈저작물재판매협의회〉(제7회) 개최
7.1/ 저작권법 개정('녹음 도서의 자동 송신, 특허·약사 수속의 제한' 벌칙의 강화 등)
10.24/ 문자·활자문화추진기구 설립 기념총회 개최

【 발문 】 일본잡지협회와 서적출판협회 50년사를 옮기고 나서

일본의 잡지문화와 출판산업 발전사의 교훈

일본의 최고 명문인 도쿄대학의 사회정보연구소의 객원연구원으로 첫발을 디딘 날은 1999년 9월이었다. 역자는 그들의 잡지와 출판문화에 대한 동경을 늘 하면서 우리도 그들 못지않은 출판이란 기록 매체의 문화적 수준을 따라가 보겠다고 다짐했던 꿈이 이제야 길이 열린 듯싶어 동경대학으로 향하는 나의 이 길, 이 해 초가을의 나날들은 희망에 부푼 흥분의 감정을 억누를 수가 없었다. 9월에 시작되는 동경대학의 가을학기 첫날 연구소 소속 교수회의에서 겨우 몇 마디 인사말로서 첫 선을 보이면서 내가 알고자 했던 일본의 문화적 발자취를 더듬고자 시간적 공간을 최대한 활용하려고 단단히 다짐하면서 첫 날부터 이 대학의 역사적 흔적을 찾아 나서기로 했다.

일본의 많은 대학들 가운데서도 가장 오래된 역사와 전통을 간직한 동경대학은 1877년 메이지/明治시대에 국립종합대학으로 설립되었다. 동경대학 주캠퍼스가 자리하고 있는 도쿄도/東京都 분교구/文京區 혼고/本鄕는 문자대로 고향의 흙냄새 풍기는 조용한 도시 속의 외진 시골같은 한적한 마찌/町로서 나에게는 대학보다 혼고의 주택가의 거리가 더 마음을 사로잡았다. 마침 가을학기 첫날 연구소 3층에 자리한 개인연구실 정리밖에는 별 할 일이 없었다. 이곳 혼고는 메이지/明治 정부가 이 대학을 설립할 때까지는 지방 번주/藩主였던 가가한/加賀藩 마에다/前田 일가의 저택이 있었던 곳이었다.

초가을의 일본 날씨는 아직 여름의 더위가 기승을 부리고 있어 거리를 산보하기에는 좀 땀을 흘려야 하지만, 혼고 대학 주변의 그들의 삶의 모습을 확인하고 싶었다. 마침 캠퍼스 뒷문은 그 유명한 아카몽/赤門이 자리하고 있어 우선 이 아카몽부터 살펴보고 싶었다. 이 아카몽은 도쿠가와막부/德川幕府의 11대 장군의 딸을 마에다 일가의 며느리로 맞이할 때 세운 문으로서 현재에도 그 대문의 주황색이 그대로 지난날의 역사를 말해주고 있었다. 오늘의 동경대는 정문보다 후문 쪽에 서있는 아카몽이 더 그들의 역사와 전통을 상징하고 있어 대학의 입학이나 졸업식 행사 때에는 기념사진 배경으로 언제나 붐빈다고 한다. 마치 동경대학의 상징 마크라고나 할까. 더군다나 지하철 혼고 산쪼메/3町目 역에서 가깝기 때문에 동경대생들은 정문보다 이 뒷문으로 모두들 출입하는 것 같았다.

역자도 도쿄대를 떠날 때까지 옛 정문은 가본 적 없이 늘 이 아카몽으로 출입했었다. 역자가 몸담았던 사회정보연구소(전 신문연구소)는 이 아카몽에서 아주 가까이 자리하고 있었던 탓이다. 오늘은 대학의 교문보다 특히 옛 지방 번주 가가한의 마을을 한번 가보고 싶었다. 교수회의 신고 첫날 동행했던 내자(金曉泉)와 함께 작은 책가방 하나를 들고 어슬렁어슬렁 한적한 골목길을 누비면서 두리번거렸다. 어느 동네 뒷길 앞에 우람한 저택의 아담한 정원이 나의 시계에 들어왔다. 보아하니 어느 옛 성인의 생가 같은 예감이 들었다. 대문도 없는 정원 쪽에 이 집의 주인인 듯싶은 노인이 한손에 잡지 같은 책을 옆에 낀 반신의 흉상/胸像이 나를 바라보고 있었다.(아래 사진 참조). 마치 나그네의 만남을 반기듯이 어서 들어오라는 것 같아 곧바로 그 흉상 앞으로 다가가서 사진을 찍으면서 흉상 받침 기둥에 새겨진 한자를 읽어 보았다. 도쿠도미소호/德富蘇峰(1887년(메이지/明治20)), 25살의 청년이 국민 계몽 위한 잡지 〈國民之友/국민의 벗〉를 창간한 잡지인이면서 그 다음 해인 1888년에는 일본의 일간지 〈국민신문/國民新聞〉을 창간한 거물언론인이자 역사가였다.(정진석, 〈인물 한국언론사〉, 서울: 나남출판, 1995)

△일본의 메이지/明治시대 1887년에 잡지 〈國民之友/국민의 벗〉와 〈國民新聞〉(1888년 창간)을 발행했던 도쿠도미소호/德富蘇峰의 흉상/胸像 앞에서의 全泳杓 대표 역자.

아마 여기가 그분이 살았던 생가였을 거라는 생각에서 그 집 안으로 들어가 보았다. 그 곳에서 생전의 거실을 박물관의 열람실로 만든 흔적을 볼 수 있었다. 실내 가운데 바닥에 수북이 쌓인 잡지의 표제에서 〈國民之友〉의 제호를 읽을 수 있었다. 그 분 생가의 정원 앞의 흉상이 누군지도 모를 뿐더러 이 곳이 대언론인의 사설 박물관인 줄도 모르고 발걸음을 우연히 옮긴 것이 여기에 이른 것이다. 참 묘한 만남인 것이다. 내가 일본의 잡지와 출판문화를 살피고자 도쿄대에 첫걸음을 내딛던 날, 전연 몰랐던 메이지 시대 초기의 국민 계몽지를 발행했던 잡지언론인을 만나리라고는 생각지도 못했던 것인데, 일본의 신잡지 탄생 초기의 잡지 언론인을 만나게 된 것이다. 열람실 안으로 들어가 100년 전에 창간된 잡지를 좀더 확인하고 싶었지만, 이 날이 월요일이라 박물관의 휴무로서 사무원들이 없었기에 그 이상 더 접근할 수가 없었고, 잡지박물관의 내력 등을 알아볼 아무 누구도 만날 수가 없었다. 궁금하지만 그대로 돌아 나올 수밖에 없었다. 그 후 일본 언론사료를 통해 그 흉상의 주인공이 메이지 초기의 유명한 잡지언론인임을 알게 되었다. 아주 우연의 만남이었다. 일본의 잡지와 출판문화를 연구하러온 나에게 맺어준 인연이었다.

이와 같은 일본 잡지 출판에 관한 인연은 이후에도 계속 나에게 다가왔다. 2012년 9월 19일 한국잡지협회 주최로 서울에서 열린 세계잡지연맹/FIPP (Ferderation of International Periodicals Press) 회의(제3회 아시아 태평양 디지털 매거진 미디어 컨퍼런스)의 첫날 환영 리셉션 자리에서였다. 여기서 일본잡지협회의 카수미료스케/勝見亮助 전무이사님을 뵙게 되었다. 주최 측에서 일본의 잡지사 대표를 소개할 때까지 전연 몰랐다.

곧바로 그 일본 분의 좌석을 찾아가 인사하면서 명함을 교환했다. 이 분이 1999년 12월, 한국 중앙일보사 발행의 〈월간중앙〉 김원태/金元泰 발행인 일행과 함께 일본잡지협회 사무실로 찾아가 인사를 나누며, 일본의 잡지에 대한 현황을 알려주고 점심 대접까지 베풀어 주셨던 당시 일본잡지협회 사무국장님이셨다. 그 때 우리 일행은 일본의 잡지 유통 현장을 보고 싶어 그들이 잡지유통 자동화 시스템을 자랑하는 닛판/日販 유통센터 등을 견학하도록 주선해 줄 것을 부탁했다. 당장 그 날은 어렵다고 하여 다음 날 일정을 약속하고 헤어졌다.

다음 날 1999년 12월 15일 우리 한국의 〈월간중앙〉 발행인 일행은 다시 일본잡지협회로 찾아가 그들의 잡지 유통 현대화 시스템을 견학하기로 했다.

도쿄의 변두리 네리마(練馬區大泉學園町七町目24-13)에 자리하고 있는 네리마 유통센터/練馬流通center를 답사하도록 안내받게 되었다. 그 날 바쁜 가운데 우리를 맞아 견학을 주선해 주신 일본잡지협회와 네리마유통센터소장 오노다 카키/大野隆樹 취체역/取締役님과 거의 1시간 가량의 먼 길을 두 번이나 갈아타야하는 지하철로 닛판/日販 경영 네리마유쓰/練馬流通 센터 현장까지 안내해 주신 닛판/日販 文化廣報室의 세키구찌/關口武博 실장님께 감사의 말씀을 전한다. 그들은 이 잡지 자동유통시스템을 만들려고 많은 빚을 안고 있었지만, 이 같은 완전 자동화의 시설로 잡지 유통의 업무가 크게 향상된 것을 자랑하고 있었다. 정말로 대단한 설비였다. 센터 안에서의 잡지 운반은 모두 로봇 자동운송기로 옮기고 있었으며, 일본 국내 서점의 배송은 완전 자동화로써 위층에서 포장된 잡지 포장 꾸러미들이 일괄적으로 해당 서점행 집적지로 보내지고 있었다. 역자는 〈월간중앙〉 발행인 일행과 함께 마치 한편의 행위 예술을 감상하듯 멍하니 구경할 뿐이었다(아래 사진 참조).

〈일본서적출판협회 50년사/1956-2007〉를 보았다. 여기에는 일본의 잡지협회와 서적출판협회의 발전사가 상세히 기록되어 있었다. 비록 50년으로 제한적이었으나 역자가 그동안 일본에서 경험한 현대 발전사를 제대로 담고 있었다. 마침 그 50년사는 현장에서 팔고 있는 서적이므로 즉석에서 입수할 수 있었다. 내가 서술하고자 하는 일본의 잡지와 출판의 역사를 이렇게 세밀하게 기록하고 있음을 계속 확인하면서 이를 번역하기로 작정했다.

△1999년 12월 일본 도쿄의 닛판 네리마류쓰/日販練馬流通 센터의 잡지 자동 유통시스템 현장을 살피고 있는 전영표 대표 역자.

국판 크기의 총 440면의 방대한 책을 혼자서 번역한다는 것은 무리한 일이었다. 때문에 이 역서에 소개한 공역자와 더불어 상의하면서, 이 책의 번역을 승낙받을 길을 궁리하던 중 마침 서울 서대문구 홍은동에 자리한 그랜드 힐튼호텔 국제회의장에서 2012년 9월 19일부터 21일까지 열리는 한국잡지협회 주간의 제3회 세계잡지연맹/FIPP 콘퍼런스의 환영 리셉션에 참석하게 되어 3년 전에 도쿄에서 신세진 일본잡지협회 카수미/勝見亮助 전무이사 일행을 조우하게 되었다. 회의장 현장에서 이러한 번역 이야기는 할 수 없어 콘퍼런스 종료 후 서신으로 일본 잡지협회에 역자의 의도를 전하면서 번역 승낙을 부탁했었는데, 쾌히 허락한다는 답신을 받을 수 있어 오늘의 이 역서가 탄생하게 되었다. 이 50년사는 잡지협회와 일본서적출판협회의 공동 발행이므로 양협회 모두에게 승낙을 받아야 하지만, 편의상 잡지협회로만 번역 허락을 요청한 것은 인간의 친분관계에서였다. 일본서적출판협회의 승낙의 양해까지 한데 묶어 허락해 주신 일본잡지협회 측에 이 발문을 통해 다시 감사의 뜻을 전하고 싶다. 또한 여기에는 일본 출판평론가이신 다테노아키라/舘野晳 선생님 중재의 힘이 컸다. 이 자리를 빌려 다테노 선생께도 깊은 감사의 말씀을 전하고자 한다.

흔히 번역을 반역이라고도 한다. 옮기기에 힘든 일이 한두 가지가 아니었다. 특히 이 책에는 수많은 일본잡지출판인들의 성명이 등장하는데, 이 한자들을 일일이 우리말 표기로 바꿔야 하는 일은 정말 힘들었다. 다행히 고수만 교수(인하대학교 일본어학과)가 1995년에 펴낸 〈일본인명 읽기사전/日本人名よみかだ辞典〉(니찌가이 아소시에이츠 편저/日外アソシエーツ編, 高秀晩 감수, 그린비, 1995)의 표제어를 하나하나 확인하여 표기했다. 다만 장음과 장음형 이중모음은 단음만을 선택 표기한 것은 우리나라 국립국어원의 '외래어 표기' 원칙을 따랐기 때문이다(전영표 편, 〈새 국어 표기법〉, 안산: SMRCI 연구소, 2007). 혹시 일본 인명 지명의 표기에 잘못이 있다면, 이는 대표 역자의 불찰임을 밝혀둔다.

이렇게 꼭 2년 넘는 세월을 보낸 이 역서에서는 원서의 자료 편에 편집되었던 일본의 '출판윤리강령'과 '잡지편집윤리강령'을 제3장의 〈언론·표현·출판의 자유와 책임〉 편의 끝에다 옮겨 편집해 두었다. 또한 제8장 〈일본어와 표기〉 편에는 부록으로 2005년에 그들의 국회가 제정한 '문자·활자문화진흥법' 전문을 별도로 다른 자료에서 옮겨 붙여 두었다. 그리고 이 한국어 번역판에는 한국 독서계에 많이 알려진 현대 일본의 출판잡지사 19사를 선정, 간략하게 그들의 설립 역사와 현황을 부록으로 싣도록 했다. 고단샤/講談社, 이와나미쇼텡/岩波書店, 쇼가쿠칸/小學館, 슈에이샤/集英社, 산세이도/三省堂 등 19사만을 간략하게 소개해 보았다.

이들 출판·잡지사는 시오사와미노부/塩澤實信 선생님의 역저/力著 〈출판대전/出版大全/上·下〉(東京: 論創社, 2003) 등에서 추려 옮겼음을 밝혀둔다. 아울러 이들 출판사들을 번역, 정리해 주신 공역자 최인수 님(전 매일경제신문 편집국차장)의 노고에 대해 감사를 드리면서 또 다른 공역자 김광식 님(전 일본 주재 한국문화원장)과 김정명 님(신구대학교 겸임교수, 마케팅박사)의 노고에 심심한 감사를 표한다. 특히 김정명 박사는 이 번역서의 교정 등에도 많은 힘을 보탰다. 공역자 세 분의 수고에 대해 감사의 말씀을 드리고자 한다. 특히 어려운 우리의 출판 상황에서도 발행을 맡아준 '시간의물레' 출판사의 배려에 고마움을 전하고 싶다.

이 역서를 〈현대일본 잡지·출판산업의 발전문화사〉로 이름하여 펴내게 된 것을 일본의 잡지협회 및 서적출판협회의 양해를 구하고자 한다. 아울러 일본의 〈잡지협회 및 일본서적출판협회 50년사〉를 그대로 옮기지 않고 각 장과 부록의 이름으로 나누면서 내용 구성을 좀 달리한 것은 한국의 독자들을 위한 편성이었음을 일본 양협회의 양해 있으시길 믿는다.

또한 [부록 Ⅰ] '일본의 잡지·출판사들'은 지면 관계로 19사만을 간략히 소개한 것은 한국 SMRCI연구소의 선별이었음을 밝혀둔다. 어떤 기준이 있었던 것은 아니다.

모쪼록 이 〈현대 일본의 잡지문화와 서적출판산업 발전문화사〉가 한국 잡지·출판 협회와 내일의 업계 발전에 하나의 교훈으로써 많은 참고가 되어 우리도 선진 일본의 문화 산업을 따라잡을 것을 기대해 마지않는다.

2015년 12월 15일
역자를 대표하여 **전 영 표** 씀

<日本雑協・書協 50年史> 編集委員会・執筆協力者・編集協力者一覧

◎<日本雑誌協会・日本書籍出版協会50年史>

編集委員会

委員長

相賀昌宏(小学館)

委員

秋田貞美(秋田書店)

金原 優(医学書院)

古岡秀樹(学習研究社)

志村幸雄(工業調査会)

浜田博信(講談社)

並河 良(光文社)

小峰紀雄(小峰書店)

増田義和(実業之日本社)

村松邦彦(主婦の友社)

佐藤隆信(新潮社)

大坪嘉春(税務経理協会)

菊池明郎(筑摩書房)

岡本 健(ひかりのくに)

勝見亮助(日本雑誌協会)

山下 正(日本書籍出版協会)

[執筆協力者 (日語 五十音順)]

赤田繁夫, 雨宮秀樹, 上野幹夫, 植村八潮,
大竹靖夫, 大坪嘉春, 小川史高, 清田義昭,
黒須雪子, 酒井仁志, 志村幸雄, 鈴木紀夫,
鈴木藤男, 富井道宏, 中町英樹, 堀田貢得,
本間広政, 増井元, 山口二郎

[編集協力者 (日語 五十音順)]

岩本敏(小学館), 臼井幸夫(岩波書店),
大森薫(学習研究社), 河村有弘(日経BP社),
京極迪宏(学芸出版社), 倉田和夫(마가진하우스),
佐野修 (新潮社), 清水英夫(弁護士), 新田満夫(雄松堂出版),
広岡克己(小学館), 堀内丸恵(集英社), 山了吉(小学館), 渡邊隆男(二玄社)

◎編集・制作スタッフ

[総編集長] 相賀昌宏　相賀昌宏(小学館)
[編集長] 勝見亮助, 山下正
[副編集長・데스크] 田中光則(書協)

[編集部]
高橋憲治, 渡辺桂志, 山田英樹 (雑協)
立花希一, 韲口清一(書協)
[어드바이서] 佐藤善孝(小学館)
[編集協力] 上野明雄, 竹形和弘(株式会社 表現研究所)
[Web制作] 共同印刷株式会社
[装幀・造本] 中垣信夫＋井川祥子(中垣디자인 事務所)

■ 공역자 소개

□ 전영표 / 全泳杓
- 강원도 정선 출생
- 정선농업고교 졸업
- 서울대학교 문리대 언어학과 졸업
- 한양대학교 대학원 문학박사
- 일본 東京大學 사회정보연구소 객원연구원
- 동양출판사/과학사 편집부장
- 대한공론사/코리어헤럴드〈월간새마을〉편집부장
- 신구대학 출판학과 교수
- 산자부 기술표준원 문화표준위원장
- 민주평화통일자문위원/제13-15기
- 현재 사/한국문예학술저작권협회 선임부회장
- 국제미래학회 회원
- SMRCI연구소 대표

주요저서
〈출판문화와 잡지저널리즘〉(1997, 대광문화사)
〈국어표준규정과 편집기호콘텐츠〉(2007, 시간의물레)
〈디지털사회의 저작권〉(2015, SMRCI) 등 다수.

□ 김광식 / 金光植
- 경기도 안성 출생
- 서울대학교 문리대 언어학과 졸업
- 영국 London대 대학원 예술경영학석사
- 문화부 해외문화홍보원 외보과장
- 국립중앙박물관 사무국장
- 주일본한국문화원장
- 국립영화제작소장 문화관광부 문화예술국장
- 고려대 석좌연구교수
- 현재 ICOMOS/국제기념물협의회 한국위원
- SMRCI연구소 수석연구원

주요저서
〈일본 군국주의를 벗긴다〉(1996, 화산문화사)
〈세계의 역사마을/1, 2, 3〉(전집, 2013, 눈빛)
〈오늘의 문화유산보존과 활용〉(편저, 2014, 시간의 물레)
〈문화와 정책〉(2014, 시간의 물레) 등 다수.

□ 최인수 / 崔仁洙
- 강원도 원주 출생
- 춘천사범학교 졸업
- 고려대 철학과 졸업
- 매일경제신문 기자·관리국장·편집국차장
- SMRCI연구소 선임 연구원

주요저서
〈월간 PC저널〉 창간 발행인
웹진 〈월간 말벗〉 발행인
〈일본 재창조〉(역서, 1994, 다음세대)
〈21세기형 사회의 구도〉(역서, 2001)
〈소비자 사전〉(공저, 2002) 등 다수

□ 김정명 / 金貞明
- 서울 출생
- 신구대학 출판학과 졸업
- 일본 츄오대학(中央大) 대학원 마케팅박사
- 신구대학교 미디어콘텐츠학과 겸임교수
- SMRCI연구소 연구원

주요저서
〈상품개발력을 기른다〉(역서, 2002, 지식공작소)
〈영업력을 기른다〉(역서, 2003, 지식공작소)
〈잡지산업의 국제화 지원연구〉(2014, 보고서)
〈문화콘텐츠의 글로벌화 전략〉(2014, 보고서)
〈책은 冊이 아니다〉(공저, 2014, 꿈꿀권리)

현대일본 잡지·출판산업의 발전문화사

초판인쇄	2015년 12월 18일
초판발행	2015년 12월 22일
저　　자	SMRCI연구팀 전영표/김광식/최인수/김정명
발 행 인	권 호 순
발 행 처	시간의물레
등　　록	2004년 6월 5일
등록번호	제1-3148호
주　　소	서울시 마포구 마포대로 4다길 3(1층)
전　　화	02-3273-3867
팩　　스	02-3273-3868
전자우편	timeofr@naver.com
블 로 그	http://blog.naver.com/mulretime
홈페이지	http://www.mulretime.com
I S B N	978-89-6511-141-2 (93070)
정　　가	30,000원

* 이 책의 저작권은 SMRCI연구소에, 출판권은 시간의물레에 있습니다.
* 잘못된 책은 바꿔드립니다.

　이 도서의 국립중앙도서관 출판예정도서목록(CIP)은 서지정보유통지원시스템 홈페이지 (http://seoji.nl.go.kr)와 국가자료공동목록시스템(http://www.nl.go.kr/kolisnet)에서 이용하실 수 있습니다. (CIP제어번호 : CIP2015033675)

【부록 Ⅳ】 2007년 이후 일본의 잡지·출판계 동향
-일본의 잡지·출판 판매액 추이-

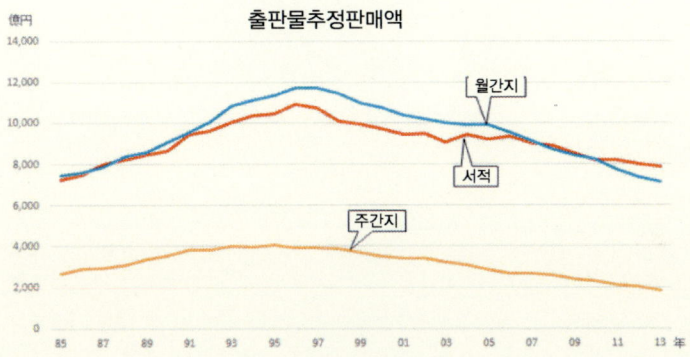

1. 서 적

일본의 서적은 1996년을 정점으로 장기 하락경향이 지속되고 있다. 2000년대 초기에는 〈해리 포터〉 시리즈 (세이산샤/靜山社)가 대힛트하여 연간 판매실적을 인상하였는데 2008년 리먼 브러더스 쇼크 이후 히트가 없어 연속 마이너스 하향 경향이 지속되고 있다. 판매는 일부의 베스트셀러에 집중하여 팔리는 책과 팔리지 않는 책의 양극화가 한층 진행되고 있다.

2. 월간지

월간지와 주간지는 1997년을 피크로 이후 16년 연속 마이너스. 판매와 광고 모두 부진. 휴간지 수가 창간지 수를 상회하여 잡지 총수는 연속적으로 감소하였다. 독자 연령의 상승이 현저하고 독자는 30대나 40대로 이동하였다. 대상 연령이 높은 잡지는 아직 지속 상태이나 젊은 독자들을 잡아둘 잡지는 출현하지 않고 있다.

3. 주간지

인터넷이나 스마트 폰의 보급으로 정보를 얻는 속도가 매우 빨라지면서 속보성을 중시해온 주간지는 매우 어려운 처지가 되었다. 종합주간지는 예능 스캔들이나 노인 대상 섹스 특집으로 매출을 늘리는 경우가 있으나 발행 부수는 축소되는 경향이다.

(*출처/www.ajpea.or.jp)

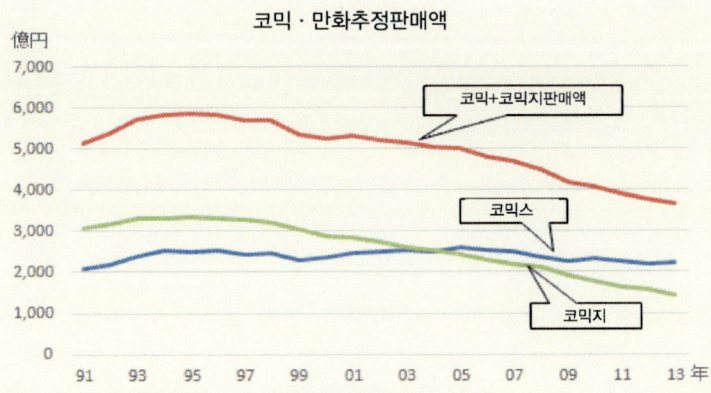

4. 만화 판매 추이

만화 시장 전체로서는 12년 연속 마이너스. 코믹지의 하락은 그치지 않고 18년 연속 마이너스. 코믹스(단행본)는 영상화나 랭킹, 만화상 수상으로 주목을 받은 일부의 작품은 호조이나 그 밖의 작품의 판매는 저조하는 등 양극화되고 있다. 히트 작품의 등장으로 판매는 올라가다 내려가는 현상을 보였는데 장기적으로는 점차 감소할 것이다. 2013년 〈진격의 거인/ 進撃の巨人〉이 사회 현상이 될 정도로 대히트가 되어 3년 만에 판매가 증가되었다. 영상화 종수는 증가를 계속하여 포화 상태가 되었지만 기대할 정도로 신장하지 않은 사례도 많았다. 전자책 '코믹 만화'는 눈부신 신장세를 보여 종이 코믹에 전자 코믹을 추가하여 시장은 확대되어 가고 있다.

(*출처: 〈2014 出版指標 年報〉2015년판, 일본출판연구소, 1915/ www.ajpea.or.jp)

5. 무크 판매 추이

무크는 1997년 정점으로 감소되는 기조를 보이고 있다. 2006년 크게 하락하여 1,000억 엔대로 떨어지는 추세이다. 2011년 이후 3년 연속 마이너스. 정기물의 판매는 부진하여 무크로 보충하려는 경향이 강하여 신간 종수는 매년 증가하여 2012년에는 9천 건을 돌파하였다. 한편 반품률 상승의 원인도 되고 있다.

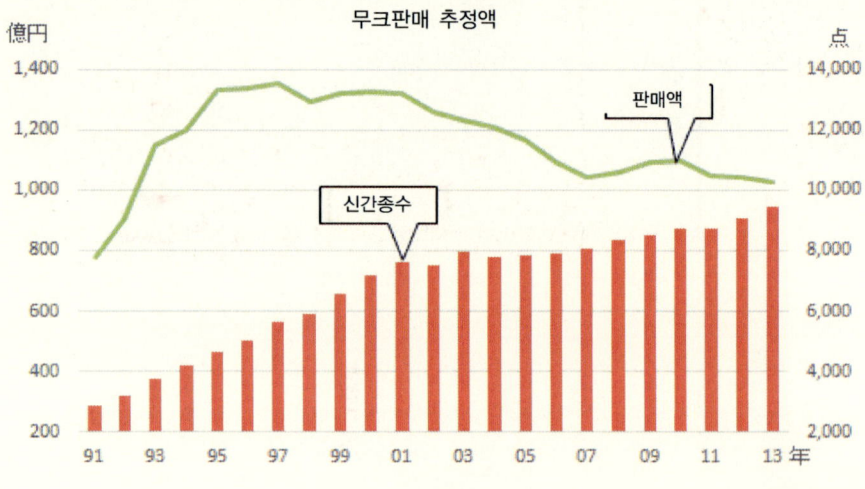

6. 문고본 판매 추이

1990년대 후반 이후 서적 전체의 매출이 체감하는 가운데 꾸준했던 문고본도 하락 경향이다. 2000년대에 들어 가격의 상승에 힘입어 부족을 보충하여 왔다. 〈다빈치 코드〉 (가도가와 분고/角川文庫가 크게 히트한 2006년 이후 다시 증가세는 보이질 않음. 영상화 원작이나 일부 인기 작가의 작품은 손쉽게 판매되었으나, 신간 종수는 증가 경향이지만, 기간/旣刊본은 부진하여 2013년은 3년 만에 감소 추세를 나타내고 있다.

(*출처: 〈2014 出版指標 年報〉2015年版,, 일본출판연구소,1915/ www.ajpea.or.jp)

일본 잡지출판산업의 〈서적·잡지 실판매금액의 추이도〉

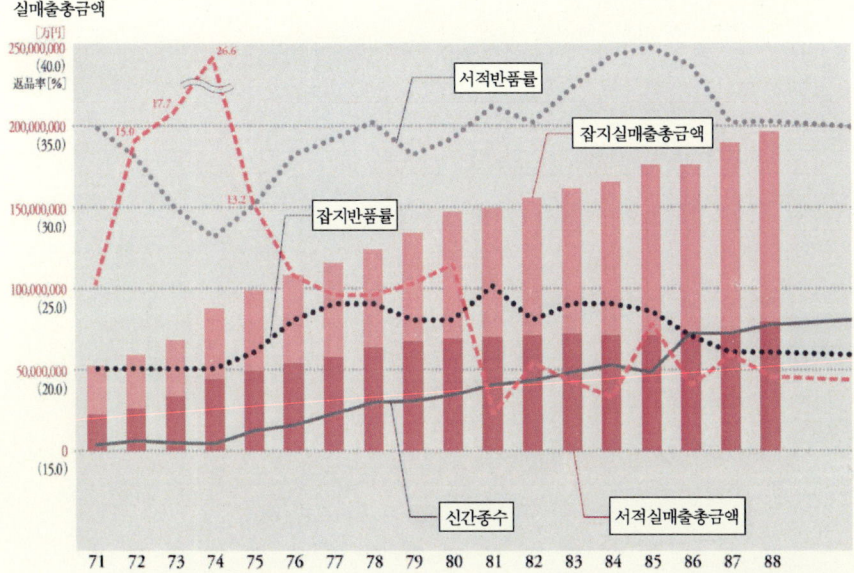

*일본의 잡지출판산업의 고도성장에서 안정 성장, 그리고 마이너스성장으로
[2006년까지]

전후/戰後의 출판통계를 보자. 〈출판연감〉에 의하면, 신간 종수는 1945년이 658종, 46년 3,470종이었지만, 1948년에는 급증하여 2만 6,063종으로 한꺼번에 2만종대로 올라 있다. 그것은 전쟁 중의 언론 억압에서 해방된 자유로운 표현이 가능하게 되었기 때문이다. 다음 해 1949년은 조금 감소해서 2만 523종, 50년에는 한국전쟁에 의한 특수로 경기가 회복했지만, 1만 3,009종으로 감소하고 있다.

출판사 수는 1946년 2,459사, 1948년은 4,581사로 전후/戰後 가장 많았다. 이것은 전쟁 중의 기업 정비로 통합되어 있던 출판사가 부활하고, 새롭게 많은 출판사가 설립되었기 때문이다. 그렇지만 1949년 3월에 일본출판배급주식회사가 대장성/大藏省 상공성/商工省에서 폐쇄 기간으로 지정되어 출판업계는 혼란에 빠졌다. 1948년에 미국의 대일경제정책으로 일본은 긴축 재정을 하고, 경비 절감, 과세·징세 강화를 진행했기 때문에 디플레가 일어났다. 그리고 연말에는 불황이 더욱 심각해졌고 결국, 출판사 수는 감소하고, 1951년에는 1,881사가 되었다. 그 후, 출판사는 1957년까지 1,900사대가 되었고, 1959년에는 2,326사, 1973년에는 2,900사 대로 다시 증가하고 있다. 이후, 1975년에 3,000사 대, 1981년에 4,000사 대로 계속해서 늘어나고, 1996년에는 4,600사, 1997년을 피크로 또 감소하고, 2006년에는 4,109사가 되었다.

1952년의 신간 종수는 1만 7,000종이었지만, 1953년은 1만 종으로 떨어지고, 1960년대에는 1만 3,000종에서 1만 7,000종으로 조금씩 회복. 1970년에 1만 7,000종, 그리고 1971년에는 2만종 대에 올랐다. 이후, 1982년 3만 종, 1990년 4만 종, 1995년 5만 종대에 달하고 있다.

매출 금액에서는 1960년대 후반부터 1973년의 오일 쇼크 때까지는 잡지의 매출이 많았지만, 그 뒤 서적의 매출이 많아졌다. 그렇지만 1980년대 이후, 다시 서적보다 잡지 매출이 많아지고, 이후, 2006년 현재까지 잡지가 많아졌다.

1979년부터 1980년에 걸쳐 서적과 잡지의 매출이 역전했지만, 이즈음부터 〈잡고서저/雜高書低〉라는 캐치프레이즈가 사용되었으며, '잡지의 시대'라고도 했다. 잡지의 시대에서 출판물은 경박단소화/輕薄短小化하고, 코믹, 문고, 신서 등이 정기간행물화하고 진부화도 빠르며 책의 라이프사이클이 짧아지며, 결과적으로는 반품률도 높아졌다.

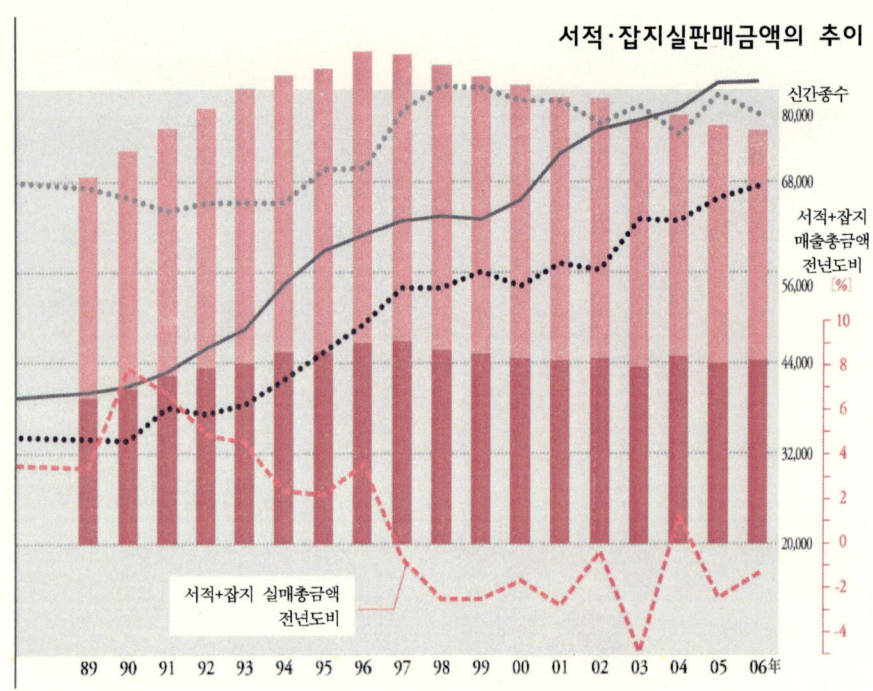

서적·잡지실판매금액의 추이

　1960년대의 출판계는 고도경제성장의 파도를 타고 2자리 수의 성장을 했다. 1960년 14.5%, 1962년 18%, 1966년 19.6%, 1970년 15.1%, 1972년 15.0%, 1973년 17.7%, 1974년 26.6%, 1975년 13.2%였다. 오일쇼크의 영향은 거의 없었다고 해도 좋다. 현저한 것은 증가율이 대폭적이었다는 점이다. 본문 중에도 기술했지만, 신간 종수 증가와 동시에 신간의 평균가격이 상승한 것으로 매출 증가가 되었다. 잡지도 순조롭게 증가했다. 단, 1981년이 되어 제2차 오일쇼크의 영향으로 1.9%밖에 증가하지 못했다. 1997년 이후는 연속해서 마이너스. 그 중에서 2004년에만 아주 적지만 1.4% 증가했다. 마이너스 성장 속에서 미묘하게 증가한 것에 약간 안심하게 된다. 그러나 그 후 마이너스는 계속되었다.
　서적 신간 종수는 계속적으로 증가하고, 2005년에는 결국 8만 종을 넘었다. 그러나 반품률도 높게 변화하고, 1998년을 피크로 계속해서 대폭 증가하고 있다. 잡지의 반품률은 버블경제가 붕괴한 후, 1993년경부터 상승하고, 2006년에는 35% 가깝게까지 되었다.
　1996년을 경계로 10년 연속으로 마이너스 성장의 출판계였지만, 신간 종수가 증가하고, 이른바 자전거 달리기양상에 있다. 이에 대해 반품률이 높아지고, 악순환이 계속되어 왔다.
　특히 잡지 매출고가 대폭 낮게 되어 있는 것이 눈에 띈다. 잡지·출판계 전체의 매상고로 보면, 2006년의 금액은 1991년, 즉 15년 전의 레벨로 거의 동일하게까지 떨어지고 있다.
　*여기서 2006년 이후의 일본의 출판·잡지 산업의 성장 통계 숫자를 일본출판과학연구소의 자료를 들어 잡지·출판 판매액의 추이를 소개하고자 한다.
　2013년 출판, 잡지 산업의 총판매액은 1조 6,823엔으로 서적이 7,851억 엔(46.7%) 이었고 그중 잡지는 월간지가 7,124억 엔(42.3%)이었고 주간지는 1,848억엔(11.0%)의 최근 판매고를 기록하고 있었다.

(出版指標 年報2014年版, 公益社團法人/全國出版協會·出版科學硏究所, 2014, 역자 정리)